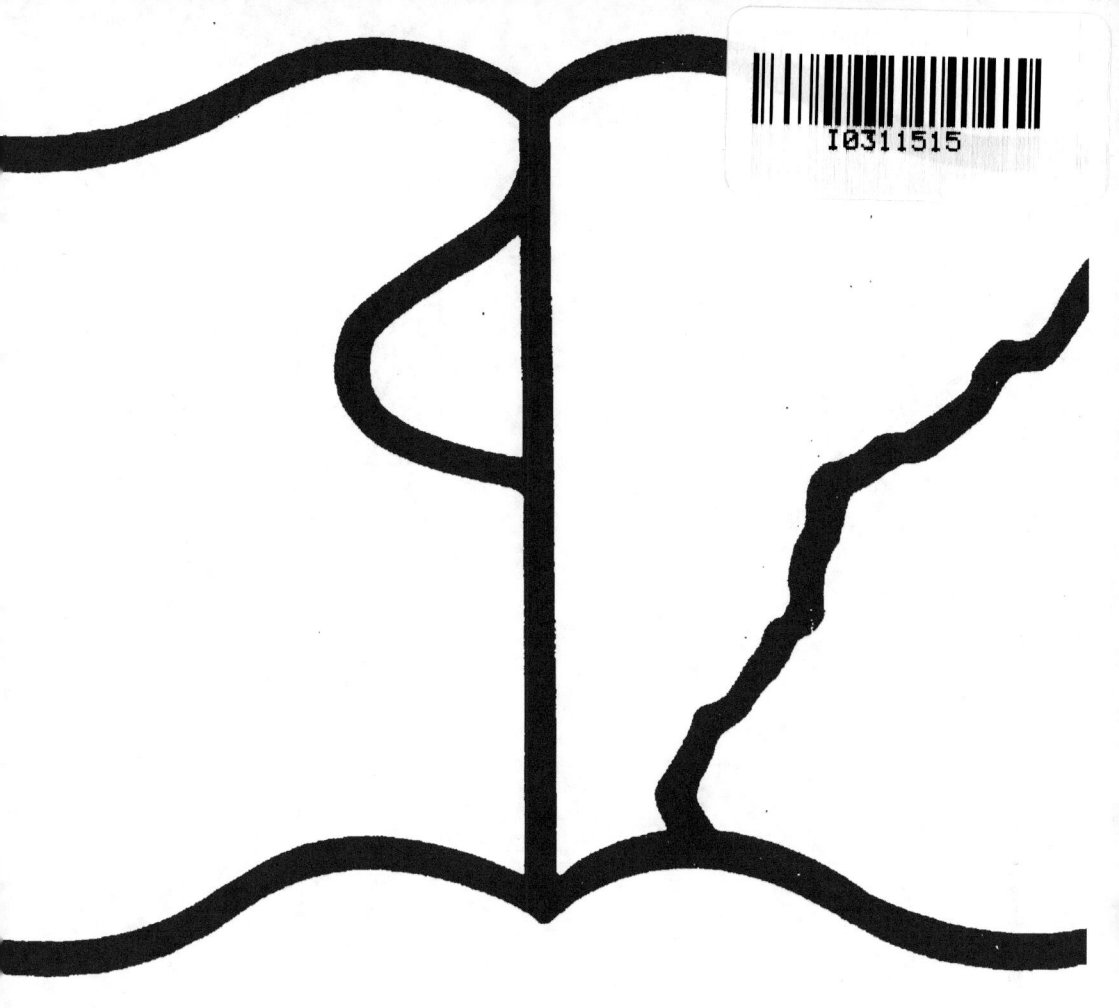

Texte détérioré — reliure défectueuse

NF Z 43-120-11

MÉMOIRES
DE JEAN
SIRE DE JOINVILLE
OU
HISTOIRE ET CHRONIQUE
DU TRÈS-CHRÉTIEN ROI
SAINT LOUIS

PUBLIÉS

PAR M. FRANCISQUE MICHEL

Correspondant de l'Institut de France, de l'Académie impériale de Vienne,
de l'Académie royale des Sciences de Turin,
des Sociétés des Antiquaires de Londres et d'Écosse

PRÉCÉDÉS

DE DISSERTATIONS
PAR M. AMBR. FIRMIN DIDOT

ET D'UNE NOTICE

SUR LES MANUSCRITS DU SIRE DE JOINVILLE
PAR M. PAULIN PARIS
MEMBRE DE L'INSTITUT

PARIS
LIBRAIRIE DE FIRMIN DIDOT FRÈRES, FILS ET Cⁱᵉ
IMPRIMEURS DE L'INSTITUT DE FRANCE
RUE JACOB, 56

MÉMOIRES

DE JEAN

SIRE DE JOINVILLE

L'auteur et les éditeurs se réservent le droit de traduction et de reproduction à l'étranger.

TYPOGRAPHIE DE H. FIRMIN DIDOT. — MESNIL (EURE).

MÉMOIRES
DE JEAN
SIRE DE JOINVILLE

OU

HISTOIRE ET CHRONIQUE

DU TRÈS-CHRÉTIEN ROI

SAINT LOUIS

PUBLIÉS

PAR M. FRANCISQUE MICHEL

Correspondant de l'Institut de France, de l'Académie impériale de Vienne
de l'Académie royale des Sciences de Turin
des Sociétés des Antiquaires de Londres et d'Écosse

PRÉCÉDÉS

DE DISSERTATIONS

PAR M. AMBR. FIRMIN DIDOT

ET D'UNE NOTICE

SUR LES MANUSCRITS DU SIRE DE JOINVILLE

PAR M. PAULIN PARIS

MEMBRE DE L'INSTITUT

PARIS

LIBRAIRIE DE FIRMIN DIDOT FRÈRES, FILS ET Cie
IMPRIMEURS DE L'INSTITUT DE FRANCE
RUE JACOB, 56

1858

AVANT-PROPOS.

Joinville est l'une des plus anciennes connaissances de ma jeunesse; j'échappais à peine aux bancs du collége, que j'avais déjà entrepris d'en publier une édition meilleure que celles qui se trouvaient alors dans le commerce. Le premier volume venait de paraître dans une collection dirigée par M. Laurentie, lorsque la révolution de 1830 éclata et mit fin à cette entreprise, en même temps qu'au gouvernement des fils de saint Louis. Le bon sénéchal de Champagne rentra dans sa tombe, dont j'avais pieusement cherché à soulever la pierre, et n'en sortit sous sa véritable physionomie, si longtemps altérée, qu'en 1840, par les soins de MM. Daunou et Naudet, les savants continuateurs du *Recueil des historiens des Gaules*. Mais cette édition, comme celle du Louvre, n'est guère accessible; et les autres, aussi peu communes, sont justement dédaignées par les lecteurs curieux de lire les Mémoires de Joinville tels qu'il les a dictés à son secrétaire. MM. Firmin Didot, dont les services à la littérature ne s'arrêtent point aux classiques grecs et latins, ayant songé à publier un volume relatif à saint Louis, dans un format portatif et d'un prix à la portée de tout le monde, voulurent bien me charger du travail d'éditeur. J'ai tâché de m'en acquitter de mon mieux, en collationnant de nouveau le

texte du premier volume de l'édition de 1830, et la copie qui devait former le second, sur le manuscrit de la Bibliothèque Impériale n° 267, fonds du roi, également connu sous le nom de *Manuscrit de Bruxelles*, qui rappelle son long exil en Belgique, dans la Bibliothèque des ducs de Bourgogne, jusqu'en 1744, où il nous revint dans les bagages du Maréchal de Saxe. Dans des notes, j'ai expliqué de mon mieux les mots difficiles du texte, et au-dessous j'ai tâché de l'éclairer par une comparaison avec celui d'un autre manuscrit du supplément au fonds du roi n° 206, généralement cité sous le nom de Manuscrit de Lucques, qui indique sa provenance, et par les variantes des éditions précédentes.

A ce travail j'étais prêt à joindre une notice sur Jean, sire de Joinville, et sur ses écrits; mais, informé par M. Ambroise-Firmin Didot que, d'après le résultat des recherches sur les écrits et la personne du sire de Joinville auxquelles il s'était livré pendant le cours de l'impression de ses Mémoires, il comptait en faire le sujet de plusieurs dissertations, je n'ai pas hésité à renoncer à ce supplément de tâche. Je laisse au public le plaisir de se rendre compte de la manière savante et consciencieuse dont s'est acquittée cet érudit typographe.

La relation de Jean-Pierre Sarrasin, qui vient après celle de Joinville, avait déjà été donnée par MM. Michaud et Poujoulat; mais la copie qu'ils ont suivie, à défaut de l'original, qui n'a pas été retrouvé, est si défectueuse, que je n'ai pas balancé à restituer le texte, toutes les fois que je l'ai pu.

Celui du petit poëme sur la bataille de Mansourah et

la mort de Guillaume Longue-Épée, peut sembler aussi mauvais; mais il est conforme au français parlé en Angleterre à la fin du treizième siècle, et la traduction que j'ai cru devoir joindre à ce morceau, le fera comprendre.

Je n'ai plus qu'à dire un mot relativement à la pièce de vers qui termine le volume; on peut dire d'elle avec plus de raison encore que dans la chanson citée par le Misanthrope :

La rime n'est pas riche et le style en est vieux.

Mais l'œuvre est contemporaine de l'événement qu'elle est destinée à déplorer, et, à ce titre, les *Regrets de la mort du roi Louis* méritaient de prendre place à la suite du principal monument élevé à sa gloire.

FRANCISQUE-MICHEL.

I.

DE LA VIE DE JOINVILLE.

Jean, sire de Joinville, naquit en 1224, au château de Joinville, dans le diocèse de Châlons-sur-Marne, de Simon, sire de Joinville, et de Béatrix, fille d'Étienne II, comte de Bourgogne. L'inscription placée sur son tombeau indique qu'il est mort en 1319 ; il aurait donc vécu quatre-vingt-quinze ans. Sa famille, l'une des plus illustres et des plus anciennes de la Champagne, descendait directement et en ligne masculine de Godefroy de Bouillon ; elle était alliée aux comtes de Châlon et de Bourgogne, et aux dauphins de Viennois. La mère de Joinville était cousine germaine de l'empereur d'Allemagne Frédéric II. Plusieurs des ancêtres de Joinville s'étaient distingués aux croisades.

L'aïeul du sire de Joinville, le sénéchal de Champagne Geoffroi IV, surnommé *le Jeune*, se signala dans les guerres de son temps, et partit pour la croisade, en 1190, avec ses deux fils Geoffroi dit *Trouillard* et Simon. Il mourut l'année suivante sous les murs de Saint-Jean-d'Acre.

Geoffroi et Simon se distinguèrent tellement dans cette croisade, que Philippe-Auguste, lorsqu'il quitta la Terre-Sainte, leur confia une partie de ses troupes qui, réunies à celles de Richard, roi d'Angleterre, firent la conquête de plusieurs villes. Geoffroi mérita à tel point l'estime de Richard, que ce roi, la terreur des Sarrasins, lui octroya comme preuve éclatante de son amitié, le droit de *partir* son écusson des armes d'Angleterre.

Les deux frères, après être restés cinq ans en Palestine, revinrent en France; mais l'aîné des deux, Geoffroi dit Trouillard, sire de Joinville et sénéchal de Champagne, repartit en 1201 pour la Terre-Sainte, où il mourut sans postérité en 1204. Son frère Simon lui succéda dans tous ses titres, droits et honneurs, et retourna en 1218 dans la Terre-Sainte[1] avec Jean de Brienne; il assista à la prise de Damiette et mourut en 1233, laissant pour héritier son fils Jean, le sire de Joinville, alors âgé de sept à huit ans.

Élevé à la cour élégante et littéraire des comtes de Champagne, Joinville fut attaché dès son enfance à son seigneur le comte de Champagne, Thibaut IV, roi de Navarre, à la fois poëte et musicien. C'est au goût des lettres et à l'élégance d'esprit et de manières qui régnaient à cette cour, que l'on doit attribuer le développement des heureuses qualités qui firent, jeune encore, distinguer Joinville par saint Louis; c'est aussi à l'habitude qu'il y prit de bien parler et de bien écrire que nous sommes redevables du précieux monument historique où il nous raconte la célèbre et désastreuse croisade dans laquelle il se distingua. C'est à ce même développement littéraire qu'on avait dû, un siècle auparavant, le récit de la croisade dont le maréchal de Champagne, Geoffroi de Ville-Hardouin, fut le chef et l'historien.

[1] Voir plus loin les actes : l'acte C, p. cxvii; l'acte D, p. cxviii, et l'épitaphe, p. lxxvi.

En 1231, à l'âge de sept ans, Joinville fut fiancé à Alaïs de Grand-Pré ; mais soit qu'une passion amoureuse lui fît préférer la fille du comte de Bar, soit que Joinville, devenu titulaire et possesseur de la sénéchaussée de Champagne par la mort de son frère, eût recherché un hyménée dans la puissante famille du comte de Bar, il voulut renoncer à ses fiançailles avec Alaïs de Grand-Pré ; mais son seigneur Thibaut s'y opposa formellement, soit par suite d'une inimitié survenue entre lui et le comte de Bar, soit pour ne point avoir en Joinville un vassal devenu trop puissant. Il exigea donc de lui une renonciation solennelle par un acte authentique auquel il fit intervenir Béatrix, la mère de Joinville. On voit, par l'acte où le comte Thibaut donne son consentement au mariage de Joinville et d'Alaïs, qu'elle n'apporta en dot que trois cents livres (l'acte de juin porte trois cents livrées de terre, monnaie de Paris).

Joinville raconte qu'il assista à une *grande cour* tenue par Louis IX à Saumur, et qu'à cette fête il *tranchait*[1] devant le roi de Navarre son seigneur, mais qu'il n'avait pas encore pris le *haubert*. Cette assemblée, selon Guillaume de Nangis, auteur contemporain, eut lieu en 1241. Joinville aurait eu alors dix-sept ans. Il nous dit qu'à la bataille de Taillebourg, en 1242, il ne put combattre, n'ayant pas encore *haubert vestu*[2].

En 1244, une irruption d'Allemands menaçait le Moustier de Mâcon. Le cousin de Joinville, Brancion, le vint chercher ainsi que son frère : « Nous allâmes avec lui, dit

[1] Sur le droit de *trancher*, exercé en cette occasion, le manuscrit de la Biblioth. impériale, suppl. fr. n° 1054, contient des détails intéressants au chapitre intitulé : *De la sénéchaussée héréditaire de Champagne annexée à la baronie de Joinville*, p. 35-43.

[2] On ne revêtait la cotte d'armes de chevalier qu'à vingt et un ans.

Joinville, et leur courûmes sus les épées nues, et à grand peine les chassâmes du Moustier[1]. Quand ce fut fait, le prud'homme (Brancion) s'agenouilla devant l'autel et cria à Nostre-Seigneur à haute voix : « Sire, je te prie de « prendre pitié de moi et *m'oster de ces guerres entre* « *chrestiens*, et m'octroyer de mourir à ton service pour « pouvoir avoir ton règne en paradis[2]. »

Son vœu fut exaucé plus tard.

En 1248, Joinville se croisa avec le roi saint Louis : « A « l'appel du roi de France, il vendit tous ses biens et « équipa dix chevaliers, dont trois portaient bannière, « luxe de suite considérable, mais non désintéressé. De- « puis la prise de Constantinople, tous les chevaliers « comptaient devenir princes. A la foi qui entraînait les « seigneurs en Orient, se mêlait un vague espoir de chan- « ger l'écu de chevalier contre les armes impériales. Join- « ville n'avait pas échappé à cette ambition[3]. »

Cette même année, nous dit Joinville, il lui naquit un fils, la veille de Pâques. Quelques jours après la naissance de ce fils nommé Jean, Joinville, prêt à partir pour la croisade, assembla ses vassaux et hommes d'armes, pour leur annoncer son intention d'aller en terre sainte. C'était

---

[1] La maison ou monastère de Mâcon fondé par Geoffroi III, sire de Joinville, bisaïeul du sire de Joinville.

[2] Il méritait en effet ce titre de *prud'homme*. Joinville, après avoir raconté dans ses mémoires les prouesses de Brancion en Égypte et celles qu'il fit la veille de la bataille de la Massoure, ajoute : « Et ainsi eschappa le sire de Brancion ; et de vingt chevaliers qu'il avoit avec lui il en perdit douze sans ses aultres gens d'armes : Et lui-même fut si maltraité que oncques ne put se tenir sur ses pieds et mourut de cette blessure au service de Dieu. »

[3] Désiré Nisard, *Hist. de la littérat. française*, t. I, p. 59.

alors l'usage de se disposer pour ce périlleux voyage comme on se fût préparé pour mourir, en réglant ses dernières volontés, réparant les torts qu'on pouvait avoir causés, et restituant ce qu'on avait usurpé. Joinville, par scrupule de conscience, convoqua dans son château ses vassaux et hommes d'armes, qu'il festoya largement et joyeusement pendant huit jours; puis il leur dit qu'avant d'aller outre-mer, d'où il *ne savait pas s'il reviendrait*, il voulait réparer le dommage qu'il aurait pu avoir causé à quelqu'un d'entre eux, et ne point partir, *en leur ayant de riens mesfait.* « Je sortis du conseil, ajoute-t-il, et exé-
« cutai tout ce qu'ils décidèrent. »

Après avoir engagé presque tous ses domaines pour payer ses dettes et s'équiper, ainsi que sa suite, composée de neuf chevaliers pris à sa solde et de sept cents hommes d'armes [1], il se rendit à Paris, où le roi avait mandé ses barons pour leur faire prêter serment de fidélité à ses enfants, dans le cas où il lui arriverait malheur dans son voyage d'outre-mer; « mais, dit Joinville, lorsqu'il me de-
« manda de prêter ce serment, je m'y refusai, attendu que
« je n'étais pas son homme lige, mais celui du roi Thibaut. »

Joinville, de retour dans ses domaines, fonda, dans l'église de Saint-Laurent de Joinville, un anniversaire pour lui

---

[1] Selon du Cange, un chevalier banneret avait sous son commandement cinquante hommes d'armes ayant chacun outre ses valets deux cavaliers armés, l'un d'une arbalète, l'autre d'un arc ou d'une hache, ce qui faisait 150 chevaux; un simple chevalier n'en avait que trente. (Du Cange, *dissert. IX sur Joinville.*) Parmi ces chevaliers deux seuls, Landricourt et Tricastel, portaient bannière; tous deux furent tués, près de Joinville, à la bataille de la Massoure.

M. Nisard, en portant à dix le nombre des chevaliers dont trois bannerets, aura compris Joinville dans son calcul.

a.

et pour son épouse Alaïs; puis, le jour de son départ pour la croisade, s'étant confessé à l'abbé de Cheminon, qui lui ceignit l'écharpe et lui donna le bourdon de pèlerin, il se rendit en pèlerinage pieds nus et en *langes* (robe de bure), à Blécourt, à Saint-Urbain et aux lieux saints des environs. Quand il repassa devant sa demeure, « je n'osai, dit-il
« dans son style naïf, oncques retourner mes yex vers Join-
« ville, pource que le cuer ne me attrendrisist du biau
« chastel que je laissois et de mes deux enfants. »

Joinville s'embarqua à Marseille en août 1248, avec ses chevaliers et sa troupe, sur une nef qu'il loua de moitié avec son cousin Jean, sire d'Aspremont. Après nous avoir raconté en détail comment les chevaux furent embarqués et comment les prières furent chantées à bord de son navire, il nous dit : « Aussitôt le vent se ferit dans les voiles et nous
« déroba la veue de la terre, en sorte que nous ne vîmes
« plus que le ciel et l'eau, et chaque jour le vent nous
« éloigna de plus en plus des pays où nous étions nés. Est
« bien fol hardi, ajoute-t-il, celui qui s'ose mettre en
« tel péril avec le bien d'autrui ou en péché mortel! Car le
« soir on s'endort là, et on ne sait si on ne se trouvera
« point au fond de la mer. »

Ils arrivèrent en Chypre quand le roi y était déjà. L'argent manquant à Joinville, il se voyait près d'être abandonné de quelques-uns de ses chevaliers, lorsque le roi lui vint en aide en lui donnant huit cents livres. Il séjourna en Chypre pendant l'hiver de 1249 à 1250, et c'est là que ses belles qualités appréciées du roi, firent naître les relations d'amitié, on peut dire paternelles, de saint Louis pour Joinville, et du dévouement respectueux de Joinville pour son roi. Ce fut alors, nous dit-il, que l'impératrice de Constantinople [1] arriva à Baphe (Paphos) et lui écrivit de l'y venir chercher. Une tempête avait rompu les ancres de son navire qui était parti à la dérive, en sorte qu'elle n'avait que la robe dont elle était vêtue. Conduite par Joinville à Limassol, elle fut très-honorablement accueillie par le roi et la reine et par tous les barons. Le lendemain, Joinville eut soin de lui envoyer du drap et du *cendal* (taffetas) *pour fourrer* (doubler) *sa robe*, et il nous dit que l'un des familiers du roi, Philippe de Nanteuil, ayant rencontré son écuyer porteur de ces objets, s'empressa d'aller raconter au roi l'affront que Joinville leur faisait de s'être avisé avant eux de cette attention. Par ce petit détail on voit en Joinville un chevalier *courtois* : la suite du récit nous le montre chevalier *aventureux*.

C'était pour réclamer le secours du roi en faveur de son époux, l'empereur Baudouin, que l'impératrice était venue en Chypre. « Par ses instances elle obtint, dit Joinville, plus de deux cents lettres, tant de moi que d'autres de nos amis, dans lesquelles nous déclarions nous engager par serment, si le roi ou les légats vouloient envoyer trois cents chevaliers à Constantinople, de nous joindre à eux dès le départ du roi pour l'Égypte. Quand le moment fut venu, je requis du roi, par devant le comte (d'Eu) dont j'ai la lettre, que j'attendois pour me rendre à Constantinople qu'il disposât des trois cents chevaliers; mais le roi me répondit *qu'il n'avoit pas de quoy, et que il n'avoit si bon trésor dont il ne feust à la lie.* »

Au printemps la flotte leva l'ancre pour l'Égypte. « Le
« samedi fist le roy voile et tous les autres vaisseaux aussi,
« que moult fut belle chose à voir; car il sembloit que toute

[1] Marie de Brienne, femme de Baudouin II, de Courtenay.

« la mer, tant comme l'on pouvoit voir à l'œil, fust cou-
« verte de touaille des voiles des vaisseaux, qui furent
« nombrés à dix-huit cents vaisseaux, que grans que
« petits. »

Lorsqu'on débarqua devant Damiette, le lundi de Pâques 1250, la galère de Joinville se trouva placée à l'avant-garde, et il descendit à terre un des premiers[1]. Par son intrépidité il maintint dans l'inaction un corps de six mille Sarrasins qui n'osa venir l'attaquer, à la vue de la fière contenance de sa troupe et des lances en arrêt *comme pour aller parmi les ventres, en sorte qu'ils tournèrent le devant derrière et s'enfouirent*. Joinville rendit grâce à Dieu de ce que l'armée des émirs leur avait abandonné, presque sans coup férir, la cité de Damiette.

Après plusieurs mois passés sous les murs de la ville pour combattre et repousser les attaques des Arabes Bédouins et des Turcs, l'armée se dirigea vers Babylone (Baboul près du vieux Caire), et Joinville fut chargé de la garde des *chastels* destinés à protéger les travailleurs qui construisaient une chaussée. Sa position était pénible : jour et nuit les Sarrasins lançaient contre les châteaux en bois le feu grégeois *gros comme un tonneau de verjus*, dit Join-

---

[1] Il avait quitté son navire pour monter sur cette galère qui avait un moindre tirant d'eau : c'était une de ses cousines, Eschive de Montbéliard, dame de Beyruth, qui la lui avait envoyée pour faciliter son débarquement.

Joinville nous raconte la manière dont il apaisa la querelle entre *deux moult vaillants bacheliers* de sa troupe, monseigneur Villain de Versey et monseigneur Guillaume de Dammartin, qui *s'étaient entrepris par les cheveux, en Morée*. Il les réconcilia au moment de débarquer devant Damiette, en leur jurant par tous les saints que ni lui ni eux ne descendraient à terre avant qu'ils n'eussent fait la paix et ne se fussent embrassés.

ville, avec une queue aussi longue qu'un glaive, et ressemblant *à la foudre venue du ciel ;* il semblait voir *un dragon volant dans l'air.* A son approche, Joinville et ses chevaliers se jetaient à genoux, et, les coudes appuyés à terre, criaient *merci* à Notre-Seigneur, *en qui est toute puissance* [1]. Mais, bien qu'il semble résulter de son récit que les Sarrasins ne savaient pas encore bien diriger ce feu, sa position et celle de sa troupe étaient des plus critiques, puisque, leur disait le bon chevalier Gautier de Cureuil, *si nous restons dans nos chastels, nous sommes perdus et ars* (brûlés), *et si nous laissons nos défenses que l'on nous a baillées à garder, nous sommes honnis : dont* (donc) *nulz ne peut nous deffendre de cest peril fors que Dieu.*

Dans cette plaine sablonneuse, le bras du Nil ayant été franchi, les premiers succès furent suivis d'affreux désastres causés par la désobéissance et l'audace malheureuse du comte d'Artois, qui périt dans la ville de Mansourah, où il eut l'imprudence de poursuivre l'ennemi.

A cette bataille, où Joinville nous raconte comment il tua un Sarrasin auquel il *donna de son glaive par dessous l'aisselle et le jetta mort à terre*, six de ses chevaliers périrent, parmi lesquels Hugues de Tricastel, qui, ainsi que Landricourt, tué la veille, étaient les seuls de ses chevaliers qui portaient bannière [1]. « Après la mort de « Tricastel, nous dit Joinville, moi et mes chevaliers don- « nâmes des esperons et allâmes au secours de monsei-

---

[1] « Toutes les fois que le saint roi oyoit qu'ils nous jettoient le feu grégeois, il se dressoit en son lict et tendoit ses mains vers Nostre-Seigneur, et disoit en pleurant : « Biau sire Dieu, gardez-moi « ma gent. » Et je crois vraiement que ses prières nous servirent bien au besoin, » ajoute Joinville.

« gneur Raoul de Wanon, qui estoit avec moi et que les
« Sarrasins avoient abattu à terre. Quant je m'en reve-
« nois, les Turcs m'appuyèrent de leurs glaives; mon
« cheval s'agenouilla par le faix qu'il en sentit, et je en
« allai oultre parmi les oreilles du cheval, et je me redressai
« mon escu à mon col et mon épée à la main. » C'est là
que Joinville, après avoir vaillamment combattu, fut exposé
aux plus grands périls et de nouveau renversé de son
cheval.

Les sentiments chevaleresques manifestés en cette
circonstance par un de ses chevaliers, méritent d'être
signalés : « Monseigneur Érart de Siverey, dit Joinville, fut
percé d'une épée au visage, si que le nez lui cheoit sur la
lèvre, et me dit : — « Sire, *se vous cuidiez que moi ne mes
« hers* (descendants) *n'eussions blâme*, je vous iroie querre
« secours au comte d'Anjou, que je vois là emmi les
« champs. » Et je lui dis : — « Messire Érart, il me semble
« que vous ferez vostre grand honneur, se vous nous alliez
« querre aide pour nos vies sauver, car la vostre est bien en
« aventure. — Et je disais bien voir (vrai), car il fut mort
« de cette blessure. Il demanda conseil à tous nos cheva-
« liers qui estoient là, et tous li louèrent ce que je li avoie
« loué[1]. »

L'arrivée du roi sur ces entrefaites, est admirablement
dépeinte par Joinville : « Là où j'étois à pied avec mes che-

---

[1] C'est par ce même sentiment de l'honneur militaire et du respect
pour l'opinion, qu'Hector rejette le conseil que lui donne Andro-
maque de choisir un poste moins périlleux. « Je redouterais, lui
répond-il, le blâme des Troyens et des Troyennes si je cherchais lâche-
ment de me soustraire aux périls de la guerre, moi qui, par ma naissance, dois toujours être brave et toujours combattre au premier rang
des Troyens. »

« valiers, ainsi blessé comme je l'ai dit devant, vint le roi
« avec toute sa bataille, à grand' fanfare et à grand bruit
« de trompes et timballes, et il s'arrêta sur un chemin
« élevé : plus jamais si bel homme armé je ne vis, car il
« paraissoit au-dessus de tous ses gens, des épaules jus-
« qu'à la tête, un heaume doré en son chef, une épée d'Al-
« lemagne en sa main. »

Joinville frappait à grands coups d'épée les Sarrasins, et dans le fort de la mêlée s'adressait à *monseigneur saint Jacques, pour qu'il le secourût en ce besoin.* Il offrit au connétable de l'accompagner pour voler au secours du comte d'Artois, dont le péril venait d'être annoncé au roi ; mais, s'il était trop tard pour le sauver, du moins Joinville contribua à empêcher un plus grand désastre, en défendant toute la journée un petit pont avec le comte de Soissons, son cousin, qui, tout en combattant à ses côtés, lui disait en *se moquant* et avec cette gaîté chevaleresque qui s'est perpétuée dans nos armées : « *Laissons huer cette chienaille et, par la coëffe Dieu, encore parlerons-nous de cette journée ès chambres des dames.* » Dans cette grande bataille Joinville reçut cinq blessures, et son cheval en eut dix-sept.

Pendant que le comte d'Artois succombait dans les rues de Mansourah, où il avait pénétré, le roi, si digne par son intrépidité et son calme d'être le chef de cette vaillante chevalerie, obtenait quelques succès. A ceux qui l'en félicitaient, le roi, qui venait d'apprendre la mort de son frère, répondit que Dieu fût adoré de ce qu'il lui donnait, et *lors,* nous dit Joinville, *des larmes lui tombaient des yeux moult grosses.*

Au sujet de cette bataille, dont les détails sont racontés si vivement par Joinville, M. Sainte-Beuve, avec cette

justesse d'appréciation qu'on lui connaît, fait la réflexion suivante : « On peut dire de cette bataille de saint Louis
« à la Massoure et des prodiges de valeur qu'y fit le noble
« croisé, que ce fut le suprême épanouissement en sa per-
« sonne et comme le *bouquet* de la chevalerie sainte, de
« la chevalerie tout en vue de la croix. A partir de là, il y
« eut d'aussi beaux faits d'armes, mais en vue de l'hon-
« neur et du los, en vue de la gloire humaine, et non
« plus dans la seule idée de Dieu. Cette chevalerie chré-
« tienne, inaugurée dès Charlemagne, triomphant avec
« Godefroy de Bouillon, a ici sa dernière couronne avec
« saint Louis; et notez que tout à côté de saint Louis et ce
« jour-là même, l'autre chevalerie chrétienne encore,
« mais déjà mondaine et profane, existe, et qu'elle a son
« expression jusque dans Joinville. Dans Froissart, nous
« ne trouverons plus que la seconde [1]. »

On était alors en carême. L'armée, nourrie de poissons souvent putréfiés, exposée aux feux d'un soleil sans nuage, fut atteinte du scorbut, dont Joinville décrit les terribles effets [2]; lui-même, mal guéri des blessures qu'il avait reçues dans la précédente bataille, *n'avoit ni pis ni mieux que les autres*. Il souffrait des jambes et des gencives et d'une fièvre quarte. Son prêtre, aussi malade, lui chantait la messe devant son lit, mais à l'endroit du sacrement, Joinville le vit se pâmer et près de tomber à

[1] *Causeries du lundi*, t. VIII, p. 412.
[2] Voici cette peinture des souffrances de l'armée; elle est effrayante de vérité : « Et il venoit tant de chair morte aux gencives à nos gens,
« qu'il convenoit que les barbiers l'enlevassent, pour leur permettre de
« mâcher et d'avaler. C'était grand' pitié d'ouyr crier dans l'armée les
« gens à qui l'on coupoit les chairs; car ils crioient tout ainsi que
« femmes qui sont en travail d'enfant. »

terre. « Lors, nous dit-il, quand je vi que il vouloit cheoir,
« je, qui avoie ma cotte vestue, sailli de mon lit tout des-
« chaux et l'embraçai, et lui dis qu'il feist tout belement
« son sacrement, que je ne le lerroie tant que il l'auroit tout
« fait. Il revint à soi, et fist son sacrement et parchanta sa
« messe entièrement, et oncques depuis ne la chanta [1]. »

Dans la retraite ou plutôt la déroute qui se fit par terre, Joinville, que sa maladie empêchait de marcher, s'embarqua sur le Nil pendant la nuit; mais les embarcations retenues par les vents contraires, furent entourées de la flotte du soudan; la quantité de flèches et de feu grégeois qu'elle lançait sur eux était telle, qu'il semblait *que les étoiles chussent du ciel*. Les chrétiens qui se trouvaient sur les autres navires furent massacrés; celui que montait Joinville était resté en arrière au milieu du fleuve lorsque quatre galères du soudan s'en approchèrent. Dans ce moment suprême le sénéchal consulta ses chevaliers; un seul de ses serviteurs (*un mien celérier né à Dourlens*) *fut d'avis de se lesser tous tuer pour aller tous en paradis, mais nous ne le creumes pas*, dit Joinville. Il jeta dans le fleuve un coffret où étaient ses reliques et joyaux, et croyait son dernier moment venu, lorsqu'un bon Sarrasin le sauva en criant à ses compagnons : *C'est le cousin du roi! ne le tuez pas, c'est le cousin du roi* [2]! Joinville,

---

[1] Ce prêtre nommé Jean de Vassey, qui était un brave, fut tué quelque jours après. Joinville a consigné dans ses mémoires un trait de hardiesse extraordinaire, qui, dit-il, *le rendit bien connu en l'ost*, où chacun le montrant l'un à l'autre disait : *Voici le prestre de monseigneur de Joinville, qui a les huit Sarrasins desconfits.*

[2] C'était probablement quelque bon renégat. Les désastres successifs qu'éprouvèrent les chrétiens dans les diverses croisades occasionnèrent souvent, malgré l'enthousiasme religieux qui animait les croisés, de

d'après son conseil, s'élança dans l'une des galères dont les soldats étaient tous occupés au pillage de la sienne, et ce bon Sarrasin, qui ne l'abandonna pas, le tenait embrassé, pour le préserver de leurs coups. « Porté ensuite à « terre, ils me saillirent sur le corps, dit Joinville, pour moy « couper la gorge; car cilz qui m'eust occis cuidast estre « honoré. Et ce Sarrasin me tenoit toujours embrassé et « crioit : *cousin du roi !* En telle manière me portèrent deux « fois par terre et une à genouillons ; et lors je senti le coutel « à la gorge. En cette persécution me salva Diex par l'aide « du Sarrasin, lequel me mena jusqu'au chastel là où les che- « valiers Sarrasins estoient. » Ceux-ci, par la pitié qu'ils eurent de lui, et le voyant malade, le revêtirent du manteau doublé d'hermine que lui avait donné madame sa mère lorsqu'il partit pour la croisade. Alors, dit-il, *je commençai à trembler bien fort, et pour la paour que je avoie, et pour la maladie aussi.* Il demanda à boire ; mais le mal qu'il avait à la gorge était tel, que l'eau ne pouvait passer et lui sortait par les narines. A cette vue, ses gens se mirent

nombreuses abjurations au moment suprême. Joinville nous rapporte qu'un de ces renégats vint un jour offrir au roi un pot de lait et des fleurs, et que le roi étonné de l'entendre si bien parler français, ayant appris de lui qu'il avait été chrétien, le renvoya sans lui parler. « Alors « je le pris à part, ajoute Joinville, et l'ayant interrogé, il me dit être « né à Provins et qu'il était venu en Égypte avec le roi Jean de « Brienne, qu'il s'y était marié et était devenu riche et puissant. — « Mais ne craignez-vous pas, lui dis-je, que si vous mourez en cet « état, vous irez en enfer ? — Oui, répondit-il (car il savait bien que « la loi chrétienne est de toutes la meilleure); mais je crains, en reve- « nant à vous, la pauvreté et le blâme ; toujours on me dirait : Voyez « le renégat ! Je préfère donc une vie riche et facile à celle que je pré- « vois. — Malgré tout ce que je pus lui dire sur le plus grand danger « qu'il devait redouter au jour du jugement dernier, mes belles paroles « furent sans effet. »

à *plorer* et *mener grand deuil*, pensant que l'apostume à la gorge allait l'étouffer. Un remède qui lui fut administré par un Sarrasin le guérit en deux jours, et il fut conduit auprès de saint Louis. Là un écrivain du soudan prenait le nom de tous les chrétiens qu'on avait faits prisonniers ; celui de Joinville y fut inscrit. Entré dans la tente où se trouvaient les barons de France et autres captifs, on *mena une si grande joie de le voir qu'il ne savait*, dit-il, *auquel entendre, et louaient le Seigneur, cuidant m'avoir perdu.* De là il fut transféré dans un autre pavillon, près duquel, dans une cour entourée de murs, un grand nombre de chevaliers et autres gens étaient retenus prisonniers ; ils en étaient tirés l'un après l'autre et on leur demandait : *Te veux tu renier ?* Ceux qui reniaient leur foi étaient mis à part, ceux qui persistaient avaient la tête coupée [1].

Ce fait est confirmé par l'historien arabe Makrisi : « Quant aux prisonniers, dit-il, comme ils embarrassaient par leur multitude, le sultan ordonna à un de ses émirs de s'en défaire peu à peu. Chaque jour cet émir, appelé Sayf-Eddin-Youssouf, mettait trois ou quatre cents de ces prisonniers à part et leur faisait couper la tête, après quoi il jetait leurs corps dans le fleuve. » Selon Saad-Eddin, le nombre des chrétiens qui furent faits prisonniers à cette journée dépassa vingt mille, sans compter sept mille qui périrent dans le combat ou se noyèrent. « J'ai vu, dit-il,
« j'ai vu les morts et les mourants, ils couvraient par leur
« masse la face de la terre. »

[1] Le récit de ce terrible épisode a été reproduit avec plus de détails par Joinville dans le commentaire du *Credo* où l'on voit même la représentation de cette scène dramatique. *Voy.* la dissertation n° XI et les pages 101 et 102 des Mémoires de Joinville.

D'après Makrisi et Aboulmahassen, autre historien arabe, la presque totalité des prisonniers aurait été massacrée. Tous deux portent le nombre des morts à trente mille; cinq cents des plus braves, dit Aboulmahassen, restés auprès du roi se rendirent, et furent conduits à Mansourah[1] par l'eunuque Gémal-Eddin.

En lisant le récit que notre historien Jean Pierre Sarrasin, témoin oculaire, nous fait de la fureur fanatique qui enflammait les chrétiens de l'armée de saint Louis, on ne saurait s'étonner des représailles exercées par les Musulmans : « Le comte d'Artois, dit cet historien, ayant passé
« le gué, à la tête de son avant-garde, tous les Musul-
« mans qui se trouvoient en face de son camp, furent
« déconfits et presque tous passés au fil de l'épée; nos
« gens se portoient dans les demeures des Turcs tuant tout
« sans épargner, ni hommes, ni femmes, ni enfants, ni
« vieux, ni jeunes, grands ni petits, hauts ni bas, ni riches,
« ni pauvres, ils les découpoient, les tranchoient, et les
« passoient tous au fil de l'épée. S'il se trouvoit des vierges,
« des vieillards, des enfants qui se fussent cachés pour
« éviter la mort, ni cris, ni gémissements, ni prières,
« n'obtenoient merci; tous étoient mis à mort. Là fut

---

[1] « En passant dans cette ville, en 1831, dit M. Michaud, nous avons
« *vu* la maison où, selon la tradition du pays, le roi de France fut enfermé,
« et celle qui servit de prison aux barons et autres captifs chrétiens. »
Pour moi, j'avoue que lorsqu'en 1816, après avoir traversé la plaine de sable qui entoure Mansourah, j'entrai dans les masures en ruine de ce pauvre village, je ne crus pas qu'il fut possible d'y obtenir le moindre renseignement sur saint Louis et sa croisade. Je négligeai donc de m'en enquérir auprès des rares et misérables fellahs, abrutis par l'ignorance, qui vivent au milieu de leurs huttes de terre, que dominent à l'horizon quelques fours à faire éclore les œufs, construits eux-mêmes avec une boue desséchée au soleil.

« tué Fakreddin, chef de l'armée des Sarrasins, et je ne
« sai combien d'émirs et hauts et puissants personnages
« et des autres. »

Enorgueilli de ces exploits, et désobéissant aux ordres
du roi, le comte d'Artois périt par l'excès de son audace
et même de sa furie; il l'avait mérité par sa désobéissance,
et par son insolence envers les Templiers, qui se firent tuer
à ses côtés pour que le sage conseil qu'ils lui avaient donné
ne pût pas être soupçonné par lui de lâcheté[1].

Après bien des obstacles, et des périls où la grande
âme de saint Louis semble l'élever au-dessus de l'humanité,
la rançon du roi et de l'armée fut acceptée; les navires
sur lesquels le roi et ses barons étaient montés, allaient
mettre à la voile et sortir de Damiette, lorsqu'une conspiration des Mamelouks éclata. Le soudan attaqué dans sa
tente placée sur le bord du Nil, dut se jeter dans le fleuve
pour tâcher de se sauver à la nage; mais poursuivi par
les conjurés, il fut égorgé près de la galère où Joinville
était monté. Les émirs couverts du sang de leur sultan et
animés par le fanatisme, vinrent plusieurs fois sur les
vaisseaux où étaient les prisonniers, menaçant de les tuer
ainsi que le roi, qui, dans ce nouveau péril, montra la même
noblesse d'âme et la même fermeté[2]. « Quant à moi, dit
« Joinville, voyant tout plein de gens qui se confessoient
« à un père de la Trinité, je ne me souvins oncques de pé-
« chié que j'eusse fait. Et songeant que plus je me défen-

---

[1] Reinaud, *Extraits des Hist. arabes relatifs aux croisades.*
[2] M. Gérusez, en citant cet épisode dans son *Histoire de la littérature française du moyen âge*, dit que le relief, la couleur et la sombre énergie du tableau qui en est fait par Joinville, ne seraient désavoués ni par Tite-Live ni par Tacite.

« *droie et gauchiroie, et pis m'en adviendroit, je me signai ;*
« *je m'agenoillai au pié de l'un d'eulx, qui tenoit une*
« *hache a la main et di :* Ainsi mourut sainte Agnès. »
En ce même moment le connétable de Chypre, Gui d'Ibelin,
à genoux, se confessait aussi à Joinville, qui lui dit : *Je
vous absols comme Dieu m'a donné de tel pouvoir ; mais*,
ajoute Joinville, *quand je me levai d'illec il ne me souvint
oncques de chose que il m'eust dite ne racontée*.

Enfin, après bien des alternatives cruelles qui mirent à
chaque instant la vie des chrétiens en péril, le roi, par un
accommodement, obtint sa délivrance, ainsi que celle de ses
barons, en payant une forte rançon et en livrant Damiette.
Trente mille livres manquaient pour compléter la somme.
Joinville conseilla à saint Louis de les demander au commandeur du Temple ; mais celui-ci, s'étant refusé à les
donner, Joinville, du consentement du roi, revint les
exiger. « Dès que je fus descendu, dit-il, là où le trésor
« estoit, je demandai au trésorier du Temple qu'il me baillast
« les clefs d'une huche qui estoit devant moy, et lui, qui me
« vit maigre et descharné de la maladie et en l'habit que
« j'avois porté en prison, dit qu'il ne me les bailleroit nulles.
« Lors ayant regardé une cognée qui gisoit illec, si la
« levai, et dis que je en ferois la clef du roi. Ebahi de ma
« resolution, les clefs me furent alors données. »

Si, dans cette croisade, l'animosité des Musulmans fut
grande, et si l'enthousiasme religieux fit de nombreuses victimes, le récit de Joinville et celui des historiens arabes
nous montrent cependant quelques traits de générosité et
d'humanité qui contrastent avec tant d'horreurs. C'est ce
que Voltaire a remarqué. « Le nouveau soudan Almoadan,
dit-il, avait certainement de la grandeur d'âme ; car le roi

Louis lui ayant offert pour sa rançon et celle des prisonniers un million de bezants d'or, Almoadan lui en remit la cinquième partie [1]. »

On lit dans l'historien Aboulfarage que le sultan apprenant que la reine, femme du roi de France, qui était restée à Damiette, était accouchée d'un fils, envoya de riches présents à la mère, avec un berceau d'or et des vêtements magnifiques pour l'enfant. Aboulmahassen parle de traitements honorables faits au roi de France par le sultan.

« Lorsqu'en vertu du traité, dit Voltaire, les troupes françaises qui étaient dans Damiette rendirent cette ville, on ne voit point que les vainqueurs fissent le moindre outrage aux femmes. On laissa partir la reine et ses belles-sœurs avec respect. Ce n'est pas que tous les soldats musulmans fussent modérés : le vulgaire en tout pays est féroce. Il y eut sans doute beaucoup de violences commises, des captifs maltraités et tués ; mais enfin j'avoue que je suis étonné que le soldat mahométan n'ait pas exterminé un plus grand nombre de ces étrangers qui, des ports de l'Europe, étaient venus sans aucune raison ravager l'Egypte. »

Cependant, d'après la lettre de Pierre Sarrasin, les Musulmans auraient fait périr à Damiette un grand nombre de chrétiens qui ne voulurent pas renier leur foi, et leur auraient même fait souffrir divers supplices. En effet Makrisi rapporte que lorsque les musulmans entrèrent dans la ville, ils coururent au pillage et massacrèrent les prisonniers qui n'en étaient pas encore sortis, et que, pour faire cesser ce carnage et mettre dehors ces bandes féroces, on dut se battre contre elles.

---

[1] *Essai sur les mœurs*, chap. LVIII.

Cet historien arabe dit ailleurs que le roi ramena en France douze mille cent dix soldats chrétiens qui avaient été retenus captifs au Caire. L'espoir d'obtenir une forte rançon leur sauva probablement la vie.

On ne peut se dissimuler que les guerres en Orient eurent toujours un caractère moins humain qu'en Europe. La vie des hommes compte pour peu de chose dans l'Orient. Aucun des grands conquérants qui ont marqué leur sanglant passage dans le monde et dans l'histoire n'a été moins cruel que Napoléon, et cependant à Jaffa, après la révolte de cette ville, les terribles nécessités de la guerre l'obligèrent, vu le manque de vivres et de moyens de transporter par mer les prisonniers, de les faire fusiller en grand nombre [1]. Les Arabes qui m'ont montré, en 1816, l'emplacement où ce massacre se fit, n'en témoignaient ni douleur ni ressentiment. Les événements tout récents de l'Inde et la vengeance exercée par les Anglais sur la population de Delhi en sont une nouvelle preuve.

Joinville suivit le roi en Syrie, mais la maladie l'avait tellement affaibli qu'en débarquant à Saint-Jean-d'Acre, il pouvait à peine se tenir sur l'un des palefrois de la suite du roi. Saint Louis l'envoya chercher pour dîner à sa table, où il se rendit couvert de ce même et unique manteau que lui avait donné sa mère et qu'il avait pu conserver pour tout équipage. Le roi lui reprocha d'avoir tardé à le venir voir, et lui commanda *si chier comme j'avoie s'amour, de seir* (s'asseoir) désormais à sa table soir et matin. Logé dans la maison du curé de Saint-Michel à Saint-Jean-d'Acre, sa

---

[1] On peut en lire le triste récit dans les *Mémoires pour servir à l'histoire des expéditions en Égypte et en Syrie*, par J. Miot, 2e édit.; Paris, Lenormant, 1814.

maladie empira; il n'avait personne pour le soigner, tous ses gens étaient malades, et la mort, nous dit-il, était sans cesse présente à ses yeux. Chaque jour on apportait plus de vingt morts au couvent, et, en entendant retentir à ses oreilles le *Libera me, Domine*, il se mettait à pleurer priant Dieu de le sauver *lui et sa gent*.

Rien de plus touchant que ces confessions naïves d'un guerrier de grand cœur qui ne saurait farder la vérité. Joinville a cela de commun avec les héros d'Homère et avec tous les hommes chez qui le naturel n'est pas encore comprimé par ce qu'on appelle le sentiment des convenances [1]. Il nous fait assister à ses joies, à ses tristesses et aux moments de découragement qu'éprouve son âme au souvenir de ceux qu'il a quittés, et qu'il craint de ne plus revoir.

Dans le conseil que le roi assembla pour décider s'il devait retourner en France, ou prolonger son séjour en Terre sainte, et où il exposa à ses barons avec une noble simplicité les motifs pour et contre ce départ, Joinville appuyant l'opinion du comte de Jaffa, soutenue aussi par le maréchal de France, Guillaume de Beaumont, et par le sire de Courtenay, s'opposa au départ, attendu que, selon les paroles mêmes du roi, une fois le roi parti, les pauvres prisonniers laissés en Egypte *ne seroient jamais délivrés et que chacun imitant son exemple, la Terre sainte seroit*

---

[1] Ἀγαθοὶ δ' ἀριδάκρυες ἄνδρες, *les larmes prouvent la bonté du cœur!* Cet antique proverbe cité souvent par Eustathe au sujet des héros d'Homère ne saurait mieux s'appliquer qu'à Joinville; le lecteur est ému par ses larmes. Dans Virgile, dont la poésie est plutôt l'expression de l'époque où il écrit que celle des temps primitifs qu'il a voulu représenter, les larmes versées si abondamment par Énée ne semblent plus assez héroïques aux peuples civilisés; et cependant Énée est contemporain d'Ulysse et d'Achille.

abandonnée. Joinville avait dit au légat que *tout chevalier pauvre ou riche seroit honni à son retour se il laissoit en la main des Sarrasins le menu peuple de Nostre-Seigneur, en laquelle compagnie il estoit allé*. Les douze autres membres du conseil s'élevèrent contre l'avis de Joinville et le déclarèrent insensé, le légat s'en montra même très-courroucé, et l'animosité générale que suscita contre lui son énergique résistance fut telle que le nom de *poulain* lui fut donné, terme de mépris par lequel on désignait les chrétiens nés d'un sarrasin et d'une femme franque [1]. Le roi ayant gardé le silence, Joinville sortit tout triste du conseil et se vit l'objet de nouvelles attaques et de nouveaux sarcasmes. Au repas qui suivit, le roi, contre son habitude, ne lui parla pas *tant comme le manger dura, ce qui,*

[1] Il est très-probable que Joinville n'a jamais lu Homère; et rien, dans ses écrits, ne semble indiquer la moindre velléité d'imitation; mais lorsque la simplicité des mœurs laisse encore aux sentiments humains leur naïveté primitive, la similitude des situations se reproduit toujours la même en vivacité et en énergie d'expression. Le tableau que nous a offert Joinville de l'apparition de saint Louis nous rappelle, soit Achille se montrant sur les remparts des Grecs, soit Ulysse si bien dépeint par Hélène lorsqu'elle le signale au vieux Priam. Ici, dans cette délibération où les chefs discutent, en présence du roi, s'il convient de quitter ou non la Terre sainte, on croit assister à l'un de ces conseils où, en pareille circonstance, Achille et Agamemnon ne s'épargnent pas des injures qui ont blessé le goût délicat de Lamotte et de Perrault, quoiqu'elles ne dépassent pas en grossièreté celles des chefs des croisés. Ainsi, dans son emportement pour quitter la Terre sainte et retourner en France, Jean de Beaumont, l'oncle du roi, interpellant son cousin Guillaume de Beaumont, qui, avec Joinville, s'opposait à ce lâche départ, lui dit : « *Orde longaigne (puante latrine, ou sale excrément), que voulez-vous dire? Rasciez vous tout quoy.* »

Quant au mot de *poulain*, ce doit être la traduction du mot grec πούλος, *fils, enfant de*. C'est ainsi qu'on désigne en grec le fils d'un Turc et d'une mère grecque par le nom de τουρκοπούλος.

dit Joinville, *me fit cuider qu'il fust courroucé contre moi*. S'étant retiré, pendant que le roi disait ses grâces, vers une fenêtre où, les mains passées dans les barreaux, triste et pensif, il songeait à aller demander du service à son cousin le prince d'Antioche, tout à coup quelqu'un s'appuyant sur ses épaules vint lui poser les deux mains sur la tête. Il reconnut que c'était le roi, *à une émeraude qu'il avoit en son doigt*, et fut tout consolé quand il l'entendit lui dire qu'il approuvait son conseil et lui savait gré d'avoir eu le courage de le soutenir, qu'il le suivrait; mais il lui défendit de parler de son départ.

Joinville accompagna ensuite le roi dans tous ses voyages et dans ses expéditions en Palestine : à Césarée, à Jaffa, à Tyr et à Sidon.

C'est après le départ des frères du roi pour la France et avant que saint Louis se rendît à Césarée, dont il releva les remparts, que Joinville composa vers 1252 le *Credo* qui nous a été conservé et où il mentionne un des épisodes les plus dramatiques de la funeste retraite vers Damiette, après la bataille de la Massoure. On y trouve aussi le résumé de quelques-uns de ses entretiens avec le roi sur la religion [1].

Chargé par le roi d'une expédition dans l'Anti-Liban près de Tyr, Joinville courut un grand péril. Surpris dans un défilé, il lui fallut mettre pied à terre pour encourager ses soldats, et un de ses chevaliers périt à ses côtés. On le crut mort, et il ne dut son salut qu'à un stratagème, en incendiant la plaine au moyen de joncs (cannes), qui, fendus à l'un des bouts pour y placer des charbons allumés, et lancés dans des meules de blé, arrêtèrent la poursuite des ennemis. En témoignage de sa satisfaction pour la bravoure et la

---

[1] Voyez la dissertation n° XI sur le *Credo* de Joinville.

prudence dont Joinville lui avait donné tant de preuves, le roi lui conféra, par un acte daté du camp devant Joppé, en avril 1252, deux cents livres de rente annuelle réversibles sur ses héritiers[1].

Joinville nous fait connaître sa manière de vivre pendant son séjour à Acre : chaque jour, ses deux chapelains lui disaient ses heures et chantaient la messe l'un à l'aube, l'autre quand tous les chevaliers étaient levés. Après la messe, il se rendait près du roi et l'accompagnait lorsqu'il *voulait chevaucher*. Comme on attribuait les malheurs de l'armée à la corruption des mœurs, saint Louis punissait avec sévérité les moindres désordres : aussi Joinville, pour se mettre à l'abri de tout soupçon, nous dit qu'il fit placer son lit de telle manière qu'on ne pouvait entrer dans son pavillon sans voir tout ce qui s'y passait, *et ce faisoit-il pour oster toute mescréance de femmes*. A l'approche de l'hiver, les arrivages par une mer *felonesce* étant rares et coûteux, il faisait provision de vivres, en grains, porcs, moutons et volailles. Il achetait cent tonneaux de vin et *faisait toujours boire le meilleur avant*. Mêlé abondamment d'eau pour les valets, il l'était en moindre quantité pour les écuyers; quant aux chevaliers, ils usaient à leur convenance *de grandes phioles* de vin et *de grandes phioles* d'eau placées sur la table. Le roi lui avait donné cinquante chevaliers à commander, et chaque jour dix d'entre eux dînaient à la table de Joinville, assis à terre, selon l'usage du pays, chacun d'eux tête à tête d'un des chevaliers de Joinville ; à toutes les grandes fêtes annuelles il invitait à *des galas les riches hommes de l'ost*, qui venaient en telle quan-

---

[1] Dans l'*Histoire de la principauté de Joinville*, ms. 1054, p. 62, il est dit que ces actes étaient « au plus secret ez archives de Joinville. » (Voir l'acte I.)

tité que le roi était obligé d'en recevoir une partie à sa table.

Sa susceptibilité sur le point d'honneur, surtout en ce qui concernait ses chevaliers et sa troupe, était extrême. Dans une chasse aux gazelles où ses chevaliers avaient été repoussés par les hospitaliers, il porta plainte au grand maître, et raison lui fut rendue selon les usages de la Terre sainte. Les hospitaliers durent donc manger à terre sur leurs manteaux, en présence des chevaliers; mais Joinville et ses chevaliers, satisfaits de leur voir accomplir cet acte d'humilité, les firent dîner avec eux à *haute table*[1].

Joinville ayant appris l'arrivée de la reine à Sidon, alla au-devant d'elle, attention à laquelle le roi fut sensible, et qui amena cette réflexion de Joinville : « Je vous « rapporte ces choses, parce que depuis cinq ans que « j'estois auprès de lui, il ne m'avoit encore parlé de la « reine ni de ses enfants, que je sache, ni à moi ni à per- « sonne, et ce n'est pas bonne manière, comme il me « semble, d'estre estranger à sa femme et à ses enfants. »

Cependant le roi aimait tendrement la charmante et intrépide Marguerite qui par dévouement pour son époux avait voulu braver les périls de la croisade. Mais dans ces graves et tristes circonstances, les devoirs de la royauté faisaient taire les affections.

Sachant qu'en Joinville la bravoure s'unissait à la courtoisie et à la *prud'hommie*, le roi le chargeait volontiers du soin d'accompagner la reine; par son enjouement, sa conversation et son habitude des cours qui le distinguaient des autres chevaliers, Joinville devait lui plaire : il devint en quelque sorte son chevalier.

---

[1] Levesque de la Ravalière s'est mépris, ce me semble, sur le sens de ce passage, *Mém. de l'Acad. des Insc.*, t. XX, p. 329.

Le roi lui ayant donné l'ordre de conduire la reine et ses enfants à Tyr, « je ne répliquai point, nous dit-il, « et cependant il y avoit grand péril, n'ayant alors ni « paix ni trêve avec ceux d'Égypte et de Damas ; mais grâce « à Dieu, nous y parvînmes de nuit, quoiqu'il nous fallût « deux fois descendre à terre dans le pays de nos ennemis. »

Joinville se plaît à rappeler la fermeté d'âme que montra la reine au milieu des périls quand elle était renfermée à Damiette : « c'est alors, nous dit-il, que la reine accoucha d'un « fils qui eut nom *Tristan*, ainsi appelé pour la grande dou- « leur où il était né. » Le jour même de son accouchement on lui vint dire que les Pisans, les Génois et autres voulaient s'enfuir. Le lendemain elle les manda tous devant son lit ; la chambre en était remplie : « Seigneurs, pour « l'amour de Dieu, ne m'abandonnez pas dans cette ville, « leur dit-elle ; car vous voyez que le roi et tous ceux qui « sont faits prisonniers seroient perdus, si la ville était prise ; « et s'il ne vous plaît, prenez du moins pitié de cette ché- « tive créature ici couchée, et attendez que je sois re- « levée. » — Et ils répondirent : « Dame, comment faire ? « puisque nous mourons de faim dans cette ville. » — Et « elle leur dit que la famine ne les en ferait pas sortir, « car je ferai acheter tout ce qui se trouve de vivres dans « la ville, et désormais je vous retiens tous au service du « roi. — Ils se consultèrent et revinrent vers elle, lui « octroyant de rester volontiers ; et la reine, que Dieu l'ait « en sa sainte garde ! fit acheter toutes les provisions de la « ville, qui lui coûtèrent plus de trois cent mille livres. Il « lui fallut faire ses relevailles avant terme, parce que la « ville dut être rendue aux Sarrasins. »

Lorsque saint Louis se décida à revenir en France, il fit

embarquer Joinville sur son vaisseau, où était aussi la reine Marguerite.

On lira avec intérêt dans son récit *comment le plus faible des vents*, selon l'expression employée par saint Louis, *faillit noyer, près des rivages de Chypre, le roi de France avec toute sa famille.* Un jour que la mer furieuse menaçait de faire sombrer le navire, la reine Marguerite fit vœu à saint Nicolas de Varangeville d'une *nef d'argent*, et Joinville s'engagea à porter lui-même cette offrande *à pié et deschaux* dans l'église du saint au diocèse de Châlons, et même il s'en rendit *pleige* sur la demande de la reine [1].

Avec les périls de la navigation la piété de Joinville semble s'accroître. Un écuyer tombe à la mer; et, sur le point de se noyer, invoque Notre-Dame, qui le soutient par les épaules et le ramène à bord. « En l'onneur de ce miracle, dit-il, je l'ay fait peindre à Joinville, en ma chapelle, et ès verrières de Blécourt. » Mais même dans les plus grands périls la gaîté gauloise ne l'abandonne pas; sur le point de sombrer au fond de la mer, il raconte la naïveté d'un sien écuyer qui lui jeta un manteau sur les épaules, dans la crainte qu'il ne prît froid et s'enrhumât.

En 1254, après une absence de six ans, Joinville revit enfin son château bien-aimé, sa femme Alaïs, et son fils âgé alors de six ans. Il s'arrêta quelque temps à Joinville pour arranger ses affaires fort délabrées, ne s'étant réservé que mille livres de revenu, lors de son départ pour la croisade, d'où il revenait ayant tout perdu : il se rendit ensuite auprès du roi à Soissons, « *qui lui fist si grant joie que tous ceux qui là estoient s'en émerveilloient.* » Le roi lui donna alors la terre de Gernzei à la charge de l'hommage lige.

---

[1] Il accomplit ce vœu au mois de mai 1255.

Un de ses premiers soins fut d'aller visiter les tombeaux de ses aïeux à Clairvaux, et d'y faire inscrire les épitaphes de ses prédécesseurs, seigneurs de Joinville, inhumés au cimetière des nobles dans cette abbaye. Il fit aussi placer dans l'église de Saint-Laurent, au-dessus du tombeau de son oncle Geoffroy Trouillard, *l'escusson escartelé des armes d'Angleterre* qu'il avait rapporté de Saint-Jean-d'Acre. Il y fit apposer l'épitaphe qui nous a été conservée et dont nous parlerons plus loin.

Au mois de mai 1257, le roi de Castille, en récompense des services que Joinville avait rendus à la foi chrétienne durant la croisade, lui fit don de mille marcs d'argent au grand marc : la patente authentique lui en fut envoyée par l'archidiacre de Maroc [1].

Peu de mois après son retour, il négocia le mariage de la fille du roi de France, Isabelle, avec son seigneur Thibaut V, comte de Champagne et roi de Navarre, qui venait de succéder à son père. Des pièces déposées aux archives indiquent qu'il reçut quelques possessions ajoutées à ses fiefs, probablement en récompense de cette union.

Sa mère mourut en 1260. Il hérita d'elle de plusieurs domaines, et, selon les lettres datées de 1261, provenant des archives du château de Joinville, il retint dans sa mouvance ceux qui passèrent à son frère Geoffroy de Vaucouleurs.

L'abbaye de Saint-Urbain, enclavée dans son domaine de Joinville, se trouvant sans abbé par suite d'un conflit entre plusieurs prétendants, Joinville s'en attribua la garde; ce qui occasionna un *grant tribouil* dans un parlement à

---

[1] *Hist. de la principauté de Joinville*, ms. de la Bibl. impér., 1054, p. 62.

Paris, entre Joinville, l'évêque Pierre de Flandre, la comtesse Marguerite de Flandre, et l'archevêque de Reims. A cette occasion Joinville fut excommunié par l'évêque de Châlons. Les évêques intervinrent dans ce débat, reprochant à saint Louis de protéger les spoliateurs de l'Église; mais le roi les éconduisit par de bonnes paroles, quoique avec un peu d'ironie, comme il fit à l'archevêque de Reims. Quant à l'évêque de Châlons, voici comment le roi s'y prit : « L'évêque de Châlons, lui ayant dit : « Sire, que ferez-vous du seigneur de Joinville, qui « tolt à ce pauvre moine l'abbaye de Saint-Urbain? — « Sire évesque, fist le roy, entre vous avez establi que « l'on ne doit oyr nul escommunié en cour laie, et j'ai « veues lettres scellées de trente-deux sceaux que vous « estes excommunié : donc je ne vous escouteray jusques « à tant que vous soyez absoutz. » C'est ainsi, ajoute Joinville, que *par son senz, il le délivra de ce qu'il avoit à faire.*

En 1261, Joinville épousa en secondes noces Alix, fille de Gauthier, seigneur de Resnel en Bassigny, et par cette alliance il réunit cette baronnie à celle de Joinville.

En 1262, il remplit un service de cour aux noces du prince Philippe (depuis Philippe III le Hardi) et d'Isabelle d'Aragon. Une lettre de Thibaut, son seigneur, contient même à ce sujet un détail assez curieux : Joinville réclamait à son profit la remise des *écuelles* qui avaient servi au repas, comme un droit relevant de sa charge; mais sa demande fut rejetée, attendu que ces écuelles étaient celles du roi de France, dont Joinville n'était pas le vassal : ce qu'il n'aurait pas dû oublier, puisqu'il avait refusé de prêter serment à saint Louis lors de son départ pour la croisade, attendu qu'il était homme lige de Thibaut, comte de Champagne, et non celui du roi de France [1].

En 1269, la comtesse de Luxembourg, Marguerite, se porta médiatrice entre Joinville et Milon, seigneur de Saint-Amand, et fit cesser les hostilités survenues entre eux. Toutefois, on voit par les lettres conservées dans les archives de Joinville, qu'il fut condamné à payer deux cents livres tournois de dédommagement.

En 1270, il vint au château de la Fauche pour y recevoir un hommage qui lui était dû et que lui contestait le seigneur de Vergi. Les clefs du château lui furent remises par ce seigneur, auquel Joinville les rendit après les avoir fait garder par son écuyer pendant un jour entier. Trois ans auparavant (en 1267), Joinville avait dû rendre hommage au comte de Bar pour la terre de Moutier-sur-Saulx.

En 1277, par un acte daté de *mardi prochain, après la décollation de saint Jean-Baptiste*, Joinville fit un emprunt au chapitre de Saint-Laurent d'une somme de quarante livres, et donna en gage pour garantie des chasubles, aubes, ornements et reliques de sa chapelle.

Malgré le bonheur dont il jouissait auprès de sa famille, et le soin qu'il apportait au bien-être de ses vassaux, Joinville quittait souvent son château pour se rendre auprès du roi Louis IX, dont il admirait les vertus et qui répondait à son dévouement par une véritable affection. Souvent Joinville partageait avec monseigneur de Nesle et Jean, comte de Soissons, le soin que le roi leur confiait d'aller entendre les *plaids* aux portes du palais, et de l'informer des affaires qui réclamaient sa présence ; il s'asseyait même près du roi quand saint Louis rendait la justice,

---

[1] *Mémoires de l'Acad. des Inscr. et Belles-Lettres*, t. XX, p. 789.

soit au jardin de Paris¹, soit sous le chêne du bois de Vincennes.

Les largesses que le roi fit à Joinville ne furent point le prix de la flatterie ou de l'obsession, et toujours Joinville obtint justice du roi contre ses envieux ou ses calomniateurs.

« On admire, dans la vie de cet historien de saint Louis, les sentiments d'affection qui l'unissent à celui dont il a entrepris d'écrire la vie, et les harmonies, s'il est permis d'employer ce mot, qui se répondent entre ces deux existences, l'une si bien faite pour comprendre et pour apprécier l'autre; le sujet loyal et dévoué près du roi héroïque et sublime, le chevalier accompli près du saint. En lisant dans ces mémoires le récit de la vie privée du roi et ses actions les plus simples, qui sont peut-être les plus admi-

---

¹ Situé sur l'esplanade de la place Dauphine en face le palais de Justice.
Joinville nous donne un exemple de la sagesse des jugements de saint Louis. « Je vis, dit-il, dans une charrette le corps de trois ser-
« gents qu'un clerc (ecclésiastique) avoit tués, mais après avoir été
« volé par eux : Sire clerc, fist le roi, vous avez perdu à estre prestre
« par vostre prouesse, et, pour vostre prouesse, je vous retieng à mes
« gages et venrez avec moy outremer. Et ceste chose vous foiz-je en-
« core, pource que ma gent voyent que je ne les soustiendrai [en] nulles
« de leurs mauvesetiés. » Quand le peuple qui estoit là assemblé
« ouït cela, ajoute Joinville, ils se escrièrent à nostre Seigneur et le
« prièrent que Dieu li donnast bonne vie et longue. »
A son retour de la croisade, Joinville (ou du moins le chroniqueur de Saint-Denys, dont le récit complète celui de Joinville) nous fait un triste tableau de Paris : « La prévosté estoit lors vendue aux bourgeois de Paris ou à aucuns; et quand il advenoit que aucuns l'eust acheptée, si soustenoient leurs enfants et leurs neveux en leurs outrages; car les jouvenciaux avoient fiance en leurs parents et en leurs amis qui les tenoient. Pour ceste chose estoit trop le menu peuple défoulé, ne se pouvoient avoir droit des riches homes, pour les grands présents et dons qu'ils faisoient aux prévosts. Par les grands rapines qui estoient faites en la prévosté, le menu peuple n'osoit demeurer en la terre du roi, ains

rables, on partage l'enthousiasme que l'intimité accroissait de jour en jour dans l'âme de Joinville, si bien faite pour sentir et aimer la vertu. Il s'avoue un homme ordinaire avec bien des faiblesses; mais les vertus de saint Louis ne lui en paraissent que plus belles, et l'on dirait qu'il est heureux d'insister sur son infériorité pour les faire encore mieux ressortir. »

Vingt ans s'étaient écoulés depuis le retour d'Orient, et Joinville, lorsqu'il n'était pas à la cour, s'occupait dans ses domaines à bâtir et réparer les églises, à faire rappeler sur les vitraux de la chapelle de Joinville et de l'église de Blécourt le souvenir de ses voyages d'outre-mer et des périls auxquels il avait eu le bonheur d'échapper, enfin à jouir des charmes du foyer domestique, quand tout à coup, en 1270, il apprend que le roi mandait ses barons à Paris, et lui même, sur une invitation pressante pour s'y rendre, quoique malade de la fièvre quarte, ne peut résister aux ins-

alloient demourer en autres prévostés et seigneuries, et estoit la terre du roi si vague, que, quand il tenoit ses plaids, il n'y venoit pas plus de dix personnes ou de douze. Avec ce, il y avoit tant de maulfeteurs et de larrons à Paris, que tout le pays en estoit plein. Le roi, qui metoit grand'diligence comment le menu peuple fust gardé, sut toute la vérité; si ne voulut plus que la prévosté de Paris feust vendue; ains donna gages bons et grands à ceux qui dès or en avant la garderoient; et toutes les mauvaises coustumes dont le peuple pouvoit estre grévé, il abatit, et fist faire enquerre par tout le royaume et par tout le pays où l'on fist bonne justice et roide, qui n'épargnast plus le riche home que le pauvre. Si lui fust indiqué Estienne Boileau, lequel maintint et garda si bien la prévosté, que nul malfaiteur, ne liarre (larron) ni meurtrier, n'osa demourer à Paris, qui tantost ne feust pendu ou détruit; ne parent, ne or, ne argent ne le pût garantir. La terre du roi commença à amender, et le peuple y vint pour le bon droit que on y faisoit; si moulteplia tant et amenda, que les ventes, les saisinnes, les achats et les autres choses valoient à double que devant. »

tances du roi ; mais, arrivé à Paris, un songe lui fit voir le roi agenouillé devant l'autel et revêtu par des prélats d'une robe rouge en serge de Reims. Son chapelain Grégoire, qu'il consulta au sujet de ce rêve, *et qui moult estoit sage*, lui dit qu'il s'agissait d'une nouvelle croisade que voulait faire le roi et que la serge de Reims annonçait que *la croisade serait de petit exploit, comme verrez, si Dieu vous donne vie*. « L'interprétation de Guillaume, dit fort bien M. Nisard, « ce songe lui-même, c'était le bon sens français qui com-« mençait à n'avoir plus foi aux croisades. » Dès le lendemain, le roi, avec ses trois fils et plusieurs de ses barons, se croisait ; mais Joinville, malgré les instantes prières du roi et de Thibault son seigneur, persista dans son refus de prendre la croix de nouveau. Ce refus dût lui être pénible; mais il allégua que *tandis qu'il avoit esté outre mer, ses vassaux avaient tant souffert, que eux et lui s'en sentiraient toujours*; que les sergents de France et le roi de Navarre avaient *détruit et apovroyé ses gens*; que sa présence leur était indispensable ainsi qu'à ses enfants : enfin, pressé par le roi, Joinville ajouta ces paroles mémorables : « Si je voulois ouvrer au gré de Dieu, je demeurerois ici « pour défendre et aider mon peuple; car, si je portois mon « corps au pèlerinage de la croix, voyant tout cler que ce « seroit au mal et au dommage de ma gent, j'agirois con-« tre Dieu, qui mist son corps pour son peuple sauver. » Mais l'enthousiasme religieux de saint Louis ne vit probablement qu'un sophisme dans un aussi sage raisonnement ; il crut mieux obéir à la voix de Dieu en exposant sa vie et la fortune de la France pour le triomphe de la croix et l'accomplissement d'un saint devoir.

Le sérieux apporté par Joinville dans le récit de sa vision, fait présumer que la prédiction de son chapelain sur le résultat de cette nouvelle croisade réveillant en lui le souvenir des malheurs et des périls de la précédente, le fortifia dans sa résolution : *loin de l'approuver, je entendi, dit-il, que tous ceuz firent péché mortel qui louèrent au roi l'allée,* etc.

Quelle douleur ne dût-il pas ressentir lorsqu'il apprit les malheurs qui frappèrent dès le début cette imprudente croisade, et la sainte mort de son roi, son ami, son frère d'armes et l'objet de son culte !

« Précieuse chose, dit-il, et digne est de plorer le trespasse-
« ment de ce saint prince, qui si saintement et si loyale-
« ment garda son royaume et qui tant de belles aumosnes
« y fist et qui tant de beaux establissements y mist. Et
« ainsi comme l'escrivain qui a fait son livre, et qui l'en-
« lumine d'or et d'azur, enlumina ledit roy son royaume
« de belles abbaïes qu'il y fist, des mansions-Dieu, des
« Preescheurs, des Cordeliers, etc. »

Le fils de saint Louis, Philippe III (le Hardi), témoigna à Joinville la même confiance que son père.

Un ancien cartulaire porte que Joinville fut une des cautions que donna Henri, roi de Navarre, au roi de France, Philippe III, pour une somme de 3,000 livres qu'il lui devait ; l'acte est daté de 1271.

Plusieurs jugements rendus par Joinville en 1283 et 1284, comme sénéchal de Champagne, montrent qu'il était dans ses domaines à cette époque [1].

Lorsque la reine de Navarre, Jeanne, en épousant Philippe le Bel, transmit à la couronne de France, avec son titre à

---

[1] Ils portent : « Ce fut jugié par monsignor Jean de Joinville, qui lors gardoit Champagne. »

cette royauté, celui des comtés de Champagne et de Brie, elle voulut donner à Joinville une nouvelle preuve de son affection, en lui conférant la régence de ces deux comtés. C'est onc comme gouverneur de Champagne, qu'en 1285, penant l'expédition de Philippe le Hardi et de son frère [1] en Esagne contre le roi d'Aragon, Joinville présida souvent aux assises des grands jours de Troyes et y prononça des arrêts.

Au commencement du règne de Philippe le Bel, Joinville eut le bonheur de voir s'ouvrir les enquêtes pour la canonisation de celui dont il avait admiré de près la sainte vie, *ly sainct roi*, comme il se plaît tant à l'appeler. Dans l'enquête préalable, qui eut lieu à Saint-Denis, en 1282 (du 12 août au 18 du même mois), devant les évêques et les cardinaux réunis, Joinville fut entendu comme témoin, et il déclara, sous serment, nous dit le Confesseur de la reine Marguerite, « que pendant trente-quatre ans qu'il vécut « avec le benoît roi, il ne le vit ou ouit oncques dire à au- « trui parole de détractation, ni homme plus *attrempé* « (modéré) ni de greigneur (plus grande) perfection, et « qu'il croit qu'il soit en paradis et que nostre sire Dieu « doit bien faire miracles pour lui [2]. »

[1] Philippe, depuis Philippe IV dit *le Bel*.
[2] Le Confesseur de la reine Marguerite, en rapportant le témoignage de Joinville, indique ainsi son âge : « Monseigneur Jehan, sire de Joinville, du diocèse de Chaalons, homme d'avisé aage et moult riche, « seneschal de Champaigne, de cinquante ans *ou environ.* »
Joinville, né en 1224, avait à cette époque cinquante-sept ans. Le mot *environ* laisse, il est vrai, une certaine latitude, et peut-être le Confesseur voulut-il flatter le guerrier en dissimulant ainsi son âge, ou bien y a-t-il quelque erreur de chiffre? Si Joinville n'avait eu alors que cinquante ans, il faudrait rapprocher la date de sa naissance de sept années, c'est-à-dire le faire naître en 1231; mais alors il n'aurait eu que neuf ans en 1241, lorsqu'il tranchait devant le roi à Saumur, et il se serait marié à huit ans.

Il est toutefois présumable qu'en cette circonstance Joinville omit de rappeler une conversation remarquable du roi avec les prélats et cardinaux ; elle frappa tellement Joinville, qu'il en a fait mention deux fois dans ses Mémoires[1]. Voici le premier de ces deux récits ; le second plus succinct n'en est que l'abrégé.

« Je revis une autre fois le roi à Paris, alors que tous les prélats de France lui mandèrent qu'ils vouloient lui parler ; le roi se rendit au palais pour les entendre. Là étoit le fils de monseigneur Guillaume de Mello, l'évêque Guy d'Auxerre, qui parla ainsi au roi : « Sire, ces seigneurs « ici présents, archevêques et évêques, m'ont chargé de « vous dire que la chrétienté périt en vos mains. » Le roi se signa et dit : « Or, dites-moi comment cela peut-il être ? « — Sire, reprit l'évêque, c'est qu'on fait si peu de cas au-« jourd'hui des excommunications, que les gens se laissent « mourir excommuniés avant que de se faire absoudre, et « ne veulent satisfaire à l'Église. Ils vous requièrent, au « nom de Dieu et de votre devoir, que vous comman-« diez à vos prévôts et baillis que tous ceux qui resteront « excommuniés un an et un jour soient contraints par la « saisie de leurs biens à se faire absoudre. » Le roi répondit qu'il en donnerait volontiers l'ordre à tous ceux qu'on lui prouverait être dans leur tort. L'évêque dit que l'Église ne consentirait jamais à ce que la cour connût de semblables matières, qui la concernaient seule ; mais le roi répondit qu'il *ne feroit point autrement. Car ce seroit contre Dieu et*

---

[1] Dans l'oraison funèbre de Louis IX, le frère Jean Sainçois déclara tenir de Joinville plusieurs traits de la vie de saint Louis, « que ce féal chevalier lui avait jurés estre vrais par serment ». Le ch. Artaud, *Credo de Joinville*, p. 5, Paris, Firmin Didot, 1837.

contre raison, s'il contraignait les gens à se faire absoudre par les clercs, lorsque ce seraient les clercs qui leur auraient fait tort. « Et à ce sujet, ajouta le roi, je vous don-
« nerai pour exemple, entre autres, le comte de Bretagne,
« qui a plaidé sept ans contre les prélats de Bretagne, tout
« excommunié qu'il étoit, et a tant exploité, que le pape
« les a condamné tous. Donc, si j'eusse contraint, dès la
« première année, le comte de Bretagne à se faire absoudre,
« j'eusse méfait envers Dieu et envers lui. » Les prélats se continrent, et depuis je n'ai jamais ouï dire que de semblables demandes aient été réitérées. »

Seize ans après, en 1298, la canonisation de saint Louis ayant été prononcée par Boniface VIII, Joinville s'empressa de faire bâtir dans sa chapelle un autel sous l'invocation de son ancien maître et ami, dont il voulut par ce monument éterniser la mémoire, mais c'est par ses écrits qu'il l'a transmise bien plus sûrement aux siècles les plus reculés.

Le souvenir de saint Louis resta toujours tellement présent au sire de Joinville, que, même en songe, il croyait le voir encore et converser avec lui; il nous rapporte même la réponse bienveillante que lui fit, dans l'un de ces songes, le roi qui souvent lui semblait se plaire à apparaître au château de Joinville.

« Quand je me esveillai, je m'apensai (réfléchis) et me
« sembloit que il plésoit à Dieu et à li que je le hébergeasse
« en ma chapelle, et si je ai fait; car je li ai establi un autel
« en l'honneur de Dieu et de li, et y a rente perpétuelle-
« ment establie pour le faire. Et ces choses ai-je ramentues
« (rappelées) à monseigneur le roi Looys (Hutin), qui
« est héritier de son nom; et il me semble qu'il fera le gré

« Dieu et le gré nostre saint roy Looys, s'il pourchassoit
« (envoyait) des reliques le vrai corps saint (de son vrai
« corps) et les envoyoit à laditte chapelle de saint Laurent
« à Joinville; pourquoi cil qui viendront à son autel, y
« auront plus grand dévotion. »

En 1287, Joinville reçut du doyen et des chanoines de l'église de Châlons une lettre de remerciment avec l'acte de la fondation d'une messe commémorative, annuelle et perpétuelle, pour le don qu'il leur avait fait d'un précieux reliquaire qui renfermait une partie du chef de saint Étienne, patron de cette église.

Le caractère hautain de Philippe le Bel ne pouvait trouver chez Joinville aucune sympathie, et ses mesures arbitraires, dès son avénement au trône, rencontrèrent dans le sénéchal de Champagne un contradicteur et un adversaire : aussi en 1287 Joinville fut exclu des assemblées de Champagne par Philippe le Bel, et n'y reparut qu'en 1291; mais il n'y occupa plus que la sixième place.

Cependant, quoiqu'en défaveur, Joinville reçut du roi en 1300 la mission de conduire en Allemagne sa sœur, qu'il venait de marier au duc d'Autriche, et l'année suivante il accompagna en Flandre le roi et la reine (du 28 avril au mois de juillet); de tous les grands officiers de leur suite, il fut le seul qui eût un écuyer [1].

---

[1] L'itinéraire de ce voyage, inscrit sur des tablettes enduites de cire, se trouve à la Bibliothèque Impériale de Paris. L'écriture en est encore bien conservée. — (Voir le mémoire de l'abbé Lebeuf, Mémoires de l'Académie des inscr. et belles-lettres, t. XX, p. 287).

Cet usage d'écrire sur des tablettes enduites de cire s'est longtemps conservé même après l'emploi du papier. L'abbé Lebeuf constate l'avoir vu encore pratiqué à Rouen en 1722, et M. Claude, dont chacun connaît l'obligeance, m'a montré celles que les facteurs

En 1303, le roi, pour réparer le désastre de la bataille de Courtrai, convoqua la noblesse du royaume ; Joinville se rendit à Arras, où se réunissait celle de Champagne, avec son neveu Gauthier de Vaucouleurs et l'un de ses parents surnommé *Trouillart*.

En 1308, les religieux de Saint-Urbain, soit à l'instigation du roi, soit enhardis par la disgrâce que Joinville avait encourue par son opposition, obtinrent enfin d'être placés sous la garde de Philippe le Bel, et de se soustraire ainsi à l'autorité de Joinville. Voici ce qu'on lit dans un cartulaire :

« En 1308, une sentence du bailli de Chaumont oblige « Jean sire de Joinville à remettre la garde de l'abbaye de « Saint-Urbain à Philippe le Bel, à cause de son comté de « Champagne, les seigneurs de Joinville n'ayant pas dis- « continué de vexer les religieux qui ne voulurent plus les « reconnaître comme avoués. »

Il est à croire qu'en toute autre circonstance leur demande eût été rejetée. Déjà plusieurs fois les religieux peu reconnaissants de tout ce qu'avaient fait en leur faveur Joinville et ses ancêtres, avaient tenté de se soustraire à la domination de ces seigneurs ; mais ils avaient vu leurs prétentions repoussées par saint Louis.

Ainsi, nous dit Joinville, « l'abbé Geoffroi de Saint- « Urbain, après ce que je avois fait pour lui, me rendit le « mal pour le bien, et appela contre moi, et fit entendre « au saint roi qu'il estoit en sa garde et non en celle des « seigneurs de Joinville. » Le roi, après avoir écouté l'abbé et le sire de Joinville, dit qu'il ferait examiner l'affaire

---

de la halle de Rouen employaient il y a encore quelques années.

M. de Wailly prépare en ce moment une nouvelle édition des tablettes du voyage de Philippe le Bel.

pour savoir la vérité; « et la vérité sue, il me délivra la garde de l'abbaye et me bailla ses lettres. »

En 1307, Joinville fit bâtir la ville de Monthoil [1], au diocèse de Toul, et y construisit une belle église dédiée à la vierge Marie et à saint Jean-Baptiste, « à laquelle il assigna plusieurs belles rentes. »

En 1311, Philippe le Bel étant à Beaumont, Jean sire de Joinville, comme sénéchal de Champagne, eut l'honneur de le servir à table, et cette fois, conformément aux droits attachés à sa charge, « il fut mis en possession des *écuelles* [2]. »

Le caractère de Joinville, son amour pour son pays, le souvenir de la loyauté et des vertus de saint Louis, ne lui permirent pas de supporter plus longtemps les vexations fiscales, l'altération des monnaies et les mesures violentes et tracassières de Philippe le Bel. Des révoltes ayant éclaté, Joinville, en sa qualité de sénéchal de Champagne, fit assembler en 1314 la noblesse du pays, et s'opposa énergiquement aux exactions du roi; toutefois ce qui fut décidé dans la conférence resta sans exécution, le roi étant mort cette même année. Dans ses Mémoires, en parlant de la colère de Dieu qui poursuit les mauvais princes, Joinville s'écrie : « que le roi qui « règne à présent y prenne garde; car s'il ne s'amende de ses « méfaits, Dieu ne manquera pas de le frapper cruellement « dans sa personne ou dans les intérêts de sa couronne. »

Mais dès que Louis le Hutin fut monté sur le trône et qu'il eut accueilli les plaintes de ses sujets, et signalé son règne par la suppression des impôts créés par Philippe le Bel, Joinville cessa son opposition. Mandé par le

---

[1] *Mons oculi*, selon le *Gallia Christ.*, t. XIII, col. 1145.

[2] Champollion-Figeac, Docum. hist., p. 62. — *Généalogie de Joinville*, ms. 1054, p. 40 et 41. Voir au Chap. IX l'acte concernant ce droit.

roi pour venir se joindre à lui et marcher contre les Flamands révoltés, il n'hésita pas, quoique âgé de quatre-vingt-dix ans, à se rendre à son appel et vint en 1316 à Authie[1], près de Châlons-sur-Marne, avec un chevalier et six écuyers. On a conservé la lettre qu'il écrivit au roi, dans laquelle il lui annonce qu'il ira rejoindre *son bon seigneur* dès qu'il aura réuni ses vassaux.

L'excuse auprès du roi de s'être servi du terme de *bon seigneur*, expression familière dont il usait avec saint Louis, dut être agréable à son arrière-petit-fils par le souvenir que rappelait cette marque d'affection du vieux chevalier.

En 1317, après avoir pris part à cette guerre, il était de retour à Joinville et donnait la ceinture militaire à un roturier; il en avait obtenu l'autorisation de Philippe V dit *le Long*, qui succéda, en 1316, à son frère Louis le Hutin. Les rois ne laissaient plus aux barons le plein pouvoir de conférer la chevalerie.

La date de 1319, indiquée pour la mort de Joinville dans une épitaphe latine qu'on lisait sur son tombeau, prouve qu'il a vécu quatre-vingt-quinze ans; il vit donc le règne de six rois : Louis VIII, Louis IX, Philippe le Hardi, Philippe le Bel, Louis le Hutin, et Philippe V, dit *le Long*. L'ancien obituaire de Saint-Laurent (de Joinville) fixe au 11 juillet la date du décès de Joinville :

> Obiit nobilis Johannes dominus de Joinvilla,
> Et uxor ejus et liberi ipsorum nobis dederunt
> Quinque solidos capiendos ez arpeus de Joinvilla (*).

[1] Je ne vois aux environs de Châlons-sur-Marne que le village portant le nom de *Athis*, à 19 kilomètres de Châlons, sur la route de cette ville à Épernay en venant de Joinville vers Paris, et un autre village nommé *Outines*, arrondissement de Vitry le Français.

(*) *Document I*, recueilli par M. Champollion-Figeac.

d.

Mais il est regrettable que l'année ne soit pas indiquée sur cet obituaire.

Il résulte de divers actes que le fils de Joinville, Ancel, Anceau ou Anselme était revêtu du titre de sénéchal avant la fin de 1317, ce qui a donné lieu de croire que Joinville mourut cette année même au retour de l'expédition contre les Flamands ; sa longue carrière se trouverait alors réduite de deux années.

Joinville fut marié deux fois : la première à Alaïs de Grand-Pré, dont les enfants mâles s'éteignirent sans postérité ; la seconde à Alix de Resnel, qu'il avait épousée peu après son retour de la première croisade de saint Louis.

Jean, né du premier mariage de Joinville à l'époque de son départ pour la Terre-Sainte, mourut avant son père, sans laisser d'enfants.

Son autre fils Ancel, né de sa seconde femme Alix de Resnel, épousa en secondes noces l'an 1322 Marguerite fille de Henri, comte de Vaudemont : c'est ainsi que le comté de Vaudemont se trouva réuni à la seigneurie de Joinville.

Les compatriotes de Joinville, voulant éterniser par un témoignage public une mémoire si nationale et que le temps rend de plus en plus vénérable pour tous les Français, ont, par une décision du conseil général de la Haute-Marne (session d'août 1853), voté l'érection d'une statue de bronze à la mémoire du SIRE DE JOINVILLE, dans la ville qui porte son nom [1].

---

[1] Membres de la commission : MM. de Froidefond, préfet de la Haute-Marne, président, le baron de Lesperut, Chauchart, Thieberge, Pelletereau de Villeneuve, Clerget de Vaucouleurs, Fériel, Roy.

II.

DES MÉMOIRES DE JOINVILLE

ET DE LEUR MÉRITE LITTÉRAIRE.

Dès le début de ses Mémoires, Joinville nous dit que c'est pour obéir aux instantes prières de Jeanne de Navarre, *qui moult l'aimoit*, qu'il a entrepris d'écrire l'histoire de saint Louis; mais il ne la termina que quatre ans et demie après la mort de cette princesse, qu'il recommande à Dieu : ce fut donc à son fils Louis dit *le Hutin*, qu'il la dédia. Le texte des manuscrits de l'histoire de Joinville porte : « Les « choses que j'ai oralement veues et oyes, ont été escrites « l'an de grâce mille CCC et IX au mois d'octobre [1]. »

De même que Ville-Hardouin, son compatriote, Joinville nous apprend qu'il a dicté ses Mémoires, probablement à quelque écuyer ou à son chapelain. Les hommes de guerre écrivaient peu ou même point alors : ils dictaient; écrire était le fait des clercs, et non des chevaliers. Ces deux guerriers champenois, qui vécurent à un demi-siècle de distance, s'offrent chacun dans leurs écrits sous un aspect tout particulier, qui nous retrace, comme dans un miroir, leur nature si diverse. Ville-Hardouin, plus énergique, plus positif, va droit au but sans jamais s'en détourner : c'est un

[1] La reine Jeanne de Navarre était morte dès 1304.

homme d'Etat; pour lui la Grèce, Athènes, Thèbes, le Péloponèse, sont une proie présente et sans aucun souvenir. Quand il parle de lui, c'est qu'il y est obligé comme chef de l'armée, et c'est toujours à la troisième personne, ainsi que César dans ses *Commentaires*. Joinville, plus civilisé, plus aimable, plus curieux, s'informe de tout, s'intéresse à tout, aime à raconter ses impressions et ce qu'il a entendu dire; comme il écrit pour une femme, pour une reine, qui l'avait invité à lui faire le récit de ce qu'il avait vu, il s'y prête avec la grâce d'un homme de cour, ami des dames et parfait chevalier; son style naturel et facile a tout le charme d'une conversation; on voit qu'il cherche à plaire.

La simplicité du récit, la naïveté des détails, la franchise avec laquelle il nous parle de la *grand'peur* qu'il eût en plusieurs occasions, prouvent qu'il n'a pas laissé altérer la véracité de ses premières impressions.

Cet heureux naturel, cette clarté d'expression, cet esprit chevaleresque et si éminemment français, cette générosité de cœur, ce sentiment de l'honneur, auraient été gâtés ou auraient disparu sous la rédaction pédantesque des clercs de cette époque : tout indique donc que c'est Joinville lui-même que nous entendons parler, lorsqu'il nous rapporte ces merveilleuses histoires *d'outre mer*, suivant qu'elles s'offrent à son esprit et que sa mémoire lui rappelle les faits dont il a été le témoin, ou qui lui ont été racontés; car de crainte que rien n'échappe à son souvenir, il entremêle les anecdotes à la narration qu'elles interrompent parfois brusquement, ce qui souvent l'oblige à dire : *Or, revenons à nostre matière et disons*, etc.

Dans ces Mémoires, qui sont l'un des monuments les plus précieux des temps anciens et modernes, le chrétien dont la dévotion n'est pas toujours crédule, l'homme du monde, le chevalier ami du roi, le naïf historien se montrent avec un si grand naturel et une telle bonne foi, qu'on peut pénétrer en quelque sorte dans le for intérieur de leur auteur par le simple récit qu'il nous fait, et sans même qu'il y ajoute aucune réflexion. Jamais le caractère et le style ne se trouvèrent mieux d'accord que dans Joinville ; ses Mémoires nous font voir en lui le courage uni à la modestie et la véracité à la naïveté ; ces qualités y dominent partout, même dans les moindres détails, où se manifeste une sensibilité d'âme et quelquefois une lueur de philosophie qui contraste avec la foi plus imperturbable de saint Louis. Rien de plus curieux, de plus intéressant, de plus instructif, et surtout qui nous fasse mieux connaître le caractère de Joinville, que ses entretiens avec le roi, où, dans l'intimité, se dévoile l'intérieur de leur âme et de leur caractère.

C'est ainsi qu'il nous dit que dans les conseils de conduite que le roi lui donnait souvent, il l'engageait tantôt à mettre de l'eau dans son vin, ce dont Joinville se défendait par motif de santé et avec l'avis des médecins, tantôt à ne jamais prononcer le nom du diable, à tenir sa promesse en toute chose, à n'émettre point d'opinions irréfléchies, à ne jamais médire de son prochain, à ne pas se croire acquitté de ses dettes même en faisant des dons à l'Église, à ne point donner de démentis d'où résultent souvent des paroles *rudes et fâcheuses*. De son côté, Joinville donnait aussi des avertissements au roi ; un jour que l'abbé de Cluny adressait à saint Louis une requête, qu'il avait fait précéder de l'envoi de deux superbes palefrois, le sénéchal, voyant le roi écouter longuement l'abbé à cause de ce beau présent, le fit convenir du tort qu'il avait eu de l'accepter. Le roi le reconnut, et dès lors défendit à tous ses officiers de jamais rien recevoir de ceux qui demanderaient justice.

Quoique bon chrétien, Joinville n'affectait pas, afin de plaire à saint Louis, d'être plus dévot qu'il ne l'était réellement. Il fut même repris un jour pour avoir dit en présence du roi et de plusieurs évêques qu'il aimerait mieux commettre trente péchés mortels que d'être *ladre* ou *meseau*. Mais la remontrance lui fut faite d'une manière toute paternelle; le roi, par une délicatesse que Joinville a pris soin de rappeler, l'ayant remise au lendemain pour qu'elle fût le sujet d'un entretien particulier. Une autre fois le roi lui ayant demandé s'il lavait les pieds des pauvres le jeudi saint, il répondit que *oncques il ne laveroit les pieds de ces vilains* : ce qui scandalisa fort le roi, qui, pour réprimer cet orgueil, lui cita l'exemple de Jésus-Christ, et l'exhorta pour l'amour de Dieu d'abord, puis pour l'amitié qu'il lui portait, de s'accoutumer à les laver [1].

Ces conversations avec saint Louis nous montrent Joinville bien moins soumis que le saint roi aux pratiques de dévotion et beaucoup plus modéré dans son zèle, puisqu'il se bornait à faire punir d'un soufflet ou d'un coup de poing les jureurs et blasphémateurs. L'exemple suivant nous le montre préoccupé des doutes qui, plus tard, inspireront sainte Thérèse et troubleront Fénelon.

Le soudan de Damas irrité de la mort de son cousin, assassiné par les émirs d'Égypte, avait proposé au roi une alliance, lui promettant de lui livrer le royaume de Jérusalem. Parmi les messagers que le roi envoya à Damas por-

[1] Dans un autre endroit de ses Mémoires, Joinville fait citer par saint Louis l'exemple du roi d'Angleterre qui lavait les pieds aux *meseaux* ladres et les baisait.

teurs de sa réponse était frère Ives, de l'ordre des frères prêcheurs, qui savait le *sarrasinois*. Celui-ci, ayant rencontré dans les rues de Damas une vieille femme, qui portait de la main droite un vase plein de feu, et de la gauche une fiole pleine d'eau, lui demanda : « Que veux-tu faire de cela ? » — Elle lui répondit : « Qu'avec le feu elle voulait brûler le paradis, et avec l'eau éteindre l'enfer, pour qu'il n'y en eût plus jamais. » — Et il lui demanda. « Pourquoi veux tu faire cela ? » — Parce que je veux que personne ne fasse le bien pour avoir en récompense le paradis, ni pour la peur de l'enfer, mais simplement pour l'amour de Dieu, *qui tant vaut et qui tout le bien nous peut faire* [1]. »

« Le saint roi, dit Joinville, se efforçoit de tout son
« pooir (pouvoir), par ses paroles, de moy faire croire fer-
« mement en la loy chrestienne que Dieu nous a donnée,
« aussi (ainsi) que vous orrez ci-après. »

Après lui avoir démontré combien il fallait se garder contre les tentations du doute, suggérées par l'ennemi du genre humain [2], le roi lui disait « que foy et créance es-
« toient une chose où nous devions bien croire fermement,
« encore n'en feussions-nous certains mez que par ouï-dire.
« Sus ce point il me fist une demande, comment mon père

---

[1] Voici les deux tercets du célèbre sonnet espagnol composé en 1550 par sainte Thérèse (*Cristo crucificado*) et traduit par mon père dans un voyage qu'il fit en Espagne :

> Le bonheur de t'aimer a pour moi tant d'appas,
> Que je t'aurais aimé si le ciel n'était pas ;
> S'il n'était pas d'enfer, je t'eusse aimé de même.
>
> Ce cœur qui te chérit ne veut rien en retour :
> Dans ta grâce, sans doute, est mon espoir suprême ;
> Mais, sans aucun espoir, j'aurais autant d'amour.

[2] « Oncques ne li oi nommer le *diable*, » dit Joinville.

« avoit nom ; et je li diz que il avoit nom *Simon*. Et il me
« dit comment je le savoie ? et je li diz que je en cuidoie estre
« certain et le créoie fermement, pour ce que ma mère l'a-
« voit tesmoigné[1]. — Donc vous devez croire fermement tous
« les articles de la foy, lesquiex les apostrés tesmoignent,
« aussi comme vous oëz chanter au dymanche en la *Credo*. »

« Le roi m'appela un soir et me dist : je n'ose parler à
« vous pour le soutil sens dont vous estes, de chose qui touche
« à Dieu ; et pour ce ai-je apelé ces frères qui cy sont,
« que je vous veil faire une demande. La demande fut
« telle : Seneschal, fist-il, quelle chose est Dieu ? — et je li
« diz : Sire, ce est si bonne chose que meilleur ne peust
« estre. » — Vraiement, fist-il, c'est bien respondre. »

Joinville recevait aussi les confidences du légat de Rome,
et c'est par lui qu'il fut informé de la résolution que prit
le roi de quitter la Terre-Sainte.

Alors, dit Joinville, « ce légat mit mes deux mains dans
« les siennes et commença à pleurer moult abondamment ;
« et, quand il put parler, il me dit : Sénéchal, je suis moult
« joyeux et j'en rends grâce à Dieu, de ce que le roi et les
« autres pèlerins échappent du grand péril, là où vous
« avez esté en cette terre ; mais je suis moult péné de ce
« qu'il me faudra laisser vos saintes compaignies et aller
« à la cour de Rome parmi ces déloyales gens qui y sont.
« Mais je vous dirai ce que je pense faire : je demeurerai
« ici un an après vous, et dépenserai tous mes deniers à
« fortifier la place d'Acre : par là je leur montrerai

---

[1] Simon étant mort en 1233, Joinville, né en 1224, n'avait que huit ans lorsqu'il perdit son père. Il pouvait même à la rigueur n'avoir que sept ans.

« tout clair que je n'emporte point d'argent, *en sorte
« qu'ils me laisseront en paix* [1]. »

Le naturel du style et l'enjouement d'esprit de Joinville conviennent si bien à sa narration, qu'on croit en lisant ses mémoires, assister en quelque sorte à ses entretiens avec le roi, qui lui reconnaissant *un soutil sens*, se plaisait souvent à le mettre aux prises avec son confesseur Robert de Sorbon, le célèbre fondateur de la Sorbonne. Souvent même, lorsque la discussion s'animait, le roi s'amusait à prendre le parti de son confesseur, puis s'en excusait auprès de Joinville, avouant que son confesseur avait tort; *mais je le voyois si esbahi*, lui disait le roi pour s'excuser, *que il avoit bien mestier que je l'y aidasse*. Voici comment un jour Joinville confondit son pieux adversaire.

« Mestre Robert de Cerbon, dit Joinville, me prit par mon mantel et me mena au roi, et tous les autres chevaliers vinrent après nous. Lors je demandai à mestre Robert : « Mestre Robert, que me voulez-vous? » Et me dist : « Je vous veux demander, si le roi se seoit en cest pré et que « vous alliez seoir sur son banc plus haut que lui, si on vous « en devroit bien blasmer. » Et je lui dis que oui. Et il me dit : « Donc faites-vous bien à blasmer, quand vous estes plus noblement vestu que le roy; car vous vous vestez de

---

[1] Les plaintes contre Rome se rencontrent si fréquemment dans les auteurs de ce temps-là, dit du Cange, que Baronius et plusieurs autres ont cru que les traits de médisance auraient été parsemés avec adresse par les hérétiques dans les livres qu'ils ont fait imprimer, comme dans Matthieu Paris et autres historiens; » mais, ajoute du Cange, cela est peu probable, et il en cite des preuves. (*Observat. sur l'histoire de saint Louis.*)

Hardouin, dans ses *Observat. sur l'histoire de Joinville*, p. 636, (Opera varia, f° 1733) indique ce passage comme l'un de ceux qu'il croit interpolés.

vair et de vert, ce que le roi ne faist pas. » Et je lui dis :
« Mestre Robert, salve votre grâce, je ne fois mie à
« blasmer si je me vest de vair et de vert, car c'est abit me
« lessa mon père et ma mère ; mais vous faites à blasmer,
« car vous estes filz de vilain et de vilaine, et avez laissé
« l'abit de vostre père et vostre mère, et estes vestu de plus
« riche camelin que le roi n'est. » — Et lors je pris le pan
« de son surcot et du surcot du roi, et lui di : Ores esgar-
« dez ce je diz voir (vrai). Et le roi entreprist à défendre
« mestre Robert de paroles de tout son pooir (pouvoir). »

Cet autre récit n'a ni moins d'enjouement, ni moins de charme.

« Ayant prié le roi de me permettre un pèlerinage à Tortose, parce que c'est le premier autel qui oncques fut fait en l'honneur de la Mère de Dieu sur terre, et que Nostre-Dame y faisoit grands miracles, le roi me donna congié d'y aller et me dit de acheter cent camelins de diverses couleurs pour donner aux Cordeliers quand nous viendrions en France. Le prince de Tripoli (Boemond), que Dieu absolve, nous fist grand' joie et aussi grand honneur qu'il pût, et eust donné à moi et à mes chevaliers grands dons ; mais nous ne voulsismes rien prendre, si ce n'est des reliques, lesquelles j'apportai au roi avec les camelins que je lui avois achetés.

« J'envoyai à Madame la royne quatre camelins, et le chevalier qui les porta, les porta entortillés en une toile blanche. Quand la Royne le vit entrer dans sa chambre, où elle estoit, si s'agenoilla contre lui, et le chevalier se ragenoilla contre elle aussi, et la royne lui dit : « Levez-vous,
« sire chevalier ; vous ne vous devez pas agenouiller, qui
« portez les reliques. » Mais le bon chevalier dit : « Dames,

« ce ne sont pas reliques, mais bien camelins que mon sei-
« gneur vous envoye. » Quand la royne ouït cela et ses
demoiselles, si commencèrent à rire; et la royne dit au
chevalier : Dites à vostre seigneur que mal jour lui soit
donné, quand il m'a fait agenoiller contre ses camelins. »

Malgré toute sa déférence et tout son dévouement pour
le roi, Joinville, quand il était dans son droit, ne crai-
gnait pas de lui résister, et dans une circonstance où l'honneur de sa troupe était engagé, il osa menacer le roi de
quitter son service, si justice ne lui était pas rendue. Voici
son récit :

« Un sergent du roi, qui avoit nom *Goulu*, mit la main
« sur un chevalier de ma bataille; je m'en allay plaindre
« au roy. Le roi me dist que je m'en pouvois bien souffrir,
« que son sergent n'avoit fait que *bouter* (pousser) mon che-
« valier, et je lui dis que je ne m'en souffrirois jà; et s'il
« ne me faisoit droit, je lerrois son service, puisque ses ser-
« gens batteroient mes chevaliers. Il me fist faire droit,
« et le droit fut tel, selon les usages du pays, que le sergent
« vint en ma heberge (quartier) déchaux et en braies, sans
« plus, une espée toute nue à la main, et s'agenoilla de-
« vant le chevalier, et lui dist : « Sire, je vous amende ce
« que je mis main à vous; et vous ai apporté ceste espée,
« pour ce que vous me coupiez le poing, se il vous plaist. »
« Et je priai au chevalier que il lui pardonnast son mal-
« talent, et si fit-il. »

Joinville se plaît à raconter les beaux faits d'armes, mais
sans exagération, et ne vante jamais les siens, dont il parle
simplement, et presque malgré lui. Dire du mal d'autrui,
n'est pas dans sa nature. C'est ainsi que, dans le récit de la

bataille de la Massoure, il dit : « Il y eut moult de gens
« de grand bobant (étalage), qui s'en vinrent moult honteu-
« sement fuyant parmi le poncel (le petit pont défendu si
« courageusement par lui et par le comte de Soissons), et
« s'enfuirent effréément; ne oncques n'en pumes nul arrêter
« delez (près) de nous, dont j'en nommeroie bien, desquels
« je me souferai (ne me permettrai), car morts sont. »

Parmi les prouesses de nos chevaliers dans cette désastreuse expédition, où les occasions de signaler leur courage
ne manquèrent pas, les plus beaux exemples de dévouement et de bravoure héroïque et désespérée sont racontés
par Joinville avec une telle simplicité qu'il semble que ce
soit chose toute naturelle à ces braves chevaliers.

« Le roy me conta, dit Joinville, que le jour où il fut pris,
il étoit monté sur un petit cheval couvert d'une housse
de soie, et me dit que derrière lui ne demeura de tous chevaliers ni de tous sergens que Messire Geoffroy de Sargines, lequel amena le roy jusques à Casal, là où le roy fut
pris, et que Geoffroy de Sargines le défendoit des Sarrazins de même qu'un bon serviteur défend des mouches le
hanap (la coupe) de son seigneur; car toutes les fois que
les Sarrazins l'approchoient, il prenoit son espée, qu'il
avoit mise entre lui et l'arçon de sa selle, et la mettoit
sous son aisselle, et leur recouroit sus et les chassoit hors
du roy. Et ainsi mena le roi jusques à Casal, et le descendirent en une maison, et le couchèrent au giron d'une bour-
geoise de Paris comme déjà mort, et *cuidoient que il ne
deust ja veoir le soir.* »

Ailleurs, il nous dépeint Châtillon gardant seul une rue
et s'élançant *l'espée au poing toute nue* sur les Turcs, et,
après les avoir repoussés, revenant pour ôter les flèches dont

il était couvert; « puis, se redressant sur ses estriers, il es-
« tendoit les bras à tout l'espée et crioit : *Chatillon! che-*
« *valiers! où sont mi prud'hommes!* et quand il se retour-
« noit et il voiéoit que les Turcs estoient entrés par l'autre
« chief (l'autre bout de la rue), il leur recouroit sus l'espée
« au poing et les en chassoit, et ainsi par trois fois en la
« manière susdite, jusqu'à ce que la gorge lui fust coupée. »

Mais l'insouciance du péril, le mépris de la mort, ces vertus des chevaliers, ne sont rien aux yeux de Joinville dès qu'il y voit de la dureté de cœur; ce récit nous en offre la preuve.

« La veille de cette grande bataille (celle de Manssourah), fut mis en terre, nous dit-il, monseigneur de Landricourt, l'un de mes chevaliers à bannière. Là où il estoit dans sa bière dans ma chapelle [1], six de mes chevaliers estoient, appuyez sur plusieurs sacs pleins d'orge, et, pour ce qu'ils parloient haut et que ils faisoient noise (trouble) au prestre, je leur allai dire qu'ils se teussent et leur dis que vilaine chose estoit de chevaliers et de gentilz hommes qui parloient tandis que l'on chantoit la messe. Et ils me commencèrent à rire, et me dirent en riant que ils lui remarioient sa femme; « je les enchoisonai (gourmandai) et
« leur dis que telles paroles n'estoient ne belles ne bonnes,
« et que tost avoient oublié leur compagnon. Et Dieu en
« fist telle vengeance, ajoute Joinville, que le lendemain fut
« la grande bataille du caresme-prenant, dont ils furent
« morts ou navrés à mort, par quoi il convint de leurs
« femmes remarier toutes six [2]. »

Je ne sais si je me trompe, mais en lisant Joinville, l'ab-

[1] Sa tente où son chapelain disait la messe des morts.
[2] Cette réflexion et la simplicité de ce récit rappellent au souvenir La Fontaine et sa fable *du vieillard et des trois jeunes hommes*.

sence totale de cet art qui se laisse souvent entrevoir même parmi les plus admirables beautés des chefs-d'œuvre de la Grèce et de Rome, me semble bien rachetée par une aussi noble simplicité qui n'ôte rien à la grandeur des faits. Quelques exemples justifieront, je pense, cette opinion, et feront mieux apprécier le mérite littéraire de Joinville. Tel est entre autres ce récit.

« Or avez ouï ci-devant les grandes persécutions que le roy et nous, nous souffrîmes, auxquelles persécutions la royne n'eschappa pas, si comme vous orrez ci après; car trois jours devant qu'elle accouchast, lui vint la nouvelle que le roy estoit prins, de laquelle nouvelle elle fu si effarée, que toutes les fois que elle s'endormoit dans son lit, il lui sembloit que toute la chambre estoit pleine de Sarrazins, et s'escrioit : A l'aide, à l'aide! Et pour que l'enfant dont elle estoit grosse ne périst point, elle faisoit gesir (coucher) devant son lit un vieux chevalier de quatre-vingts ans, qui la tenoit par la main, et toutes les fois que la royne s'écrioit, il disoit : « Dame, n'ayez crainte, car je suis ici. » Avant qu'elle fust accouchée, elle fist vider hors toute sa chambre, fors que le chevalier; et s'agenouilla devant lui et lui requit un don, et le chevalier le lui octroya par son serment; et elle lui dist : « Je vous demande, fist-elle, par
« la foi que vous m'avez baillée, que si les Sarrazins pren-
« nent ceste ville, que vous me coupiez la teste avant qu'ils
« me prennent. » Et le chevalier respondist : Soyez certaine
« que je le feray volontiers; car je l'avoye jà bien enpensé
« que je vous occiroie, avant qu'ils nous eussent pris. »

On n'est pas moins ému en lisant cet autre récit aussi touchant par sa simplicité que par la tristesse qu'inspire en nous un acte d'héroïsme inconnu de l'antiquité grecque et romaine.

« Il y avoit en l'armée un moult vaillant homme qui
« avoit nom monseigneur Jacques de Castel, évesque de
« Soissons. Quand il vit que nos gens s'en revenoient de-
« vers Damiette, lui qui avoit grand désir d'aller à Dieu,
« ne s'en voulut pas revenir en la terre ou il estoit né,
« mais se hâta d'aller avec Dieu ; et férit des esperons et
« se lança aux Turcs tous seul, qui de leurs espées l'oc-
« cirent et le mirent en la compagnie de Dieu au nombre
« des martyrs [1]. »

Les âmes mélancoliques des peuples du nord sont seules capables d'un tel sacrifice volontaire, où le suicide est ennobli par le martyre.

Ses descriptions sont d'autant plus remarquables qu'à cette époque les historiens et les chroniqueurs n'en offrent que de rares exemples. J'en citerai une seule.

« Quand nous arrivâmes en Chypre, où déjà le roi était arrivé, les provisions qu'il avait faites étaient tellement à foison, c'est-à-savoir, les celliers, l'argent monnayé, les greniers, que les celliers formaient de grands amas de tonneaux entassés dans la campagne au bord de la mer à une telle hauteur qu'on les eût pris pour des granges. Les gens du roi avaient acheté cette provision deux ans avant son arrivée ; les froments et les orges formaient des monceaux

---

[1] Ces exemples d'ecclésiastiques combattant avec les guerriers se rencontrent souvent au moyen âge. Anne Comnène et les Grecs reprochaient aux Latins que leurs ecclésiastiques, à peine avaient-ils obtenu la prêtrise, endossaient le harnais militaire, s'armaient de la lance et de l'épée et allaient à la guerre ; ce qui était expressément défendu aux Grecs. (Du Cange, *Dissert. sur Joinville*.)

dans la campagne et semblaient être des montagnes, d'autant que les blés battus dès longtemps par la pluie s'étaient recouverts d'un herbe verte, qu'elle avait fait germer [1]. Or, quand on voulut les transporter en Égypte, on enleva toute cette herbe verte formant une croûte, et l'on trouva le froment aussi frais que si on l'eût battu à l'instant. »

Ses observations sur un grand nombre de faits et d'usages montrent dans Joinville un esprit observateur, qui compare et juge avec sagacité. Excepté l'erreur qu'il commet au sujet de la source du Nil, laquelle nous est encore ignorée [2], la description qu'il donne de ce fleuve miraculeux est aussi exacte que curieuse. Après avoir décrit l'inondation du Nil, couvrant les campagnes et les sept branches par lesquelles s'écoule ce fleuve, qui, au *contraire des autres, ne reçoit dans son cours aucune rivière*, il nous montre les habitants

[1] « La végétation est si rapide en Chypre que deux jours après un « violent orage, jetant les yeux des fenêtres de la maison du consulat, « située dans la partie la plus élevée de Larnaca, sur cette ville aux « toits plats et poudreux, elle me parut avoir disparu sous des tapis « de verdure. La pluie en si peu de temps avait fait germer l'herbe « sur toutes ces terrasses, qui, comme les murs des maisons, sont « construites en terre mêlée avec de la paille. » (*Notes d'un voyage fait dans le Levant* en 1816 et 1817.)

[2] Joinville rapporte que « on disoit en Égypte que maintes fois le soudan avoit essayé d'où le fleuve venoit, et que les gens qu'il avoit envoyés rapportoient que ils avoient cherché le fleuve et qu'ils estoient venus à un grand tertre de roches taillées (à pic), là ou nulz n'avoit pu monter ; de ce tertre cheoit le fleuve. »

Si Joinville fait découler le Nil du paradis, il n'est en cela que l'écho des chroniqueurs, des légats et des prélats, qui n'étaient pas plus instruits que lui sur ce sujet, ou qui voulaient peut-être frapper l'imagination du vulgaire. On voit du reste Pierre Sarrasin, dans sa lettre sur la croisade de saint Louis, parler de même de Babylone et du *flum de paradis que on apele le Nil*.

labourant la terre avec une charrue sans roues, et faisant produire au sol du froment, de l'orge, du cumin et du riz, qui poussent si merveilleusement qu'une telle abondance *ne sauroit venir que de Dieu, car autrement tout périroit dans cette contrée par la grande ardeur du soleil qui brûleroit tout, vu qu'il ne pleut jamais.* L'eau du fleuve est toujours trouble; mais ceux du pays, avant de la boire, prennent le soir quatre amandes, ou fèves, qu'ils écrasent, et le lendemain l'eau est *si bone à boire que rien n'y fault.* « Cette eau est de telle nature que lorsque nous la suspendions aux cordes de nos tentes dans des pots en terre blanche que l'on fabrique au pays, elle devenait, au plus chaud du jour, aussi fraîche que de l'eau de source, » etc.

Ces détails sont parfaitement exacts. Il en est de même de ce qu'il nous dit au sujet des Mameluks, du Vieux de la Montagne, des Assassins et autres sujets qui offrent aussi un grand intérêt. Bornons-nous à ce qui concerne les Bédouins.

« Quant aux Bédouins, ils n'habitent ni les villes, ni les cités, ni les châteaux, mais couchent toujours aux champs; leur ménage, leurs femmes et leurs enfants campent la nuit, et le jour, quand il fait mauvais temps, en des sortes de tentes qu'ils font avec des cercles de tonneaux liés à des perches comme sont les chars de ces femmes, et sur ces cercles ils jettent des peaux de mouton qu'on appelle peaux de Damas, corroyées à l'alun. Les Bédouins s'en font aussi de grandes pelisses, qui leur couvrent tout le corps, les jambes et les pieds. Quand il pleut, le soir, et qu'il fait mauvais temps, la nuit, ils s'enveloppent dans leurs pelisses, ôtent le frein à leurs chevaux et les laissent paître près d'eux. Quand vient le lendemain, ils étendent leurs pelisses au soleil, et il ne paraît plus qu'elles aient été mouillées le soir. Ils ont une telle croyance que nul ne peut mourir qu'à son jour; qu'ils dédaignent de s'armer, et, pour maudire leurs enfants, ils disent : « Ainsi sois-tu maudit comme le Franc qui s'arme par peur de la mort. » En guerre, ils ne portent rien que l'épée et le glaive. Presque tous sont vêtus de surplis, comme les prêtres; leur tête est entortillée de toiles, qui leur vont sous le menton. Ce sont laides gents et hideuses à regarder, car leurs cheveux et leur barbe sont tout noirs. Ils vivent du lait de leurs troupeaux, et achètent aux riches les herbages de leurs prairies pour nourrir leurs bêtes. Nul ne saurait dire quel est leur nombre; car il y en a au royaume d'Égypte, au royaume de Jérusalem, dans tous les autres pays des Sarrasins et des mécréants auxquels ils payent chaque année de grands tributs.

« A mon retour d'outremer, ajoute Joinville, j'ai vu dans notre pays, des chrétiens déloyaux qui suivaient la loi des Bédouins et disaient que nul ne peut mourir qu'à son jour, et cette créance est si déloyale qu'autant vaudrait dire que Dieu n'a pouvoir de nous secourir; car ils seraient fous ceux qui serviraient Dieu, si nous pensions qu'il n'a pouvoir de prolonger notre vie et de nous garder de mal et de mauvaises chances, et devons-nous croire qu'il a pouvoir pour toutes choses faire. »

Les informations rapportées à saint Louis par les messagers que le roi avait envoyés, avec des présents, au puissant souverain des Tartares, offrent un grand intérêt et donnent matière à de sérieuses réflexions. Il y a sans doute quelques erreurs dans le récit de Joinville; mais les faits principaux ne sauraient être niés.

« Ces messagers mirent un an à chevaucher avant de parvenir jusqu'aux chefs, ou plutôt à l'un des lieutenants (de Gengiskhan), et ils trouvèrent les pays assujettis par eux ravagés, plusieurs cités détruites et de grands monceaux d'os de morts. Ils s'enquérirent comment les Tartares étoient parvenus à une telle puissance et pourquoi ils avoient tant détruit et tant tué de gens. Ils répondirent que le peuple des Tartares payoit auparavant tribut et redevance aux rois de Perse et autres rois; et que les rois tenoient les Tartares en tel mépris que, lorsqu'ils leur apportoient leurs tributs, ils ne vouloient pas les recevoir devant eux, mais leur tournoient le dos. Il y eut parmi ces Tartares un homme sage qui parcourut toutes les plaines, et leur fit voir la servitude où ils étoient, et les engagea à aviser aux moyens d'en sortir. »

Joinville rapporte le mode à la fois démocratique et fataliste[1] qu'ils employèrent pour l'élection d'un souverain des-

---

[1] Le récit de Guillaume de Tyr, antérieur de plus d'un siècle à Joinville, et Albéric dans sa chronique, à l'année 1059, racontent, au sujet des Turcs ou Turcomans, un mode semblable d'élection.

« Aigris des humiliations qu'ils avaient endurées, jusqu'alors, du roi de Perse, les Turcomans se comptèrent et virent que par leur nombre ils pourraient défier la Perse et toute autre nation, du moment où ils seraient unis. Pour créer un souverain élu du consentement de tous, ils inscrivirent la population entière (*describentes suorum universam multitudinem*) et y firent choix de cent familles des plus illustres, avec ordre à chacune d'elles d'apporter une flèche dont la réunion formerait un faisceau de cent flèches. Un enfant pris au hasard y choisit, sous un voile épais, une seule flèche; et il fut convenu que le nom de la tribu qui s'y trouverait inscrit indiquerait celle où le roi seroit pris. La tribu Seldjucide ayant été désignée par le sort, les membres de cette famille, au nombre de cent, inscrivirent les noms les plus recommandables chacun sur une flèche; un enfant en fit sortir au hazard le nom de *Seldac*. » Guillaume de Tyr, liv. 1 § 7. — Albéric, Chronique, an 1059.

pote, qui n'accepta le pouvoir qu'après avoir fait jurer aux Tartares « par celui qui a fait le ciel et la terre, obéissance à ses commandements; et tous jurèrent de ne point ravir le bien à aucun d'entre eux, ni de se frapper, sous peine d'avoir le poing coupé, ni d'attenter aux femmes ou aux filles, sous peine de perdre le poing ou la vie. Quant à nos ennemis, leur dit-il, si nous les déconfisons, que le massacre dure trois jours et trois nuits, que nul n'ose toucher au gain, mais ne songe qu'à gens occire ; quand nous aurons vaincu, je vous départirai le gain. »

Les Tartares, après avoir défait et chassé le roi de Perse, qui s'en vint en fuyant jusqu'à Jérusalem, firent prisonnier l'empereur de Constantinople Gautier de Brienne, et proclamèrent comme leur tributaire le roi de France, en sorte que saint Louis se repentit fort de leur avoir envoyé une ambassade avec des présents.

Il résulte de ce récit que les Tartares étaient faibles et méprisés, mais que les outrages et l'injustice les révoltèrent : ce qui causa cette grande invasion qui dévasta l'Asie et mit l'Europe en péril.

Les Chinois, ce peuple inoffensif que l'Europe attaque et méprise, et envers qui l'Angleterre chrétienne enfreint les lois de l'équité et de l'humanité, ne pourraient-ils pas aussi sortir de leur apathie?

Ils sont industrieux, ils ne craignent pas la mort; leur population, toujours croissante, est de quatre cents millions : qu'un chef, un Gengis-Khan, un Napoléon se mette à leur tête, qu'il fanatise le pays au nom de la religion, de la liberté, de la nationalité, drapeaux au-dessous desquels fermentent les passions humaines, que les arts meurtriers de l'Europe remplacent les antiques usages auxquels ce vieux peuple croit de son intérêt de rester encore asservi, et ne pourrait-on pas revoir une de ces invasions formidables qui mettraient de nouveau l'Europe en péril ?

Et la postérité ne dirait-elle pas : Elle l'a bien mérité ?

III.

OPINIONS DIVERSES SUR JOINVILLE

ET SES MÉMOIRES.

C'est seulement dans ces derniers temps que les littérateurs se sont occupés de Joinville, et moins peut-être qu'ils ne l'auraient dû. Laharpe n'en dit pas un mot dans son Cours de littérature.

Voltaire, qui ne connaissait que l'édition si imparfaite de Pierre de Rieux, et qui par conséquent regardait le texte primitif de Joinville *comme n'existant plus, et qu'on n'entendrait aujourd'hui que très-difficilement*, ne s'occupe de Joinville que sous le rapport historique, et reconnaît combien « *tout ce que raconte un homme de son caractère a de poids.* » Mais jugeant le texte qu'il consultait *comme une traduction infidèle faite au temps de François Ier*, il ne pouvait y attacher, sous le rapport littéraire, l'importance que mérite cette histoire telle que nous la possédons aujourd'hui.

C'est donc à réfuter la proposition que les émirs auraient faite dans une assemblée, de choisir saint Louis pour leur soudan, qu'il s'applique principalement : « Si l'on considère,
« dit-il, combien il est hors de toute vraisemblance que des
« musulmans songent à se donner pour roi un chrétien

« ennemi, qui ne connaît ni leur langue ni leurs mœurs,
« qui déteste leur religion et qui ne peut être regardé par
« eux que comme un chef de brigands étrangers, on verra
« que Joinville n'a rapporté qu'un discours populaire. On
« sait combien dans un camp, dans une maison, on est
« mal informé des faits particuliers qui se passent dans un
« camp voisin, dans une maison prochaine. Dire fidèle-
« ment ce qu'on a entendu dire, c'est souvent rapporter
« de bonne foi des choses au moins suspectes. »

En effet, aucun historien arabe ne parle d'un fait aussi extraordinaire; mais il est très-possible que quelque interprète sarrasin, pour flatter le roi, même dans l'infortune, ou pour se donner de l'importance, ait imaginé cette fable, dont la réalisation pouvait d'ailleurs ne pas sembler impossible aux chrétiens récemment convertis à l'islamisme et incorporés parmi les troupes musulmanes. On voit, en effet, que lors de la croisade de Louis le Jeune, après la défaite de son armée à Laodicée en 1148, trois mille hommes furent laissés par lui à Satalie dans l'espoir qu'ils pourraient s'y embarquer et venir le rejoindre à Acre;
« mais les vaisseaux qu'avaient promis les Grecs n'ayant
« point paru, ils durent se hasarder par terre et furent
« entourés par les Sarrasins, qui leur offrirent, s'ils vou-
« laient changer de religion, de les recevoir parmi eux.
« Ils acceptèrent ce parti, plutôt que de se voir réduits à
« l'esclavage [1]. »

[1] Hist. de saint Louis, par Bury, t. II, p. 369. Les chrétiens tentèrent aussi de convertir les prisonniers musulmans. Lors de la prise de Saint-Jean d'Acre par Philippe-Auguste et Richard en 1191, « on distribua
« les prisonniers dans des maisons particulières, et on leur fit dire que
« ceux d'entre eux qui voudraient recevoir le baptême, seraient remis
« en liberté. Plusieurs le reçurent; mais la plupart, aussitôt après, se

Voici le jugement qu'ont porté sur Joinville les trois éminents critiques dont la France s'honore aujourd'hui et dont les arrêts pleins de goût et de savoir seront confirmés par la postérité [1].

« L'esprit de Joinville, dit M. Villemain, est crédule,
« ignorant et fertile. Tout est nouveau, tout est extraor-
« dinaire pour lui : le Caire, c'est Babylone ; le Nil, c'est un
« fleuve qui prend sa source dans le Paradis. Il a de ces
« notions particulières sur beaucoup de choses ; mais, quant
« aux faits véritables, on ne saurait trouver plus naïf
« témoin. On dirait que les objets sont nés dans le monde
« le jour où il les a vus.

« Le style de Joinville est très-remarquable pour l'é-
« poque où il écrivait ; et, si on le compare avec celui de
« Ville-Hardouin, on s'aperçoit des progrès de la langue
« et de la narration ; on semble voir en lui une autre race
« d'hommes. »

« sauvèrent au camp de Saladin, pour faire de nouveau profession de
« mahométisme et combattre contre les chrétiens, ce qui fit qu'on
« n'en reçut plus aucun au baptême. » Bury, t. II, p. 413.

[2] Dans l'*Histoire de la principauté de Joinville escritte en* 1632, manuscrit 1054, p. 61, on trouve ce jugement, le plus ancien de tous sur Joinville :

« Pour revenir à notre historiographe Jean sire de Joinville, il est
« à douter si sa plume lui auroit acquis plus d'honneur que son espée.
« Chevalier excellent et en armes et en lois, comme on parloit en ce
« temps-là :

Par ingenium castrisque togæque.

« Dans son histoire, il a fait comme le sculpteur Phidias qui s'enchâssa
« destrement dans les replis de la robe de Minerve ; car il est à douter
« s'il a plus escrit la vie de saint Louis que la sienne, y estant, à
« vray dire, enchassé comme en chose inséparable. Il escrit de soy-
« même, et le doit-on croire pour sa noble ingénuité, comme d'autant
« éloigné d'ostentation..... »

« Joinville, dit M. Nisard, est un esprit plus libre, plus
« curieux, plus animé que Ville-Hardouin. Il mêle quelques
« jugements à ses récits. A la différence du maréchal de
« Champagne, qui va toujours en avant où les événements
« le mènent, ne se recueillant pas un moment pour les
« prévoir ou pour les juger, Joinville s'est quelquefois in-
« terrogé sur les hommes et sur les choses; c'est là un
« progrès. Ville-Hardouin ne décrit pas. Toutes les ri-
« chesses de Constantinople, tant d'or et d'argent que n'é-
« puisa pas un pillage de quatre jours, toute cette magni-
« ficence raffinée de l'empire grec ne lui tirent que quel-
« ques exclamations banales.

« C'est à peine, si, cent ans après, le plus agréable des
« chroniqueurs du quatorzième siècle, Froissart, égale
« Joinville par la naïveté, la grâce, la propriété dans le
« choix des termes, l'heureux accord entre l'expression et
« la pensée; quant à cette éloquence du cœur, qui émeut,
« mais qui tient peut-être à son sujet, Froissart n'y atteint
« jamais. »

M. Sainte-Beuve, après avoir signalé en Joinville cet
ensemble de qualités jeunes, aimables, ingénues, qui ne
se retrouveront plus au même degré, termine par ces
réflexions la notice remarquable qu'il a consacrée à Joinville.

« Il est le représentant le plus agréable, le plus familier
« et le plus expressif de cet âge que nous aimons à nous re-
« présenter de loin comme l'âge d'or du bon vieux temps. Si
« ce beau règne exista quelque temps dans le passé, ce fut
« certes sous saint Louis, durant ces quinze années de paix,
« à l'ombre du chêne de Vincennes; et c'est par la plume

f.

« de Joinville qu'il nous a légué sa plus attrayante image.
« On croyait alors à son roi, on croyait surtout à son Dieu ;
« on y croyait, non pas en général et de cette manière tou-
« jours un peu vague et abstraite, dans ce lointain où la
« science moderne, si on n'y prend garde, le fait de plus
« en plus reculer, mais dans une pratique continuelle et
« comme si Dieu était présent, même physiquement, dans
« les moindres occurrences de la vie. Le monde alors était
« semé à chaque pas d'obscurités et d'embûches ; l'in-
« connu était partout ; partout aussi était le protecteur
« invisible et le soutien ; à chaque souffle qui frémissait, on
« croyait le sentir comme derrière le rideau. Le ciel au-
« dessus était ouvert, peuplé en chaque point de figures
« vivantes, de patrons attentifs et manifestes, d'une invo-
« cation directe, et faciles à intéresser ; le plus intrépide
« guerrier marchait dans ce mélange habituel de crainte
« et de confiance comme un tout petit enfant. A cette
« vue, les esprits les plus émancipés d'aujourd'hui ne sau-
« raient s'empêcher de dire, en tempérant leur sourire par
« le respect : *Sancta simplicitas!* Le bon sens, certes,
« ne manquait pas, et il avait ses retours, ses contradic-
« tions piquantes au milieu de ce réseau de croyances et,
« pour tout dire, de crédulités. L'esprit naturel avait ses
« saillies, ses échappées d'enjouement, ses subtilités et ses
« hardiesses toujours renaissantes ; mais tout cela ne jouait
« encore que dans le cercle tracé, et venait s'arrêter à
« temps devant tout objet vénéré et redoutable. Le mot
« de *prud'homie* comprenait toutes les vertus, la sagesse,
« la prudence et le courage, l'habileté au sein de la foi,
« l'honnêteté civile, et le *comme il faut*, tel que l'enten-
« dait cette race des vieux chrétiens, dont Joinville est

« pour nous le rejeton le plus fleuri ; et l'on définirait bien
« cet ami de saint Louis, qui resta un vieillard si jeune
« de cœur et si frais de souvenirs, en disant qu'il fut le
« plus gracieux et le plus souriant des prud'hommes
« d'alors[1]. »

A ces témoignages il convient d'ajouter ce qu'a dit
M. Michaud aîné, de l'Académie française, dans la notice
qu'on lit en tête des Mémoires de Joinville :

« Si les Mémoires de Joinville, dit l'historien des croi-
« sades, avaient été rédigés par une autre que lui, il est pro-
« bable qu'on aurait parlé de la vie et des actions du sénéchal
« avec moins de simplicité et de réserve qu'il ne le fait lui-
« même. Lorsqu'il nous raconte les périls qu'il a courus,
« les grands combats auxquels il a pris part, il rend tou-
« jours grâce à Dieu et à monseigneur saint Jacques de
« l'avoir sauvé ; dans son récit de la grande bataille de Man-
« sourah, il nous dit seulement qu'il a reçu cinq blessures,
« et que son cheval en a reçu dix-sept. Le bon sénéchal, qui
« avait fait tant de prodiges de bravoure, avoue qu'en plu-
« sieurs occasions il a eu grande peur, ce qu'il n'aurait pas
« laissé dire à un autre. Lorsqu'on lit Joinville, il semble
« qu'on l'écoute et qu'on soit rangé en cercle autour de lui
« pour l'entendre ; la bonne foi respire dans tout ce qu'il nous
« dit ; cette bonne foi est chez lui comme une espèce de verve,
« comme une inspiration poétique qui anime ses paroles et
« lui fait presque toujours rencontrer l'expression la plus
« vraie et la plus pittoresque. Lors même qu'il n'aurait pas
« appris de saint Louis à haïr le mensonge, on voit que son

---

[1] Sainte-Beuve, *Causeries du Lundi* 12 septembre 1853.

« bon naturel l'aurait empêché de mentir, tous ses lecteurs
« sont bien persuadés qu'il ne mentirait pas, même pour jus-
« tifier et pour faire valoir le héros qu'il aime et qu'il veut
« nous faire aimer.

« La franchise n'est pas la seule qualité de l'historien ; on
« retrouve partout, dans son livre, les manières polies et le
« caractère d'un homme aimable et bon. L'amour de soi,
« la haine d'autrui, l'esprit de jalousie qui ont inspiré tant
« d'auteurs de mémoires, ne se montrent point dans Join-
« ville ; sans cesser d'être véridique, il dit rarement du mal de
« ceux avec qui il a vécu ; il a quelque légère rancune contre
« les Templiers, qui lui avaient nié un dépôt, mais c'est un
« tort qu'il paraît avoir oublié en le racontant; il avait vu
« à Mansourah beaucoup de gens du bel air qui fuyaient
« comme des *bobans*, mais il ne les nomme point, parce qu'ils
« sont morts et qu'il respecte la mémoire des trépassés. Ses
« récits ne laissent jamais voir cette humeur chagrine qui
« n'est que trop commune à ceux qui, dans un âge avancé,
« racontent l'histoire des temps qu'ils ont vus. Il ne se re-
« porte au temps de sa jeunesse que pour prendre les cou-
« leurs vives et la naïve simplicité du premier âge de la vie ;
« on peut dire qu'il n'y a rien de si animé, de si vif, de si
« jeune, en un mot, que le style et la manière de raconter
« du sire de Joinville. Le langage naïf de son temps donne
« sans doute beaucoup d'intérêt à sa narration, mais ce lan-
« gage même reçoit aussi quelque charme de la tournure de
« son esprit et de son caractère enjoué.

« Les Mémoires de Joinville ne sont pas seulement un
« précieux monument pour l'histoire nationale ; mais ils se
« rattachent aussi à l'histoire de notre littérature. La langue
« que parlait le sénéchal est mieux connue qu'elle ne l'était

« il y a un siècle ; on doit regretter néanmoins qu'elle soit
« moins étudiée sous le rapport littéraire que sous le rapport
« historique. Je regrette que les études des derniers temps
« ne se soient pas portées sur le génie et le caractère de cette
« langue, qui a aussi ses finesses et ses beautés, qu'il faut
« connaître ; ses règles, sa logique, sa poésie, qu'il faudrait
« montrer à la jeunesse. Nous avons des cours pour toutes
« les langues mortes, pour toutes les langues vivantes ; et
« la langue que parlaient nos aïeux, personne n'est chargé de
« l'enseigner. L'Italie a une chaire spécialement consacrée
« à expliquer le Dante : pourquoi n'en aurions-nous pas
« une pour expliquer nos vieux poëtes et nos vieux histo-
« riens ? »

Ce vœu avait été déjà exprimé par Guillaume de La-
perière dès la première édition des Mémoires de Joinville,
en 1547, où il témoigne son étonnement de voir ainsi dé-
laissées nos *histoires originaires*.

Dans son *Histoire des révolutions du langage en France*,
M. Francis Wey entre dans des considérations sur le mérite de nos trois premiers historiens. Je crois devoir les reproduire, parce que l'estimable ouvrage de M. Francis
Wey n'est pas aussi connu qu'il devrait l'être.

« Prosateur nerveux et assez concis, Ville-Hardouin est
« parfaitement original, parce que l'érudition ne lui fournit
« aucun moyen de ne l'être pas. Il n'est ni clerc ni doc-
« teur ; son langage n'en est que plus franc, que mieux dé-
« pouillé de cette recherche littéraire, qui, louée au temps
« où elle a cours, devient souvent plus tard un type du
« mauvais goût, et donne de bonne heure, à un écrit, une

« physionomie surannée. La langue de Ville-Hardouin a
« passé; mais la simplicité, le naturel, qualités de son
« style, n'ont pas vieilli.

« Tout le dessein de Ville-Hardouin se résume en ces
« mots : retracer avec fidélité et brièvement, sans emphase
« et sans désordre, des événements à la conduite desquels il
« a participé. Xénophon, Thucydide, César, n'ont pas fait
« autre chose ; ils avaient seulement à leur disposition une
« langue parvenue à sa belle maturité; le chroniqueur fran-
« çais, lui, maniait avec une voix virile un parler encore à
« son enfance. Son ton est tout militaire ; il ne cherche au-
« cun effet de style, et son récit est sobre, comme celui
« d'un officier qui rédige un bulletin d'armée, avec une
« pleine intelligence du sujet. Nous observerons souvent
« que les meilleurs monuments de notre langue se sont
« construits de la sorte, en dehors de toute prétention litté-
« raire; ce qui est tout simple : l'érudition autrefois copiait
« le latin, et s'alimentait à des sources étrangères. Ce n'est
« point de ce côté que le génie des Français pouvait rece-
« voir son caractère foncièrement national. Il ne sera pas
« inutile d'étudier la contexture de ce premier échantillon
« de la prose française.

« Beaucoup de simplicité, une sobriété rare en matière
« d'ornements et de métaphores, une clarté continuelle et
« une rapidité remarquable, telles sont les qualités qui re-
« commandent l'ouvrage de Ville-Hardouin. En vain on y
« chercherait la moindre paillette ou même la plus légère
« trace du mauvais goût d'une époque reculée. Toute cette
« chronique est exécutée avec une sévérité magistrale. C'est
« une œuvre de vrai soldat qui ne quitte jamais sa place,
« et fait sans fracas son devoir à son rang.

« Jamais le maréchal de Champagne ne trahit le senti-
« ment de son individualité; il parle de lui comme il ferait
« d'un autre, et avec une égale indifférence. S'il rapporte
« un discours qu'il fut chargé de tenir, il n'y ajoute pas la
« moindre floriture; il dédaigne de se gratifier d'une sentence
« piquante, d'une période bien tournée, ou d'un grain de
« cette érudition si fort prisée par ses contemporains. Ce
« mépris du métier de beau parleur fut de tout temps, en
« France, un des traits saillants de notre esprit militaire.
 « Cette vertu d'abstinence à l'égard des vanités, des sé-
« ductions de la divagation phraséologique, témoigne d'une
« grande supériorité. En effet, au langage près, qui restait
« dur et peu souple, Ville-Hardouin possède toute la vigou-
« reuse dignité d'un livre classique. Il n'est jamais trivial,
« ce qui fut le défaut du moyen âge, auquel il fait seul ex-
« ception.
 « Ville-Hardouin, chroniqueur simple et sincère, emploie
« un langage où l'on signale déjà nombre de gallicismes,
« et certaines allures propres au français des époques posté-
« rieures......

 « Joinville est plus familier, plus prolixe, plus foncière-
« ment français de caractère que Ville-Hardouin. L'*Histoire*
« *de saint Louis* contient, à proprement parler, les *Mé-*
« *moires* de l'auteur. C'est un grand seigneur qui se délasse
« à conter, se souciant peu de multiplier les digressions, se
« laissant dériver à son caprice, et s'amusant parmi les dé-
« tails d'une foule de souvenirs. Son langage, plus verbeux,
« moins précis, court à l'abandon, et n'est pas toujours
« clair. Si un mot facétieux s'offre à la pensée de Joinville,
« au milieu d'une situation sérieuse ou pathétique, ce sera

« tant pis pour la gravité de cette situation ; le mot plaisant
« passera. De même se glisse parfois, dans les bas-reliefs du
« temps, quelque petite gargouille qui rit, à travers un
« groupe d'anges ou de saints en prière.

« Joinville est très-amusant, très-diversifié : on l'accom-
« pagne avec plaisir ; on se voit vivre de sa vie, et quand
« on a voyagé quinze jours avec lui, on se sent devenu son
« ancien ami, tant on croit le bien connaître. Son style,
« son langage, ont à un haut degré la saveur du moyen âge;
« il ne rappelle du tout plus l'antiquité, genre de mérite
« fortuitement propre aux écrivains instructifs d'une période
« primitive. Le sénéchal de saint Louis est un bon seigneur
« très-civilisé et d'un esprit assez retors. Il posséda l'art
« de railler sournoisement, avec une feinte bonhomie, et
« en se faisant passer pour naïf : une manière de déguiser le
« trait sous l'apparence de la candeur. Cette disposition
« d'esprit est très-française; on la trouve surtout chez les
« soi-disant bonnes gens des campagnes. C'est dans une
« foule de petites anecdotes, et non dans les récits, inévita-
« blement entremêlés de mêmes propos et d'incidents, qu'il
« convient de chercher Joinville, et d'y saisir ce *goût de*
« *terroir*, pour ainsi dire, qui le distingue et le recom-
« mande.

« C'est en descendant aux moindres détails des choses,
« que Joinville attache, qu'il rend ses tableaux vivants, et
« satisfait sa fantaisie. C'est aussi par là qu'il se sépare de
« la ligne ferme et sévère qui doit guider un historien. Son
« goût n'est point pur, ni son style élevé ; tout ce qui est
« vrai lui paraît également bon à dire ; la vulgarité forcée
« de l'expression ne le rebute jamais. Il transmet, à propos
« des coliques du roi et de ses propres maladies, des rensei-

« gnements peu héroïques. Ses causeries, peu retenues, res-
« semblent parfois à des chroniques de bivouacs, telles que
« les vieux grenadiers en débitaient, sous l'Empire, aux
« jeunes soldats. Joinville parle au profit de ceux qui l'ont
« connu, et qui s'intéressent à lui ou à son maître ; il n'a
« souci des autres, et on reconnaît qu'il ne songea point aux
« lois de la rhétorique ni aux règles de la littérature, telles
« qu'on les puisait dans les livres de l'antiquité. Il allait de-
« vant lui, se plaisant en ses histoires, au jour le jour de sa
« pensée.

« Quant à Froissart, chroniquer est pour lui une pro-
« fession dont il s'acquitte avec habileté : moins élevé peut-
« être que ses devanciers, mais orné d'une teinte légère des
« lettres antiques ; décrivant complaisamment, se contentant
« parfois de la vraisemblance, recherchant l'effet de son
« récit, il ignore l'art d'émouvoir, parce qu'il ne s'émeut
« jamais. Il peint avec vérité, mais petitement, comme les
« enlumineurs des miniatures de ses manuscrits, et rend la
« forme extérieure des choses, au moyen d'un langage par-
« fois diffus, toujours un peu lourd, rarement élégant, et
« rebelle d'ordinaire à l'originalité de l'auteur. Il arrivait
« trop tard ou trop tôt pour exploiter, au profit de sa gloire
« littéraire, un idiome dur, mais robuste, ou un parler
« froid, mais plus souple.

« Ces trois hommes, à des époques diverses, transmirent
« au français des allures différentes, et certains moyens
« nouveaux de dépeindre les idées. Ils enseignèrent à souder
« ensemble plusieurs membres de phrase ; ils donnèrent du
« souffle à la période, du mouvement et de la concentration
« à la pensée.

« Le mieux servi par le langage, c'est le premier. Son

« style est le plus nerveux, mais son vocabulaire, assez
« restreint, le cède en richesse et en précision à celui de
« Joinville, le plus foncièrement français des trois. Ces
« chroniqueurs sont dépourvus de méthode; la philosophie
« est étrangère aux deux premiers, ce qui les subordonne
« aux véritables historiens; mais elle ne les égare pas,
« comme il arrive au plus moderne, et la nature les dirige
« sûrement, surtout Ville-Hardouin, qui n'a pas d'autre
« guide. »

IV.

TOMBEAU ET ÉPITAPHES.

Joinville fut inhumé dans la chapelle qu'il avait fondée en 1263 dans l'église de Saint-Laurent de Joinville, attenante au château.

Vers 1629, lorsque le chapitre de Saint-Laurent de Joinville fit reconstruire le chœur de cette église, on retrouva au milieu d'anciennes constructions le mausolée de Joinville.

Longtemps on n'avait eu que des transcriptions infidèles de l'épitaphe que Joinville fit placer en 1311 sur la tombe de Geoffroy, son grand-père; c'est seulement en 1739 que le père Merlin, jésuite, l'a lue et transcrite lettre à lettre, après avoir fait fondre avec de l'eau chaude et enlevé avec une éponge la cire ou le mastic qui remplissait le creux des lettres [1]. Ce monument, contemporain de Joinville, puisqu'il n'est postérieur que de deux années à l'époque où il écrivit ses mémoires, rédigés en 1309, nous donne un exemple du style et de l'orthographe d'alors; mais comme la copie du P. Merlin diffère en quelques endroits

---

[1] *Observations historiques et critiques sur l'abbaye de Clairvaux*, par le P. Merlin, jésuite. (*Mémoires de Trévoux pour le mois d'août* 1739, seconde partie, p. 1385.)

de celle qu'a donnée Ménard (p. 282), « qui la dut, nous « dit-il, à l'obligation du sieur Camusat, chanoine de « Troyes, qui la lui a communiquée avec quelques autres « titres anciens de la maison de Joinville, » je les place toutes deux en regard :

COPIE DU P. MERLIN.	COPIE DE MÉNARD.
« Diex sires tous poussans, je vous proie que vous faices bone mercy à Jofroy, signour de Joinville, qui ci gist, cui vous donastes tant de grâce en ce monde, qui vous fonda et fit plusours esglises de son tans : c'est à sçavoir, l'abie de Cuiré[1], de l'ordre de Cités; item l'abie de Jauvillier, de Premontrei; item, la maison de Maacon, de l'ordre de Grantmont; item, la Prioulei dou Val de Onne[2], de Moleimes; item, l'esglise de Saint-Lorans dou chastel de Joinville; dont tuit cil qui sont issu de ly doivent avoir esperance en Deu, que Deus l'a mis en sa compaignie, pour ce que li saint témoignent qui fait la maison Deu en terre, atufie la seue (*édifie la sienne*) propre maison en ciel. Il fut chevalliere li meudres de son tans, et ceste choze aparu ès grans frais (sic) qu'il fit de sà mer et de là, et pour ce la séneschaucie de Champaigne fut donée à lui et à ses hoirs, qui despui l'ont tenue de lui. Issi[3] Jofroy qui fut sires de Joinville, qui oist	Diex sires tous poissans, je vous pri que vous faciez bonne mercy à Joffroy, seignor Joinville, qui cygist : cui vous donnastes tant de grace en ce monde, qui vos funda plusours eglises de son temps. Premiers, l'abbaye de l'Escure, de l'ordre de Cistiaulx. Item l'abbaye de Joinuille, de l'ordre de Premonstré. Item la maison de Mâcon, de l'ordre de Grantmont. Item la priousté, dou Val Doune de Molesmes. Item l'eglise de Saint-Lorent dou chastel de Joinuille. Dont tuit cilz qui sont issus de li, doibvent auoir esperance que Diex l'a mis en sa compaignie; quar li sains tesmoignent, qui fait maison Diex en terre, il acquier prope maison ou cil. Il fut cheualiers li milurs de son temps. Et ce apparut par les grands fais qu'il fit deçà la mer et delà. Et pour cela senescalcie de Champaigne en fut donnée à li et à ses hoirs, qui depuis l'ont tenuë de lui. Iteilz Joffroy, qui fut sires de Joinuille, qui fut en Acre,

[1] L'abbaye d'Escurey.

[2] Le prieuré des filles de Valdonne, dépendant de l'abbaye de Moleimes, transféré depuis à Charenton.

[3] Une note du P. Merlin dans le manuscrit du doyen des chanoines de Joinville dit que *issi* a la même signification que le mot latin *inde*, c'est-à-dire que Geoffroi IV était issu de Geoffroi III.

ET ÉPITAPHES. LXXVII

(*était*) en Acre, liquex fut peire à Guillaume qui gist en la tombe cuuerte de plomb, qui fut évesques de Langres, puis arcevesques de Rains, et freires germains Simont, qui fut sires de Joinville et seneschaus de Champaigne, liquex refut dou nombre des bons chevaliers pour les grans prie d'armes oult de sà mer et de là, et fut avec le roi Jehan d'Acre[1] à panre Damiette[2]. Icis Simons fut peire de Jehan, signour de Joinville et seneschaus de Champaigne, qui encor vit, liquex fit faire cest escrit (l'an mil trois cens unze[3]), auquel Deus doint ce qu'il seit que besoin li est à l'âme et au cors! Iscis Simons refu freires à Jofroy Troullard, qui refu sires de Joinville et séneschaus de Champaigne, liquex, par les grains fais qu'il fit de sà mer et de là, refu en nombre des bons chevaliers; et pour ce qu'il trespassa en la Terre Sainte sans hoir de son cors, pour ce que sa renomée ne périst, en aporta Jehan sires de Joinville, qui ancor vit, son escu, après ce qu'il out demoré en service dévot de le saint roy outremer pacé de six ans[4] : liquex Roys fist audit signour mont (*sic*) de biens. Lydis sires de Joinville mist l'escu à Sainct-Lorans, pour ce qu'on

fut peres à Guillaume, qui gist en la tumbe couuerte de plomb, qui fut euesque de Langres, puis archeuesque de Reins, et freres germains Simon, qui fut sires de Joinuille, et séneschals de Champaigne : et fut du nombre des bons chevaliers, pour les grands prix d'armes qui out deçà la mer et delà. Et fut auec le roy Jean à prendre Damiette. Ileilz Simons fut peres à Jehan, segnour de Joinuille et séneschat de Champaigne, qui encore vit et feist faire cet escrit l'an mil CCC. et XI, auquel Diex doint salut à l'ame, et saintey au corps. Icilz Simons refut frères à Joffroy Troulart, qui refut sires de Joinuille et séneschalz de Champaigne. Liquelx Troulart, pour les grands fais qu'il fit deçà la mer et delà, refut au nombre des bons cheualiers. Et pour ce qu'il trespassa en la terre, sans hoirs de son corps, pour ce que redonnee ne périst, en apourta Jehan cilz sires de Joinville son escu, après ce qu'il demeure ou seruice dou saint roy de France Loys, outre mer, l'espace de sept ans. Liquelx rois fit audict signour mont de biens. Lydis sires de Joinuille mit son escu à Saint-Lorent, afin que on priat pour ly. Ouquel escu apert la

[1] Jean de Brienne, roi de Jérusalem.

[2] Il résulte de cette épitaphe que Simon de Joinville, père de Jean, assista à la prise de Damiette par Jean de Brienne, roi de Jérusalem en 1219. La fin de l'acte, du mois de juin 1218 (lettre C), nous apprend, en effet, qu'il était sur le point d'entreprendre ce voyage d'outre-mer, et l'acte D prouve qu'il était déjà parti, au commencement du mois de juillet de ladite année 1218.

[3] Cette date est omise dans l'imprimé; elle se trouve dans les copies manuscrites, et elle est généralement adoptée.

[4] Le texte donné par Ménard porte *sept* ans.

proit pour lui, enquel ecu apert la prouesse doudit Jofroi en l'onneur que li roi Richard d'Aingleterre ly fist en ce qu'il parti ses armes à seues. Icis Jofroi trespassa de ce siècle, en l'an de grâce mil six vins et douze[1], en mois d'aoust. Icis Jefroi, *quiescat in pace*. » prouesse qu'il fist, et l'onnour que li rois Richard d'Angleterre ly fist, en ce que il party ses armes à cculx.

« Cette épitaphe[2], dit le P. Merlin, était sur une pierre de trois pieds et demi enchassée dans un mur. » Si le style lui parut beaucoup plus conforme à celui de la lettre du sire de Joinville rapportée par du Cange qu'au texte des Mémoires de Joinville, il faut rappeler que le P. Merlin ne connaissait alors que le texte des Mémoires donné par Ménard d'après des manuscrits moins anciens que celui que nous possédons aujourd'hui. Cette différence de style et d'orthographe lui paraîtrait maintenant beaucoup moins sensible.

De cette épitaphe résulte la généalogie suivante :

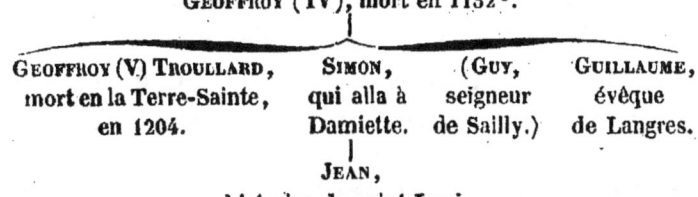

Selon le P. Merlin[4], on ne lisait avant l'année 1311,

---

[1] Il devait y avoir *mil C IIII** et douze* (1192).

[2] Mémoires de Trévoux, août 1739.

[3] Cette date résulte en effet de l'épitaphe; mais elle est fausse et prouve que cette épitaphe a subi des altérations.

[4] Page 1888.

sur la tombe de Geoffroy III que cette courte épitaphe :
Hic jacet nobilis vir Gaufridus, Dñ. de Joinvilla.

Jean, sire de Joinville, fut enterré dans l'église de Saint-Laurent, fondée par son bisaïeul Geoffroi III, au onzième siècle. Son mausolée était à main droite en entrant dans la chapelle Saint-Joseph [1].

« C'est le premier des sires de Joinville qui ait été in-
« humé dans l'église Saint-Laurent. Il y est au chœur,
« sous les reliques où se voit un homme couché de son
« long et eslevé de terre de deux coudées. On garde son
« chef et sa mâchoire en ladite église comme un saint re-
« liquaire; et c'est pour en dire comme fait l'Ecclésiastique
« du valeureux Caleb (chap. 46, v. 11 et 12). *Dominus*
« *dedit ipsi fortitudinem et usque in senectutem perman-*
« *sit illi virtus ut ascenderet in excelsum; ut viderent*
« *omnes quia bonum est obsequi sancto Deo* [2].

A cette époque un dessin en fut fait par M. Paillet, doyen de ladite église de Saint-Laurent, ainsi que des tombeaux de Anselme et de ses deux femmes [4]; de Ferry Ier et de Marguerite de Joinville, son épouse; de Ferry II et de Iolande d'Anjou, reine de Sicile, de Naples et de Jérusalem; de

---

[1] Manuscrit de M. Paillet, doyen de Saint-Laurent, extrait de pièces sur l'église collégiale Saint-Laurent, en la possession de M. Lemoine.

[2] Histoire *inédite* de la principauté de Joinville par Fissieux, 1632.

[3] Ces dessins provenant des papiers de M. Henri Cornut, maire-adjoint de Joinville, ont été donnés par lui à M. Lemoine. Malgré leur état de vétusté, on a pu les restaurer.

[4] Cette sépulture est bâtie en forme de chapelle, voûtée, à piliers et colonnes, où se voyaient les armoiries dudit seigneur sans inscription ni épitaphe. (Hist. de la principauté de Joinville par Fissieux.) Au-dessous de ce mausolée était le caveau d'Anselme et de ses deux femmes. En ouvrant ledit caveau le 13 mars 1638, on n'y trouva que des fragments de bois de chêne et trois têtes de mort.

Henri de Lorraine, évêque de Metz et de Térouenne; de Claude de Lorraine [1] et d'Antoinette de Bourbon.

« Ce mausolée était très-grossièrement sculpté; le sieur de Joinville y paraissait couché les mains jointes sur sa poitrine. Il semblait être revêtu d'un capuce de bénédictin; il avait son écu, sur lequel était gravé les armoiries de Joinville : ses pieds étaient tournés à l'Orient; on ne le voyait pas aisément, attendu qu'une boiserie de la chapelle qui en séparait le chœur en dérobait une partie, et que d'ailleurs à dix-huit pouces environ au-dessus dudit mausolée on avait immédiatement construit une armoirie dans laquelle était renfermé le précieux trésor du chapitre. Au reste, ce mausolée est le seul de tous

---

[1] Au pied et au-devant du mausolée était le caveau de la Maison de de Guise : on y descendait par neuf marches. Le procès-verbal, fait en 1638, dit qu'on trouva dans ce caveau, au-dessous du vieux pavé, huit cercueils en plomb, un en cuivre, et un cœur en plomb. Sur celui de Claude de Lorraine l'épitaphe qui relate l'énumération de ses titres et dignités porte : « Claude.. lequel trespassa à Joinville *par poison*, le douzième jour d'avril l'an 1550. » Une autre épitaphe concerne « Louis de Lorraine, duc de Joyeuse et d'Angoulême, prince de Joinville, sénéchal héréditaire de Champagne, etc., blessé au bras droit en venant au secours d'Arras, et mort à Paris le 27 septembre 1654, âgé de trente-deux ans huit mois et quatorze jours. » — Les épitaphes suivantes concernent : Henri II de Lorraine, fils de Charles de Lorraine, duc de Guise, de Joinville, etc., mort le 2 juin 1664. — Louis-Joseph de Lorraine, duc de Guise, de Joyeuse, d'Angoulême, prince de Joinville, etc., mort de la petite vérole le 30 juillet 1671, âgé de vingt et un ans. — Une épitaphe séparée, mais placée à côté du troisième cercueil, porte l'indication suivante : *Franciscus a Lotheringia, Joinvillæ princeps, Caroli ducis Guisiæ et Henriciæ Catharinæ a Joyeusa, ætatis suæ vigesimo septimo Florentiæ die septimo mensis novembris millesimo trigesimo nono.* On croit que le tombeau placé à côté de celui de Claude de Lorraine est celui de Charles de Lorraine, fils de Henri le Balafré (ms. des pièces appartenant à M. Lemoine).

« ceux de notre église qui n'ait pas été violé au mois de
« novembre 1792, lors de l'irruption sacrilége dont je
« parlerai ci-dessous, attendu qu'il ne fut jamais possible
« de découvrir son ouverture [1]. »

Suit la description dudit trésor où était renfermée, dans un vase d'argent doré, la ceinture de saint Joseph, époux de la sainte Vierge, rapportée de la Terre-Sainte par le sire de Joinville. Cette ceinture était enveloppée dans un étui d'étoffe d'argent brodée par les religieuses ursulines de Celles en Berry. Le père Dom Pierre Masson, dit de Sainte-Catherine, religieux, et visiteur de l'ordre des Feuillants, en fit présent à l'église de Saint-Laurent [2].

En 1639, on trouva l'épitaphe suivante placée, dit-on, sur la tombe du sire de Joinville, près du grand autel.

Elle est inscrite sur l'Obituaire de l'église collégiale de Saint-Laurent, et j'en dois une copie à l'obligeance de M. Lemoine. Le texte de l'Obituaire qui la précède est écrit en caractère gothique dont la forme semble indiquer une époque contemporaine à celle où vivait Joinville :

DECEMBRIS.

OBIIT *nobilis doñus dominus Johannes de Joinvilla et doña Aelidis ejus uxor, dña de Rinello, qui dederunt nobis pro eorum anniversario hac die annuatim celebrari duodecim sextarios avene*

---

[1] *Procès-Verbal.*

[2] Cette ceinture existe encore dans l'église Notre-Dame de Joinville. On vient de la renfermer dans un reliquaire gothique en cuivre doré, donné par M. Lemoine, horloger à Joinville. Je possède une copie de la lettre écrite par le père Masson, dit de Sainte-Catherine, datée de Joinville 19 septembre 1667, constatant *la remise d'un ouvrage très-beau et très-riche pour mettre et enchâsser la relique de la ceinture de saint Joseph, laquelle repose au trésor de l'église Saint-Laurent.*

singulis annis capiendos in terragiis de Ferrariis. Item, idem dñus dedit nobis immortales tabulas cum quibusdam Reliquiis quas apportavit de Terra-Sancta.

Une main beaucoup plus moderne a ajouté ce qui suit à l'Obituaire :

Præsertim zona sancti Joseph quæ in nostra Ecclesia summa celebritate ac veneratione colitur.

D.   O.   M.

Quisquis es, aut civis, aut viator,
Adsta, ut lugeas, ut legas;
Nosti quem nunquam vidisti,
Terris datum anno Dñi 1214 (1224); cœlo natum 1319 :
Nomine, virtute, scriptis, fama nondum mortuum :
Polo utique immortalem et solo,
Dominum D. Joannem de Joniuilla,
Magnum olim Campaniæ senescallum ;
In bello fortissimum, in pace æquissimum,
In utroque maximum :
Nunc ossa et cineres.

Les lignes suivantes rapportées par le père Merlin ne se trouvent point à l'Obituaire :

Tanti viri animam in cœlis viventem Immortales amant,
Corpus in terra superstites mortales colunt.
Ingenium candidum, affabile et amabile,
Ludovico regi sanctissimo gratissimum, principibus laudatissimum,
Galliæ utilissimum, patriæ suæ perhonorificentissimum,
Immortales amant, mortales colunt, omnes honorant.
Nos Zona sancti Josephi e Terra-Sancta asportata ab eo feliciter donati,
Domino subditi, aves nostrati, amici munerario,
Inclytis corporis ejus exuviis, cinerumque reliquiis
Ruiturum nunquam amoris fidelissimi, amantissimæque fidei monu-
    mentum.

MM :   LL :   PP S.

Plura ne explora, sed plora et ora, ac abi obiturus.
                Requiescat in pace.

Quoique les bénédictins, en insérant dans l'*Art de vérifier les dates* cette inscription déclamatoire, n'aient élevé aucun doute sur son authenticité, les éditeurs du *Recueil des Historiens des Gaules* la regardent comme fabriquée postérieurement, et, suivant toute apparence, en 1639, à l'époque même où elle fut publiée. On l'attribue au P. Marteau.

Maintenant que nous avons connaissance de l'Obituaire, on peut établir une distinction entre les deux parties de l'épitaphe. La première doit être considérée comme ancienne; quant à la rédaction de la seconde, elle peut en effet être attribuée au P. Marteau.

Ces tombeaux et ceux des princes de Lorraine, qui avaient succédé aux sires de Joinville, furent respectés jusqu'à l'époque de la Révolution. « Lorsqu'on jetait au vent à Saint-Denis les cendres de saint Louis, celles de son fidèle serviteur devaient éprouver le même sort [1]. » Toutefois, un sentiment national força les autorités à faire ensevelir les restes de Joinville et de ses successeurs dans le cimetière de la ville qu'ils avaient enrichie de leurs bienfaits.

La pierre funéraire qui était placée sur le mausolée de Joinville le représente de grandeur naturelle, à ce que l'on croit, et alors il aurait eu près de six pieds de haut; les ossements trouvés dans son tombeau en 1626, selon un manuscrit du milieu du dernier siècle, indiquent que sa tête était fort grosse, et que sa taille avait près de six pieds. D'après le dessin qui a paru pour la première fois en 1807

---

[1] « Cependant, dit M. F. Fériel, le peuple de la cité se souleva au souvenir de ses anciens seigneurs, et força les autorités du lieu à faire inhumer leurs restes avec une certaine pompe. Ils reposent aujourd'hui au cimetière de la ville. » (*Notice sur le sire de Joinville.*)

dans l'édition de la traduction anglaise des Mémoires de Joinville, et dont nous reproduisons la gravure, il est représenté couvert de la tête aux pieds d'une cotte de mailles, par dessus laquelle on voit une tunique sans manches; le casque aussi est à mailles; son épée est attachée à son ceinturon, et à son bras gauche est suspendu son écu aux armes de Joinville; ses deux mains jointes indiquent la prière, et ses pieds chaussés de l'éperon reposent sur un chien, emblème de la fidélité. A droite et à gauche de sa tête sont deux anges ailés, tenant, l'un, des plumes et un cahier à écrire, l'autre, une écritoire et un livre relié.

Quoique nous possédions une copie de ce dessin à la Bibliothèque impériale de Paris, j'avoue que je n'ai pas une entière confiance dans son exactitude rigoureuse, surtout en ce qui concerne les accessoires. Si dans les manuscrits, même anciens, on voit souvent l'aigle (attribut de saint Jean) tenant dans son bec une écritoire, et saint Jean un calamus ou une plume à la main, cependant ces attributs, placés entre les mains d'anges qui tiennent en outre un livre à la main, ne me paraissent pas d'accord avec les représentations figurées au commencement du quatorzième siècle, ou du moins semblent indiquer une sculpture exécutée postérieurement [1].

[1] M. Lemoine, qui m'avait promis un dessin plus exact, m'annonce qu'il s'occupe en ce moment, avec le propriétaire du château de Joinville, de rechercher sous les décombres l'emplacement de l'Église collégiale de Saint-Laurent, conformément au plan qu'il en possède. Il espère retrouver le caveau du sire de Joinville, qui fut enterré derrière l'autel de cette église.

V.

CHATEAU DE JOINVILLE.

Le château n'existe plus; les buissons et les ronces couvrent maintenant la colline que dominait le manoir féodal des sires de Joinville.

Le dessin qui s'en est conservé nous en donne une exacte représentation; et cette vue accroît les regrets, quand on pense que la destruction de ce beau château qui s'était conservé huit cents ans, ne date que d'un demi-siècle.

Le château de Joinville fut fondé au onzième siècle par le comte Estienne, qui vivait sous le règne de Robert, fils de Hugues Capet. On lit dans la Chronique d'Albéric des Trois-Fontaines, à l'année 1055 : *Ipse Stephanus primus castrum de Jovevilla inchoavit*[1]. Un acte postérieur à l'an de 1028 qualifie cet Estienne de *haut et puissant seigneur*; un autre, de *vir valentiæ potentiæque*.

Ses successeurs, et surtout Jean sire de Joinville, en accrurent les fortifications; ils y ajoutèrent de nouvelles constructions, ainsi que la chapelle attenante au château[2].

---

[1] Voir l'Essai sur la généalogie du sire de Joinville, ms. 1054.
[2] En l'an 1035 le château fut reconstruit, et en 1090 Geoffroi II contribua à son embellissement. En 1109, Louis le Gros fit entourer Joinville de murailles épaisses, liées entre elles par des tours qui dominent les maisons de la ville. (Manuscrit de M. Lermet.)

En 1360, le château de Joinville fut pillé par l'armée des Tard-Venus ou Malandrins [1], composée des gens de guerre qui s'étaient débandés après la paix de Brétigny.

En 1364, Brocard de Fenestranges, mécontent de la solde qu'il avait reçue au service du roi de France, ravagea la Champagne. Son parent, le comte de Vaudemont, le fit prisonnier et le retint dans le château de Joinville. C'est alors qu'un incendie détruisit la chapelle du château, où étaient déposées les chartes de l'église. Deux cartulaires de l'église collégiale de Saint-Laurent furent anéantis : l'un remontait à l'année 1260 ; l'autre commençait à l'année 1364.

En 1546, le duc de Guise reçut à Joinville le roi François Ier, qui y passa les fêtes de la Toussaint.

Le 30 juin 1554, la ville fut incendiée par Charles-Quint, soit pour venger la mort du prince d'Orange, tué au siége de Saint-Dizier d'un coup de couleuvrine qu'un prêtre lui tira de la tour de l'église, soit par haine contre François, duc de Lorraine, qui l'avait forcé de lever le siége de Metz. Le château résista, mais l'église de Saint-Laurent fut incendiée, et l'écusson de Geoffroy, surnommé *Trouillard*, que son neveu le sire de Joinville y avait placé après l'avoir rapporté de Saint-Jean d'Acre, fut enlevé par Charles-Quint.

Pour réparer les calamités de la guerre, Claude de Lorraine, sire de Joinville, obtint l'exemption de tailles

---

[1] Dans la *Description de Joinville en l'Estat où on la voit à présent*, ms. 1054, p. 106, il est dit qu'après la paix de Brétigny, parmi les bandes qui dévastèrent le pays, celle qui fut nommée *Tard-Venus* s'empara de la ville de Joinville, où tous ceux du pays avaient déposé leurs richesses, et que le butin fut de plus de cent mille livres ; ils extorquèrent en outre vingt mille livres pour sortir du pays.

et d'impôts, et il abandonna pendant la première année la totalité de ses revenus, dépassant 30,000 livres ; la moitié pendant la seconde année, et le tiers pendant la troisième.

« En 1639, le 19 août, Louis XIII passa à Joinville avec
« le cardinal de Richelieu. Celui-ci monta au château,
« admira les mausolées et tombeaux des princes, les reli-
« ques de l'église Saint-Laurent, notamment la ceinture
« de saint Joseph, le chef de Jean de Joinville et une table
« en plate peinture, qui est une des belles pièces que l'on
« puisse voir. Le roi et le cardinal furent fort contents, et
« le témoignèrent [1]. »

Plus tard, les anciennes constructions du château, celles de l'église de Saint-Laurent et les fortifications, furent rétablies, et s'étaient conservées jusqu'en 1747, presque entièrement les mêmes qu'au temps de Joinville. On en peut juger par le plan dressé à cette époque pour les archives de la maison d'Orléans. Nous le reproduisons d'après le dessin qui est au cabinet des estampes de la Bibliothèque impériale.

Le 27 avril 1791, le duc d'Orléans (Philippe-Egalité) fit vendre les bâtiments du château, à la condition qu'ils seraient démolis [2]. Cet ordre à jamais regrettable fut exécuté, et le *biau castel* si cher au cœur de Joinville s'écroula sous des mains sacriléges. Parmi nos monuments historiques, aucun n'aurait mieux mérité d'être conservé avec un pieux respect.

[1] Extrait du livre-journal dans le recueil appartenant à M. Lemoine.
[2] Son mandataire était M. de Boncerf. Le château fut adjugé aux citoyens Berger et Passerat, au prix de 6,000 livres pour les matériaux et 1,500 livres pour le terrain (acte du 27 avril 1791).

VI.

DES MANUSCRITS DES MÉMOIRES

DE JOINVILLE.

Les manuscrits de Joinville et ceux de Ville-Hardouin sont peu nombreux, tandis que les Chroniques de Froissart, quoique beaucoup plus volumineuses, se sont multipliées, embellies de miniatures, et forment encore aujourd'hui le plus bel ornement de nos bibliothèques : ce qui prouve que les récits de ce chroniqueur, par cela peut-être qu'ils sont moins vrais et moins sérieux, étaient préférés par nos pères à ceux plus sévères des deux historiens champenois. Cependant l'idiome de Ville-Hardouin et de Joinville est celui que l'on parlait alors à la cour de France; et les grands événements que nous retracent leurs histoires ne le cèdent en intérêt, ni aux narrations un peu fardées de Froissart, ni aux fictions des romans de chevalerie.

Le plus ancien manuscrit des Mémoires de Joinville dont il soit fait mention est celui qui est désigné dans l'inventaire de la Bibliothèque du roi de France Charles V, inventaire dressé en 1373 par son valet de chambre, Gilles Mallet, *garde de sa librairie*. Ce manuscrit était donc antérieur à la date authentique que porte l'inventaire, où il est ainsi désigné :

« Une grande partie de la vie et des faiz de monsieur
« saint Loys, que fit faire le sire de Joinville, très-bien es-
« cript et historié, couvert de cuir rouge à emprains, à
« fermoires d'argent. »

Le roi Réné de Sicile, au quinzième siècle, possédait un manuscrit des mémoires de Joinville, qui fut transporté à Beaufort-en-Vallée, petite ville d'Anjou, où il se trouvait encore au seizième siècle. C'est ce manuscrit qui servit à l'édition première imprimée à Poitiers en 1547, par Jehan et Enguilbert de Marnef frères. Antoine Pierre de Rieux en fut l'éditeur.

Auparavant, en 1540, la duchesse de Guise, Antoinette de Bourbon, fille de François de Bourbon, comte de Vendôme, mariée, en 1513, à Claude de Lorraine, premier duc de Guise et seigneur de Joinville, avait communiqué à Louis Lasseré, chanoine de Saint-Martin de Tours, et proviseur de la maison de Navarre, un manuscrit de l'histoire de Joinville, dont Lasseré donna en 1541 un abrégé concernant l'histoire de saint Louis [1].

En 1584, Lacroix du Maine possédait une copie de « ce manuscrit, laquelle, dit-il, nous avons par devers nous en langage françois usité pour lors [2], » c'est-à-dire en un langage qu'il supposait conforme à celui du temps de saint Louis.

En 1616, un autre manuscrit fut découvert à Laval parmi des papiers appartenant à un ministre calviniste. Ce manuscrit est mentionné par Menard dans la préface de son édition de Joinville.

Dans l'addition à sa dissertation, M. Bimard de la Bastie

---

[1] *Biblioth. franç.*, t. II, p. 522.
[2] Il fait suite à l'histoire de saint Jérôme.

mentionne un manuscrit découvert à Lucques par Sainte-Palaye. Comme il avait appartenu à la famille des Guises, il en concevait de grandes espérances. La Bibliothèque Royale en fit l'acquisition trois ans après (en 1741), au prix bien modique de 360 livres; mais ce manuscrit[1], dont la couverture portait les armes d'Antoinette de Bourbon, paraît être le même que celui dont cette duchesse donna communication à Lasseré; il ne remonte pas au delà de 1500. Le style est conforme à celui de l'époque de François Ier, et plusieurs termes, usités dans le seizième siècle, servent d'interprétation à d'autres plus anciens en usage au temps de saint Louis, ce qui prouve que ce manuscrit doit être une copie modifiée, quant au style et à l'orthographe, d'après un plus ancien texte. La première partie contient l'histoire de Joinville, la seconde, celle de Philippe-Auguste. L'écriture en est très-belle, et la précieuse miniature qui occupe en entier la première page, représente Joinville offrant son livre à Louis le Hutin entouré de sa cour. Six autres belles miniatures l'enrichissent.

Le plus précieux de tous est le manuscrit que possède notre Bibliothèque Impériale (n° 2016 du Supplément français) qui fut rapporté de Bruxelles par le maréchal de Saxe. L'écriture, l'orthographe et le style de la miniature qui est en tête, ont fait croire aux savants éditeurs du *Recueil des Historiens de France* qu'il pourrait être l'original lui-même. La date consignée à la fin porte : « Ce fu escript en l'an de grâce mil ccc et ix (1309), ou moys doctoure. »

« Ce livre, disent-ils, tom. XX, p. 305, n'est pas seu-

[1] Coté n° 206, Supplément français.

« lement l'un des plus précieux monuments de notre his-
« toire, il est aussi, dans la plus ancienne copie qu'on en
« possède, l'un des monuments les plus instructifs de la
« langue française, tant parlée qu'écrite, à la fin du treizième
« siècle ou à l'entrée du quatorzième. »

Nous n'osons pas affirmer que ce manuscrit remonte à une antiquité aussi reculée ; mais, à en juger par l'écriture, par le style de la miniature et par les différences assez sensibles entre le langage et l'orthographe, lorsqu'on les compare aux documents authentiques de la même époque, on peut affirmer que tout concourt à lui assigner une date qui ne saurait être postérieure à la fin du quatorzième siècle.

Il serait à désirer qu'un *fac simile* exécuté par la photographie, ou par l'habileté des calligraphes qui savent reproduire les anciens manuscrits, à s'y méprendre, mît à l'abri d'un accident ce monument unique et si précieux. Sa perte serait irréparable et nous mériterait les justes reproches de la postérité.

VII.

DES ÉDITIONS DES MÉMOIRES

DE JOINVILLE.

La première édition de la Vie de saint Louis par Joinville fut imprimée à Poitiers, en 1546, par Jean et Enguilbert de Marnef, de format petit in-4°; elle est dédiée à François Ier, et le privilége est daté de 1545. L'éditeur, Antoine Pierre de Rieux, dit qu'*ayant visité, en 1542, dans le pays d'Anjou, quelques vieux registres du roi René de Sicile, cuidant y rencontrer quelque antiquité dont il avoit été amateur, il trouva parmi les manuscrits la Chronique du roi Louis, escripte par un seigneur de Joinville, sénéchal de Champagne, qui estoit de ce temps-là et avoit accompagné ledit saint Louis en toutes ses guerres; mais parce que l'histoire étoit un peu mal ordonnée et mise en langage assez rude... ay icelle veue, au moins mal qu'il m'a été possible, et l'ayant polie et dressée en meilleur ordre qu'elle n'estoit auparavant, pour donner grande cognoissance des grands et vertueux faits de la très-chrestienne maison de France, ay icelle voulu mettre en lumière* [1].

[1] Dans l'avis au lecteur, Guillaume de Laperrière s'étonne « que nous soyons si curieux de nous enquérir si soigneusement de lire les histoires

Ainsi, par une sorte d'aberration d'esprit et par un funeste désir d'améliorer les Mémoires de Joinville, le style et l'ordre de la narration ont été détériorés dans cette première édition ; et, après plus deux cents ans, l'éditeur crut rendre service au public et à l'auteur en rajeunissant ce qu'il croyait être *un peu mal ordonné et mis en langage assez rude*. C'est ainsi que jusqu'au commencement de ce siècle nous avons vu tant de beaux édifices du moyen âge défigurés par de malencontreux architectes pour les rendre *plus élégants*.

C'est d'après cette édition qu'Estienne Pasquier cite deux passages concernant Joinville ; l'un d'eux, évidemment interpolé, n'a plus été reproduit dans les éditions postérieures.

des nations estranges, grecques, latines et barbares, et négligeons de lire nos histoires domestiques de notre climat et nature. En quoy nous faisons grand faulte : d'autant que tout ainsy (comme dit Cicero) qu'il est folie et reprouvée curiosité, d'aller acquérir honneur en pays estrange, quand on le peut acquérir en sa cité ou république, semblablement est chose superflue chercher les exemples estranges, quand nous en avons des nostres à suffisance. Attendu mesmement que les exemples plus prochains ont en nous plus d'énergie et d'efficace que les loingtains. Oultre que la mémoire des nostres et domestiques, porte plus de contentement à nostre esprit, que celle des estranges et forains. Tant de raisons ne peuvent encore suffire, que nous ne délaissions nos histoires originaires pour lire les aultres. »

Après avoir énuméré des hauts faits de nos rois et princes, et les avoir comparés à ceux des Grecs et des Romains, Antoine de Rieux signale les vertus de saint Louis, et recommande au lecteur *celui qui le premier mit en champ de publication l'Histoire de saint Louys par Joinville, pour le profit et utilité publique.* « Ce n'est pas, dit-il, moindre louange de bien polir un diamant ou ung aultre pierre fine que de la trouver toute brute, pareillement ne doibz pas attribuer moindre louange au présent autheur, d'avoir réduit en *bon ordre et élégant* style, la présente histoire, qu'à celui qui en fut premier compositeur. »

En 1609, le libraire Guillemot donna une autre édition des mémoires de Joinville, mais qui ne vaut guère mieux que celle de Poitiers, dont elle est la reproduction. Deux réimpressions en furent faites à Genève en 1595 et 1596, in-12.

Cinquante ans après la première édition, parut la seconde édition de l'Histoire de saint Louis par Joinville, en 1617, format in-4°. Le nouvel éditeur, Claude Menard, lieutenant en la prévôté d'Angers, dit qu'ayant trouvé à Laval un *ramas de vieux papiers échappés des ravages que les protestants avaient faits dans quelques monastères de l'Anjou*, il compara *ces paperaces* (c'est ainsi qu'il les nomme) avec l'édition d'Antoine Pierre de Rieux, et s'aperçut bientôt par la différence du style, beaucoup plus ancien dans son manuscrit, combien l'éditeur, son prédécesseur, avait changé l'ancienne manière d'écrire de Joinville.

Menard promit donc de *donner un texte tout autre que celui d'Antoine Pierre de Rieux, et de rendre à l'histoire de Joinville son premier état*, proclamant d'ailleurs que *rendre méconnaissable un auteur par les altérations qu'on ose y apporter, c'est un* ATTENTAT. Malheureusement, il paraît que ces *paperasses* n'étaient que des copies plus ou moins imparfaites, et déjà revues et rajeunies, à en juger du moins par le style. « Toutefois on doit beau-
« coup de reconnaissance à Menard de nous avoir fait
« connaître ou d'avoir indiqué d'anciens et importants
« monuments pour l'histoire de saint-Louis. Nous lui
« sommes redevables de la première ébauche qui ait été
« tracée de la descendance du sire de Joinville, de la Vie de
« saint Louis par Geoffroy de Beaulieu, des actes de sa
« canonisation, et de la déclaration qui en fut faite au
« monde chrétien. »

En 1657, une traduction espagnole, faite par Jacques Ledel, parut à Tolède in-folio. Elle fut réimprimée in-4° à Madrid, en 1794.

La traduction latine du père Stilting est insérée dans la collection des Bollandistes [1].

En 1668, du Cange donna une troisième édition de Joinville. Au moyen de pièces historiques qu'il compulsa à la Chambre des comptes, il put éclaircir, dans ses dissertations, bien des points relatifs à saint Louis et à l'histoire de Joinville; mais malgré toutes ses recherches, dans lesquelles il fut secondé par M. Dupuy, garde de la Bibliothèque du Roi, il n'en put découvrir aucun manuscrit. Il dut donc se borner à composer son texte de la réunion des deux éditions précédentes, en le rapprochant le plus possible, au moyen des deux textes, de celui que l'on pouvait supposer avoir été la rédaction originale de Joinville.

D'après l'ordre de Louis XV, le soin de publier une nouvelle édition de Joinville fut confié à Melot par M. Bignon, bibliothécaire du roi. La mort de ce savant, arrivée en 1759, interrompit son travail, qui fut remis à l'abbé Sallier, érudit et littérateur non moins habile; mais, après deux ans de travaux, la mort vint encore arrêter la continuation de l'ouvrage, qui fut enfin achevé par Capperonnier.

Dans cette édition, qui parut en 1761, le précieux manuscrit de notre Bibliothèque a été religieusement res-

---

[1] Une petite édition in-12 a été publiée en 1666 chez Mauger; c'est une compilation de l'histoire de saint Louis et des mémoires de Joinville. Une partie de l'édition porte le nom de Jacques Cottier.

pecté. C'est ce texte qui a été suivi depuis dans les réimpressions faites, soit séparément, soit dans les différents recueils de Mémoires relatifs à l'histoire de France[1] publiées par Roucher, par Buchon, et par Michaud et Poujoulat[2].

Une traduction anglaise par Th. Jones parut à Londres en 1807, 2 vol. grand in-4°. Le traducteur annonce qu'il a cru devoir préférer le texte de l'édition de du Cange à celui de Capperonnier, attendu, dit-il, que la première jouit d'une plus grande réputation et que le style est d'une lecture beaucoup plus facile que l'autre, qu'il déclare presque inintelligible. En ajouté à la fin du texte sont les passages qui ne se trouvent point dans l'édition de du Cange. Cette édition, qui n'offre aucune nouvelle recherche, est une simple traduction des Mémoires de Joinville, des dissertations de du Cange, des extraits des manuscrits arabes que Cardonne a donnés dans l'édition de 1761, des mémoires de Bimard de la Bastie et de ceux de Levesque de la Ravalière.

La statue de Joinville couchée sur son tombeau y est figurée conformément au dessin livré postérieurement à la Bibliothèque impériale par M. Champollion-Figeac, qui en a aussi donné une représentation dans ses dissertations sur Joinville.

[1] M. Petitot « tout en étant convaincu que le texte donné par MM. Melot, Sallier et Capperonnier se rapproche le plus de l'original, » a cru cependant devoir préférer le texte donné par du Cange comme étant d'une lecture plus facile.

[2] Il convient de signaler, comme addition à l'errata de cette édition, une lacune à la page 231, colonne 1re, afin d'éviter qu'elle ne soit reproduite dans d'autres réimpressions. Au lieu de : « eschappa le sire de « Crancion (sic). En perdi douze » etc., il faut lire : « eschapa le sire de Brancion *du meschief de celle journée ; que de XX chevaliers que il avoit entour li*, il en perdi douze » etc.

En 1830, M. Francisque Michel avait commencé une édition critique de Joinville; elle resta inachevée [1].

En 1840, les savants éditeurs du *Recueil des Historiens des Gaules et de la France*, tout en suivant avec la même exactitude que l'avait fait Jean Capperonnier, le manuscrit n° 2016, y ont joint en note un plus grand nombre de variantes extraites du manuscrit n° 206. Ils en ont même introduit quelques-unes dans leur texte, lorsqu'elles leur ont paru offrir la véritable leçon; mais alors ils ont eu soin de consigner en note la leçon du manuscrit 2016, qu'ils avaient rejetée de leur texte.

[1] M. Francisque Michel, dont chacun connaît le savoir, le zèle et l'exactitude, a bien voulu donner le texte de cette nouvelle édition qu'il a revue sur le manuscrit 2016. Les notes et les explications qu'il y a jointes rendront la lecture des *Mémoires de Joinville* aussi facile qu'instructive.

VIII.

SOURCES A CONSULTER.

Après avoir indiqué les diverses éditions des Mémoires de Joinville publiées jusqu'à ce jour, il peut être utile de faire connaître les sources et les principales dissertations historiques et littéraires qui se rattachent à Joinville et à son histoire.

I. *Vie de saint Louis,* par le Confesseur de la reine Marguerite.

La Bibliothèque impériale de Paris possède deux manuscrits de cette vie, écrite par le Confesseur de la reine Marguerite, à la demande de Blanche, fille de saint Louis.

Le manuscrit n° 351, disent les éditeurs du tome XX du *Recueil des Historiens des Gaules* (MM. Daunou et Naudet), peut remonter aux années 1310 à 1320; et en effet le style des deux miniatures, l'écriture et l'orthographe, confirment cette opinion [1].

D'après ce document, dont l'authenticité est incontestable, je crois devoir reproduire les passages qui concernent Joinville, d'abord comme preuve sur laquelle s'appuie avec raison Bimard de la Bastie pour réfuter le paradoxe du P. Hardouin, et aussi comme exemple du style et de l'orthographe de cette époque, puisque ce manuscrit (n° 351) remonte au temps où vivait

---

[1] Il porte maintenant le n° 10,311 A; l'autre manuscrit, moins ancien, quoique cependant antérieur à l'an 1400, est coté 10,309.

Joinville. On pourra donc établir une comparaison, pour le style et l'orthographe, entre ce manuscrit de *la Vie de saint Louis* et le manuscrit n° 2016 des *Mémoires de Joinville*, qui, s'il n'est pas l'original, ne saurait être postérieur à Joinville que d'un demi-siècle ou un siècle, au plus.

A l'occasion de la canonisation de saint Louis, le Confesseur de la reine Marguerite qualifie ainsi Joinville, qui comparut comme témoin dans l'enquête faite alors :

« Monseigneur Jehan, seigneur de Jeenville, chevalier du
« dyocese de Chaalons, home d'avisé aage et mout riche, séneschal
« de Champaigne, de cinquante ans ou environ [1]. »

Ce qui suit est conforme en grande partie à ce qu'on lit dans les Mémoires de Joinville.

« Et aussi il enseigna à noble chevalier monseigneur Jehan
« de Joinville, séneschal de Champaigne, mout de bons essam-
« ples, qui fu avecques lui en sa court assez priveement et de
« son hostel par vingt-quatre anz et plus [2], et il enseignoit
« mout sovent les bons essamples, si com il est desus dit. Et une
« fois avint einsi que li sainz rois demanda audit chevalier
« lequel il vodroit miex, où avoir fait un péchié mortel ou estre
« mesel (lépreux); et li chevaliers respondi que il vodroit miex
« avoir fet trente pechiez mortex, que ce que il fust mesel.
« Et, donques li sainz rois le blasma mout, et li dist et moustra
« que miex vaudroit estre mesel; car péchié mortel est mese-

---

[1] *Recueil des Histor. des Gaules*, t. XX, p. 62, A.

[2] Les *Acta Sanctorum*, des Bollandistes, t. V, d'août, p. 591, 592, fixent également à vingt-quatre ans la durée de ces rapports familiers, tandis que le récit de Joinville les limite à vingt-deux ans. C'est ce que constate le commentaire des *Acta*, qui font commencer cette intimité à l'arrivée de Joinville en Chypre, en 1248, et la font cesser au départ de saint Louis pour sa dernière croisade, en 1270. Si en 1241 Joinville servit le roi à table à Saumur, c'est seulement en Chypre que ses rapports d'amitié commencèrent avec le roi.

« lerie (la lèpre) de l'ame; de laquele home ne set comment
« il en puist estre guéri, car il ne set quant il doit mourir; et
« se il muert sans droite contricion et sans vraie confession,
« que il ne set se il porra avoir, comme cele chose depende et
« viegne de la grâce Dieu, l'ame remaindra touzjors mesele
« se il muert en péchié mortel, et semblable au deable; mès
« de la meselerie du cors doit estre chascun certain que il en
« doit estre guéri par la mort corporele : pourquoi li sainz rois
« disoit que de trop loing il valt miex à homme estre mesel,
« que ce que il soit en péchié mortel. Et aucunes foiz avec ce
« li benoiez rois dist audit chevalier ces paroles : Voudriez-vos
« avoir enseignement tel, par quoi vos eussiez enneur en ce
« monde et pleussiez as hommes, et eussiez la grâce de Dieu
« et si eussiez gloire en tens avenir? Et li chevaliers respondi
« que il vodroit bien avoir tel enseignement; et lors li dist
« li benoiez rois : Ne fetes chose ne ne dites que, se tout li
« mondes savoit ce, nonporquant vos ne le leriez mie a fere [1].
« Et avecques tout ce li benoiez rois entroduisoit (*disposait*)
« le chevalier à ce que il hantast l'église, meesmement ès festes
« des sainz sollempnex, et à ennorer les sainz; et li disoit que
« il est einsi, par similitude, des sainz en paradis, com il est des
« conseilliers des rois en terre; car qui a afere devant un roi
« terrien, il demande qui est bien de lui (*en faveur auprès
« de lui*) et qui le puet prier seurement, et lequel li rois doit
« oïr; et lors quant il set liquex ce est, il va à lui et le prie que
« il prit (*prie*) pour lui envers le roi : aussi est-il des sainz de
« paradis, qui sont privez de Nostre-Seigneur et ses familiers,
« et le pueent seurement prier, car il les oy. Et por ce devez-
« vous venir à l'église as jours de leurs festes, et ennorer-les
« et prier que il prient pour nous envers Nostre-Seigneur. De
« rechief, li sainz rois disoit au chevalier que aucuns nobles
« hommes sont qui ont vergoigne de bien fere, c'est à savoir,

[1] Que vous ne laisseriez pas de faire, quand tout le monde devrait en avoir connaissance.

« aler a l'église et oïr le servise Dieu, et fere autres œvres de
« pitié (*piété*); et doutent (*craignent*) non pas vaine gloire,
« mès vaine vergoigne, et que l'en ne die que il soient pa-
« pelarz; et c'est trop meilleur chose que vaine gloire. Aussi
« comme cest pire chose que une meson chiee (*tombée*) pour
« un petit vent ou sanz nul vent, que cele qui est dehurtée de
« fort vent [1]. . . . . »

Le récit du confesseur de la reine Marguerite offre plus de détails qu'on n'en trouve dans le récit de Joinville sur le fait qui honore la mémoire de saint Louis. Il constate encore mieux la loyauté et la probité du saint roi à remplir ses engagements même envers les Sarrasins.

« Et comme les deus cenz mile livres furent paiées, li benoiez
« rois demanda tout maintenant se ladite monnoie estoit toute
« paiée; et l'en li respondi : oïl; mès monseigneur Phelipe de
« Nemox [2], chevalier du benoiet roy, li dist adonques : La
« somme d'argent est toute paiée; mès nous avons déceu les
« Sarrazins el pois de largent, en dix mile livres. Et quant li
« benoiez rois oy cele parole, il fut mout coroucié et dist :
« Sachiez, je voil que les deus cens mile livres soient paiées
« entièrement; car je leur promis, et je voil que il n'en faille
« rien. Et adonques li séneschax de Champaigne marcha en
« repost (*en secret*) sus le pié du dit monseigneur Phelipe, et
« li fist signe de l'ueil, et dist au benoiet roi : Sire, creez-vos
« monseigneur Phelipe? Cest un trufeeur (*railleur*). Et quant
« monseigneur Phelipe entendi la voiz du séneschal et il li sou-
« vint de la très-grant vérité du benoict roi et de l'estableté
« (*de sa fermeté*). Il reprist adonques la parole et dist :
« Sire, monseigneur li séneschax dit voir (*vrai*); je ne diz cele
« parole fors en jouant et par trufe, et pource que je seusse

---

[1] *Recueil des Histor. des Gaules*, t. XX, p. 87, 88.
[2] Selon le récit de Joinville, ce ne serait pas Philippe de Nemours, mais Philippe de Damoes.

i.

« que vous diriez. Et li benoiez rois respondi : Vos aiez males
« grâces de cest gieu et de cest essaiement (*de ce jeu et de cet
« essai*); mès gardez que la somme d'argent soit bien paiée
« toute entièrement. Et donques tuit cil qui furent ilecques
« environ, affermèrent que toute la monnoie estoit paiée en-
« tièrement [1] . . . .

Le passage suivant nous reproduit la déclaration apportée par Joinville, comme témoin dans l'enquête relative à la canonisation de saint Louis.

« Monseigneur Jehan de Joinville, chevalier, homme de
« meeur aage et mout riche, qui fu avecques le benoiet roy
« par trente-quatre anz et plus, assez privéement et de sa
« mesniée, par son serement afferma que il ne vit onques ne
« n'oy que li benoiez rois deist à aucun d'autrui parole de
« mesdit ne de détraction en mauvèse manière ou en blâme de
« lui; ne onques il ne vit home plus atempré ne de greigneur
« perfection de tot ce qui pooit estre veu en homme, que li
« benoiez rois fu; et que il croit que il soit en paradis pour
« pluseurs biens que il fist; et croit que il fu de si grant mé-
« rite, que Nostre-Sires doit bien fère miracles pour lui [2]. . .

II. Le cahier intitulé : *Joinville*, qui se trouve au cabinet des titres de la Bibliothèque impériale.

A ce cahier, qui contient diverses listes généalogiques manuscrites concernant les membres de la famille de Joinville, est annexé un grand tableau généalogique dressé par le P. Sainte-Catherine et imprimé à Paris chez Georges Josse en 1667.

Ce tableau commence à l'année 940 et s'arrête à l'année 1667.

III. LE PÈRE ANSELME. — *Histoire généalogique de la mai-*

---

[1] *Recueil des Histor. des Gaules*, t. XX, p. 110 A.
[2] *Ibid.*, p. 112 D.

son *royale de France,* 3ᵉ éd., 1730 ; t. VI, p. 692. Elle commence à Estienne, père de Geoffroi Iᵉʳ.

IV. JEAN HARDOUIN. — *Quelques Observations sur l'histoire de Joinville*, dans le volume de ses *Opera varia*, 1733, in-f°, p. 634 et sq.

Le P. Hardouin, si connu par ses *inventions*, qui souvent même sont de véritables *hallucinations*, ne connnaissait que les éditions imparfaites publiées alors ; s'il avait eu sous les yeux le manuscrit que nous possédons aujourd'hui, il est probable qu'on n'eût pas trouvé dans ses papiers le paradoxe auquel il s'est livré dans son écrit *posthume*, qui doit être aujourd'hui considéré comme un jeu d'esprit, motivé peut-être par le déplaisir de rencontrer dans les Mémoires de Joinville quelques passages qui pouvaient déplaire au clergé. Cinq ans après sa publication, cet écrit fut réfuté par l'académicien Bimard de la Bastie (t. XV, p. 692 et sq.), bien qu'alors il n'eût pas connaissance du manuscrit n° 2016, qui réduit à néant la principale objection sur laquelle Hardouin s'appuie pour ne voir qu'un *roman* dans l'histoire de Joinville. D'après le texte imparfait imprimé par Pierre de Rieux, il résulterait, en effet, que l'histoire de Joinville aurait été écrite à la requête de la reine Marguerite, épouse de saint Louis, morte en 1285, tandis que Joinville déclare à la fin de ses mémoires qu'ils furent terminés en 1315 ; mais le texte du manuscrit 2016 prouve que ce n'est pas sur la demande de Marguerite, femme de saint Louis, que Joinville a écrit son histoire, mais à la demande de Jeanne de Navarre, *qui moult l'aimoit*, et que c'est à son fils Louis *dit le Hutin* qu'il la dédia, ne l'ayant terminée que dix ans après la mort de cette princesse.

Quant aux différences d'orthographe que signale Hardouin entre la lettre écrite par Joinville à Louis le Hutin en 1315, où on lit *Dimange, Dex, séneschaux de Champaigne*, au lieu de

Dimenche, Dieu, sénéchal de Champagne, que porte l'édition des Mémoires de Joinville imprimée par Pierre de Rieux, ces objections ont peu de valeur, puisqu'on ne saurait prétendre posséder le texte original ni même contemporain de Joinville. Le manuscrit 2016, bien plus ancien que ceux que l'on connaissait alors, se rapproche beaucoup de l'orthographe des monuments contemporains, laquelle, du reste, comme on le sait, varie selon le caprice ou l'instruction du scribe et selon la province où le manuscrit est copié. « S'il y eut un bon livre com-
« posé par nos ancêtres, dit Estienne Pasquier (*Recherches de
« la France*, liv. VIII, c. 3), lorsqu'il fut question de le *traduire*
« (transcrire), les copistes le copioient, non selon la naïfve
« langue de l'auteur, ains (*mais*) selon la leur. »

Toutefois, on peut admettre que plusieurs des observations du P. Hardouin, relativement aux interpolations, sont fondées; mais ces interpolations remontent à une époque reculée, et celles que l'on pourrait signaler dans le manuscrit n° 2016 ne sauraient être postérieures de plus d'un siècle à l'époque où Joinville écrivait. Les autres peuvent provenir d'autres textes qui nous sont inconnus, ou sont des réminiscences de traditions anciennes, plus ou moins exactes.

V. BIMARD DE LA BASTIE. — *Dissertations sur Joinville*, suivies d'un appendice, 28 octobre 1738, insérées aux *Mémoires de l'Académie des inscriptions et belles-lettres*, t. XV, p. 692 et sq.

Le but principal de ces deux dissertations est de réfuter le paradoxe du P. Hardouin, démenti par l'antiquité des manuscrits, par les preuves contemporaines, enfin par l'œuvre elle-même. Bimard de la Bastie répond avec autant de soin que de talent au P. Hardouin dont les savants éditeurs du *Recueil des Historiens de France* n'ont pas cru devoir réfuter les objections. Dans ses dissertations, Bimard de la Bastie montre beaucoup de sagacité, dépourvu qu'il était alors de la connaissance du manuscrit 2016 [1].

VI. *Observations historiques et critiques sur l'abbaye de Clairvaux*, par le P. Merlin, jésuite; *Mémoires de Trévoux*, août 1739, seconde partie, p. 1885 et sq.

L'auteur donne l'épitaphe de Joinville (voir plus haut p. LXXXII) et discute ce qui concerne la généalogie de Geoffroi III et Geoffroi IV, etc.

VII. LEVESQUE DE LA RAVALIÈRE. — *Vie du sire de Joinville*, 2 juin 1744, insérée aux *Mémoires de l'Académie des inscriptions et belles-lettres*, t. XX, p. 310 et sq.

On voit par le manuscrit de Levesque de la Ravalière déposé à la Bibliothèque, n° 4551 (Suppl. fr.), et par les divers documents qui l'accompagnent, le soin apporté par ce consciencieux académicien dans ses travaux sur Joinville. Plusieurs des actes insérés ci-après sont extraits de ce manuscrit.

VIII. DU CANGE. — *Dissertations sur Joinville*.

Dans ces dissertations [2], véritables chefs-d'œuvre d'érudition, du Cange s'est plus occupé de recherches d'érudition relatives aux mœurs et coutumes du moyen âge que de la partie historique et littéraire des Mémoires de Joinville. La généalogie qu'il donne des diverses branches de la famille de Joinville est le résultat de profondes recherches.

IX. M. PAULIN PARIS. — *Nouvelles Recherches sur les manuscrits des sires de Joinville*, mémoire lu à l'Académie des inscriptions et belles-lettres, et publié à Paris en 1839.

[1] Voy. le *Recueil des Hist. des Gaules*, t. XX, p. 191 et la préface.
[2] Nous les avons reproduites dans notre édition du *Glossarium mediæ et infimæ latinitatis*.

Il m'a été longtemps impossible de prendre connaissance de ce mémoire, qui ne se trouve ni à la Bibliothèque impériale ni aux autres bibliothèques, bien qu'il ait été lu dans une séance publique de l'Institut. L'auteur n'en possédait plus un seul exemplaire; ses démarches et les miennes avaient été inutiles. Le savoir et le soin que M. Paulin Paris apporte à ses recherches sur nos anciens monuments historiques et littéraires rendaient cette perte très-regrettable. Heureusement, mais lorsque mon travail était terminé, M. Lacabane a pu me le procurer; on sera charmé d'en prendre connaissance à la fin de ces dissertations.

X. *Documents inédits relatifs à Jean, sire de Joinville, historien de saint Louis*, recueillis et publiés par M. Champollion-Figeac dans la *Collection des Documents inédits sur l'histoire de France*, publiés par le Ministère de l'Instruction publique; Paris, Didot, 1841, t. I, in-4°.

Ces documents sont extraits de manuscrits déposés à la Bibliothèque impériale, où ils sont réunis en un seul recueil, sous le n° 1054 du Supplément français. Ces manuscrits, qui ne remontent pas très-haut, sont en général des copies de plus anciens documents; en voici le détail :

N° 1. *Abrégé de l'histoire des anciens sires de Joinville*. Il forme les feuillets 61 à 73 du recueil manuscrit n° 1054 du Supplément, et s'arrête à la date de 1662. Il est intitulé : *De la Maison de Joinville*.

N° 2. *Cartulaires de l'église collégiale de Saint-Laurent de Joinville*. Ces deux copies forment les deux premières pièces du recueil n° 1054 du Supplément français; l'écriture en est peu lisible.

N° 3. *Généalogie des barons de Joinville*.

D'après cette généalogie, qui forme les feuillets 112 à 142 du recueil 1054, et qui s'arrête à la fin de décembre 1588, il n'y aurait eu que quatre Godefroy ou Geoffroi. Le quatrième et dernier serait Geoffroy Trouillard.

N° 4. *Histoire de la principauté de Joinville, escrite en* 1632, *et transcrite d'ung manuscrit trouvé par hazard en* 1693, *et transcrit en* 1697. *Collationn. par moy à l'original.*

Cette histoire, qui ne forme pas moins de cent feuillets d'une belle écriture, est dédiée à monseigneur le duc de Guise; mais le style en est tellement pédantesque, qu'on y trouve beaucoup plus de phrases que de faits. — Elle est suivie d'une *Description de Joinville en l'estat qu'on la voit à présent.* On y lit à la fin : *Achevé à faire le 24 avril* 1632 [1].

N° 5. *Épitaphes des sires de Joinville, inhumés en l'église Saint-Laurent, au château dudit Joinville.*

Elles forment les feuillets 139 à 152. La dernière date qu'on y lit est de 1628.

N° 6. *Lettre de l'archiviste du château de Joinville.*

Cette lettre fut lue à l'Académie des inscriptions et belles-lettres le 20 janvier 1739, par M. de la Bastie, ainsi que le constate le procès-verbal à cette date; elle est à la Bibliothèque impériale.

N° 7. *Tombeau de Jean, sire de Joinville.*

Plusieurs inscriptions y sont relatives ; et le dessin représentant Joinville couché sur la tombe qui recouvrait son cercueil, y est reproduit.

N° 8. *Vue du château de Joinville,* fondé au onzième siècle. Cette vue est la copie d'un dessin exécuté en 1747.

XI. Outre ces documents que M. Champollion a extraits en partie du manuscrit 1054, on y trouve encore diverses pièces, telles que :

Fondation de l'abbaye d'Escurcy, et autres fondations. —

---

[1] J'ai eu communication d'une copie d'un manuscrit semblable que possède M. Lemoine; il est intitulé : *Histoire de la principauté de Joinville.* La dédicace, *à très-haut, très-puissant et très-illustre monseigneur duc de Guise,* est datée de 1632, et signée A. Fisseau.

Énumération de la succession des abbés. — Règlement touchant l'hôpital Saint-Jean. — Noms des procureurs et prévôts dudit Joinville. — Règlement sur la police en Joinville. — Sentence par laquelle les garçons de Joinville ont été maintenus en droit de bien-venue et colliage contre les jeunes hommes tant de la ville que forains venant prendre femme en la ville de Joinville. — Abolition de la mauvaise coustume de monter sur l'asne au mois de mars en la ville de Joinville[1]. — Baronnie et prévosterie Sailly, avec la généalogie des barons dudit lieu, tirés tant de Jean, sire de Joinville, que des observations de M. Claude Mesnard.

XII. Recueils divers en la possession de M. Lemoine, horloger à Joinville; ils consistent en :

1° « Mémoire historique et chronologique en forme de jour« nal qui contient principalement ce qui a rapport à la ville et « au château de Joinville, au chapitre de Saint-Laurent et « aux seigneurs et princes dudit Joinville et quelques faits inté« ressants ou curieux sur des titres, enseignements et mémoires « authentiques qui sont cités à la fin des articles. »

Ms. in-4° d'environ 240 feuillets ; il se compose d'extraits : 1° du journal de Royot, chanoine de l'église Saint-Laurent en 1607 ; 2° de Fissieux, lieutenant du baillage de Joinville, écrit par M. Palliet, chanoine de Saint-Laurent; les derniers articles portent la date de 1787, époque où a été écrit ce manuscrit.

2° *Histoire de Joinville*, composée par le P. Sainte-Catherine, feuillant, par ordre de mademoiselle de Guise. (M. Lemoine ne possède qu'une partie de ce ms.)

3° *Mémoire sur la chapelle de Saint-Laurent du château de Joinville*, par Blugel, chanoine de Joinville.

4° *Histoire de la principauté de Joinville* (1632), par Fisseau (voir la note à la page précédente). A la suite de cette his-

[1] C'était une punition infligée au plus proche voisin du mari qui avait battu sa femme dans le mois de mai.

toire est la description des caveaux qui sont dans l'église Saint-Laurent au château de Joinville, dans une chapelle appelée la Chapelle des Princes.

C'est le procès-verbal de l'ouverture de ce caveau, le 10 mars 1738, après la messe dite à cet effet, et qui fut dressé en présence de MM. les chanoines et doyens du chapitre de ladite église de Saint-Laurent et de MM. les officiers du Prince.

XIII. *Notice sur Joinville*, en tête de la *Collection des Mémoires relatifs à l'histoire de France*, par Petitot, t. II, formant 12 pages.

XIV. *Notice sur Joinville*, par MM. Michaud et Poujoulat, en tête des *Mémoires de Joinville*, t. Ier de la *Collection des Mémoires*, etc., Paris, 1836, formant 12 pages.

XV. *Notice sur Jean de Joinville*, par F. Fériel; Chaumont, Veuve Miot, 1853, in-8° de 24 pages.

XVI. *Notice historique sur Jean sire de Joinville*, par A. Chezjean; Chaumont, chez Cavaniol, 1853. Cette brochure n'offre rien de nouveau.

XVII. *Notice et documents pour servir à l'histoire de Joinville*, par J. Fériel, avec portrait, sceaux, médailles et *fac-simile*; Joinville, chez Lepoix, 1856, in-8° de 76 pages.

Cette brochure traite principalement des hôpitaux, monastères, couvents, églises, localités diverses, sceaux et armoiries.

XVIII. Sainte-Beuve, Notice sur Joinville. *Causeries du lundi.*

XIX. Tablettes historiques de Joinville, par M. J. Collin, employé au chemin de fer. 1857, in-8° de 252 pages [1].

---

[1] Je regrette de n'avoir eu connaissance de cet estimable écrit que lorsque mon travail sur la *Généalogie des sires de Joinville* était terminé. On trouvera dans l'ouvrage de M. Collin quelques documents nouveaux.

IX.

ACTES ET DOCUMENTS
CONCERNANT LES SIRES DE JOINVILLE.

A

Acte d'août 1214 par lequel Simon, maréchal de Champagne, fait hommage à la comtesse Blanche du sénéchalat de Champagne jusqu'au jour de la majorité de son fils Thibaut, époque où celui-ci devra confirmer Simon dans son titre de sénéchal, sinon celui-ci entend conserver tous ses droits et prétentions à ce titre, que lui contestait la comtesse Blanche. Simon ne s'en reconnaît pas moins l'homme lige du comte Thibaut, envers et contre tous, et particulièrement contre les fils du comte Henri.

Ego Symon de Joinvilla, Campanie Marescallus, notum facio universis presentes litteras inspecturis quod de senescallia Campanie homagium feci karissime Dñe mee Blanche Comitisse, sicut de Ballio, usque dum karissimus Dñus meus Comes Theobaldus, filius ejus, compleverit vicesimum primum annum. Si ipse voluerit, investiet me senescallia illa; sin autem, remanebo in illo puncto de eadem senescalia in quo eram antequam Dña mea me investiret, salvo jure Comitis et meo. Clamabam enim in illa senescalia jus hereditarium, quod Dña comitissa michi negabat et contradicebat. Juravi siquidem dicte Dñe mee quod filium suum Comitem Theobaldum bona fide juvabo contra filias Comitis Henrici et contra omnem creaturam quæ possit vivere et mori, usque dum compleverit vicesimum primum annum. Præterea feci predicto Dño meo Comiti Theobaldo homagium ligium de feodo meo de Joinvilla et de alia terra quam teneo de ipso, et sum homo suus ligius contra omnem creaturam quæ possit vivere et mori. In cujus rei testimonium feci presentes litteras fieri sigilli mei munimine roboratas. Actum Trecis (*à Troyes*) anno gratiæ MCCXIIII, mense Augusto.

Tiré d'un cartulaire de Champagne conservé à la Bibliothèque du roi, et coté 5992.

B

Ex libro Principum 1231, *junio mense.*

Acte de juin 1218, par lequel la comtesse Blanche et le comte Thibaut, pour faire cesser toutes les discussions survenues au sujet du sénéchalat de Champagne, reconnaissent que la possession en appartient à Simon et à ses héritiers. Par les présentes le comte Thibaut s'engage, aussitôt sa majorité, à en revêtir Geoffroi, fils de Simon, du vivant de son père, auquel tous droits sont réservés.

Blancha Comitissa et Th., filius ejus, concedunt Simoni Dño Joinvillæ, senescaliam Campaniæ, jure perpetuo possidendam.

Ego Blancha, Comitissa Campaniæ, Trecensis Palatina, et Th. comes Campaniæ et Brie palatinus, universis presentes litteras inspecturis..... notum facimus quod cum Symon, Dñus Joinville, senescallus Campanie, discordiam haberet erga me et filium meum super senescallia Campanie, quam ipse et heredes ejus jure hereditario petebant, ego et filius meus recognosceremus esse verum hoc, pro bono pacis et ut ipsum ad amorem nostrum reduceremus, senescantiam sibi et heredibus suis jure hereditario concessimus habendam, et totam hereditatem suam quam saisieramus, ita tamen quod si non possemus reducere feodum de Fisca in manum suam, nos concessimus eidem feodum S. Dñi Borlimontis, feodum H. de Landricuria, feodum Dñi A. de Rinello et feodum Jofridi de Cyreis; et omnia feoda ista teneret quousque predictum feodum de Fisca ad predictum Symonem reduceremus in tali statu in quo erat prius quam illud saisissemus; et quam cito feodum de Fisca ad eundem Symonem redierit, quatuor predicta feoda ad me et ad filium meum revertentur. Et sciendum quod quam cito ego Th. veniam ad ætatem vigenti unius annorum, sicut ego et mater mea modo cognoscimus, ita ego tunc recognoscam et litteras meas patentes dicto Symoni sub eadem forma tradam (credam, *Men.*), et filium ejusdem Symonis, videlicet Jofridum, statim debemus revestire de senescantia et in hominem accipere (reaccipere, *Men.*), salvo

jure dicti Symonis quamdiu vixerit, et si forte, quod absit, Ego
Theob. de recognitione senescantiæ et de litteris super hoc faciendis
vellem reselire, idem Symon non tenebitur nobis de homagio nec de
feodo, quousque predicte conventiones adimplerentur. Quod ut ratum
permaneat et inconcussum, presentes paginas sigillorum nostrorum
fecimus roborari. Actum anni gratiæ 1218, mense junio.

Tiré d'un cartul. de Champagne de la Bibl. imp., coté 5992.
Ménard a aussi donné cet acte, pag. 285.

C

*Acte de juin 1218, par lequel Simon reconnaît que la comtesse
Blanche et le comte Thibaut, pour faire cesser toute discussion
au sujet du sénéchalat de Champagne, le lui ont concédé pour
en jouir, lui et ses héritiers. Simon s'engage à leur venir en aide
pour combattre Érard de Brienne et Philippe, son épouse, et les
descendants du comte Henri.*

*Quod Th., Comes Campaniæ, et Blancha, mater ejus, concesserunt
Simoni de Joinvilla et heredibus suis in perpetuo habendam,
senescaliam Campaniæ, super qua discordia erat inter ipsos.*

Ego Symon, Dñus de Joinvilla, Campanie senescallus, notum facio
universis presentes litteras inspecturis, quod cum discordia esset inter
me, ex una parte, et Dnam Bl. Comitissam Trecensem, et Theobaldum Comitem, natum ejus, ex altera, super eo quod petebam ab eis
senescalliam Campanie ad me et ad heredes meos jure hereditario pertinere, quod ipsi non recognoscebant, tandem inter nos talis concordia
intervenit, videlicet quod pro bono pacis, dicti Comitissa et Comes,
qualicumque modo fuisset inter nos litigatum, senescalliam Campanie mihi et heredibus meis concesserunt jure hereditario possidendam.
Ego autem redii ad fidelitatem eorum et ad homagium eorum....
Juravi quod malum non eveniet eis, aut terre eorum, per me vel per
homines meos, et ipsos juvabo contra omnem creaturam quæ possit
vivere et mori, et precipue contra Erardum de Brena et Philippam, uxorem ejus, et contra omnes heredes Henrici, quondam Comitis Campanie, et eorum coadjutores, occasione guerre quam movet
Erardus de Brena contra Comitissam et filium ejus.... Pro his itaque
conventionibus firmiter observandis ego posui in manu Comitisse et

Comitis feodum meum de la Fauche...... tali modo, quod si non observarem prædictas conventiones, et submonitus infra quadraginta dies non emendarem, feodum de la Fauche veniret in manum comitisse et Comitis, aut feoda illa quæ ipsi Comitissa et Comes posuerunt in manu mea pro feodo de la Fauche, videlicet feodum Petri de Borlammont, feodum Hugonis de Landricort, feodum Gaufridi de Ceris et feodum Arnulphi de Risnello, et ea tenerent Comitissa et Comes usque dum esset emendatum; et postquam esset emendatum, feodum de la Fauche, aut illa quatuor feoda ad me reverterentur. Adjunctum est quod si non emendarem infra duas quarentenas, postquam essem super hoc requisitus, ego prædictam senescaliam [perderem], ita quod nec ego, nec heredes mei in ipsa possemus aliquid de cætero reclamare. Tradidi etiam eis, propter hoc, in ostagium Gaufridum, filium meum, et posui in manu Dñi Episcopi Lingonens. fratris mei castrum meum de Joinvilla, concedens et volens quod, si deficerem in predictis conventionibus..., ipse frater meus episcopus Comitisse et Comiti traderet dictum castrum tenendum usque dum plenius emendassem.... Cum autem rediero de partibus transmarinis, ego securitatem faciam Comitisse et Comiti quandocumque voluerint de prædictis conventionibus observandis, vel eis tradam castrum meum.

Quod ut notum permaneat, et firmum teneatur, litteris annotatum sigilli mei munimine roboravi.

Actum anno gratiæ MCC octavo decimo, mense junio, die Jovis post Pentacosten.

Tiré d'un cartulaire de Champagne de la Bibl. imp., coté 5992.

D

Acte de juillet 1218, par lequel la dame de Montesclair fait abandon de son douaire, c'est-à-dire de la moitié de la propriété de Joinville, appartenant à son mari Simon de Joinville, pour laquelle ladite dame a fait hommage à la comtesse Blanche, se réservant tous ses autres droits; mais si son fils Geoffroi, quand il aura l'âge de quinze ans, les exigeait, elle les lui céderait, et rentrerait alors dans son douaire [1].

[1] On lit en tête de ce cartulaire le sommaire suivant :
Quod relicta Symonis de Joinvilla, senescalli Campaniæ, quittavit dotalicium suum, scilicet medietatem terræ dicti Symonis, quondam mariti sui, pro castellania Vallis-colore.
Le mot *relicta* pourrait faire croire que la dame de Montesclair, épouse

Ego...... Dña Montis-clari notum facio... quod ego acquito dotalicium meum, videlicet medietatem tote terre Dñi mei Symonis Dñi Joinville, senescalli Campanie, de qua dotata eram et pro qua Dñe mee Blanche, Comitisse Campanie, Trecensi Palatine, homagium feceram, si post decessum mariti mei, videlicet Symonis predicti, me contingeret maritare; et istud consilio amicorum meorum et amicorum Dñi mei acquitavi : ita quod sepedictus Dñus meus me dotavit de Vallicolore, et de Castellenia Valliscolore, et de Moustier super Tout, et de Ona, sine silvis et nemoribus predictarum villarum, ita quod homines earundem in predictis nemoribus et in rebus aliis habebunt talem usuarium qualem habebant antequam ville dicte mihi essent in dotalicio meo assignate, ad hoc etiam quod quamdiu sine marito volam esse. Innotesco quod ego totam quam Dñus meus antea possidebat post solutionem debitorum sepe dicti Dñi possidebo, excepto castro Joinville, quod homines et fideles ipsius castri observabunt. Et sciendum quod cum Gaufridus filius meus primogenitus erit in ætate quindecim annorum, si forte velit a me recedere, ego totam terram que jure hereditario ad ipsum pertinet, eidem relinquam, et ad proprium redibo dotalicium.

Actum anno gratiæ 1218, mensi julio. Datum in octava apostolorum Petri et Paüli.

Cartul. de Champagne, 1218, juillet.

Traduction.

Moi... dame de Montesclair, fais savoir... que je fais abandon de mon douaire, c'est-à-dire de la moitié de toutes les terres de mon seigneur Simon, sire de Joinville, sénéchal de Champagne, dont j'avais été dotée, et pour lesquelles j'avais fait hommage à ma souveraine Blanche, comtesse de Champagne, palatine de Troyes, au cas où il me conviendrait de me marier après le décès de mon mari ledit Simon; abandon que j'ai fait d'après le conseil de mes amis et de ceux de mon seigneur. En sorte que mondit seigneur me constitua en dot les terres

de Simon, était veuve ; car ce mot au moyen âge a ce sens : c'est une erreur commise par celui qui, lisant la teneur de l'acte, a cru en devoir conclure qu'elle était veuve alors ; à moins qu'on n'ait voulu indiquer par le mot *relicta* que Simon étant alors en Palestine, la comtesse sa femme se trouvait ainsi *délaissée* par lui. Les mots *quondam mariti sui*, ajoutés, attestent une erreur qu'il convient de signaler.

de Vaucouleurs et de la châtellenie de Vaucouleurs, et de Moustier sur Toul, et de Ona, sans les forêts et bois, à la condition que l'on pourra jouir, dans ces bois et en autres choses, des usages en possession, avant que lesdits domaines me fussent assignés en douaire, tant que je resterais sans me remarier. Et de plus je fais savoir que je posséderai la totalité de ce que, après payement des dettes dudit seigneur, il possédait, excepté le château de Joinville, que garderont les hommes d'armes et les fidèles de ce château. Et je fais savoir que quand mon fils aîné Geoffroi aura atteint l'âge de quinze ans, s'il veut se séparer de moi, je lui remettrai tous les domaines qui lui reviennent à titre héréditaire, et je rentrerai dans mon propre douaire.

Passé l'an de grâce 1218, au mois de juillet, et signé à l'octave de Saint-Pierre et de Saint-Paul.

E

Acte de juin 1231, par lequel Thibaut, comte de Champagne, approuve le mariage du fils aîné de Simon, Jean, sire de Joinville, avec Alix fille du comte de Grand Pré.

Theobaldus comes laudat conventiones matrimonii faciendi inter filiam Comitis Grandis Prati et Johannem de Joinvilla.

Ego Theobaldus, Camp. et Brie Comes Palat., notum facio quod tales conventiones facte sunt, coram me, inter Symonem Dñum Joinville, senescallum Camp., et Mariam, Comitissam Grandis Prati, quod creantaverunt facere matrimonium inter Johannem, primogenitum Dñi Symonis, et uxoris sue B., filie Comitis Stephani de Ultra-Saona, et Alaidim filiam dicte Comitisse, tali videlicet conditione quod dicta Comitissa et Henricus, filius ejus, dabunt in dicto maritagio Johanni et Alaidi filie sue trecentas libratas terre Pār. monete : ita tamen quod prædicti Johannes et Alaidis adversus Comitissam et Henricum, filium ejus, de hereditate, tam ex parte patris, quam ex parte matris proveniente, nichil amplius poterunt reclamare. Et si casu contingeret quod matrimonium non fieret, prædicta Alaidis jam dicte Comitisse vel Henrico, fratri suo, libera et in loco salvo reddetur, et dictus Johannes dictam Alaidem ad usum et consuetudinem Campanie dotare tenetur. Preterea Dñus Symon de Joinville debet facere quod Dñus Gaufridus, filius ejus, diffinitivam sententiam divorcii inter ipsum et dictam comitissam Grandis Prati, per venerabilem Patrem Remensem archiepiscopum latam, approbabit et recognoscet coram J. dicto Paverel archid., cancellar. et Gregorium, Canon. Par. judicibus a Dño papa delegatis, se sententie dicti archiepiscopi consentire; et si dictus Gaufridus coram judicibus personaliter non posset comparere mittet ad id faciendum, procuratorem cum litteris suis patentibus et continentibus approbationem sententie Dñi Remensis archiepiscopi super dicto divorcio, sicut superius est expressum. De omnibus vero debitis quod dictus Gaufridus debet, si aliquis dictam comitissam vel Henricum filium ejus inquietaret, supradictus Symon, dominus Joinville, debet eos facere quitari et legitimam portare garantiam. Et ego Theob., Comes Campaniæ et Brie, ad petitionem partium creantavi quod tam Dnus faciam bona fide supradicta teneri. Quod ut ratum permaneat, etc. Datum Dñi 1231, mense junio.

TRADUCTION.

Moi Thibaut, comte de Champagne, et de Brie comte palatin, je fais savoir que telles conventions ont été faites en ma présence, entre Simon, seigneur de Joinville, sénéchal de Champagne, et Marie, comtesse de Grandpré, qui se sont engagés au mariage de Jean, fils aîné de Simon et de son épouse B......, fille du comte d'Estienne d'Outre-Saône, avec Alaïs, fille de ladite comtesse, à la condition que ladite comtesse et son fils Henri donneront en faveur dudit mariage, à Jean et à Alaïs, sa fille, trois cent livrées de terre, valeur en monnaie de Paris, en sorte que les prénommés Jean et Alaïs ne pourront désormais rien réclamer ni dans l'héritage de leur père ni dans celui de leur mère. Et dans le cas où il arriverait que le mariage ne se ferait pas, ladite Alaïs serait rendue en lieu sûr et libre à ladite comtesse et à Henri son fils. Et ledit Jean est tenu de doter ladite Alaïs selon les us et coutumes de Champagne. En outre ledit Simon de Joinville devra faire en sorte que son fils Geoffroi approuvera et reconnaîtra la sentence définitive de divorce prononcée par révérend père l'archevêque de Rheims, entre lui et ladite comtesse de Grandpré.

F

Acte du 1er mai 1239, par lequel Jean de Joinville s'engage à ne point épouser la fille du comte de Bar.

Je Jehans, sire de Joinville, seneschaux de Champaigne, fas à savoir à tous cels qui ces lettres verront, que je jure mon très-chier signor Thiebaulx, par la grâce de Dieu roi de Navarre, conte palatin de Champaigne et de Brie, et créante comme à mon signor lige, sur la foi que je li dois, que je ne m'alierai au comte de Bar ne par mariage ne par autre chose, ne à luy ne à autry encontre luy, et noméement je ne prendrai à feme la fille du conte de Bar, se par l'otroy de mon signor devant dit non, et li seray aidans encontre toutes gens qui puissent vivre et morir; et se je alloye encontre ces convenances devant dites, messires li rois devant diz porroit asseoir, sans soi meffaire, à tout le fié que je tieng de luy, et le porroit tenir tant que je ly eusse ammandé le méfait à l'égard de sa cort. En témoignage de ceste chose, j'ai fait ces lettres sceller, en l'an de l'incarnation de Nostre-Signor Jésus-Christ MCC et XXXIX, le premier jour de may.

Cet acte publié par la Ravalière, est au Trésor des chartes. (Archives de l'Empire.)

G

Acte du 1er mai 1239, par lequel Béatrix, mère de Joinville, dame de Vaucouleurs, déclare que son fils est engagé à ne pas s'allier par mariage au comte de Bar.

Je Béatrix, dame de Valcolor, fas assavoir à tous cels qui ces lettres verront, que Jehans mes fils, sires de Joinville, seneschaus de Champaigne, a pardevant moy recogneu que il a juré à mon très-chier signor Thibaut, par la grâce de Dieu roi de Navarre, comte palatin de Champ. et de Brie, et creanté com à son signor lige, pour la foy que il li doit, que il ne s'alliera au comte de Bar ne par mariage, ne par aultre chose, ne à lui, ne à autruy encontre lui, et nommément que il ne prendra à feme la fille du comte de Bar, se par le roi mon signor devant dit non, et se li fera aidans encontre toutes gens qui puissent vivre ne morir..... Et je à la requeste de Jehans, mes fils devant dit, sui pleige vers mon signor le roi devant dit, de ces convenances faire tenir à bonne foi; et toutes ces convenances devant d. a-il juré pardevant moi à tenir. Ce fu fait en l'an de l'incarn. Nostre-Signor J.-C. 1239, le 1er mai.

J'ai trouvé cet acte dans le recueil de documents réunis par Levesque de la Ravalière, à la suite du manuscrit original de son mémoire lu à l'Académie des inscriptions et belles-lettres.

H

¹ *Lettre de 1242, par laquelle le comte Thibaut expose que la réclamation de Joinville d'être mis en possession des écuelles du roi, n'est pas admissible.*

Nos, Thibauz, par la grâce de Dieu, roy de Navarre, de Champaigne et de Bries cuenz palatins, faisons à sçavoir à tous ceulx qui ces lettres verront et orront, que quant nous fismes servir nostre amé et feal Jehan, signor de Joinville, seneschaus de Champaigne, devant nous de l'escuelle, à noces monsignor Philippe, ainsné fius le roi de France, et à la chevalerie dudit Philippe, li séneschaus dessus nommé nos requist que nos li feissions son assez ès escuelles de quoi il avoit servi devant nos, lesquelles devoient estre siennes, si comme il disoit ; et nos li repondismes lors que les escuelles estoient le roy de France, et toutefois nos ne volons pas que ces choses dessus dictes puissent grever à nostre séneschauz dessus nommé, par la raison que nous ou nostre hoir commanderons audit séneschaus ou à ses hoirs que ils servent dou mangié devant nos, que touttes leurs droictures leur soient sauves par la raison de la séneschauchiée, ainsi comme devant. Et en tesmoin de cette chose, nous avons fait sceller les présentes lettres de nostre scel, qui furent faites par Nos à Biaune, le lundi prochien après les octaves de Pasques, en l'an de grâce M.CC.XLII.

I

Acte du mois d'avril 1250, daté du camp de Joppé, par lequel saint Louis fait dotation à Joinville d'une rente annuelle de deux cents livres.

Ludovicus, Dei gratia Francorum rex, notum facimus quod obtentu gratis accepti servitii, quod dilectus et fidelis noster Johannes dominus de Joinvilla, seneschalus Campaniæ, nobis exhibuit in partibus Terræ Sanctæ, dedimus et concessimus eidem et heredibus suis, ex uxore sua desponsata, qui pro tempore tenebunt dominium de Janvilla, ducentas libras turonens. anui redditus in feodum et homagium ligium et nobis et heredibus nostris percipiendas annuatim, in festo Omnium Sanctorum, in coffris nostris, et de hoc homagium ligium nobis fecit contra omnes homines qui possunt vivere aut mori, salva fidelitate comitis Campaniæ et comitis Barri, et hoc similiter heredes ipsius predicti facere tenebuntur nobis et heredibus nostris. Quod ut ratum et stabile

ermaneat, presentem paginam sigilli nostri fecimus impressione muniri.
Actum in castro juxta Joppem, anno Domini M° CC° L° secundo, mense aprili.

Tiré du manuscrit n° 1054 de la Biblioth. impériale, p. 127.

K

Lettre de Jean, sire de Joinville, au roi Louis X, juin 1315.

A son bon seigneur Loys, par la grâce de Deu, roy de France et de Navarre, Jehans sires de Joinville, ses séneschaux de Champaigne, salut et son service apparilié.

Chiers sires, il est bien voirs, ainsi commes mandey le m'avez, que on disoit que vous estiez appaisiés as Flammans, et por ce, sire, que nous cuidiens que voirs fust, nous n'aviens fait point d'apparoyl pour aleir à vostre mandement. Et de ce, sire, que vous m'avez mendey que vous serés à Arras pour vous addrecier des torts que li Flammeints (Flamainc) vous font, il moy semble, sire, que vous faites bien, et Dex vous en soit en aiide. Et de ce que vous m'avez mandey que ge et ma gent fussiens à Othie à la moiennetey dou mois de joing, sire, savoir vous fas que ce ne puet estre bonnement, quant (quar) vos lettres me vinrent le secont dimange de joing; et vinrent huit jours devant la recepte de vos lettres. Et plus tost que je poiray (pourray), ma gent seront apparilié pour aleir où il vous plaira.

Sire, ne vous desplaise de ce que je, au premier parloir (parleir), ne vous ay appeley que *bon signour*, quant (quar) autrement ne l'ay je fait à mes signours les autres Roys qui ont esté devant vous, cui (cuy) Dex absoille (absoyle). Nostres sires soit garde de vous. »

« Donney le second dimange dou mois de joing, que vostre lettre me fust appourté, l'an mil trois cens et quinze. »

Du Cange a publié cette lettre en 1668 d'après l'original, ou d'après une copie authentique que lui avait communiquée Vyon d'Herouval.

Cette lettre si précieuse, dont on peut voir l'original à la Bibliothèque impériale (section des autographes), a été retrouvée par M. La Cabane dans le fonds de Dom Villevieille. Elle porte cette suscription : « A son bon amey seigneur le roy de France et de Navarre, » et en ajouté : « Le sceau de cette lettre (en cire jaune, dit du Cange, de la grandeur d'un grand escu d'or), est encore tout entier, dans lequel se voit empreinte la figure de nostre sire de Joinville, sur un cheval caparassoné de ses armes, avec une bordure de fleurs de lys à l'entour. »

APPENDICE.

Rapport de la Chambre des Comptes, daté du mois de mai 1331, relativement aux droits afférents aux sires de Joinville lorsqu'ils étaient à la cour [1].

« C'est la response que les gens des comptes firent au roy, le seizième jour de may 1331, sur les droicts que le seigneur de Joinville demandoit à court pour cause de la séneschaussée de Champaigne. »

Inquisitio facta per gentes compotorum circa jura quæ senescallus Campaniæ sibi deberi contendebat in hospitio regis.

Très-puissant et très-redoubté seigneur, vous nous avez mandé que nous veissions une information qui a esté faicte de vostre commandement par monsieur Estienne de Mournay et monsieur Guillaume de Noë, chevallier, sur les droicts que le sieur de Gienville (*Joinville*) demande à avoir en vostre hostel, tant comme séneschal de Champaigne et par raison de sa séneschaussée. Sy vous signiffions, très-cher seigneur, que nous avons veue ladicte information et les escripts de vostre chambre de vos comptes le plus diligemment que nous avons peu, et pour ce que ne trouvons point qu'il doye prendre aucun droict, quel qu'il soit, sur vous, excepté vingt sols tournois, lesquels son père et luy ont bien accoustumé prendre chaque jour, sous le nom de séneschal de Champaigne, quant il estoient en leurs

---

[1] On doit à M. Francisque Michel la connaissance de cette pièce insérée par lui au *Bulletin des sciences historiques*, de M. le baron de Férussac, t. XVIII, p. 390, 391.

Cette pièce et la suivante, ajoutées ici en *appendice*, me sont parvenues trop tard pour être rangées à leur ordre chronologique.

personnes ès hostiex de vos prédécesseurs ; et aussy avons gardé ès tables des despens de vos prédécesseurs, et trouvons par icelles de quarante-huict ans à passé, c'est assavoir avant que le roy Philippes, vostre oncle, nostre tout cher seigneur, ne prenoit que dix sols tournois par jour, sous le nom de séneschal de Champaigne ; mais depuis trente ans çà, il a bien pris sous le nom de séneschal de Champaigne vingt sols tournois pour chacun jour qu'il estoit à la cour en sa personne, et quant à l'article de vaisselle d'argent qu'il demande avoir aux festes annuelles, très-cher seigneur, nous n'en trouvons riens, fors tant que nostre cher seigneur le roy Philippes-le-Long, vostre cousin, que Dieu absolve, fut une fois à la Toussaints mil trois cents dix-neuf, à Romay en Champaigne, à laquelle feste ledict sire de Gienville eut bien six escuelles et deux plats d'argent (soixante et une livres parisis), et les donna à Estienne et Éverart, vos gens, et manda le roy à la chambre que l'on leur en rendist la vallue, et trouve l'on bien que lesdicts gens eurent lesdictes soixante et une livre parisis, pour le compte de vostre trésorier de la Sainct-Jean mille trois cent vingt et un, mais pour que la chambre ne trouvoit pas que il appartinssent audict seigneur pour cause de sadicte séneschaussée, ne que oncques mais luy ou ses prédécesseurs en eussent rien prins qui apparoisse, l'on les mit en debtes à recouvrer sur luy, et pour ce qu'il fut advis aux gens de la chambre que se il vouloit ensaisiner de tiers dons qu'il ne apert pas qu'il en eust autrefois eus, la chambre en advisa ledict roy Philippe le Long, li suspendi tous les droicts qu'il demandoit ; et quant est des pièces de chair, vin, chandelles et autres choses qu'il demande pour cause de sadicte séneschaussée, nous n'en trouvons riens, ni ne pouvons en trouver en la chambre ; car telles choses ne se trouvent pas particulièrement par le compte, ainçoys sont entre les despens de l'hostel en général, se estre y doyvent ; néantmoins ès tables de l'hostel, que nous avons pour ce veues., n'en est faict nulle mention.

Sur ce, très-cher seigneur, si faictes et ordonnez ce qu'il vous plaira. Nostre-Seigneur vous veuille garder l'âme et le corps. Escript à Paris, le seizième jour de may, l'an treize cent vingt et un [1].

(Tiré du recueil de la Chambre des comptes de la Bibliothèque du Roi, reg. B., fol. 2, et recueil de M. Montmerqué, t. V, p. 70.)

Pièce extraite du premier cartulaire de l'abbaye de Montier-en-Der (Dervensis), par laquelle Dudon, premier abbé de cette abbaye, constate qu'Engelbert, comte de Brienne, donne sa sœur en mariage à Estienne de Joinville. L'acte n'est pas signé, mais il doit être de l'année 1025 *ou* 1027.

Notum fieri volumus omnibus Christi fidelibus, quodniam ego Dudo, licet indignus, abbas Dervensis (*Montier-en-Der*) breviarium studui facere de territorio Blesensi, quod est sanctorum apostolorum Petri et Pauli, et venerandi martiris Christi Bercharii, qualiter, ad defendendum et bene ab hostibus custodiendum, Stephano de Juncivilla commissum sit. Quapropter Engelbertus, comes Breonensis, habens quandam sororem, nullius adhunc junctam connubio, cupiensque eam tradere alicujus valentie potentieque viro, placitum inde habuit cum supra memorato Stephano, copulans eam illi vinculo maritali. Hac itaque ratione, idem Stephanus, peroptans ab ipso aliquod extorquere proficuum, sicut a tali ac tanto domino, quesivit et impetravit illud tantillum advocarie Blesensi pagi, quod com-

---

[1] La date de 1331 est exacte et ne doit point être changée. C'est, en effet, à Philippe de Valois, qui régnait en 1331, que la Chambre des comptes a envoyé ce rapport, et non à Philippe le Long, dont il n'est parlé dans cette réponse que comme d'un roi mort, et cousin de celui à qui elle est adressée.

missum fuerat Engelberto, prenominato comiti. Verum quia sibi parum proveniebat hec talis advocaria, venit ad me ultro, promittens Deo et sancto Petro et mihi, coram fratribus et multis aliis, se deinceps melius defensurum terram illam nostram, si sibi gratis aliquid concederemus. Cujus confisi promissionibus, annuimus ei per annum de pertinentiis ad eandem advocariam quadragenta arietes, et totidem porcas, sex prandia et carropera ad palos virgasque ferendas ad opus castri sui, hoc modo ut mane euntia in vesperis reverterentur. Concessimus etiam sibi de operariis ad laudem suorum et nostrorum hominum. Eo tamen tenore hec omnia sibi injunximus, ut nihil aliud acciperet ibi; si autem in aliquo deviaret, amplius nullum ibi dominium ipse nec ejus posteri haberent.

Signum DUDONIS abbatis,   *Signum* VUIDONIS comitis;
Signum MILONIS monachi;   *Signum* TECELINI;
Signum VUANDELGERI monachi;   *Signum* RICHERI;
Signum ENGELBERTI comitis;   *Signum* ENGELBERTI.

La présente copie a été extraite littéralement du premier cartulaire de l'abbaye de Montier-en-Der, folio 35, verso. (Archives de la Haute-Marne.)

TRADUCTION.

Nous voulons faire savoir à tous les serviteurs du Christ que moi, Dudon, abbé de Der, quoique indigne, je me suis occupé de faire dresser le Registre du territoire de Blois, qui est sous la protection de saint Pierre et de saint Paul et du vénérable martyr en Jésus-Christ, Berchaire, et que la défense en a été confiée à Estienne de Joinville, pour qu'il soit bien gardé et bien défendu contre les ennemis. A cet effet, Engelbert, comte de Brione, ayant une sœur non encore mariée, qu'il désirait faire épouser à quelque homme vaillant et puissant, fut charmé de la donner en légitime mariage à cet Estienne. Par la même raison Estienne, désirant, de son côté, obtenir quelque avantage d'un seigneur aussi puissant, demanda et obtint l'advouerie de la contrée de Brie, qui avait été confiée au susnommé Engelbert. Mais comme cette advouerie était d'un mince rapport, il vint me trouver, promettant à Dieu, à saint Pierre et à moi, en présence de nos frères et de beaucoup d'autres, qu'il défendrait mieux désormais notre terre, si nous lui accordions gratuitement quelque chose. Confiant en ses promesses, nous lui allouons, annuellement, sur ce qui appartient à cette advouerie, quarante béliers, et autant de truies, six repas, et des chariots propres à transporter des pieux et des fascines pour l'entretien de son château, pourvu que, partant le matin, ils puissent revenir le soir même. Nous lui concédons aussi des ouvriers à la convenance de ses hommes et des nôtres. Mais toutes ces concessions sont à la condition qu'il n'aura rien de plus, et que s'il s'écartait en quoi que ce soit de ces prescriptions, ni lui ni ses héritiers n'auront plus rien à prétendre.

X.
ESSAI SUR LA GÉNÉALOGIE
DES SIRES DE JOINVILLE.

L'importance historique des possesseurs de la baronnie et principauté de Joinville mérite de fixer l'attention de nos savants membres de l'Institut, de l'École des chartes et des diverses académies, afin que par leurs soins les documents contenus au manuscrit n° 1054, les généalogies du cabinet des titres de la Bibliothèque impériale, les indications qu'on trouve dans Wassebourg, dans Desrosiers, et dans l'édition de Ménard, enfin dans les généalogies dressées par le P. Sainte-Catherine et par le P. Anselme, soient mieux coordonnés. Signaler les différences qu'offrent ces documents m'entraînerait trop loin ; il résulte toutefois, de l'examen auquel je me suis livré, que le travail du P. Sainte-Catherine me paraît le plus près de la vérité. Dans le résumé que j'offre comme un simple essai, on peut suivre la parenté entre Godefroi de Bouillon, roi de Jérusalem, et Geoffroi Ier, sire de Joinville, ainsi que la filiation des membres de cette illustre famille jusqu'à ces derniers temps.

Quelques documents du manuscrit n° 1054 font remonter l'origine de la famille de Joinville à Charlemagne, et celle de la ville et du château de Joinville au consul Jovin, qui, selon le récit d'Ammien Marcellin [1], remporta sur les Germains une bataille près de la ville de Châlons-sur-Marne ; mais le chroniqueur Albéric des Trois-Fontaines et du Cange attribuent l'origine du nom de *Joinville* à celui de Joigny, ville qu'Étienne Ier, père de Geoffroi Ier, apporta en héritage.

---

[1] L. XXVII, ch. II, édit. de 1681, in-folio, p. 476.

GUILLAUME, comte de Poitiers, de Boulogne et de Saint-Paul, 940.

ARNOUL ou ERNAULDE,
comte de Boulogne, épousa N...

ERNICLE, ou petit ARNOUL,
comte de Boulogne, épousa Adelvie...

EUSTACHE Ier, comte de Boulogne,
épousa Manaud de Louvain...

EUSTACHE II, comte de Boulogne,
épousa, en 1059, Ida d'Ardennes ou de Lorraine,
fille du duc Godefroy au Grand Col, *Alias* le Bossu [1],
laquelle apporta en dot le duché de Bouillon.

EUSTACHE III,
de Boulogne,
épousa Marie,
fille de Malco,
roi d'Écosse.

GODEFROY de Bouillon,
duc de Basse-Lorraine, 1089 [2],
roi de Jérusalem, 1099,
mort en 1100.

BAUDOUIN,
comte d'Édesse [3],
roi de Jérusalem
après son frère,
mort en 1118.

HILDUIN, comte de Ponthieu,
seigneur de Montdidier, épousa Havore.

HILDUIN Ier, comte d'Arcies
et de Rameru, épousa Helisende.

HILDUIN II, comte d'Arcies
et de Rameru, fut à la Terre-Sainte en 992.

HILDUIN III,
comte d'Arcies
et de Rameru,
épousa Alix,
comtesse de Roucy.

ÉTIENNE,
fondateur et seigneur
de Joinville, épousa,
vers 1025, Adélaïde,
comtesse de Brienne,
sœur du comte
d'Engilbert II de Brienne.

GEOFFROY Ier,
comte de Joigny,
seigneur de Joinville et de
Vaucouleurs, fonda le
prieuré de Joigny en 1060,
et mourut le 25 janvier 1080.
Il épousa Blanche,

[1] D'après le ms. 1054, ce Geoffroy, dit le Vieux *Alias* le Barbu, succéda en 1044 à Gozzmelo, duc de Lorraine.
[2] Dans la pièce intitulée *Epitaphes des seigneurs de Joinville*, etc., il est dit que Godefroi de Bouillon hérita du duché de Lorraine, en 1077, du fait de son oncle maternel, Geoffroy le Bossu.

Il résulte de ce tableau qu'Eustache II [1], père de Godefroi de Bouillon, et Étienne, fondateur de Joinville et père de Geoffroi Ier, étaient arrière-petit-fils de Guillaume comte de Poitiers. Mais le tableau généalogique du père Sainte-Catherine et les documents qui composent le recueil manuscrit 1054 ne sont pas toujours complétement d'accord; ils reconnaissent cependant comme :

Ier *Baron de Joinville, Estienne.*

Étienne, dit de Vaux (*de Vallibus*); il est ainsi désigné dans quelques pièces, *de Joncivilla de Vallibus*. Selon l'acte de l'abbé

---

[1] D'après plusieurs pièces insérées au manuscrit 1054, et d'après l'histoire inédite de la principauté de Joinville par Fissieux [*] (1632), cet Eustache II aurait eu un quatrième fils nommé *Guillaume*, lequel forme confusion avec GEOFFROI, premier du nom, qu'il remplace, dans plusieurs généalogies où on ne trouve que quatre Geoffroi, parmi lesquels Geoffroi Trouillard ne figure plus qu'au quatrième rang, au lieu du cinquième qu'il occupe dans la table du P. Sainte-Catherine.

Cette histoire inédite de la principauté de Joinville par Fissieux, datée de 1632, dont M. Lemoine possède une copie, dit que Godefroi de Bouillon aurait eu un troisième frère, nommé Guillaume, qui fut baron de Joinville et gouverneur de Lorraine en l'absence de ses frères en Terre-Sainte, c'est de ce Guillaume que Geoffroi Ier serait né.

Suivant la généalogie établie d'après les pièces insérées au recueil n° 1054, et selon l'histoire inédite de Fissieux, ce *Guillaume* (ou Geoffroi Ier) aurait épousé *Mathilde*, fille de Gérard, duc de Mosellane, dont il aurait eu trois fils : l'aîné, Thierry, qui devint duc de Lorraine par la mort de son oncle Baudouin, roi de Jérusalem; le second, qui, d'après ce recueil, serait Geoffroi Ier, et aurait eu en partage la baronnie de Joinville, dont il aurait hérité de *son oncle* Baudouin; le troisième, Henri, qui s'embarqua à Marseille en 1110, pour aller voir son frère Geoffroi et son oncle Baudouin, qui était alors roi de Jérusalem. Une tempête l'ayant fait aborder en Galicie, il fut bien accueilli par Alphonse VI, que son frère avait chassé de son trône, et il combattit si vaillamment les Sarrasins et les Maures, qu'Alphonse lui fit épouser sa fille naturelle Thérèse, et lui donna en dot le royaume de Portugal. Dans une pièce du recueil manuscrit 1054, intitulée *Épitaphes*, figure un autre frère appelé *baron de Joinville*, qui se serait fait religieux et serait mort en 1132.

[*] Avocat en la cour, lieutenant général au bailliage de Joinville, conseiller ès conseils de monseigneur le duc de Guise, et auditeur en la cour des comptes.

Dudon, il épousa Adélaïde, comtesse de Brienne, sœur du comte Engelbert II de Brienne. Il eut pour fils et successeur :

II° *Baron de Joinville, Geoffroi Ier.*

Geoffroi Ier, dit le *Vieil,* comte de Joigny, seigneur de Joinville et de Vaucouleurs. Il fonda le prieuré de Joigny en 1060, et mourut le 25 janvier 1080. Selon du Cange, il épousa, en 1100, Blanche... Selon Ménard, il aurait épousé Jeanne, comtesse de Harécourt. Selon d'autres documents, ce Geoffroi Ier, dit le Vieil, aurait épousé Mautfride, comtesse de Joigny, fille de Fromont, sire de Joigny, et de Gerberge de Rouci, veuve de Fromont, belle-fille du comte Engelbert de Brienne-sur-Aube. Il eut pour fils :

IIIe *Baron de Joinville, Geoffroi II.*

Geoffroi II, sire de Joinville et de Vaucouleurs. Par des actes de 1104 et 1105, on voit que dès cette époque le titre de sénéchal de Champagne était concédé aux seigneurs de Joinville [1]. Geoffroi épousa Hodierne de Courtenay, ou, selon Ménard, la fille de Gérard de Vaudémont. Son fils Roger lui succéda dans ses deux baronnies. Une de ses filles, Hadevede de Joigny, devint dame d'Aspremont en l'an 1110, selon la Chronique d'Albéric. Il mourut en 1128.

IVe *Baron de Joinville, Roger.*

Roger [2] épousa en 1110 Aldegarde ou Adélaïde de Vignorray, et mourut vers 1130. Il eut deux fils, Guy de Joinville [3], qui fut

---

[1] Voyez la Vie du sire de Joinville, par Levesque de la Ravalière. (*Mém. de l'Ac. des Insrc. et belles-lettres,* t. XX, p. 311.)

[2] Dans le manuscrit n° 1054, Roger ne figure point parmi les seigneurs de Joinville.

[3] Dans la généalogie de Joinville, ms. 1054, fol. 120-122, on lit, dans un catalogue des évêques de Châlons, que ce Guy ou Guido fit de grandes aumônes dans son diocèse, qui souffrait d'une grande sécheresse, et qu'il fit le voyage de Jérusalem. Il y mourut, et son corps fut inhumé dans la vallée de Josaphat. « Avant son partement pour faire ledit voyage, faisant conscience de conférer les bénéfices de son évesché, il céda la

évêque de Châlons en Champagne, en 1163, et qui institua deux chanoines à l'église Saint-Laurent de Joinville, en 1179. Son autre fils fut :

Ve *Baron de Joinville, Geoffroi III.*

Geoffroi III, dit *le Gros* ou *le Gras*, seigneur de Joinville et sénéchal de Champagne.

En reconnaissance de ses services, Henri Ier, comte de Champagne, lui donna la charge de sénéchal de Champagne, transmissible à ses héritiers. Le P. Anselme dit que dès 1154 on voit quelques titres souscrits par lui, et qu'il fut le fondateur des abbayes d'Escurey, de l'ordre de Cîteaux, en 1144; de Saint-Urbain; de Janvillers, de l'ordre de Prémontré, en 1168; de la maison de Mathons, ordre de Grand-Mont; du prieuré des filles dit *de Valdonne*, dépendant de l'abbaye de Molesme, fondée également par lui, par sa femme et son fils, en 1140.

Il fonda aussi l'église collégiale de Saint-Laurent et autres édifices religieux. Il épousa Félicité de Brienne[1] fille de Simon de Broyes laquelle avait un frère appelé Hugues de Broyes et de Brienne (selon Ménard, il aurait épousé Jeanne de Rayne). Il mourut en 1184, et fut enterré à Clairvaux.

VIe *Baron de Joinville, Geoffroi IV.*

Geoffroi IV, sire de Joinville et sénéchal de Champagne, appelé le *Jeune* pour le distinguer de son père. La Chronique

collation des prébendes de Châlons à ceux du Chapitre, et fit d'autres dispositions, dont les évesques ses successeurs n'ont été contents. »

[1] D'après le même manuscrit, ce Geoffroi III aurait épousé Jeanne, fille de Guillaume, baron de *Rins* et de Vaucouleurs; il partit pour la croisade avec Louis dit *le Piteux*, qui, pour le récompenser de ses services, le nomma sénéchal héréditaire de Champagne, avec droit de transmission à ses héritiers. A son retour de la croisade, il s'adonna tout entier à la piété; il fonda, édifia et dota dans l'étendue et aux environs de sa baronnie plusieurs monastères et églises, telles que l'abbaye d'Escurey; celle de Janvilliers, de l'ordre de Prémontré; la maison Dieu de Mathons, de l'ordre de Grand-Mont; le prieuré de Val-d'Onne, ordre de Molesme, et fit construire l'église Saint-Laurent au château de Joinville. Il serait mort en 1200.

d'Albéric (à l'année 1190) dit qu'il était surnommé *le Vaslet* (c'est-à-dire écuyer) avant d'avoir reçu l'ordre de chevalerie. Il se distingua dans les guerres du temps, et partit pour la croisade en 1190, avec ses deux fils Geoffroi et Simon. Il assista au siége de Saint-Jean d'Acre, et mourut l'année suivante, sous les murs de cette place. Il fut considéré comme *le meilleur chevalier de son temps*, ainsi que le sire Jean de Joinville l'a constaté dans l'inscription qu'il fit placer sur le tombeau de son aïeul.

Il épousa Helvide de Dampierre [1], et eut pour fils :

1° Guillaume de Joinville, évêque de Langres en 1208, puis archevêque de Reims et légat du saint-siége, qui mourut en 1226 dans la guerre contre les Albigeois.

2° Robert de Joinville, mort dans la Pouille, avec son cousin Gautier de Brienne, qui s'était rendu avec d'autres chevaliers champenois pour conquérir le pays qui appartenait à la femme de Gautier, fille de Tancrède (La Pouille). Geoffroi de Ville-Hardouin rapporte qu'il rencontra près du mont Cenis Robert de Joinville et ces chevaliers, qui lui tinrent ce discours : « Vous voyez comme nous avons pris déjà les devants. Quand « vous arriverez à Venise (rendez-vous pour l'embarquement de « l'armée), vous nous trouverez tout prêts pour nous joindre « à vous ; mais, ajoute Ville-Hardouin, il en advint des aven- « tures comme il plaît à Dieu, et il ne fut plus en leur pouvoir « de rejoindre l'armée. Ce fut grand dommage, car ils étoient « tous pieux et vaillants. C'est ainsi qu'ils se départirent, tirant « chacun de son côté. » Robert de Joinville mourut dans cette expédition.

3° Geoffroi V, dit Trouillard.

4° Simon, qui fut père de l'auteur des Mémoires.

5° André de Joinville, chevalier du Temple, selon du Cange.

---

[1] Ménard (page 283) dit qu'il eut pour femme Heluys « comme il appert, dit-il, par titre de l'an MCXCI.

Il fut le chef de la branche des Joinville seigneurs de Sailly et de Juilly.

6° Guy de Joinville, seigneur de Sailly l'an 1208[1], et deux sœurs : Yolande, seconde femme de Raoul, comte de Soissons, et Félicité.

VIIe Baron de Joinville, Geoffroi V, dit Trouillard.

Geoffroi V, surnommé *Trouillard*, seigneur de Joinville et sénéchal de Champagne, se rendit en Terre-Sainte, en 1191, avec son frère Simon. Ils s'embarquèrent à Gênes avec Philippe-Auguste; et, quand le roi de France eut quitté la Terre-Sainte, tous deux y restèrent cinq années. Richard, roi d'Angleterre, qui était venu rejoindre Philippe-Auguste à Messine, témoin de la bravoure que les deux frères déployèrent en toute occasion, leur concéda le droit de *partir* leurs armes de celles d'Angleterre.

Notre poëte français Guyot de Provins[2] contemporain de Louis VII et de Philippe-Auguste, après nous avoir dit qu'il prit part à la croisade, non parmi les guerriers, mais comme clerc ou ménestrel, parle ainsi de Geoffroi dans sa Bible, composée en 1203 :

> . . . . . . Jofroiz de Joinville
> Meillor chevalier par saint Gille,
> N'avoit de lui de çà le Far[3].
> Vers 472-477.

Geoffroi Trouillard et son frère Robert prirent part à la croisade de 1199, ainsi que le dit Ville-Hardouin, qui les cite tous deux parmi les chevaliers de la Champagne qui se croisèrent les premiers, lorsqu'en 1198 Foulques de Neuilly prêcha

---

[1] Sa tombe, retrouvée dans l'abbaye d'Escurey, près Montier-sur-Saux, est maintenant au musée de Bar-le-Duc. Gui de Joinville avait fondé en 1203 le prieuré de Boucheromont, sous la règle de Saint-François.

[2] Je trouve ce renseignement dans l'excellent article *Guyot* rédigé par M. Alexandre Pey et inséré dans *la Biographie générale*.

[3] En deçà du *Phare de Messine*, c'est-à-dire de toute la chrétienté.

la croisade. Ville-Hardouin rapporte que Geoffroi se rendit avec Matthieu de Montmorency, Simon de Montfort et le maréchal Geoffroi de Ville-Hardouin, auprès d'Odon, duc de Bourgogne, pour lui demander de succéder dans le commandement de l'armée à son cousin Thibaut, comte de Champagne, dont Ville-Hardouin raconte la mort, et que, sur le refus d'Odon, Geoffroi de Joinville fut chargé par les autres députés de faire la même offre à Thibaut, comte de Bar-le-Duc, autre cousin du feu comte de Champagne, qui refusa aussi cet honneur que Ville-Hardouin dut enfin accepter, mais Geoffroi de Joinville ne suivit pas Ville-Hardouin dans sa conquête de Constantinople [1].

L'origine du surnom de *Trouillard* est ainsi rapportée dans le manuscrit 1054 : Un pirate génois nommé *Trouillard* était venu incendier, le soir, des barques appartenant aux croisés. Geoffroi, qui pêchait au bord de la mer, s'en aperçut, et, s'élançant sur lui, le tua d'un coup de *trouble*, instrument de pêche qu'il tenait à la main.

> Le nom *Trouillard* lui fut lors imposé
> Pour un patron génois dit *Trouillard*,
> Pirate estoit, lequel fut si osé
> D'ardre les naus des chrestiens sur le tard.
> Geoffroi peschant et estant à l'escart,
> La trahison du pirate aperçut,
> Et d'un trouble qu'il tenoit le tua :
> Dont par ce fait le nom lui est échu.

Geoffroi Trouillard étant mort près d'Acre en 1204, sans postérité, son frère Simon revint en France, et lui succéda dans la baronnie de Joinville et de Vaucouleurs.

VIIIe *Baron de Joinville, Simon.*

Simon, sire de Joinville et de Vaucouleurs, sénéchal de Champagne, frère puîné de Geoffroi Trouillard, lui succéda dans la baronnie de Joinville, et aussi comme sénéchal héréditaire de

---

[1] Quelques-uns des faits attribuées à Geoffroi IV, le sont à Geoffroi V dans du Cange, et *vice versa* pour Geoffroi V.

Champagne. En 1214, il fit hommage du sénéchalat de Champagne à la comtesse Blanche et à son fils Thibaut, mineur, qu'il jura de défendre, comme étant son homme lige, contre les fils du comte Henri et contre toute créature *morte ou vivante*. L'acte s'en est conservé; il est daté d'août 1214. (Voir la pièce A.)

Cet engagement ne devait être valable que jusqu'au jour de la majorité de Thibaut; car la comtesse Blanche se refusait à reconnaître les prétentions de Simon au droit héréditaire sur le sénéchalat de Champagne, quoique concédé depuis longtemps à la famille des sires de Joinville.

D'après cet acte, cette prétention devait rester en suspens jusqu'au moment où Thibaut, devenu majeur, en déciderait; néanmoins, et sauf cette réserve, Simon fit hommage à Thibaut de la baronnie de Joinville et des fiefs qui en relevaient.

Mais il paraît que Blanche et son fils Thibaut ne voulurent pas reconnaître ce droit sur le sénéchalat de Champagne, et que, sans égard aux conventions qui établissaient le *statu quo*, ils avaient saisi les fiefs de Simon. En effet, l'acte de juin 1218 (voy. la pièce B) nous apprend qu'enfin, par amour de la paix et par bienveillance pour Simon, la comtesse Blanche et son fils Thibaut lui concèdent le droit sur le sénéchalat de Champagne, pour lui et ses héritiers, déclarent lui rendre les fiefs saisis et lui donner en garantie, pour l'un de ses fiefs qu'ils ne pouvaient lui rendre immédiatement, quatre autres fiefs, jusqu'au jour où la restitution deviendrait possible.

Dans cet acte, Thibaut et sa mère prennent l'engagement suivant : « Dès que Thibaut aura atteint sa vingt et unième année, il donnera à Simon, par lettres patentes, l'investiture du sénéchalat de Champagne, transmissible à Geoffroi son fils, pour en jouir après la mort du père; déclarant dès à présent Simon délié de tout hommage et de tout droit féodal, si Thibaut (ce dont Dieu le garde!) voulait annuler les présentes et violer cet engagement. »

Lorsque Philippe-Auguste quitta la Terre-Sainte, il confia à

Geoffroi et à Simon une partie de son armée, qui, réunie à celle de Richard, conquit les villes de Caïphas, Gaza, Ascalon, Emmaüs et autres places maritimes.

Après être resté cinq ans en Terre-Sainte, où mourut son frère Geoffroi en 1204, Simon revint en France ; mais on ignore l'époque de son retour. En 1218 il repartit de nouveau pour la croisade avec Jean de Brienne, et en 1219 il contribua à la prise de Damiette [1].

Par un acte de juillet 1218, la dame de Montesclair (l'épouse de Simon de Joinville, sénéchal de Champagne) fait abandon de son douaire, c'est-à-dire de la moitié des propriétés dudit Simon, son mari, en échange de la châtellenie de Vaucouleurs. (Voy. la pièce D.) Par cet acte, il est dit que le château de Joinville, gardé par des hommes d'armes, devra être remis à Geoffroi, son fils aîné, dès qu'il aura atteint sa majorité, et qu'alors, si son fils veut se séparer d'elle, tous les domaines seront remis à son fils ; mais dans ce cas le douaire sera restitué à la mère [2].

En 1229, Simon était de retour de la Terre-Sainte, puisque cette année il fit lever le siége de Troyes, en pénétrant dans cette ville, assiégée par les ducs de Bourgogne et de Bretagne, qui voulaient substituer la reine de Chypre à Thibaut dans la souveraineté de Champagne.

Un des pères de l'abbaye de Saint-Urbain ayant été tué par les officiers de Simon, dans la forêt, dite *du Pavillon*, Simon dut, pour apaiser l'abbé et ses religieux, leur donner cette forêt tout entière. L'acte de donation exprime les regrets et le repentir de Simon, qui, pour se concilier l'amitié des religieux, fit diverses largesses à la maison de Clairvaux.

Simon décéda en 1233, et fut inhumé dans l'abbaye de

---

[1] Personne n'a parlé de ce second voyage de Simon en Terre-Sainte en 1218. Il résulte cependant de l'acte de juin 1218 (voy. lettre C), et de l'épitaphe dressée par le sire de Joinville.

[2] Voyez cet acte, de juillet 1218 (lettre D); il fait partie de ceux que Levesque de la Ravalière a rassemblés à la suite de son mémoire manuscrit.

Clairvaux, près du tombeau de son père Geoffroi et de son frère Guillaume. Il avait épousé Ermangarde de Montesclair[1]; il se remaria ensuite avec Béatrix de Bourgogne, dame de Marnay.

Son fils aîné Geoffroi étant mort avant lui, il laissa, pour lui succéder dans sa baronnie de Joinville et dans son titre de sénéchal de Champagne, son fils Jean, le célèbre *sire de Joinville*.

L'auteur du manuscrit de 1632, cité par M. J. Fériel, fait ainsi l'éloge de Simon[2] :

« Le sang généreux de ses ancêtres bouillant en lui pour
« lui faire acquérir la gloire des armes, le poussa dès le vivant
« de son père à entreprendre avec Geoffroi, son frère, le
« voyage de la Terre-Sainte, l'an 1191, à la suite de notre
« Philippe-Auguste et de son embarquement à Gênes. La
« tempête l'ayant jeté avec son dit père dans l'île de Sardaigne,
« ils y combattirent les infidèles à outrance, et, par le moyen
« de leurs victoires, y gagnèrent terres, villes et châteaux.

« Du depuis, s'étant embarqués sous une bonace plus sûre,
« à force de voguer, ils rencontrèrent le roi Philippe à Messine, en Sicile, auquel se joignit Richard, roi d'Angleterre,
« lequel, par épreuves journalières des beaux exploits qu'ils
« firent devant la ville, assiégée par les chrétiens, les prit en
« telle affection, que, pour leur en donner témoignage asseuré,
« il leur escartela et donna partie de ses armes royales
« d'Angleterre, qui est moitié d'un lion saillant, lequel il
« voulut estre posé à l'écusson de ceux de Joinville, au-dessus de trois broyes de champ d'azur, ainsi que l'on voit de
« présent ès anciennes armoiries de Joinville ; et le blason
« s'en trouve dans ces vers faits à l'antique :

   Six ans durant, en ceste sainte terre,

[1] Dans le diocèse de Trèves, *Notes et documents pour servir à l'histoire de Joinville*, par J. Fériel. Joinville, 1856, p. 55.

[2] Selon le manuscrit 1054, Simon serait resté cinq ans avec son frère Geoffroi, dit Trouillard, en Palestine après le départ de Philippe-Auguste, et il aurait mérité, comme son frère, l'estime de Richard d'Angleterre, ainsi que la même faveur pour son écusson.

Y demeurèrent gagnans ville et chasteaux.
Pour lors estoit Richard roi d'Angleterre,
Qui fit honneur aux deux frères loyaux,
Car il partit de ses armes royaux,
L'escu des frères pour estre en partie leur;
Lequel escu par aucuns leur féaulx,
Vint à Joinville au moustier Saint-Laurent.

« Laquelle armoirie, quoiqu'honorable, ayant été délaissée
« par les successeurs de la terre de Joinville, auroit été néan-
« moins retenue et conservée par les habitants dudit lieu, en
« mémoire de leurs anciens seigneurs, avec leur devise :
« *Omnia tuta time* [1]. »

Les écrivains héraldiques n'ont pas laissé passer inaperçue
cette particularité : « Une des plus anciennes concessions
« d'armoiries, dit la Curne de Saint-Palaye, est celle de Ri-
« chard d'Angleterre en faveur de Geoffroi Troulart, sire de
« Joinville, rapportée par le P. Menestrier. Au lieu de la re-
« garder comme le gage d'une fraternité d'armes, ainsi qu'il
« l'avance sans en donner de preuve, je serois porté à croire
« que le sire de Joinville avoit mérité d'être fait chevalier de
« la main de Richard, qui en même temps lui avoit donné
« ses armes; et que ce seigneur en avoit parti son écu en les
« joignant à celles de sa famille. »

Simon eut d'Ermaugarde, sa première femme, Geoffroi de
Joinville et de Vaucouleurs, qui épousa Marie de Garlande,
fille de Guillaume de Garlande et d'Alix de Chastillon, pour
lors veuve de Henri comte de Grandpré. Le comte Thibaut, qui
assista à ce mariage, se porta garant envers la comtesse de
Grandpré pour les conventions du douaire. Ce mariage fut dissous
par l'archevêque de Reims, ainsi qu'il est dit dans les lettres et
conventions de mariage arrêtées entre Jean de Joinville, frère
de Geoffroi et Alix, fille de cette Marie de Garlande et de Henri
comte de Grandpré, son premier mari, lesquelles lettres obligent

[1] Manuscrit 1054, fol. 58, verso.

Simon, seigneur de Joinville, de faire ratifier ces conventions par Geoffroi son fils.

Simon eut de Béatrix, Jean, seigneur de Joinville, Simon de Joinville, seigneur de Gex et de Marnay [1] et Guillaume de Joinville, archidiacre de Salins et doyen de Besançon.

Simon eut en outre quatre filles : deux du premier lit, Isabeau de Joinville et Béatrix de Joinville, et du second lit Simonette et Marie.

IXe Baron, Jean, sire de Joinville.

JEAN, sire de Joinville, le célèbre auteur de l'histoire et des mémoires de saint Louis, né en 1224, mort le 28 décembre 1319. Il fut enterré dans l'église Saint-Laurent, à gauche du grand autel, au-dessous des reliques. C'est le premier des seigneurs de Joinville qui ait été inhumé dans cette église.

Il hérita du comté de Joinville, du fait de son frère Geoffroi, fils d'Ermangarde de Montesclair, qui mourut jeune, avant l'année 1239. Geoffroi avait épousé Marie de Garlande, comtesse de Grandpré, dont il fut séparé par la sentence de divorce prononcée avant le mois de juin 1231 par l'archevêque de Reims. (Voir la pièce E.) Jean, sire de Joinville, épousa en premières noces Alix ou Alaïde ou Adélaïde de Grandpré, qui mourut en 1260 [2]. Levesque de la Ravalière dit que ce mariage avait été arrêté entre les parents dès l'an 1231, et il cite à ce sujet le *Traité des fiefs*, par Chantereau, t. Ier, p. 213. Les divisions qui troublaient les deux familles furent éteintes par ce mariage. Ce Geoffroi fut le chef de la branche des Joinville, seigneurs de Vaucouleurs et de Mery.

---

[1] Selon Fissieux, il était seigneur de Donjeux.
[2] Le père Anselme dit que Joinville épousa en premières noces ORDILE ou ADÉLAÏDE de Grandpré, fille de Henri V comte de Grandpré, par contrat passé le jeudi avant l'Assomption, 14 août 1231. Dans cet acte ce serait Alaïs ou Alaïx. (Voir l'acte E, p. CXX.)

En secondes noces, il épousa Alix de Risnel, qui mourut en 1288.

Le sire de Joinville eut deux fils, qui portèrent tous deux le nom de Jean; le premier, issu de son mariage avec Alix de Grandpré, né la veille de Pâques 1248, se trouve mentionné dans le mandement du roi Philippe le Bel, donné à Lorris en avril 1303, et envoyé aux nobles de Champagne pour qu'ils eussent à se rendre en armes à Lagny, avec Jean, seigneur de Joinville, son fils, et Anseau de Joinville.

Jean, sire de Joinville, donna en partage à son fils Jean, qu'il avait eu d'Alix de Grandpré, la seigneurie d'Ancerville. Ce fils du premier lit mourut sans enfants.

Le second, Jean de Joinville, sire de Risnel, fils d'Alix de Risnel, hérita des biens de sa mère après sa mort, et devint le chef de la branche des Joinville qui s'attacha à la maison d'Anjou, dans le royaume de Naples, et dont du Cange donne l'historique jusqu'à l'année 1441. Telle est l'opinion du P. Sainte-Catherine, et du Cange paraît l'adopter. Ce serait, d'après le P. Sainte-Catherine, ce Jean de Risnel qui, sur l'obituaire de Saint-Laurent de Joinville, serait inscrit à la date du 21 novembre avec le surnom de *Boutefeu*.

Ce qui confirmerait cette opinion, c'est qu'on lit dans l'histoire *inédite* de Fissieux, que, par arrangement avec la famille de sa mère, Jean remit ladite seigneurie de Risnel entre les mains de son beau-père, qui en reprit la jouissance, comme on le voit, dit-il, par la charte d'homologation faite au conseil du comte de Champagne roi de Navarre, en 1290, à la fête de saint Marc l'Évangéliste. Ce serait donc vers cette époque que ce Jean se serait rendu à Naples.

A la mort de Jean, qui ne laissa pas non plus de postérité, cette seigneurie de Risnel revint à son frère Ancel, né du second mariage du sire de Joinville avec Alix de Risnel.

En 1300, le sire de Joinville maria sa fille Alix avec le seigneur d'Arcis-sur-Aube, et, d'accord avec ses fils, Jean, seigneur d'Ancerville et Ancel, seigneur de Remancourt, il donna en dot à sa fille 300 livres de rente en terre et trois mille livres tournois. On lit dans le manuscrit Pailliet ce passage du P. Sainte-Catherine : « Jean, sire de Joinville, sénéchal de Champagne, ayant demandé à ses bourgeois de Joinville de l'aider à marier sa fille, Alix de Joinville, dame d'Arcis, et, pour la raison du cinquantième que le roi lui avait accordé de lever sur eux, le maire et les échevins et les bourgeois lui accordèrent deux cents livres de petit tournois. »

En faisant don de huit cents arpents de bois en la contrée Vitramont ou Vibraumont, Jean, sire de Joinville, se réserva le droit de justice et le droit d'y mettre sergens[1]. Il avait succédé à Geoffroi, son aïeul, pour la garde de Saint-Urbain[2].

« Il était seigneur à titre héréditaire de Moutiers-sur-Saulx ;
« mais, faute d'en avoir rendu foi et hommage à Édouard, comte
« de Bar, iceluy comte lui en fist après guerre et rasa le château
« en 1314[3]. »

D'après un extrait des papiers du chapitre de Saint-Laurent (en possession de M. Lemoine), ce serait en 1262 que « Joinville fonda, dans l'intérieur de son château, une chapelle sous l'invocation de saint Louis. » Joinville dit en effet, dans ses Mémoires, « qu'il li avoit establi un autel à l'honneur de Dieu et de li (saint Louis). » Si cette date (1262), était exacte, il en résulterait que Joinville aurait érigé cette chapelle en l'honneur du roi longtemps avant sa mort et sa canonisation, puisqu'elle ne fut proclamée qu'en 1298. Dans l'histoire *inédite* de la principauté de Joinville, écrite en 1632 par Fissieux, je lis : « Elle ne se trouve plus en nature, encore que le chapitre de Saint-Laurent de Joinville y eût prêté consentement par titre de l'an 1308. »

Jean, sire de Joinville, fonda aussi une chapelle à l'hôpital Saint-Jean. Selon le manuscrit Pailliet, on trouve au cartulaire,

[1] Fissieux, *Hist. de Joinville.*
[2] Idem.
[3] Idem.

fol. 19 et 20, une lettre du sire de Joinville de l'an 1318 qui confirme les biens donnés par lui et ses prédécesseurs.

D'après la pièce intitulée : *Épitaphes des seigneurs de Joinville inhumés à l'église Saint-Laurent au château de Joinville*, fol. 139-147 du recueil manuscrit n° 1054, on peut établir ainsi la suite des personnages à qui la baronnie de Joinville échut successivement :

X° *Baron de Joinville, Ancel.*

Ancel ou Anceau, sire de Joinville et de Risnel, fils aîné du second mariage du sire de Joinville, devint comte de Vaudemont par sa seconde femme, Marguerite de Vaudemont, sœur et héritière de Henri III [1], comte de Vaudemont, qu'il épousa vers 1322, et dont il eut onze enfants. Ancel avait près de cinquante ans quand il succéda, en 1319, à son père dans la baronnie de Joinville et dans la charge de sénéchal héréditaire de Champagne, et aussi comme seigneur de Vaucouleurs, d'Ancerville, Risnel, etc. Les services qu'il rendit, sous les rois de France Louis le Hutin, Philippe le Bel, Philippe le Long, Charles le Bel et Philippe de Valois sont énumérés par du Cange [2]. Il devint maréchal de France en 1338. Après avoir rendu les derniers devoirs à son père, il retourna à la cour de Philippe le Long, qui séjournait à Vincennes. Il mourut le 3 janvier 1349, et fut inhumé dans la chapelle attenante à l'église de Saint-Laurent et fondée par lui en 1328; il y était représenté couché entre ses deux femmes. Ancel avait épousé en premières noces, en l'an 1309, Laure de Sarrebrusche, qui mourut sans enfants.

[1] Cet Henri, comte de Vaudemont, fut tué à la bataille de Crécy, en 1346.
[2] Généalogie de la maison de Joinville, p. 25.

XIᵉ Baron de Joinville, Henri de Vaudemont.

L'aîné des fils d'Ancel, Henri, quatrième du nom [1], épousa Marie de Luxembourg [2].

Ce Henri IV, comte de Vaudemont, baron de Joinville, de Vaucouleurs et d'Ancerville, seigneur de Bonnet et Rivel, sénéchal héréditaire de Champagne, se distingua à la bataille de Poitiers, où il fut fait prisonnier avec le roi Jean, en 1356. En 1363 il gagna contre Jean duc de Lorraine, le duc de Bar et autres seigneurs, la bataille de Saint-Belin, quoiqu'il n'eût que des soldats qui s'étaient débandés après la défaite de Poitiers. Il assista au sacre de Charles V, le 19 mai 1364, et mourut en 1374 [3].

Dans la généalogie de Joinville (manuscrit 1054, fol. 38 verso) il est dit qu'il coupait d'un seul coup la tête d'un sanglier, d'un taureau ou d'un homme armé. Il mourut sans enfants mâles.

De son mariage avec Marie de Luxembourg il eut une fille nommée Marguerite, laquelle eut trois maris [4]. Son troisième mari fut Fery de Lorraine, seigneur de Rumigny, fils puîné du duc Jean [5]. C'est ainsi que la seigneurie de Joinville se trouva transportée dans la maison de Lorraine.

---

[1] Il est connu sous le nom de Henri, quatrième comte de Vaudemont, ce comté ayant été réuni à la seigneurie de Joinville dès 1346, lors de la mort de son oncle.

[2] Fille de Jean de Luxembourg et d'Alix de Flandres, son épouse, lesquels donnèrent à leur fille 17,000 livres en argent et mille livres de rente. Suivant l'inventaire des titres des chartes de Joinville, un arrêt du parlement de Paris porte homologation du traité de mariage. (*Manuscrit Pailliet*, en possession de M. Lemoine.)

[3] Selon le P. Sainte-Catherine, il serait mort en 1412.

[4] Elle avait épousé en premières noces Jean de Bourgogne, seigneur de Montagu; et en secondes noces le comte de Genève, frère du pape Clément VII.

[5] « Charles de Lorraine la voulait épouser; il l'envoya demander par son frère Fery, seigneur de Rumigny; mais celui-ci joua à son frère le même tour que Philippe de Valois à Jean son fils : Fery parla pour lui, et fut agréé par cette veuve. » (*Manuscrit de Fissieux*.)

XIIᵉ Baron de Joinville, Fery Iᵉʳ.

Fery Iᵉʳ, comte de Vaudemont, seigneur de Bouc et de Rumigny, second fils de Jean, dix-neuvième duc de Lorraine, devint baron de Joinville par son mariage avec Marguerite de Joinville, fille héritière de Henri, comte de Vaudemont et de Guise; il se distingua à la bataille d'Azincourt, où il fut blessé. Il mourut le 25 octobre 1415.

XIIIᵉ Baron de Joinville, Antoine.

Antoine de Lorraine, leur fils, comte de Vaudemont, seigneur de Joinville et de Rumigny, sénéchal de Champagne, leur succéda, et épousa Marie ou Marguerite d'Harcourt. Il voulut enlever à Isabeau, fille de Charles, le duché de Lorraine, prétendant qu'il ne devait pas tomber en quenouille. Le mari d'Isabeau, René d'Anjou fut fait prisonnier et la paix fut conclue par le mariage de Iolande, fille aînée de René d'Anjou et d'Isabeau, avec Fery, le fils d'Antoine. L'histoire inédite de Fissieux signale sept guerres ou expéditions dans lesquelles il se distingua. Il fut excommunié, et le service divin fut interrompu pendant douze ans dans ses domaines, parce qu'il avait fait saisir des acquisitions faites par les chanoines de Saint-Laurent sans les en avoir avertis. Aussi, dans les titres de Saint-Laurent est-il qualifié de *mau* ou *mauvais*. Ce différend fut enfin vidé par un arrêt du parlement en 1455. Il mourut en 1457 [1].

XIVᵉ Baron de Joinville, Fery II.

Fery II de Lorraine, fils d'Antoine et de Marie d'Harcourt, leur succéda; il épousa en 1436 Iolande d'Anjou, et mourut

---

[1] On lit dans le manuscrit *Pailliet*, à l'an 1413, cet extrait de Royol, fol. 56 verso. « Jusqu'à cette année les chanoines avoient porté des aumusses en peau d'écureuil, et comme elles n'étoient ni propres ni de durée, ils obtinrent de Charles, évêque de Chaalons, permission d'en porter de petit gris, *grisiis*, autrement d'hermine. La lettre est du 12 octobre 1413. »

vers 1470. La sépulture d'Antoine et de Marie d'Harcourt est au milieu du chœur de l'église Saint-Laurent, ainsi que leur épitaphe ; on y lit l'énumération suivante de leurs titres :

Fery de Lorraine, second du nom, comte de Vaudemont, baron de Joinville, seigneur de Bouc, Rumigny, Aumale, Mayenne, Elbœuf, Harcourt, et autres terres et dépendances.

Iolande d'Anjou, fille de René duc d'Anjou, duchesse de Lorraine en l'an 1473 ; par la mort de son neveu, Nicolas d'Anjou, mort sans postérité, ladite dame porta de son vivant les titres et armoiries du royaume de Jérusalem, Sicile, Naples et Arragon ; des duchés d'Anjou, de Lorraine et de Bar ; de comtesse de Provence, de Guise, enfin de marquise du Pont-à-Mousson.

Tous deux dans leurs testaments, celui de Fery daté d'août 1470, et celui d'Iolande du 22 février 1483, consacrent des sommes considérables pour la reconstruction de l'hôpital [1].

XVe *Baron de Joinville, Henri de Lorraine.*

Henri de Lorraine, évêque de Metz et de Thérouanne, frère de Fery, lui succéda dans son titre de baron de Joinville. Il hérita de tous les royaumes, duchés, comtés, marquisats, baronnies et autres seigneuries dont les princes des maisons d'Anjou et de Lorraine avaient joui ou qui lui étaient dévolus, à savoir : de quatre royaumes, quatre duchés, six comtés, un marquisat, quatre baronnies, sept seigneuries, et de plusieurs autres terres dépendant d'icelle. Ce révérend père en Dieu, Henri, avait fait construire le tombeau de son frère et de sa belle-sœur, ainsi que le sien, dans la chapelle au bas de l'église, où il fut inhumé le 20 octobre 1505.

XVIe *Baron de Joinville, René.*

René, son neveu, fils héritier de Fery II et d'Iolande d'Anjou, fille du roi de Sicile et de Naples, duc de Calabre, de

[1] Voir, pour les actes, Fériel, p. 4.

Lorraine et de Bar, comte de Vaudemont et de Provence, devint le seizième baron de Joinville. Il épousa Philippe de Gueldres, après avoir répudié Jeanne d'Harcourt pour cause de stérilité. Il se distingua aux fameuses journées de Granson et de Morat, et il fit hommage de la baronnie de Joinville au roi Charles VIII. Il mourut en 1508.

René et son fils aîné, duc de Lorraine, sont inhumés à Nancy, dans l'église des Cordeliers.

XVIIᵉ *Baron de Joinville, Claude de Lorraine.*

Claude de Lorraine, second fils de René, premier duc de Guise, comte d'Aumale, baron de Joinville et sénéchal de Champagne, épousa Antoinette de Bourbon, du sang royal, fille de François de Bourbon, comte de Vendôme, et de Marie de Luxembourg [1]. Son épitaphe rappelle la longue série de ses titres et de ses services, vertus et prouesses, qui lui acquirent le nom de *bon duc, prince et père de la patrie*. En 1515, âgé seulement de dix-huit ans, il se distingua à la bataille de Marignan, où il fut grièvement blessé. Avec son frère le duc de Lorraine, il gagna Fontarabie sur les Espagnols, en 1522, et fit lever le siége de Péronne en 1536, etc., etc. « Il fut *empoisonné à Fontainebleau et tost après extainct par une mort violente et trop-soudaine en son chasteau de Joinville*, au grand regret et douleur des gens de bien, le 12 avril 1550, ayant vescu cinquante-quatre ans 5 mois et 26 jours [2]. » C'est lui qui fit construire le château qui subsiste encore aujourd'hui avec quelques modifications. Sur la porte est gravé le millésime 1545, et sur les pilastres on lit les devises : Toytes povr vne. — La et non plvs. Les lettres C. A., initiales de Claude de Lorraine et d'Antoinette de Bourbon, y sont souvent reproduites en sculpture. Voici l'origine de cette devise :

---

[1] Elle était tante du roi de France Henri IV.
[2] Manuscrit n° 1054. François de Guise, son fils, dit dans ses mémoires qu'il fut empoisonné.

« Claude de Lorraine, quoique marié à Antoinette de Bourbon, avait remarqué dans la baronnie de Joinville une humble beauté, qu'il visitait secrètement, et près de laquelle il oubliait, dit la chronique, le luxe de son palais et le rang élevé de son épouse. Celle-ci ne tarda pas à découvrir les faiblesses de son mari, et résolut de l'en faire repentir; mais un noble cœur ne peut recourir qu'à une généreuse vengeance. La jeune fille était pauvre, simple dans ses atours et modestement logée; la duchesse changea tout à coup cette misère en richesse; à l'insu de son époux, elle fit porter à sa rivale brillante parure et somptueux ameublement. Touché de ce procédé, Claude de Lorraine abjura, dit-on, ses erreurs, et résolut d'être désormais un modèle de fidélité conjugale. En mémoire de cette détermination, il fit élever le château du grand jardin, sur les murs duquel on grava par son ordre les devises : TOVTES POVR VNE, faisant allusion à la foi donnée; LA ET NON PLVS, indiquant qu'un repos champêtre sera désormais son seul plaisir. » Il mourut dans le château de Joinville en avril 1550 [1].

Il fut inhumé dans la grande chapelle de l'église Saint-Laurent, laissant d'Antoinette de Bourbon six enfants mâles, savoir : François, l'aîné, duc de Guise; Charles, cardinal de Lorraine; Claude, duc d'Aumale; Louis, cardinal de Guise; François, grand prieur de France; et René, marquis d'Elbeuf, et quatre filles, dont l'une épousa en premières noces le duc de Longueville, et en secondes noces le roi d'Écosse; une autre épousa le prince de Chimai, les deux dernières se firent religieuses.

Sa femme, Antoinette de Bourbon, que ses vertus ont rendue si célèbre, mourut au château de Joinville le 23 janvier 1583, âgée de plus de quatre-vingt-huit ans, et le même manuscrit ajoute « que ce fut entre les mains de ses deux médecins, dont « M. Pierre Fissieux était l'un. » On lui doit, ainsi qu'à son fils,

---

[1] Le manuscrit inédit porte: «Il mourut entre les mains de son chirurgien « Jean Fissieux. »

le célèbre cardinal de Lorraine, la fondation, faite en décembre 1570, de l'hôpital Sainte-Croix.

Ses fils leur élevèrent une *riche et artificielle sépulture* en la grande chapelle de Saint-Laurent.

Son fils aîné lui succéda.

Claude eut pour frère Antoine, duc de Lorraine, qui épousa Renée de Bourbon.

XVIIIe *Baron de Joinville et Ier prince de Joinville, François duc de Guise.*

L'épitaphe de François de Lorraine, duc de Guise, lui donne le titre *d'invaincu, de foudre de guerre, de fléau des hérétiques, et de soutien de la religion catholique.* Elle donne la longue série de ses exploits. Ce prince, né en 1519, fut assassiné près d'Orléans par Poltrot, le 18 février 1562.

Son corps, rapporté à Joinville, fut inhumé au sépulcre paternel, derrière le maître-autel, entre quatre colonnes de marbre noir. Son neveu, François de Lorraine, abbé de Saint-Urbain, qui avait posé la première pierre de cette sépulture, y fut le premier enterré, « au grand regret de son oncle, qui fondait sur lui de grandes espérances. » Son cœur, sur la demande des habitants de Paris, fut déposé à Notre-Dame de Paris.

Il eut pour fils Henri, qui lui succéda, et Charles, duc du Maine.

C'est en faveur de François de Lorraine, duc de Guise, et de Jeanne d'Est, son épouse, que le roi Henri II érigea, par lettres patentes du mois d'avril 1551 [1], la terre de Joinville en principauté.

« Le 17 octobre 1641, par ordre de Richelieu, les armes de
« François de Guise qui étaient au poteau de la place publique
« de Joinville furent rompues et cassées, ainsi que celles de

---

[1] *Journal inédit de Fissieux.* Ce journal entre dans de plus grands détails à ce sujet. La pièce est insérée au recueil 4551, Suppl. fr.

« Henri de Lorraine, son fils, et de Catherine de Clèves, qui
« étaient au-dessus du grand portail de l'église paroissiale de
« Joinville du côté du marché. Celles qui étaient dans l'église
« paroissiale en dedans et au dehors furent noircies. Il en fut
« de même de celles de Claude et d'Antoinette. Ces armes fu-
« rent remplacées par celles du roi. »

XIX⁰. *Duc de Joinville, Henri de Lorraine.*

Henri de Lorraine, dit *le Balafré*, fils aîné de François, hérita de ses seigneuries autant que de ses talents ; il fut assassiné à Blois, le 23 décembre 1588, *par la plus abominable barbarie, ingrate trahison qui fust oncques exécutée*, comme dit la généalogie manuscrite n° 1054 de la Bibliothèque impériale.

Il épousa Catherine de Clèves, comtesse d'Eu, fille du duc de Nevers, et de ce mariage naquirent quinze enfants, dont huit mâles.

XX⁰. *Charles, duc de Lorraine.*

Le fils aîné de Henri, Charles, né à Joinville le 20 août 1571, lui succéda au duché de Guise et principauté de Joinville. Il épousa Henriette-Catherine de Joyeuse, veuve de Henri de Bourbon, duc de Montpensier [1]. En 1634, le 28 novembre, elle partit de Joinville pour aller rejoindre son mari, exilé à Florence, où il mourut le 30 septembre 1640, ainsi que ses deux fils le prince de Joinville et le duc de Joyeuse. Leurs corps rapportés à Joinville, furent inhumés en grande pompe dans l'église Saint-Laurent, le 18 août 1641 [2].

L'auteur de la généalogie manuscrite leur souhaite toute prospérité, ce qui prouve qu'il s'arrêta à cette époque (fin

---

[1] Elle mourut le 28 février 1656, et fut enterrée aux Capucins de Paris; elle portait l'habit de cet ordre.

[2] Le journal inédit de Fissieux entre dans de grands détails au sujet de cette cérémonie. Le cercueil de Charles de Lorraine était en cuivre rouge. C'est le seul qui fût en cette matière; tous les autres étaient en plomb.

du seizième siècle). Il dit que cette généalogie fut rédigée d'après Nicolas-Gilles Nauclive, Carion, Munster, Charles Estienne, Wasbourg, Belleforest, du Tillet, et autres historiens, par M. Ovre ou Urel Laurent, Bourbonois, né en 1547, d'abord secrétaire de M. Delascheval, abbé de Bellaigue, puis précepteur de mademoiselle Louise, et en 1580 chanoine de l'église collégiale de Saint-Laurent, au château de Joinville ; et qu'après avoir reçu les ordres en 1584, il fut, en 1587, chapelain et attaché au service de la princesse, qu'il appelle même *la reine*.

Dans tout ce qu'il écrit on voit un serviteur dévoué aux intérêts de la maison des Guises.

Voici la suite de cette généalogie telle que veut bien me la communiquer M. Lacabane, dont l'érudition égale l'obligeance.

XXIe. *Henri de Lorraine, IIe du nom,*

Duc de Guise, prince de Joinville, comte d'Eu, pair et grand chambellan de France, naquit à Paris le 4 avril 1614, et mourut le 2 juin 1664, à Paris, sans laisser de postérité : on soupçonna qu'il fut empoisonné. Il eut pour successeur, dans le duché de Guise et la principauté de Joinville, Louis-Joseph de Lorraine, son neveu. Son corps fut rapporté dans l'église Saint-Laurent.

XXIIe. *Louis-Joseph de Lorraine,*

Duc de Guise, de Joyeuse et d'Angoulême, prince de Joinville, et pair de France, fils de Louis de Lorraine, duc de Joyeuse, pair et grand chambellan de France, et de Françoise-Marie de Valois-Angoulême, succéda à son oncle Henri, dans le duché de Guise et la principauté de Joinville. Il mourut de la petite vérole, le jeudi 30 juillet 1671, et fut inhumé à Joinville dans le tombeau de ses ancêtres Il laissa d'Élisabeth d'Orléans, duchesse d'Alençon, seconde fille de Gaston de France, duc d'Orléans, et de Marguerite de Lorraine, le fils qui suit :

XXIIIe. *François-Joseph de Lorraine,*

Duc d'Alençon, de Guise, de Joyeuse et d'Angoulême, pair de France, prince de Joinville, né à Paris le 28 août 1670, mort le 16 mars 1675. Son corps fut porté à Joinville. Il eut pour successeur sa grande tante.

XXIVe. *Marie de Lorraine,*

Née le 15 août 1615. Elle était fille de Charles de Lorraine, duc de Guise, prince de Joinville, pair et grand maître de France et d'Henriette-Catherine, duchesse de Joyeuse. Elle succéda à son petit-neveu François-Joseph de Lorraine, dans les duchés de Guise, de Joyeuse, d'Angoulême et dans la principauté de Joinville, en 1675, et mourut à Paris, dans son hôtel, le 3 mars 1688.

De Marie de Lorraine, dite *mademoiselle de Guise*, qui testa en 1686, la principauté de Joinville passa successivement à mademoiselle d'Orléans, à Philippe de France, frère unique de Louis XIV, au duc d'Orléans, régent, et à sa descendance.

XI.

DISSERTATION

SUR LE *CREDO* DE JOINVILLE.

Parmi les manuscrits de notre Bibliothèque impériale, M. Paulin Paris a signalé celui qui, sous les numéros 1445-7857, contient une Profession de foi, ou *Credo*, accompagnée de réflexions en forme de commentaires.

M. le chevalier Artaud[1], qui le premier nous a donné un *fac simile* de ce précieux manuscrit, dit que l'usage de composer de semblables *Credo* était fréquent au moyen âge, et il en cite plusieurs exemples. Grégoire de Tours, qui écrivait au sixième siècle, nous en a laissé un où il expose ainsi sa croyance :

« Je crois en un Dieu, le père tout-puissant ; je crois en Jésus-Christ, etc.

« Le Dante également a dit :

> Io scrissi d'amor piu volte rime
> Quando. . . . .

[1] *Mélanges publiés par la Société des Bibliophiles français*. Paris, Firmin Didot, 1837. Imprimé seulement à vingt-cinq exemplaires.

Da questo falso amor omai la mano
    A scriver piu di lui io vo ritrare,
    E ragionar di *Dio*, come Cristiano.
Io *credo* in *Dio* padre, che puo fare
    Tutte le cose, e da lui tutti i beni
    Procedon sempre di bel operare;
Della cui grazia terra e ciel son pieni,
    E da lui furon fatti di niente
    Perfetti, buoni lucidi e sereni.
. . . .
    In Christo, ...
    . . . . unico figliuol di Dio, nato
Eternalmente, e Dio di Dio uscio.

« Pétrarque, vers l'an 1369, composait sa XLIXe *canzone* adressée à la Vierge Marie. C'est aussi une sorte de *Credo*, où sont développés les principaux points de notre croyance.

« Il existe une foule de professions de foi semblables dans les ouvrages du quatorzième siècle et des siècles suivants. »

MM. Paulin Paris et Artaud ont attribué ce *Credo* à Joinville, et il y a tout lieu de croire que c'est avec raison. Le manuscrit, à en juger par la forme de l'écriture et par le dessin des miniatures dont il est orné, date évidemment de l'époque où vivait Joinville, et, d'un autre côté, le style de l'auteur et l'orthographe sont plus anciens que le manuscrit des Mémoires de Joinville (n° 2016) que possède notre Bibliothèque impériale, et qu'on s'accorde à regarder comme postérieur d'un demi-siècle à l'original. Ce qui prouve enfin qu'il appartient à l'époque que nous signalons, c'est le *fac simile* qu'a donné M. le chevalier

Artaud, document précieux et qui, revu avec le plus grand soin par M. Paulin Paris, reproduit le manuscrit original avec une rigoureuse exactitude.

La date de l'année et le lieu où fut écrit ce *Credo* s'y trouvent ainsi indiqués :

« ..... Or y a mil deux cent quatre-vingt-sept ans...... » (Page 16, dernière ligne.)

« Je fis d'abord faire cette dictée en Acre ce après que li
« frères du roy en furent partis, et avant que le roy allast
« fortifier la ville de Césarée en Palestine. » (Pag. 2, lign. 17 et 18.)

Joinville en effet rapporte dans ses Mémoires, que lorsque le comte de Poitiers et le comte d'Anjou, frères du roi, furent partis d'Acre, saint Louis se rendit à Césarée, dont il répara les fortifications, et Joinville ajoute que lui-même, dans cette expédition, accompagnait le roi [1].

L'auteur de ce *Credo*, à en juger par certaines locutions, doit avoir été un laïque et même un militaire.

Le motif qui le lui a fait écrire, c'est, dit-il, que :

« Comme nus (nul) ne pooit estre saus (sauvé) se il ne savoit son *Credo*, il a fait cet œuvre pour esmouvoir les gens à croire ce de quoi ils ne se pooient soffrir. » (Pag. 2, lign. 15 et 16.)

Le récit que Joinville fait dans ses Mémoires d'un des

---

[1] Le départ des frères du roi est à la date de 1251. La première rédaction du *Credo* est donc antérieure de cinquante-huit ans à l'époque où Joinville nous dit qu'il écrivit ses Mémoires, en octobre 1309.

épisodes les plus dramatiques de la retraite des croisés après la bataille de Mansourah, lorsque sa vie et celle des prisonniers chrétiens furent en si grand péril, se retrouve également dans le *Credo;* l'auteur dit qu'il assistait en personne à cette terrible scène : il était donc un de ces prisonniers.

Et comment douter que ce soit Joinville lui-même, quand dans plusieurs endroits du *Credo* on voit les mêmes preuves qu'il a déjà données de son intime familiarité avec le roi, et que de plus les raisons pour établir la vérité de ce *Credo* et pour exhorter ses compagnons à y croire sont précisément celles dont se servait le roi pour le convaincre des vérités de la religion.

Dans ses Mémoires Joinville nous dit :

« Le saint roi se efforçoit de tout son pooir, par ses pa-
« roles, de moi faire croire fermement en la loi chrestienne
« que Dieu nous a donnée, ainsi que vous orrez ci-après. »
(Pag. 13, l. 5 et suiv.)

Et l'auteur du *Credo* s'exprime ainsi :

« Je le fis (ce *Credo*) pour engager les gens à croire ce dont
« ils ne pouvoient se contenter (pooient soffrir). » (Pag. 2, l. 16
et 17.)

N'est-il pas naturel même de supposer que Joinville, dont l'esprit était un peu *ondoyant* et assez *ergoteur* sur plusieurs points de la religion, aura rédigé ce *Credo* à la demande de saint Louis, afin de rendre à d'autres le service que lui avait rendu le roi dans ces pieux entretiens pour fortifier sa foi?

On peut même croire, en lisant ces paroles [1] dans le *Credo* :

« Le roi Louis (que Dieu absoille!) me répéta cette haute pa-
« role, »

que ce sont les expressions mêmes de saint Louis que Joinville nous a transmises, et que nous connaissons ainsi la manière de raisonner du roi sur divers points de la religion.

Autre ressemblance singulière avec les Mémoires de Joinville et qui s'offre dès le commencement du *Credo* :

« Or disons donc que foiz est une vertuz qui fait croire fer-
« mement ce que hons ne voit ne ne set, mais que pour voir
« dire ensi que nous creons nos pères et nos mères de ce
« que il dient que nous sumes lor fil et si n'avons autre cer-
« taineté, et donc devons-nous croire plus fermement que
« nule autre chose terriene les poins et les articles li quel
« nous sont tesmoigné et enseignié de la bouche del Tout-
« Poissant par tous les sainz dou Vieil Testament et dou No-
« vel [2]. » (P. 1, l. 8.)

---

[1] Page 1, l. 15, et page 2, l. 1 et l. 4.
[2] Voici, dans les Mémoires de Joinville, le passage où se trouve le même raisonnement :

« Le saint roi se efforçoit de tout son poor (pouvoir), par ses pa-
« roles, de moy faire croire fermement en la loy chrestienne que
« Dieu nous a donnée, aussi (ainsi) que vous orrez ci-après..... Il di-
« soit que foy et créance estoit une chose où nous devions bien croire
« fermement, encore n'en feussiens-nous certains mez que par oïr

Au troisième alinéa de la première page du *Credo* se trouve cet autre passage :

« De croire ce que l'an ne voit, me dist li rois Loys (que Diex
« assoille!) une haute parole que li cuens de Montfort, cil qui
« fu pères ma dame de Neele, avoit dite as Briois (aux Albi-
« geois). Cil dou pais vindrent à lui et li distrent qu'il venist
« veoir le cors Nostre-Seigneur qui estoit venuz en char et en
« sanc; et il lor dist : Alez le veoir qui ne le creez, car endroit
« de moi le croi-je bien desouz le pain et dessouz le vin, ausinc
« come sainte Église le m'enseigne. Et il li demandèrent que
« il i perdroit se il le venoit veoir; et il lor dit que se il le
« veoit face à face et il le creoit, point de guerredon n'en au-
« roit; et dist que se il creoit ce que Diex et li sains li ense-
« gneroient, que il atendoit plus grant guerredon et plus grant
« corone ou ciel, que de toutes autres bones œuvres que il
« pourroit faire en ceste mortel vie [1]. »

« dire. Sus ce point, il me fist une demande : comment mon père
« avoit non (*nom*), et je li dis que il avoit non *Simon*. Et il me dit com-
« ment je le savoie; et je li diz que je en cuidois estre certein et le
« creoie fermement, pour ce que ma mère l'avoit tesmoigné. Donc
« devez-vous croire fermement tous les articles de la foi, lesquiex
« les apostres tesmoignent, ainsi comme vous oez chanter au diman-
« che en la Credo. » (Mém. de Joinville, p. 13.)

[1] « On lit de même dans les Mémoires de Joinville, p. 15, l. 14 et suivantes :

« Li saint roy me conta que pluseurs gent des Aubijois vindrent au
« conte de Montfort, qui lors gardoit la terre des Aubijois pour le roy,
« et li distrent que il venist veoir le cors Nostre-Seigneur qui estoit
« devenuz en sanc et en char entre les mains au prestre; et leur dist :
« Allez le veoir, vous qui ne le creez; car je le croi fermement, aussi
« comme sainte Esglise nous raconte le sacrement de l'autel. Et savez-
« vous ce que je y gaignerai, fist le conte, de ce que je le croy en

Parmi les instructions religieuses que saint Louis donnait à Joinville (voy. ci-dessus, p. c), et qui sont rapportées par le confesseur de la reine Marguerite, auteur de la *Vie de saint Louis*, il en est une qui s'accorde parfaitement avec ce qui est dit et dans les Mémoires de Joinville et dans le *Credo*. L'analogie entre ces trois documents est d'autant plus frappante, que le manuscrit du confesseur de la reine Marguerite que nous possédons remonte très-certainement par son antiquité à l'époque où l'auteur écrivait.

Voici les paroles que Joinville, à la page 1 et 2 du *Credo*, met dans la bouche du roi :

« Or veons donc que deus choses sont que nous convient à
« nous sauvier, ce est à savoir bones œuvres faire et fermement
« croire. En bones œuvres faire m'aprist li roi Loys que je ne
« feisse ne ne deisse chose se tout li mondes le savoit, que je
« ne l'osasse bien faire et dire ; et me dist que ce soffisoit à l'o-
« nor dou cors et au sauvement de l'arme (l'âme) [1]. »

« cette mortel vie, aussi comme sainte Esglise le nous l'enseigne? Je
« en aurai une corone ès ciez plus que les angres qui le veoient face
« à face ; par quoi il convient que il le croient. »

[1] Voici ce même passage, tel que le rapporte le confesseur de la reine Marguerite :
« Et aucunes foiz avec ce li benoiez rois dist audit chevalier ces
« paroles : Voudriez-vos avoir enseignement tel, par quoi vos eussiez
« enneur en cest monde et pleussiez as hommes, et eussiez la grace
« de Dieu et si eussiez gloire en tens avenir? Et li chevalier respondi
« que il vodroit bien avoir tel enseignement ; et lors li dist li benoiez
« rois : Ne fêtes chose ne ne dites que, se tout li mondes savoit ce,
« nonpourquant vos ne le lèriez mie fère. (*Vie de saint Louis*, p. 335,
éd. de Capperonnier, in-fol.; Imp. royale, 1761.)

Cet autre passage du *Credo*, page 2, se retrouve à peu près le même dans les Mémoires de Joinville :

« ... de croire fermement me dist li rois que li enemis (*le diable*)
« s'efforce tant que il puet à nous giter de ferme créance ; et
« me enseigna que quant li enemis m'envoieroit aucune tempta-
« tion dou sacrement de l'autel ou d'aucun autre point de la foi,
« que je deisse : Enemis, ne te vaut ; que jà, à l'aide de Dieu,
« de la foi crestienne tu ne me osteras, nès se tu me feïsse touz
« les membres tranchier[1]. Et me dist li rois que ce estoit la
« ferme creance, laquel creance Diex a ennorée de son nom ;
« car de Crist somes appelé crestien ; laquele Diex a fait profe-
« tisier et tesmoignier as creans et as mecreanz, ce que onques
« autre loi ne fu : ensi come il dit en un livre, au sainz, as saiges

Ce même passage est ainsi rapporté dans les Mémoires de Joinville, p. 6, l. 22 :
« Le roi Loys me demanda si je vouloie estre honorez en ce siècle
« et avoir paradis à la mort, et je li dis : « Oyl. » Et il me dist :
« Donques vous gardez que vous ne faites ne ne dites à vostre es-
« cient nulle riens que se tout le monde le savoit que vous ne peus-
« siez congnoistre, je ai ce fait, je ai ce dit. »

[1] On lit à la page 13, l. 10 et suivantes, des Mémoires de Joinville :
« Et disoit que l'ennemi est si soutilz, que quant les gens se meu-
« rent, il se travaille tant comme il peut que il les puisse faire
« morir en aucune doutance des poins de la foy ; car il voit que les
« bones œuvres que l'omme a faites ne li peut-il tollir, et veoit que il
« l'a perdu, se il meurt en vray foy ; et pour ce se doit garder, et en
« tel manière defendre de cest agait, que en die à l'enemi, quand il
« envoye telle temptacion : Va-t'en ; doit on dire à l'enemi : Tu ne me
« tempteras jà à ce que je ne croie fermement tous les articles de la
« foy ; mès se tu me fesoies tous les membres trenchier, si vieil-je
« vivre et morir en cesti point. Et qui ainsi le fait, il vaint l'enemi
« de son baston et de ses espées dont l'enemi le vouloit occire. »

« au rois, fist Diex porter son tesmoing, as gens de diverses lois,
« que nuz n'en puet douteir. »

Il y a encore d'autres preuves de l'authenticité de ce *Credo*.

Dans le commentaire dont il accompagne son texte, l'auteur, arrivé au passage du *Credo* qui concerne la *résurrection*, nous fait le récit du péril auquel lui et les autres prisonniers échappèrent par la grâce de Dieu. Or ce récit, si l'on en excepte quelques différences, est exactement le même que celui de Joinville dans ses Mémoires; c'est le même péril auquel a échappé le sénéchal de Champagne. Les deux ouvrages sont donc de lui et on en sera convaincu si l'on remarque que la miniature qui, dans le manuscrit du *Credo*, accompagne le récit nous offre l'image de Joinville parmi les prisonniers désarmés et menacés par les Sarrasins représentés l'épée nue à la main.

L'usage ingénieux d'expliquer le texte des manuscrits par des représentations figurées ne remontant guère en Europe qu'à l'époque des croisades, on peut supposer que Joinville fut l'un des premiers qui l'introduisit en France. On peut juger par le petit nombre des beaux manuscrits byzantins échappés au ravage du temps et des barbares, et dont quelques-uns se conservent encore dans les monastères du mont Athos, de l'étonnement que les croisés durent éprouver à la vue d'un luxe auquel ils n'étaient pas accoutumés, et qui faisait resplendir d'or, de pourpre et d'azur ces beaux livres. Joinville surtout dut en être émerveillé, lui qui, élevé à la cour du comte de Champagne, n'était pas étranger au sentiment des arts, comme le prouve le soin qu'il prit d'orner *ses chapelles et verrières de Blécourt* de beaux vitraux, où il faisait représenter soit des sujets pieux, soit des faits historiques relatifs aux croisades [1]. Aussi voit-on avec plaisir, à une époque où l'amour des beaux-arts était si rare parmi toute cette noblesse qui ne semblait vivre que pour la guerre, Joinville comparer à l'éclat des miniatures où *l'or et l'azur enluminaient les manuscrits, la splendeur dont saint Louis fit briller son royaume* [2].

---

[1] Avant même son départ pour la Terre Sainte, Joinville avait décoré l'église de Blécourt d'autres vitraux où était peinte l'histoire de la sainte Vierge. « On en voit encore des restes dans le presbytère, » dit Baugier dans ses *Mémoires historiques de la province de Champagne*. Châlons, 1721, t. 1er, p. 342.

[2] Cette comparaison, juste en elle-même sous le rapport matériel, n'est pas moins juste sous le rapport moral. En effet,

Si parva licet componere magnis,

c'est avec un dévouement et un enthousiasme égal à celui dont saint Louis était animé pour *garder si saintement et loyalement son royaume et l'orner de tant de beaux establissements*, que les religieux séculiers ou laïques se dévouaient à la pénible fonction de scribes pour reproduire les Saintes Écritures, dont ils faisaient des chefs-d'œuvre de patience et d'art. Aussi, quand ils les pouvaient achever, c'était par des actions de grâces qu'ils remerciaient Dieu d'avoir prolongé leur carrière jusqu'à l'achèvement de l'œuvre à laquelle ils avaient dévoué leur vie. Voici celle que je lis à la fin d'une Bible écrite tout entière en caractères microscopiques, dont la perfection surpasse les plus beaux produits de l'art typographique et dont les miniatures justifient l'admiration de Joinville : *Benedictus Dominus Deus qui scribendo Arnulphum de Campaing usque huc perduxit. Amen !* Il

Malheureusement nous avons perdu ces précieuses peintures ; mais, du moins, dans le manuscrit du *Credo* se retrouve la plus importante de toutes. Elle est placée au-dessous de ces paroles :

Et au troisième jour ressuscita des morts.

L'intérêt qu'elle offre est d'autant plus grand que parmi les personnages qui y sont représentés je crois pouvoir affirmer qu'on y voit figurer Joinville lui-même [1].

Quant au récit qui l'accompagne, il est plus complet et plus détaillé que celui que Joinville nous a donné dans ses Mémoires ; il en diffère même sur plusieurs points. Sous le rapport historique et littéraire, nous ne possédons rien de plus remarquable.

Voici ce récit tel qu'il est inséré dans le *Credo :*

.... « De la résurrection vous dirai-je que je en oï à la prison ou diemenche après ce que nous fusmes pris et ot-on mis en un paveillon les riches homes et les chevaliers portanz bannière pareus (*pareille*). Nous oïmes un grand cri de gent ; nous demandames ce que estoit,

---

fallait, en effet, un dévouement presque surhumain pour oser entreprendre un tel labeur.

[1] L'artiste qui peignit cette miniature est peut-être ce même clerc que Joinville avait emmené avec lui à la croisade et qui fit à Saint-Jean d'Acre, en 1251, la première rédaction du *Credo* *. On peut aussi lui attribuer le dessin des vitraux qui dans les diverses chapelles de Joinville représentaient les faits relatifs aux croisades. On sait combien à cette époque le style des peintures des vitraux et celui des manuscrits est semblable.

* La dernière (celle que nous possédons) fut reproduite avec addition en 1287.

et on nous dist que ce estoient nostre gent que om mettoist en un grant parc tout clos de mur de terre. Ceus qui ne se voloient renoier l'an les occioit; ceus qui se renioient, on les laissoit en icelle grant paour de mort ou nous estiens. Vindrent à nous jusques à treize ou quatorze dou consoil dou soudan, trop richement appareillié de dras d'or et de soie, et nous firent demander, par un frère de l'Ospital qui savoit sarazinois, de par le soudan, se nous vorriens estre délivre, et nous deimes que oïl (*oui*), et ce pooient-il bien savoir; et nous distrent se nous donriens nus des chastiaus dou Temple ne de l'Ospital pour nostre délivrance; et li bons cuens Pierres de Bretaigne lour repondi que ce ne pooit estre, pour ce que li chastelain juroient seur sainz, quant om les i metoit, que pour delivrance de cors domes ne les renderoient. Et il nous demandèrent après se nous lor donriens nus des chastiaux que baron tenoient ou reaume de Iherusalem, pour nostre délivrance; et li cuens de Bretaingne dist que nanil (*nenni*), que li chastel n'estoient pas du flé dou roi de France.

« Quant il oirent ce, il nous dirent que puisque nous ne voliens faire ne l'un ne l'autre, il s'an iroient et nous amenroient ceus qui jueroient à nous des espées; et li cuens de Bretaigne lor dist que legiere chose estoit de occire celui que on tient en sa prison [1].

« Quant il s'en furent alé, une grant foison de jeunes gens sairazinz entrèrent ou clos là où le nous tenoit pris, les espées traites, des quiex je cuidai vraiement qui ve-

---

[1] Cette noble réponse du comte Pierre de Bretagne ne se trouve pas dans le récit fait par Joinville dans ses Mémoires.

nissent por nous occirre, mais non fesoient; ançois nous anvoia Diex nostre confort entre aus; car il amenèrent un petit home si viel par samblant comme home poist estre; et le tenoient par samblant, celle jeune gent, pour fol. Et distrent au conte de Bretaigne qui le feissent oïr, ce que c'estoit uns des plus prodome de lor loi. Et lors s'apoia le viex petit hom sor sa croce et atout sa barbe et les treces chenues; et dist au conte que il avoit entendu que li crestien creoient un Dieu qui avoit esté pris pour aus, batus pour aus, mors pour aus, et au tierz jour estoit resuscitez. Et tout ce li otroia li cuens, et lors redit li viex hom : « Que donc ne vous devez-vous mie plain-
« dre se vous avez esté pris pour li, batuz por li, navrez por
« li, car ausi avoit-il esté pour vous; ne ancore n'avez pas
« la mort sofferte pour li ausi come il avoit fait pour vous.»
Et après nous dist « que si votre Dieu avoit eu pooir
« de lui resusciter, et donc vous avoit-il bien pooir de dé-
« livrer quand li plairoit. » Et vraiement encore croi-je que Diex le nous anvoya, car il tarda molt pou après ce que s'en fu alés, que li consaus le soudan revint, qui nous dist que nous envoissiens quatre de nous parler au roi, liquiex nous avoit par la grace que Diex lui avoit donnée, touz seus (*tout seul*) pourchasié nostre delivrance. Et sachiez que voirs estoit; car aussi sagement l'avoit pourchasiée li rois par la grace Dieu, com se il eust tout le conseil de la crestienté avec lui [1]. »

C'est à l'endroit le plus dramatique de ce récit et au-

[1] **Voyez**, pour la comparaison de ce récit avec celui que Joinville fait dans ses Mémoires, les pages 101 et 102 de notre édition.

dessus de ces mots : *Les espées traites des quiex je cuidai qui venissent por nous occire*, qu'est placée la miniature dont nous donnons la reproduction dans la grandeur même de l'original :

De toutes les miniatures représentant des sujets relatifs au texte du *Credo* (elles sont au nombre de quinze petites et dix-sept grandes), celle-ci est la seule qui soit historique et qui nous offre une scène des croisades. Toutes les autres sont *bibliques* et relatives à des sujets de l'Ancien et du Nouveau Testament.

C'est en examinant cette miniature et en la comparant avec celle qui se trouve en tête du manuscrit n° 2016 des Mémoires de Joinville, que j'ai été frappé d'une circonstance qui m'a encore confirmé dans l'opinion que Joinville est l'auteur de ce *Credo*.

On y voit, en effet, d'un côté, les guerriers sarrasins ayant tous l'épée hors du fourreau, précédés par un petit vieillard appuyé sur ses béquilles et par l'un des Sarrasins, qui interpelle les prisonniers chrétiens ; de l'autre côté, on remarque parmi les prisonniers chrétiens désarmés deux qui sont placés au premier rang. Le plus avancé est le comte de Bretagne, qui répond au guerrier sarrasin, et le second (*le seul* des chevaliers chrétiens qui soit coiffé d'un capuchon) ne peut être autre que Joinville ; car, par un *singulier hasard*, il a la tête couverte d'un capuchon ou chaperon, et c'est aussi d'un chaperon qu'est couverte la tête du chevalier représenté sur la première feuille du manuscrit n° 2016, dont nous avons donné la reproduction très-exacte ; or, ce chevalier auteur du livre qu'il offre à Louis Hutin est évidemment Joinville : ce dont on ne saurait douter à la vue des *broies* qui recouvrent son manteau, et qui sont les armoiries de Joinville.

Ce capuchon faisait donc partie de son costume ordinaire. En effet, le procès-verbal dressé lors de l'ouverture du caveau contenant les restes du sire de Joinville (voy. ci-dessus *Dissert. IV*, p. LXXX) dit qu'il était représenté sur son tombeau « *couché, les mains jointes,* « *et semblait revêtu d'un capuce de bénédictin*, etc. »

Enfin la certitude devient complète lorsqu'on lit dans les Mémoires, un peu avant le passage emprunté au *Credo*, que l'émir chez lequel on le conduisit quand il fut fait prisonnier lui permit de se revêtir d'une couverture que lui avait donnée madame sa mère, et d'un *chaperon* que quelqu'un alla lui chercher [1]. Or, parmi les chrétiens prisonniers que représente la miniature, un seul est revêtu de ce chaperon; il est donc impossible de ne pas reconnaître à ce signe l'intention qu'eut Joinville de se faire distinguer au milieu des prisonniers par tous ceux qui liraient le *Credo* [2].

Dans le manuscrit, chaque mot du *Credo* est écrit en rouge et les commentaires sont écrits en noir, conformément à l'instruction qu'il en avait donnée au rubricateur :

« Vous qui regardez cest livre troverez le *Credo* en letres vermeil-
« les, et les prophéties par euvres et par les paroles en lettres noires. »

Conformément à cette prescription, les premières paroles du *Credo* :

« Je crois en Dieu le pere tout-poissant,
« Le creator du ciel et de la terre. »

sont écrites en *lettres vermeilles*.

---

[1] Voyez page 98 de notre édition.
[2] Telle est aussi l'opinion de M. Paulin Paris; et il a bien voulu me la confirmer dans sa lettre du 11 mai.

Le commentaire qui les explique est accompagné d'une grande miniature représentant Dieu le Père assis sur son trône, tenant le globe du monde en main ; il accueille les bonnes âmes qui s'avancent vers lui, et précipite les mauvaises, qui tombent du ciel la tête en bas.

Voici le commencement du commentaire, écrit en lettres noires :

« Sa grande poissance poez veoir en la creation du monde que vous
« veez ci-après pointe, car il n'est nus qui poist faire la plus petite de
« toutes ces creatures ; creerres en cil qui fait de noient aucunes
« choses, etc. »

La suite du *Credo* est accompagnée d'un grand nombre de miniatures de diverses grandeurs. Au-dessous de ces mots du *Credo*, écrits en rouge : *et fut enseveli*, on voit représenté Jonas à moitié avalé par un gros poisson : et le commentaire ajoute :

« La profesie de l'œuvre de ce qu'il fut mis au sépulchre, si est de
« Ionas que vous veez ci point, qui fu mis on ventre de la baleine ;
« car autretant come Jonas fu ou ventre de la baleine, tant fu li filz
« Dieu ou sépulchre. »

Ailleurs, deux miniatures représentent, l'une cinq femmes qui s'avancent joyeuses tenant une lampe de la main droite, et une coupe dans la main gauche.

L'autre miniature nous montre cinq autres femmes dont le visage et l'attitude annoncent la tristesse ; elles n'ont point de lampe et tiennent leur coupe renversée.

Enfin, au-dessous de ces mots par lesquels le *Credo* se termine : *et la vie perdurable. Amen*, on lit ces paroles :

« Nous devons croire fermement que li saint et les saintes qui tres-
« passés sont, et li prodhome et les prodefemmes, auront vie et joie

« perdurable ès cieux et seront à la table de Nostre-Seigneur, laquelle
« joie vous verrez point ci-après un petit (*un peu*), selonc ce que
« l'apocalipse le devise. »

Nous nous bornerons à ces indications sur le *Credo* de Joinville. Nous aurions désiré reproduire en entier ce monument littéraire, qui offre un véritable intérêt sous plusieurs rapports; mais le format de notre édition s'opposait à la représentation figurée des miniatures, qui ne sauraient être séparées du texte qu'elles accompagnent et expliquent.

XII.

NOUVELLES RECHERCHES
SUR LES
MANUSCRITS DU SIRE DE JOINVILLE,

PAR PAULIN PARIS,
MEMBRE DE L'ACADÉMIE DES INSCRIPTIONS ET BELLES-LETTRES.

Dans les premières années du XIVe siècle, un chevalier de la province de Champagne écarté depuis longtemps du mouvement des cours, mais dont les anciens faits d'armes et de prud'homie n'étaient pas oubliés de la génération nouvelle, prit une résolution qui devait immortaliser son nom. Il avait joui de la familiarité de saint Louis; et saint Louis était demeuré pour lui l'objet d'une affection respectueuse, que l'assentiment universel de la grande république chrétienne avait encore exaltée; il avait suivi le roi dans ses dangers extrêmes, et toujours il était resté le témoin de sa vertu, de son courage héroïque : il crut donc avoir le droit d'adresser aux enfants de son ancien maître le récit de tout ce qu'il savait mieux que personne d'un prince honneur éternel de leur race. Mais pour exécuter ce projet, combien d'obstacles à surmonter! Un demi-siècle avait passé sur les événements auxquels il avait pris part. Il fallait écrire ou pour le moins dicter une narration suivie, et la langue latine, en ce temps-là consacrée aux œuvres sérieuses, ne lui était pas familière. Sa première éducation, excellente sous le point de vue chevaleresque, offrait, il faut l'avouer, sous le point de vue littéraire, un cachet moins marqué de perfection. Comme la plupart des grands seigneurs du XIIIe siècle, il connaissait la liturgie de l'Église; il avait même, comme nous le prouverons tout à l'heure, judicieusement apprécié l'esprit de nos dogmes sacrés; souvent il avait entendu les grandes épopées déclamées par les jongleurs, ces rapsodes des époques féodales; peut-être encore autrefois le sire de Joinville, dans mainte chanson légère à entendre, avait-il marché sur les traces de ses nobles amis Thibaut de Champagne et le châtelain de Coucy, et comme eux vanté jusqu'à l'exagération la douceur du printemps et les rigueurs de sa maîtresse : mais, loin de connaître les admirables récits des historiens de l'antiquité, il ignorait même ceux des chroniqueurs qui plus nouvellement avaient apporté le pénible tribut de leurs souvenirs au trésor de Saint-Denis, et les noms d'Éginhart et de Suger, ces précédents biographes dont son œuvre allait faire pâlir la renommée, n'avaient jamais été prononcés devant lui.

Rien cependant n'eut la force de le détourner du projet qu'il avait formé. Il fit écrire en français les bonnes paroles dont le retentissement vibrait incessamment dans son cœur; il raconta les premières années, il décrivit la douloureuse croisade de saint Louis : en un mot, il rappela tous les événements dont le vrai caractère pouvait être éclairé par son témoignage, et dans lesquels il eût réclamé sans doute une plus grande part de gloire, s'il eût bien senti toute l'importance de ce mot de gloire; surtout, s'il n'eût pas fait de saint Louis le centre de ses pensées et, pour ainsi dire, le foyer de son égoïsme. Telle est chez un petit nombre d'âmes tendres et désintéressées la force des premières impressions d'admiration et de reconnaissance. Elles peuvent transporter le sentiment du *moi* dans un autre nous-même; et quand la destinée nous sépare de cet objet de respectueuse prédilection, notre cœur se reprend uniquement à tout ce qui le rappelle, et suit encore longtemps la trace de son nom, de sa voix et de la moindre de ses habitudes.

Depuis que Joinville avait vu descendre la dépouille mortelle de Louis IX dans les caveaux de Saint-Denis, deux grandes occupations partageaient ses journées : il assistait au service divin, alors beaucoup plus long que de notre temps; il rendait la justice à ses vassaux comme autrefois le saint roi sous les arbres de Vincennes. Mais il restait dominé par un grand souvenir, par le profond regret d'avoir perdu saint Louis, par la vive espérance de le retrouver dans un autre monde. Le jour, la nuit, sa pensée demeurait fidèle au grand roi qu'il avait tant aimé, et l'on en voit la preuve touchante dans les dernières lignes de son ouvrage. Après avoir longuement raconté le beau service que l'on fit à sa dépouille mortelle; après avoir, suivant l'usage, souhaité la vie éternelle à ses lec-

teurs, il semble qu'il n'ait plus un mot à dicter : « En-
« core veuil-je dire, » ajoute-t-il cependant, « aucunes
« choses qui seront à son honneur. C'est assavoir que je
« fis un songe, et il me sembloit en mon songe que je le
« véoie devant ma chapelle à Joinville, et estoit, si comme
« il me sembloit, merveilleusement aaisé de cuer; et je
« meismes estoie moult aaisé, pour ce que je le véoie en
« mon chastel; et li disoie : « Sire, quant vous partirés
« de ci, je vous hebergerai en une moie ville qui a nom
« Chevillon. Et il me respondi en riant : Sire de Join-
« ville, sire de Joinville, foi que vous doi, je ne bée mie
« sitost à partir de ci! Et quant je me esveillai, si me
« sembla que il plesoit à Dieu que je le hebergeasse en
« une chapelle; et ensi l'ai fait. »

Mais qui n'a pas lu cette vie de saint Louis, à laquelle nous devons au moins de bien connaître les mœurs du XIIIe siècle? Le nom du roi, personnage principal de cette époque singulière, nous rappelle nécessairement le nom de Joinville; et tel est même le caractère du biographe, qu'il est assez difficile de démêler auquel du héros ou de l'historien nous avons voué le plus d'affection. Je ne m'arrêterai pas à louer ici ce que tout le monde a loué : rappeler la gracieuse naïveté du bon sénéchal, ne serait-ce pas, en effet, ainsi que l'a dit le tragique Anglais, essayer de dorer l'or ou de blanchir les fleurs de lis? Je demanderai seulement comment il s'est fait qu'un monument historique aussi précieux soit demeuré si longtemps inconnu. Nul de ces nombreux écrivains qui depuis saint Louis jusqu'aux limites du moyen âge ont transcrit, abrégé, dépecé les sources originales, n'a donné la plus légère attention au plus important de tous les récits; ni Guillaume Guyart, l'auteur de la *Branche aux royaux lignages*, ni Godefroi de Paris auquel on attribue la *Chronique métrique*, ni Jacques de Guise, ni Jean Lefebvre, ni les patients compilateurs de l'obscur *Miroir historial*, de la lourde *Somme*, de la profonde *Mer des histoires*, ni Gaguin, Paul-Émile ou tout autre chroniqueur universel, n'ont soupçonné l'existence des *Mémoires du sire de Joinville*. Admirable expression du moyen âge, l'époque de la renaissance a seule eu le pouvoir de la mettre en lumière. Une pareille destinée a vraiment droit à notre surprise, et peut-être sera-t-il de quelque intérêt d'en chercher, surtout d'en trouver la cause. C'est là ce que je vais rapidement tenter.

La première de ces causes doit sans doute avoir été le petit nombre des copies que l'on en répandit en France pendant la vie de l'auteur. Le sénéchal de Champagne avait rédigé ses Mémoires moins pour entretenir le monde de la renommée du saint roi que pour donner une direction régulière à la source unique de ses pensées. Il ne s'occupa donc pas avec le zèle ordinaire aux auteurs de son temps comme à ceux du nôtre d'en faire exécuter un grand nombre de copies. Peut-être même il se sera contenté d'en envoyer un exemplaire au roi de Navarre, alors comte de Champagne et plus tard roi de France sous le nom de Louis le Hutin. Ce prince, en 1309, avait vingt ans : faible et mal élevé, sans doute il ne prenait pas à la mémoire de saint Louis un intérêt qui devait être assez peu de saison à la cour de son père. Louis IX et Philippe le Bel, quel contraste en effet! L'un avat secouru les pèlerins d'outre-mer, leur avait donné ses trésors, ses guerriers, sa vie; l'autre avait exterminé leurs plus hardis défenseurs pour s'emparer de leurs richesses. Louis IX le grand justicier, Philippe IV le grand spoliateur? Il est donc possible que les Mémoires de saint Louis n'aient pas captivé l'attention du prince auquel ils étaient adressés, et que Joinville n'ait pas cru devoir réclamer contre une telle insouciance. Semblable au duc de Sully après la mort de Henri IV, si le vieux sénéchal eût reparu dans le palais des rois, c'eût été pour y gourmander une génération qui ne comprenait pas la foi, la simplicité, ni les autres vertus du siècle précédent. On trouve la preuve des sentiments que nous lui attribuons, dans une lettre qu'il écrivit peu de temps avant sa mort au roi Louis le Hutin à l'occasion de la guerre de Flandre. La voici :

« A son bon seigneur Loys, par la grâce de Dieu, roy
« de France et de Navarre, Jehans, sire de Joinville ses
« seneschaus de Champagne : Chier sire, il est bien voirs,
« ensi com mandé le m'avés, que l'en disoit que vous es-
« tiés apaisiés aus Flamans. Et por ce, sire, que nos cui-
« diens que voirs fust, nous n'aviens fait point d'apareil
« por aler à vostre mandement. Et de ce, sire, que vous
« m'avés mandé que vous seriés à Arras pour edrecier les
« tors que li Flamenc vous font, il moy semble, sire,
« que vous faites bien, et Diex vos en soit en aide... Et
« plutost que je pourrai ma gent seront appareillé por aler
« où il vous plera. Sire, ne vous desplaise de ce que, au
« premier parler, ne vous ai appelé que *bon seigneur*,
« quar autrement ne l'ai-je fait à mes seigneurs les autres

« roys qui ont esté devant vous, que Diex absoille. Nostre
« sire soit garde de vous. »

La lettre est datée du mois de juin 1315 ; mais déjà
cette formule de *bon seigneur*, que le roi sans doute estimait d'une extrême familiarité, se trouvait en tête de la
Vie de saint Louis qu'on lui avait envoyée quelques années auparavant ; et ne doit-on pas admettre que le roi
de Navarre avait accueilli froidement un ouvrage dont
les premiers mots présentaient à ses yeux une inconvenance ?

Ainsi, les gens de son hôtel auront consigné la *Vie de
saint Louis* parmi les volumes les plus rarement soulevés :
et ces volumes, disséminés suivant l'usage après la mort
du roi, auront vainement changé de maître ; l'ouvrage
de Joinville n'aura pas une seule fois attiré l'attention de
ceux que le hasard en faisait les indignes possesseurs.

Pour démontrer la rareté des premières leçons de la
Vie de saint Louis, parcourons rapidement les anciens
inventaires des livres de nos rois : chose singulière ! on ne
la retrouve déjà plus dans les vingt-neuf volumes déposés
dans les appartements de Louis le Hutin après sa mort.
Le cinquième article porte bien : *Quatre caiers de saint
Looys*, mais non pas *l'histoire de saint Looys* ; et nous
ne saurions prendre ici le change. Comment le sénéchal
de Champagne n'aurait-il pas eu l'attention de réunir en
un seul volume les Mémoires qu'il destinait au fils du roi ?
Le notaire a donc plutôt indiqué *quatre cahiers* dictés ou
même écrits *par le saint roi*, ceux peut-être que le confesseur Geoffroi de Beaulieu a de son côté mentionnés :

« Avant sa dernière maladie, » nous dit-il, « il écrivit
« de sa main en français des enseignements salutaires :
« je m'en suis procuré une copie avant sa mort, et je me
« suis empressé de les traduire de françois en latin. »
Félicitons, en passant, le sire de Joinville d'avoir échappé
à l'attention de Geoffroi de Beaulieu. Il aurait aussi cru
peut-être de son devoir de traduire son livre *de françois
en latin,* et cette version, aussitôt multipliée, aurait sans
doute empêché d'exécuter une seule copie de la rédaction
originale.

La reine Clémence, veuve de Louis le Hutin, recueillit
quarante et un volumes; Jeanne d'Évreux, veuve de
Charles le Bel, en laissa vingt après sa mort. Mais dans
les inventaires de leurs meubles, on ne voit pas un article qui puisse le moins du monde se rapporter aux
Mémoires du sénéchal de Champagne.

Le sage roi Charles V fut plus curieux de la vie de
saint Louis. On la reconnaît pour la première fois au
milieu de ses livres dans la mention suivante : « La vie
« saint Loys, et les fais de son voyage d'outre-mer. »
Puis sur la marge du catalogue, on lit encore : « Le
« roy l'a par devers soy. » Or le roi l'eut si longtemps *par
devers soy*, qu'à sa mort elle n'était pas encore rentrée
dans la première salle du Louvre, où sa place était mar-
quée. Mais enfin, après vingt ans, elle reparut dans la
bibliothèque, et l'inventaire de Charles VI, dressé en 1411,
la désigne clairement ainsi : « Une grant partie de la vie
« et des fais monseigneur saint Loys que fist faire le sei-
« gneur de Jannville; très-bien escript et historié. Cou-
« vert de cuir rouge à empreintes, à deux fermoirs d'ar-

« gent. Escript de lettres de forme en francois à deux
« coulombes; començant au deuxième folio *et porceque*,
« et au derrenier : *en tele maniere.* »

C'est avec cet inventaire que nous perdons la trace du manuscrit original de Joinville. Car le soin recommandable qu'eut le bibliothécaire de Charles VI de rappeler les premiers et les derniers mots du volume, nous défend de le confondre avec le manuscrit actuel de la Bibliothèque royale. Celui-ci, d'une conservation irréprochable, n'offre que deux petites miniatures, et ces ornements ne justifieraient pas les mots *très-bien historié* de l'inventaire : les grands seigneurs du XIVe siècle demandant beaucoup mieux au talent et surtout à la fécondité de leurs enlumineurs.

Maintenant, si l'on veut chercher d'autres causes de l'oubli dans lequel cette excellente production est si longtemps demeurée, nous les trouverons dans l'état des études historiques à cette époque, et surtout dans le grand nombre de livres déjà composés avant celui de Joinville, sur l'histoire et le règne de saint Louis.

A partir du XIIe siècle, les moines de Saint-Denis, gardiens de la tombe des rois et déjà dépositaires de l'oriflamme, avaient encore été chargés de former un nouveau corps d'histoire de France. Dans cette vue, ils avaient choisi, parmi tous les anciens documents, les ouvrages les plus authentiques et ceux qui leur semblaient assez édifiants pour avoir un besoin moins rigoureux de preuves décisives. C'est ainsi que furent admis dans la grande collection nationale les récits de Grégoire de Tours, de ses continuateurs anonymes, d'Eginhart, du faux archevêque

Turpin, de Nithard et de Guillaume de Jumiéges. Mais à compter des dernières années de Philippe I*er*, l'abbaye, plus religieusement visitée et plus fréquemment consultée par nos rois, dont la ville de Lyon avait cessé d'être la résidence habituelle, n'alla plus demander à des annalistes qui lui étaient étrangers la continuation des Chroniques de France; elle transmit elle-même le récit des événements contemporains. La vie de Louis le Gros par l'abbé Suger fut suivie de celle de Louis le Jeune; puis Rigord et Guillaume de Nangis poursuivirent l'histoire de leurs successeurs jusque par delà le règne de saint Louis.

Guillaume de Nangis mourut vers 1302, et déjà sa Vie de Louis IX avait pris place dans les Chroniques de Saint-Denis, comme la tombe du saint roi au milieu des tombes royales. Partout cette histoire était déjà répandue quand le sire de Joinville se mit à dicter la sienne. C'était arriver un peu tard. Des historiographes *jurés* ayant avancé leur dernier mot sur cette haute matière, durent accueillir avec assez peu de bienveillance la tentative d'un vieux chevalier qui, sans avoir jamais été *mis aux lettres*, comme on disait alors, voulait trancher du chroniqueur et raconter ce qu'il savait d'un roi possesseur de la céleste béatitude, d'un roi à la gloire duquel on ne pouvait rien ajouter, sinon le récit de beaux et nombreux miracles. Si le livre de Joinville eût été plus tôt répandu, on ne doit pas douter que la substance n'en eût fortifié le récit des Grandes Chroniques; les écrivains de Saint-Denis montraient dans les questions générales trop de bonne foi pour n'avoir pas mis à contribution les souvenirs d'un personnage aussi grave que le sénéchal de Champagne. Mais après la rédaction des gestes de saint Louis, et après la mort de Guillaume de Nangis, il était malaisé d'accorder à Joinville une importance qui devait ébranler d'autant celle du moine historiographe. Ajoutons que la relation la plus nouvelle était aussi la moins complète, Joinville s'étant contenté de raconter ce qu'il savait bien, même sans trop plier sa mémoire aux rigueurs de la chronologie. Or, dans un siècle où la critique historique était encore loin de sortir de l'enfance, tout le monde devait préférer le chroniqueur du règne entier à l'historien de quelques années.

On pourrait objecter ici que les Grandes Chroniques présentaient une lacune que le livre de Joinville, consacré particulièrement à l'expédition d'Égypte, donnait les moyens de remplir ; mais en général les croisades tenaient fort peu de place dans les Chroniques de Saint-Denis. On eût dit que les religieux de l'abbaye, admettant le plan suivi plus tard par les savants bénédictins, compilateurs de la Collection des *Historiens de France*, avaient, et même avec plus de raison, senti l'opportunité de renvoyer à un ouvrage spécial le récit détaillé de toutes les guerres saintes. Pourquoi longuement arrêter l'attention sur la suite de ces événements, quand le livre de Guillaume de Tyr, aussitôt traduit en français que rédigé en latin, était encore plus répandu que les *Grandes Chroniques de France?* Or, pour les compilateurs des guerres d'Orient, Joinville encore était venu trop tard : la croisade à laquelle il avait pris part comptait dans les continuateurs de l'archevêque de Tyr des historiens dont les lumières et la véracité n'étaient pas contestées, personne, au XIVe siècle, ne sentant la nécessité de comparer entre eux chacun des récits de la même histoire, et de modifier un seul passage dans la narration la plus ancienne.

On ne doit pas non plus oublier qu'une fois Louis IX admis au rang des saints, tout ce qui se rapportait à son histoire tombait naturellement dans le domaine des légendaires; et dès ce moment, le récit des théologiens qui l'avaient connu devait prendre une autorité pour le moins comparable à celle dont les *Chroniques de Saint-Denis* se trouvaient en possession de leur côté. Nous avons conservé trois vies pieuses de saint Louis : celle de Geoffroi de Beaulieu, son confesseur; celle de Guillaume de Chartres, son chapelain; la troisième est l'ouvrage d'un anonyme, confesseur de la princesse Blanche, sa fille. Or, ces personnages, racontant les perfections toutes célestes du roi, joignant à leurs éloges la mention des nombreux miracles attribués à son intervention, réunissaient toutes les conditions pour captiver l'attention des auditeurs et des lecteurs du XIVe siècle. Joinville, au contraire, après tant d'ardents apologistes, devait paraître bien froid, bien décoloré, bien dépourvu d'édification. Cependant l'Église de France avait cru devoir lui adresser un message quand elle fut chargée de réunir les éléments de l'enquête exigée pour la canonisation. On demanda au sire de Joinville si le roi, dans sa conviction, avait mérité le paradis. Nous citerons la réponse conservée par le confesseur de la princesse Blanche; c'est la seule parole du vieux sénéchal dont ses contemporains croyaient nécessaire de garder le souvenir. « Monseigneur Jehan de Joinville, chevallier,

« home de age meur, qui fu avecque le benoit roy par
« trente-quatre ans et plus assés privéement, par son se-
« rement afferma que il ne vit onques né n'oï que li be-
« nois rois déist à aucun parole de mesdit, en blâme de
« lui. Né onques il ne vit home plus atrempé né de plus
« grant perfection, et que il croit qu'il soit en paradis pour
« plusieurs biens que il fist. »

Cette réponse vraie, naturelle et digne en tout du sénéchal de Champagne, ne pouvait faire cependant que ses Mémoires fussent toujours exactement en rapport avec les récits des légendaires. Joinville ramenait trop sur la terre le saint roi; surtout on pouvait l'accuser de porter quelquefois atteinte à la réputation de la reine Blanche, dont la mémoire, chère à toute la France, était surtout vénérée des hommes de religion. Pour n'en citer que de rares exemples, quand le roi tombe malade à Pontoise, Joinville nous raconte qu'il recouvra naturellement la santé : mais, suivant les confesseurs et même suivant Guillaume de Nangis, ce fut l'effet d'un éclatant miracle. Plus loin, les confesseurs déclarent que la reine Blanche applaudit au vœu formé par son fils de prendre la croix; mais, suivant Joinville : « Quant la royne oï dire que la parole li
« estoit revenue, ele en fist si grant joie come ele put;
« et quant elle sceust que il se fust croisié, ainsi come
« il meïsme le contoit, ele mena aussi grant deuil come sé
« ele le véist mort. »

Poursuivons : La reine Blanche, au rapport des légendaires, méritait surtout de grandes louanges pour le soin qu'elle avait mis à garantir son fils de toute idée d'impureté. Mais Joinville va plus loin, et cette attention vertueuse devient une excessive obsession et dégénère en inquiète tyrannie. Je regrette ici de ne pouvoir traduire un curieux passage de Geoffroi de Beaulieu : rapprochées de l'extrême continence objet de l'admiration du bon confesseur dans le roi, les expressions qu'il emploie pourraient ne pas sembler assez édifiantes. Il suffit de rappeler que, d'après son récit, Louis et Marguerite s'accordaient merveilleusement à rechercher toutes les occasions de pratiquer, dans chacune de leurs relations conjugales, la mortification la plus absolue.

Mais Joinville traite encore le même sujet d'une manière un peu différente, et lui du moins nous pouvons le citer. Quand il eut donc appris par les larmes de saint Louis la mort de la reine Blanche, cette incomparable princesse que peut-être il ne regrettait pas assez, il alla trouver Marguerite. « Quand je vins là, je trouvai que la
« royne pleuroit, et je li di que sage fait celui qui dit :
« *L'en ne doit mie femme croire*, car ce estoit la femme
« que vous plus haiez, et vous en menés tel duel. Et ele
« me dist que ce n'estoit pas por elle que elle pleuroit,
« mais por la mesaize que le roy avoit du duel que il
« menoit ; et pour sa fille qui puis fu royne de Navarre,
« qui estoit demourée en la garde des hommes.

« Les durtés que la royne Blanche fist à la royne Mar-
« guerite furent tiex, que la royne Blanche ne vouloit
« souffrir à son povoir que son fils feust en la compaignie
« sa femme, mès que le soir quand il aloit au repos avec
« ele. Les hostels là on il plesoit miex à demourer c'estoit
« à Pontoise entre le roy et la royne, pour ce que la
« chambre le roy estoit desus et la chambre de la royne

« estoit desous. Et avoient ainsi acordé leur affaire, que
« il tenoient leur parlement en une viz qui descendoit de
« l'une chambre en l'autre, et avoient leur besoignes si
« atirées que quant les huissiers veoient venir la royne
« en la chambre le roy son fils, il battoient les huis de
« leur verges, et le roy s'en venoit courant en sa chambre.
« pour ce que sa mère ne l'i trouvast. Et ainsi refesoient
« les huissiers de la chambre la royne Marguerite quant la
« royne Blanche y venoit, pource qu'ele y trouvast la royne
« Marguerite. Une fois, estoit le roy d'encoste la royne sa
« femme, laquele estoit en trop grand peril de mort,
« pour ce qu'ele estoit bleciée d'un enfant qu'ele avoit
« eu. Là vint la royne Blanche et prinst son fils par la
« main et li dit : *Venés-vos en, vous ne faites riens ci.*
« Quant la royne Marguerite vit que la mère emmenoit le
« roy, ele s'escria : *Hélas! vous ne me lairrez veoir mon*
« *seigneur né morte né vive.* Et lors ele se pasma et
« cuida-l'en qu'ele fust morte. Et le roy qui cuida que
« ele se mourust se retourna, et à grant peine la remist-
« l'en à point. »

Il est difficile de trouver dans un ancien récit plus
d'intérêt et, comme on dit aujourd'hui volontiers, *plus
de couleur locale;* mais on n'en conviendra pas moins
qu'il y a loin de là aux témoignages de Geoffroi de Beaulieu et de ses frères en religion.

Voilà donc comme on peut expliquer l'oubli dans lequel
plusieurs siècles laissèrent les mémoires du sénéchal de
Champagne. Tandis qu'une foule de copies ont transmis
jusqu'à nous les légendes de saint Louis composées par les
confesseurs de la famille royale, tandis que les leçons des

Chroniques de Saint-Denis et de la vie particulière de Louis IX rédigées par Nangis sont innombrables, il nous reste du monument le plus précieux de notre histoire un seul manuscrit ancien : encore ce manuscrit est-il postérieur à Joinville de plus d'un demi-siècle.

Mais un autre travail du fidèle compagnon de saint Louis, c'est la paraphrase du *Credo*, dont M. le chevalier Artaud, en nous en révélant l'existence, vient de publier et le texte complet en *fac-simile* et la traduction naïve et correcte. Dans la spirituelle Introduction que notre savant confrère a placée en tête de ce monument précieux de l'ancienne langue française, on trouve mieux que je ne pourrais les exposer les preuves nombreuses et palpables qui lui ont fait ici reconnaître l'ouvrage du sire de Joinville. Il résulte de ses recherches que, d'abord composé vers l'an 1250, la copie possédée par la Bibliothèque du Roi fut transcrite en 1287. Elle est surchargée de miniatures, et elle n'en contient pas une seule qui ne rappelle exclusivement l'art des enlumineurs, pas une lettre qui ne porte le cachet particulier des scribes, pas un mot qui n'apppartienne aux habitudes orthographiques et grammaticales des contemporains de Joinville. Je me sers avec intention du mot *habitudes*, parce que la justesse de celui de *règles*, consacré cependant par M. Raynouard, est contestée par d'autres savants critiques. Il se peut, en effet, qu'à l'aurore de la littérature française, la langue vulgaire ne comportât pas encore de règles orthographiques ; mais il est certain qu'elle suivait des habitudes dans l'arrangement des mots et dans la manière de les écrire ; et que ces habitudes, raisonnées ou non, étaient fort utiles et parfaitement raisonnables. Reflet prolongé de l'élocution latine, elles donnaient à la construction des phrases une variété, une grâce et une précision qu'on serait quelquefois tenté de regretter, si l'admirable faisceau de notre littérature moderne ne nous enlevait pas, sous ce rapport du moins, le droit de regretter quelque chose.

C'est pour avoir méconnu la force et la permanence de ces règles ou habitudes durant tout le XIIIe siècle et la première moitié du XIVe, que tous les éditeurs des textes français de cette époque sont tombés, avant M. Raynouard, dans un dédale d'incorrections toujours nouvelles. Aussi, pour déterminer la date d'un ouvrage, les observations grammaticales seront-elles toujours d'un grand poids; je vais même plus loin, et toutes les fois que dans un manuscrit vous ne retrouverez pas l'observation des règles que M. Raynouard a si judicieusement reconnues, vous pourrez admettre hardiment que la date en est postérieure au règne de Philippe de Valois et du roi Jean.

Or, on les chercherait vainement dans le seul manuscrit ancien qui nous reste à Paris de la vie de saint Louis par le sire de Joinville. Ce volume, d'un petit format in-4°, est écrit fort nettement sur deux colonnes; le scribe que l'on avait chargé de son exécution, a fait preuve d'une attention scrupuleuse; mais, à l'exception d'un petit nombre de mots que, suivant l'habitude des meilleurs copistes de tous les temps, il aura transcrits sans prendre la peine de lire, il a reproduit l'orthographe des dernières années du XIVe siècle. C'est qu'en effet le manuscrit ne peut remonter au delà de cette époque. De toutes les nombreuses comparaisons auxquelles il est facile de se livrer pour déterminer sa date, il suffira d'en indiquer une seule faite avec deux leçons de l'ouvrage intitulé : *La Vie et les Miracles de saint Louis,* celui que Melot et Capperonnier ont publié à la suite de leur belle édition de Joinville. Le plus ancien des nombreux manuscrits qui nous conservent ces *miracles* doit remonter au temps de la rédaction originale, c'est-à-dire aux premières années du XIVe siècle. Il présente une singularité : on dirait qu'ayant dû servir de modèle à quelque transcription, il aurait été soumis, soixante ans plus tard, à la révision la plus minutieuse. On a gratté certaines lettres dans beaucoup de mots, certains mots dans beaucoup de phrases, et l'on a refait ou supprimé beaucoup de phrases dans le cours de l'ouvrage. Puis, quand on s'est contenté de passer sur les mots une barre rouge de radiation, le nouveau scribe a écrit en petit caractère le mot *va* à l'extrémité d'une ligne qu'il tire du premier mot biffé au premier mot conservé. Ainsi l'on peut comparer avec assez de justesse la plus ancienne leçon des *Miracles de saint Louis* à ces exemplaires sacrifiés que les auteurs donnent aux compositeurs d'imprimerie comme la règle d'une nouvelle édition revue, corrigée et considérablement augmentée.

Or, cet exemplaire, perfectionné ou tronqué, est devenu le modèle exact de la deuxième leçon des *Miracles de saint Louis* que possède également la Bibliothèque royale ; et la plus légère inspection suffit pour montrer que cette deuxième copie, ornée de nombreuses enluminures et fort bien écrite sur un vélin de choix, offre une identité parfaite avec le précieux manuscrit de Joinville. Même style de miniatures, même agencement de vignettes et d'initiales, même distribution matérielle des lignes, des colonnes et des pages, même forme de lettres courantes. C'est donc au même copiste qu'il faut nécessairement les attribuer tous les deux ; et si mes observations précédentes sur les deux exemplaires du livre des *Miracles de saint Louis* sont fondées, si, dans le plus moderne, les formes orthographiques, comme le premier aspect de l'exécution, y révèlent clairement un copiste de la fin du XIVe siècle, il faut en conclure rigoureusement que le manuscrit de Joinville, le plus ancien que l'on connaisse aujourd'hui, ne doit pas avoir été exécuté avant le règne de Charles V.

La grande et l'on peut dire la seule raison qu'aient eue Melot et Capperonnier pour déclarer, en tête de leur édition, que notre manuscrit était contemporain de la rédaction, se tire des derniers mots dictés par Joinville : « Et ces choses vous ramentois-je, pour ce que cil qui « orront ce livre croient fermement en ce que le livre dist « que j'ai vraiment veues et oïes : ce fu escript en l'an « de grace mil CCC et IX ou moys d'octovre. » Mais ici les éditeurs du Louvre ont eu le grand tort de faire un alinéa séparé du dernier membre de phrase ; si telle était en effet l'ordonnance de la leçon moderne, il faudrait hésiter avant de lui appliquer les règles paléographiques les plus claires. Mais il n'en est rien : tout ce que nous venons de citer appartient à la rédaction de Joinville, et l'on sait en effet que ce fut en l'année 1309 que le sénéchal acheva son livre et qu'il l'envoya à son *bon seigneur* le roi de Navarre. On sait aussi que tous les scribes se croyaient obligés de reproduire dans leurs copies les dates de l'exemplaire-modèle le plus ancien : et c'est ainsi que les innombrables copies de l'*Image du monde* et de la *Bible historiale* portent toutes le millésime de 1265 et de 1291. En conclura-t-on que toutes les copies en ont été faites à la même époque? La conclusion ne serait pas meilleure pour ce qui touche aux *Mémoires de Joinville*.

Le précieux manuscrit dont j'ai déjà peut-être trop parlé demeura longtemps exilé de la Bibliothèque royale. Il fit partie de la collection des anciens ducs de Bourgogne, puis il fut joint à celle de Bruxelles jusqu'en 1744, alors que le maréchal de Saxe le rapporta de Belgique, et que M. Bignon, l'un des bibliothécaires qui ont le mieux connu toute l'importance de leur charge, le fit acheter au roi Louis XV.

Depuis ce temps, l'on a pu sérieusement espérer de connaître le travail du sire de Joinville. Si quelque jour on découvre une leçon plus ancienne encore, et par conséquent plus authentique, il est probable que le caractère particulier des premières années du XIVe siècle s'y distinguera plus nettement; la forme des lettres sera plus petite et plus ronde; les miniatures offriront un dessin moins correct, un coloris moins compliqué; enfin l'on y reconnaîtra quelque différence de rédaction : peut-être même, au lieu de copier, vers la fin, des pages entières des *Chroniques de Saint-Denis*, Joinville nous y parlera-t-il au long, comme il nous le promet en commençant, de ce que monseigneur Pierre d'Alençon lui révéla des circonstances de la mort du saint roi. Mais, quoi qu'il puisse arriver, le manuscrit de la Bibliothèque royale aura dû s'être tenu fort près de la rédaction originale; et si rien ne prouve qu'il ait échappé complétement aux corrections que l'on a fait subir à la seconde copie des *Miracles de saint Louis*, on peut du moins assurer qu'il garde encore un admirable cachet de naïveté, de franchise et d'originalité. Des mots différemment écrits, certaines phrases et quelques circonstances du récit tronquées, n'auront pas empêché que la dictée primitive ne nous soit parvenue dans la plus grande partie de ce qui doit à jamais la recommander. Toutefois, on sent quel intérêt offrirait encore une seconde leçon également ou plus ancienne. Mais où la retrouver aujourd'hui? Peut-être ce volume de Louis le Hutin, que Charles V avait encore *par devers soy*, est-il en Belgique, en Italie, en Russie même, où déjà nous avons, en 1815, retrouvé l'admirable livre de prières de saint Louis (1). Peut-être le propriétaire d'un vieux château de France, peut-être l'un de ceux qui nous écoutent en est-il, sans le bien savoir, le fortuné possesseur. Peut-être encore le vieux manuscrit de Joinville aura-t-il, au XVe siècle, excité la cupidité des Anglais, et qui sait si quelque nouvelle excursion bibliographique ne remettra pas au jour le volume dont on a depuis si longtemps perdu la trace! Tout le monde applaudirait à l'auteur d'une pareille découverte, et peut-être même lui devrions-nous, aux termes d'un célèbre programme, *l'une des publica-*

---

(1) Ce précieux livre de prières était devenu, depuis les premières années de la grande Révolution française, la propriété du prince Serge Galitzin; le prince l'offrit en 1816 ou 1817 au roi Louis XVIII, qui l'avait aussitôt envoyé à la Bibliothèque royale. Le volume a été remis il y a quelques années à M. le directeur des Collections du Louvre; il décore aujourd'hui le *Musée des Souverains*.

tions nouvelles les plus curieuses et les plus importantes sur l'ancienne histoire de France.

Ce mémoire de M. Paulin Paris, imprimé chez nous en 1839 et lu par son auteur dans une séance publique de l'Académie des Inscriptions et Belles-Lettres, était devenu d'une telle rareté que je n'avais pu m'en procurer d'exemplaire ni dans les bibliothèques publiques ni ailleurs; l'auteur lui-même ne l'avait plus, et toutes ses recherches avaient été infructueuses. Il me fut donc impossible d'en prendre connaissance quand je rédigeai les dissertations qui précèdent. Enfin ayant pu en découvrir un exemplaire, j'ai cru devoir le réimprimer. Cette excellente dissertation méritait à tous égards d'être reproduite.

A. F. DIDOT.

HISTOIRE
DE SAINT LOUIS.

HISTOIRE
DE
SAINT LOUIS.

A son bon seigneur Looys *, filz du roy de France, par la grace de Dieu roy de Navarre, de Champaigne et de Brie conte palazin, Jehan sire de Joinville, **, son seneschal de Champaigne, salut et amour et honneur et son servise appareillé [1]. Chier sire, je vous foiz [2] à savoir que madame la royne vostre mère ***, qui moult m'amoit, à cui Dieu bonne merci face [3], me pria si à certes comme elle pot [4], que je li feisse faire un livre des saintes paroles et des bons faiz nostre roy [5] saint Looys; et je les y oi en couvenant [6], et à l'aide de Dieu le livre est assouvi [7] en deux parties.

La première partie si devise [8] comment il se gouverna tout son tens selonc Dieu et selonc l'Église, et au profit de son règne.

La seconde partie du livre si parle de ses granz chevaleries

---

[1] *Appareillé* : Préparé, disposé. — [2] *Foiz* : fais. — [3] A qui Dieu fasse pardon. — [4] Aussi instamment qu'elle put. — [5] Et des bons faits de notre roi. — [6] Et je les lui promis. — [7] *Assouvi* : achevé. — [8] *Devise* : parle.

* Louis le Hutin, qui n'était alors que roi de Navarre, et qui parvint à la couronne de France après la mort de Philippe le Bel, son père, arrivée en 1314.

** Entre les familles qui ont tenu les premiers rangs à la cour des comtes de Champagne, celle de Joinville fut l'une des plus illustres, tant par l'antiquité de son extraction que par la noblesse de ses alliances. Wassebourg et des Rosiers la font descendre de Geoffroy, neveu du grand duc de Bouillon, qui eut pour partage la seigneurie de Joinville, petite ville de Champagne, située sur la rivière de Marne, entre Chaumont et Saint-Dizier.

*** Jeanne de Navarre, femme de Philippe le Bel, morte en 1304.

et de ses granz faiz d'armes. Sire, pour ce qu'il est escript : Fai premier ¹ ce qu'il afiert² à Dieu, et il te adrescera ³ toutes ces autres besoignes ⁴, ai-je fait escrire ce qui afiert aus troiz choses desus dites ; c'est à savoir : ce qui affiert au profit des ames et des cors, et ce qui affiert au gouvernement du peuple.

Et ces autres choses ai-je fait escrire aussi à l'onneur du vrai cors saint, pour ce que par ces choses desus dites en ⁵ pourra veoir tout cler que onques home lay ⁶ de nostre temps ne vesqui si saintement de tout son temps, dès le commencement de son règne, jusques à la fin de sa vie. A la fin de sa vie ne fuz-je mie ; maiz le conte Pierre d'Alançon son filz y fu, qui moult m'aimma, qui me recorda ⁷ la belle fin que il fist, que vous trouverez escripte en la fin de cest livre ; et de ce me semble-il que en ne li fist mie assez ⁸, quant en ne le mist ou nombre des martirs, pour les grans peinnes que il souffri ou ⁹ pèlerinage de la croiz, par l'espace de six anz que je fu en sa compaignie, et pour ce meismement que il ensuit Nostre-Seigneur ou fait de la croiz. Car se Diex ¹⁰ morut en la croiz, aussi fist-il ; car croisiez estoit-il quant il fu à Thunes ¹¹.

Le secont livre nous parlera de ses granz chevaleries et de ses granz hardemens, lesquiex sont tiex ¹², que je li vi quatre foiz mettre son cors en aventure de mort, aussi comme vous orrez ¹³ ci-après, pour espargnier le doumage de son peuple.

Le premier fait là où il mist son cors en avanture de mort, ce fu à l'ariver que nous feimes devant Damiete, là où tout son conseil li loa ¹⁴, ainsi comme je l'entendi, que il demourast en sa neif, tant que il veist ¹⁵ que sa chevalerie feroit, qui aloit à terre. La reson pour quoy en ¹⁶ li loa ces choses si estoit tele, que, se il arivoit avec eulz, et sa gent estoient occis et il avec, la besoigne seroit perdue ; et se il demouroit en

---

¹ *Premier* : d'abord. — ² *Ce qu'il afiert* : ce qui a rapport. — ³ *Adrescera* : mettra dans la bonne voie. — ⁴ *Besoignes* : affaires. — ⁵ *En* : on. — ⁶ *Lay* : laïc. — ⁷ *Recorda* : raconta. — ⁸ On ne l'exalta pas assez. — ⁹ *Ou* : au. — ¹⁰ *Se Diex* : si Dieu. — ¹¹ Tunis. — ¹² *Lesquiex sont tiex* : lesquels sont tels. — ¹³ *Orrez* : entendrez. — ¹⁴ *Li loa* : lui conseilla. — ¹⁵ Suppléez ce. — ¹⁶ *En* : on.

sa neif, par son cors peust-il recouvrer à reconquerre la terre de Égypte. Et il ne voult nullui croire, ains sailli[1] en la mer, tout armé, l'escu au col, le glaive ou poing, et fu des premiers à terre.

Le seconde foiz qu'il mist son cors en avanture de mort, si fu tele, que au partir qu'il fist de Laumasourre[2] pour venir à Damiete, son conseil li loa, si comme l'en me donna à entendre, que il s'en venist à Damiete en galies[3]; et ce conseil li fu donné, si comme l'en dit, pour ce que, se il li meschéoit de sa gent[4], par son cors les peust délivrer de prison. Et especialment ce conseil li fu donné pour le meschief[5] de son cors où il estoit par pluseurs maladies qui estoient teles : car il avoit double tierceinne[6] et menoison[7] moult fort, et la maladie de l'ost[8] en la bouche et ès jambes. Il ne voult onques nullui croire; ainçois dist que son peuple ne lairoit-il jà[9], mez feroit tele fin comme il feroient. Si li en avint ainsi, que par la menoison qu'il avoit, que il li couvint le soir couper le fons de ses baiez[10], et par la force de la maladie de l'ost se pena-il[11] le soir par pluseurs foiz, aussi comme vous orrez ci-après.

La tierce foiz qu'il mist son cors en avanture de mort, ce fu quant il demoura un an en la sainte terre, après ce que ses frères en furent venuz. En grant avanture de mort fumes lors; car quant le roy fu demouré en Acre, pour un home à armes que il avoit en sa compaignie, ceulz d'Acre en avoit bien trente, quant la ville fu prise. Car je ne sai autre reson pour quoy les Turz ne nous vindrent prenre[12] en la ville, fors que[13] pour l'amour que Dieu avoit au roy, qui la poour[14] metoit ou cuer à nos ennemis, pour quoy il ne nous osassent venir courre sus. Et de ce est escript : Se tu creins Dieu, si te creindront tou-

---

[1] Et il ne voulut croire personne, mais sauta, etc. — [2] Mansourah. — [3] Galie : galère, navire. — [4] S'il arrivait malheur à son monde. — [5] Meschief : mauvais état. — [6] La fièvre double tierce. — [7] Menoison : diarrhée. — [8] Ost : armée. — [9] Mais il dit qu'il ne laisserait jamais son peuple. — [10] Lisez : brayes. — [11] Le manuscrit de Lucques porte il se pasma. — [12] Prenre : prendre. — [13] Fors que : si ce n'est. — [14] Poour : peur.

tes les riens [1] qui te verront. Et ceste demourée [2] fist-il tout contre son conseil, si comme vous orrez [3] ci-après. Son cors mist-il en avanture pour le peuple de la terre garantir, qui eust esté perdu dès lors, se il ne se feust lors remez [4].

Le quart [5] fait là où il mist son cors en avanture de mort, ce fu quant nous revenismes d'outremer et venismes devant l'ille de Cypre, là où nostre neif hurta si malement que la terre là où elle hurta, enporta troiz toises du tyson [6] sur quoy nostre neif estoit fondée. Après ce le roy envoia querre quatorze mestres nothonniers, que de celle neif, que d'autres qui estoient en sa compaignie, pour li conseiller que il feroit; et touz li loèrent [7], si comme vous orrez ci-après, que il entrast en une autre neif; car il ne véoient pas comment la neif peust souffrir les copz [8] des ondes, pour ce que les clous de quoy les planches de la neif estoient atacheiz estoient touz eloschez [9]. Et moustrèrent au roy l'exemplaire [10] du péril de la nef, pour ce que à l'aler que nous feismes outre mer, une nef en semblable fait avoit esté périe, et je vi la femme et l'enfant chiez [11] le conte de Joyngny, qui seulz de ceste nef eschapèrent.

A ce respondi le roy : « Seigneur, je voi que se je descens de ceste nef, que elle sera de refus, et voy que il a céans huit cens personnes et plus; et pour ce que chascun aimme autretant [12] sa vie comme je faiz la moie [13], n'oseroit nulz demourer en ceste nef, ainçois demourroient en Cypre; par quoy, se Dieu plait, je ne mettrai jà [14] tant de gent comme il a céans en péril de mort; ainçois demourrai céans pour mon peuple sauver. » Et Dieu, à cui il s'atendoit, nous saulva en péril de mer bien dix semainnes, et venimes à bon port, si comme vous orrez ci-après. Or avint ainsi que Olivier de Termes, qui bien et viguereusement c'estoit maintenu outre mer, lessa le

---

[1] *Riens* : choses. — [2] *Demourée* : séjour. — [3] *Orrez* : entendrez — [4] S'il ne fût resté. — [5] *Quart* : quatrième. — [6] *Tyson* : poutre. — [7] Suppléez *tant*. — [8] *Copz* : coups. — [9] *Eloschez* : arrachés. — [10] *Exemplaire* : exemple. — [11] *Chiez* : chez. — [12] *Autretant* : autant. — [13] *Moie* : mienne. — [14] Je ne mettrai jamais.

roy et demoura en Cypre, lequel nous ne veismes puis d'an et demi après. Aussi destourna le roy le doumage de huit cens personnes qui estoient en la nef.

En la darenière ¹ partie de cest livre parlerons de sa fin, comment il trespassa saintement.

Or diz-je à vous, monseigneur le roy de Navarre, que je promis à ma dame la royne vostre mère, à cui Diex ² bone merci face! que je feroie cest livre; et pour moy aquitier de ma promesse, l'ai-je fait. Et pour ce que ne voi nullui qui si bien le doie ³ avoir comme vous qui estes ses hoirs ⁴, le vous envoié-je, pource que vous et vostre frère et les autres qui l'orront, y puissent prenre bon exemple, et les exemples mettre à œvre, par quoy Dieu leur en sache gré.

En nom de Dieu le tout puissant, je, Jehan sire de Joyngville, séneschal de Champaigne, faiz escrire la vie notre saint Looys, ce que je vi et oy par l'espace de sis anz, que je fu en sa compaignie ou pèlerinage d'outre mer, et puis que nous revenimes. Et avant que je vous conte de ses grans faiz et de sa chevalerie, vous conterai-je que ⁵ je vi et oy de ses saintes paroles et de ses bons enseignemens, pour ce qu'il soient trouvez l'un après l'autre, pour édefier ceulz qui les orront. Ce saint home ama Dieu de tout son cuer et ensuivi ses oeuvres; et y apparut en ce que, aussi comme Dieu morut pour l'amour que il avoit en son peuple, mist-il son cors en avanture par pluseurs foiz pour l'amour que il avoit à son peuple, et s'en feust bien soufers, se il vousist ⁶, si comme vous orrez ci-après. L'amour qu'il avoit à son peuple parut à ce qu'il dist à son ainsné filz * en une moult grant maladie que il ot⁷ à Fonteinne-Bliaut : « Biau filz, fist-il, je te pri que tu te faces amer au peuple de ton royaume; car vraiement je ameraie miex que un Escot venist d'Escosse et gouvernast le peuple

---

¹ *Darenière*: dernière. — ² *Diex*: Dieu. — ³ *Doie*: doive. — ⁴ *Hoirs*: héritier. — ⁵ *Que*: ce que. — ⁶ *Se il vousist*: s'il avait voulu. — ⁷ *Il ot*: il eut.

* Ce fils aîné était Louis, qui mourut âgé de seize ans, en 1260.

du royaume bien et loialment, que que tu le gouvernasses mal apertement. » Le saint ama tant vérité que neis ¹ aus Sarrazins ne voult-il pas mentir de ce que il leur avoit en convenant, si comme vous orrez ci-après. De la bouche fu-il si sobre, que onques jour de ma vie je ne li oy deviser nulles viandes ², aussi comme maint richez homes font; ainçois manjoit paciemment ce que ses queus ³ li appareilloient devant li. En ses paroles fu-il attrempez ⁴; car onques jour de ma vie je ne li oy mal dire de nullui, ne onques ne li oy nommer le dyable, lequel nons ⁵ est bien espandu ⁶ par le royaume : en ce que je croy qui ne plait mie à Dieu. Son vin trempoit par mesure, selone ce qu'il véoit que le vin le pooit ⁷ souffrir. Il me demanda en Cypre pourquoy je ne metoie de l'yaue en mon vin, et je li diz que ce me fesoient les phisiciens ⁸, qui me disoient que j'avoie une grosse teste et une froide fourcelle ⁹, et que je n'en avoie pooir de enyvrer. Et il me dist que il me décevoient; car, se je ne l'apprenoie en ma joenesce, et je le vouloie temprer en ma vieillesce, les goutes et les maladies de fourcelle me prenroient, que jamez n'auroie santé; et se je bevoie le vin tout pur en ma vieillesce, je m'enyvreroie touz les soirs; et ce estoit trop laide chose de vaillant home de soy enyvrer.

Il me demanda se je vouloie estre honorez en ce siècle et avoir paradis à la mort, et je li diz oyl ¹⁰. Et il me dit : « Donques vous gardez que vous ne faites ne ne dites à vostre escient nulle riens, que se tout le monde le savoit, que vous ne peussiez congnoistre ¹¹, je ai ce fait, je ai ce dit. »

Il me dit que je me gardasse que je ne desmentisse, ne ne desdeisse nullui de ce que il diroit devant moy, puis que je n'i auroie ne péchié ne doumage ou souffrir, pour ce que des dures paroles meuvent les mellées dont mil homes sont mors.

Il disoit que l'en devoit son cors vestir et armer en tele ma-

---

¹ *Neis* : même. — ² Je ne l'entendis parler d'aucuns mets. — ² *Queus* : cuisiniers. — ⁴ *Attrempez* : modéré, retenu. — ⁵ Le ms. porte *nous*. — ⁶ *Espandu* : répandu. — ⁷ *Pooit* : pouvait. — ⁸ *Phisiciens* : médecins. — ⁹ *Fourcelle* : estomac. — ¹⁰ *Oyl* : oui. — ¹¹ *Congnoistre* : reconnaître.

nière, que les preudeshomes [1] de cest siècle ne deissent que il en feist trop, ne que les joenes [2] homes ne deissent que il feist pou [3]. Et ceste chose me ramenti [4] le père le roy [5] qui orendroit [6] est, pour les cotes brodéez à armer* que en fait hui et le jour, et li disoie que onques en la voie d'outremer là où je fuz, je n'i vi cottes brodées, ne les roy ne les autrui [7]. Et il me dit qu'il avoit tiex [8] atours brodez de ses armes, qui li avoient cousté huit cens livres de parisis. Et je li diz que il les eust miex emploiés se il les eust donnez pour Dieu, et eust fait ses atours de bon cendal [9] enforcié de ses armes, si comme son père faisoit.

Il m'apela une foiz et me dist : « Je n'ose parler à vous pour le soutil [10] senz dont vous estes de chose qui touche à Dieu ; et pour ce ai-je appelé ses frères [11] qui ci sont, que je vous weil faire une demande. » La demande fu tele : « Séneschal, fist-il, quel chose est Dieu ? » Et je li diz : « Sire, ce est si bonne chose que meilleur ne peut estre. » — « Vraiement, fist-il, c'est bien respondu ; que ceste response que vous avez faite, est escripte en cest livre que je tieing en ma main. Or vous demandé-je, fist-il, lequel vous ameriés miex, ou que vous feussiés mesiaus [12], ou que vous eussiés fait un péchié mortel. » Et je, qui onques ne li menti, li respondi que je en ameraie miex avoir fait trente, que estre mesiaus. Et quant les frères s'en furent partis, il m'appela tout seulet, me fist seoir à ses piez,

[1] *Preudeshomes* : gens sages.
[2] *Joenes* : jeunes. — [3] *Pou* : peu. — [4] *Me ramenti* : me rappela. — [5] *Le roy* : du roi. — [6] *Orendroit* : maintenant. — [7] Ni celles du roi ni celles des autres. — [8] *Tiex* : telles. — [9] *Cendal* : taffetas, étoffe de soie. — [10] *Soutil* : subtil. — [11] *Ses frères* : ces moines. — [12] *Mesiaus* : lépreux.

* La cotte d'arme a été le vêtement le plus ordinaire des anciens Gaulois ; il était appelé par eux *sagum*, d'où nous avons emprunté les mots de *saye* et de *sayon*. Sa forme était comme celle des tuniques de nos diacres. Les barons et les chevaliers portaient ordinairement la cotte d'arme de drap d'or et d'argent fourré d'hermine, de vair, etc. L'abus qui se glissa avec le temps de ces sortes d'habillements vint à un tel excès, particulièrement dans les voyages d'outremer, qu'on en interdit l'usage. Saint Louis lui-même s'abstint en Palestine de porter l'écarlate, le vair et l'hermine, selon le témoignage du sire de Joinville.

et me dit : « Comment me deistes-vous hier ce? » Et je li diz que encore li disoie-je, et il me dit : « Vous deistes comme hastis musarz¹ ; car nulle si laide mezelerie n'est comme d'estre en péchié mortel, pour ce que l'ame qui est en péchié mortel est semblable au dyable : par quoy nulle si laide meselerie ne peut estre. Et bien est voir² que quant l'omme meurt, il est guérie de la meselerie du cors; mès quant l'omme qui a fait le péchié mortel meurt, il ne sceit pas ne n'est certeins que il ait eu tele repentance que Dieu li ait pardonné ; par quoy grant poour doit avoir que celle mezelerie li dure tant comme Diex yert³ en paradis. Ci vous pri, fist-il, tant comme je puis, que vous metés votre cuer à ce, pour l'amour de Dieu et de moy, que vous amissiez miex⁴ que tout meschief avenit au cors, de mezelerie et de toute maladie, que ce que le péchié mortel venist à l'ame de vous. »

Il me demanda se je lavoie les piez aux povres le jour du grant jeudi⁵ : « Sire, dis-je, en maleur⁶, les piez de ces vilains ne laverai-je jà. » — « Vraiement, fist-il, ce fu mal dit; car vous ne devez mie avoir en desdaing ce que Dieu fist pour nostre enseignement. Si vous pri-je pour l'amour de Dieu, premier, et pour l'amour de moy, que vous les acoustume⁷ à laver. »

Il ama tant toutes manières de gens qui Dieu créoient et amoient, que il donna la connestablie de France à monseigneur Gilles le Brun * qui n'estoit pas du royaume de France,

---

¹ Vous parlez comme un étourdi qui se hâte (trop). — ² Voir: vrai. — ³ Yert sera. — ⁴ Miex : mieux. — ⁵ Du jeudi saint — ⁶ En maleur : non vraiment — ⁷ Que vous preniez l'habitude.

* C'était le surnom de Gilles, seigneur de Trasegnies, connétable de Flandre, qui mourut dans l'expédition de Constantinople, l'an 1204, selon Geoffroi de Villehardouin. Saint Louis éleva Gilles le Brun, son fils, à la dignité de connétable après la mort d'Imbert de Beaujeu. Claude Menard, ainsi que d'autres, d'après du Tillet, se sont mépris quand ils ont avancé que Gilles de Trasegnies le père était de la famille de Lusignan, à cause du surnom de *le Brun*, qui y fut commun et familier ; mais il est probable que ce fut plutôt un sobriquet venant de la couleur de ses cheveux, qui servit à le distinguer de son père, porteur du même nom.

pour ce qu'il estoit de grant renommée de croire Dieu et amer. Et je croy vraiement que tel fu-il.

Maistre Robert de Cerbone*, pour la grant renommée que il avoit d'estre preudomme, il le faisoit manger à sa table. Un jour avint que il manjoit delez[1] moy l'un à l'autre ; et nous reprist et dit : « Parlés haut, fist-il, car voz compaignons cuident que vous mesdisiés d'eulz. Se vous parlés au manger de chose qui vous doie plaire, si dites haut ; ou, se ce non[2], si vous taisiés. » Quant le roy estoit en joie, si me disoit : « Séneschal, or me dites les raisons pour quoy preudomme* vaut miex que beguin. » Lors si encommençoit la tençon[3] de moy et de maistre Robert. Quant nous avions grant piesce desputé, si rendoit sa sentence et disoit ainsi : « Maistre Robert, je vourroie[4] avoir le non de preudomme, mès que je le feusse, et tout le remenant[5] vous demourast ; car preudomme est si grant chose et si bonne chose, que, neis au nommer, emplist-il la bouche. »

Au contraire, disoit-il que male chose estoit de prendre de l'autrui ; car le rendre estoit si grief, que neis au nommer, le rendre escorchoit la gorge par les erres[6] qui y sont, lesquiex sénefient[7] les ratiaus au diable, qui touz jours tire arière vers iceulz qui l'autrui chatel[8] weulent rendre. Et si soutilment le fait le dyable, car aus grans usuriers et aus granz robeurs[9], les attice-il si que il leur fait donner pour Dieu ce que il devroient rendre. Il me dist que je deisse au roi Tibaut* de par li, que

---

[1] *Delez :* près de. — [2] *Se ce non :* si cela n'est pas. — [3] *Tençon :* dispute. — [4] *Je vourroie :* je voudrais. — [5] *Remenant :* reste. — [6] *Les rr.* — [7] *Sénefient :* signifient. — [8] *Chatel :* bien. De là le mot *cheptel*. — [9] *Robeur :* voleur.

* Fondateur du collège de Sorbonne, ainsi appelé de son nom ; nous avons de lui quelques petits traités au 3e tome de la Bibliothèque des Pères.

* Saint Louis mettait de la différence entre *preudhomme* et *preuhomme*, en ce que le premier signifiait un homme prudent, de bonne conscience et craignant Dieu, et que *preuhomme* était un homme preux. Saint Louis s'est donc arrêté à la signification que ce mot avait de son temps, ou plutôt a regardé à la manière dont il se prononçait.

* Thibaut II roi de Navarre, qui avait épousé Isabelle fille de saint Louis.

il se preist garde à la meson des Preescheurs de Provins que il faisoit, que il n'encombrast l'ame de li pour les granz deniers que il y metoit; car les sages homes, tandis que il vivent, doivent faire du leur aussi comme executeurz en devroient faire, c'est à savoir que les bons executeurs desfont premièrement les tors faiz au mort, et rendent l'autrui chatel, et du remenant¹ de l'avoir au mort font aumosnes.

Le saint roy fu à Corbeil à une Penthecouste, là où il ot quatre-vins chevaliers. Le roy descendi après manger ou prael ²*, desouz la chapelle, et parloit à l'uys de la porte au conte de Bretaigne **, le père au duc qui ore ³ est, que Dieu gart. Là me vint querre ⁴ mestre Robert de Cerbon, et me prist par le cor ⁵ de son mantel et me mena au roy, et tuit ⁶ li autre chevalier vindrent après nous. Lors demandai-je à mestre Robert : « Mestre Robert, que me voulez-vous ? » Et me dist : « Je vous veil demander se le roy se séoit en cest prael, et vous vous aliez seoir sur son banc plus haut que li, se en vous en devroit bien blasmer. » Et je li diz que oil. Et il me dit : « Dont faites-vous bien à blasmer, quant vous estes plus noblement vestu que le roy ; car vous vous vestez de vair *** et de vert, ce que li roys ne fait pas. » Et je li diz : « Mestre Robert, salve vostre grâce ⁷, je ne foiz mie à blasmer, se je me vest de vert et de vair ; car cest abit me lessa mon père et ma mère ; mès vous faites à blasmer, car vous estes filz de vilain et de vilainne, et avez lessié l'abit vostre père et vostre mère, et estes vestu de plus riche camelin⁸ que le roy n'est. » Et lors je

---

¹ *Remenant* : restant. — ² *Prael* : préau. — ³ *Ore* : maintenant. — ⁴ *Querre* : chercher. — ⁵ *Cor* : coin, pan. — ⁶ *Tuit* : tous. — ⁷ Sauf votre grâce. — ⁸ *Camelin* : étoffe de laine.

* C'était alors une coutume générale que d'aller après le repas faire une promenade en un *prael* ou en un *vergier*. Cet usage se trouve mentionné dans tous les romans de chevalerie et dans une foule de fabliaux.

** Jean I du nom, duquel il est parlé en plusieurs endroits de cette histoire, décédé le 8 octobre 1285.

*** Fourrure de diverses couleurs. Du latin *varius*.

pris le pan de son seurcot * et du seurcot le roy, et li diz : « Or esgardez se je di voir. » Et lors le roy entreprist à deffendre mestre Robert de paroles, de tout son pooir ¹.

Après ces choses, monseigneur li roys appella monseigneur Phelippe ** son filz, le père au roy qui ore est, et le roy Tybaut, et s'assist à l'uys² de son oratoire et mist la main à terre, et dist : « Séez-vous ci bien près de moy, pour ce que enne nous oie ³. » — « Ha ! sire, firent-il, nous ne nous oserions asseoir ci près de vous. » Et il me dist : « Séneschal, séez-vous ci. » Et si fiz-je si près de li, que ma robe touchoit à la seue⁴ ; et il les fist asseoir après moy et leur dit : « Grant mal apert ⁵ avez fait, quant vous estes mes filz, et n'avez fait au premier coup tout ce que je vous ai commandé, et gardés que il ne vous avieingne⁶ jamais. » Et il dirent que non feroient-il. Et lors me dit que il nous [avoit] appelez pour li confesser à moy de ce que à tort avoit deffendu à mestre Robert et contre moy. « Mès, fist-il, je le vi si esbahi, que il avoit bien mestier ⁷ que je li aidasse. Et toute voiz ⁸ ne vous tenez pas à chose que je en deïsse pour mestre Robert deffendre ; car, aussi comme le séneschal dit, vous vous devez bien vestir et nettement, pour ce que vos femmes vous en ameront miex, et vostre gent vous en priseront plus. Car, ce dit le sage, en se doit assemer⁹ en robes et en armes en tel manière, que les preudeshommes de cest siècle ne dient que on en face trop, ne les joenes gens de cest siècle ne dient que en en face pou. »

Ci-après orrez un enseignement que il me fist en la mer, quant nous revenions d'outremer. Il avint que nostre nef hurta devant l'ille de Cypre, par un vent qui a non guerbin¹⁰, qui n'est

---

¹ *Pooir*: pouvoir. — ² *Uys*: porte. — ³ Pour qu'on ne nous entende. — ⁴ *Seue*: sienne. — ⁵ *Apert*: évident. — ⁶ *Avieingne*: arrive. — ⁷ *Mestier*: besoin. — ⁸ *Toute voiz*: toutefois. — ⁹ *Assemer*: orner. — ¹⁰ *Guerbin*, en italien, *garbino*, vent du sud-ouest.

* Le surcot était une espèce d'habit ou de robe sans manches, commun aux hommes et aux femmes.

** Philippe, qui régna après son père, sous le nom de *Philippe le Hardi*.

mie des quatre mestres venz¹. Et de ce coup que nostre nef prist, furent li notonnier si desperez que il dessiroient² leur robes et leur barbes. Le roy sailli de son lit tout deschaus³, car nuit estoit, une cote, sanz plus, vestue, et se ala mettre en croiz devant le cors Nostre-Seigneur, comme cil qui n'atendoit que la mort. Lendemain que ce nous fu avenu, m'apela le roi tout seul, et me dit⁴ : « Séneschal, ore nous a moustré Dieu une partie de son pooir; car un de ses petiz venz, que à peinne le sceit-on nommer, deut avoir le roy de France, ses enfans et sa femme et ses gens noiés. Or dit saint Anciaumes⁵ que ce sont des menaces Nostre-Seigneur, aussi comme se Diex vousist⁶ dire : Or vous eussé-je bien mors, se je vousisse⁷. « Sire
« Dieu, fait li sains, pourquoy nous menaces-tu? car ès me-
« naces que tu nous faiz, ce n'est pour ton preu⁸ ne pour ton
« avantage; car se tu nous avoies touz perdus, si ne seroies-
« tu jà plus povre ne plus riche. Donc n'est-ce pas pour ton
« preu la menace que tu nous as faite, mès pour nostre profit,
« se nous le savons mettre à œuvre. A œuvre devons-nous
« mettre ceste menace que Dieu nous a faite, en tele manière
« que, se nous sentons que nous aions en nos cuers et en nos
« cors chose qui desplèse à Dieu, oster le devons hastivement;
« et quanque⁹ nous cuiderons qui li plèse, nous nous devons
« esforcier hastivement du prenre; et, se nous le faisons ain-
« sinc¹⁰, Nostre-Sire nous donra¹¹ plus de bien en cest siècle
« et en l'autre, que nous ne saurions deviser. Et, se nous ne
« le faison ainsi, il fera aussi comme le bon seigneur doit faire
« à son mauvais sergant¹²; car après la menace, quant le mau-
« vais serjant ne se veut amender, le seigneur fiert¹³ ou de
« mort ou de autres greingneurs meschéances¹⁴, qui piz valent

---

¹ *Mestres venz* : vents des quatre points cardinaux. — ² *Dessiroient* : déchiraient. — ³ *Deschaus* : déchaussé. — ⁴ Le manuscrit porte *et m'apela*. — ⁵ *Saint Anciaumes* : saint Anselme. — ⁶ *Vousist* : voulût. — ⁷ Variante : *Or vous eusse-je bien tous tues, si j'eusse voulu.* — ⁸ *Preu* : profit. — ⁹ *Quanque* : tout ce que. — ¹⁰ *Ainsinc* : ainsi. — ¹¹ *Donra* : donnera. — ¹² *Sergant* : serviteur. — ¹³ *Fiert* : frappe. — ¹⁴ Plus grands malheurs.

« que mort. » Si y preingne garde li roys qui ore est, car il est eschappé de aussi grant péril ou de plus que nous ne feimes : si s'amende de ses mesfais en tel manière que Dieu ne fière en li ne en ses choses cruelment.

Le saint roy se esforça de tout son pooir, par ses paroles, de moy faire croire fermement en la loy crestienne que Dieu nous a donnée, aussi comme vous orrez ci-après. Il disoit que nous devions croire si fermement les articles de la foy, que pour mort ne pour meschief qui avenist[1] au cors, que nous n'aiens nulle volenté d'aler encontre par parole ne par fait. Et disoit que l'ennemi[2] est si soutilz, que, quant les gens se meurent, il se travaille tant comme il peut[3] que il les puisse faire mourir en aucune doutance[4] des poins de la foy; car il voit que les bones œuvres que l'omme a faites, ne li peut-il tollir[5], et voit que il l'a perdu, se il meurt en vraie foy. Et pour ce se doit-on garder et en tele manière deffendre de cest agait[6], que en die à l'ennemi, quant il envoie tele temptacion : Va-t'en. Doit-on dire à l'ennemi : Tu ne me tempteras jà à ce que je ne croie fermement touz les articles de la foy; mès, se tu me fesoies touz les membres tranchier, si veil-je vivre et morir en cesti[7] point. Et qui ainsi le fait, il vaint l'ennemi de son baston et de ses espées dont l'ennemi le vouloit occirre.

Il disoit que foy et créance estoit une chose où nous devions bien croire fermement, encore n'en feussiens-nous certeins mez que par oïr dire. Sus ce point, il me fist une demande : comment mon père avoit non; et je li diz que il avoit non Symon. Et il me dit comment je le savoie; et je li diz que je en cuidoie estre certein et le créoie[8] fermement, pour ce que ma mère l'avoit tesmoigné. « Donc devez-vous croire fermement touz les articles de la foy, lesquiex les apostres tesmoingnent, aussi comme vous oez[9] chanter au dymanche en la Credo. »

---

[1] *Avenist :* arrivât. — [2] *L'ennemi :* le diable. — [3] Il s'efforce tant qu'il peut pour, etc. — [4] *En aucune doutance :* en quelque doute. — [5] *Tollir :* enlever. — [6] *Agait :* piège, embûche. — [7] *Cesti :* ce. — [8] *Créoie :* croyais. — [9] *Vous oez :* vous entendez.

Il me dist que l'évesque Guillaume de Paris * li avoit conté que un grant mestre de divinité ¹ estoit venu à li et li avoit dit que il vouloit parler à li; et il li dist : « Mestre, dites vostre volenté. » Et quant le mestre cuidoit ² parler à l'évesque, et commença à plorer trop fort. Et l'évesque li dit : « Maistre, dites, ne vous desconfortés pas; car nulz ne peut tant péchier que Dieu ne peut plus pardonner. » — « Et je vous di, sire, dit li mestres, je n'en puis mais, se je pleure; car je cuide estre mescréant, pour ce que je ne puis mon cuer ahurter ³ à ce que je croie ou sacrement de l'autel, ainsi comme sainte Esglise l'enseigne, et si sai bien que ce est des temptacions l'ennemi. » — « Mestre, fist li évesques, or me dites, quant l'ennemi vous envoie ceste temptacion, se elle vous plet. » — « Et le mestre dit : « Sire, mès m'ennuie tant comme il me peut ennuier. » — « Or vous demandé-je, fist l'évesque, se vous prenriés ne or ne argent par quoy vous regeissiez ⁴ de vostre bouche nulle riens qui feust contre le sacrement de l'autel, ne contre les autres sains sacremens de l'Esglise. » — « Je, sire, fist li mestres, sachiez que il n'est nulle riens ou monde que j'en preisse, ainçois ⁵ ameroie miex que en m'arachast touz les membres du cors, que je le regeisse. » — « Or vous dirai-je autre chose, fist l'évesque. Vous savez que le roy de France guerroie au roy d'Engleterre, et savez que le chastiau qui est plus en la marche ⁶ de eulz deux, c'est la Rochelle en Poitou. Or vous veil ⁷ faire une demande, que, se li roys vous avoit baillé la Rochelle à garder, qui est en la marche, et il m'eust baillé le chastel de Monlaon ⁸, à garder, qui est ou cuer ⁹ de France et en terre de paix, auquel li roys devroit savoir meilleur gré en la fin de sa guerre, ou à vous qui auriés gardé la Rochelle sanz perdre, ou à moy qui li auroie gardé le chastel de Monlaon sanz

---

¹ *Divinité* : théologie. — ² *Cuidoit* : pensait. — ³ *Ahurter* : forcer. — ⁴ *Regeissiez* : avouassiez. — ⁵ *Ainçois* : mais. — ⁶ *Marche* : frontière. — ⁷ *Weil* : (je) veux. — ⁸ *Monlaon* : Laon. — ⁹ *Ou cuer* : au cœur.

* Celui dont nous avons quelques écrits, et sous lequel la question de la pluralité des bénéfices fut agitée.

perdre. » — « En non Dieu¹, sire, fist le mestre, à moy qui auroie gardé la Rochelle sanz perdre. » — « Mestre, dit l'évesque, je vous di que mon cuer est semblable au chastel de Montlehéri; car nulle temptacion ne nulle doute je n'ai du sacrement de l'autel : pour laquel chose je vous di que pour un gré que Dieu me scet de ce que je le croy fermement et en paix, vous en scet Dieu quatre, pour ce que vous li gardez vostre cuer en la guerre de tribulacion, et avez si bone volenté envers li, que vous pour nulle riens terriene ², ne pour meschief que on feist du cors, ne le relenquiriés ³ : dont je vous di que soiés tout aese ; que vostre estat plet miex à Nostre-Seigneur en ce cas, que ne fait le mien. » Quant le mestre oy ce, il s'agenoilla devant l'évesque et se tint bin pour poiez ⁴.

Le saint roy me conta que pluseurs gent des Aubigois ⁵ vindrent au conte de Monfort, qui lors gardoit la terre de Aubijois pour le roy, et li distrent que il venist veoir le cors Nostre-Seigneur, qui estoit devenuz en sanc et en char ⁶ entre les mains au prestre. Et il leur dist : « Alez le veoir, vous qui [ne] le créez ; car je le croi fermement, aussi comme sainte Esglise nous raconte le sacrement de l'autel. Et savez-vous que je y gaignerai, fist le conte, de ce que je le croy en ceste mortel vie, aussi comme sainte Esglise le nous enseigne ? Je en aurai une couronne ès ciex ⁷ plus que les angres ⁸, qui le voient face à face, par quoy il couvient que il le croient *. »

Il me conta que il ot une grant desputaison ⁹ de clers et de Juis ou moustier de Clygni ¹⁰. Là ot un chevalier à qui l'abbé avoit donné le pain léens ¹¹ pour Dieu, et requist à l'abbé que il li lessast dire la première parole ; et en li otria ¹² à peinne. Et

---

¹ Au nom de Dieu. — ² Terriene : terrestre. — ³ Relenquiriés : abandonneriez. — ⁴ Poiez : payé, satisfait. — ⁵ Aubigois : Albigeois. — ⁶ Char : chair. — ⁷ Ciex : cieux. — ⁸ Angres : anges. — ⁹ Desputaison : dispute. — ¹⁰ De clers et de Juis ou moustier de Cligny : de prêtres et de Juifs au monastère de Cluny. — ¹¹ Léens : là. — ¹² En li otria : on lui accorda.

* Jean Villani attribue ce trait à saint Louis lui-même. Voyez sa *Chronique*, livre VI, chap. VII.

16   HISTOIRE

lors il se leva et s'apuia sur sa croce¹, et dit que l'en li feist venir le plus grant clerc et le plus grant mestre² des Juis, et si³ firent-il ; et li fist une demande qui fu tele : « Mestre, fist le chevalier, je vous demande se vous créez que la vierge Marie, qui Dieu porta en ses flans et en ses bras, enfantast vierge, et que elle soit mère de Dieu. » Et le Juif respondi que de tout ce ne cr[é]oit-il riens. Et le chevalier li respondi que moult avoit fait que fol, quant il ne la créoit ne ne l'amoit, et estoit entré en son moustier et en sa meson. « Et vraiement, fist le chevalier, vous le comparrez⁴. » Et lors il hauça sa potence⁵ et féri⁶ le Juif lès l'oye⁷ et le porta par terre. Et les Juis tournèrent en fuie⁸ et enportèrent leur mestre tout blecié ; et ainsi demoura la desputaison. Lors vint l'abbé au chevalier, et li dist que il avoit fait grant folie. Et le chevalier dit que encore avoit-il fait greingneur⁹ folie, d'assembler tele desputaison ; car avant que la desputaison feust menée à fin, avoit-il séans grant foison de bons crestiens, qui s'en feussent parti touz mescréanz, par ce que il n'eussent mie bien entendu les Juis. « Aussi vous di-je, fist li roys, que nulz, se il n'est très-bon clerc, ne doit desputer à eulz ; mès l'omme lay, quant il ot¹⁰ mesdire de la lay¹¹ crestienne, ne doit pas desfendre la lay crestienne, ne mais¹² de l'espée, de quoy il doit donner parmi le ventre dedens, tant comme elle y peut entrer*. »

Le gouvernement de sa terre fu tele, que touz les jours il ooit à note ses heures¹³, et une messe de *requiem* sanz note¹⁴, et puis la messe du jour ou du saint, se il y chéoit, à note.

---

¹ *Croce* : croix, béquille. — ² Le plus grand rabbin. — ³ *Si* : ainsi. — ⁴ *Comparrez* : payerez. — ⁵ *Potence* : béquille. — ⁶ *Féri* : frappa. — ⁷ *Lès l'oye* : près de l'oreille. — ⁸ *Fuie* : fuite. — ⁹ *Greingneur* : plus grande. — ¹⁰ *Ot* : entend. — ¹¹ Lisez : *loy*. — ¹² *Ne mais*, si ce n'est. — ¹³ Il entendait les offices qu'on chantait. — ¹⁴ *Note* : chant.

* Ici saint Louis ne se montre pas au-dessus de son siècle. L'abbé, se conformant au véritable esprit de la religion, lui est bien supérieur.

Touz les jours il se reposoit, après manger, en son lit; et quant il avoit dormi et reposé, si disoit en sa chambre premièrement des mors[1], entre li et un de ses chapelains, avant que il oït ses vespres. Le soir ooit ses complies.

Un cordelier vint à li au chastel de Yères, là où nous descendimes de mer; et pour enseigner le roy, dit en son sermon, que il avoit leu la Bible et les livres qui parlent des princes mescréans et disoit que il ne trouvoit ne ès créans ne ès mescréans, que onques réaume se perdist, ne chanjast de seigneurie à autre, mez que par défaute de droit. « Or se preingne gardé, fist-il, le roy qui s'en va en France, que il face bon droit et hastif à son peuple, par quoy Nostre-Sire li seuffre[2] son royaume à tenir en paix tout le cours de sa vie. » En dit que ce[3] enseignoit le roy, gist à Marseille là où Nostre-Seigneur fait pour li maint bel miracle ; et ne voult onques demourer avec le roy, pour prière que il li sceut faire, que une seule journée.

Le roy n'oublia pas cest enseignement; ainçois[4] gouverna sa terre bien et loialment et selonc Dieu, si comme vous orrez ci-après. Il avoit sa besoingne atirée[5] en tele manière, que monseigneur de Néelle* et le bon conte de Soissons** et nous autres qui estions entour li, qui avions oïes nos messes, alions oïr les plez*** de la porte, que en appelle maintenant les re-

---

[1] L'office des morts. — [2] *Seuffre* : souffre. — [3] Ajoutez : *cordelier qui*. — [4] *Ainçois* : mais. — [5] *Atirée* : réglée.

* Simon, fils de Raoul de Clermont, seigneur d'Ailly, et de Gertrude, héritière de Nesle ; il fut régent du royaume de France, conjointement avec Mathieu de Vendôme, abbé de Saint-Denis, l'an 1269, pendant le second voyage de saint Louis en terre sainte.

** Jean, IIe du nom, surnommé *le Bègue*, fils de Raoul de Nesle, comte de Soissons, et de Yolande de Joinville, sa seconde femme, et par conséquent cousin-germain de notre sire de Joinville.

*** Dans les premiers temps de la monarchie, nos rois envoyaient dans toutes les provinces de leurs États des intendants de justice, nommés *missi dominici*, qui examinaient les jugements, réformaient les abus, et recevaient les plaintes des sujets du prince. A l'imitation des Hébreux, ils tenaient leurs assises et leurs plaids dans les champs, dans les rues, dans les lieux pu-

questes. Et quant il revenoit du moustier, il nous envoioit querre, et s'asséoit au pié de son lit, et nous fesoit touz asseoir entour li, et nous demandoit se il y avoit nulz à délivrer [1] que en ne peust délivrer sanz li ; et nous li nommiens, et il les faisoit envoier querre, et il leur demandoit : « Pourquoy ne prenez-vous ce que nos gens vous offrent ? » Et il disoient : « Sire, que il nous offrent pou. » Et il leur disoit en tel manière : « Vous devriez bien ce prenre qui le vous voudroit faire. » Et se traveilloit ainsi le saint home, à son pooir, comment il les metroit en droite voie et en resonnable.

Maintes foiz avint que en esté il aloit seoir au boiz de Vinciennes [2] après sa messe, et se acostoioit [3] à un chesne et nous fesoit seoir entour li ; et touz seulz [4] qui avoient à faire venoient parler à li, sanz destourbier [5] de huissier ne d'autre. Et lors il leur demandoit de sa bouche : « A-yl ci nullui qui ait partie ? » Et cil se levoient qui partie avoient, et lors il disoit : « Taisiés-vous touz, et en vous déliverra l'un après l'autre. » Et lors il appeloit monseigneur Pierre de Fonteinnes* et mon-

[1] *Délivrer* : expédier. — [2] *Vinciennes* : Vincennes. — [3] *Se acostoioit à* : se mettait à côté de. — [4] *Seulz* : ceux. — [5] *Destourbier* : empêchement.

blies, devant les portes et dans les cimetières des églises (ce qui fut depuis défendu par nos rois, dans leurs capitulaires, à l'égard des lieux sacrés), et enfin devant les portes des châteaux et des villes, ainsi qu'on peut le voir dans une charte du cartulaire de l'abbaye de Vendôme : *Perrexit illuc prior noster, ivitque placitum in castro Raynaldi, ante portam ipsius castri quæ est a meridie, ubi interrogatus ille quare saisisset plaixitium nostrum, respondit,* etc. (Tabul. Vindoc. Thuani, ch. 52.) C'est ce que saint Louis et nos rois pratiquaient ordinairement, lorsqu'ils voulaient écouter les plaintes de leurs sujets et leur rendre la justice, ainsi que nous le verrons dans le cours de cette histoire, d'après le tableau qu'en a fait le sire de Joinville.

* Ce jurisconsulte, gentilhomme de Vermandois, est nommé en plusieurs arrêts et assemblées tenues sous le règne de saint Louis, entre les maîtres du parlement, dans les mémoires de du Tillet et de Miraumont ; c'est lui qui est auteur du traité de questions et de décisions de droit composé vers 1260, intitulé : *Le Conseil de Pierre de Fontaines*, dont la meilleure édition a été publiée à Paris en 1846, par M. A. J. Marnier, en un volume in-8°.

seigneur Geffroy de Villete*, et disoit à l'un d'eulz : « Délivrez-moy ceste partie. » Et quant il véoit aucune chose à amender en la parole de ceulz qui parloient pour autrui, il-meismes l'amendoit de sa bouche. Je le vi aucune foiz en esté, que, pour délivrer sa gent, il venoit au jardin de Paris, une cote de chamelot vestue, un seurcot de tyreteinne[1] sanz manches, un mantel de cendal noir entour son col, moult bien pigné[2] et sanz coife, et un chapel de paon blanc[3] sus sa teste, et fesoit estendre tapis pour nous seoir entour li. Et tout le peuple qui avoit à faire par devant li, estoit entour li en estant[4], et lors il les faisoit délivrer, en la manière que je vous ai dit devant du bois de Vinciennes.

Je le revi un autre foiz à Paris, là où touz les prélaz de France le mandèrent que il vouloient parler à li, et le roy ala ou palaiz pour eulz oïr. Et là estoit l'évesque Gui d'Ausserre**, qui fu fuiz[5] monseigneur Guillaume de Mello, et dit au roy pour touz les prélaz en tel manière : « Sire, ces seigneurs qui ci sont, arcevesques, évesques, m'ont dit que je vous deisse que la crestienté se périt entre vos mains. » Le roy se seigna[6] et dist : « Or me dites comment ce est ? » — « Sire, fist-il, c'est pour ce que en prise si pou les excommeniemens hui et le jour, que avant se lessent les gens mourir excommeniés, que il se facent absodre[7], et ne veulent faire satisfaccion à l'Esglise. Si vous requièrent, sire, pour Dieu et pour ce que

---

[1] *Tyreteinne :* grosse étoffe de laine. — [2] *Pigné :* peigné. — [3] Chapeau de cygne. — [4] *En estant :* debout. — [5] *Fuiz :* fils. — [6] *Se seigna :* se signa. — [7] On fait si peu de cas des excommunications aujourd'hui, que les gens se laissent mourir excommuniés, avant de se faire absoudre.

* Ce seigneur fut bailli de Tours en l'an 1261, et ambassadeur à Venise en 1268.

*** Ce Guy, évêque d'Auxerre, frère de Dreux de Mello, seigneur de Loches et de Châtillon-sur-Indre, fut choisi par le clergé pour porter la parole, comme personnage éloquent et versé dans les affaires. C'est l'éloge que Clément IV lui donne en son épître XCIX : *Dedit tibi Dominus spiritum sapientiæ, et linguam contulit eruditam, et sensum tuum insuper multi jam temporis experientia solidavit, ita ut nihil tibi desit in ulla gratia.*

faire le devez, que vous commandez à vos prévoz et à vos baillifz que touz ceulz qui se soufferront escommeniez an et jour, que en les contreingne par la prise de leur biens à ce que ils se facent absoudre. »

A ce respondi le roys que il leur commanderoit volentiers de touz ceulz dont en le feroit certein que il eussent tort. Et l'évesque dit que il ne le feroient à nul feur[1], que il li deveissient[2] la court de leur cause. Et le roy li dist que il ne le feroit autrement; car ce seroit contre Dieu et contre raison, se il contreignoit la gent à eulz absoudre, quant les clers leur feroient tort. « Et de ce, fist le roy, vous en doins-je[3] un exemple du conte de Bretaigne, qui a plaidé sept ans aus prélaz de Bretaingne tout excommenié; et tant a esploitié que l'apostole les a condempnez touz[4]. Dont se je eusse contraint le conte de Bretaingne la première année de li faire absoudre, je me feusse meffait envers Dieu et vers li. » Et lors se soufrirent les prélaz ; ne onques puis n'en oy parler, que demande feust faite des choses desus dites.

La paix* qu'il fist au roy d'Angleterre fist-il contre la volenté de son conseil, lequel li disoit : « Sire, il nous semble que vous perdés la terre que vous donnez au roy d'Angleterre, pour ce que il n'i a droit; car son père la perdi par jugement. » Et à ce respondi le roy que il savoit bien que le roy d'Angleterre n'i avoit droit; mès il y avoit reson par quoy il li devoit bien donner. « Car nous avon deux seurs à femmes, et sont nos enfans cousins germains; par quoy il affiert bien que paiz y soit.

---

[1] *Feur :* prix, façon. — [2] *Deveissient :* entretinssent. — [3] *Doins-je :* je donne. — [4] Et il a tant fait que le pape les a tous condamnés.

* Le greffier du Tillet examine prudemment la faute que fit ce bon prince par ce traité, passé l'an 1259, quelques couleurs qu'il donnât à sa conscience. Guillaume de Nangis observe bien le pathelinage de l'Anglais, qui fut bien aise de voir son royaume accru de trois provinces, et son trésor fourni de grandes sommes, que Mathieu Paris fait monter à 300,000 livres tournois.

« Il m'est moult grant honneur en la paix que je foiz au roy d'Angleterre, pour ce que il est mon home, ce que n'estoit pas devant. »

La léaulté[1] du roy peut l'en veoir ou fait de monseigneur de Trie*, qui au saint[2] ** unes lettres, lesquiex disoient que le roy avoit donné aus hoirs la contesce de Bouloingne, qui morte estoit novellement, la conté de Danmartin en Gouere. Le seau de la lettre estoit brisié, si que il n'i avoit de remenant fors que la moitié des jambes de l'ymage du seel le roy, et l'eschamel[3] sur quoy li roys tenoit ses piez; et il le nous moustra à touz qui estions de son conseil, et que nous li aidissons à conseiller. Nous deismes trestuit, sanz nul descort[4], que il n'estoit de riens tenu à la lettre mettre à exécution. Et lors il dit à Jehan Sarrazin, son chamberlain[5], que il li baillast la lettre que il li avoit commandée[6]. Quant il tint la lettre, il nous dit : « Seigneurs, veez ci seel de quoy je usoy avant que je alasse outre mer, et voit-on cler par ce seel que l'empreinte du seel brisée[7] est semblable au seel entier; par quoy je n'oseroie en bone conscience ladite contée retenir. » Et lors il appela monseigneur Renaut de Trie et li dist : « Je vous rent la contée. »

En non de Dieu le tout-puissant, avons ci-arière escriptes partie de bones paroles et de bons enseignemens nostre saint roy Looys, pour ce que cil qui les orront les truissent[8] les unes après les autres; que cil qui les orront en puissent miex faire leur profiz que ce que elles fussent escriptes entre ces faiz. Et ci après commencerons de ses faiz, en non de Dieu et en non de li.

[1] *Léaulté* : loyauté. — [2] Suppléez : *escripvit*. — [3] *Eschamel* : marchepied. — [4] Nous dîmes tous d'une voix unanime. — [5] *Chamberlain* : chambellan. — [6] *Commandée* : donnée en garde. — [7] Lisez : *brisé*. — [8] *Truissent* : trouvent.

* Il faut lire : *de Trie* (*Regnault*). La comtesse de Boulogne, dont notre auteur parle ici, était Mathilde, fille unique et héritière de Renaud, comte de Dammartin, et d'Ide, comtesse de Boulogne.

** Saint Louis est presque toujours désigné seulement par cette épithète dans cet ouvrage.

Aussi comme je li oy dire, il fu né le jour saint Marc euvangéliste après Pasques *. Celi jour porte l'en ¹ croix au processions en moult de liex ², et en France les appelle l'en les croiz noires ** : dont ce fu aussi comme une prophécie de la grant foison de gens qui moururent en ce douz ³ croisement, c'est à savoir, en celi de Égypte, et en l'autre là où il mourut en Carthage ; que maint grant deul ⁴ en furent en cest monde, et maintes grans joies en sont en paradis, de ceulz qui en ce douz pèlerinage moururent vrais croisiez.

Il fu coronné le premier dymanche des advens ***. Le commencement de celi dymanche de la messe si est : *Ad te levavi animam meam*, et ce qui s'ensuit après ; et ainsi : Biaus sire Diex, je leveray m'amme ⁵ à toy, je me fie en toy. En Dieu ot moult grant fiance ⁶ jusques à la mort ; car là où il mouroit, en ses darrenières paroles reclamoit-il Dieu et ses sains, et espécialment monseigneur saint Jaque et madame sainte Geneviève.

¹ *Porte l'en :* l'on porte. — ² *Liex :* lieux. — ³ *Douz :* double. — ⁴ *Deul :* deuil. — ⁵ *M'amme :* mon âme. — ⁶ *Fiance :* confiance.

* Saint Louis naquit le 25 avril, fête de saint Marc, en 1215, à Poissy, où l'on voit encore, dans la chapelle dite *de Saint-Louis* de l'église paroissiale, un grand vase de pierre de taille relevée sur une haute console, que l'on dit être les fonts baptismaux où saint Louis reçut le baptême.

** Le jour de Saint-Marc toutes les églises étaient tendues en noir, et l'on faisait des processions en mémoire d'une peste qui avait désolé Rome du temps du pape saint Grégoire.

*** Le dimanche, 1ᵉʳ décembre 1226, par l'évêque de Soissons, l'archevêché de Reims étant alors vacant. Philippe Mouskés dit qu'il fut sacré par l'archevêque de Sens, et décrit fort au long les cérémonies de ce sacre. Le savant du Cange dit avoir lu, dans un ancien rouleau de la chambre des comptes de Paris, un état du menu de la dépense qui se fit à ce couronnement, état intitulé : *Expensæ pro coronatione regum*, en ces termes : *Despens fais pour le couronnement du saint rois Loys, ou mois de novembre* 1226. Pain, 896 ll. ; pain le roy, pastés et les façons, 38 ll. ; vin, 991 ll. ; cuisine, 1356 ll. 4 den. ; cire et fruit, 138 ll. ; la chambre du roy, 914 ll. 10 s. ; despens pour la royne, 520 ll. ; pour les gaiges et livroisons (livrées) de l'ostel le roy, et pour le roy d'outre-mer, 400 ll. Somme toute, 4333 ll. 14 s.

Dieu en qui il mist sa fiance, le gardoit touz jours dès s'enfance jusques à la fin; et espécialement en s'enfance le garda-il là où il fu bien mestier [1], si comme vous orrez ci-après. Comme à l'ame de li le garda Dieu par les bons enseignemens de sa mère, qui l'enseigna à Dieu croire et à amer, et li attrait [2] entour li toutes gens de religion; et li faisoit, si enfant comme il estoit, toutes ses heures et les sermons faire et oïr aus festes. Il recordoit que sa mère li avoit fait aucune foiz à entendre que elle ameroit miex que il feust mort, que ce que il feist un péchié mortel.

Bien li fu mestier que il eust en sa joenesce l'aide de Dieu; car sa mère, qui estoit venue de Espaigne, n'avoit ne parens ne amis en tout le royaume de France. Et pour ce que les barons de France virent le roy enfant et la royne sa mère femme estrange [3], firent-il du conte de Bouloingne, qui estoit oncle le roy, leur chievetain [4], et le tenoient aussi comme pour seigneur. Après ce que le roy fu couronné, il en y ot des barons qui requistrent à la royne granz terres que elle leur donnast [5], et pour ce que elle n'en voult riens faire, si s'assemblèrent touz les barons à Corbeil. Et me conta le saint roy que il [6] ne sa mere, qui estoient à Montléhéri, ne osèrent revenir à Paris, jusques à tant [7] que ceulz de Paris les vindrent querre [8] à armes. Et me conta que dès Montlehéri estoit le chemin plein de gens à armes et sanz armes jusques à Paris, et que touz crioient à Nostre-Seigneur que il li donnast bone vie et longue, et le deffendît et gardast de ses ennemis. Et Dieu si fist, si comme vous orrez ci-après [*].

[1] *Mestier* : besoin. — [2] *Attrait* : attira. — [3] *Estrange* : étrangère. — [4] *Chievetain* : capitaine. — [5] Il y eut des barons qui requirent à la reine qu'elle leur donnât de grandes terres. — [6] *Il.* lui. — [7] *Jusques à tant* : jusqu'à ce. — [8] *Querre* : chercher.

[*] Depuis l'an 1227 jusqu'en 1233 les grands vassaux disputèrent à la reine le gouvernement du royaume, par diverses pratiques expliquées par les écrivains du temps. Le duc de Bretagne Pierre, surnommé *Mauclerc*, en était le principal moteur. Quant au comte de Boulogne, quelques-uns disent que la prudence de Blanche sut le retenir dans le devoir; mais Meyer assure que

A ce parlement que les barons firent à Corbeil, si comme l'en dit, establirent les barons qui là furent, que le bon chevalier le conte Pierre de Bretaigne se reveleroit ¹ contre le roy ; et acordèrent encore que leur cors iroient au mandement que le roy feroit contre le conte, et chascun n'auroit avec li que deux chevaliers; et ce firent-il pour veoir se le conte de Bretaigne pourroit fouler la royne, qui estrange ² femme estoit, si comme vous avez oy ; et moult de gent dient ³ que le conte eust foulé la royne et le roy, se Dieu n'eust aidié au roy à cel besoing, qui onques ne li failli. L'aide que Dieu li fist, fu tele, que le conte Tybaut de Champaigne, qui puis fu roy de Navarre *, vint servir le roy à tout ⁴ troiz cens chevaliers, et par l'aide que le conte fist au roy, convint venir le conte de Bretaigne à la merci le roy : dont il lessa au roy, par paix faisant, la contée de Ango ⁵, si comme l'en dit, et la contée du Perche.

Pour ce que il affiert ⁶ à ramentevoir ⁷ aucunes choses que vous orrez ci-après, me couvint laissier un pou de ma matière. Si dirons aussi que le bon conte Henri le Large⁸ ** ot de la con-

---

¹ *Se reveleroit* : se révolterait. — ² *Estrange* : étrangère. — ³ *Dient* : disent. — ⁴ *A tout* : avec. — ⁵ *Ango* : Anjou. — ⁶ *Il affiert* : il importe. — ⁷ *Ramentevoir* : rappeler. — ⁸ *Large* : généreux, qui fait des largesses.

ce fut plutôt le comte de Flandre qui, se jetant sur ses terres, les ravagea. Le comte de Champagne prit part au mécontentement général; mais la beauté de la reine, si l'on en doit croire Mathieu Paris (*Hist. Maj.*, p. 23), lui fit faire des aveux dont cette sage princesse sut bien tirer parti.

* Thibault IV, auteur de plusieurs chansons publiées pour la première fois en 1742, en 2 vol. in-8°, par Lévesque de la Ravallière. Cet éditeur réfute victorieusement tous les historiens qui ont parlé de l'amour de ce prince pour Blanche de Castille, d'après Mathieu Paris, historien anglais, ennemi déclaré de la maison de Philippe-Auguste.

** Il eut de Marie de France, fille aînée de Louis le Jeune et d'Éléonore d'Aquitaine, une fille nommée Marie, femme de Baudouin, comte de Flandre, premier empereur de Constantinople, et deux fils, Henri, et Thibault, qui s'empara des comtés de Brie et de Champagne, au préjudice de Henri, pendant qu'il était à la suite de Philippe en Palestine. Henri, ayant épousé en secondes noces Isabelle, sœur de Baudouin IV, et veuve de Conrad, marquis de Montferrat, eut deux filles, Alix, reine de Chypre, et Philippe, femme d'Ayrard de Brienne, qui réclama au roi Philippe les droits de

tesce Marie, qui fu seur au roy de France et seur au roy Richart d'Angleterre, deux filz, dont l'ainsné ¹ ot non Henri et l'autre Thybaut. Ce Henri l'ainsné en ala croisié en la sainte terre en pèlerinage, quant le roy Phelippe et le roy Richart assiégèrent Acre et la pristrent² *. Si tost comme Acre fu prise, le roy Phelippe s'en revint en France, dont il en fu moult blasmé ; et le roy Richart demoura en la sainte terre et fist tant de grans faiz, que les Sarrazins le doutoient³ trop, si comme il est escript ou livre de la terre sainte, que quant les enfans aus Sarrazins braioient, les femmes les escrioient et leur disoient : « Taisiez-vous, vez-ci⁴ le roy Richart ** ; » et pour eulz faire taire. Et quant les chevaus aus Sarrazins et aus Béduins avoient poour⁵ d'un bysson⁶, il disoient à leur chevaus : « Cuides-tu que ce soit le roy Richart ? »

Ce roy Richart pourchassa tant que il donna au conte Henri de Champaingne, qui estoit demouré avec li, la royne de Jérusalem, qui estoit droit her⁷ du royaume. De ladite royne ot le conte Henri deux filles, dont la première fu royne de Cypre, et l'autre ot mesire Hérart de Brienne, dont grant lignage est issu, si comme il appert⁸ en France et en Champaingne. De la femme monseigneur Hérart de Brienne ne vous dirai-je ore⁹ riens ; ainçois vous parlerai de [la] royne de Cypre, qui affiert maintenant à ma matière, et dirons ainsi.

Après ce que le roy eust foulé le conte Perron de Bretaingne***, tuit li baron de France furent si troublez envers le

¹ *Ainsné* : aîné. — ² *Pristrent* : prirent. — ³ *Doutoient* : redoutaient. — ⁴ *Vez-ci* : voici. — ⁵ *Poour* : peur. — ⁶ *Bysson* : buisson. — ⁷ *Her* : héritière. — ⁸ *Il appert* : il paraît. — ⁹ *Ore* : maintenant.

son épouse. Philippe le condamna, sur ce que, d'après le jugement des pairs, Henri, partant pour la terre sainte, *totam terram suam dimisit et dedit fratri suo Theobaldo, quondam comiti Trecensi, si ipsum comitem Henricum de transmarinis partibus contingeret non redire.*

* Cette ville fut prise en 1191.

** Tous les historiens anglais qui ont parlé des hauts faits de Richard en Palestine, ont omis cette circonstance rapportée par Joinville.

*** Pierre de Bretagne, prince d'un grand courage, mais d'un esprit tur-

conte Tybaut de Champaingne, que il orent conseil de envoier querre la royne de Cypre, qui estoit fille de l'ainsné filz de Champaingne, pour déshériter le conte Tybaut, qui estoit filz du secont fil¹ de Champaingne. Aucun d'eulz s'entremistrent d'apaisier le conte Perron audit conte Tybaut, et fu la chose pourparlée en tele manière, que le conte Tybaut promist que il prenroit à femme la fille le conte Perron de Bretaingne. La journé fu prise que le conte de Champaingne dut la demoiselle espouser, et li dut-en amener, pour espouser, à une abbaie de Premoustré, qui est delez Chastel-Thierri, que en appelle Val-Secré, si comme j'entent. Les barons de France, qui estoient auques² touz parens le conte Perron, se pénèrent de faire amener la damoiselle à Val-Secré pour espouser, et mandèrent le conte de Champaingne qui estoit à Chastel-Thierri, et en dementières³ que le conte de Champaigne venoit pour espouser, monseigneur Geffroy de la Chapelle* vint à li de par le roy, à tout⁴ une lettre de créance, et dit ainsinc⁵ : « Sire conte de Champaingne, le roy a entendu que vous avez convenances au conte Perron de Bretaingne que vous prenrez sa fille par mariage. Si vous mande le roy que se vous ne voulez perdre quanque⁶ vous avez ou⁷ royaume de France, que vous ne le faites ; car vous savez que le conte de Bretaingne a pis fait au roi que nul home qui vive. » Le conte de Champaingne, par le conseil que il avoit avec li, s'en retourna à Chastel-Thierri.

Quant le conte Pierres et les barons de France oïrent ce, qui l'attendoient à Val-Secré, ils furent tous aussi comme desvez⁸ du despit de ce que il leur avoit fait, et maintenant envoièrent querre la royne de Cypre; et si tost comme elle fu

¹ *Fil* : fils. — ² *Auques* : presque — ³ *En dementières* : pendant. — ⁴ *A tout* : avec. — ⁵ *Ainsinc* : ainsi. — ⁶ *Quanque* : tout ce que. — ⁷ *Ou* : au, dans le. — ⁸ *Desvez* : fâchés, endêvés.

bulent, ne cessa d'inquiéter la reine tant qu'il fut soudoyé par l'Angleterre. (*Matthieu Paris.*)

* Il est qualifié pannetier de France dans un titre de l'an 1249.

venue, ils pristrent un commun acort qui fu tel, que il manderoient ce que il pourroient avoir de gent à armes, et enterroient en Brie et en Champaingne par devers France¹ ; et que le duc de Bourgoingne, qui avoit la fille au conte Robert de Dreues², ranterroit en la conté de Champaingne par devers Bourgoingne, pour la cité de Troies prenre, se il pooient. Le duc manda quant que il pot avoir de gent ; les barons mandèrent aussi ce que il en porent avoir. Les barons vindrent ardant³ et destruiant d'une part, le duc de Bourgoigne d'autre ; et le roy de France d'autre part, pour venir combatre à eulz. Le descort⁴ fu tel au conte de Champaingne que il-meismes ardoit ses villes, devant⁵ la venue des barons, pour ce que il ne les trouvassent garnies. Avec les autres villes que le conte de Champaingne ardoit, ardi-il Espargnay et Vertuz et Sezenne⁶.

Ces bourgois de Troies, quant il virent que il avoient perdu le secours de leur seigneur, il mandèrent à Symon seigneur de Joingville, le père au seigneur de Joinville qui ore est, qui les venist secourre⁷. Et il, qui avoit mandé toute sa gent à armes, mut de Joingville à l'anuitier⁸, si tost comme ces nouvelles li vindrent, et vint à Troies, ainçois⁹ que il feust jour, et par ce faillirent les barons à leur esme¹⁰, que il avoient de prendre ladite cité ; et, pour ce, les barons passèrent par devant Troies et se alèrent logier en la praerie delés¹¹ là où le duc de Bourgoingne estoit.

Le roy de France qui sot¹² que il estoient là, il s'adreça tout droit là pour combattre à eulz ; et les barons li mandèrent et prièrent que il son cors se vousist traire arières¹³, et il se iroient combatre au conte de Champaingne et au duc de Lorreinne*, et à tout le remenant¹⁴ de sa gent, à trois cens cheva-

---

¹ *France* : l'Ile de France. — ² *Dreues* : Dreux. — ³ *Ardant* : brûlant. — ⁴ *Descort* : contrariété. — ⁵ *Devant* : avant. — ⁶ Il brûla Épernai, Vertus et Sézanne. — ⁷ *Secourre* : secourir. — ⁸ Se mit en mouvement à la tombée de la nuit. — ⁹ *Ainçois* : avant. — ¹⁰ *Esme* : dessein. — ¹¹ *Delés* : près de. — ¹² *Sot* : sut. — ¹³ Qu'il voulût se retirer en arrière. — ¹⁴ *Remenant* : reste.

* Mathieu II⁰ du nom.

liers de moins que le conte n'auroit, ne le duc. Et le roy leur manda que à sa gent ne se combatroient-il jà¹, que son cors ne feust avec. Et il revindrent à li et li mandèrent que il feroient volentiers entendre la royne de Cypre à paiz, se il li plaisoit. Et le roy leur manda que à nulle paiz il n'entendroit, ne ne soufferroit que le conte de Champaingne y entendit, tant que il eussent widié la contée de Champaigne. Et il la widièrent en tel manière que dès Ylles là où il estoient, il alèrent logier dessous Juylli ; et le roy se loja à Ylles, dont il les avoit chaciés. Et quant il seurent que le roy fu alé là, il s'alèrent logier à Chaorse, et n'osèrent le roy attendre, et s'alèrent logier à Laingnes², qui estoit au conte de Nevers, qui estoit de leur partie. Et ainsi le roy acorda le conte [de] Champaingne à la royne de Cypre, et fu la paiz faite en tel manière, que ledit conte de Champaingne donna à la royne de Cypre entour deux mille livrées de terre³, et quarante mille livres que le roy paia pour le conte de Champaigne. Et le conte de Champaigne vendi au roi, parmi les quarante mille livres, les fiez⁴ ci-après nommés : c'est à savoir, le fié de la conté de Bloiz, le fié de la contée de Chartres, le fié de la contée de Sanserre, le fié de la vicontée de Chasteldun. Et aucunes gens si disoient que le roy ne tenoit ces devant diz fiez que en gaje ; mès ce n'est mie voir⁵, car je le demandai nostre saint roy Looys outre-mer.

La terre que le conte Tybaut donna à la royne de Cypre, tint le conte de Brienne* qui ore est, et le conte de Joigny, pour ce que l'aïole le conte de Brienne fu fille à la royne de Cypre, et femme le grant conte Gautier de Brienne.

Pour ce que vous sachiez dont ces fiez que le sire de Cham-

¹ *Jà* : pas, jamais. — ² *Laingnes* : Langres. — ³ Environ deux mille livres de rentes en fonds de terres. — ⁴ *Fié* : fief. — ⁵ Mais ce n'est pas vrai.

* Gautier IV, fils de Hugues, comte de Brienne, et petit-fils du comte Gautier III ; il avait épousé Marie, fille de Hugues de Lusignan, roi de Chypre, et d'Alix, fille de Henri, comte de Champagne, et d'Isabelle, reine de Jérusalem.

paingne vendi au roy, vindrent, vous foiz-je à savoir que le grant conte Tybaut qui gist à Laingny¹, ot trois filz : le premier ot non Henri, le secont ot non Tybaut, le tiers ot non Estienne. Ce Henri desus dit fust conte de Champaingne et de Brie, et fu appellé le conte Henri le Large*; et dut bien ainsi estre appelé, car il fu large à Dieu et au siècle; large à Dieu, si comme il appiert à l'esglise Saint-Estienne de Troies et aus autres eglises que il fonda en Champaingne; large au siècle, si comme il apparut ou fait de Ertaut de Nongent** et en moult d'autres liex que je vous conteroie bien, se je ne doutoie à enpeeschier ma matière. Ertaut de Nogent fu le bourgois du monde que le conte créoit² plus, et fu si riche que il fist le chastel de Nogent-l'Ertaut de ses deniers. Or avint chose que le conte Henri descendi de ses sales de Troies pour aler oïr messe à Saint-Estienne, le jour d'une Penthecouste; aus piez des degrez s'agenoilla un povre chevalier, et li dit ainsi : « Sire, je vous pri pour Dieu que vous me donnés du vostre, par quoy je puisse marier mes deux filles, que vous veez ci. » Ertaut, qui aloit darièré li, dist au povre chevalier : « Sire chevalier, vous ne faites pas que courtois, de demander à monseigneur; car il a tan donné que il n'a mez³ que donner. » Le large Conte se tourna devers Ertaut, et li dist : « Sire vilain, vous ne dites mie voir, de ce que vous dites que je n'ai mez que donner; si ai vous-meismes. Et tenez, sire chevalier, car je le vous donne; et si le vous garantirai. » Le chevalier ne fu pas esbahi, ainçois le prist par la chape, et li dist que il ne le lairoit jusques à tant que il auroit finé à li⁴; et avant que il li eschapast, ot Ertaut finé à li de cinq cens livres.

¹ *Laingny* : Lagny. — ² *Créoit* : croyait. — ³ *Mez* : plus. — ⁴ Jusqu'à ce qu'il eût financé avec lui.

* Albéric des Trois Fontaines en fait un grand éloge. Il fonda l'église de Saint-Étienne, à Troyes, où il fut inhumé, ainsi que ses successeurs.

** Il est parlé de cet Artault, seigneur de Nogent, et de sa femme Hodierne, dans un titre de l'an 1182, qui se trouve dans le cartulaire de Saint-Germain des Prés.

Le secont frère le conte Henri ot non Thibaut et fu conte de Blois ; le tiers frère ot non Estienne et fu conte de Sancerre. Et ces deux frères tindrent du conte Henri touz leurs héritages et leur deux contéez et leur apartenances ; et les tindrent après des hoirs le conte Henri qui tindrent Champaingne, jusques alors que le roy Tybaut les vendi au roy de France, aussi comme il est devant dit.

Et revenrons à nostre matière et disons ainsi, que après ces choses tint le roy une grant court à Saumur en Anjo [1]*, et là fu-je, et vous tesmoing[2] que ce fu la miex arée que je veisse onques ; car à la table le roy manjoit, emprès li, le conte de Poitiers **, que il avoit fait chevalier nouvel à une Saint-Jehan ; et après le conte de Poitiers, mangoit le conte Jehan de Dreuez *** que il avoit fait chevalier nouvel aussi ; après le conte de Dreuez, mangoit le conte de la Marche **** ; après le conte de la Marche, le bon conte Pierre de Bretaigne ; et devant la table le roy, endroit le conte de Dreuez, mangoit monseigneur le roy de Navarre, en cote et en mantel de samit [3], bien paré

---

[1] *Anjo* : Anjou. — [2] *Tesmoing* : témoigne. — [3] *Samit* : espèce de satin.

* Outre les assemblées générales que nos rois convoquaient tous les ans pour les affaires publiques, au mois de mars ou de mai, ils en faisaient encore d'autres aux principales fêtes de l'année, où ils se faisaient voir avec une pompe digne de la majesté royale. Telle fut l'assemblée qui se tint à Saumur l'an 1241, où, au rapport du sire de Joinville, saint Louis, d'ordinaire modeste dans ses habits, fut vêtu superbement ; et quoique le bon sénéchal ne dise pas qu'il y parut la couronne sur la tête, cela est à présumer. Guillaume de Nangis parle aussi de la magnificence de cette cour. C'est à cause de la couronne que les rois portaient sur la tête, que ces cours solennelles sont appelées *curiæ coronatæ* dans le titre de la commune qui fut accordé à la ville de Laon par le roi Louis le Jeune, en 1138. Ces fêtes se passaient en festins publics, en jeux et en tournois ; les princes y montraient leur libéralité par les présents qu'ils faisaient à leurs principaux officiers.

** Alphonse, frère de saint Louis, qui avait été fait chevalier par le roi, à Saumur, à la fête de la Nativité de saint Jean-Baptiste, en 1247, lorsqu'il lui donna les comtés de Poitou, d'Auvergne et d'Albi.

*** Le premier du nom, fils de Robert III, comte de Dreux, et d'Aliénor de Saint-Valery.

**** Hugues X, dit *le Brun*, comte de la Marche et d'Angoulême.

de courroie, de fermail¹ et de chapel d'or; et je tranchoie² devant li. Devant le roy, servoit du mangier le conte d'Artoiz * son frère; devant le roy, tranchoit du coutel le bon conte Jehan de Soissons. Pour la table garder, estoit monseigneur Ymbert de Biaugeu **, qui puis fu connestable de France, et monseigneur Engerran de Coucy *** et monseigneur Herchanbaut de Bourbon ****. Darière ces troiz barons avoit bien trente de leur chevaliers, en cottes de drap de soie, pour eulz garder; et darières ces chevaliers avoit grant plenté de sergans vestus des armes au conte de Poitiers, batues sur cendal³. Le roy avoit vestu une cote de samit ynde⁴, et seurcot et mantel de samit vermeil fourré d'hermines, et un chapel de coton en sa teste, qui moult mal li séoit pour ce que il estoit lors joenne homme. Le roy tint cele feste ès hales de Saumur; et disoit l'en que le grant roy Henri d'Angleterre les avoit faites pour ses grans festes tenir. Et les hales sont faites à la guise des cloistres de ces moinnes blans *****; mès je croi que de trop il n'en soit nul si grant. Et vous dirai pourquoy il le me semble; car à la paroy du cloistre ****** où le roy mangoit, qui estoit environné de chevaliers et de serjans qui tenoient grant espace, mangoient à une table trente, que évesques que arcevesques⁵, et encore après les évesques et les arcevesques mangoit encoste⁶ cele table la royne Blanche, sa mère, au chief⁷ du cloistre, de celle part, là où le roy ne mangoit pas. Et si servoit à la royne le conte

¹ *Fermail* : agrafe. — ² *Tranchoie* : découpais les viandes. — ³ Brodées sur taffetas. — ⁴ *Ynde* : bleu. —
⁵ Tant évéques qu'archevêques. — ⁶ *Encoste* : à côté de. — ⁷ *Chief* : tête, haut bout.

* Robert, frère du roi.
** Imbert de Beaujeu, seigneur de Montpensier et d'Aigueperse, fils de Guichard de Beaujeu et de Catherine de Clermont.
*** Enguerrand IV, fils ainé d'Enguerrand III, et frère et successeur de Raoul II, qui périt avec le comte d'Artois à Mansourah.
**** IXᵉ du nom, fils d'Archambaud VIII, sire de Bourbon, de la maison de Dampierre. Il mourut en Chypre.
***** Religieux de l'ordre de Citeaux et de Saint-Benoit.
****** Le sire de Joinville donne ici le nom de cloitre aux halles de Saumur.

de Bouloingne, qui puis fu roy de Portingal [1], et le bon conte de Saint-Pol, et un Alemant de l'aige de dix-huit ans, que en disoit que il avoit esté filz saint Hélizabeth de Thuringe; dont l'en disoit que la royne Blanche le besoit ou front par devocion, pour ce que ele entendoit que sa mère li avoit maintes foiz besié.

Au chief du cloistre d'autre part estoient les cuisines, les bouteilleries, les paneteries et les despenses; de celi cloistre servoient devant le roy et devant la royne, de char [2], de vin et de pain. Et en toutes les autres elez et eu prael d'en milieu mangoient de chevaliers si grant foison, que je ne scé le nombre; et dient moult de gent que il n'avoient onques veu autant de seurcoz ne d'autres garnemens [3] de drap d'or à une feste, comme il ot là; et dient que il y ot bien trois mille chevaliers.

Après celle feste mena le roy le conte de Poytiers à Poitiers, pour reprendre ses fiez. Et quant le roy vint à Poytiers, il vousist bien estre arières à Paris; car il trouva que le conte de la Marche, qui ot mangié à sa table le jour de la Saint-Jehan, ot assemblé tant de gent à armes ilec Joignant [4] delès Poitiers. A Poitiers fu le roy près de quinzeinne, que onques ne s'osa partir tant que il fu acordé au conte de la Marche. Je ne scé comment, pluseurs foiz, vi venir le conte de la Marche parler au roy à Poitiers delès Joignant, et touz jours amenoit avec li la royne d'Angleterre sa femme, qui estoit mère au roy d'Angleterre. Et disoient moult de gent que le roy et le conte de Poitiers avoient fait mauvese paiz au conte de la Marche.

Après ce que le roy fu revenu de Poitiers, ne tarja [5] pas grandement après ce, que le roy d'Angleterre vint en Gascoingne pour guerroier le roy de France. Nostre saint roy, à quanque il pot avoir de gent, chevaucha pour combatre à li. Là vint le roy d'Angleterre et le conte de la Marche, pour combatre devant un chastel que en appelle Taillebourc, qui siet [6] sus une

---

[1] *Portingal* : Portugal. — [2] *Char* : chair. — [3] *Garnemens* : costumes. — [4] *Joignant* : Lusignan. — [5] *Tarja* : tarda. — [6] *Siet* : est situé.

male rivière que l'en appelle Tarente¹, là où en ne peut passer que à un pont de pierre moult estroit. Si tost comme le roy vint à Taillebourc, et les hoz virent l'un l'autre², nostre gent qui avoient le chastel devers eulz, se esforcièrent à grant meschief, et passèrent périlleusement par nez³ et par pons, et coururent sur les Anglois, et commença le poingnayz⁴ fort et grant. Quant le roy vit ce, il se mist ou péril avec les autres; car pour un homme que le roy avoit quant il fu passé devers les Anglois, les Anglois en avoient mil. Toutevoiz⁵ avint-il, si comme Dieu voult, que quant les Anglois virent le roy passer, ils se desconfirent et mistrent dedens la cité de Saintes, et pluseurs de nos gens entrèrent en la cité mellez, et furent pris.

Ceulz de nostre gent qui furent pris à Saintes, recordèrent⁶ que il oïrent un grant descort naistre entre le roy d'Angleterre et le conte de la Marche; et disoit le roy que le conte de la Marche l'avoit envoié querre, car il disoit que il trouverroit grant aide en France. Celi soir meismes le roy d'Angleterre meust de Saintes⁷ et s'en ala en Gascoingne.

Le conte de la Marche, comme celi qui ne le pot amender⁸, s'en vint en la prison le roy, et li amena en sa prison sa femme et ses enfans, dont le roy ot, par la pez fesant, grant coup de la terre le conte; mez je ne scé pas combien, car je ne fu pas à celi fait, car je n'avoie onques lors hauberc⁹ * vestu; mez j'oy dire que, avec la terre, le roys emporta dix mille livres de parisis que il avoit en ses cofres, et chascun an autant.

Quant nous fumes à Poitiers, je vi un chevalier qui avoit non monseigneur Gyeffroy de Rancon; que pour un grant outrage que le conte de la Marche li avoit fait, si comme l'en disoit, et avoit juré sur sains¹⁰ que il ne seroit jamez roingné

---

¹ *Tarente*: Charente. — ² Les armées se virent l'une l'autre. — ³ *Nez*: nefs, bateaux. — ⁴ *Poingnayz*: combat. — ⁵ *Toutevoiz*: toutefois. — ⁶ *Recordèrent*: racontèrent. — ⁷ *Meust*: partit. — ⁸ Qui ne put réparer la perte qu'il venait de faire. — ⁹ *Hauberc*: cotte d'armes. — ¹⁰ *Sains*: reliques.

* Comme cette partie d'armure était réservée aux chevaliers, le sire de Joinville dit ici qu'il ne jouissait pas encore de cette dignité.

en guise de chevalier [1], mès porteroit grève [2], aussi comme les femmes fesoient, jusques à tant que il se verroit vengié du conte de la Marche, ou par lui ou par autrui. Et quant monseigneur Geffroy vit le conte de la Marche, sa femme et ses enfans, agenoillez devant le roy, qui li crioient merci, il fist aporter un tretel [3] et fist oster sa grève, et se fist roingner en la présence du roy, du conte de la Marche et de ceulz qui là estoient. Et en cel ost contre le roy d'Angleterre et contre les barons, le roy en donna de grans dons, si comme je l'oy dire à ceulz qui en vindrent. Ne pour dons ne pour despens que l'en feist en cel host, ne autres de sà mer ne de là, le roy ne requist ne ne prist onques aide des siens barons, n'à ses chevaliers, n'à ses hommes, ne à ses bones villes, dont en ce plainsist [4]. Et ce n'estoit pas de merveille; car ce fesoit-il par le conseil de la bone mère qui estoit avec li, de qui conseil il ouvroit, et des preudeshomes qui li estoit demouré du tens son père et du temps son ayoul.

Après ces choses desus dites avint, ainsi comme Dieu voult, que une grant maladie * prist le roy à Paris, dont il fu à tel meschief, si comme il le disoit, que l'une des dames qui le gardoit, li vouloit traire [5] le drap sus le visage, et disoit que il estoit mort. Et une autre dame qui estoit à l'autre part du lit,

---

[1] Qu'il ne se feroit jamais couper les cheveux comme les chevaliers. — [2] *Grève* : chevelure longue. — [3] *Tretel* : paire de ciseaux. — [4] Dont on se plaignit. — [5] *Traire* : tirer.

* Mathieu de Westminster dit que cette maladie survint au roi par excès des fatigues qu'il avait essuyées à poursuivre le roi d'Angleterre, au point qu'étant demeuré pour mort, la reine Blanche ne perdit point courage, fit apporter la croix, la lance et la couronne qui avaient été rachetées peu d'années auparavant par le roi, *et exanimi, imo, ut asseritur, exanimato corpori applicari jussit, et, suspirans, cum singultibus sermonem prorumpentibus, ait: Non nobis, domine Christe, sed nomini tuo da gloriam; salva hodie regnum Franciæ, et coronam quam hactenus gratia tua sustinuisti; monstra virtutem tuorum insignium, quæ in terra post te reliquisti, in magno judicio apparitura, in quibus confidenter gloriamur.* A ces paroles, le roi commence à respirer, et, ayant recouvré la voix, demande la croix, et fait son vœu.

ne li souffri mie; ainçois disoit que il avoit encore l'ame ou cors. Comment que il oïst le descort ¹ de ces deux dames, Nostre-Seigneur ouvra ² en li et li envoia santé tantost, car il estoit esmuyz et ne povoit parler. Il requist que en li donnast la croix, et si fist-on. Lors la royne sa mère oy dire que la parole li estoit revenue, et elle en fist si grant joie comme elle pot plus. Et quant elle sot que il fu croisié, ainsi comme il-meismes le contoit, elle mena aussi grant deul comme se elle le veist mort.

Après ce que il fu croisié, se croisièrent Robert le conte d'Artois, Auphons ³ conte de Poitiers, Charles conte d'Anjou, qui puis fu roy de Cezile ⁴, touz troiz frères le roy; et se croisa Hugue duc de Bourgoingne, Guillaume conte de Flandres, frère le conte Guion ⁵ de Flandres, nouvellement mort; le bon Hue conte de Saint-Pol, monseigneur Gauchier son neveu, qui moult bien se maintint outre-mer et moult eust valu, se il eust vescu. Si i furent le conte de la Marche et monseigneur Hugue le Brun son filz; le conte de Salebruche; monseigneur Gobert d'Apremont son frère, en qui compaingnie, je, Jehan seigneur de Joinville, passames la mer en une nef que nous louames, pour ce que nous estions cousins; et passames de là à tout vint chevaliers; dont il estoit li disiesme et je moy disiesme.

A Pasques, en l'an de grace qui le milliaire couroit par mil huit cenz quarante et deux, mandé-je mes homes et mes fievez ⁶ à Joinville; et la vegile ⁷ de ladite Pasque, que toute cele gent que je avoie mandé-estoient venu, fu nez Jehan mon filz sire de Acerville ⁸, de ma première femme, qui fu seur le conte de Grantpré. Toute cele semainne fumes en festes et en quarolles ⁹, que mon frère le sire de Vauquelour ¹⁰ et les autres

---

¹ *Descort*: débat. — ² *Ouvra*: opéra. — ³ *Auphons*: Alphonse. — ⁴ *Cezile*: Sicile. — ⁵ *Guion*: Guy. — ⁶ *Fievez*: gens d'un fief, vassaux. — ⁷ *Vegile*: veille. — ⁸ *Acerville*: Ancarville. — ⁹ *Quarolles*: danses. — ¹⁰ *Vauquelour*: Vaucouleurs.

riches homes qui là estoient, donnèrent à manger chascun l'un après l'autre, le lundi, le mardi, le mercredi.

Je leur diz le vendredi : « Seigneurs, je m'en voiz outre-mer, et je ne scé se je revendré. Or venez avant; se je vous ai de riens mesfait*; je le vous desferai l'un par l'autre, si comme je ai acoustumé à touz ceulz qui vourront riens [1] demander ne à moy ne à ma gent. » Je leur desfiz par l'esgart de tout le commun de ma terre; et pour ce que je n'eusse point d'emport, je me levoie du conseil, et en ting quanque il raportèrent, sanz débat.

Pour ce que je n'en vouloie porter nulz deniers à tort, je alé lessier à Mez en Lorreinne grant foison de ma terre en gage; et sachiez que, au jour que je parti de nostre païz pour aler en la terre sainte, je ne tenoie pas mil livrées de terre, car madame ma mère vivoit encore; et si y alai, moy disiesme de chevaliers et moy tiers de banières [2]. Et ces choses vous ramantevoiz-je, pour ce que, se Diex ne m'eust aidié,

---

[1] *Riens* : quelque chose; lat. *res*. — [2] Suivi de trois bannières.

* Le retour de ceux qui avaient pris la croix étant incertain, ils se préparaient à ces longs voyages comme s'ils eussent dû y mourir, disposaient leurs affaires, faisaient leurs testaments et pourvoyaient leurs enfants, restituaient les biens usurpés. Le sire de Joinville, quoiqu'il ne se sentit coupable d'aucune de ces usurpations, voulut néanmoins satisfaire au devoir de sa conscience, s'il se rencontrait quelqu'un à qui il eût fait tort. La plupart des monastères bâtis sur la fin du XIe siècle n'ont été fondés qu'avec les restitutions que les grands seigneurs faisaient, avant de partir pour la croisade.

Mathieu Paris dit que saint Louis envoya cinquante religieux cordeliers et jacobins par toutes les provinces, et chargea les baillis de faire des enquêtes exactes, *quod si aliquis institor vel injuriam passus aliquam quicunque alius, in aliqua accommodatione coacta, vel extorsione pecuniæ, vel victualium, ut solet per regios exactores, proferret scriptum, vel taliam, vel testimonium, vel juraret, vel quomodolibet aliter legitime probaret, quia paratus erat omnia restituere.* (Édit. de Paris, 1644, in-folio, pag. 493, col. 1, E.) Le roi d'Angleterre envoya le comte Richard à la cour de France pour solliciter la restitution de la Normandie, du Poitou et de l'Anjou, ce que celui-ci ménagea si adroitement, que saint Louis fut sur le point de se laisser surprendre par ses supplications.

qui onques ne me failli, je l'eusse souffert à peinne par si lonc temps, comme par l'espace de six ans que je demourai en la terre sainte.

En ce point que je appareilloie pour mouvoir, Jehan sire d'Apremont et conte de Salebruche de par sa femme, envoia à moy et me manda que il avoit sa besoigne arée pour aler outre-mer, li disiesme de chevaliers ; et me manda que se je vousisse, que nous loissons[1] une nef entre li et moy ; et je li otroia : sa gent et la moie louèrent une nef à Marseille.

Le roy manda ses barons à Paris, et leur fist faire serement que foy et loiauté porteroient à ses enfans, se aucune chose avenoit de li en la voie. Il le me demanda ; mès je ne voz faire point de serement, car je n'estoie pas son home[2]. En dementres[3] que je venoie, je trouvé trois homes mors sur une charrette, que un clerc avoit tuez, et me dist-en que en les menoit au roy. Quant je oy ce, je envoié un mien escuier après, pour savoir comment ce avoit esté. Et conta mon escuier que je y envoié, que le roy, quant il issi de sa chapelle, ala au perron pour veoir les mors, et demanda au prévot de Paris comment ce avoit esté. Et le prévost li conta que les mors estoient troiz de ses serjans du Chastelet, et li conta que il aloient par les rues foraines pour desrober la gent ; et dist au roy « que il trouvèrent se clerc que vous veez ci, et li tollirent toute sa robe. Le clerc s'en ala en pure sa chemise en son hostel, et prist s'arbalestre et fist aporter à un enfant son fauchon[4]. Quant il les vit, il les escria et leur dit que il y mourroient. Le clerc tendi s'arbaleste et trait et en féri l'un parmi le cuer, et les deux touchèrent à fuie[5] ; et le clerc prist le fauchon que l'enfant tenoit, et les ensui[6] à la lune, qui estoit belle et clere. L'un en cuida passer par mi une soif en un courtil[7], et le clerc fiert du fauchon, fist le prévost, et li trancha toute la jambe, en tele ma-

---

[1] *Loissons* : louions. — [2] *Home* : vassal. — [3] *Dementres* : pendant. — [4] *Fauchon* : épée en forme de faucille. — [5] Et tira et frappa l'un d'eux au cœur, et les deux autres prirent la fuite. — [6] *Ensui* : suivit. — [7] L'un s'imagina de passer par une haie en un jardin.

nière que elle ne tint que à l'estival ¹, si comme vous veez. Le clerc r'ensui ² l'autre, lequel cuida descendre en une estrange meson là où gent veilloient encore ; et le clerc féri ³ du fauchon parmi la teste, si que il le fendi jusques ès dens, si comme vous poez veoir, fist le prévost au roy. Sire, fist-il, le clerc moustra son fait au prévost voisins de la rue, et puis si s'en vint mettre en vostre prison. Sire, et je le vous ameinne, si en ferez vostre volenté, et veez-le ci. » — « Sire clerc, fist le roy, vous avez perdu à estre prestre par vostre proesce, et pour vostre proesce je vous retieing à mes gages, et en venrez avec moy outre-mer. Et ceste chose vous foiz-je encore, pour ce que je weil bien que ma gent voient que je ne les soustendrai en nulles de leur mauvestiés. » Quant le peuple, qui là estoit assemblé, oy ce, il se escrièrent à Nostre-Seigneur, et li prièrent que Dieu li donnast bone vie et longue, et le ramenast à joie et à santé.

Après ces choses, je reving en nostre païs, et atirames, le conte de Salebruche et moy, que nous envoierions nostre harnois à charettes à Ausonne, pour mettre ilec en la rivière de Saonne jusques au Rône.

Le jour que je me parti de Joinville, j'envoié querre l'abbé de Cheminon*, que on tesmoingnoit au plus preudomme de l'ordre blanche **. Un tesmoingnage li oy porter à Clerevaus, le jour de feste Nostre-Dame, que le saint roy i estoit, à un moinne qui le moustra, et me demanda se je le cognoissoie. Et je li diz pourquoy il le me demandoit. Et il me respondi : « Car je entent que c'est le plus preudomme qui soit en toute l'ordre blanche. Encore sachez, fist-il, que j'ai oy conter à un preudomme qui gisoit ou dortouer là où l'abbé de Cheminon dormoit, et avoit l'abbé descouvert sa poitrine pour la

¹ *Estival* : botte. — ² *R'ensui* : poursuivit. — ³ Lisez : *le féri*.

* Abbaye du diocèse de Châlons, de l'ordre de Cîteaux.

** Le sire de Joinville appelle ainsi l'ordre de Cîteaux, parce que les religieux portaient un habit blanc.

chaleur que il avoit; et vit ce preudomme, qui gisoit ou dortouer où l'abbé de Cheminon dormoit, la Mère Dieu qui ala au lit l'abbé, et li retira sa robe sur son piz ¹, pour ce que le vent ne li feïst mal. »

Cel abbé de Cheminon si me donna m'escharpe * et mon bourdon; et lors je me parti de Joinville, sanz rentrer ou chastel jusques à ma revenue, à pié, deschaus et en langes ², et ainsi alé à Blechicourt et à Saint-Urbain, et autres cors sains qui là sont; et en dementières que je aloie à Blechicourt et à Saint-Urbain, je ne voz ³ onques retourner mes yex vers Joinville, pour ce que le cuer ne me attendrisist du biau chastel que je leissoie et de mes deux enfans.

Moy et mes compaingnons mangames à la Fonteinne l'Arcevesque devant Dongieuz**, et illecques l'abbé Adam de Saint-Urbain, que Diex absoille ⁴, donna grant foison de biaus juiaus ⁵ à moy et à mes chevaliers que j'avoie. Dès là nous alames à Nansone ⁶, et en alames à tout nostre hernoiz ⁷, que nous avion fait mettre ès nez ⁸, dès Ausone jusques à Lyon contreval la

---

¹ *Piz* : poitrine. — ² *Langes* : habits de pénitent. — ³ *Voz* : voulus. — ⁴ *Absoille* : absolve. — ⁵ *Juiaus* : joyaux. — ⁶ Il faut sans doute lire *Aussone* pour *Auxonne*. — ⁷ *Hernoiz* : harnois, bagages. — ⁸ *Nez* : nefs, bateaux.

* Les pèlerins de la terre sainte, avant d'entreprendre leurs pèlerinages, allaient à l'église recevoir des mains des prêtres l'escarcelle et le bourdon. Cela a été pratiqué même par nos rois; car, après avoir chargé leurs épaules de la figure de la croix, ils avaient coutume de venir à l'abbaye de Saint-Denis, où, après la célébration de la messe, ils recevaient des mains de quelque prélat le bâton de pèlerin, l'escarcelle (*la bourse*), et même l'oriflamme. Ensuite ils prenaient congé de saint Denis, patron du royaume. C'est ce que la Chronique de Saint-Denis nous apprend au sujet de saint Louis, lors de son premier voyage. Il fit de même au second, dit Guillaume de Nangis; il reçut à Saint-Denis l'oriflamme, *cum pera et baculo peregrinationis*. Nos auteurs emploient ordinairement le mot d'*écharpe* au lieu d'*escarcelle*, parce qu'on attachait ces escarcelles aux écharpes dont on ceignait les pèlerins. Ces escarcelles, bourdons et écharpes étaient bénits par les prêtres, qui y prononçaient des prières et des oraisons du sacerdotal romain.

** Donjeux sur la Marne, à une lieue et demie de Joinville.

Sône; et encoste les nés menoit-on les grans destriers [1].

A Lyon entrames ou Rône pour aler à Alles [2] le Blanc; et dedans le Rône trouvames un chastel que l'en appelle Roche de Gluy *, que le roy avoit fait abbatre, pource que Roger, le sire du chastel, estoit criez [3] de desrober les pèlerins et les marchans.

Au mois d'aoust entrames en nos nez à la Roche de Marseille. A celle journée que nous entrames en nos nez, fist l'en ouvrir la porte de la nef, et mist l'en touz nos chevaux ens [4], que nous devions mener outre-mer; et puis reclost l'en la porte et l'enboucha l'en bien, aussi comme l'en naye [5] un tonnel, pour ce que, quant la nef est en la mer, toute la porte est en l'yaue. Quant les chevaus furent ens, nostre mestre notonnier escria à ses notonniers, qui estoient ou bec de la nef [6], et leur dit : « Est arée vostre besoigne? Sire, vicingnent avant les clers et les proveres [7]. » Maintenant que il furent venus, il leur escria : « Chantez, de par Dieu; » et ils s'escrierent touz à une voix : *Veni creator spiritus*. Et il escria à ses notonniers : « Faites voille, de par Dieu; » et il si firent. Et en brief tens le vent se féri ou voille et nous ot tolu la veue de la terre, que nous ne veismes que ciel et yaue; et chascum jour nous esloigna le vent des païs où nous avions esté nez. Et ces choses vous monstré-je que celi est bien fol hardi, qui se ose mettre en tel péril, à tout autrui chatel [8] ou en péchié mortel; car l'en se dort le soir là où en ne scet se l'en se trouverra ou fons de la mer.

En la mer nous avint une fière merveille, que nous trouvames une montaigne toute ronde qui estoit devant Barbarie. Nous la trouvames entour l'eure de vespres, et najames [9] tout

---

[1] *Destriers* : chevaux de bataille. — [2] *Alles* : Arles. — [3] *Criez* : accusé par la voix publique. — [4] *Ens* : dedans; lat. *intus*. — [5] *Naye* : noye. — [6] *Bec de la nef* : proue du navire. — [7] *Proveres* : prouvaires, prêtres. — [8] Retenant le bien d'autrui. — [9] *Najames* : navigâmes.

* On ne sait si c'est *Roquemaure* ou *Roquefort*, ou *Rochemore sur le Rhône*.

le soir, et cuidames bien avoir fait plus de cinquante lieues, et lendemain nous nous trouvames devant icelle meismes montaigne ; et ainsi nous avint par deux foiz ou par troiz. Quant les marinniers virent ce, il furent touz esbahiz, et nous distrent que nos nefz estoient en grant péril ; car nous estions devant la terre aus Sarrazins de Barbarie. Lors nous dit un preudomme prestre que en appeloit doyen de Malrut, car[1] il n'ot onques persécucion en paroisse, ne par défaut d'yaue, ne de trop pluie, ne d'autre persécucion, que aussi tost comme il avoit fait troiz processions par troiz samedis, que Dieu et sa mère ne delivrassent. Samedi estoit ; nous feismes la première procession entour les deux maz de la nef : je-meismes m'i fiz porter par les braz, pour ce que je estoie grief malade. Onques puis nous ne veismes la montaigne, et venimes en Cypre le tiers samedi.

Quant nous venimes en Cypre, le roy estoit jà en Cypre, et trouvames grant foison de la pourvéance le roy[2] : c'est à savoir, les celiers le roy et les deniers et les garniers. Les celiers le roy estoient tiex, que sa gent avoient fait en mi les champs, sur la rive de la mer, grans moyes[3] de tonniaus de vin, que il avoient acheté de deux ans devant que le roy venist, et les avoient mis les uns sus les autres, que quant l'en les véoit devant, il sembloit que ce feussent granches[4]. Les fourmens et les orges il les r'avoient mis par monciaus en mi les champs ; et quant en les véoit, il sembloit que ce feussent montaignes ; car la pluie qui avoit batu les blez de lonc temps, les avoit fait germer par desus, si que il n'i paroit que l'erbe vert.

Or avint ainsi que, quant en les vot mener en Égypte, l'en abati les crotes de desus à tout l'erbe vert, et trouva l'en le fourment et l'orge aussi frez comme l'en l'eust[5] maintenant batu.

Le roy feust moult volentiers alé avant, sans arester, en

---

[1] *Car* : que. — [2] *Pourvéance le roy* : provision du roi. — [3] *Moyes* : tas. On dit encore *mayes* en patois mâconnais. — [4] *Granches* : granges. — [5] Il faut vraisemblablement lire : *comme se l'en l'eust*, c'est-à-dire *comme si on l'eût*.

Égypte, si comme je li oï dire, se ne feussent ses barons qui li loèrent à attendre sa gent qui n'estoient pas encore touz venuz*.

En ce point que le roy séjournoit en Cypre, envoia le grant roy** des Tartarins ses messages*** à li, et li manda moult débonnairement paroles. Entre les autres, li manda que il estoit prest de li aidier à conquerre la terre sainte, et de délivrer Jhérusalem de la main aus Sarrazins. Le roy reçut moult débonnairement ses messages, et li renvoya les siens, qui demourèrent deux ans avant que il revenissent à li. Et par les messages, envoia le roy au roy des Tartarins une tente faite en la guise d'une chapelle, qui moult cousta; car elle fu toute faite de bone escarlate finne. Et le roy, pour veoir se il les pourroit atraire[1] à nostre créance, fist entailler[2] en ladite chapelle, par ymages,

---

[1] *Atraire* : attirer. — [2] *Entailler* : découper.

* Marino Sanudo blâme saint Louis d'avoir pris par l'île de Chypre pour passer en Égypte, parce que, l'Égypte étant beaucoup plus fertile que l'île de Chypre, il était inutile de s'y arrêter sous prétexte de rafraîchir les troupes, et préférable d'attaquer les ennemis de plein abord que de leur donner le temps de se reconnaître. Guillaume de Nangis et l'auteur des Chroniques de Saint-Denys (à l'année 1248) marquent, pendant le séjour du roi en Chypre, la mort de plusieurs pèlerins, entre autres, de Robert, évêque de Beauvais, de Jean de Montfort, du comte de Vendôme, de Guillaume de Mello, d'Archambault de Bourbon, du comte de Dreux, de Guillaume des Barres, et d'autres, qu'ils font aller jusqu'à deux cent quarante. Mathieu Paris ajoute à ce nombre l'évêque de Noyon et Hugues de Châtillon, comte de Saint-Paul. Le comte d'Anjou y fut très-malade d'une fièvre quarte.

** Ce roi n'était pas le grand khan de Tartarie, mais le lieutenant de ce prince dans l'Asie Mineure ; il s'appelait Iltchiktai (ou plutôt Ilchikbatai); ainsi que nous l'apprend de Guignes, dans son *Histoire générale des Huns*, etc., tom. III, pag. 126.

Les Chroniques de Saint-Denys (à l'année 1248) parlent fort au long de ce Tartare, et rapportent la lettre qu'il adressa à saint Louis. Il était, disent-elles, *baron des Tartarins*, et *avoit nom Erchaltay*.

*** Mathieu Paris, Guillaume de Nangis et Zanfliet ont parlé longuement de cette ambassade des Tartares. Voyez le *Mémoire* de M. A. Remusat, *sur les relations politiques des... rois de France avec les empereurs mongols*, inséré dans le tome VI des nouveaux Mémoires de l'Académie des Inscriptions et Belles-Lettres, pag. 457 et suivantes; et, pour les pièces diplomatiques, l'*Historia Tartarorum ecclesiastica* de Mosheim.

l'Anonciacion Nostre-Dame et touz les autres poins de la foy. Et ces choses leur envoia-il par deux frères préescheurs qui savoient le sarrazinnois, pour eulz moustrer et enseigner comment il devoient croire. Il revindrent au roi les deux frères, en ce point que les frères au roy revindrent en France ; et trouvèrent le roy qui estoit parti d'Acre, là où ses frères l'avoient lessié, et estoit venu à Sézaire¹ là où il la fermoit², ne n'avoit ne pez ne trèves aus Sarrazins. Comment les messages le roy de France furent receus vous diré-je, aussi comme il-meismes le contèrent au roy ; et en ce que il raportèrent au roy, pourrez oïr moult de nouvelles, lesqueles je ne weil pas conter, pour ce que il me couvendroit dérompre ma matière que j'ai commenciée, qui est tele. Je, qui n'avoie pas mil livrées de terre, me charjai, quant j'alé outre mer, de moy dixiesme de chevaliers et de deux chevaliers banières portans ; et m'avint ainsi que, quant je arivai en Cypre, il ne me fu demouré de remenant que douze vins³ livres de tournois, ma nef paiée ; dont aucuns de mes chevaliers me mandèrent que se je ne me pourvéoie de deniers, que il me lèroient. Et Dieu, qui onques ne me failli, me pourveut en tel manière que le roy, qui estoit à Nichocie *, m'envoia querre et me retint, et me mist huit cens livres en mes cofres ; et lors oz-je plus de deniers que il ne me couvenoit.

En ce point que nous séjournames en Cypre, me manda l'empereis de Constantinoble⁴ que elle estoit arrivée à Baphe **, une cité de Cypre, et que je l'alasse querre⁵ et monseigneur Erart de Brienne. Quant nous venimes là, nous trouvames que un fort vent ot rompues les cordes des ancres de sa nef et en ot mené la nef en Acre ; et ne li fu demouré de tout son harnois que sa chape que elle ot vestue, et un seurcot à manger ***. Nous l'a-

---

¹ *Sézaire* : Césarée. — ² *Fermoit* : fortifiait. — ³ *Douze vins* : deux cent quarante. — ⁴ L'impératrice de Constantinople. — ⁵ *Querre* : quérir, chercher.

* Nicosie, capitale de l'île de Chypre.
** L'ancienne ville de Paphos dans l'île de Chypre.
*** Surcot qui suppléait aux serviettes, dont on ne se servait pas encore.

menames à la meson, là où le roy et la royne et touz les barons la reçurent moult honorablement. Lendemain, je li envoiai drap et cendal pour fourrer ¹ la robe. Monseigneur Phelippe de Nanteil ², le bon chevalier, qui estoit encore ³ le roy, trouva mon escuier qui aloit à l'empereis. Quant le preudomme vit ce, il ala au roy et li dist que grant honte avoit fait à li et aus autres barons, de ses robes que je li avoie envoié, quant il ne s'en estoient avisez avant. L'empereis vint querre secours au roy pour son seigneur, qui estoit en Constantinoble demourez, et pourchassa tant que elle emporta cent paire de lettres et plus, que de moy que des autres amis qui là estoient; ès quiex lettres nous estions tenus par nos seremens, que, se le roy ou les légaz vouloient envoier troiz cens chevaliers en Constantinoble, après ce que le roy seroit parti d'outre-mer, que nous y estions tenu d'aler par nos seremens. Et je, pour mon serement aquiter, requis le roy, au départir que nous feismes, par devant le conte dont j'é la lettre, que se il y vouloit envoier troiz cens chevaliers, que je iroie pour mon serement acquiter. Et le roy me respondi que il n'avoit de quoy, et que il n'avoit si bon trésor dont il ne feust à la lie. Après ce que nous feumes arivés en Egypte, l'empereis s'en ala en France, et enmena avec li monseigneur Jehan d'Acre, son frère, lequel elle maria à la contesce de Montfort.

En ce point que nous venimes en Cypre, le soudanc du Coyne * estoit le plus riche roy de toute la paennime ⁴. Et avoit faite une merveille; car il avoit fait fondre grant parti de son

¹ *Fourrer :* doubler. — ² Philippe de Nanteuil. — ³ Lisez : *encoste*, à côté. — ⁴ De même on lit *paganismus*, terre des païens, comme *christianismus*, terre des chrétiens, dans les auteurs latins du moyen âge.

* Ce sultan d'Iconium, ville de Lycaonie ou Caramanie, que les Turcs appellent aujourd'hui *Konieh*, fut chrétien, au rapport de Nicéphore Grégoras; on voit une lettre de lui au pape Grégoire IX, qui vouloit lui persuader d'embrasser la religion chrétienne. Vincent de Beauvais raconte fort au long la puissance de ce prince et la richesse de ses trésors. Voyez son *Speculum historiale*, liv. XXX, chap. CXLIII; édit. de Douai, M. DC. XXIV, pag. 1281, col. 2.

or en poz de terre, et fist brisier les poz; et les masses d'or estoient demourées à descouvert en mi un sien chastel, que chascun qui entroit ou chastel y pooit toucher et veoir; et en y avoit bien six ou sept. Sa grant richesce apparut en un paveillon que le roy d'Erménie envoia au roy de France, qui valoit bien cinq cens livres; et li manda le roy d'Herménie que uns ferrais[1] au soudanc du Coyne li avoit donné. Ferrais est cil qui tient les paveillons au soudanc et qui li nettoie ses mesons.

Le roy d'Erménie, pour li délivrer du servage au soudanc du Coyne, en ala au roy des Tartarins, et se mist en leur servage pour avoir leur aide; et amena si grant foison de gens d'armes que il ot pooir de combatre au soudanc du Coyne; et dura grant pièce[2] la bataille, et li tuèrent les Tartarins tant de sa gent, que l'en n'oy puis nouvelles de li. Pour la renommée, qui estoit grant en Cypre, de la bataille qui devoit estre, passèrent de nos gens serjans en Herménie pour gaaingner et pour estre en la bataille; ne onques nulz d'eulz n'en revint.

Le soudanc de Babiloinne *, qui attendoit le roy qu'il venist en Egypte au nouvel temps, s'apensa que il iroit confondre le soudanc de Hamant **, qui estoit son ennemi, et l'ala assiéger devant la cité de Hamant ***. Le soudanc de Hamant ne se sot comment chevir[3] du soudanc de Babiloinne; car il véoit bien que se il vivoit longuement, que il le confondroit. Et fist tant bagingner[4] au ferrais le soudanc de Babiloinne, que les ferrais l'empoisonnèrent. Et la manière de l'empoisonnement fu tele, que le ferrais s'avisa que le soudanc venoit touz jours jouer aus eschez ****, après relevée, sus les nattes qui estoient au piez de son

---

[1] Corruption du mot arabe *ferrasch*, qui signifie *tapissier*. — [2] *Grant pièce*: longtemps. — [3] *Se chevir*: se délivrer. — [4] *Bagingner*: négocier.

* Ce nom désigne le Grand-Caire.
** Ce sultan était seigneur d'Alep, son nom était Malek-Nasser.
*** Il s'agit ici de la ville d'Emesse, en Syrie.
**** Ce jeu a été de tout temps fort en usage parmi les Indiens, les Arabes et les Turcs; il tire son nom du mot arabe *shah*, qui signifie *roi*, à cause de la principale pièce des échecs qui est le roi. Anne Commène, au livre xii

lit ; laquele natte sur quoy il sot que le soudanc s'asséoit touz les jours, il l'envenima. Or avint ainsi que le soudanc, qui estoit deschaus, se tourna sus une escorcheure que il avoit en la jambe, tout maintenant le venin se féri ou vif, et li tolli tout le pooir de la moitié du cors de celle part vers le cuer. Il fu bien deux jours qu'il ne but, ne ne manja, ne ne parla. Le soudanc de Hamant lessièrent en paiz et le menèrent sa gent en Egypte [1].

Maintenant que mars entra, par le commandement le roy, le roy et les barons et les autres pèlerins commandèrent que les nez refeussent chargiées de vins et de viandes [2], pour mouvoir quant le roy le commanderoit. Dont il avint ainsi que, quant la chose fu bien arée [3], le roy et la royne se requoillirent en leur nez, le vendredi devant Penthecouste, et dist le roy à ses barons que il alassent après li en leur nez droit vers Egypte. Le samedi fist le roy voille, et touz les autres vessiaus aussi, qui moult fu belle chose à veoir; car il sembloit que toute la mer, tant comme l'en pooit veoir à l'ueil [4], feust couverte de touailles des voilles des vessiaus, qui furent nombrez à dix-huit cens vessiaus, que granz que petiz. Le roy entra ou bout d'une terre que l'en appele la pointe de Limeson, et touz les autres vessiaus entour li. Le roy descendi à terre, le jour de la Penthecouste. Quant nous eumes oy la messe, un vent grief et fort qui venoit devers Egypte, leva en tel manière que de deux mille et huit cens chevaliers que le roy mena en Egypte, ne l'en demoura que sept cens que le vent ne les eust dessevrés [5] de la compaignie le roy, et menez en Acre et en autres terres

---

[1] L'armée du soudan d'Égypte laissa le soudan d'Emesse en paix, et ramena le soudan du Grand-Caire en Égypte. — [2] *Viandes* : vivres. — [3] *Arée* : réglée. — [4] *A l'ueil* : avec l'œil. — [5] *Dessevrés* : séparés.

de son *Alexiade*, où elle se sert de ce mot, écrit qu'il fut inventé par les Assyriens ; mais elle se trompe. Ce jeu fut inventé, selon de Guignes, sous le règne de Yalbith, fils de Dabschelim, fils de Brâhman, roi de l'Inde. Voyez, au reste, Hyde, *Historia Shahiludii*, § II, dans le *Syntagma dissertationum*, etc., vol. II, pag. 55-68.

estranges, qui puis ne revindrent au roy de grant pièce¹.

Lendemain de la Penthecouste le vent fu cheu²; le roy et nous qui estions avec li demourez, si comme Dieu voult, feismes voille derechief, et encontrames le prince de la Morée et le duc de Bourgoingne* qui avoit séjourné en la Morée. Le jeudi après Penthecouste ariva le roy devant Damiete, et trouvames là tout le pooir du soudanc sur la rive de la mer, moult beles gent à regarder; car le soudanc porte les armes d'or, là où le soleil féroit³, qui fesoit les armes resplendir. La noise⁴ que il menoient de leur nacaires⁵ et de leurs cors sarrazinnoiz, estoit espoventable à escouter.

Le roy manda ses barons, et pour avoir conseil que il feroit. Moult de gens li loèrent que il attendit tant que ses gens feussent revenus, pour ce que il ne li estoit pas demouré la tierce partie de ses gens; et il ne les en voult onques croire. La reson pourquoy, que il dit que il en donroit cuer à ses ennemis; et meismement que en la mer devant Damiete n'a point de port là où il peut sa gent attendre, pour ce que un fort vent n'es⁶ preist et les menast en autres terres, aussi comme les autres avoient, le jour de Penthecouste.

Acordé fu que le roy descendroit à terre le vendredi devant la Trinité, et iroit combatre aus Sarrazins, se en eulz ne demouroit⁷. Le roy commanda à monseigneur Jehan de Biaumont que il feist baillier une galie à monseigneur Erart de Brienne et à moy, pour nous descendre et nos chevaliers, pour ce que les grans nefz n'avoient pooir⁸ de venir jusques à terre. Aussi comme Diex voult, quant je reving à ma nef, je trouvai une petite nef que madame de Baruch**, qui estoit cousinne

---

¹ *Pièce :* espace de temps. — ² *Cheu :* tombé. — ³ *Féroit :* frappait. — ⁴ *Noise :* bruit. — ⁵ *Nacaire*, mot arabe qui signifie *timbale.* — ⁶ *N'es :* ne les. — ⁷ S'ils n'évitaient le combat. — ⁸ *Pooir :* pouvoir.

* Le duc de Bourgogne avait passé l'hiver en Morée : il paraît probable qu'il revenait alors de Constantinople, où il était allé pour satisfaire à la promesse qu'il avait faite à l'empereur Baudouin, dès l'an 1258, de le secourir, ainsi que nous l'apprend Albéric des Trois-Fontaines en sa chronique.

** Eschive de Montbéliard, fille de Gautier de Montbéliard.

germainne le conte de Monbeliart et la nostre, m'avoit donnée, là où il avoit huit de mes chevaus. Quant vint au vendredi, entre moy et monseigneur Erart, touz armés alames au roy pour la galie demander, dont monseigneur Jehan de Biaumont nous respondi que nous n'en arions point.

Quant nos gens virent que nous n'arions point de galie, il se lessèrent cheoir de la grant nef en la barge de cantiers, qui plus plus, qui miex miex [1]. Quant les mariniers virent que la barge de cantiers se esfondroit pou à pou, il s'enfuirent en la grant nef et lessèrent mes chevaliers en la barge de cantiers. Je demandai au mestre combien il li avoit trop de gens, et si li demandai se il menroit [2] bien nostre gent à terre, se je le deschargoie de tant gent; et il me respondi : « Oyl; » et je le deschargai en tel manière que par troiz foiz il les mena en ma nef où mes chevaus estoient. En dementres que je menoie ses gens, un chevalier qui estoit à monseigneur Erart de Brene, qui avoit à non Plonquet, cuida descendre de la grant nef en la barge de cantiers, et la barge esloigna, et chéi en la mer et fu noyé.

Quant je reving à ma nef, je mis en ma petite barge un escuier que je fiz chevalier, qui ot à non monseigneur Hue de Wauquelour, et deux moult vaillans bachelers, dont l'un avoit non monseigneur Villain de Versey, et l'autre monseigneur Guillaume de Danmartin, qui est[o]ient en grief courine [3] l'un vers l'autre, ne nulz n'en pooit faire la pez, car il s'estoient entrepris par les cheveus à la Morée; et leur fiz pardonner leur maltalent [4] et besier l'un l'autre, par ce que leur jurai sur sains [5] que nous n'irions pas à terre à tout [6] leur maltalent. Lors nous esmeumes pour aler à terre, et venimes par delez la barge de cantiers de la grant nef le roy, là où le roy estoit; et sa gent me commencèrent à escrier, pour ce que nous alions plus tost que il ne fesoient, que je arivasse à l'enseigne saint Denis* qui

---

[1] Dans la chaloupe, dans le plus grand nombre, et au mieux qu'ils purent. — [2] *Menroit* : mènerait. — [3] *Courine* : haine. — [4] *Maltalent* : mauvaise volonté, rancune. — [5] *Sains* : reliques. — [6] *A tout* : avec.

* C'est-à-dire, au vaisseau qui portait l'enseigne de Saint-Denis. Cette en-

en aloit en un autre vaissel devant le roy; mès je ne les en cru pas : ainçois nous fiz ariver devant une grosse bataille de Turs¹, là où il avoit bien sis mille homes à cheval. Si tost comme il nous virent à terre, il vindrent, ferant des esperons, vers nous. Quant nous les veismes venir, nous fichames les pointes de nos escus² ou sablon, et le fust de nos lances ou sablon et les pointes eulz. Maintenant que il virent ainsi comme pour aler par mi les ventres, il tournèrent ce devant darières et s'en fouirent³.

Monseigneur Baudouin de Reins, un preudomme qui estoit descendu à terre, me manda par son escuier que je l'attendisse; et je li mandai que si feroie-je moult volentiers, que tel preudomme comme il estoit, devoit bien estre attendu à un tel besoing; dont il me sot bon gré toute sa vie. Avec li nous vindrent mille chevaliers; et soiés certain que, quant je arrivé, je n'oz ne escuier, ne chevalier, ne varlet que je cusse amené avec moy de mon pays, et si ne m'en lessa pas Dieu à aidier.

A nostre main senestre⁴ arriva le conte de Japhe*, qui estoit

¹ *Turs* : Turcs. — ² *Escus* : boucliers. — ³ Aussitôt qu'ils nous virent dans une posture à leur donner de nos piques dans le ventre, ils firent volte-face, et s'enfuirent. — ⁴ *Senestre* : gauche.

seigne de Saint-Denis n'était autre chose que l'oriflamme dont la forme, semblable à celle des bannières de nos églises, était carrée, fendue par le bas en divers endroits, ornée de franges et houppes et attachée par le haut à un bâton en travers : elle était de soie ou de taffetas couleur de flamme. Comme l'état religieux ne permettait pas que les moines maniassent les armes, les comtes de Vexin, avoués et protecteurs de Saint-Denis, étaient chargés de porter l'oriflamme dans les guerres particulières, entreprises pour la défense des droits de l'abbaye. Nos rois, devenus maîtres du comté de Vexin, héritèrent de cette charge, et, en cette qualité, la firent porter dans toutes leurs guerres. Ce fut Louis le Gros qui, le premier, la reçut des mains de l'abbé pour aller à la rencontre de Henri V, roi d'Angleterre, débarqué en France avec ses troupes.

* Ce comte de Jaffa était celui qui avait succédé au comte Gautier de Brienne, fait prisonnier par le sultan du Caire et les Karismiens, à la bataille de Gaza, l'an 1244. Il se nommait *Jean d'Ibelin* et était seigneur de Baruth du chef de Balian d'Ibelin son père : il avait pour mère Eschive.

cousin germain le conte de Monbeliart, et du lignage de Joinville. Ce fu celi qui plus noblement ariva; car sa galie ariva
toute peinte dedens mer et dehors, à escussiaus¹ de ses armes,
lesqueles armes sont d'or, à une croiz de gueules patée : il
avoit bien trois cens nageurs² en sa galie, et à chascun de ses na-
geurs avoit une targe³ de ses armes, et à chascune targe avoit
un penoncel de ses armes batu à or⁴. En dementières que
il venoient, il sembloit que la galie volast, par les nageurs
qui la contreingnoient aus avirons, et sembloit que foudre
cheist⁵ des ciex, au bruit que les pennonciaus menoient, et que
les nacaires, les tabours et les cors sarrazinnois menoient,
qui estoient en sa galie. Si tost comme la galie fu ferue ou
sablon si avant comme l'en li pot mener, et il et ses chevaliers
saillirent de la galie moult bien armez et moult bien atirez,
et se vindrent arranger de coste nous.

Je vous avoie oublié à dire que, quant le conte de Japhe fu descendu, il fist tendre ses paveillons; et si tost comme les Sarrazins
les virent tendus, il se vindrent touz assembler devant nous,
et revindrent, ferant des esperons, pour nous courre sus; et
quant il virent que nous ne fuirions pas, il s'en r'alèrent tantost arières.

A nostre main destre, bien le tret à une grant arbalestrée⁶,
ariva la galie là où l'enseigne Saint-Denis estoit; et ot uns Sarrazin, quant il furent arrivez, qui se vint ferir entre eulz, ou
pour ce que il ne pot son cheval tenir, ou pour ce que il cuidoit
que les autres le deussent suivre; mès il fu tout decopé.

Quant le roy oy dire que l'enseigne Saint-Denis estoit à terre,
il en ala grant pas par mi son vessel⁷, ne onques pour le le-

¹ *Escussiaus* : écussons. — ² *Na-geurs* : matelots. — ³ *Targe* : ronda-che — ⁴ *Batu à or* : brodé. — ⁵ *Cheist* : chût, tombât. — ⁶ A la distance d'un grand trait d'arbalète. — ⁷ *Ves-sel* : vaisseau.

de Montbéliard, dont nous avons parlé plus haut. On lui a attribué longtemps la rédaction et mise en français des *Assises de Jérusalem*, dont il
est maintenant presque prouvé que Philippe de Navarre fut l'auteur. Il
mourut en 126.

gat* qui estoit avec li, ne le voult lessier et sailli en la mer, dont il fu en yaue jusques aus esseles; et ala l'escu au col et le heaume en la teste et le glaive en la main, jusques à sa gent qui estoient sur la rive de la mer. Quant il vint à terre et il choisi ¹ les Sarrazins, il demanda quele gent s'estoient; et en li dit que c'estoient Sarrazins; et il mist le glaive desous s'esselle et l'escu devant li, et eust couru sus aus Sarrazins, se ses preudeshomes qui estoient avec li, li eussent souffert.

Les Sarrazins envoièrent au soudanc par coulons messagiers** par trois fois, que le roy estoit arrivé; que onques message n'en orent, pour ce que le soudanc estoit en sa maladie; et quant il virent ce, il cuidièrent que le soudanc feust mort et lessièrent Damiete. Le roy y envoia savoir par un messager chevalier. Le chevalier s'en vint au roy, et dit que il avoit esté dedans les mesons au soudanc, et que c'étoit voir. Lors envoia querre le roy le legat et touz les prelaz de l'ost, et chanta l'en hautement : *Te Deum laudamus*. Lors monta le roy et nous touz, et nous alames loger devant Damiete. Mal apertement ² se partirent les Turs de Damiete, quant il ne firent coper le pont qui estoit de nez, qui grant destourbier nous eust fait; et grant doumage nous firent au partir, de ce que il boutèrent le feu en la fonde ³, là où toutes les marchandises estoient et tout l'avoir de poiz : aussi avint de ceste chose comme qui auroit demain bouté le feu, dont Dieu le gart! à Petit-Pont ⁴.

Or disons donc que grant grace nous fist Dieu le tout puissant, quant il nous deffendi de mort et de peril, à l'ariver là où nous arivames à pié, et courumes sus à nos ennemis, qui estoient à cheval.

¹ *Choisi :* aperçut. — ² *Mal apertement :* maladroitement. — ³ *Fonde :* bazar. — ⁴ Le Petit-Pont de Paris, qui était alors chargé de maisons.

* Odon, évêque de Tusculum, qui a écrit une relation d'une partie de ce voyage.

** Pigeons porteurs de billets ou de lettres.

CI DEVISE COMMENT DAMIETE FU PRINSE *.

Grant grace nous fist Nostre Seigneur, de Damiete que il nous délivra, laquelle nous ne deussions pas avoir prise sanz affamer ; et ce poons-nous veoir tout cler, pour ce que par affamer la prist le roy Jehan ** au tens de nos pères.

Autant peut dire Nostre Seigneur de nous, comme il dit des filz Israel, là où il dit : *Et pro nichilo habuerunt terram desiderabilem*. Et que dit après ? il dist que il oublièrent Dieu, qui sauvez les avoit, et comment nous l'oubliames vous diré-je ci-après.

Je vous prenré premierement au roy [1], qui manda querre ses barons, les clers et les laiz [2], et leur requist que il li aidassent à conseiller comment l'en départiroit [3] ce que l'en avoit gaaingné en la ville. Le patriarche *** fut le premier qui parla, et

---

[1] Je commencerai d'abord à vous parler du roi. — [2] *Laiz* : laïcs. — [3] *Départir* : partager.

* La ville de Damiette est placée un peu au-dessus des embouchures du Nil. En 1170, les princes croisés, commandés par Amaury, roi de Jérusalem, l'assiégèrent durant cinquante jours, sans pouvoir s'en rendre maîtres. Leur flotte, selon l'auteur arabe Makrizi, était composée de douze cents voiles. Enfin, en 1218, trente et un ans avant l'arrivée de saint Louis en Égypte, Damiette fut assiégée par les croisés réunis ; leur armée, selon le même auteur, était de soixante-dix mille hommes de cavalerie et de quatre cent mille d'infanterie. Après bien des succès différents et un siége de seize mois et vingt-deux jours, les Francs emportèrent cette place d'assaut, l'an 1219. Deux années après le départ de saint Louis, sur le bruit que les Francs menaçaient une seconde fois l'Égypte, le tueoman Moaz-eddin-Aibeck fit raser cette place, de façon qu'il n'en resta aucun vestige, excepté la grande mosquée. La ruine de Damiette ne rassura pas les Égyptiens, et onze années après on combla l'embouchure du Nil, afin que la flotte des Francs ne pût pas remonter ce fleuve ; depuis ce temps-là, les vaisseaux ne peuvent plus entrer dans le Nil et sont obligés de mouiller au large, hors de l'embouchure.

** Jean de Brienne, roi de Jérusalem.

*** C'était le patriarche de Jérusalem ; d'après le sire de Joinville, il avait quatre-vingts ans au temps de ce voyage. Il se nommait Guy, et était

dit ainsi : « Sire, il me semble, que il iert [1] bon que vous
retenez les formens [2] et les orges et les ris, et tout ce de
quoy en peut vivre, pour la ville garnir; et face l'en crier
en l'ost, que touz les autres meubles fussent aportez en l'ostel au legat, sur peinne de escommeniement. » A ce conseil
s'acordèrent touz les autres barons. Or avint ainsi que tout le
mueble que l'en apporta à l'ostel le légat, ne montèrent que à
sis mille livres.

Quant ce fu fait, le roy et les barons mandèrent querre
monseigneur Jehan de Waleri le preudomme, et li distrent
ainsi : « Sire de Waleri, dit le roy, nous avons acordé que le
légat vous baillera les sis mille livres, à départir là où vous
cuiderés que il soit miex. » — « Sire, fit le preudomme, vous
me faites grant honeur, la vostre merci ; mèz ceste honeur et
ceste offre que vous me faites, ne prenré-je pas, se Dieu plet;
car je desferoie les bones coustumes de la sainte terre, qui
sont teles ; car, quant l'en prent les cités des ennemis,
des biens que l'en treuve dedans, le roy en doit avoir le tiers,
et les pèlerins en doivent avoir les deux pars ; et ceste coustume
tint bien le roy Jehan, quant il prist Damiete ; et ainsi comme
les anciens dient, les roys de Jerusalem qui furent devant le
roy Jehan, tindrent bien ceste coustume ; et, se il vous plet que
vous me weillez bailler les deux pars des fourmens et des orges,
des ris et des autres vivres, je me entremetrai volentiers pour
départir aus pèlerins. » Le roy n'ot pas conseil du laire [3] ; et
ainsi demoura la besoigne, dont mainte gent se tindrent mal
apaié [4] de ce que le roy deffit les bones coustumes anciennes.

Les gens le roy qui deussent debonnerement retenir, leur
loèrent les estaus [5] pour vendre leur danrées aussi chiers,
si comme l'en disoit, comme il porent ; et pour ce la renommée

[1] *Iert* : sera. — [2] *Formens* : blés. — [3] *Laire* : laisser. — [4] *Mal apaié* : mé- contents. — [5] *Estaus* : étals.

originaire de la Pouille. N'étant encore qu'évêque de Nantes, il fut promu
à la dignité de patriarche par le pape Grégoire IX.

couru en estranges terres : dont maint marcheant lessièrent à venir en l'ost [1].

Les barons qui deussent garder le leur pour bien emploier en lieu et en tens, se pristrent à donner les grans mangers et les outrageuses viandes.

Le commun peuple se prist aus foles femmes, dont il avint que le roy donna congié à tout plein de ses gens, quant nous revenimes de prison ; et je li demandé pour quoi il avoit ce fait ; et il me dit que il avoit trouvé de certein que au giet d'une pierre menue, entour son paveillon tenoient cil leur bordiaus à qui il avoit donné congié, et ou temps du plus grant meschief que l'ost eust onques esté.

Or revenons à nostre matière et disons ainsi, que un pou après ce que nous eussions pris Damiete, vindrent devant l'ost toute la chevalerie au soudanc, et assistrent nostre ost par devers la terre. Le roy et toute la chevalerie s'armèrent. Je, tout armé, alai parler au roy, et le trouvé tout armé séant sus une forme [2], et des preudommes chevaliers qui estoient de sa bataille [3], avec li touz armés. Je li requis que je et ma gent alissiens jusques hors de l'ost, pour ce que les Sarrazins ne se ferissent en nos heberges [4]. Quant monseigneur Jehan de Biaumont oy ma requeste, il m'escria moult fort, et me commanda, de par le roy, que je ne me partisse de ma herberge jusques à tant que le roy le me commenderoit. Les preudeshomes chevaliers qui estoient avec le roy vous ai-je ramentu, pour ce que il en y avoit avec li huit, touz bons chevaliers qui avoient eu pris d'armes de sà mer et de là ; et tiex chevaliers soloit l'en appeler chevalier. Le non de ceulz qui estoient chevaliers entour le roy, sont tiex : monseigneur Geffroy de Sargines, monseigneur Mahi [5] de Marley, monseigneur Phelippe de Nanteul, monseigneur Ymbert de Biau-

---

[1] Dont maint marchand cessèrent de venir au camp. — [2] *Séant sus une forme* : monté sur un banc. — [3] *Bataille* : troupe. — [4] Ne vinssent nous attaquer dans nos quartiers. — [5] *Mahi* : Mathieu.

jeu, connestable de France, qui n'estoit pas là ; ainçois estoit au dehors de l'ost, entre li et le mestre des arbalestriers*, à tout le plus¹ des serjans à armes² le roy, à garder nostre ost, que les Turs n'i feissent doumage. Or avint que mons Gauchier d'Autreche se fist armer en son paveillon de touz poins, et quant il fu monté sus son cheval, l'escu au col, le hyaume en la teste, il fist lever les pans de son paveillon et feri des esperons pour aler aus Turs ; et au partir que il fist de son paveillon, tout seul, toute sa mesnie³ escria : *Chasteillon !* Or avint ainsi que, avant que il venist aus Turs, il chaï, et son cheval li vola parmi le cors, et s'en ala le cheval couvert de ses armes à nos ennemis, pour ce que le plus des Sarrazins estoient montez sur jumens, et pour ce trait le cheval aus Sarrazins⁴. Et nous contèrent ceulz qui le virent, que quatre Turs vindrent par le seigneur Gaucher qui se gisoit par terre ; et, au passer que il fesoient par devant li, li donnoient grant cops de leur maces là où il gisoit. Là le rescourent⁵ le connestable de France et plusieurs des sergans le roy, avec li qui le ramenèrent par les bras jusques à son paveillon. Quant il vint là, il ne pot parler ; pluseurs des cyrurgiens et des phisiciens de l'ost alèrent à li ; et pour ce que il leur sembloit que il n'i avoit point de péril de mort, il le firent seigner de deux bras. Le soir tout tart, me dit monseigneur Aubert de Narcy que nous l'alissons veoir, pour ce que nous ne l'avions encore veu, et estoit home de grant non et de grant valeur. Nous entrames en son paveillon, et son chamberlanc nous vint à l'encontre pour ce que nous allissiens belement, et pour ce que nous ne esveillissiens son mestre.

¹ Avec la plus grande partie. — ² *Serjans à armes le roy* : sergents d'armes du roi. — ³ *Mesnie* : maison, famille, vassaux. — ⁴ Le cheval se retira du côté des Sarrasins. — ⁵ *Rescourent* : secoururent.

* Thibaut de Montléart eût cette qualité sous saint Louis. Il est nommé entre les grands seigneurs du royaume dans un arrêt de l'an 1270, rapporté par du Tillet.

Nous le trouvames gisant sus couvertouers de menu vert *, et nous traïmes tout souef vers li¹, et le trouvames mort. Quant en le dit au roy, il respondit que il n'en vourroit mie avoir tiex mil, puis que il ne voussissent ouvrer de son commandement aussi comme il avoit fait.

Les Sarrazins à pié entroient toutes les nuiz en l'ost, et occioient les gens, là où il les trouvoient dormans : dont il avint que il occistrent la gaite² au seigneur de Courtenay, et le lessèrent gisant sur une table, et li copèrent la teste et l'emportèrent ; et ce firent-il pour ce que le soudanc donnoit de chascune teste des chrestiens un besant d'or. Et ceste persecution avenoit pour ce que les batailles guetoient, chascun à son soir, l'ost, à cheval ; et, quant les Sarrazins vouloient entrer en l'ost, il attendoient tant que les frains des chevaus et des batailles estoient passées ; si se metoient en l'ost par darières les dos des chevaus, et r'issoient avant que jours feust. Et pour ce ordena le roy que les batailles qui soloient³ guietier à cheval, guietoient à pié ; si que tout l'ost estoit asseur de nos gens qui guietoient⁴, pour ce que il estoient espandu en tel manière que l'un touchoit à l'autre.

Après ce que ce fu fait, le roy ot conseil que il ne partiroit de Damiete, jusques à tant que son frère, le conte de Poitiers **, seroit venu, qui amenoit l'arière-ban de France ; et pour ce que les Sarrazins ne se ferissent par mi l'ost à cheval, le roys

¹ Et nous nous approchâmes tout doucement de lui. — ² *Gaite* : sentinelle. — ³ *Soloient* : avaient coutume. — ⁴ De telle manière que toute l'armée se reposait sur la foi, etc.

* En ce temps-là, les couvertures de lits étaient ordinairement faites de peaux de prix, d'où vient que les auteurs les comptent parmi les plus riches meubles.

** Vincent de Beauvais dit qu'Alphonse, comte de Poitiers, demeura en France avec Blanche, mère du roi, pour gouverner le royaume durant son absence, et que, vers la fête de la Saint-Jean, l'an 1249, il se mit en chemin avec une puissante armée, s'embarqua à Aigues-Mortes, le lendemain de la Saint-Barthélemy, et arriva à Damiette, le dimanche avant la fête de saint Simon et saint Jude. Guillaume de Nangis dit la même chose.

fist clorre tout l'ost de grans fossés, et sus les fossés gaitoient arbalestriers touz les soirs, et serjans, et aus entrées de l'ost aussi.

Quant la Saint-Remy fu passée, que en n'oy nulles nouvelles du conte de Poitiers, dont le roy et touz ceulz de l'ost furent à grant messaise[1]; car il doutoient que aucun meschief ne li feust avenu : lors je ramentu le légat comment le dien[2] de Malrut nous avoit fait trois processions en la mer, par trois samedis, et devant le tiers samedi nous arrivames en Cypre. Le légat me crut et fist crier les trois processions en l'ost par trois samedis. La première procession commença en l'ostel du légat, et alèrent au moustier Nostre-Dame en la ville; lequel moustier estoit fait en la mahommerie* des Sarrazins, et l'avoit le légat dedié en l'onneur de la Mère Dieu. Le légat fist le sermon par deux samedis. Là fu le roy et les riches homes de l'ost, ausquiex le légat donna grant pardon.

Dedans le tiers samedi vint le conte de Poitiers, et ne fu pas mestier[3] que il feust avant venu; car dedans les trois samedis fu si grant baquenas[4] en la mer devant Damiete, que il y ot bien douze vins vessiaus, que grans que petiz, brisiez et perdus à tout les gens qui estoient dedans, noyez et perdus; dont, se le conte de Poitiers feust avant venu, et il et sa gent eussent esté touz confondus.

Quant le conte de Poitiers fu venu, le roy manda touz ses barons de l'ost, pour savoir quel voie il tendroit, ou en Alixandre[5], ou en Babiloinne; dont il avint ainsi que le bon conte Pierre de Bretaingne et le plus des barons de l'ost s'acordèrent que le roy alast assieger Alixandre; que[6] devant la ville avoit bon

[1] *Messaise :* mal-aise, chagrin. — [2] *Dien :* doyen. — [3] *Mestier :* besoin. — [4] *Baquenas :* tempête. — [5] *Alixandre :* Alexandrie. — [6] *Que :* car.

* *C'est-à-dire* la mosquée. En 1219, lors de la seconde prise de Damiette, ce temple des infidèles avait été changé par le légat en une église, sous l'invocation de Notre-Dame, comme nous l'apprend Jacques de Vitry. Guillaume Guiart, dans sa *branche des royaux Lignages*, rapporte qu'en 1249, saint Louis ou plutôt le légat, le fit dédier de rechef sous le nom de Notre-Dame.

port, là où les nez arrivent, qui apportent les viandes en l'ost. A ce fu le conte d'Artois contraire, et dit ainsi que il ne s'acorderoit jà que en l'alast mais que en Babiloinne, pour ce que c'estoit le chief¹ de tout le royaume d'Égypte; et dit ainsi que qui vouloit tuer premier la serpent, il li devoit esquacher le chief². Le roy lessa touz les autres conseulz³ de ses barons, et se tint au conseil de son frère.

En l'entrée des advens se esmut le roy et l'ost pour aler vers Babiloinne, ainsi comme le conte d'Artois l'avoit loé. Assez près de Damiete trouvames un flum⁴ qui issoit de la grant riviere; et fu ainsi acordé que l'ost séjourna un jour pour boucher ledit braz, par quoy en peust passer. La chose fu faite assez legierement; car l'en boucha ledit bras rez à rez⁵ de la grant riviere. A ce flum passer envoia le soudanc cinq cens de ses chevaliers, les miex montez que il pot trouver en tout son host, pour aidier⁶ l'ost le roy, pour delaier nostre alée⁷.

Le jour de la Saint-Nicholas, commenda le roy que il s'atirassent pour chevaucher, et deffendi que nulz ne feust si hardi que il poinsist⁸ à ces Sarrazins qui venus estoient. Or avint que, quant l'ost s'esmut pour chevaucher, et les Turs virent que l'en ne poindrent pas à eulz, et sorent par leurs espies⁹ que le roy l'avoit deffendu, il s'enhardirent et assemblèrent aus Templiers, qui avoient la première bataille¹⁰; et l'un des Turs porta un des chevaliers du Temple à terre, tout devant les piez du cheval, frère Renaut de Bichiers qui estoit lors mareschal du Temple. Quant il vit ce, il escria à ses frères : « Or à eulz, de par Dieu! car ce ne pourroie-je plus souffrir. » Il feri des esperons et tout l'ost aussi : les chevaus à nos gens estoient frez, et les che-

---

¹ *Chief* : capitale. — ² Il lui devait écraser la tête. — ³ *Conseulz* : conseils. — ⁴ *Flum* : fleuve, courant d'eau. — ⁵ *Rez à rez* : à la hauteur. — ⁶ Lisez : *hardier* ou *hardoier*, c'est-à-dire *harceler;* cependant l'édition de du Cange porte : Que fist le souldan? il envoya devers le roy, cuidant le faire par cautelle, cinq cens de ses chevaliers des mieulx montez qu'il sceut choisir, disans au roy qu'ils estoient venus pour le secourir, lui et tout son ost, mais c'étoit seulement pour delaier nostre venue. — ⁷ Pour mettre un délai à notre passage. — ⁸ *Poinsist* : combattît. — ⁹ Et surent par leurs espions. — ¹⁰ *Bataille* : bataillon.

vaus aus Turs estoient jà foulez; dont je oy recorder que nul n'en y avoit eschappé, que touz ne feussent mort; et pluseurs d'eulz en estoient entré ou flum et furent noyez.

Il nous couvient premièrement parler du flum qui vient de Egypte et de Paradis terrestre; et ces choses vous ramentoif-je pour vous fere entendant aucunes choses qui affièrent à ma matière. Ce fleuve est divers de toutes autres rivières; car quant viennent les autres rivières aval, et plus y chieent de petites rivières et de petiz ruissiaus; et en ce flum n'en chiet nulles : aincis avoient ainsi que il vient tout en un chanel [1] jusques en Egypte, et lors gete de li ses branches qui s'espandent parmi Egypte. Et quant ce vient après la Saint-Remy, les sept rivières s'espandent par le païs et cuevrent les terres pleinnes; et quant elles se retraient, les gaungneurs [2] vont chascun labourer en sa terre à une charue sanz rouelles; de quoy il treuvent dedens la terre les fourmens, les orges, les comminz [3], le ris, et vivent si bien que nulz n'i sauroit qu'amender [4]; ne ne scet l'en dont celle treuve [5] vient, mez que de la volenté Dieu; et, se ce n'estoit, nulz biens ne venroient ou païs, pour la grant chaleur du solleil qui ardroit tout, pour ce que il ne pluet nulle foiz ou payz. Le flum est touzjours trouble, dont ceulz du païs, qui boire en welent, vers le soir le prennent et esquachent [6] quatre amendes ou quatre fèves; et lendemain est si bone à boire que rien n'i faut [7]. Avant que le flum entre en Egypte, les gens qui ont acoustumé à ce faire, getent leur roys [8] desliées parmi le flum, au soir; et, quant ce vient au matin, si treuvent en leur royz cel avoir de poiz [9] que l'en aporte en ceste terre, c'est à savoir gingimbre, rubarbe, lignaloecy [10] et canele; et dit l'en que ces choses viennent de paradis terrestre, que le vent abat des arbres qui sont en paradis, aussi comme le vent abat en la

---

[1] *Chanel* : canal. — [2] *Gaungneurs* : cultivateurs. — [3] *Comminz* : cumins. — [4] *Qu'amender* : que faire plus. — [5] *Treuve* : trouvaille. — [6] *Esquachent* : écrasent. — [7] *Faut* : manque. — [8] *Roys* : rets, filets. — [9] Ces marchandises qu'on vend au poids. — [10] *Lignaloecy* : bois d'aloës, *lignum aloeci* en latin.

forest en cest païs le bois sec; et ce qui chiet du bois sec ou flum, nous vendent les marcheans en ce païz. L'yaue du flum est de tel nature, que quant nous la pendion en poz de terre blans que l'en fet ou païs *, aus cordes de nos paveillons, l'yaue devenoit ou chaut du jour aussi froide comme de fonteinne. Il disoient ou païs que le soudanc de Babiloinne avoit mainte foiz essaié dont le flum venoit, et y envoioit gens qui portoient une maniere de pains que l'en appelle béquis [1], pour ce que il sont cuis par deux foiz, et de ce pain vivoient tant que il revenoient arières au soudanc; et raportoient que il avoient cerchié [2] le flum et que il estoient venus à un grant tertre de roches taillées, là où nulz n'avoit pooir de monter; de ce tertre cheoit le flum, et leur sembloit que il y eust grant foison d'arbres en la montaigne en haut; et disoient que il avoient trouvé merveilles de diverses bestes sauvages et de diverses façons, lyon, serpens, oliphans [3], qui les venoient regarder dessus la rivière de lyaue, aussi comme il aloient à mont.

Or revenons à nostre première matière et disons ainsi que, quant le flum vient en Égypte, il gete ses branches aussi comme j'é jà dit devant. L'une de ses branches va en Damiete, l'autre en Alixandre; la tierce à Atenes **, la quarte à Raxi ***; *et à celle branche qui va à Rexi vint le roy de France à tout son ost, et si se logea entre le fleuve de Damielte et celui de*

---

[1] *Béquis:* biscuits. — [2] *Cerchié:* cherché. — [3] *Oliphans:* éléphants.

* Ces pots, dont l'usage est général en Orient et en Espagne, étaient autrefois employés seulement dans les cabinets de physique. Depuis quelques années on en fabrique en France, et ils sont connus sous leur nom espagnol d'*alcarazas*.

** Tous les historiens qui rapportent ce passage, nomment cette rivière *Thanis*, qui est le nom de la branche du Nil qui passe par un endroit du même nom. C'est la branche que les anciens appelaient Pélusiaque.

*** Ce qui suit en lettres italiques a été tiré du manuscrit de Lucques, page 48, ligne 14, pour remplir la lacune, qui était visible en cet endroit, du manuscrit de l'ouvrage du sire de Joinville, que nous suivons.

Le sire de Joinville paraît désigner par ce nom la branche de Damiette dont il vient de parler.

Rexi; et toute la puissance du soudam se logèrent sur le fleuve de Rexi d'autre par, devant nostre ost, pour nous deffendre le passage ; laquelle chose leur estoit légière ; car nulz ne pooit passer ladite yaue par devers eulz, se nous la passions à nou [1].

Le roy ot conseil que il feroit faire une chauciée par mi la rivière pour passer vers les Sarrazins. Pour garder ceulz qui ouvroient [2] à la chauciée, et fist faire le roy deux beffrois que l'en appele *chas-chastiau* * ; car il avoit deux chastiaus devant les chas ** et deux massons darrières les chastiaus, pour couvrir ceulz qui guieteroient, pour les copz des engins [3] aux Sarrazins, lesquiex avoient seize engins touz drois. Quant nous venimes là, le roy fist faire dix-huit engins, dont Jocelin de Cornaut estoit mestre engingneur [4]. Nos engins getoient au leur, et les leurs aus nostres ; mès onques n'oy dire que les nostres feissent biaucop. Les frères le roy guitoient de jours, et nous li autre chevalier guetion de nuit les chaz. Nous venimes la semainne devant Nouël. Maintenant que les chaz furent faiz, l'en emprist à fere la chauciée, et pour ce que li roy ne vouloit que les Sarrazins blesassent ceulz qui portoient la terre, lesquiex traioient à nous de visée parmi le flum. A celle chauciée faire furent aveuglez [4] le roy et touz les barons de l'ost ; car pour ce que il avoient bouché l'un des bras du flum, aussi comme je vous ai dit devant (lequel firent légièrement, pour ce que il pristrent à boucher là où il partoit du grand flum); et par cest fait cuidièrent-il boucher le flum de Raxi, qui estoit jà parti du grant fleuve bien demi lieue aval. Et pour destourber la chau-

---

[1] *A nou* : à la nage. — [2] *Ouvroient* : travaillaient. — [3] *Engins* : machines de guerre. — [4] *Engingneur* : ingénieur. — [4] Agirent en aveugles.

* Galeries couvertes, flanquées de tours, le tout en bois de charpente et roulant sur quatre roues. De là les soldats lançaient des flèches, des balles de plomb et des pierres. Afin que le feu grégeois ne leur pût nuire, on les couvrait de cuirs de bœuf ou de cheval bouillis.

** Autre machine couverte qu'on attachait aux murailles pour les saper, combler les fossés et faire avancer les beffrois.

ciée¹ que le roy fesoit, les Sarrazins fesoient fere caves en terre par devers leur ost ; et si tost comme le flum venoit aus caves, le flum se flatissoit² ès caves dedens, et refaisoit une grant fosse ; dont il avenoit ainsi que tout ce que nous avions fait en trois semaines, il nous deffessoient tout en un jour, pour ce que tout ce que nous bouchions du flum devers nous, il r'élargissoient devers eulz, pour les caves que il fesoient.

Pour le soudanc qui estoit mort, et de la maladie que il prist devant Hamant la cité, il avoient fait chevetain d'un Sarrazin qui avoit à non Scecedine le filz au Seic*. L'en disoit que l'emperiere Ferris** l'avoit fait chevalier. Celi manda à une partie de sa gent que il venissent assaillir nostre ost par devers Damiete, et il si firent ; car il alèrent passer à une ville qui est sur le flum de Rixi, qui a non Sormesac. Le jour Noël, moy et mes chevaliers mangions avec monseigneur Pierre d'Avalon ***. Tandis que nous mangions, il vindrent, ferant des esperons, jusques à nostre ost, et occistrent plusieurs povres gens qui estoient alez au chans à pié. Nous nous alames armer. Nous ne sceumes onques si tost revenir que nous trouvames monseigneur Perron, nostre oste, qui estoit au dehors de l'ost, qui en fu alé après les Sarrazins : nous ferimes des esperons après, et les rescousismes aus Sarrazins³, qui l'avoient tiré à terre ; et li et son frère, le seigneur du Val, arrières en remenames en l'ost. Les templiers, qui estoient venus au cri, firent l'arrière-

---

¹ Empêcher la construction de la chaussée. — ² *Se flatissoit :* se précipitait. — ³ Les secourûmes contre les Sarrasins.

* Ce chef se nommait *Fakr-eddin*.

** Frédéric II. Nous lisons que saint Louis refusa aux prières des siens, de faire chevalier un Sarrazin qui avait tué le sultan, leur disant pour excuse : « *Absit a me, ut vel pro servanda vita, vel morte declinanda, quemcumque a christiana religione alienum, baltheo militari donare velim* ». (Wadding. *Ann.* 1254, *n.* 26.) Quant à Fakr-eddin, qui est ce Sarrazin dont parle le sire de Joinville, s'il reçut l'ordre de chevalerie de Frédéric, il faut qu'il lui ait été conféré durant les trèves que cet empereur fit avec les Sarrazins et lorsqu'il se fit couronner dans Jérusalem, l'an 1229.

*** Ailleurs il appelle ce chevalier son cousin.

Sarde bien et hardiement. Les Turs nous vindrent hardoiant[1] jusques en nostre ost : pour ce commanda le roy que l'en coussit[2] nostre ost de fossés par devers Damiete jusque au flum de Rexi.

Seecedins, que je vous ai devant nommé le chievetain des Turs, se estoit le plus prisié[3] de toute la paennime. En ses banières portoit les armes de l'empereur* qui l'avoit fait chevalier ; sa banière estoit bandée, et une des bandes estoient les armes de l'empereur qui l'avoit fait chevalier ; en l'autre estoient les armes le soudanc de Haraphe ; en l'autre bande estoient les au[4] soudanc de Babiloine. Son nom estoit Seecedin le fils Seic : ce vaut autant à dire comme le veel[5] le filz au veel. Son non tenoient-il à moult grant chose en la paiennime ; car ce sont les gens ou monde qui plus honneurent gens anciennes, puis que il est ainsi que Dieu les a gardés de vilain reproche jusques en leur vieillesce. Secedin, ce vilin Turc, aussi comme les espies le roy le raportèrent, se vanta que il mangeroit, le jour de la feste saint Sébastien, ès paveillonz le roy.

Le roy, qui sot ces choses, atira son host en tel manière que le conte d'Artois, son frère, garderoit les chaz et les engins ; le roy et le conte d'Anjou, qui puis fu roy de Cecile, furent establiz à garder l'ost par devers Babiloinne ; et le conte de Poitiers et nous, de Champaingne, garderions l'ost par devers Damiete. Or avint ainsi que le prince des Turs devant nommé fist passer sa gent en l'ille qui est entre le flum de Damiete et le flum de Rexi, là où nostre ost estoit logié ; et fist ranger ses batailles dès l'un des fleuves jusques à l'autre. A celle gent assembla le roy de Sezile et les desconfist. Moult en y ot de noiez en l'un fleuve et en l'autre ; et toutesvoies[6] en demoura il grant partie

---

[1] *Hardoiant :* harcelant. — [2] C'est-à-dire *fermât.* Le mot *coussit* du texte est probablement une faute de copiste pour *clousit.* — [3] *Prisié :* prisé, estimé. — [4] *Les au :* celles du. — [5] *Veel :* vieux. — [6] *Toutesvoies :* toutefois.

* Il résulte de ce passage que les armoiries étaient en usage parmi les Mahométans, et que leurs sultans les faisaient représenter sur leurs bannières.

ausquiex en n'osa assembler, pour ce que les engins des Sarrazins getoient parmi les deux fleuves. A l'assembler que le roy de Cezile fist aus Turs, le conte Gui de Forez tresperça l'ost des Turs à cheval, et assembla li et ses chevaliers à une bataille de Sarrazins serjans qui le portèrent à terre, et ot la jambe brisiée; et deux de ses chevaliers le ramenèrent par les bras. A grant peinne firent traire le roy de Sezile du péril là où il estoit, et moult fu prisié de celle journée.

Les Turs vindrent au conte de Poitiers et à nous, et nous leur courumes sus et les chassames grant piesce; de leur gens y ot occis, et revenimes sanz perdre. Un soir avint, là où nous guietions les chas-chastiaus de nuit, que il nous avièrent un engin que l'en appèle *perrière*, ce que il n'avoient encore fait, et mistrent le feu gregoiz* en la fonde de l'engin. Quant monseigneur Gautier du Cureil, le bon chevalier, qui estoit avec moy, vit ce, il nous dit ainsi : « Seigneurs, nous sommes ou plus grant péril que nous feussions onques mais; car, se il ardent nos chastiaus et nos demeures, sommes perdu et ars ; et, se nous lessons nos défenses que l'en nous a baillées à garder, nous sommes honnis; dont nulz de cest péril ne nous peut deffendre fors que[1] Dieu. Si vous loe et conseille que toutes les foiz que il nous geteront le feu, que nous nous metons à cou-

[1] *Fors que* : si ce n'est.

* Ce feu est appelé grégeois (grec), parce qu'il fut inventé chez les Grecs par Callinique, architecte, natif d'Héliopolis, ville de Syrie, sous Constantin le barbu. Les Grecs furent longtemps les seuls d'entre tous les peuples qui en conservèrent l'usage; ils ne le communiquèrent que rarement à quelques-uns de leurs alliés. Ils s'en servaient sur mer de deux façons, la première en emplissant des brûlots de ce feu, qu'ils envoyaient au milieu des flottes ennemies; la seconde, en mettant sur la proue de leurs navires de courses de grands tuyaux de cuivre, avec lesquels ils le soufflaient dans les vaisseaux ennemis. Sur terre, des soldats, portant des tubes de cuivre, soufflaient de même le feu grégeois contre leurs adversaires. On lançait aussi contre les machines des traits aigus, entourés d'étoupes, ou des vases remplis de ce feu, qui se brisaient dans leur chute. L'eau ne pouvait l'éteindre; il n'y avait que le vinaigre, le sable et l'urine qui en eussent le pouvoir.

tes¹ et à genoulz, et prions Nostre Seigneur que il nous gete de ce péril. » Si tost comme il getèrent le premier cop, nous nous meismes à coutes et à genoulz, ainsi comme il nous avoit enseigné. Le premier cop que il jetèrent vint entre nos deux chastelz, et chaï en la place devant nous que l'ost avoit fait pour boucher le fleuve. Nos esteingneurs furent appareillé pour estaindre le feu; et pour ce que les Sarrazins ne pooient trère à culz, pour les deux eles des paveillons que le roy y avoit fait faire, il traioient tout droit vers les nues, si que li pylet² leur cheoient tout droit vers culz. La manière du feu gregois estoit tele, que il venoit bien devant aussi gros comme un tonnel de verjus, et la queue du feu qui partoit de li, estoit bien aussi grant comme un grant glaive; il faisoit tele noise au venir, que il sembloit que ce feust la foudre du ciel; il sembloit un dragon qui volast par l'air, tant getoit grant clarté, que l'on véoit parmi l'ost comme se il feust jour, pour la grant foison du feu qui jetoit la grant clarté. Trois foiz nous getèrent le feu gregois, celi soir, et le nous lancèrent quatre foiz à l'arbalestre à tour. Toutes les foiz que nostre saint roy ooit que il nous getoient le feu grejois, il se vestoit en son lit et tendoit ses mains vers Nostre Seigneur, et disoit en plourant: « Biau sire Diex, gardez-moy ma gent; » et je croi vraiement que ses prières nous orent bien mestier au besoing³. Le soir, toutes les foiz que le feu estoit cheu, il nous envoioit un de ses chamberlans pour savoir en quel point nous estions, et se le feu nous avoit fait point de doumage. L'une des foiz que il nous getèrent, si chéi encoste le chatchastel que les gens mons de Courtenay gardoient, et feri en la rive du flum. A tant ès-vous⁴ un chevalier qui avoit non l'Aubigoiz: « Sire, fist-il à moy, se vous ne nous aidiés, nous sommes touz ars⁵; car les Sarrazins ont tant trait de leur pyles, que il a aussi comme une grant haye qui vient ardant vers nostre chastel. » Nous saillimes sus et alames là, et trouvames que

---

¹ *Coute*: coude. — ² *Pylet*: dards. — ³ Nous servirent bien dans l'embarras. — ⁴ *A tant ès-vous*: alors voici, voilà. — ⁵ *Ars*: brûlés.

il disoit voir. Nous esteingnimes le feu, et avant que nous l'eussions estaint, nous chargèrent les Sarrazins touz de pyles que il traioient au travers du flum.

Les frères le roy gaitoient les chas-chastiaus en haut, pour traire aus Sarrazins des arbalestres de quarriaus[1] qui aloient par mi l'ost aus Sarrazins. Or avoit le roy ainsi attiré[2] que, quant le roy de Sézile[3] guietoit de jour les chas-chastiaus, et nous les devions guieter de nuit. Celle journée que le roy guieta de jour, et nous devions guieter la nuit, et nous estions en grant messaise de cuer, pour ce que les Sarrazins avoient tout confroissié[4] nos chas-chastiaus; les Sarrazins amenèrent la perrière de grant jour, ce que il n'avoient encore fet que de nuit, et getèrent le feu gregois en nos chas-chastiaus. Leur engins avoient si acouplez aus chauciées que l'ost avoit fait pour boucher le flum, que nulz n'osoit aler au chas-chastiaus, pour les engins qui getoient les grans pierres, et chéoient en la voie; dont il avint ainsi que nos deux chastiaus furent ars : dont le roy de Sézile estoit si hors du sens, que il se vouloit aler ferir ou feu pour estaindre; et ce[5] il en fu courroucié, je et mes chevaliers en loames Dieu; car, se nous eussions guietié le soir, nous eussions esté tous ars.

Quant le roy vit ce, il envoya querre touz les barons, et leur pria que chascun li donnast du merrien[6] de ses nez, pour faire un chat[7] pour boucher le flum; et leur moustra que il véoient bien que il n'i avoit boiz dont en le peut faire, se ce n'estoit du merrien des nez qui avoient amené nos harnois à mont. Il en donnèrent ce que chascun voult; et quant ce chat fut fait, le merrien fut prisé à dix mille livres et plus.

Le roy vit aussi que l'en ne bouteroit le chat avant en la chauciée jusques à tant que le jour venroit que le roy de Sézile devoit guietier, pour restorer la meschéance[8] des autres

---

[1] *Quarriaus* : traits à pointe quadrangulaire. — [2] *Attiré* : réglé. — [3] *Confroissié* : fracassé. — [4] *Sézile* : Sicile. — [5] Lisez : *et se*. — [6] *Merrien* : merrain, bois de charpente. — [7] *Chat* : digue, gare. — [8] *Meschéance* : mauvais état.

chastiaus qui furent ars à son guiet. Ainsi comme l'en l'ot atiré, ainsi fu fait; car si tost comme le roy de Sézile fu venu à son gait, il fist bouter le chat jusques au lieu là où les deux autres chas-chastiaus avoient esté ars. Quant les Sarrazins virent ce, il atirèrent que touz leur seize engins geteroient sur la chauciée là où le chat estoit venu. Et quant il virent que nostre gent redoutoient à aler au chat, pour les pierres des engins qui chéoient sur la chauciée par où le chat estoit venu, il amenèrent la perrière, et getèrent le feu grejois ou chat et l'ardirent tout. Ceste grant courtoisie fist Dieu à moy et à mes chevaliers; car nous eussions le soir gueté en grant péril, aussi comme nous eussiens fait à l'autre guiet, dont je vous ai parlé devant.

Quant le roy vist ce, il manda touz ses barons pour avoir conseil. Or acordèrent entre eulz que il n'auroient pooir de faire chauciée, par quoy il peussent passer par devers les Sarrazins; pour ce que nostre gent ne savoit tant boucher d'une part, comme il en desbouchoient d'autre. Lors dit le connestable monseigneur Hymbert de Biaujeu au roy, que un Béduyn estoit venu, qui li avoit dit que il enseigneroit un bon gué, mès[1] que l'en li donnast cinq cens besans. Le roy dit que il s'acordoit que en li donnast; mès que il tenist vérité de ce que il prometoit. Le connestable en parla au Béduyn, et il dit que il n'en enseigneroit jà gué, se l'en ne li donnoit les deniers avant. Acordé fu que l'en les li bailleroit, et donnés li furent.

Le roy atira que le duc de Bourgoingne et les riches homes d'outre mer qui estoient en l'ost, guieteroient l'ost, pour ce que l'en n'i feist doumage; et que le roy et ses trois frères passeroient au gué là où le Béduyn devoit enseigner. Ceste emprise fu atirée à passer[2], le jour de quaresme-prenant, à laquelle journée nous venimes au gué le Béduyn. Aussi comme l'aube du jour aparoit, nous nous atirames de touz poins; et quant nous feusmes atirés, nous en alames ou flum, et furent nos chevaus à nou. Quant

---

[1] *Mès*: pourvu. — [2] Cette entreprise fut préparée pour être exécutée.

nous feusmes alés jusques en mi le flum, si trouvames terre, là où nos chevaus pristrent pié; et sur la rive du flum trouvames bien trois cens Sarrazins touz montés sur leur chevaus. Lors diz-je à ma gent : « Seigneurs, ne regardez qu'à main senestre; pour ce que chascun i tire, les rives sont moillées, et les chevaus leur chéent sur les cors et les noient. » Et il estoit bien voir [1] que il en y ot des noiés au passer, et entre les autres fu naié monseigneur Jehan d'Orliens [2], qui portoit banière à la voivre [3]. Nous accordames en tel manière que nous tournames encontremont l'yaue et trouvames la voie essuyée, et passames en tel manière, la merci Dieu, que onques nul de nous n'i chéi; et maintenant que nous feumes passez, les Turs s'enfouirent.

L'en avoit ordenné que le Temple feroit l'avant-garde, et le conte d'Artois auroit la seconde bataille après le Temple. Or avint ainsi que si tost comme le conte d'Artois ot passé le flum, il et toute sa gent férirent aus Turs qui s'en fuioient devant eulz. Le Temple li manda que il leur fesoit grant vileinnie, quant il devoit aller après eulz et il aloit devant; et li prioient que il les lessast aler devant, aussi comme il avoit accordé par le roy. Or avint ainsi que le conte d'Artois ne leur osa respondre, pour monseigneur Fourcaut du Merle qui le tenoit par le frain; et ce Foucault du Merle, qui moult estoit bon chevalier, n'oioit choses que les templiers deissent au conte, pour ce que il estoit seurs [4], et escrioit : « Or à eulz, or à eulz ! » Quant les templiers virent ce, il se pensèrent que il seroient honniz, se il lessoient le conte d'Artois aler devant eulz; si férirent des esperons, qui plus plus et qui miex miex, et chassèrent les Turs, qui s'enfuoient devant eulz tout parmi la ville de la Massourre * jusques aus chans par devers Babi-

---

[1] *Voir :* vrai. — [2] *Orliens :* Orléans. — [3] *Banière à la voivre :* banière à la vivre, terme de blason. — [4] *Seurs :* sourd.

* Mansourah, ville d'Égypte située sur le Nil, dans l'endroit où la branche orientale de ce fleuve est subdivisée en deux branches, dont l'une

loine. Quant il cuidèrent retourner arières, les Turs leur lancèrent trefz [1] et merrien par mi les rues, qui estoient estroites. Là fu mort le conte d'Artois, le sire de Couci que l'en apeloit Raoul*, et tant des autres chevaliers que il furent esmé [2] à trois cens. Le Temple, ainsi comme l'en me dit, y perdit quatorze vint homes armés et touz à cheval.

Moy et mes chevaliers accordames que nous irions sus courre à plusieurs Turs qui chargeoient leur harnois à main senestre en leur ost, et leur courumes sus. En dementres que nous les chacions par mi l'ost, je resgardai un Sarrazin qui montoit sur son cheval, un sien chevalier li tenoit le frain. Là où il tenoit ses deux mains à sa selle pour monter, je li donné de mon glaive par desous les esseles et le getai mort, et, quant son chevalier vit ce, il lessa son seigneur et son cheval, et m'apoia [3], au passer que je fis, de son glaive entre les deux espaules, et me coucha sur le col de mon cheval, et me tint si pressé que je ne povoie traire m'espée que j'avoie ceinte; si me couvint traire l'espée qui estoit à mon cheval : et quant il vit que j'oz m'espée traite, si tira son glaive à li et me lessa.

Quant moy et mes chevaliers venimes hors de l'ost aus Sarrazins, nous trouvames bien six mille Turs par esme [4], qui avoient lessiées leur herberges et se estoient trait aus chans; quant il nous virent, il nous vindrent sus courre et occistrent monseigneur Hugue de Trichastel, seigneur de Conflans, qui estoit avec moy à banière. Moy et mes chevaliers ferimes des esperons et alames rescourre monseigneur Raoul de Wanon qui estoit avec moy, que il avoient tiré à terre. En dementières que

---

[1] *Trefz* : poutres. — [2] *Esmé* : estimé. | par estime, environ.
— [3] *Apoia* : appuya. — [4] *Par esme* :

passe à l'occident, devant Damiette, et l'autre va à Achmoun. Le sultan Maleck-Kamel, après la prise de Damiette par les croisés, en 1219 fit bâtir cette ville, qui se trouve entre le Caire et Damiette, afin d'empêcher les Francs d'avancer davantage dans l'Égypte.

* Raoul II, fils d'Enguerrand III, et petit-fils de Raoul I. On trouve dans les manuscrits du Roi une chanson de lui, que M. Auguis (*Poëtes françois avant Malherbe*, t. II, p. 50) a fait imprimer.

je en revenoie, les Turs m'apuièrent de leur glaives ; mon cheval s'agenoilla pour le fez[1] que il senti, et je en alé outre parmi les oreilles du cheval, et resdrecai mon escu à mon col et m'espée en ma main ; et monseigneur Erart de Syverey[2], que Dieu absoille ! qui estoit entour moy, vint à moy et nous dit que nous nous treissions emprès une meson deffaite[3], et illec attenderions le roy qui venoit. Ainsi comme nous en alions à pié et à cheval, une grant route[4] de Turs vint hurter à nous, et me portèrent à terre, et alèrent par dessus moy, et volèrent mon escu de mon col ; et quant il furent outre passez, monseigneur Erart de Syverey revint sur moy et m'emmena, et en alames jusques aus murs de la meson deffete ; et illec revindrent à nous monseigneur Hugues d'Escoz[5], monseigneur Ferri[6] de Loupey, monseigneur Renau de Menoncourt. Illec les Turs nous assailloient de toutes pars ; une partie d'eulz entrèrent en la meson deffete, et nous piquoient de leur glaives par dessus[7]. Lors me dirent mes chevaliers que je les preisse par les frains, et je si fis pour ce que les chevaus ne s'enfouissent ; et il se deffendoient des Turs si viguereusement, car il furent loez de touz les preudommes de l'ost, et de ceulz qui virent le fait et de ceulz qui l'oïrent dire. Là fu navré[8] monseigneur Hugue d'Escoz de trois glaives ou visage, et monseigneur Raoul et monseigneur Ferri de Loupey d'un glaive parmi les espaules ; et fut la plaie si large que le sanc li venoit du cors aussi comme le bondon d'un tonnel. Monseigneur Erart de Syverey fu feru d'une espée par mi le visage, si que le nez li chéoit sus le lèvre ; et lors il me souvint de monseigneur saint Jaque : « Biau sire saint Jaque, que j'ai requis, aidés-moy et secourez à ce besoing. » Maintenant que j'oi faite ma prière, monseigneur Erart de Syverey me dit : « Sire, se vous cuidiés

---

[1] *Fez* : poids. — [2] L'édition de du Cange porte : *Errart d'Esmeray*. — [3] Que nous nous retirassions auprès d'une maison ruinée. — [4] *Grant route* : grande troupe. — [5] Édition de du Cange : *Hugues d'Escossé*. — [6] *Ferri* : Frédéric. — [7] Par-dessus les murs, ou dans les parties supérieures du corps, au visage, aux épaules. — [8] *Navré* : blessé.

que moy ne mes hers¹ n'eussions reprouvier², je vous iroie querre secours au conte d'Anjou que je voi là en mi les chans. » Et je li dis : « Messire Erart, il me semble que vous feriés vostre grant honeur, se vous nous aliés querre aide pour nos vies sauver, car la vostre est bien en avanturé ; » et je disoie bien voir³, car il fu mort de celle bleceure. Il demanda conseil à touz nos chevaliers qui là estoient, et touz li louèrent ce que je li avoie loé ; et quant il oy ce, il me pria que je li lessasse aler son cheval que je li tenoie par le frain avec les autres, et je si fiz. Au conte d'Anjou vint et li requist que il me venist secourre moy et mes chevaliers. Un riche homme qui estoit avec li li desloa ; et le conte d'Anjou li dit que il feroit ce que mon chevalier li requeroit : son frain tourna pour nous venir aidier, et pluseurs de ses serjans férirent des esperons. Quant les Sarrazins les virent, si nous lessièrent. Devant ces sergans vint mons Pierre de Alberive, l'espé ou poing ; et quant il virent que les Sarrazins nous eurent lessiés, il courut sur tout plein de Sarrazins qui tenoient mons Raoul de Vaunou et le rescoy⁴ moult blecié.

Là où je estoie à pié et mes chevaliers, aussi blecié comme il est devant dit, vint le roy à toute sa bataille, à grant noyse et à grant bruit de trompes et nacaires, et se aresta sur un chemin levé ; mès onques si bel armée ne vi, car il paroit desur toute sa gent dès les espaules en amon, un heaume doré en son chief, une espée d'Alemaingne en sa main. Quant il fu là haresté, ses bons chevaliers que il avoit en sa bataille, que je vous ai avant nommez, se lancèrent entre les Turs, et pluseurs des vaillans chevaliers qui estoient en la bataille le roy. Et sachiés que ce fu un très biau-fait d'armes ; car nulz n'i traioit ne d'arbalestre *, ainçois estoit le fereis⁵ de maces et d'espées,

¹ *Hers* : héritiers. — ² *Reprouvier* : reproche. — ³ *Voir* : vrai. — ⁴ *Rescoy* : secourut. — ⁵ *Fereis* : action de frapper.

* On n'a jamais réputé, parmi les Français, pour une action de valeur, de tuer son ennemi avec l'arc ou l'arbalète ; on ne faisait état que des coups de main, d'épées ou de lances ; et c'est pour cela qu'on interdit, avec le

des Turs et de nostre gent, qui touz estoient mellez. Un mien escuier qui s'en estoit fui à tout ma banière et estoit revenu à moy, me bailla un mien roncin [1] sur quoy je monté, et me trais vers le roy tout coste à coste. En dementres que nous estiens ainsi, monseigneur Jehan de Waleri le preudome vint au roy, et li dit que il looit que il se traisist [2] à main destre sur le flum, pour avoir l'aide du duc de Bourgoingne et des autres qui gardoient l'ost, que nous avions lessié, et pour ce que ses serjans eussent à boire, car le chaut estoit jà grant levé. Le roy commanda à ses serjans que il li alassent querre ses bons chevaliers que il avoit entour li de son conseil, et les nomma touz par leur non. Les serjans les alèrent querre en la bataille, où le hutin [3] estoit grant d'eulz et des Turs. Il vindrent au roy, et leur demanda conseil; et il distrent que monseigneur Jehan de Waleri le conseilloit moult bien; et lors commanda le roy au gonfanon Saint-Denis [4] et à ses banières qu'il se traisissent à main destre vers le flum. A l'esmouvoir l'ost le roy, r'ot grant noise de trompes et de cors Sarrazinnois. Il n'ot guières alé quant il ot pluseurs messages du conte de Poitiers son frère, du conte de Flandres et de pluseurs autres riches hommes qui illec avoient leur batailles, qui touz li prioient que il ne se meust; car il estoient si pressé des Turs que il ne le pooit suivre. Le roy rapella touz ses preudommes chevaliers de son conseil, et touz li loèrent que il attendit; et un pou après mons Jehan de Waleri revint, qui blasma le roy et son conseil de ce que il estoient en demeure [5]. Après tout son conseil li loa que il se traisist sur le flum, aussi comme le sire de Waleri li avoit loé. Et maintenant le connestable monseigneur Hymbert de Biaujeu vint à li, et li dit que le conte d'Artois

---

[1] *Roncin* : cheval. — [2] *Traïs*, *traisist*; tirai, tirât. — [3] *Hutin* : combat. — [4] L'oriflamme et celui qui la portait. — [5] *Demeure* : retard.

temps, l'usage des arbalètes ainsi que des flèches empoisonnées. L'empereur Conrad fut un des princes chrétiens qui, les premiers, en interdirent l'usage.

son frère se deffendoit en une meson à la Massourre, et que il l'alast secourre. Et le roy li dit : « Connestable, alés devant, et je vous suivré. » Et je dis au connestable que je seroie son chevalier, et il m'en mercia moult. Nous nous meismes à la voie pour aler à la Massourre. Lors vint un serjant à mace au connestable, tout effraé, et li dit que le roy estoit aresté, et les Turs s'estoient mis entre li et nous. Nous nous tornames, et veimes que il en y avoit bien mil et plus entre li et nous, et nous n'estions que six. Lors dis-je au connestable : « Sire, nous n'avons pooir d'aler au roy parmi ceste gent; maiz alons amont et metons cest fossé que vous veez devant vous, entre nous et eulz, et ainsi pourrons revenir au roy. » Ainsi comme je le louai, le connestable le fist. Et sachiez que, se il se feussent pris garde de nous, il nous eussent touz mors [1]; mez il entendoient [2] au roy et aus autres grosses batailles, par quoy il cuidoient que nous feussons des leur.

Tandis que nous revenions aval pardesus le flum, entre le ru et le flum, nous veimes que le roy estoit venu sur le flum, et que les Turs en amenoient les autres batailles le roy, férant et batant de maces et d'espées; et firent flatir [3] toutes les autres batailles avec les batailles le roy sur le flum. Là fu la desconfiture si grant, que pluseurs de nos gens recuidèrent passer à nou par devers le duc de Bourgoingne : ce que il ne porent faire; car les chevaus estoient lassez et le jour estoit eschaufé, si que nous voiens, en dementières que nous venions aval, que le flum estoit couvert de lances et de escus, et de chevaus et de gens qui se noioient et périssoient. Nous venimes à un poncel [4] qui estoit parmi le ru, et je dis au connestable que nous demourissons pour garder ce poncel; « car se nous le lessons, il ferront sus le roy par deçà; et, se nostre gent sont assaillis de deux pars, il pourront bien perdre. » Et nous le feismes ainsinc [5]. Et dit l'en que nous estions trestous perdus

[1] Mors : tués. — [2] Mais ils donnaient toute leur attention. — [3] Flatir : jeter. — [4] Poncel : petit pont. — [5] Ainsinc : ainsi.

dès celle journée, ce¹ le cors le roy ne feust² ; car le sire de Courtenay et monseigneur Jehan de Saillenay me contèrent que sis Turs estoient venus au frain le roy et l'emmenoient pris ; et il, tout seul, s'en délivra aus grans cops que il leur donna de l'espée. Et quant sa gent virent que le roy metoit deffense en li, il pristrent cuer, et lessèrent le passage du flum, et se trestrent vers le roy pour li aidier.

A nous tout droit vint le conte Pierre de Bretaingne, qui venoit tout droit de verz la Massoure, et estoit navré d'une espée parmi le visage, si que le sanc li chéoit en la bouche. Sus un bas cheval bien fourni séoit ; ses rènes avoit getées sur l'arçon de sa selle et les tenoit à ses deux mains, pour ce que sa gent qui estoient darières, qui moult le pressoient, ne le getassent du pas ³. Bien sembloit que il les prisast pou ; car quant il crachoit le sanc de sa bouche, il disoit : « Voi ! pour le chief Dieu, avez veu de ces ribaus ? » En la fin de sa bataille venoit le conte de Soissons et monseigneur Pierre de Noville, que l'en appeloit *Caier*, qui assez avoient souffers de cops celle journée. Quant il furent passez, et les Turs virent que nous gardions le pont, il les lessèrent, quant il virent que nous avions tourné les visages vers eulz. Je ving au conte de Soissons, cui cousine germainne j'avoie espousée*, et li dis : « Sire, je croi que vous feriés bien, se vous demouriés à ce poncel garder ; car, se nous lessons le poncel, ces Turs que vous veez ci devant vous, se ferront jà parmi, et ainsi iert le roy assailli⁴ par derière et par devant. » Et il demanda, se il demouroit, se je demourroie ; et je li respondi : « Oïl, moult volentiers. » Quant le connestable oy ce, il me dit que je ne partisse de là tant que il revenist, et il nous iroit querre secours.

Là où je demourai ainsi sus mon roncin, me demoura le conte de Soissons à destre, et monseigneur Pierre de Noville

---

¹ Lisez : *sa*. — ² Si le roi en personne ne se fût trouvé là. — ³ Ne lui fissent quitter son poste. — ⁴ Et ainsi le roi sera assailli.

* C'était sa première femme ; elle se nommait Alix de Grand-Pré.

à senestre. A tant et vous¹ un Turc qui vint devers la bataille le roy², [qui] darière nous estoit ; et féri par darières monseigneur Pierre de Noville d'une mace, et le coucha sus le col de son cheval du cop que il li donna, et puis se féri outre le pont et se lansa entre sa gent. Quant les Turs virent que nous ne lèrions³ pas le poncel, il passèrent le ruissel⁴ et se mistrent entre le ruissel et le flum, ainsi comme nous estions venu aval ; et nous nous traisimes entre eulz en tel manière, que nous estions touz appareilliés à eulz sus courre, se il voussissent passer vers le roy et se il voussissent passer le poncel.

Devant nous avoit deux serjans le roy, dont l'un avoit non *Guillaume de Boon*⁵ et l'autre *Jehan de Gamaches*, à cui les Turs, qui s'estoient mis entre le flum et le ru⁶, amenèrent tout plein de vileins⁷ à pié, qui leur getoient motes de terres. Onques ne les peurent mettre sur nous⁸. Au darrien⁹ il amenèrent un vilain à pié, qui leur geta troiz foiz feu grégois. L'une des foiz requeilli Guillaume de Boon le pot de feu grégoiz à sa roelle¹⁰ ; car se il se feust pris à riens sur li, il eust esté ars¹¹. Nous estions touz couvers de pyles, qui eschapoient des sergens. Or avint ainsi que je trouvai un gamboison¹² d'estoupes à un Sarrazin. Je tournai le fendu devers moy, et fis escu du gamboison, qui m'ot grant mestier ; car je ne fu pas blecié de leur pyles que en cinc lieus, et mon roncin en quinze lieus. Or avint encore ainsi que un mien bourjois de Joinville m'aporta une banière, à un fer de glaive ; et toutes les foiz que nous voions que il pressoient les serjans, nous leur courions sus et il s'enfuioient.

Le bon conte de Soissons, en ce point-là où nous estions, se mo-

---

¹ *A tant et vous* : alors voici. — ² Le bataillon du roi. — ³ *Lèrions* : laisserions. — ⁴ *Ruissel* : ruisseau. — ⁵ L'édition de du Cange porte : *Guillaume de Bron*. Ce gentilhomme était de Bretagne et l'un des ancêtres de du Guesclin. — ⁶ *Ru* : ruisseau. — ⁷ Un grand nombre de paysans. — ⁸ Faire avancer sur nous. — ⁹ *Au darrien* : En dernier lieu, enfin. — ¹⁰ *A sa roelle* : avec son écu. — ¹¹ *Ars* : brûlé. — ¹² *Gamboison*, veste piquée et rembourrée de laine et d'étoupes battues avec du vinaigre, qui se mettait sous le haubert et sous la cotte de maille.

quoit à moy¹ et me disoit : « Séneschal, lessons huer ceste chiennaille ; que, par la quoife Dieu ! (ainsi comme il juroit,) encore en parlerons-nous de ceste journée ès chambres des dames. »

Le soir, au solleil couchant, nous amena le connestable les arbalestriers le roy à pié, et s'arangèrent devant nous. Et quant les Sarrazins nous virent mettre pié en estrier des arbalestriers, il s'enfuirent ; et lors me dit le connestable : « Séneschal, c'est bien fait. Or vous en alez vers le roy, si ne le lessiés huimez², jusques à tant que il iert descendu en son paveillon. » Sitost comme je ving au roy, monseigneur Jehan de Walery vint à li et li dit : « Sire, monseigneur de Chasteillon vous prie que vous li donnez l'arière-garde. » Et le roy si fist moult volentiers, et puis si se mist au chemin. Endementières³ que nous en venions, je li fis oster son hyaume et li baillé mon chapel de fer pour avoir le vent. Et lors vint frère Henri de Ronnay à li, qui avoit passé la rivière⁴, et li bèsa la main toute armée, et il li demanda se il savoit nulles nouvelles du conte d'Artois, son frère ; et il li dit que il en savoit bien nouvelles, car estoit certein que son frère le conte d'Artois estoit en paradis : « Hé ! sire, vous en ayés bon reconfort, car si grant honneur n'avint onques au roy de France comme il vous est avenu ; car pour combatre à vos ennemis avez passé une rivière⁵ à nou⁶, et les avez desconfiz et chaciez du champ, et gaingnés leur engins et leur héberges, là où vous gerrés⁷ encore ennuit. » Et le roy respondi que Dieu en feust aouré⁸ de ce que il li donnoit ; et lors li chéoient les lermes des yex moult grosses.

Quant nous venimes à la héberge, nous trouvames que les Sarrazins à pié tenoient une tente que il avoient estendue, d'une part, et nostre menue gent, d'autre. Nous leur courumes

---

¹ Plaisantait avec moi. — ² *Huimes* : désormais. — ³ *Endementières* : pendant. — ⁴ Et alors le frère Henri de Ronnay, qui avait passé la rivière, vint au roi. — ⁵ Le canal du Rexi, au gué que le Bédouin avait enseigné. — ⁶ *A nou* : à la nage. — ⁷ *Gerrés* : coucherez. — ⁸ *Aouré* : prié.

sus, le mestre du Temple* et moy; et il s'enfuirent, et la tente demoura à nostre gent.

En celle bataille ot moult de gent de grant bobant¹, qui s'en vindrent moult honteusement fuiant parmi le poncèl dont je vous ai avant parlé, et s'enfuirent effréément; ne onques n'en peumes nul arester delez nous : dont je en nommeroie bien, desquiex je ne soufferré²; car mort sont.

Mès de monseigneur Guion Malvoisin ne me soufferrai-je mie, car il en vint de la Massourre honorablement; et bien toute la voie que le connestable et moy en alames amont, il revenoit aval. Et en la manière que les Turs amenèrent le conte de Bretaingne et sa bataille, en ramenèrent-il monseigneur Guion Malvoisin et sa bataille, qui ot grant los³, il et sa gent, de celle jornée. Et ce ne fu pas de merveille se il et sa gent se prouvèrent bien celle journée ; car l'en me dit, icil qui bien le savoient son couvine⁴, que toute sa bataille, n'en failloit guères, estoit toute de chevaliers de son linnage et de chevaliers qui estoient ses hommes-liges.

Quant nous eumes desconfit les Turs et chaciés de leur herberges, et que nulz de nos gens ne furent demourez en l'ost, les Béduyns se férirent en l'ost des Sarrazins, qui moult estoient grant gent. Nulle chose du monde il ne lessoient en l'ost des Sarrazins, que il n'emportassent tout ce que les Sarrazins avoient lessié; ne je n'oy onques dire que les Béduyns, qui estoient sousjez⁵ aus Sarrazins, en vausissent⁶ pis de chose que il leur eussent tolue ne robée⁷, pour ce que leur coustume est tele et leur usage, que il courent tousjours sus aus plus febles.

Pour ce que il affiert à la matère, vous dirai-je quel gent sont les Béduyns. Les Béduyns ne croient point en Mahommet,

¹ *Bobant* : luxe, belle apparence. — ² *Desquels* je m'abstiendrai de parler. — ³ *Los* : gloire. — ⁴ *Son couvine* : l'état de ses affaires. — ⁵ *Sousjez* ; sujets. — ⁶ *Vausissent* : valussent. — ⁷ *Tolue ne robée* : prise ou dérobée.

* Il s'appelait Guillaume de Sonnac. Voyez plus loin, pag. 83.

ainçois croient en la loy Haali, qui fu oncle Mahommet*; et ainsi il croient le Vieil de la Montaigne, cil qui nourrit les Assacis ¹*. Et croient que quant l'homme meurt pour son seigneur, ou en aucune bone entencion, que l'ame d'eulz en va en meilleur cours et en plus aaisié que devant²; et pour ce ne font force li Assacis, se l'en les occist quant il font le commandement du Veil de la Montaigne. Du Veil de la Montaigne nous tairons orendroit³, si dirons des Béduyns.

Les Béduyns ne demeurent en villes, ne en cités, n'en chastiaus, mez gisent adès⁴ aus champs; et leur mesnies, leur femmes, leur enfans fichent le soir de nuit, ou de jours quant il fait mal tens⁵, en unes manières de herberges que il font de cercles de tonniaus loiés⁶ à perches, aussi comme les chers⁷ à ces dames sont; et sur ces cercles gètent piaus de moutons que l'en appelle piaus de Damas, conrées en alun⁸. Les Béduyns meismes en ont grans pelices, qui leur cuevrent tout le cors, leur jambes et leur piés. Quant il pleut le soir et fait mal tens de nuit, ils s'encloent dedens leur pelices, et ostent les frains à leur chevaus et les lessent pestre delez eulz. Quant ce vient lendemain, ils r'estendent leur pelices au solleil et les conroient, ne jà n'i perra chose⁹ que eles aient esté moillées le soir. Leur créance est tele, que nul ne peut morir que à son jour, et pour ce ne veulent-il armer; et quant il maudient leur enfans, si leur dient : « Ainsi soies-tu maudit,

---

¹ *Assacis* : Assassins, ou Ismaëliens. — ² En meilleure vie et plus heureuse qu'auparavant. — ³ *Orendroit* : maintenant. — ⁴ *Adès* : toujours. — ⁵ *Mal tens* : mauvais temps. — ⁶ *Loiés* : liés. — ⁷ *Chers* : chars. — ⁸ *Conrées en alun* : enduites d'alun. — ⁹ Il n'y paraîtra point.

* Voyez, sur cette secte, la lettre de M. Jourdain à M. Michaud, insérée, page 339 du tome II de l'*Histoire des Croisades* (Paris, Michaud jᵉ, 1825); l'Histoire des Ismaéliens par l'historien persan Mirkhond, donnée et traduite par le même, dans le tome IX des *Notices et extraits des manuscrits de la Bibliothèque impériale*, etc., pag. 143-182 ; les *Nouvelles Recherches sur les Ismaëliens*, etc., par M. C. Defrémery (*Journal asiatique*, mai-juin 1854, pag. 373-421 ; et janvier 1855, pag. 5-76), etc.

* Aly n'était pas oncle de Mahomet, mais son cousin et son gendre, ayant épousé Fatimé, sa fille.

comme le Franc qui s'arme pour poour[1] de mort! » En bataille il ne portent riens que l'espée et le glaive. Presque touz sont vestus de seurpeliz, aussi comme les prestres; de touailles sont entorteillées leur testes, qui leur vont par desous le menton [2] : dont lèdes gent et hydeuses sont à regarder, car les cheveus des testes et des barbes sont touz noirs [*]. Il vivent du let de leur bestes, et achètent les pasturages ès berries [3] aus riches hommes, de quoy leur bestes vivent. Le nombre d'eulz ne sauroit nulz nommer; car il en a ou réaume [4] de Égypte, ou réaume de Jérusalem et en toutes les autres terres des Sarrazins et des mescréans, à qui il rendent grant tréus [5] chascun an.

J'ai veu en cest païs [6], puis [7] que je revins d'outre-mer, aucuns desloiaus crestiens qui tenoient la loy des Béduyns, et disoient que nulz ne povoit morir qu'à son jour; et leur créance est si desloiaus, qu'il vaut autant à dire comme Dieu n'ait povoir de nous aidier: car il seroient folz ceulz qui serviroient Dieu, se nous ne cuidien que il eust pooir de nous eslongier [8] nos vies et de nous garder de mal et de meschéance; et en li devons-nous croire, que il est poissant de toutes choses fère.

Or disons ainsi que à l'anuitier revenimes de la périlleuse bataille desus dite, le roy et nous, et nous lojames ou lieu dont nous avions chacié nos ennemis. Ma gent, qui estoient demourez en nostre ost dont nous estions parti, m'aportèrent une tente que les Templiers m'avoient donnée, et la me tendirent devant les engins que nous avions gaingnés aus Sarrazins; et le roy fist establir serjans pour garder les engins.

[1] *Poour* : peur. — [2] *La construction est* leurs têtes sont entorteillées de pièces de toiles qui leur vont par-dessous le menton. — [3] *Berries* : plaines, prairies. — [4] *Réaume* : royaume. — [5] *Tréus* : tributs. — [6] C'est-à-dire en France. — [7] *Puis* : depuis. — [8] *Eslongier* : allonger.

[*] Ce passage nous apprend que les Français d'alors conservaient encore généralement la chevelure et la barbe blondes, caractère de leur origine septentrionale.

Quant je fus couchié en mon lit, là où je eusse bien mestier [1] de reposer pour les bleceures que j'avoie eu le jour devant, il ne m'avint pas ainsi; car, avant que il feust bien jour, l'en escria en nostre ost : Aus armes! aus armes! Je fiz lever mon chamberlain [2] gisoit devant moy, et li diz que il alast veoir que c'estoit. Et il revint tout effraé, et me dit : « Sire, or sus! or sus! que vez-ci les Sarrazins qui sont venus à pié et à cheval; et ont desconfit les serjans le roy qui gardoient les engins, et les ont mis dedans les cordes de nos paveillons [3]. » Je me levai et getai un gamboison en mon dos et un chapel de fer en ma teste, et escriai à nos serjans : « Par saint Nicholas! ci ne demourront-il pas. » Mes chevaliers me virent si blecié comme il estoient; et reboutames les serjans aus Sarrazins hors des engins, jusques devant une grosse bataille de Turs à cheval, qui estoient touz rez à rez des engins que nous avions gaaingnés. Je mandai au roy que il nous secourust; car moy ne mes chevaliers n'avions povoir de vestir haubers, pour les plaies que nous avions eues; et le roy nous envoya monseigneur Gaucher de Chasteillon, lequel se loga entre nous et les Turs, devant nous.

Quant le sire de Chasteillon ot rebouté arière les serjans aus Sarrazins à pié, il se retraïrent sus une grosse bataille de Turs à cheval, qui estoit rangiée devant nostre ost, pour garder que nous ne seurpreissions l'ost aus Sarrazins, qui estoit logié darière eulz. De celle bataille de Turs à cheval qui estoient descendus à pié, huit de leur chievetains moult bien armés, qui avoient fait un hourdéis de pierres taillées [4], pour ce que nos arbalestriers ne les bleçassent; ces huit Sarrazins traioient à la volée parmi nostre ost, et blecèrent pluseurs de nos gens et de nos chevaus. Moy et nos chevaliers nous meismes ensemble et acordames, quant il seroit anuité [5], que nous enporterions les pierres dont il se hourdoient [6]. Un mien prestre,

---

[1] *Mestier:* besoin. — [2] Suppléez : *qui.* — [3] Et ont poussé ces soldats jusque dans notre camp. — [4] Un retranchement de pierres de taille. — [5] *Anuité :* devenu nuit. — [6] *Hourdoient :* fortifiaient.

qui avoit à non monseigneur Jehan de Voyssei, fu à son conseil ¹, et n'atendi pas tant; ainçois se parti de nostre ost tout seul, et s'adreça vers les Sarrazins, son gamboison vestu, son chapel de fer en sa teste, son glaive, trainant le fer, desouz l'essèle, pour ce que les Sarrazins ne l'avisassent ². Quant il vint près des Sarrazins, qui riens ne le prisoient, pour ce que il le véoient tout seul, il lança son glaive desous s'essèle et leur courut sus. Il n'i ot nul des huit qui y meist deffense; ainçois tournèrent touz en fuie. Quant ceulz à cheval virent que leur seigneurs s'en venoient fuiant, il férirent des esperons pour eulz rescourre, et il saillirent bien de nostre ost jusques à cinquante serjans; et ceulz à cheval vintrent ³ férant des esperons et n'osèrent assembler à nostre gent à pié, ainçois ganchirent ⁴ par devers eulz. Quant il orent ce fait ou deux foiz ou troiz, un de nos serjans tint son glaive parmi le milieu, et le lança à un des Turs à cheval, et li en donna parmi les costes. Quant les Turs virent ce, il n'i osèrent puis aler ne venir, et nos serjans emportèrent les pierres. Dès illec en avant fu mon prestre bien cogneu en l'ost, et le moustroient l'un à l'autre, et disoient : « Vez-ci le prestre monseigneur de Joinville, qui a les huit Sarrazins desconfiz. »

Ces choses avindrent le premier jour de quaresme. Ce jour meismes un vaillant Sarrazin, que nos ennemis avoient fet chievetain pour Secedic le filz au Seic, que il avoient perdu en la bataille le jour de quaresme-prenant, prist la cote le conte d'Artois qui avoit esté mort en celle bataille, et la moustra à tout le peuple des Sarrazins, et leur dit que c'estoit la cote le roy à armer ⁵, qui mort estoit. « Et ces choses vous moustré-je, pour ce que cors sans chief ne vaut riens à redouter, ne gent sanz roy : dont, ce il vous plet ⁶, nous les assaurons ⁷ samedi, vendredi, et vous y devez acorder, si

¹ Il faut peut-être lire : fu à ce conseil. — ² Ne l'avisassent : ne l'aperçussent. — ³ Lisez : vindrent. — ⁴ Ganchirent : tournèrent à gauche. — ⁵ Cotte d'armes du roi. — ⁶ Lisez : se il vous plet. — ⁷ Assaurons : attaquerons.

comme il me semble ; car nous ne devrons pas faillir que nous les prenons touz, pour ce que il ont perdu leur chievetein. » Et touz s'acordèrent que il nous venroient assaillir vendredi.

Les espies le roy [1] qui y estoient en l'ost des Sarrazins, vindrent dire au roy ces nouvelles. Et lors commanda le roy à touz les cheveteins des batailles que il feissent leur gent armer dès la mienuit, et se traisissent hors des paveillons jusques à la lice, qui estoit tele que il y avoit lons merriens, pour ce que les Sarrazins ne se férissent parmi l'ost ; et estoient atachiés en terre en tel manière, que l'en pooit passer parmi le merrien à pié. Et ainsi comme le roy l'ot commandé il fu fait.

A solleil levant tout droit les Sarrazins devant nommez de quoy il avoient fait leur chievetain, nous amena [2] bien quatre mille Turs à cheval, et les fist ranger touz entour nostre ost et li, dès le flum qui vient de Babiloine jusques au flum qui se partoit de nostre ost, et en aloit vers une ville que l'en appele *Risil*. Quant il orent ce fait, il nous ramenèrent si grant foison de Sarrazins à pié, que il nous r'environnèrent tout nostre ost, aussi comme il avoient des gens à cheval. Après ces deux batailles que je vous conte, firent ranger tout le pooir [3] au soudanc de Babiloine pour eulz aidier, se mestier leur feust. Quant il orent ce fait, le chievetain vint veoir le couvine de nostre ost, sur un petit roncin ; et selonc ce que il véoit que nos batailles estoient plus grosses en un lieu que en un autre, il r'aloit querre de sa gent et renforçoit ses batailles contre les nostres. Après ce, fist-il passer les Béduyns, qui bien estoient troiz mille, par devers les deux rivières ; et ce fist-il pour ce que il cuidoit que le roy eust envoié au duc de sa gent pour li aidier contre les Béduyns, par quoy l'ost le roy en feust plus fèble.

En ces choses aréer mist-il jusques à midi ; et lors il fist

---

[1] *Les espies le roy* : les espions du roi. — [2] Droit au soleil levant, celui que les Sarrazins ci-devant nommés avaient élu pour commander leur armée, nous amena, etc. — [3] *Pooir* : armée, troupe.

sonner ses tabours, que l'en appelle *nacaires*, et lors nous coururent sus et à pié et à cheval. Tout premier, je vous dirai du roy de Sezile, qui lors estoit conte d'Anjou, pour ce que c'estoit le premier par devers Babiloine. Il vindrent à li en la manière que l'en jeue [1] aus eschez; car il li firent courre sus à leur gent à pié, en tel manière que ceulz à pié li getoient le feu gréjois. Et les pressoient tant ceulz à cheval et ceulz à pié, que il desconfirent le roy de Cezile, qui estoit entre ses chevaliers à pié; et l'en vint au roy et li dit l'en le meschief où son frère estoit. Quant il oy ce, il féri des esperons parmi les batailles son frère, l'espée au poing, et se féri entre les Turs si avant que il li empristrent la colière [2] de son cheval de feu gréjois; et par celle pointe que le roy fist, il secourt le roy de Cezile et sa gent, et enchacèrent les Turs de leur ost.

Après la bataille au roy de Cezile, estoit la bataille des barons d'outre-mer, dont mesire Gui Guibelin [3] et mesire Baudouin, son frère, estoient chieveteins. Après leur bataille estoit la bataille monseigneur Gautier de Chateillon, pleine de preudommes et de bone chevalerie. Ces deux batailles se deffendirent si viguereusement, que onques les Turs ne les porent ne percier ne rebouter [4].

Après la bataille monseigneur Gautier [5] estoit frère Guillaume de Sonnac, mestre du Temple, à tout ce pou [6] de frères qui li estoient demourez de la bataille du mardi; il ot fait faire deffense endroit li des engins aus Sarrazins que nous avions gaaingnés. Quant les Sarrazins le vindrent assaillir, il getèrent le feu gréjois ou hordis [7] que il y avoient fait faire, et le feu s'y prist de légier [8]; car les Templiers y avoient fait mettre grans planches de sapin. Et sachez que les Turs n'atendirent pas que le feu feust tout ars, ains alèrent sus courre aus Templiers parmi le feu ardant. Et à celle bataille, frère Guil-

---

[1] *Jeue* : joue. — [2] *Empristrent* (lisez *emplistrent*) *la colière* : remplirent la croupière. — [3] Lisez : *Guy d'Ibelin*. — [4] *Rebouter* : repousser. — [5] Suppléez qui. — [6] *A tout ce pou* : avec ce peu. — [7] *Ou hordis* : aux retranchements. — [8] *De légier* : facilement.

laume, le mestre du Temple, perdi l'un des yex, et l'autre avoit-il perdu le jour de quaresme-prenant, et en fu mort ledit seigneur, que Diex absoille. Et sachez que il avoit bien un journel de terre darière les Templiers, qui estoit si chargié de pyles que les Sarrazins leur avoient lanciées, que il n'i paroit¹ point de terre pour la grant foison de pyles.

Après la bataille du Temple estoit la bataille monseigneur Guion Malvoisin, laquele bataille les Turs ne porent onques vaincre; et toutevoiz avint ainsi que les Turs couvrirent monseigneur Guion Malvoisin de feu grégois, que à grant peinne le porent esteindre sa gent.

De la bataille monseigneur Guion Malvoisin descendoit la lice qui clooit² nostre ost, et venoit vers le flum bien le giet d'une pierre poingnant. Dès illec³ si s'adreçoit la lice par devant l'ost le conte Guillaume, et s'estendoit jusques au flum qui s'estendoit vers la mer. Endroit celi qui venoit devers monseigneur Guion Malvoisin, estoit là nostre bataille; et pour ce que la bataille le conte Guillaume de Flandres leur estoit encontre leur visages, il n'osèrent venir à nous : dont Dieu nous fist grant courtoisie; car moy ne mes chevaliers n'avions ne haubers ne escus, pour ce que nous estions touz bleciés de la bataille du jour de quaresme-prenant.

Le conte de Flandres coururent sus moult aigrement et vigueureusement, et à pié et à cheval. Quant je vi ce, je commandé à nos arbalestriers que il traississent à ceulz à cheval⁴. Quant ceulz à cheval virent que en les bleçoit par devers nous, ceulz à cheval touchèrent à la fuie⁵; et quant les gens le conte virent ce, il lessièrent l'ost et se fichèrent par desus la lice, et coururent sus aus Sarrazins à pié et les desconfirent. Pluseurs en y ot de mors, et pluseurs de leur targes gaaingnées. Là se prouva vigueureusement Gautier de la Horgne, qui portoit la banière monseigneur d'Apremont.

¹ *Paroit* : paraissait. — ² *Clooit* : enfermait. — ³ *Dès illec* : De là. — ⁴ Que ils tirassent aux Sarrasins qui étaient à cheval. — ⁵ Tournèrent bride.

Après la bataille le conte de Flandres, estoit la bataille au conte de Poitiers, le frère le roy; laquele bataille du conte de Poitiers ¹ estoit à pié, et il tout seul estoit à cheval; laquele bataille du conte les Turs desconfirent tout à net, et enmenoient le conte de Poitiers pris. Quant les bouchiers et les autres homes de l'ost et les femmes qui vendoient les danrées oïrent ce, il levèrent le cri en l'ost, et, à l'aide de Dieu, il secoururent le conte et chacièrent de l'ost les Turs.

Après la bataille le conte de Poitiers, estoit la bataille monseigneur Jocerant de Brançon, qui estoit venu avec le conte en Égypte, l'un des meilleurs chevaliers qui feust en l'ost. Sa gent avoit si arée ² que touz ces chevaliers estoient à pié. Et il estoit à cheval, et son filz monseigneur Henri et le filz monseigneur Jocerant de Nantum; et ceulz retint à cheval, pour ce que il estoient enfants. Par pluseurs fois li desconfirent les Turs sa gent. Toutes les foiz que il véoit sa gent desconfire, il féroit des esperons et prenoit les Turs par derrière; et ainsi lessoient les Turs sa gent par pluseurs foiz pour li courre sus. Toutevoiz, ne leur eust riens valu que les Turs ne les eussent touz mors ou champ, se ne feust monseigneur Henri de Coonne, qui estoit en l'ost le duc de Bourgoingne, sage chevalier et preus et apensé ³; et toutes les foiz que il véoit que les Turs venoient courre sus à monseigneur de Brancion, il fesoit traire les arbalestriers le roy aus Turs parmi la rivière. Et toutevoiz eschapa le sire de Brancion du meschief de celle journée, que de vint chevaliers que il avoit entour li, il en perdi douze, sanz l'autre gent d'armes; et il-meismes fu si malement atourné ⁴, que onques puis sus ses piez n'aresta, et fu mort de celle bleceure ou servise Dieu.

Du seigneur de Brancion vous dirai : il avoit esté, quant il mourut, en trente-six batailles et poingnéis ⁵, dont il avoit porté pris d'armes. Je le vi en un ost le conte de Chalon, cui ⁶ cousin

---

¹ Ces cinq mots sont inutiles. — ² *Arée* : arrangée. — ³ *Apensé* : réfléchi. — ⁴ *Malement atourné* : maltraité. — ⁵ *Poingnéis* : combats. — ⁶ *Cui* : à qui.

8

il estoit ; et vint à moy et à mon frère, et nous dit le jour d'un grant vendredi [1] : « Mes neveus, venés à moy aidier, et vous et vostre gent ; car les Alemans brisent le moustier [2]. » Nous alames avec li et leur courumes sus, les espées traites, et à grant peinne et à grant hutin les chassames du moustier. Quant ce fu fait, le preudomme s'agenoilla devant l'autel, et cria à Nostre-Seigneur à haute voiz, et dit : « Sire, je te prie que il te preingne pitié de moy, et m'oste de ces guerres entre crestiens, là où j'ai vescu grant piesce ; et m'otroie que je puisse mourir en ton servise, par quoy je puisse avoir ton règne de paradis. » Et ces choses vous ai-je ramenteu, pour ce que je croi que Dieu li otroia, si comme vous povez avoir veu ci-devant.

Après la bataille, le premier vendredi de quaresme, manda le roy touz ses barons devant li, et leur dit : « Grant grace, fist-il, devons à Nostre-Seigneur de ce que il nous a fait tiex [3] deux honneurs en ceste semainne ; que, mardi le jour de quaresme-prenant, nous les chassames de leur herberges, là ou nous sommes logés ; ce vendredi prochain, qui passé est, nous nous sommes deffenduz à eulz [4], nous à pié et il à cheval ; » et moult d'autres beles paroles pour eulz reconforter. Pour ce que il nous couvient poursuivre nostre matière, laquele il nous couvient un pou entre-lacier, pour faire entendre comment le soudanc tenoient leur gent ordenéement et aréement [5] ; et est voir que le plus de leur chevalerie il avoient fet de gens estranges *, que marcheans prenoient en estranges terres pour

[1] *Grant vendredi :* vendredi saint. — [2] L'abbaye de Mâcon. — [3] *Tiex :* tels. — [4] *A eulz :* contre eux. — [5] *Aréement :* en bon arroi, régulièrement.

* C'était encore, il y a quelques années, la coutume des Turcs de composer leur principale milice, qui était celle des janissaires, des enfants de tribut. Tous les cinq ans, ils envoyaient des commissaires dans les provinces de leur obéissance, et principalement en Albanie, en Bosnie et en Grèce, pour en enlever les enfants des chrétiens, qu'ils faisaient élever dans l'islamisme, et auxquels ils apprenaient les exercices de la guerre. Ces soldats, ainsi aguerris, ne connaissant ni leurs parents, ni leur extraction, étaient accoutumés à ne regarder pour père et pour maitre que le Grand-Seigneur.

vendre ; et il les achetoient moult volentiers et chièrement. Et ces gens que il menoient en Égypte prenoient en Orient, parce que quant l'un des roys d'Orient avoit desconfit l'autre, si prenoit les povres gens que il avoit conquis, et les vendoient aus marchans, et les marcheans les revenoient vendre en Égypte.

La chose estoit si ordenée, que les enfans jusques à tant que barbe leur venoit, le soudanc les nourrissoit en sa méson en tel manière que, selonc ce que il estoient, le soudanc leur fesoit faire arcz à leur point ; et si tost comme il enforçoient [1], il getoient leurs ars [2] en l'artillerie au soudanc, et le mestre artillier leur baillet ars si fors comme il les pooit teser [3]. Les armes au soudanc estoient d'or ; et tiex armes comme le soudanc portoit, portoient celle jeone gent ; et estoient appelez *bahariz*.*

Maintenant que les barbes leur venoient, le soudanc les fesoit chevaliers. Et portoient les armes au soudanc, fors que tant que il y avoit différence, c'est à savoir ensignes vermeilles, roses, ou bendes vermeilles, ou oisiaus, ou autres enseignes que il metoient sus armes d'or, teles comme il leur plesoit ; et ceste gent que je vous nomme, appeloit l'en *de la Haulequa*.**, car les beharis gesoient dedans les tentes au soudanc. Quant le soudanc estoit en l'ost, ceulz de la Haulequa estoient logiez entour les héberges le soudanc, et establiz pour le cors le soudanc garder. A la porte de la héberge le soudanc estoient logiez en une petite tente les portiers le soudanc, et ses menestriers, qui avoient cors sarrazinnois et tabours et nacaires. Et fesoient tel noise au point du jour et à l'anuitier, que ceulz qui estoient delez [4] eulz ne pooient entendre l'un l'autre ; et clèrement

---

[1] *Enforçoient :* devenaient forts. — [4] *Delez :* près de.
[2] *Ars :* arcs. — [3] *Teser :* tendre.

* Ce mot est arabe et dérive de *bahr*, terme qui signifie *mer*, et par lequel les Égyptiens désignent le Nil. Les Baharis furent ainsi appelés, parce qu'ils occupaient une caserne sur les bords de ce fleuve, dans l'île de Rauda, en face du Caire.

** Le mot *haulequa*, ou plutôt *halka*, est arabe, et désigne la *garde du prince*.

les oioit l'en parmi l'ost, ne les menestriers ne feussent jà si hardis que il sonnassent leur instrumens de jours, ne mais que par le mestre de Haulequa[1] : dont il estoit ainsi, que quant le soudanc vouloit charger[2], il envoioit querre le mestre de la Haulequa et li fesoit son commandement ; et lors le mestre fesoit sonner les instrumens au soudanc, et lors tout l'ost venoit pour oïr le commandement au soudanc. Le mestre de la Hauleca le disoit, et tout l'ost le fesoit.

Quant le soudanc se conbatoit, les chevaliers de la Hauleca, selonc ce que il se prouvoient bien en la bataille, le soudanc en fesoit amiraus[3], et leur bailloit en leur compaingnie deux cens chevaliers ou troiz cens ; et comme miex le fesoient et plus leur donnoit le soudanc.

Le pris qui est en leur chevalerie si est tel, que quant il sont si preus et si riches que il n'i ait que dire, et le soudanc a poour que il ne le tuent ou que il ne le déshéritent, si les fait prendre et mourir en sa prison, et à leur femme tolt[4] ce que elles ont. Et ceste chose fist le soudanc de ceulz qui pristrent le conte de Monfort et le conte de Bar, et autel[5] fist Boudendart * de ceulz qui avoit desconfit le roy de Herménie ; car, pour ce que il cuidoient avoir bien, il descendirent à pié et l'alèrent saluer là où il chaçoit aus bestes sauvages. Et il leur respondi : « Je ne vous salue pas, » car il li avoient destourbé sa chace ; et leur fist les testes coper.

Or revenons à nostre matière et disons ainsi, que le soudanc qui mort estoit, avoit un sien filz de l'aage de vint-cinc ans, sage et apert et malicieus ; et, pour ce que il doutoit que il ne le dés-

---

[1] Sinon par l'ordre du maître de la Holka. — [2] *Charger* : donner un ordre. — [3] *Amiraus* : émirs. — [4] *Tolt* : enlève. — [5] *Autel* : autant. L'édition de du Cange porte : *Et à semblable fist-il des Boudendars, qui sont gens subgetz audit souldan.*

* Il est ici question de *Bibars Bondocdar*, devenu sultan d'Égypte après l'assassinat de Touran-Schah et de Hotouz, ses prédécesseurs. L'an 1265, voulant se venger de Haitom, roi de la petite Arménie, qui entretenait des intelligences avec les Tartares dont les hordes menaçaient sans cesse la Syrie, il entra dans ses États et y mit tout à feu et à sang. Voyez M. Reinaud, *Extraits des historiens arabes, relatifs aux croisades*, pag. 500.

héritast, il donna un réaume que il avoit en Orient. Maintenant que le soudanc fu mort, les amirauls l'envoièrent querre; et sitost comme il vint en Égypte, il osta et tolli au séneschal son père, et au connestable et au mareschal les verges d'or*, et les donna à ceulz qui estoient venus avec li d'Orient. Quant il virent ce, il en orent si grant despit, et touz les autres aussi qui estoient du conseil le père, pour le despit que il leur avoit fait; et pour ce que il doutoient que il ne feist autel d'eulz comme son aïeul avoit fait à ceulz qui avoient pris le conte de Bar et le conte de Monfort, ainsi comme il est devant dit, il pourchacèrent tant à ceulz de la Halequa, qui sont devant nommez, qui le cors du soudanc devoient garder, que il leur orent couvent [1] que à leur requeste il leur occiroient le soudanc.

Après les deux batailles devant dites, commencièrent à venir les grans meschiez en l'ost; car au chief de neuf jours les cors de nos gens que il avoient tuez vindrent au desus de l'yaue (et dit l'en que c'estoit pour ce que les fielz en estoient pourriz), vindrent flotant jusques au pont qui estoit entre nos deux os [2], et ne porent passer, pour ce que le pont joingnoit à l'yaue. Grant foison en y avoit, que tout le flum estoit plein de mors dès l'une rive jusques à l'autre, et de lonc bien le giet [3] d'une pierre menue. Le roy avoit loé cent ribaus [4], qui bien y furent huit jours. Les cors aus Sarrazins, qui estoient retaillés [5], getoient d'autre part du pont et lessièrent aler d'autre part l'yaue, et les crestiens fesoient mettre en grans fosses l'un avec l'autre. Je y vi les chamberlans au conte d'Artois et moult d'autres, qui queroient leurs amis entre les mors; ne onques n'oy dire que nulz y feust retrouvez.

Nous ne mangions nulz poissons en l'ost tout le quaresme, mès que bourbetes [6]; et les bourbetes manjoient les gens mors,

---

[1] *Couvent :* convention. — [2] Entre le camp du roi et celui du duc de Bourgogne. — [3] *Giet :* jet. — [4] *Ri-* *baus :* goujats. — [5] *Retaillés :* circoncis. — [6] *Bourbetes :* karmouts. L'édition de du Cange porte *burbotes.*

* La verge d'or était la marque de commandement et de justice.

D.

pour ce que ce sont glous[1] poissons. Et pour ce meschief et pour l'enfermeté du païs, là où il ne pleut nulle foiz goute d'yaue, nous vint la maladie de l'ost, qui estoit tele que la char de nos jambes sèchoit toute, et le cuir de nos jambes devenoient tavelés[2] de noir et de terre, aussi comme une vielz heuse[3] ; et à nous qui avions tele maladie venoit char pourrie ès gencives, ne nulz ne eschapoit de celle maladie que mourir ne l'en couvenist. Le signe de la mort estoit tel, que là où le nez seignoit il couvenoit mourir. A la quinzeinne après, les Turs, pour nous affamer, dont moult de gent se merveillèrent, prirent pluseurs de leur galies desus nostre ost, et les firent treinner par terre et metre ou flum qui venoit de Damiete, bien une lieue desous nostre ost ; et ces galies nous donnèrent famine, que nus ne nous osoit venir de Damiete pour aporter garnison[4], contremont l'yaue, pour leur galies. Nous ne sceumes onques nouvelles de ces choses jusques à tant que un vaisselet au conte de Flandres, qui eschapa d'eulz par force, le nous dit, que les galies du soudanc avoient bien gaaingné quatre-vins de nos galies qui estoient venus vers Damiete, et tuez les gens qui estoient dedans.

Par ce avint si grant chierté en l'ost, que tantost que la Pasque fu venue, un beuf valoit en l'ost quatre-vins livres, et un mouton trente livres, et un porc trente livres, et un œf douze deniers, et un mui de vin dix livres.

Quant le roy et les barons virent ce, il s'acordèrent que le roy feist passer son ost par devers Babiloine en l'ost le duc de Bourgoingne, qui estoit sur le flum qui aloit à Damiete. Pour requerre sa gent plus sauvement[5], fist le roy faire une barbaquane devant le pont qui estoit entre nos deux os, en tel manière que l'en pooit entrer de deux pars en la barbaquane à cheval. Quant la barbaquane fu arée, si s'arma tout l'ost le roy, et y ot grant assaut de Turs à l'ost le roy. Toutevoiz ne se mut l'ost ne

---

[1] *Glous* : gloutons. — [2] *Tavelés* : tachetés. — [3] *Heuse* : botte. — [4] *Garnison* : munitions. — [5] *Plus sauvement* : avec plus de sûreté.

la gent, jusques à tant que tout le harnois fu porté outre ; et lors passa li roys et sa bataille après li, et touz les autres barons après, fors que monseigneur Gautier de Chasteillon qui fist l arière-garde. Et à l'entrer en la barbacane, rescout monseigneur Erart de Walery monseigneur Jehan, son frère, que les Turs enmenoient pris.

Quant toute l'ost fu entrée dedans, ceulz qui demourèrent en la barbacane furent à grant meschief ; car la barbacane n'estoit pas haute, si que les Turs leur traioient de visée à cheval, et les Sarrazins à pié leur getoient les motes de terre enmi les visages. Touz estoient perdus, se ce ne feust le conte d'Anjou, qui puis fu roy de Cezile, qui les ala rescourre et les enmena sauvement. De celle journée enporta le pris monseigneur Geffroy de Mussanbourc, le pris de touz ceulz qui estoient en la barbacane.

La vegile de quaresme-prenant, vi une merveille que je vous weil raconter ; car ce jour meismes fu mis en terre monseigneur Hue de Landricourt, qui estoit avec moy à banière. Là où il estoit en bière en ma chapelle, six de mes chevaliers estoient apuiez sur pluseurs saz[1] pleins d'orge ; et pour ce que il parloient haut en ma chapelle et que il faisoient noise au prestre, je leur alai dire que il se teussent, et leur dis que vileinne chose estoit de chevaliers et de gentilzhomes qui parloient, tandis que l'en chantoit la messe. Et il me commencièrent à rire, et me distrent en riant que il li remarieroient sa femme ; et je les enchoisonnai[2] et leur dis que tiex paroles n'estoient ne bones ne beles, et que tost avoient oublié leur compaingnon. Et Dieu en fist tel vengance que lendemain fu la grant bataille du quaresme-prenant, dont il furent mort ou navrez à mort, par quoy il couvint leur femmes remarier toutes six.

Pour les bleceures que j'oi[3] le jour de quaresme-prenant, me prist la maladie de l'ost, de la bouche et des jambes, et une double tierceinne, et une reume si grant en la teste que la reume

[1] *Saz* : sacs. — [2] *Enchoisonnai* : gourmandai. — [3] *J'oi* : j'eus.

me filoit de la teste par mi les nariles[1] ; et pour lesdites maladies acouchai au lit malade en la mi-quaresme : dont il avint ainsi que mon prestre me chantoit la messe devant mon lit en mon paveillon, et avoit la maladie que j'avoie. Or avint ainsi que en son sacrement[2] il se pasma. Quant je vi que il vouloit[3] cheoir, je, qui avoie ma cote vestue, sailli de mon lit tout deschaus, et l'embraçai, et li deis que il feist tout à trait et tout belement son sacrement ; que je ne le lèroie tant que il l'auroit tout fait. Il revint à soi, et fist son sacrement et parchanta sa messe[4] tout entièrement, ne onques puis ne chanta.

Après ces choses prist le conseil le roy et le conseil le soudanc journée d'eulz acorder. Le traitié de l'acorder * fu tel, que l'en devoit rendre au soudanc Damiete, et le soudanc devoit rendre au roy le réaume de Jérusalem ; et li dut garder le soudanc les malades qui estoient à Damiete et les chars salées, pour ce que il ne mangoient point de porc, et les engins le roy. jusques à tant que le roy pourroit r'envoier querre toutes ces choses. Il demandèrent au conseil le roy quel seurté il donroient par quoy il r'eussent Damiete. Le conseil le roy leur offri que il détenissent un des frères le roy tant que il r'eussent Damiete, ou le conte d'Anjou, ou le conte de Poitiers. Les Sarrazins distrent que il n'en feroient riens, se en ne leur lessoit le cors le roy en gage ; dont monseigneur Geffroy de Sergines, le bon chevalier, dit que il ameroit miex que les Sarrazins les eussent touz mors et pris, que ce que il leur feust reprouvé[5] que il eussent lessié le roy en gage. La maladie commença à engregier[6] en l'ost en tel manière, que il venoit tant de char morte

[1] *Nariles :* narines. — [2] A la consécration, *ou simplement,* en disant la messe. — [3] *Vouloit :* allait. — [4] *Parchanta :* acheva de chanter. — [5] *Reprouvé :* reproché. — [6] *Engregier :* empirer.

* Marino Sanudo dit que par ce traité le sultan du Grand-Caire offrit d'abandonner au roi la ville de Damiette avec le pays adjacent, pour le laisser habiter aux chrétiens qui demeuraient dans l'Égypte, nommés pour lors *Christiani de Cinctura : quia cingulum portabant latum, et vestimentum, per quod recognoscebantur ab aliis (Jacobitis scilicet et aliis Christianis).*

ès gencives à nostre gent, que il couvenoit que barbiers ostassent la char morte, pour ce que il peussent la viande mascher et avaler aval *. Grant pitié estoit d'oïr brère les gens parmi l'ost, ausquiex l'en copoit la char morte; car il bréoient aussi comme femmes qui travcillent d'enfant.

Quant le roy vit que il n'avoit pooir d'ilec demourer que mourir ne le couvenist, li et sa gent, il ordena et atira que il mouvroit le mardi au soir à l'anuitier, après les octaves de Pasques, pour revenir à Damiete. Le roy commanda à Josselin de Cornaut et à ses frères et aus autres engingneurs, que il copassent les cordes qui tenoient les pons entre nous et les Sarrazins; et riens n'en firent. Nous nous requeillimes¹ le mardi après diner de relevée, et deux de mes chevaliers que je avoie de remenant de ma mesniée². Quant ce vint que il commença à anuitier, je dis à mes mariniers que il tirassent leur ancre et que nous en alissions aval; et il distrent que il n'oseroient, pour ce que les galies au soudanc, qui estoient entre nous et Damiete, nous occirroient. Les mariniers avoient fait grans feus pour requeillir les malades dedans leur galies, et les malades s'estoient trait sur la rive du flum. Tandis que je prioie le marinier que nous en alissions, les Sarrazins entrèrent en l'ost; et vi à la clarté du feu que il occioient les malades sus la rive. Endementres que il tiroient leur ancre, les mariniers qui devoient mener les malades coupèrent les cordes de leur ancres et de leur galies, acoururent en nos petiz vessiaus, et nous enclorrent l'un d'une part et l'autre d'autre part, que à pou s'e ala³ que il ne nous afondrèrent en l'yaue. Quant nous fumes eschapés de ce péril et nous en alions contreval le flum, le roy, qui avoit la maladie de l'ost et menoison⁴ moult fort, se feust bien garanti ès galies, se il vousist; mès il dit que, se Dieu

---

¹ Nous nous rassemblâmes dans nos vaisseaux. — ² *Mesnié* : compagnie. — ³ En sorte que peu s'en fallut. —

⁴ *Menoison* : dyssenterie. M. Petitot traduit en note *menoison* par *ulcères qui se formaient dans les chairs.*

* Cette maladie était le scorbut.

plèst, il ne leroit jà son peuple. Le soir se pasma par pluseurs
foiz ; et, pour la fort menuison que il avoit, li couvint coper
le fons de ses braies¹ toutes les foiz que il descendoit pour
aler à chambre². L'en escrioit à nous qui nagions³ par l'yaue,
que nous attendission le roy ; et quant nous ne le voulions attendre, l'en traioit à nous de quarriaus : par quoy il nous couvenoit à rester tant que il nous donnoient⁴ congé de nager.

Or vous dirai comment le roy fu pris, ainsi comme il-meismes le me conta. Il me dit que il avoit lessié la seue bataille et
s'estoit mis entre li et monseigneur Geffroy de Sargines et⁵ en
la bataille monseigneur Gautier de Chasteillon, qui fesoit l'arière-
garde. Et me conta le roy que il estoit monté sur un petit roncin, une houce de soye vestue, et dit que darière li ne demoura
de touz chevaliers ne de touz serjans, que monseigneur Geffroy de Sergines, lequel amena le roy jusques à Quazel*, là
où le roy fu pris, en tel manière que li roys me conta que
monseigneur Geffroy de Sergines le deffendoit des Sarrazins,
aussi comme le bon vallet deffent le hanap⁶ son seigneur des
mouches ; car toutes les foiz que les Sarrazins l'aprochoient, il
prenoit son espié, que il avoit mis entre li et l'arçon de sa
selle, et le metoit desous s'essele, et leur recouroit sus et les
chassoit ensus du roy⁷. Et ainsi mena le roy jusques à Kasel,
et le descendirent en une mèson, et le couchèrent ou giron⁸
d'une bourjoise de Paris aussi comme tout mort ; et cuidoient
que il ne deust jà veoir le soir. Illec vint monseigneur Phelippe
de Monfort**, et dit au roy que il véoit l'amiral à qui il avoit

¹ *Braies*, espèce de pantalon. — ² *Chambre :* garde-robe. — ³ *Nagions :* naviguions. — ⁴ *Lisez :* Tant que ils donneraient, *c'est-à-dire* jusqu'à ce qu'ils donnassent. — ⁵ *Effacez* et. ⁶ *Hanap :* coupe. — ⁷ Les écartoit de la personne du roi. — ⁸ *Ou giron :* au lit.

* Les historiens orientaux contemporains rapportent que saint Louis fut pris dans un lieu appelé *Minieh*.

** Philippe de Montfort, fils de Simon III, comte de Leicester, le grand ennemi des Albigeois, et frère de Simon IV. Il entreprit, après la mort de son père, l'extermination de ces hérétiques ; mais depuis, ayant reçu quelque déplaisir de la reine Blanche, il se retira en Angleterre, où il fut grand sénéchal.

traitié de la trève; que se il vouloit, il iroit à li pour la treuve refaire en la manière que les Sarrazins vouloient. Le roy li pria que il y alast et que il le vouloit bien. Il ala au Sarrazin, et le Sarrazin avoit ostée sa touaille de sa teste, et osta son anel de son doy pour asseurer que il tenroit la trève. Dedans ce avint une si grant meschéance à nostre gent, que un traitres serjant, qui avoit à non *Marcel,* commença à crier à nostre gent : « Seigneurs chevaliers, rendés-vous, que li roys vous le mande ; et ne faites pas occirre le roy. » Touz cuidèrent que le roy leur eust mandé, et rendirent leur espées aus Sarrazins. L'amiraut vit que les Sarrazins amenoient nostre gent prins. L'amiraut dit à monseigneur Phelippe que il n'aferoit pas que il donnast à nostre gent trèves, car il véoit bien que il estoient pris. Or avint ainsi que [1] monseigneur Phelippe que toute nostre gent estoient pris; et il ne le fu pas, pour ce que il estoit message [2]. Or a une autre mauvèse manière ou païs en la paiennime, que quant le roy envoie ses messages au soudanc, ou le soudanc au roy, et le roy meurt ou le soudanc, avant que les messages revieingnent, les messages sont prisons et esclaves, de quelque part que il soient, ou Crestiens ou Sarrazins.

Quant celle meschéance avint à nos gens que il furent pris à terre, aussi avint à nous qui fumes prins en l'yaue, ainsi comme vous orrez ci-après; car le vent nous vint devers Damiete, qui nous toli le courant de l'yaue, et les chevaliers que le roy avoit mis en ses courciers [3] pour nos malades deffendre, s'enfouirent. Nos mariniers perdirent le cours du flum et se mistrent en une noe [4], dont il nous couvint retourner arières vers les Sarrazins.

Nous qui alions par yaue, venimes un pou devant ce que l'aube crevast, au passage là où les galies au soudanc estoient, qui nous avoient tolu à venir les viandes [5] à Damiete. Là ot grant hutin; car il traioient à nous et à nostre gent qui estoient sus

---

[1] *A,* manuscrit de Lucques. — [2] *Message* : messager, ambassadeur. — [3] *Courciers,* espèces de navires. — [4] *Noe* : anse. — [5] *Viandes* : vivres.

la rive de l'yaue, à cheval, si grant foison de pyles à tout le feu grégois, que il sembloit que les estoiles du ciel chéissent.

Quant nos mariniers nous eurent ramenez du bras du flum là où il nous orent enbatus¹, nous trouvames les courciers le roy que le roy nous avoit establiz pour nos malades deffendre, qui s'en venoient fuiant vers Damiete. Lors leva un vent qui venoit devers Damiete si fort, que il nous toli le cours de l'yaue. A l'une des rives du flum et à l'autre, avoit si grant foison de vaisseles² à nostre gent qui ne pooient aler aval, que les Sarrazins avoient pris et arrestez, et tuoient les gens et les getoient en l'yaue, et traihoient les cofres et les harnois des nefz que il avoient gaaingnées à nostre gent. Les Sarrazins qui estoient à cheval sus la rive traioient à nous de pyles, pour ce que nous ne voulions aler à eulz. Ma gent m'orent vestu un haubert à tournoier³, lequel j'avoie vestu, pour⁴ les pyles qui chéoient en nostre vessel ne me bleçassent. En ce point, ma gent, qui estoient en la pointe du vessel aval, m'escrièrent : « Sire, sire, vos mariniers, pour ce que les Sarrazins le menacent, vous vuelent mener à terre. » Je me fiz lever par les bras, si féble comme je estoie, et traïs m'espée sur eulz, et leur diz que je les occirroie se il me menoient à terre ; et il me respondirent que je preisse lequel que je vourroie⁵ : ou il me menroient à terre, où il me ancreroient en mi le flum jusques à tant que le vent feust choit. Et je leur dis que j'amoie miex que il m'ancrassent enmi le flum, que ce que il me menacent à terre, là où je véoie nostre occision ; et il m'ancrèrent.

Ne tarda guères que nous veismes venir quatre galies du soudanc, là où il avoit bien mil homes. Lors j'appelai mes chevaliers et ma gent, et leur demandai que il vouloient que nous feissions, ou de nous rendre aus galies le soudanc, ou de nous rendre à ceulz qui estoient à terre. Nous acordames touz que

¹ *Enbatus :* engagés. — ² *Vaissotes :* barques. — ³ Une cotte de maille qui servait dans les tournois. —⁴ Suppléez : que. — ⁵ Le parti que je voudrais.

nous amions miex que nous nous randission aus galies le soudanc, pour ce que il nous tendroient ensemble, que ce que nous nous randisson à ceulz qui sont à terre, pour ce que il nous esparpilleroient et vendroient aus Béduyns. Lors dit un mien scélerier, qui estoit né de Doulevens [1] : « Sire, je ne m'acorde pas à cest conseil. » Je li demandai auquel il s'acordoit, et il me dit : « Je m'acorde que nous nous lessons touz tuer ; si nous en irons touz en paradis. » Mès nous ne le creumes pas.

Quant vi que prenre nous escouvenoit [2], je prins mon escrin et mes joiaus, et les getai ou flum, et mes reliques aussi. Lors me dit un de mes mariniers : « Sire, se vous ne me lessiés dire que vous soiés cousin le roy, l'on vous occira, et nous avec. » Et je diz que je vouloie bien que il deist ce que il vourroit. Quant la première galie, qui venoit vers nous pour nous hurter nostre vessel en travers, oyrent ce, il geterent leur ancres près de nostre vessel. Lors envoia Diex un Sarrazin qui estoit de la terre l'empereur, et en vint noant [3] jusqu'à nostre vessel, et m'embraça par les flancs et me dit : « Sire, vous estes perdu, se vous ne metés conseil en vous ; car il vous convient saillir de vostre vessel sur le bec qui est teson [4] de celle galie. Et se vous saillés, il ne vous regarderont jà ; car il entendent au gaaing de vostre vessel. » Il me jetèrent une corde de la galie ; et je salli sur l'estuc [5], ainsi comme Dieu volt. Et sachiez que je chancelai ; que, se il ne fu salli après moy pour moy soustenir, je feusse cheu en l'yaue.

Il me mistrent en la galie, là où il avoit bien quatre-vins homes de leur gens, et il me tint touzjours embracié. Et lors il me portèrent à terre et me saillirent sur le cors pour moy coper la gorge ; car cilz qui m'eust occis cuidast estre honoré. Et ce Sarrazin me tenoit touzjours embracié, et crioit : « Cousin le roi ! » En tel manière me portèrent deux foiz par terre, et une

---

[1] C'est sans doute Dourlens, ville de Picardie. — [2] Qu'il nous fallait être pris. — [3] Noant : nageant. — [4] Teson : quille de navire. — [5] Estuc : partie antérieure de la quille d'un navire.

à genoillons¹ ; et lors je senti le coutel à la gorge. En ceste persécucion me salva Dieux par l'aide du Sarrazin, lequel me mena jusques ou chastel là où les chevaliers sarrazins estoient. Quant je ving entre euz, il m'ostèrent mon haubert ; et pour la pitié qu'il orent de moy, il getèrent sur moy un mien couvertouer de escarlate fourré de menu ver, que madame ma mère m'avoit donné ; et l'autre m'aporta une courroie blanche ; et je me ceingny sur mon couvertouer, ouquel je avoie fait un pertuis et l'avoie vestu ; et l'autre m'aporta un chaperon, que je mis en ma teste. Et lors, pour la poour que je avoie, je commençai à trembler bien fort, et pour la maladie aussi. Et lors je demandai à boire, et l'en m'aporta de l'yaue en un pot ; et sitost comme je la mis à ma bouche pour envoier aval², elle me sailli hors par les narilles. Quant je vi ce, je envoiai querre ma gent et leur dis que je estoie mort, que j'avoie l'apostume en la gorge ; et il me demandèrent comment je le savoie ; et tantost il virent que l'yaue me sailloit par la gorge et par les narilles, et il pristrent à plorer. Quant les chevaliers sarrazins qui là estoient virent ma gent plorer, il demandèrent au Sarrazin qui sauvez nous avoit, pourquoy il ploroient ; et il respondi que il entendoit que j'avoie l'apostume en la gorge, par quoy je ne povoie eschaper. Et lors un des chevaliers sarrazins dit à celi qui nous avoit garantiz, que il nous reconfortast ; car il me donroit tel chose à boivre, de quoy je seroie guéri dedans deux jours ; et si fist-il.

Monseigneur Raoul de Wanou³ qui estoit entour moy, avoit esté esjareté⁴ à la grant bataille du quaresme-prenant, et ne pooit ester⁵ sur ses pieds ; et sachiez que un vieil sarrazin chevalier qui estoit en la galie, le portoit aus chambres privées⁶ à son col.

Le grant amiral des galies m'envoia querre, et me demanda se je estoie cousin le roy. Et il dit que j'avoie fait que sage,

---

¹ *A genoillons* : à genoux. — ² *Envoier aval* : avaler (envoyer en bas). — ³ Ailleurs : *Raoul de Wanon*. — ⁴ Avait eu le jarret coupé. — ⁵ *Ester* : se tenir debout. — ⁶ *Chambres privées* : lieux d'aisance.

et je li dis que nanin ¹. Et il conta comment et pourquoy le marinier avoit dit que je estoie cousin le roy ; car autrement eussions-nous esté touz mors. Et il me demanda se je tenoie riens du lignage à l'empereur Ferri d'Alemaingne ² qui lors vivoit ; et je li respondi que je entendoie que madame ma mère estoit sa cousine germainne ; et il me dit que tant m'amoit-il miex. Tandis que nous mangions, il fist venir un bourgois de Paris devant nous. Quant le bourgois fu venu, il me dit : « Sire, que faites-vous ? » — « Que faiz-je donc, feiz-je ? » — « En non Dieu, fist-il, vous mangez char au vendredi ! » Quant j'oï ce, je bouté m'escuele arières. Et il demanda à mon Sarrazin pourquoy je avoie ce fait, et il li dit ; et l'amiraut li respondi que jà Dieu ne m'en sauroit mal gré, puisque je ne l'avoie fait à escient. Et sachez que ceste response me fist le légat, quant nous fumes hors de prison ; et pour ce ne lessé-je pas que je ne jeunasse touz les vendredis de quaresme après, en pain et en yaue : dont le légat se courrouça moult forment ³ à moy, pour ce que il n'avoit demouré avec le roy de riches homes que moy. Le dymanche après, l'amiraut me fit descendre et tous les autres prisonniers qui avoient esté pris en l'yaue, sur la rive du flum. Endementières en trehoit monseigneur Jehan ⁴, mon bon prestre, hors de la soute de la galie ⁵, il se pausma, et en le tua et le geta l'en ou flum. Son clerc, qui se pasma aussi pour la maladie de l'ost que il avoit, l'en li geta un mortier sus la teste, et le geta l'en ou flum. Tandis que l'en descendoit les autres malades des galies où il avoient esté en prison, il y avoit gens sarrazins appareilliés, les espées toutes nues, que ⁶ ceulz qui chéoient, il les occioient et getoient touz ou flum. Je leur fis dire à mon Sarrazin, que il me sembloit que ce n'estoit pas bien fait ; car c'estoit contre les enseignemens Salehadin ⁷, qui dit que l'en ne doit nul homme occirre,

¹ *Nanin* : non. — ² Frédéric II, qui avait été couronné roi de Jérusalem, et tenait toutes les places de ce royaume. — ³ *Forment* : fortement. — ⁴ Jean de Vassey ou de Voissey. — ⁵ Hors du bas de l'arrière du vaisseau. — ⁶ *Suppléez* : en sorte. — ⁷ *Salehadi* : Saladin ; en arabe, *Salah-eddin*.

puis que en ne li avoit donné à manger de son pain et de son sel*. Et il me respondi que ce n'estoient pas homes qui vausisent riens, pour ce que il ne se pooient aidier pour les maladies que il avoient. Il me fist amener mes mariniers devant moy, et mo dit que il estoient touz renoiés¹, et je li dis que il n'eust jà fiance en eulz; car aussitost comme il nous avoient lessiez, aussitost les leroient-il, se il véoient ne leur point ne leur lieu². Et l'amiraut me fist response tele, que il s'acordoit à moy; que Salehadin disoit que en ne vit onques de bon Crestien bon Sarrazin, ne de bon Sarrazin bon Crestien. Et après ces choses il me fist monter sus un palefroy, et me menoit encoste³ de li. Et passames un pont de nez, et alames à la Massoure, là où le roy et sa gent estoient pris; et venimes à l'entrée d'un grant paveillon là où les escrivains le soudanc estoient, et firent illec escrire mon non. Lors me dit mon Sarrazin : « Sire, je ne vous suivré plus, car ie ne puis; mez je vous pri, sire, que cest enfant que vous avez avec vous, que vous le tenez tousjourz par le poing, que les Sarrazins ne le vous toillent. » Et cel enfant avoit non *Berthelemin*, et estoit filz au seigneur de Monfaucon de Baat⁴. Quant mon non fut mis en escrit, si me mena l'amiraut dedans le paveillon là où les barons estoient, et plus de dix mil personnes avec eulz. Quant je entrai léans, les barons firent touz si

¹ *Renoiés :* renégats. — ² S'ils voyaient et leur avantage et l'occasion d'en profiter. — ³ *Encoste :* à côté. — ⁴ Édit. de du Cange : *de Bar*.

* Ce passage est susceptible de deux interprétations : ou le sire de Joinville veut dire qu'il n'est pas permis de tuer un prisonnier, du moment qu'on lui a donné à boire et à manger (et en effet tel était l'usage des Arabes, usage auquel Saladin rendit hommage, lorsqu'après la bataille de Tibériade, il mit à mort Renaud de Châtillon); ou bien il prétend qu'on n'a pas le droit de rien exiger, et par conséquent de se défaire des hommes auxquels on n'a pas assuré des moyens d'existence. Tel était l'esprit des institutions féodales au moyen âge, institutions qui avaient pénétré en Orient, et dont Saladin rendit l'usage général. Pour l'une et l'autre interprétation, l'on trouvera des exemples à l'appui, dans les *Extraits des historiens arabes relatifs aux guerres des Croisades*, par M. Reinaud, pag. 197 et 377.

grant joie que en ne pooit goute oïr, et en louoient Nostre-Seigneur, et disoient que il me cuidoient avoir perdu.

Nous n'eumes guères demouré illec, quant en fist lever l'un des plus riches homes qui là feust, et nous mena en un autre paveillon. Moult de chevaliers et d'autres gens tenoient les Sarrazins pris[1] en une court qui estoit close de mur de terre. De ce clos où il les avoient mis les fesoient traire l'un après l'autre, et leur demandoient : « Te weulz-tu renoier? » Ceulz qui ne se vouloient renoier, en les fesoit mettre d'une part et coper les testes ; et ceulz qui se renoioient, d'autre part. En ce point nous envoia le soudanc son conseil pour parler à nous ; et demandèrent à cui il diroient ce que le soudanc nous mandoit. Et nous leur deismes que il le deissent au bon conte Perron de Bretaingne. Il avoit gens illec qui savoient le sarrazinnois et le françois, que l'en appele *drugemens*[2], qui enromançoient[3] le sarrazinnois au conte Perron. Et furent les paroles teles : « Sire, le soudanc nous envoie à vous pour savoir se vous vourriés estre délivrés? » Le conte respondi : « Oïl. » — « Et que vous donrriés au[4] soudanc pour vostre délivrance. » — « Ce que nous pourrions faire et souffrir par reson, » fist le conte. « Et donriés-vous, firent-il, pour vostre délivrance, nulz des chastiaus aus barons d'outre-mer? » Le conte respondi que il n'i avoit pooir ; car en les tenoit de l'empereur d'Alémaingne, qui lor vivoit. Il demandèrent se nous renderions nulz des chastiaus du Temple ou de l'Ospital pour nostre délivrance. Et le conte respondi que ce ne pooit estre ; que, quant l'en y metoit les chastelains, en leur fesoit jurer sur sains, que pour délivrance de cors de homme, il ne renderoient nulz des chastiaus. Et il nous respondirent que il leur sembloit que nous n'avions talent[5] d'estre délivrez, et que il s'en iroient et nous envoieroient ceulz qui joueroient à nous des

---

[1] Les Sarrazins tenoient prisonniers plusieurs chevaliers, etc. — [2] Corruption du mot arabe *tergumân*, qui signifie *interprète*. — [3] *Enromancer* : traduire en français. — [4] Et ce que vous donneriez. — [5] *Talent* : désir.

espées, aussi comme il avoient fait aus autres. Et s'en alèrent.

Maintenant que il s'en furent alez, se féri en nostre paveillon une grant tourbe de joenes Sarrazins, les espées çaintes, et amenoient avec eulz un home de grant vieillesce, tout chanu[1], lequel nous fist demander se c'estoit voir que nous créions en un Dieu qui avoit esté pour nous navré et mort pour nous, et au tiers jour resuscité. Et nous respondimes : « Oyl. » Et lors nous dit que nous ne nous devions pas desconforter, se nous avions souffertes ces persécucions pour li ; « car encore, dit-il, n'estes-vous pas mort pour li, ainsi comme il fu mort pour vous ; et, se il ot pooir de li resusciter, soiés certein que il vous délivrera, quant li pléra. » Lors s'en ala et touz les autres joenes gens après li, dont je fu moult lié ; car je cuidoie certeinnement que il nous feussent venu les testes trancher. Et ne tarja guères après, quant les gens le soudanc vinrent, qui nous distrent que le roy avoit pourchacié nostre délivrance.

Après ce que le vieil home s'en fu alé, qui nous ot réconfortez, revint le conseil le soudanc à nous, et nous dirent que le roy nous avoit pourchacié nostre délivrance, et que nous envoions quatre de nos gens à li pour oyr comment il avoit fait. Nous y envoiames monseigneur Jehan de Walery le preudome, monseigneur Phelippe de Monfort, monseigneur Baudouyn dit Belin[2], séneschal de Cypre, et monseigneur Guion dit Belin, conestable de Cypre, l'un des miex entechez chevaliers que je veisse onques, et qui plus amoit les gens de cest pays. Ces quatre nous raportèrent la manière comment le roy nous avoit pourchacié nostre délivrance ; et elle fu tele.

Le conseil au soudanc essaièrent le roy en la manière que il nous avoient essaiés, pour veoir se li roys leur vourroit promettre à délivrer nulz des chastiaus du Temple ne de l'Ospital, ne nulz des chastiaus aus barons du païs ; et ainsi comme Dieu voult, le roy leur respondi tout en la manière que nous avions

---

[1] *Chanu* : chenu, blanc. — [2] Lisez là et au nom qui suit : *d'Ibelin*.

respondu ; et il le menacèrent et li distrent que puisque il ne le vouloit faire, que il le feroient mettre ès bernicles. Bernicles est le plus grief tourment que l'en puisse souffrir ; et sont deux tisons [1] ploians, endentés au chief [2], et entre l'un en l'autre, et sont liés à fors corroies de bœuf au chief. Et quant il veulent mettre les gens dedans, si les couchent sus leur costez et leur mettent les jambes parmi les chevilles dedans ; et puis si font asseoir un home sur les tisons, dont il ne demourra jà demi pié entier de os qu'il ne soit tout debrisiés. Et pour faire au pis que il peüent, au chief de troiz jours que les jambes sont enflées, si remettent les jambes enflées dedans les bernicles et rebrisent tout derechief. A ces menaces leur respondi le roy, que il estoit leur prisonnier et que il poroient fère de li leur volenté.

Quant il virent que il ne pourroient vaincre le bon roy par menaces, se revindrent à li et li demandèrent combien il voudroit donner au soudanc d'argent*, et avec ce leur rendît Damiete. Et le roy leur respondi que se le soudanc vouloit prenre résonnable somme de deniers de li, que il manderoit à la royne que elle les paiast pour leur délivrance. Et il distrent : « Comment, est-ce que vous ne nous voulez dire que vous ferez ces choses ? » Et le roy respondi que il ne savoit se la royne

---

[1] *Tisons* : pièces de bois. — [2] Garnis de dents à l'extrémité.

* Mathieu Paris (*Hist. maj.*, ann. 1250 ; édit. de Paris, M. DC. XLIV., pag. 531-533) dit que le sultan proposa de retenir le roi et de l'envoyer au khalife de Bagdad, ou de le traîner en triomphe jusqu'au fond de l'Orient, afin de servir d'exemple aux autres princes chrétiens qui oseraient tenter de pareilles entreprises ; mais le désir qu'il eut de retirer de ses mains Damiette, défendue par le duc de Bourgogne et Olivier de Thermes, et où s'étaient sauvé le légat Eudes de Châteauroux, avec beaucoup d'autres prélats qui assistaient l'infortunée reine Marguerite, lui fit abandonner ce dessein pour tenter une ruse : il fit revêtir ses troupes à la française, et les envoya devant Damiette, où l'on n'avait pas encore appris ces tristes nouvelles ; mais la garnison reconnut bientôt les infidèles à leur démarche et à leurs visages basannés. Se voyant déçu, le sultan traita son captif avec plus de douceur, lui permit d'être servi par sa maison, et commença à lui proposer les conditions de sa délivrance.

le vourroit faire, pour ce que elle estoit sa dame. Et lors le conseil s'en r'ala parler au soudanc; et raportèrent au roy que se la royne vouloit paier dix cens mil besans d'or, qui valoient cinc cens mil livres *, que il délivreroit le roy. Et le roy leur demanda par leur seremens se le soudanc les délivreroit pour tant, se la royne le vouloit faire. Et il r'alèrent parler au soudanc; et au revenir firent le serement au roy, que il le délivreroient ainsi. Et maintenant que il orent juré, le roy dit et promist aus amiraus que il paieroit volentiers les cinc cent mil livres pour la délivrance de sa gent, et Damiete pour la délivrance de son cors; car il n'estoit pas tel que il se deust desraimbre à deniers¹. Quant le soudanc oy ce, il dit : « Par ma foy! larges est le Frans quant il n'a pas bargigné sur si grant somme de deniers. Or li alés dire, fist le soudanc, que je li donne cent mil livres pour la reançon paier. »

Lors fist estre le soudanc les riches homes en quatre galies, pour mener vers Damiete. En la galie là où je fu mis, fu le bon conte Pierre de Bretaingne, le conte Guillaume de Flandres, le bon conte Jehan de Soissons, monseigneur Imbert de Biaugeu, connestable de France; le bon chevalier monseigneur Jehan d'Ybelin et monseigneur Gui, son frère, i furent mis. Cil qui nous conduisoient en la galie, nous arrivèrent devant une herberge que le soudanc avoit fet tendre sur le flum, de tel

---

¹ Qu'il se dût racheter à prix d'argent.

* Le besant était une monnaie d'or des empereurs d'Orient, ainsi appelée du nom de *Bysantium*, qui est le premier nom de la ville de Constantinople, et valant à peu près neuf francs cinquante centimes de notre monnaie. (Voyez le *Traité historique des Monnoyes de France*, de le Blanc, pag. 158.) Les quatre cent mille besants seraient donc représentés aujourd'hui par une somme de sept millions six cent mille francs.

L'extrait d'un registre de la chambre des comptes de Paris marque que la rançon de saint Louis monta à la somme de 167,102 livres, 18 sous, 8 deniers tournois, laquelle somme fut prise sur les deniers de son hôtel Le surplus des 400 mille livres qui était le prix de la rançon, puisque le sultan avait eû la générosité d'en rabattre cent mille livres, fut pris des deniers destinés aux dépenses de la guerre.

manière comme vous orrez. Devant celle herberge avoit une tour de parches de sapin et close entour de telle tainte ¹, et la porte estoit de la herberge; et dedans celle porte estoit un paveillon tendu, là où les amiraus, quant il aloient parler au soudanc, lessoient leur espées et leur harnois. Après ce paveillon r'avoit une porte comme la première, et par celle porte entroit l'en en un grant paveillon qui estoit la sale au soudanc. Après la sale avoit une tel tour comme devant, par laquelle l'en entroit en la chambre le soudanc. Après la chambre le soudanc, avoit un prael ², et enmi le prael avoit une tour plus haute que toutes les autres, là où le soudanc aloit veoir tout le pays et tout l'ost. Du prael movoit ³ une alée qui aloit au flum, là où le soudanc avoit fait tendre en l'yaue un paveillon pour aler baigner. Toutes ses herberges estoient closes de trellis de fust ⁴, et par dehors estoient les treillis couvers de toilles yndes, pour ce que ceulz qui estoient dehors ne peussent veoir dedans; et les tours toutes quatre estoient couvertes de telle.

Nous venimes le jeudi devant l'Ascencion en ce lieu là où ces herberges estoient tendues. Les quatre galies là où entre nous estions en prison, entra ⁵ ou devant de la herberge le soudanc. En un paveillon qui estoit assez près des herberges le soudanc, descendi-on le roy. Le soudanc avoit ainsi atiré, que le samedi devant l'Ascencion en li rendroit Damiete, et il rendroit le roy.

Li amiraut que le soudanc avoit osté de son conseil pour mettre les siens que il ot amenez d'estranges terres, pristrent conseil entre eulz; et dit un sage home sarrazin en tel manière : « Seigneur, vous véez la honte et la déshoneur que le soudanc nous fait, que il nous oste de l'honeur là où son père nous avoit mis. Pour laquel chose nous devons estre certeins que, s'il se treuve dedans la forteresce de Damiete, il nous fera prenre et mourir en sa prison, aussi comme son aieul fist aus amiraus qui pristrent le conte de Bar, le conte de Monfort; et

---

¹ *Telle tainte* : toile peinte. — ² *Prael* : préau. — ³ *Movoit* : partait. — ⁴ *Fust* : bois. — ⁵ Lisez : *ancra-on*, c'est-à-dire on *ancra*, on *fit mouiller*.

pour ce vaut-il miex, si comme il me semble, que nous le façons occire, avant qu'il nous parte des mains. »

Il alèrent à ceulz de la Halequa, et leur requistrent que il occeisent le soudanc, sitost comme il auroient mangé avec le soudanc qui les en avoit semons [1]. Or avint ainsi que, après ce qu'il orent mangié, et le soudanc s'en aloit en sa chambre et ot pris congié de ses amiraus, un des chevaliers de la Halequa [*] qui portoit l'espée au soudanc, féri le soudanc de s'espée meismes [2] parmi la main entre les quatre dois, et li fendi la main jusques au bras. Lors le soudanc se retourna à ses amiraus qui ce li avoient fait faire, et leur dit : « Seigneurs, je me pleing à vous de ceulz de la Haulequa qui me vouloient occire, si comme vous le povez veoir. » Lors respondirent les chevaliers de la Haulequa à une voiz au soudanc, et distrent ainsi : « Puisque tu diz que nous te voulons occire, il nous vaut miex que nous t'occion que tu nous occies. »

Lors firent sonner les nacaires, et tout l'ost vint demander que [3] le soudanc vouloit. Et il leur respondirent que Damiete estoit prinse et que le soudanc aloit à Damiete, et que il leur mandoit que il alassent après li. Tuit [4] s'armèrent et férirent des esperons vers Damiete. Et quant nous veismes que il en aloient vers Damiete, nous fumes à grant meschief de cuer [5], pour ce que nous cuidions que Damiete feust perdue. Le soudanc qui estoit joenes et legiers, s'enfui en la tour que il avoit fet faire, avec troiz de ses évesques [6], qui avoient mangé avec li ; et estoit la tour darière sa chambre, aussi comme vous avés oy ci-devant. Cil de la Halequa, qui estoient cinc cens à cheval, abatirent les paveillons au soudanc, et l'assiégèrent entour et environ [7] dedans la tour qu'il avoient fet faire, avec troiz de ses évesques qui avoient mangé avec li, et li escrirent [8] qu'il descendist. Et lors

---

[1] Aussitôt que les émirs auraient mangé avec le sultan, qui les avait invités. — [2] De l'épée même du sultan. — [3] Que : ce que. — [4] Tuit : tous. — [5] Meschief de cuer : tristesse d'esprit. — [6] De ses imans. — [7] De toutes parts et de près — [8] Lisez : escrièrent.

[*] Il se nommait *Bibars Bondocdar*.

dit que si feroit-il, mès que il l'asseurassent¹. Et il distrent que il le feroient descendre à force, et que il n'estoit mie dedans Damiete. Il li lancèrent le feu gréjois, qui se prist en la tour, qui estoit faite de planches de sapin et de telle de coton. La tour s'esprit hastivement, que onque si biau feu ne vi, ne si droit. Quant le soudanc vit ce, il descendi hastivement et s'en vint fuiant vers le flum. Toute la voie dont je vous ai avant parlé, ceulz de la Halequa avoient toute la voie rompue à leur espées. Et au passer que le soudanc fist pour aler vers le flum, l'un d'eulz li donna d'un glaive parmi les costes, et le soudanc s'enfui ou flum, le glaive traînnant; et il descendirent là-jusques à nou², et le vindrent occire ou flum, assez près de nostre galie là où nous estions. L'un des chevaliers, qui avoit à non Faraquataye³, le fendi de s'espée et li osta le cuer du ventre; et lors il en vint au roy, sa main toute ensanglantée, et li dit : « Que me donras-tu; que je t'ai occis ton ennemi, qui t'eust mort⁴, se il eust vescut? » Et le roy ne li respondi onques riens.

Il en vindrent bien trente, les espées toutes nues ès mains, à nostre galie, et les haches danoises. Je demandai à monseigneur Baudouyn d'Ibelin, qui savoit bien le sarrazinnois, que celle gent disoient; et il me respondi que il disoient que il nous venoient les testes trancher. Il y avoit tout plein de gens qui se confessoient à un frère de la Trinité, qui estoit au conte Guillaume de Flandres. Mès endroit de moy ne me souvint onques de péchié que j'eusse fait; ainçois m'apensai⁵ que, quant plus me deffenderoie et plus me ganchiroie⁶, et pis me vauroit. Et lors me seignai et m'agenoillai au pié de l'un d'eulz, qui tenoit une hache danoise à charpentier, et dis : « Ainsi mourut saint Agnès. » Messire Gui d'Ybelin, connestable de Chypre, s'agenoilla encoste moy et se confessa à

---

¹ Pourvu qu'ils lui donnassent sûreté. — ² A nou : à la nage. — ³ Son véritable nom était Fares-eddin-Octaï. — ⁴ Qui t'eût tué. — ⁵ S'apenser : faire réflexion. — ⁶ Et plus je ferais d'efforts pour échapper.

moy ; et je li dis : « Je vous asolz [1] de tel pooir comme Dieu m'a donné. » Mez quant je me levai d'ilec, il ne me souvint onques de chose que il m'eust dite ne racontée.

Il nous firent lever de là où nous estions et nous mistrent en prison en la sente [2] de la galie ; et cuidèrent moult de nostre gent que il l'eussent fait, pour ce que il ne nous voudroient pas assaillir touz ensemble, mès pour nous tuer l'un après l'autre. Léans fumes à tel meschief le soir [3] que nous gisions si à estroit que mes piez estoient endroit [4] le bon conte Perron de Bretaingne, et les siens estoient endroit le mien visage. Lendemain nous firent traire les amiraus de la prison là où nous estions, et nous dirent ainsi leur message, que nous alissions parler aus amiraus, pour renouveler les couvenances que le soudanc avoit avec nous ; et nous dirent que nous feussions certein que, se le soudanc eust vécu, il eust fait coper la teste au roy et à nous touz *. Aussi cil qui y porent aler y alèrent ; le conte de Bretaingne et le connestable et je, qui estions griefs malades, demourames. Le conte de Flandres, le conte Jehan de Soissons, les deux frères d'Ibelin, et les autres qui se porent aidier, y alèrent.

Il acordèrent aus amiraus [5] en tel manière, que, sitost comme en leur auroit délivré Damiete, il déliverroient le roy et les autres riches homes qui là estoient ; car le menu peuple en avoit fait mener le soudanc vers Babiloine, fors que [6] ceulz que il avoit fait tuer. Et ceste chose avoit-il fete contre les couvenances que il avoient au roy : par quoy il semble bien que il nous eust fait tuer aussi, sitost comme il eust eu Damiete. Et le roy leur devoit jurer ** aussi à leur faire gré de deux cens

---

[1] *Asolz* : absous. — [2] *Sente* : sentine. — [3] Nous fumes là dedans en telle misère toute la nuit. — [4] Sup-pléez : le visage. — [5] *Acordèrent* : firent un accord. — [6] *Fors que* : hormis, excepté.

* Voyez, pour ces faits, la chronique de Guillaume de Chartres, tome V, page 469 de la *Collection des historiens de France* de du Chesne. Aboul-Mahasen, historien arabe contemporain, consacre quelques mots au récit des violences exercées par les émirs envers les croisés ; mais, selon lui, les premiers ne venaient que pour demander de l'argent.

** De Serres et du Haillan disent, sans autorité, que saint Louis laissa

mil livres, avant que il partisist du flum, et de deux cens mil livres en Acre. Les Sarrazins, par les couvenances qu'il avoient au roy, devoient garder les malades qui estoient en Damiete, les arbalestriers, les armeuriers, les chars [1] salées, jusques à tant que le roy les envoieroit querre.

Les seremens que les amiraus devoient fère au roy furent devisez et furent tiex, que se il ne tenoient au roy les couvenances, que il feussent aussi honni comme cil qui par son péchié aloit en pélerinage à Mahomet à Maques [2], sa teste descouverte; et feussent aussi honni comme cil qui lessoient leur femmes et les reprenoient après. De ce cas ne peuent lessier leur femmes, à la loi de Mahommet [3], que jamez la puissent r'avoir, se il ne voit un autre homme gésir à li [4], avant que il la puisse r'avoir. Le tiers serement fu tel, que se il ne tenoient les couvenances au roy, que il feussent aussi honnis comme le Sarrazin qui manjue la char de porc. Le roy prist les seremens desus diz des amiraus, parce que mestre Nichole d'Acre, qui savoit le sarrazinnois, dit que il ne les pooit plus forz faire selonc leur loi.

Quant les amiraus orent juré, il firent mettre en escrit le serement que il vouloient avoir du roy, fu tel [5], par le conseil des provères qu'il s'estoit renoié [6] devers culz; et disoit l'escript ainsi : que se le roy ne tenoit les couvenances aus amiraus, que il feust aussi honni comme le Chrestien qui renie Dieu et sa mère, et [7] de la compaingnie de ses douze compaingnons, de touz les sains et de toutes les saintes. A ce s'a-

---

[1] *Chars* : viandes. — [2] A la Mecque. — [3] Suivant la loi de Mahomet. — [4] *Gesir à li* : coucher avec elle. — [5] Qui fut tel. — [6] Lisez : *qui s'estoient renoiez*. — [7] Suppléez : *séparé*.

pour gage de sa parole la sainte hostie, ce qui ne se trouve nulle part. L seul Mathieu Paris a écrit (*Historia major*, à l'ann. 1251; édit. de Paris, pag. 549, col. 1) que la reine Blanche, au rapport de cette fâcheuse nouvelle, rassembla la plus grande somme qu'elle put, et l'envoya au secours du roi; mais un orage perdit tout, ce qui fit prononcer à saint Louis ces paroles, lorsqu'il en reçut l'avis : « Ni ce malheur ni aucun autre que ce soit, ne saurait me séparer de l'amour que je porte au Christ. » Il relevait ainsi le courage des siens, et se faisait admirer même de ses ennemis.

cordoit bien le roy. Le darenier point du serement fu tel, que se il ne tenoit les couvenances aus amiraus, que il feust aussi honni comme le Crestien qui renoie Dieu et sa loy, et qui est despit ¹ de Dieu crache sur la croiz et marche desus. Quant li roys oy ce, il dit, se Dieu plet, cesti serement ne feroit-il jà. Les amiraus envoièrent mestre Nichole, qui savoit le sarrazinnois, au roy, qui dit au roy tiex paroles : « Sire, les amiraus ont grant despit de ce que il ont juré quanque vous requeistes, et vous ne voulez jurer ce que il vous requièrent ; et soiés certein que, se vous ne le jurez, il vous feront la teste coper, et à toute vostre gent. » Le roy respondi que il en pooient faire leur volenté ; car il amoit miex mourir bon Crestien, que ce que il vesquît ou courous Dieu et sa mère.

Le patriarche de Jérusalem, vieil home et ancien de l'aage de quatre-vins ans, avoit pourchacié asseurement des Sarrazins, et estoit venu vers le roy pour li aidier à pourchacier sa délivrance. Or est tele la coustume entre les Crestiens et les Sarrazins, que, quant le roy ou le soudanc meurt, cil qui sont en messagerie ², soit en paennime ou en crestienté, sont prison ³ et esclave ; et pour ce que le soudanc qui avoit donné la seureté au patriarche fu mort, fu prisonnier aussi comme nous fumes. Quant le roy ot faite sa response, l'un des amiraus dit que ce conseil li avoit donné le patriarche, et dit aus paiens : « Se vous me voulés croire, je ferai le roy jurer ; car je li ferai la teste du patriarche voler en son geron ⁴. » Il ne le vorent pas croire, ainçois pristrent le patriarche et le levèrent de delez le roy ⁵ et le lièrent à une perche d'un paveillon les mains darières le dos, si estroitement que les mains li furent aussi enflées et aussi grosses comme sa teste, et que le sanc li sailloit parmi les mains. Le patriarche crioit au roy : « Sire, jurez seurement ; car je prens le péchié sur l'ame de moy, du serement que vous ferez, puisque vous le béez bien

¹ Lisez : *en despit*, c'est-à-dire en mépris. — ² *Messagerie* : ambassade. — ³ Sont prisonniers. — ⁴ *Geron* : giron, sein. — ⁵ D'auprès du roi.

à tenir¹. » Je ne sçai pas comment le serement fu atiré²; mez l'amiral se tindrent bien apaié³ du serement le roy et des autres riches homes qui là estoient.

Dès que le soudanc fu occis, en fist venir les estrumens au soudanc devant la tente le roy, et dit-en au roy que les amiraus avoient eu grant conseil de li faire soudanc de Babiloine. Et il me demanda se je cuidoie que il eust pris le royaume de Babiloine, se il li eussent présenté; et je li dis que il eust moult fait que fol, à ce que il avoient leur seigneur occis; et il me dit que vraiement il ne l'eust mie refusé. Et sachiez que il ne demoura⁴ pour autre chose, que pour ce que il disoient que le roy estoit le plus ferme Crestien que en peust trouver. Et cest exemple en moustroient, à ce que quant il se partoient de la héberge, il prenoit sa croiz à terre et seignoit tout son cors; et disoient que, se Mahommet leur eust tant de meschief soufert à faire, il ne le creussent jamez⁵; et disoient que, se celle gent fesoient soudanc de li, il les occiroit touz, ou il devendroient Crestiens.

Après ce que les couvenances furent acordées du roy et des amiraus et jurées, fu acordé que il nous déliverroient de l'Ascension⁶, et que sitost comme Damiete seroit délivrée aus amiraus, en déliverroit le cors le roy et les riches hommes qui avec li estoient, aussi comme il est devant dit. Le jeudi au soir, ceulz qui menoient nos quatre galies vindrent ancrer nos quatre galies enmi le flum, devant le pont de Damiete, et firent tendre un paveillon devant le pont, là où le roy descendi.

Au solleil levant, monseigneur Geffroy de Sargines ala en la ville, et fist rendre la ville aus amiraus. Sur les tours de la ville mistrent les enseignes au soudanc. Les chevaliers sarrazins se mistrent en la ville et commencèrent à boivre des vins, et furent maintenant touz ivres⁷ : dont l'un d'eulz vint à nostre

---

¹ Puisque vous avez bien l'intention de le tenir. — ² Atiré : conçu. — ³ Apaié : content. — ⁴ Que ce dessein n'échoua. — ⁵ Si Mahomet eût souffert qu'on leur eût fait tant de maux, ils ne croiraient plus en lui. — ⁶ Lisez : le lendemain de l'Ascension. — ⁷ Et furent bientôt tous ivres.

galie et traït s'espée toute ensanglantée, et dit que endroit de li¹ avoit tué six de nos gens. Avant que Damiete feust rendue, avoit l'en recueilli la royne en nos nez et toute nostre gens qui estoient en Damiete, fors que les malades qui estoient en Damiete. Les Sarrazins les devoient garder par leur serement : il les tuèrent touz. Les engins le roy, que il devoient garder aussi, il les décopèrent par pièces. Et les pors salés que il devoient garder, pour ce que il ne manjuent point de porc, il ne les gardèrent pas ; ainçois firent un lit de bacons² et un autre de gens mors, et mistrent le feu dedans ; et y ot si grant feu que il dura le vendredi, le samedi et le dymanche.

Le roy et nous que il durent délivrer dès le solleil levant, il nous tindrent jusques à solleil couchant ; ne onques n'i mangasmes, ne les amiraus aussi ; ainçois furent en desputaison tout le jour. Et disoit un amiraut pour ceulz qui estoient de sa partie : « Seigneurs, se vous me voulez croire, moy et ceulz qui sont ci de ma partie, nous occirrons le roy et ces riches homes qui ci sont ; car de sà quarante ans n'avons mès garde³, car leurs enfans sont petitz et nous avons Damiete devers nous, par quoy nous le poons faire plus seurement. » Un autre Sarrazin qui avoit non *Sebreci*, qui estoit nez de Mortaig⁴, disoit encontre et disoit ainsi : « Se nous occions le roy, après ce que nous avons occis le soudanc, on dira que les Égypciens sont les plus mauvèses gens et les plus desloiaus qui soient ou monde. » Et cil qui vouloit que en nous occeïst, disoit encontre : « Il est bien voir⁵ que nous sommes trop malement défait de nostre soudanc que nous avons tué ; car nous sommes alés contre le commandemant Mahommet, qui nous commande que nous gardons le nostre seigneur aussi comme la prunelle de nostre œil* ; et vesci en cest livré le commandement tout

---

¹ Que, pour sa part, il, etc. — ² *Bacon* : chair de porc. — ³ Car d'ici à quarante ans nous n'aurons plus de crainte. — ⁴ Lisez : *de Mortaigne*, c'est-à-dire, de Mauritanie. — ⁵ *Voir* : vrai.

* Ceci doit être une tradition de Mahomet, recueillie par quelqu'un de ses disciples.

escript. Or escoutez, fait-il, l'autre commandemant Mahommet qui vient après. » Il leur tournoit un foillet ou livre que il tenoit, et leur moustroit l'autre commandemant Mahommet, qui estoit tel : « En l'asseurement de la foy occi l'ennemi de la loy*. Or gardez comment nous avons mesfait contre les commandemans Mahommet, de ce que nous avons tué nostre seigneur, et encore ferons-nous pis se nous ne tuons le roy, quelque asseurement que nous li aions donné ; car c'est le plus fort ennemi que la loy paiennime est [1]. » Nostre mort fu presque acordée : dont il avint ainsi, que un amiraut qui estoit nostre adversaire, cuida que en nous deust touz occirre, et vint sus le flum, et commença à crier en sarrazinnois a ceulz qui les galies menoient, et osta sa touaille de sa teste et leur fist un signe de sa touaille ; et maintenant il nous désancrèrent [2] et nous remenèrent bien une grant lieue arières vers Babiloine. Lors cuidames-nous estre touz perdus, et yot maint lermes [3] plorées.

Aussi comme Dieu voult, qui n'oublie pas les siens, il fu acordé, entour solleil couchant que nous serions délivrez. Lors nous ramena l'en, et mist l'en nos quatre galies à terre. Nous requeismes que en nous lessast aler. Il nous dirent que non feroient jusques à ce que nous eussions mangé ; « Car ce seroit honte aus amiraus, se vous partiés de nos prisons à jeun. » Et nous requeismes que en nous donnast la viande [4] et nous mangerions ; et il nous distrent que en l'estoit alé querre en l'ost. Les viandes que il nous donnèrent, ce furent begues de fourmages [5] qui estoient rôties au solleil, pour ce que les vers n'i venissent, et oefs durs cuis de quatre jours ou de cinc ; et, pour

---

[1] Lisez : ait. — [2] Sur-le-champ ils levèrent nos ancres. — [3] *Lermes* : lármes. — [4] Le mot *viande* est employé dans nos vieux auteurs dans son acception primitive de *vivres* en général, de même qu'on dit encore en italien *le vivande*. — [5] *Beques de fourmages* : beignets de fromage.

* Mahomet, dans le Coran, parle ainsi à ses compagnons : « Combattez les infidèles jusqu'à ce qu'il n'y ait plus lieu aux disputes ; combattez jusqu'à ce que la religion de Dieu domine seule sur la terre. » Voyez sourate VIII, vers 39, cité dans l'ouvrage de M. Reinaud, intitulé : *Monuments arabes, persans et turcs, du cabinet du duc de Blacas*, t. I, p. 298.

honneur de nous, en les avoit fait peindre par dehors de diverses couleurs.

En nous mist à terre et en alames vers le roy, qu'il amenoient du paveillon là où il l'avoient tenu vers le flum ; et venoient bien vint mil Sarrazins, les espées ceintes, touz après li, à pié. Ou flum devant le roy avoit une galie de Genevois [1], là où il ne paroit que un seul home desus. Maintenant que il vit le roy sur le flum, il sonna un siblet [2], et au son du siblet saillirent bien de la sente de la galie [3] quatre-vins arbalestiers bien appareillés, les arbalestres montées, et mistrent maintenant les carriaus en coche. Tantost comme les Sarrazins le virent, il touchèrent en fuie aussi comme brebis; que onques n'en demoura avec le roy, fors que deux ou troiz. Il geterent une planche à terre pour requeillir le roy et le conte d'Anjou, son frère, et monseigneur Geffroy de Sergines, et monseigneur Phelippe de Annemos, et le maréchal de France que en appeloit *Don Meis*, et le mestre de la Trinité * et moy. Le conte de Poitiers il retindrent en prison jusques à tant que le roy leur eust fait paier les deux cens mil livres que il leur devoit faire paier, avant que il partisist du flum, pour leur rançon.

Le samedi devant l'Ascension [4], lequel samedi est lendemain que nous feumes délivrés, vindrent prenre congié du roy le conte de Flandres et le conte de Soissons, et pluseurs des autres riches homes qui furent prins ès galies. Le roy leur dit ainsi, que il li sembloit que il feroient bien se il attendoient jusques à ce que le conte de Poitiers, son frère, feust délivré. Et il distrent que il n'avoient pooir ; car les galies estoient toutes appareillées. En leurs galies montèrent et s'en vindrent en France, et en amenèrent avec eulz le bon conte Perron de

---

[1] *Genevois* : Génois. — [2] *Siblet* : sifflet. Ce mot s'est conservé dans le patois mâconnais. — [3] Du fond de cale. — [4] Lisez : *après l'Ascension*.

* Nicolas, général de l'ordre des Mathurins, que l'on appelait en ce temps-là l'ordre des Anes, *eo quod asinos equitabant, non equos*, ainsi que porte une chronique de l'an 1198. Ce général mourut l'an 1256.

Bretaingne, qui estoit si malade que il ne vesqui puis¹ que troiz semainnes et mourut sus mer. L'en commença à fere le paiement le samedi au matin, et y mist l'en au paiement faire le samedi et le dymanche toute jour jusques à la nuit, que on les paioit à la balance, et valoit chascune balance dix mil livres. Quant ce vint le dymanche au vespre², les gens le roy qui fesoient le paiement, mandèrent au roy que il leur failloit³ bien trente mil livres; que avec le roy n'avoit que le roy de Cezile et le maréchal de France, le menistre⁴ de la Trinité et moy, et touz les autres estoient au paiement fere. Lors dis-je au roy que il seroit bon que il envoiast querre le commandeur et le maréchal du Temple, car le mestre estoit mort; et que il leur requeiet que il li prestassent trente mil livres pour délivrer son frère. Le roy les envoia querre, et me dit le roy que je leur deisse. Quant je leur oy dit, frère Estienne d'Otricourt, qui estoit commandeur du Temple, me dit ainsi : « Sire de Joinville, ce conseil que vous donnés n'est ne bon ne resonnable; car vous savés que nous recevons les commandes⁵ en tel manière, que par nos seremens nous ne les poons délivrer mès que à ceulz qui les nous baillent. » Assés y ot de dures paroles et de félonnesses⁶ entre moy et li. Et lors parla frère Renaut de Vichiers, qui estoit maréchal du Temple, et dit ainsi : « Sire, lessiés ester la tençon⁷ du seigneur de Joinville et de nostre commandeur; car, aussi comme nostre commandeur dit, nous ne pourrions riens bailler que nous ne feussions parjures. Et de ce que le sénéschal vous loe que, ce⁸ nous ne vous en voulon prester, que vous en preignés, ne dit-il pas moult grans merveilles, et vous en ferés volenté;⁹ et se vous prenez du nostre, nous avons bien tant du vostre en Acre, que vous nous desdomagerés bien. » Je dis au roy que je iroie, se il vouloit; et il le me commanda. Je m'en alé en un

---

¹ Qu'il ne vécut depuis. — ² *Vespre* : soir. — ³ *Failloit* : manquait. — ⁴ *Menistre* : ministre, supérieur général. — ⁵ *Commandes* : commanderies. — ⁶ *Félonnesses* : outrageantes. — ⁷ Sire, ne faites nulle attention à la dispute, etc. — ⁸ Lisez : *si*. — ⁹ Lisez : *vostre volenté*.

des galies du Temple, en la mestre galie ; et quant je voulz descendre en la sente de la galie, là où le trésor estoit, je demandé au commandeur du Temple que il venist veoir ce que je prenroie ; et il n'i deigna onques venir. Le maréchal dit que il venroit veoir la force que je li feroie. Sitost comme je fu avalé[1] là où le trésor estoit, je demandé au trésorier du Temple, qui là estoit, que il me baillast les clefz d'une huche qui estoit devant moy ; et il, qui me vit mègre et descharné de la maladie, et en l'abit que je avoie esté en prison, dit que il ne m'en bailleroit nulles. Et je regardé une coignée qui gisoit illec, si la levai et dis que je feroie la clefz[2] le roy[3]. Quant le maréchal vit ce, si me prist par le poing et me dit : « Sire, nous véons bien que c'est force que vous nous fêtes, et nous vous ferons bailler les clefz. » Lors commanda au trésorier que en les me baillast. Et quant le maréchal ot dit au trésorier qui je estoie, il en fu moult esbahi. Je trouvai que celle huche que je ouvri, estoit à Nichole de Choisi, un serjant le roy. Je getai hors ce d'argent que je y trouvai, et me lessoient ou chief de nostre vessel[4] qui m'avoit amené. Et pris le maréchal de France et le lessai avec l'argent, et sus la galie mis le menistre de la Trinité. Le maréchal tendoit l'argent au menistre, et le menistre le me bailloit ou vessel là où je estoie. Quant nous venimes vers la galie le roy, et je commençai à hucher au roy[5] : « Sire, sire, esgardés comment je suis garni. » Et le saint home me vit moult volentiers et moult liement[6]. Nous baillames à ceulz qui fesoient le paiement, ce que j'avoie aporté. Quant le paiement fu fait, le conseil le roy qui le paiement avoit fait, vint à li, et li distrent que les Sarrazins ne vouloient délivrer son frère jusques à tant que il eussent l'argent par devers eulz. Aucuns du conseil y ot qui ne louoient mie le[7] roy

---

[1] *Avalé :* descendu. — [2] *Il semble qu'il faille suppléer :* de par. — [3] Que je mettrais le coffre en pièces. — [4] *Joinville sûrement veut dire :* et ils me le laissèrent transporter à l'extrémité de notre vaisseau, etc. — [5] *Hucher ou roy :* appeler le roi. — [6] *Liement :* joyeusement. — [7] Qui ne conseillaient pas au, etc.

que il leur délivrast les deniers jusques à tant que il r'eust son frère. Et le roy respondi que il déliverroit, car il leur avoit couvent ; et il li retenissent les seues couvenances¹, se il cuidoient bien faire. Lors dit monseigneur Phelippe de Damoes² au roy, que on avoit forconté aus Sarrazins une³ balance de dix mil livres. Et le roy se courrouça trop fort, et dit que il vouloit que en leur rendist les dix mil livres pour ce que il leur avoit couvent à paier les deux cens mil livres, avant que il partisist du flum. Et lors je passé monseigneur Phelippe sus le pié, et dis au roy qu'il ne le creust pas, car il ne disoit pas voir ; car les Sarrazins estoient les plus forconteurs⁴ qui feussent au monde. Et monseigneur Phelippe dit que je disoie voir ; car il ne le disoit que par moquerie. Et le roy dit que male encontre⁵ eust tele moquerie : « Et vous commant⁶, dit le roy à monseigneur Phelippe, sur la foy que me devez, comme mon home que vous estes, que se les dix mil livres ne sont paiés, que vous les facez paier. »

Moult de gens avoient loué au roy que il se traisist en sa nef qui l'attendoit en mer, pour li oster des mains aus Sarrazins. Onques le roy ne volt nullui croire, ainçois disoit que il ne partiroit du flum aussi comme il l'avoit couvent, tant que il leur eust paié deux cens mil livres. Sitost comme le paiement fu fait, le roy, sans ce que nulz ne l'en prioit, nous dit que désoremez estoit son serement quitez⁷, et que nous nous partissions de là et alissons en la nef qui estoit en la mer. Lors s'esmut nostre galie, et alames bien une grant lieue avant que l'un ne parla à l'autre, pour la mésaise que nous avions du conte de Poitiers. Lors vint monseigneur Phelippe de Monfort en un galion, et escria au roy : « Sire, sire, parlez à vostre frère le conte de Poitiers, qui est en cel autre vessel. » Lors escria le

---

¹ Et qu'ils accomplissent fidèlement sa promesse. — ² Édition de du Cange : *Phelippes de Montfort*. — ³ Qu'on avait fraudé le compte des Sarrasins d'une, etc. — ⁴ Les plus grands trompeurs en fait de compte. — ⁵ Mauvaise rencontre, malheur. — ⁶ *Commant* : comment. — ⁷ *Quitez* : rempli.

roy : « Alume, alume¹ ; » et si fist l'en. Lors fu la joie si grant comme elle pot estre plus entre nous.

Le roy entra en sa nef, et nous aussi. Un povre pêcherre¹ ala dire à la contesse de Poitiers qu'il avoit veu le conte de Poitiers délivré, et elle li fist donner vint livres de parisis.

Je ne weil pas oublier aucunes besoignes qui avindrent en Égypte tandis que nous y estions. Tout premier, je vous dirai de monseigneur Gauchier de Chasteillon, que un chevalier qui avoit non *monseigneur Jehan de Monson*, me conta que il vit monseigneur de Chasteillon en une rue qui estoit ou kasel là où le roy fu pris, et passoit celle rue toute droite parmi le kasel, si que en véoit les champs d'une part et d'autre. En celle rue estoit monseigneur Gauchier de Chasteillon, l'espée ou poing toute nue. Quant il véoit que les Turs se metoient parmi celle rue, il leur couroit sus, l'espée ou poing, et les flatoit² hors du kasel; et au fuir que les Turs faisoient devant li, il, qui traioient aussi bien devant comme darière, le couvrirent tous de pylez. Quant il les avoit chaciez hors du kasel, il se desflichoit de ces pyles qu'il avoit sur li, et remetoit sa cote à armer desus li, et se dressoit sus ses estriers et estendoit les bras à tout l'espée, et crioit : « Chasteillon, chevalier ! où sont mi preudhome ? » Quant il se retournoit et il véoit que les Turs estoient entrés par l'autre chief³, il leur recouroit sus, l'espée ou poing, et les enchaçoit ; et ainsi fist par trois foiz en la manière desus dite. Quant l'amiraut des galies m'ot amené devers ceulz qui furent pris à terre, je enquis à ceulz qui estoient entour li; ne onques ne trouvai qui me deist comment il fut pris,

¹ *Pêcherre :* pêcheur. — ² *Flatott :* jetait. — ³ Par l'autre bout de la rue.

* Du Cange dit que ce mot signifie *allume la chandelle;* il fonde son opinion sur un passage d'un ancien trouvère dans la description qu'il fait de l'usage de la boussole de ce temps-là, où l'on voit que, dans l'obscurité de la nuit, les marins, pour ne pas s'égarer de leur route, faisaient allumer une chandelle pour regarder de temps en temps l'aiguille. Voyez *la Bible Guiot de Provins*, v. 648. (*Fabliaux et contes*, édit. de Méon, tom. II, pag. 328.)

fors que tant que monseigueur Jehan Foninons [1], le bon chevalier, me dit que, quant en l'amenoit pris vers la Massoure, il trouva un Turc qui estoit monté sur le cheval de monseigneur Gauchier de Chasteillon, et estoit la culière toute sanglante du cheval. Et il li demanda que il avoit fait de celi à qui le cheval estoit, et li respondi que il li avoit copé la gorge tout à cheval, si comme il apparut à la culière qui en estoit ensanglantée du sanc.

Il avoit un moult vaillant home en l'ost, qui avoit à non monseigneur Jaque de Castel [*], évesque de Soissons. Quant il vit que nos gens s'en revenoit vers Damiete, il, qui avoit grant désirrer de aler à Dieu, ne s'en voult pas revenir à la terre dont il estoit né; ainçois se hasta d'aler vers Dieu. Et féri des esperons et assembla aus Turs tout seul, qui à leur espées l'occistrent [2] et le mistrent en la compaingnie Dieu, ou nombre des martirs.

Endementres que le roy attendoit le paiement que sa gent fesoient aus Turs pour la délivrance de son frère le conte de Poitiers, un Sarrazin, moult bien atiré [3] et moult léal home de cors, vint au roy et li présenta lait pris en pos [4] et fleurs de diverses manières, de par les enfans de Nasac qui avoit esté soudanc de Babiloine, et li fist le présent en françois. Et li roy li demanda où il avoit apris françois, et il dit que il avoit été Crestian; et le roy li dit : « Alez-vous-en, que à vous ne parlerai-je plus. » Je le traïs d'une part et li demandai son couvine; et il me dit qu'il avoit esté né de Provins, et que il estoit venu en Égypte avec le roy Jehan [5], et que il estoit marié en Egypte et grant riche home. Et je li diz : « Ne savez-vous pas bien que se vous mouriés en ce point, que vous iriez en

---

[1] Édition de du Cange : *Jehan Frumons.* — [2] Avec leurs épées le tuèrent. — [3] *Bien atiré* : bien mis de sa personne. — [4] Édition de du Cange : *Et présenta du lard prins en potz,* etc. [5] Jean de Brienne, roi de Jérusalem.

[*] Le nom de ce prélat était *Guy du Chastel;* il mourut le 5 avril 1250, après cinq ans d'épiscopat. (*Gallia christiana*, tom. IX, col. 369,370.)

enfer ? » Et il dit : « Oyl (car il estoit certein que nulle
n'estoit si bone comme la crestienne); mès je doute ², se je
aloie vers vous, la povreté là où je seroie et le reproche. Toute
jour me diroit l'en : véez ci le renoié³ ; si aime miex vivre
riche et aise, que je me meisse en tel point comme je vois. »
Et je li dis que le reproche seroit plus grant au jour du jugement là où chascun verroit son mesfait, que ne seroit ce que
il me contoit. Moult de bones paroles li diz, qui guèrez ne
valurent. Ainsi se départy de moy, n'onques puis ne le vi.

Or avez oy ci-devant les grans persécucions que le roy et
nous souffrimes, lesquiex persécucions la royne n'en eschapa
pas, si comme vous orrez ci-après. Car troiz jours devant ce que
elle acouchast, li vindrent les nouvelles que le roy estoit pris;
desquiex nouvelles elle fu si effrée⁴, que, toutes les foiz que
elle se dormoit en son lit, il li sembloit que toute sa chambre
feust pleinne des Sarrazins, et s'escrioit : « Aidiés, aidiés ! » Et
pour ce que l'enfant ne feust périz, dont elle estoit grosse, elle
fesoit gésir devant son lit un chevalier ancien de l'aage de quatre-
vins ans, qui la tenoit par la main ; toutes les foiz que la royne
s'escrioit, il disoit : « Dame, n'aiés garde; car je sui ci. » Avant
qu'elle feust accouchiée, elle fist wuidier hors toute sa chambre, fors que le chevalier, et s'agenoilla devant li et li requist
un don ; et le chevalier li otroia par son serement, et elle li dit :
« Je vous demande, fist-elle, par la foy que vous m'avez baillée,
que se les Sarrazins prennent ceste ville, que vous me copez
la teste avant qu'il me preignent. » Et le chevalier respondi :
« Soiés certeinne que je le ferai volontiers ; car je l'avoie jà
bien enpensé⁶ que vous occiroie, avant qu'il nous eussent
pris. »

La royne acoucha d'un filz, qui ot à non Jehan; et l'appelloit l'en *Tritan*⁷, pour la grant douleur là où il fu né. Le jour

---

¹ Lisez : *nulle loi*. — ² Mais je crains. — ³ Voici le renégat. — ⁴ *Ef-frée* : effrayée. — ⁵ Elle fit sortir tous ceux qui étaient dans sa chambre. — ⁶ Je l'avais déjà bien résolu. — ⁷ Lisez : *Tristan*.

meismes que elle fu acouchée, li dit l'en que ceulz de Pise et de Gènes s'en vouloient fuir, et les autres communes. Lendemain que elle fu acouchiée, elle les manda touz devant son lit, si que la chambre fu toute pleinne : « Seigneurs, pour Dieu merci, ne lessiés pas ceste ville ; car vous véez que monseigneur le roy seroit perdu et touz ceulz qui sont pris, se elle estoit perdue ; et si ne vous plet, si vous preingne pitié de ceste chiétive qui ci gist, que vous attendés tant que je soie relevée. » Et il respondirent : « Dame, comment ferons-nous ce ? que nous mourons de fain en ceste ville. » Et elle leur dit que jà par famine ne s'en iroient ; « Car je ferai acheter toutes les viandes en ceste ville, et vous retieing touz dès orendroit [1] aus despens du roy. » Ils se conseillèrent et revindrent à li, et li otroièrent que il demourroient volentiers ; et la royne, que Diex absoille, fist acheter toutes les viandes de la ville, qui li coustèrent troiz cens soixante mil livres et plus. Avant son terme la couvint relever, pour la cité que il couvenoit rendre aus Sarrazins. En Acré s'en vint la royne, pour attendre le roy.

Tandis que le roy attendoit la délivrance son frère, envoia le roy frère Raoul, le frère preescheur, à un amiral qui avoit à non *Faracataie* [2], l'un des plus loiaus Sarrazins que je veisse onques. Et li demanda que il se merveilloit moult comment li et les autres amiraus soufrirent comment en li avoit ses trèves si villeinnement rompues, car en li avoit tué les malades que il devoient garder aussi, et du merrien de ses engins et avoient ars les malades et les chars salées de porc que il devoient garder aussi. Faracataie respondi à frère Raoul et dit : « Frère Raoul, dites au roy que par ma loy je n'i puis mettre conseil, et se poise moy [3] ; et li dites, de par moy, que il ne face nul semblant que il li anuie [4], tandis que il est en nostre main, car mort seroit. » Et il loa que sitost comme il venroit en Acre, que il li en souvieingne.

[1] Dès à présent. — [2] Le véritable nom de cet émir était *Fares-eddin Octaï*. — [3] Et cela me pèse, m'afflige. — [4] Que cela lui fasse de la peine.

Quant le roy vint en sa nef, il ne trouva onques que sa gent li eussent riens appareillé, ne lit, ne robes; ainçois li couvint gésir, tant que nous fumes en Acre, sur les materas[1] que le soudanc li avoit baillez. Et vesti les robes que le soudanc li avait fet bailler et tailler, qui estoit de samet noir, forré de vair et de griz, et y avoit grant foison de noiaus[2] touz d'or.

Tandis que nous fumes[3] par six jours, je, qui estoie malade, me séoie touzjours de coste le roy. Et lors me conta il comment il avoit esté pris, et comment il avoit pourchacié sa reançon[4] et la nostre, par l'aide de Dieu; et me fist conter comment je avoie esté pris en l'yaue. Et après il me dit que je devoie grant gré savoir à Nostre-Seigneur, quant il m'avoit délivré de si grans périlz. Moult regretoit la mort du conte d'Artois son frère, et disoit que moult envis se fu souffert[5] de li venir veoir, comme le conte de Poitiers, que il ne le feust venu veoir ès galies.

Du conte d'Anjou qui estoit en sa nef, se pleingnoit aussi à moy, qui nulle compaingnie ne li tenoit[6]. Un jour demanda que[7] le conte d'Anjou faisoit, et en li dit que il jouoit aus tables à monseigneur Gautier d'Anemoes[8]. Et il ala là tout chancelant pour la flebesce de sa maladie, et prist les dez et les tables et les geta en la mer, et se courouça moult fort à son frère de ce que il s'étoit sitost pris à jouer aus diez; mais monseigneur Gautier en fu le miex paié, car il geta touz les deniers qui estoient sus le tablier, dont il y avoit grant foison, en son geron et les emporta*.

Ci après orrez de pluseurs persécucions et tribulacions que j'oy en Acre, desquiex Dieu, à qui je m'atendoie et à qui je

---

[1] *Materas :* matelas. — [2] *Noiaus :* boutons. — [3] Il faut lire : *tandis que nous fûmes en mer.* — [4] Procuré sa délivrance. — [5] Bien malgré lui, il se fût abstenu. — [6] De ce qu'il ne lui tenait pas compagnie. — [7] *Que :* ce que. — [8] Édition de du Cange : *Gaultier de Nemours.*

* Dans l'édition citée dans la note précédente, il est dit que saint Louis *geeta tous ses deniers* (de Caultier de Nemours) *qu'il vit sur les tabliers, après les dez et les tables en la mer.*

m'attens, me délivra. Et ces choses ferai-je escrire, pour ce que cil qui les orront aient fiance en Dieu en leur persécucions et tribulacions ; et Dieu leur aidera aussi comme il fist moy.

Or disons donc que, quant le roy vint en Acre, toutes les processions d'Acre li vindrent à l'encontre recevoir jusques à la mer à moult grant joie *. L'en amena [1] un palefroi. Sitost comme je fu monté sus, le cuer me failli ; et je dis à celi que le palefroy m'avoit amené, que il me tenist que je ne chéisse. A grant peinne me monta l'en les degrez de la sale le roy. Je me assis à une fenestre, et un enfant delez moi, et avoit entour dix ans de aage, qui avoit à nom *Berthelemin*, et estoit filz bertart[2] à monseigneur Ami de Monbeliart[3], seigneur de Monfaucon. Endementres que je séoie illec là où nul ne se prenoit garde de moy, là me vint un vallet en une cote vermeille à deux roies[4] jaunes ; et me salua et me demanda se je le cognoissai, et je li dis nanin. Et il me dit que il estoit d'Oiselair[5], le chastel mon oncle. Et je li demandai à qui il estoit, et il me dit que il n'estoit à nullui et que il demourroit avec moy, se je vouloie ; et je dis que je le vouloie moult bien. Il m'ala maintenant[6] querre coifes blanches et me pingna[7] moult bien. Et lors m'envoia querre le roy pour manger avec li ; et je y alai à tout le corcet que l'en m'avoit fait en la prison, des rongneures de mon couvertouer ; et mon couvertouer lessai à Berthelemin l'enfant, et quatre aunes de camelin[8] que l'en m'avoit donné pour Dieu en la prison. Guillemin, mon nouviau varlet, vint trencher devant moy, et pourchassa de la viande[9] à l'enfant tant comme nous mangames.

Mon vallet novel me dit que il m'avoit pourchacié un hostel

---

[1] Lisez : *l'en m'amena.* — [2] Bertart : bâtard. — [3] Édition de Pierre de Rieux : *Amé de Montbelliar.* — [4] Roies : raies. — [5] Édition de P. de Rieux : *Il estoit natif du chasteau Descler*, etc. — [6] Sur-le-champ. — [7] Pingna : peigna. — [8] Étoffe de laine grossière. — [9] Et procura des vivres.

* Tout ce qui est rapporté jusqu'à la ligne 7 de la page 126 se trouve, à quelques différences près, dans l'édition de P. de Rieux, et manque dans celle de Cl. Ménard et de du Cange, au moins dans le texte.

tout delez les bains, pour moy laver de l'ordure et de la sueur que j'avoie aportée de la prison. Quant ce vint le soir que je fus ou baing, le cuer me failli et me pasmai, et à grant peinne m'en traït l'en hors du baing jusques à mon lit. Lendemain un vieil chevalier qui avoit non *monseigneur Pierre de Bourbonne* [1], me vint veoir, et je le reting entour moy ; il m'apléja [2] en la ville ce qu'il me failli pour vestir et pour moy atourner [3]. Quant je me fu aréé [4], bien quatre jours après ce que nous fumes venuz, je alai veoir le roy, et m'enchoisonna [5] et me dit que je n'avoie pas bien fet quant je avoie tant tardé à li veoir, et me commenda si chier comme j'avoie s'amour, que maugasse avec li adès [6] et au soir et au main, jusques à tant que il eust aréé que nous ferions [7], ou d'aler en France ou de demourer. Je dis au roy que monseigneur Pierre de Courcenay me devoit quatre cens livres de mes gajes, lesquiex il ne me vouloit paier. Et le roy me respondi que il me feroit bien paier des deniers que il devoit au seigneur de Courcenay ; et si fist-il par le conseil monseigneur Pierre de Bourbonne. Nous preismes quarante livres pour nos despens, et le remenant [8] commandames à garder au commandeur du palais du Temple. Quant ce vint que j'oi despendu les quarante livres, je envoiai le père Jehan Caym de Sainte-Manehost [9], que je avoie retenu outre-mer, pour querre autres quarante livres. Le commandeur li respondi que il n'avoit denier du mien, et que il ne me congnoissoit. Je alai à frère Renaut de Vichiers, qui estoit mestre du Temple par l'aide du roy, pour la courtoisie que il avoit faite en la prison, dont je vous ai parlé, et me plainz à li du commandeur du palais qui mes deniers ne me vouloit rendre, que je li avoie commandez. Quant il oy ce, il s'esfréa fort, et me dit : « Sire de Joinville, je vous aime moult ; mès soiés certein que, se vous ne vous voulez souffrir de ceste demande [10], je ne vous aimeré jamez ; car

---

[1] Édition de P. de Rieux : *Pierre de Bourbrainne*. — [2] *Apléja* : cautionna. — [3] *Atourner* : équiper. — [4] Quand je me fus équipé. — [5] *Enchoisonna* : fit des reproches. — [6] *Adès* : maintenant, désormais. — [7] Qu'il eût résolu ce que nous ferions. — [8] *Remenant* : reste. — [9] De Sainte-Menehould. — [10] Vous désister de cette demande.

vous voulés fere entendant aus gens ¹ que nos frères sont larrons. » Et je li dis que je ne me soufferroie jà, se Dieu plet. En ceste mesaise de cuer je fus quatre jours, comme cil qui n'avoit plus de touz deniers pour despendre. Après ces quatre jours, le mestre vint vers moy tout riant, et me dit que il avoit retrouvé mes deniers. La manière comment ils furent trouvés, ce fu pour ce que il avoit changé le commandeur du palais et l'avoit envoié à un cazel que en appelle *le Saffran*, et cil me rendi mes deniers.

L'évesque d'Acre qui lors estoit, qui avoit esté né de Provins, me fist prester la meson au curé de Saint-Michiel. Je avoie retenu Gaym de Sainte-Manehot, qui moult bien me servi deux ans, miex que home que j'eusse onques entour moy. Or estoit ainsi, que il avoit une logète à mon chevès, par où l'en entroit ou moustier ². Or avint ainsi que une contenue ³ me prist, par quoy j'alai au lit, et toute ma mesnie aussi. Ne onques un jour toute jour je n'oy onques qui me peust aidier ne lever, ne je n'attendoie que la mort, par un signe qui m'estoit delez l'oreille; car il n'estoit nul jour que l'en n'aportast bien vingt mors ou plus au moustier; et de mon lit, toutes les foiz que on les aportoit, je ouoie chanter : *Libera me, Domine.* Lors je plorai et rendi graces à Dieu, et li dis ainsi : « Sire, aouré ⁴ soies-tu de ceste soufraite que tu me fez ⁵, car main bobans ⁶ ai eulz ⁷ à moy chaucier et à moy lever. Et te pri, Sire, que tu m'aides et me délivres de ceste maladie, moy et ma gent. »

Après ces choses je requis à Guillemin, mon nouvel escuier *, et si fist-il; et trouvai que il m'avoit bien doumagé de dix livres de tournois et de plus. Et me dit, quant je li demandai, que il les me rendroit, quant il pourroit. Je li donné congié, et li

---

¹ Faire entendre aux gens. — ² Dans l'église. — ³ *Contenue* : fièvre continue. — ⁴ *Aouré* : adoré. — ⁵ De cette nécessité où tu m'as réduit. — ⁶ *Bobans* : domestiques de luxe. — ⁷ Lisez : *ai eus.*

* Il y a visiblement une lacune dans cet endroit; mais elle sera suffisamment remplie si l'on ajoute : qu'il me rendît l'argent que je lui avais confié.

dis que je li donnoie ce que il me devoit, car il l'avoit bien déservi[1]. Je trouvai par les chevaliers de Bourgoingne, quant il revindrent de prison, que il l'avoient amené en leur compaignie, que c'estoit le plus courtois lierres[2] qui onques feust; car, quant il failloit à aucun chevalier coutel ou courroie, gans ou esperons, ou autre chose, il l'aloit enbler et puis si li donnoit.

En ce point que le roy estoit en Acre, se prirent les frères le roy à jouer aus deiz; et jouoit le conte de Poitiers si courtoisement, que quant il avoit gaaingné, il fesoit ouvrir la sale et fesoit appeler les gentilzhomes et les gentilzfemmes, se nulz en y avoit, et donnoit à poignées aussi bien les siens deniers comme il fesoit ceulz que il avoit gaingnés. Et quant il avoit perdu, il achetoit par esme[3] les deniers à ceulz à qui il avoit enjoué[4] et à son frère le conte d'Anjou et aus autres; et donnoit tout, et le sien et l'autrui.

En ce point que nous estions en Acre, envoia le roy querre ses frères et le conte de Flandres et les autres riches homes, à un dymanche, et leur dit ainsi : « Seigneurs, madame la royne ma mère m'a mandé et prié tant comme elle peut, que je m'en voise en France, car mon royaume est en grant péril; car je n'ai ne pez ne trèves au roy d'Angleterre. Cil de ceste terre à qui j'ai parlé m'ont dit, se je m'en vois, ceste terre est perdue; car il s'en venront touz en Acre[5] après moy, pour ce que nulz n'i osera demourer à si pou de gent. Si vous pri, fist-il, que vous y pensez; et pour ce que la besoingne est grosse, je vous donne respit de moy respondre ce que bon vous semblera, jusques à d'ui en huit jours*. » Et me dit ainsi, que il n'entendoit mie comment li roys eust pooir de demourer, et

---

[1] *Déservi* : mérité. — [2] *Lierre* : larron. — [3] *Esme* : estimation. — [4] Avec qui il avait joué. — [5] C'est-à-dire : tous ceux qui sont en Acre.

* Tout ce qui suit, jusqu'au paragraphe suivant, manque dans l'édition de du Cange. Il y a visiblement une lacune en cet endroit du manuscrit; mais on voit assez par la suite qu'il s'agit ici de l'entretien du sire de Joinville avec le légat, sur la proposition que le roi vient de faire.

me proia moult à certes que je m'en vousisse venir en sa nef. Et je li respondi que je n'en avoie pooir ; car je n'avoie riens, ainsi comme il le savoit, pour ce que j'avoie tout perdu en l'yaue là où j'avoie esté pris. Et ceste response ne li fis-je pas pour ce que je ne feusse moult volentiers alé avec li, mez que pour une parole que monseigneur de Bollainmont[1], mon cousin germain, que Diex absoille, me dit, quant je m'en alai outre-mer : « Vous en alez outre-mer, fist-il, or vous prenés garde au revenir ; car nulz chevaliers, ne povres ne richez, ne peut revenir que il ne scet[2] honni, se il laisse en la main des Sarrazins le peuple menu Nostre-Seigneur, en laquelle compaingnie il est alé. » Le légat se courouça à moy, et me dit que je ne le deusse pas avoir refusé.

Le dymanche après revenimes devant le roy ; et lors demanda le roy à ses frères et aus autres barons et au conte de Flandres, quel conseil il li donroient, ou de s'alée[3] ou de sa demourée. Il respondirent touz que il avoient chargié à monseigneur Guion Malvoisin le conseil que il vouloient donner au roy. Le roy li commanda que il deist ce que il li avoient chargié ; et il dit ainsi : « Sire, vos frères et les riches hommes qui ci sont, ont regardé à vostre estat, et ont veu que vous n'avez pooir de demourer en cest païs, à l'onneur de vous ne de vostre règne[4] ; que de tous les chevaliers qui vindrent en vostre compaingnie, dont vous en amenates en Cypre deux mil et huit cens, il n'en a pas en ceste ville cent de remenant[5]. Si vous loent-il, sire, que vos en alez en France, et pourchaciés gens et deniers[6], par quoy vous puissés hastivement revenir en cest païs vous venger des ennemis de Dieu, qui vous ont tenu en leur prison. » Le roy ne se voult pas tenir à ce que monseigneur Gui Malvoisin avoit dit ; ains demanda au conte d'Anjou, au conte de Poitiers et au conte de Flandres, et à pluseurs

---

[1] Plus loin, *Boulaincourt*. — [2] *Scet* : soit. — [3] *S'alée* : son départ. — [4] *Règne* : royaume. — [5] *Remenant* : reste. — [6] Vous vous procuriez du monde et de l'argent.

autres riches homes qui séoient emprès eulz ; et tuit s'acordèrent à monseigneur Gui Malvoisin. Le légat demanda au conte Jehan de Japhe, qui séoit emprès eulz, que il li sembloit de ces choses. Le conte de Japhe li proia qu'il se soufrist de celle demande : « Pour ce, fist-il, que mes chastiaus sont en marche [1] ; et, se je loe au roy la demourée, l'en cuideroit que ce feust pour mon proufit. » Lors li demanda le roy, si à certes comme il pot [2], que il deist ce que il li en sembloit. Et il li dit que se il pooit tant faire que il pooit héberge tenir aus chans dedans un an, que il feroit sa grant honneur, se il demouroit. Lors demanda le légat à ceulz qui séoient après le conte de Japhe ; et touz s'acordèrent à monseigneur Gui Malvoisin. Je estoie bien le quatorzième assis encontre le légat. Il me demanda que il m'en sembloit ; et je li respondi que je m'acordoie bien au conte de Japhe. Et le légat me dit courroucié, comment ce pourroit estre que le roy peut tenir héberges à si pou de gent comme il avoit. Et je li respondi aussi comme courroucié, pour ce que il me sembloit que il le disoit pour moy atteinner [3] : « Sire, et je vous le dirai, puisqu'il vous plest. L'en dit, sire, je ne sai ce c'est voir [4], que le roy n'a encore despendu nulz de ses deniers, ne mès que [5] des deniers aus clers. Si mette le roy ses deniers en despense, et envoit le roy querre chevaliers en la Morée et outre-mer ; et quant l'en orra nouvelles que le roy donne bien largement, chevaliers li venront de toutes pars, par quoy il pourra tenir héberges dedans un an, se Dieu plest. Et par sa demourée seront délivrez les povres prisonniers qui ont esté pris ou servise Dieu et ou sien, qui jamès n'en istront [6], se li roys s'en va. » Il n'avoit nul illec qui n'eust de ses prochains amis en la prison, par quoy nulz ne me reprist ; ainçois se pristrent touz à plorer. Après moy, demanda le légat à monseigneur Guillaume de Biaumont, qui lors estoit maréchal de

---

[1] Le comte de Jaffa les prin de s'abstenir de cette demande : « Parce que, dit-il, mes châteaux sont sur la frontière, » etc. — [2] Aussi sérieusement qu'il put. — [3] *Atteinner* : piquer. — [4] *Voir* : vrai. — [5] *Ne mès que* : sinon. — [6] Qui jamais ne sortiront de captivité.

France ; et il dit que j'avoie moult bien dit ; « et vous dirai reson pour quoy. » Monseigneur Jehan de Biaumont, le bon chevalier, qui estoit son oncle et avoit grant talent [1] de retourner en France, l'escria moult félonnessement [2], et li dit : « Orde longaingne [3], que voulez-vous dire ? Raséez-vous tout quoy [4]. » Le roy li dit : « Messire Jehan, vous fêtes mal, lessiés-li dire. » — « Certes, sire, non ferai. » Il le couvint taire ; ne nulz ne s'acorda onques puis à moy, ne mès que [5] le sire de Chatenai.

Lors nous dit le roy : « Seigneurs, je vous ai bien oys, et je vous respondré de ce que il me pléra à fère, de hui en huit jours. » Quant nous fumes partis d'illec, et l'assaut me commence de toutes pars : « Or est fol, sire de Joinville, li roys, se il ne vous croit contre tout le conseil du royaume de France. » Quant les tables furent mises, le roy delez li au manger [6], là où il me fesoit touzjours séoir, et ses frères n'i estoient. Onques ne parla à moy tant comme le manger dura : ce que il n'avoit pas acoustumé, que il ne gardat [7] touzjours à moy en mangant. Et je cuidoie vraiement que il feust courroucié à moy, pour ce que je dis que il n'avoit encore despendu nulz de ses deniers, et que il despendoit largement. Tandis que le roy oy ses grâces, je alai à une fenestre ferrée qui estoit en une reculée [8] devers le chevet du lit le roy ; et tenoie mes bras par mi les fers de la fenestre, et pensoie que se le roy s'en venoit en France, que je m'en iroie vers le prince d'Antioche, qui me tenoit pour parent, et qui m'avoit envoié querre, jusques à tant que une autre alé [9] me venist ou pays, par quoy les prisonniers feussent délivré, selonc le conseil que le sire de Boulaincourt m'avoit donné. En ce point que je estoie illec, le roy se vint apuier à mes espaules, et me tint ses deux

---

[1] *Talent :* désir. — [2] Le reprit en termes fort injurieux. — [3] *Ordre longaigne :* sale excrément. — [4] Rasseyez-vous et tenez-vous coi. — [5] *Ne mès que :* si ce n'est. — [6] On doit peut-être lire : *le roy me fist seoir delez li au manger.* — [7] *Gardat :* regardât. — [8] A une fenêtre grillée qui était dans une embrasure. — [9] Lisez : *alée,* c'est-à-dire passage, armée de croisés.

mains sur la teste. Et je cuidai que ce feust monseigneur Phelippe d'Anemos, qui trop d'ennui m'avoit fait le jour pour le conseil que je lui avoie donné; et dis ainsi : « Lessiés-moy en pez, monseigneur Phelippe. » Par mal avanture, au tourner que je fiz ma teste, la main le roy me chéi¹ parmi le visage; et cognu que c'estoit le roy, à une esmeraude que il avoit en son doy. Et il me dit : « Tenez-vous tout quoy; car je vous weil demander comment vous feustes si hardi que vous, qui estes un joennes hons, m'osastes loer ma demourée, encontre touz les grans hommes et les sages de France qui me looient m'alée. » — « Sire, fis-je, avoie la mauvestié en mon cuer, si ne vous loeroie-je à nul fuer que vous la feissiés*. » — « Dites-vous, fist-il, que je feroie que mauvaiz se je m'en aloie ? » — « Si m'aïst Diex², sire, fis-je, oyl. » Et il me dit : « Se je demeure, demourrez-vous ? » Et je li dis que oyl, se je puis ne du mien ne de l'autruy³. » — « Or soiés tout aise, dit-il, car je vous sai moult bon gré de ce que vous m'avez loé; mès ne le dites à nullui, toute celle semainne. » Je fus plus aise de celle parole, et me deffendoie plus hardiment contre ceulz qui m'assailloient. En appelle les païsans du païs, *poulains* **. Si me manda monseigneur Pierre d'Avalon que je me deffendisse vers ceulz qui m'apeloient *poulain*, et leur deisse que j'amoie miex estre poulain que roncin recreu***, aussi comme il estoient.

A l'autre dymanche, revenimes touz devant le roy; et

¹ *Chéi :* tomba. — ² *Si m'aïst Diex :* Que Dieu m'aide. — ³ Soit à mes dépens soit à ceux d'autrui.

* Le sire de Joinville veut apparemment dire ici : « J'étais persuadé que le retour en France était mauvais; ainsi ne vous conseillerais-je en nulle manière que vous prissiez ce parti. »

** L'auteur de la Vie de Louis le Gros explique la force de ce mot au chapitre 24 : *Pullani dicuntur qui de patre Syriano et matre Francigena generantur.* Le sire de Joinville dit que de son temps on appelait *poulains* les paysans de la terre sainte, et que ce terme passait pour une injure : je crois qu'il tire son origine du mot *Pouille*, parce que plusieurs femmes de ce pays s'étaient fixées dans la terre sainte.

*** C'est-à-dire, *qui se confessait vaincu* : c'est la force de ce mot *recreu*.

quant le roy vit que nous feusmes touz venus, si seigna sa bouche [1], et nous dit ainsi (après ce que il ot appelé l'aide du Saint-Esperit, si comme je l'entent; car madame ma mère me dit que toute foiz que je voudroie dire aucune chose, que je appelasse l'aide du Saint-Esperit, et que je seignasse ma bouche). La parole le roy fut telle : « Seigneurs, fist-il, je vous merci moult à tous ceulz qui m'ont loé m'alée [2] en France, et si rens graces aussi à ceulz qui m'ont loé ma demourée; mès je me suis avisé que, se je demeure, je n'i voy point de péril que mon royaume se perde; car madame la royne a bien gent pour le deffendre. Et ai regardé aussi que les barons de cest païs dient, se je m'en voiz, que le royaume de Jérusalem est perdu; que nulz n'i osera demourer après moy. Si ai regardé que à nul feur [3] je ne lèroie le royaume de Jérusalem perdre, lequel je suis venu pour garder et pour conquerre; si est mon conseil tel, que je sui demouré comme à orendroit [4]. Si dis-je à vous, riches hommes que ci estes, et à touz autres chevaliers qui vourront demourer avec moy, que vous veignez parler à moy hardiement; et je vous donrai tant, que la coulpe [5] n'iert pas moie [6], mès vostre, se vous ne voulez demourer *. » Moult en y ot qui oïrent ceste parole, qui furent esbahiz; et moult en y ot qui plorèrent.

Le roy ordena, si comme l'en di, que ses frères retournerfoi]ent en France. Je ne sai se ce fu à leur requeste, ou par la volenté du roy. Ceste parole que le roy dit de sa demourée, ce fu entour la Saint-Jehan. Or avint ainsi que le jour de la

---

[1] Il fit le signe de la croix sur sa bouche. — [2] *M'alée :* mon retour. — [3] *Feur :* prix. — [4] Comme je fais à présent. On dit encore *orendra* en patois lyonnais et beaujolais pour maintenant. — [5] *Coulpe :* faute. — [6] *Moie :* mienne.

* qui est tiré de l'usage des duels. Quand l'un des combattants se voyait terrassé par son ennemi et qu'il reconnaissait ne pouvoir plus combattre, il lui avouait qu'il était *recréant* ou *recreu ;* en sorte que le sire de Joinville repousse ici l'injure par l'injure : comme on le traitait de *poulain*, il appelait ces seigneurs chevaliers *recreus.*

* Comparez ce récit avec celui de Guillaume de Nangis. (*Rec. des hist. des Gaules*, etc., tom. XX, pag. 382, 383, A.)

Saint-Jaque, quel pèlerin je estoie ¹ et qui maint biens m'avoit fait ; le roy fu revenu en sa chambre de la messe ; et appela son conseil, qui estoit demouré avec li : c'est à savoir, monseigneur Pierre le Chamberlain *, qui fu le plus loial homme et le plus droiturier que je veisse onques en hostel de roy ; monseigneur Geffroy de Sergines, le bon chevalier et le preudomme, monseigneur Giles le Brun, et bon chevalier et preudomme, cui ² li roys avoit donné la connestablie de France après la mort monseigneur Hymbert de Biaujeu le preudomme. A ceulz parla le roy en tel manière tout haut, aussi comme en couroussant : « Seigneurs, il a jà un an ³ que l'en scet ma demourée, ne je n'ai encore oy nouvelles que vous m'aiés retenu nulz chevaliers. » — « Sire, firent-il, nous n'en poons mais ; car chascun se fait si chier, pour ce que il s'en welent aler en leur païs, que nous ne leur oserions donner ce que il demandent. » — « Et qui, fist li roys, trouverrés à meilleur marché ? « — « Certes, sire, firent-il, le séneschal de Champaingne ; mez nous ne li oserions donner ce qu'il demande. » Je estoie enmi la chambre le roy, et oy ces paroles. Lors dit le roy : « Appelez-moy le séneschal ? » Je alai à li et m'agenoillé devant li ; et il me fist seoir, et me dit ainsi : « Séneschal, vous savés que je vous ai moult amé, et ma gent me dient que il vous treuvent dur. Comment est-ce ? » — « Sire, fis-je, je n'en puis maiz ; car vous savez que je fu pris en l'yaue, et ne me demoura onques riens que je ne perdisse tout ce que j'avoie. » Et il me demanda que je demandoie ; et je dis que je demandoie deux mil livres jusques à Pasques, pour les deux pars de l'année. « Or me dites, fist-il, avez-vous barguigné ⁴ nulz chevaliers ? » Et je dis : « Oyl, monseigneur Pierre de Pontmolain,

---

¹ Duquel j'étais pèlerin. — ² Cui : à qui. — ³ Lisez : il y a jà un mois. — ⁴ Barguigné : marchandé, fait marché avec.

* Pierre de Nemours, ou de Ville-Beon, chambellan de France sous saint Louis, avec lequel il fit le voyage de Tunis, ou il mourut. Il fut inhumé à ses pieds en l'abbaye de Saint-Denis.

li tiers à banière, qui coustent quatre cens livres jusques à Pasques ». Et il conta par ses doiz. « Ce sont, fist-il, mil deux cens livres que vos nouviaus chevaliers cousteront. » — « Or regardez, sire, fis-je, se il me couvendra bien uit cens livres pour moy monter et pour moy armer, et pour mes chevaliers donner à manger; car vous ne voulés pas que nous mangions en vostre ostel. » Lors dit à sa gent : « Vraiment, fist-il, je ne voi ci point d'outrage [1], et je vous retiens, » fist-il à moy.

Après ces choses atirèrent les frères au roy leur navie [2], et les autres riches homes qui estoient en Acre. Au partir que il firent d'Acre, le conte de Poitiers empronta joiaus à ceulz qui s'alèrent en France; et à nous qui demourames en donna bien et largement. Moult me prièrent l'un frère et l'autre que je me preisse garde du roy, et me disoient que il n'i demouroit nullui en qui il s'atendissent tant. Quant le conte d'Anjou vit que requeillir le couvendroit en la nef [3], il mena tel deul que touz s'en merveillèrent; et toutevoiz s'en vint-il en France*.

Il ne tarda pas grandemant après ce que les frères le roy furent partis d'Acre, que les messages l'empereur Ferri [4] vindrent au roy et il apportèrent lettre de créance, et dirent au roy que l'empereur les avoit envoiés pour nostre délivrance. Au roy moustrèrent lettres que l'empereur envoioit au soudan qui mort estoit, ce que l'empereur ne cuidoit pas; et li mandoit l'empereur que il creust ses messages de la délivrance le roy. Moult de gens distrent que il ne nous feust pas mestier [5] que les messages nous eussent trouvez en la prison; car l'en cuidoit que l'empereur eust envoié ses messages, plus pour nous encombrer que pour délivrer. Les messages nous trouvèrent délivrés; si s'en alèrent.

Tandis que le roy étoit en Acre, envoia le soudanc de Da-

[1] *Outrage :* excès. — [2] *Navie :* s'embarquer. — [4] Frédéric II. — [5] *Mestier :* besoin. — [3] Qu'ils seroient obligés de

* Tout ce qui est rapporté en ce paragraphe manque dans l'édition de du Cange.

mas * ses messages au roy, et se plaint moult à li des amiraus de Égypte, qui avoient son cousin le soudanc tué ; et promist au roy que se il li vouloit aidier, que il li déliverroit le royaume de Jérusalem, qui estoit en sa main. Le roy ot conseil que il feroit response au soudanc de Damas par ses messages propres, lesquiex il envoya au soudanc. Avec les messages qui là alèrent, ala frère Yves le Breton de l'ordre des Frères preescheurs, qui savoit le sarrazinnois. Tandis que il aloient de leur hostel à l'ostel du soudanc, frères Yves vit une femme vieille qui traversoit parmi la rue, et portoit en sa main destre une escuellée pleinne de feu, et en la senestre une phiole pleinne d'yaue. Frère Yves ly demanda : « Que veus-tu de ce faire ? » Elle li respondi qu'elle vouloit du feu ardoir paradis, et de l'yaue esteindre enfer, que jamèz n'en feust point. Et il li demanda : « Pourquoy veus-tu ce faire ? » — « Pour ce que je ne weil que nulz face jamès bien pour le guerredon[1] de paradis avoir, ne pour la peour d'enfer ; mès proprement pour l'amour de Dieu avoir, qui tant vaut et qui tout le bien nous peut faire. »

Jehan li Ermin, qui estoit artillier le roy, ala lors à Damas pour acheter cornes et glus[2] pour faire arbalestres, et vit un vieil home moult ancien seoir sur les estaus de Damas. Ce vieil home l'apela et li demanda se il estoit Crestien ; et il li dit oyl. Et il li dit : « Moult vous devez haïr entre vous Crestiens, que j'ai veu tele foiz que le roy Baudoin de Jérusalem, qui fu mezeaus[3], desconfit Salehadin, et n'avoit que troiz cens homes à armes, et Salehadin troiz milliers : or estes tel mené par vos péchiés, que nous vous prenons aval les chans comme estes ». Lors li dit Jehan l'Ermin que il se devoit bien taire des péchiez aus Crestiens, pour les péchiez que les Sarrazins fesoient, qui moult sont plus grant. Et le Sarrazin respondi que folement

---

[1] *Guerredon :* récompense. — [2] *Cornes et glus :* colle et glu. — [3] *Mezeaus :* lépreux.

* Ce sultan de Damas et d'Alep se nommait *Nasser.*

avoit respondu. Et Jehan il demanda pourquoy. Et il li dit que il li diroit ; mès il li feroit avant une demande. Et li demanda se il avoit nul enfant. Et il li dit oyl, un fils. Et il li demanda duquel il li anuieroit plus, se en li donnoit une bufe [1] ou à son filz ; et il dit que il seroit plus courroucié de son fil, se il le feroit [2], que de li. « Or te faiz, dit le Sarrazin, ma response en tel manière ; que, entre vous Crestiens, estes filz de Dieu, et de son non de Crist estes appelez *Crestians*, et tele courtoisie vous fet que il vous a baillez enseigneurs, par quoy vous congnoissiés quant vous faites le bien et quant vous faites le mal : dont Dieu vous sceit pire gré d'un petit péché, quant vous le faites, que il ne fait à nous d'un grant, qui n'en congnoissons point, et qui sommes aveugles ; que nous cuidons estre quite de touz nos péchiez, se nous nous poons laver en yaue avant que nous mourriens, pour ce que Mahommet nous dit à la mort que par yaue serions sauf. »

Jehan l'Ermin estoit en ma compaingnie, puis que je reving d'outre-mer, que je m'en aloie à Paris. Aussi comme nous mangions ou paveillon, une grande tourbe de povres gens nous demandoient pour Dieu et fesoient grant noise. Un de nos gens qui là estoit, commanda et dit à un de nos vallès : « Lièvesus et chace hors ces povres. » — « A ! fist Jehan l'Ermin, vous avez trop mal dit ; car se le roy de France nous envoioit maintenant par ses messages à chascun cent mars d'argent, nous ne les chacerions pas hors, et vous chaciés ceulz envoié [3] qui vous offrent qui vous donrront [4] quanque l'en vous peut donner : c'est à savoir que il vous demandent que vous leur donnez pour Dieu ; c'est à entendre que vous leur donnez du vostre, et il vous donrront Dieu. Et Dieu le dit de sa bouche, que il ot povoir de li donner à nous ; et dient les sainz que les povres nous peuvent acorder à li, en tel manière que, ainsi comme l'yaue esteint le feu, l'aumosne estaint le péché. Si ne vous

---

[1] *Bufe* : soufflet. — [2] *Feroit* : frappoit. — [3] *Ceulz envoyé* : ces envoyés. [4] *Donrront* : donneront.

avieigne jamès, dit Jehan, que vous chaciés les povres ensus [1]; mès donnés-leur, et Dieu vous donrra [*]. »

Tandis que le roy demouroit en Acre, vindrent les messages au Vieil de la Montaingne à li. Quant le roy revint de sa messe, il les fist venir devant li. Le roy les fist asseoir en tel manière, que il y avoit un amiral devant, bien vestu et bien atourné, et darières son amiral avoit un bacheler [2] bien atourné, qui tenoit troiz coutiaus en son poing, dont l'un entroit ou manche l'autre; pour ce que, se l'amiral eust esté refusé, il eust présenté au roy ces troiz coutiaus pour li deffier. Darière celi qui tenoit les troiz coutiaus, avoit un autre qui tenoit un bouqueran [3] entorteillé entour son bras, que il eust aussi présenté au roy pour li ensevelir, se il eust refusée la requeste au Vieil de la Montaigne [**].

Le roy dit à l'amiral que il li deist sa volenté; et l'amiral li bailla unes lettres de créance, et dit ainsi : « Mes sire envoie à vous demander se vous le cognoissiés. ». Et le roy respondi que il ne le congnoissoit point; car il ne l'avoit onques veu; mez il avoit bien oy parler de li. « Et, quant vous avez oy parler de mon seigneur, je me merveille moult que vous ne li avez envoié tant du vostre que vous l'eussiez retenu à ami, aussi comme l'empereur d'Alemaingne, le roy de Honguerie, le soudanc de Babiloinne et les autres li font touz les ans; pour ce que il sont certeins que il ne pevent vivre mez que tant [4] comme il plèra à monseignour. Et se ce ne vous plet à faire, si le faites acquiter du tréu [5] que il doit à l'Ospital [6] et au Temple, et il se tendra apaié de vous. » Au Temple et à l'Ospital li rendoit

[1] Hors de votre maison. — [2] Bacheler : jeune homme. — [3] Bouqueran : bougran, toile de coton très-fine. — [4] Que tant : qu'autant. — [5] Tréu : tribut. — [6] L'Ospital : l'ordre de Saint-Jean de l'Hôpital.

[*] Dans l'édition de du Cange, la réponse de la vieille femme, qui se trouve plus haut, est un peu plus développée, et les deux conversations de Pierre l'Ermin manquent.

[**] Dans l'édition de du Cange, les deux circonstances curieuses des couteaux et de la pièce de toile manquent.

lors tréu, pour ce que il ne doutoient riens les Assacis, pour ce que le Vieil de la Montaingne n'i peut riens gaaigner, se il fesoit tuer le mestre du Temple ou de l'Ospital ; car il savoit bien que, se il en feist un tuer, l'en y remeist tantost un autre aussi bon ; et pour ce ne vouloit-il pas perdre les Assacis en lieu là où il ne peut riens gaaingner. Le roy respondi à l'amiral que il venist à la relevée.

Quant l'amiral fu revenu, il trouva que le roy séoit en tele manière, que le mestre de l'Ospital estoit d'une part, et le mestre du Temple d'autre. Lors li dit le roy que il li redeist ce que il li avoit dit au matin ; et il dit que il n'avoit pas conseil du redire, mès que devant ceulz[1] qui estoient au matin avec le roy. Lors li distrent les deux mestres : « Nous vous commandons que vous le dites. » Et il leur dit que il leur diroit, puis que il le commandoient. Lors firent dire les deux mestres, en sarrazinnois, que il venist lendemain parler à eulz en l'Ospital ; et il si fist.

Lors li firent dire les deux mestres que moult estoit hardi leur seigneur, quant il avoit osé mander au roy si dures paroles ; et li firent dire que ce ne feust pour l'amour du roy en quel message il estoient venus[2], que il les feissent noier en l'orde[3] mer d'Acre, en despit de leur seigneur : « Et vous commandons que vous en r'alez vers vostre seigneur, et dedens quinzainne vous soiés ci-arrière[4], et apportez au roy tiex lettres et tiex joiaus, de par vostre seigneur, dont le roy se tieingne apaiez[5] et que il vous en sache bon gré. »

Dedens la quinzeinne revindrent les messages le Vieil en Acre, et apportèrent au roy la chemise du Vieil ; et distrent au roy, de par le Viel, que c'estoit sénefiance[6] que aussi comme la chemise est plus près du cors que nul autre vestement, aussi veult le Viex tenir le roy plus près à amour que nul autre roy.

[1] Sinon devant ceux. — [2] Il faut apparemment lire : *Auquel message il estoient venus ;* c'est-à-dire, auprès duquel ils étaient venus en qualité d'envoyés. — [3] *Orde :* sale, pleine d'ordure. — [4] Vous soyez ici de retour. — [5] *Apaiez :* satisfait. — [6] *Sénefiance :* signification.

Et il li envoia son anel, qui estoit de moult fin or [*], là où son nom estoit escript, et li manda que par son anel respousoit-il le roy [1]; que il vouloit que dès lors en feussent avant tout un. Entre les autres joiaus que il envoia au roy, li envoi un oliphant de cristal moult bien fait, et une beste que l'en appelle *orafle* [2], de cristal, aussi point de diverses manières de cristal, et jeuz de tables et de eschez ; et toutes ces choses estoient fleuretées de ambre, et estoit l'ambre lié sur le cristal à beles vignetes de bon or fin. Et sachiez que sitost comme les messages ouvrirent leur escrins là où ces choses estoient, il sembla que toute la chambre feust embausmé, si souef fléroient [3].

Le roy renvoya ces messages au Viel, et li renvoia grant foison de joiaus, escarlates, coupes d'or et frains d'argent ; et, avec les messages, y envoia frère Yves le Breton, qui savoit le sarrazinnois. Et trouva que le Vieil de la Montaingne ne créoit pas en Mahommet, aînçois créoit en la loy de Haali, qui fu oncle Mahommet. Ce Haali mist Mahommet en l'onneur là où il fu ; et quant Mahommet se fu mis en la seigneurie du peuple, si disputa son oncle, et l'esloigna de li ; et Haali, quant il vit ce, si trait à li du peuple ce que il pot avoir, et leur aprist une autre créance que à Mahommet n'avoit enseignée [4] : dont encore il est ainsi, que touz ceulz qui croient en la loy Haali, dient que ceulz qui croient en la loi Mahommet sont mescréant ; et aussi touz ceulz qui croient en la loy Mahommet, dient que tout ceulz qui croient en la loy Haali sont mescréant.

L'un des poins de la loy Haali est que quant un homme se fait tuer pour faire le commandemant son seigneur, que l'ame

---

[1] *Respousoit-il* : il épousait. — [2] Il faut peut-être lire : Que l'on appelle giraffe. Dans l'édition de du Cange il n'est pas question d'*orafle* ni de *giraffe* ; mais de *figures d'hommes de diverses façons de cristal*, etc. — [3] Tant l'odeur en était agréable. — [4] Que le peuple n'avait pas apprise avec Mahomet, *à moins que l'on ne préfère lire que jà*, etc.

[*] Cet anneau servait de sceau. Voyez sur les sceaux orientaux de cette époque, les *Monuments arabes, persans et turcs du duc de Blacas*, t. II, p. 6, et sur celui du Vieux de la Montagne la note 2 de la même page.

de li en va en plus aisié ¹ cors qu'elle n'estoit devant ; et pour ce ne font force li Assacis d'eulz faire tuer ², quant leur seigneur leur commande, pour ce que il croient que il seront assez plus aise quant il seront mors, que il n'estoient devant.

L'autre point si est tel, que il ne croient que nulz ne peut mourir que jeusques au jour que il li est jugé ; et ce ne doit nulz croire, car Dieu a pooir d'alongier nos vies et d'acourcir. Et en cesti point croient les Béduyns, et pour ce ne se weulent armer quant ils vount ès batailles ; car il cuideroient faire contre le commendemant de leur loy. Et quant il maudient leurs enfans, si leur dient ainsi : « Maudit soies-tu comme le Franc, qui s'arme pour poour de mort ! »

Frère Yves trouva un livre au chevès du lit au Vieil, là où il avoit escript plusieurs paroles que Nostre-Seigneur dit à saint Père, quant il aloit par terre³. Et frère Yves li dit : « Ha ! pour Dieu, sire, lisiés souvent ce livre ; car ce sont trop bones paroles. » Et il dit que si faisoit-il : « Car j'ai moult chier monseigneur saint Père ; car, en l'encommencement du monde, l'ame de Abel, quant il fu tué, vint ou cors de Noë ; et quant Noë fu mort, si revint ou cors de Habraham ; et du cors Habraham, quant il morut, vint ou cors saint Pierre quant Dieu vint en terre. » Quant frère Yves oy ce, il li moustra que sa créance n'estoit pas bonne, et li enseigna moult de bones paroles ; mès il ne le volt croire. Et ces choses moustra frère Yves au roy, quant il fu revenu à nous. Quant le Viex chevauchoit, il avoit un crieur devant li qui portoit une hache danoise à lonc manche tout couvert d'argent, à tout plein de coutiaus férus ou manche⁴, et crioit : « Tournés-vous ⁵ de devant celi qui porte la mort des roys entre ses mains. »

Je vous avoie oublié à dire la response que le roy fist au soudanc de Damas, qui fu tele, que il n'avoit conseil d'aler à li,

---

¹ *Aisié* : heureux. — ² Et pour cela les Assassins n'hésitent point à se faire tuer. — ³ A saint Pierre, quand il était sur la terre. — ⁴ Le manche plein de couteaux aiguisés. — ⁵ Détournez-vous.

jusques à tant que il sceut se les amiraus de l'Égypte li acorderoient sa trêve que il avoient rompue, et il en envoieroit à eulz; et, se il ne vouloient adrecier ¹ la trêve que il li avoient rompue, il li aideroit à venger volentiers ² de son cousin le soudanc de Babiloine, que il li avoient tué.

Tandis que le roy estoit en Acre, il envoya monseigneur Jehan de Valenciennes en Égypte, lequel requist aus amiraus que les outrages que il avoient faiz au roy et les doumages, que il les rendissent ³. Et il li distrent que si feroient-il moult volentiers, mès que le roy se vousist alier à eulz contre le soudanc de Damas. Monseigneur Jehan de Valenciennes ⁴ les blasma moult des grans outrages que il avoient faiz au roy, qui sont devant nommez ; et leur loa que bon seroit que pour le cuer le roy adébonnairir ⁵ devers eulz, que il li envoiassent touz les chevaliers que il tenoient en prison. Et il si firent ; et d'aboundant li envoièrent tous les os le conte Gautier de Brienne, pour mettre en terre benoite ⁶. Quant monseigneur Jehan de Valenciennes fu revenu en Acre à tout ⁷ deux cens chevaliers que il ramena de prison, sanz l'autre peuple, madame de Soiette *, qui estoit cousine le conte Gautier et seur monseigneur Gautier seigneur de Rinel, cui fille Jehan, sire de Joinville, prist puis à femme ⁸ que il revint d'outre-mer ; laquelle dame de Soiette prist les os au conte Gautier et les fist ensevelir à l'Ospital en Acre. Et fist faire le servise en tel manière, que chascun chevalier offri un cierge et denier d'argent, et le roy offri un cierge et un besant, tout des deniers madame de Soiette. Dont l'en se merveilla moult quant le roy fist ce, car l'en n'avoit onques veu offrir que de ses deniers ; mez il le fist par sa courtoisie.

---

¹ *Adrecier* : rétablir. — ² *Suppléez* : la mort. — ³ Qu'ils les réparassent. — ⁴ Édition de du Cange : *Jehan de Vallance* ; mais cette leçon est fautive. — ⁵ *Adébonnairir* : rendre bon. — ⁶ *Benoite* : bénite. — ⁷ *A tout* : avec. — ⁸ Que Jean, sire de Joinville, épousa depuis, etc.

* Marguerite de Resnel, princesse de Sajette ou Sidon, nièce de Jean de Brienne, roi de Jérusalem, puis empereur de Constantinople. D'après les *Assises de Jérusalem*, cette princesse avait le droit de battre monnaie.

Entre les chevaliers que monseigneur Jehan de Valenciennes ramena, je en y trouvai bien quarante de la cour de Champaingne. Je leur fiz tailler cotes et hargaus de vert [1], et les menai devant le roy, et li priai que il vousist tant fère que il demourassent avec li. Le roy oy que il demandoient [2], et il se tut. Et un chevalier de son conseil dit que je ne fesoie pas bien quant je aportoie tiex nouvelles au roy, là où il avoit bien sept mil livrées d'outrage [3]. Et je li dis que par mal avanture en peust-il parler, et que entre nous de Campaingne avions bien perdu trente-cinq chevaliers, touz banière portans, de la cort de Champaingne ; et je dis : « Le roy ne fera pas bien, se il vous en croit, au besoing que il a de chevaliers. » Après celle parole je commensai moult forment à plorer ; et le roy me dit que je me teusse, et il leur donrroit quantque [4] je li avois demandé. Le roy les receut tout aussi comme je voz [5], et les mist en ma bataille.

Le roy respondi [aux messagiers d'Égipte *] que il ne feroit nulle trèves à eulz, se il ne li envoioit toutes les testes des Crestiens qui pendoient autour les murs d'Acre **, dès le tens que le conte de Bar et le conte de Monfort furent prins ; et se il ne li envoioient touz les enfants qui avoient esté prins petis et estoient renoiés, et se il ne li quitoient les deux cens mil livres que il leur devoit encore. Avec les messages aus ami-

---

[1] *Hargaus de vert* : surcots fourrés de vair. — [2] Ce qu'ils demandaient. — [3] De trop, d'excédent. — [4] *Quantque* : tout ce que. — [5] *Voz* : voulus.

* Les mots entre crochets nous sont fournis par le manuscrit de Lucques.
** Le manuscrit de Lucques porte *du Kaire*, l'édition de P. de Rieux *du Quahere* ; celles de Ménard et de du Cange *du Quassere*. Il y a évidemment dans le texte que nous suivons, une faute de copiste. Les têtes des Francs ne pouvaient pas être exposées autour des murs d'Acre, puisque cette ville était alors au pouvoir des Chrétiens. Il faut donc substituer à ce nom celui du Grand-Caire, sur les murs duquel, selon Makrizi, les têtes des Chrétiens pris avec le comte de Bar, en 1239, et le comte de Montfort, à la bataille de Gaza, en 1244, et à celle de Mansourah, furent exposées, chacune au bout d'une lance. Le manuscrit de Lucques ne dit rien de cette demande de saint Louis.

raus d'Égypte, envoya le roy monseigneur Jehan de Valenciennes, vaillant home et sage.

A l'entrée de quaresme s'atira le roy à tout ce que il ot de gent pour aler fermer ¹ Sézaire ², que les Sarrazins avoient abatue, qui estoit à douze lieues par devers Jérusalem. Monseigneur Raoul de Soissons, qui estoit demoré en Acre malade, fu avec le roy fermer Césaire. Je ne sai comment ce fu, ne mez que par la volenté de Dieu, que onques ne nous firent nul doumage toute l'année. Tandis que le roy fermoit Césaire, nous revindrent les messagiers des Tartarins *, et les nouvelles que il nous aportèrent vous dirons-nous.

Aussi comme je vous diz devant, tandis que le roy séjornoit en Cypre, vindrent les messages de Tartarins à li, et li firent entendre que il li aideroient à conquerre le royaume de Jérusalem sur les Sarrazins. Le roy leur renvoia ses messages, et par ses messages que il leur envoia, leur envoia une chapelle que il leur fist faire d'escarlate. Et pour eulz atraire à nostre créance, il leur fist entailler ³ en la chapelle toute nostre créance, l'annonciation de l'angre ⁴, la nativité, le bauptesme dont Dieu fu baptizié, et toute la passion et l'ascension et l'avènement du Saint-Esprit; calices, livres et tout ce que il couvint ⁵ à messe chanter, et deux frères preescheurs ** pour chanter les messes devant eulz. Les messagers le roy arivèrent au port d'Anthioche; et dès Anthioche jusques à leur grant roy trouvèrent bien un an d'aleure ⁶, à chevaucher dix lieues le jour. Toute la terre trouvèrent subjette à eulz, et pluseurs citez que il avoient destruites, et grans monciaus d'os de gens mors. Il enquistrent comment il estoient venus en telle auctorité, par quoy il avoient tant de gens mors et confondus ⁷; et

¹ *Fermer*: fortifier. — ² Césarée de Palestine. — ³ *Entailler*: représenter par application, par des morceaux d'étoffes rapportés. — ⁴ *Angre*: ange. — ⁵ *Couvint*: convint, fallut. — ⁶ *Aleure*: marche. — ⁷ Tués et détruits.

* Joinville veut sans doute parler des messagers chrétiens envoyés par saint Louis.
** André de Longjumeau et son compagnon.

la manière fu tele aussi comme il le raportèrent au roy : que il [estoient *] venu et concréé d'une grande berrie ¹ de sablon, là où il ne croissoit nul bien. Celle berrie commensoit à unes très-grans roches merveilleuses, qui sont en la fin du monde devers Orient, lesquiex roches nulz hons ne passa onques, si comme les Tartarins le tesmoingnent; et disoient que léans ² estoit enclos le peuple Got et Margoth **, qui doivent venir en la fin du monde, quant Antecrist vendra pour destruire. En celle berrie estoit le peuple des Tartarins, et estoient subjet à prestre Jehan *** et à l'empereour de Perce ****, cui terre venoit après la seue ³, et à pluseurs autres roys mescréans, à qui il rendoient tréu ⁴ et servage chascun an pour reson du pasturage de leurs bestes; car il ne vivoient d'autre chose. Ce prestre Jehan et l'empereur de Perce et les autres roys tenoient en tel despit les Tartarins, que quant il leur aportoient leur rentes, il ne les vouloient recevoir devant eulz, ains leur tournoient le dos. Entre eulz out un sage home, qui cercha ⁵ toutes les berries; et parla aux sages hommes des berries et des liex ⁶, et leur moustra le servage là où il estoient, et leur pria à touz que il missent conseil comment il ississent ⁷ du servage là où il ⁸ les tenoit. Tant fist que il les assembla trestouz au chief ⁹ de la berrie, endroit ¹⁰ la terre prestre Jehan, et leur moustra ces choses; et il li respondirent que il devisast ¹¹, et il le feroient.

¹ *Berrie* : plaine. — ² *Leans* : là-dedans. — ³ Dont la terre venait après la sienne. — ⁴ *Tréu* : tribut. — ⁵ *Cercha* : fouilla, parcourut. — ⁶ *Liex* : lieux. — ⁷ *Ississent* : sortissent. — ⁸ Le prêtre Jean. — ⁹ *Au chief* : au bout. — ¹⁰ *Endroit* : vis-à-vis. — ¹¹ *Devisast* : parlât, ordonnât.

* Ce mot manque dans le manuscrit 2016.

** Il s'agit ici de Gog et Magog, dont il est parlé dans la Bible, dans les vers sybillins, dans Vincent de Beauvais, Marco Polo, etc.

*** On désignait par ce nom un prince asiatique, professant le christianisme et l'hérésie de Nestorius; il fut vaincu et détrôné par Gengis-Khan.

**** Par cet empereur de Perse il faut entendre le roi du Kharism, Mohammed, et son fils Djélal-eddin Mankberni, qui lui succéda, tous deux vaincus et renversés par Gengis-Khan. Chassés de leur pays, les Kharismins ou Cœrasmins s'avancèrent dans la Syrie, et, comme nous le verrons plus tard, unis avec le sultan d'Égypte, ils remportèrent une grande victoire sur les Chrétiens.

Et il dit ainsi, que il n'avoient pooir de esploitier ¹, se il n'avoient un roy et un seigneur sur eulz; et il leur enseigna la manière comment il auroient roi, et il le creurent. Et la manière fu tele, que de cinquante-deux* généracions ² que il y avoit, chascune généracion li aportast une saiete ³ qui feussent seignées de leurs nons ; et par l'acort de tout le peuple fu ainsi acordé que l'en metroit ces cinquante-deux devant un enfant de cinc anz; et celle que l'enfant prenroit premier, de celle généracion feroit l'en roy. Quant l'enfant ot levée une des seetes, le sage hons fist traire arière toutes les autres généracions ; et fu establi en tel manière, que la généracion dont l'on devoi faire roy, esliroient entre leur ⁴ cinquante-deux des plus sages hommes et des meilleurs que il auroient. Quant il furent esleus, chascuns y porta une saiete seignée de son non : lors fu acordé que la saiete que l'enfant lèveroit, de celle feroit l'en roy. Et l'enfant en leva une**, et le peuple en furent si lié ⁵ que chascun en fist grant joie. Il les fist taire, et leur dit : « Seigneurs, se vous voulez que je soie vostre roy, vous me jurerez par Celi qui a fait le ciel et la terre, que vous tendrés mes commandemans. » Et il le jurèrent.

Les establissemens*** que il leur donna, ce fu pour tenir le peule ⁶ en paiz; et furent tel, que nul n'i ravist autrui chose ⁷,

¹ *Esploitier* : réussir. — ² *Généracions* : tribus. — ³ *Saiete* : flèche. — ⁴ *Leur* : eux. — ⁵ *Lié* : joyeux. — ⁶ *Peule* : peuple. — ⁷ *Autrui chose* : chose d'autrui.

* Le manuscrit 2016 ne porte que *cinquante* : ce qui ne s'accorde pas avec la suite du récit.

** L'édition de du Cange porte : « Et par sort arriva que l'enfant leva la sajette d'icely saige omme qui ainsy les avoit enseignez. » Cette addition semble nécessaire pour donner au récit de Joinville la liaison et la clarté qu'il laisse à désirer dans les manuscrits.

*** L'auteur vient de raconter, à ce qu'il semble, l'élévation de Gengis-Khan au trône. Voyez sur l'histoire de ce prince et sur ses établissements appelés *Yassa* ou *Yaça*, le mémoire de Langlès sur un manuscrit persan de la Bibliothèque impériale, dans les *Notices et extraits des manuscrits*, etc., tom. V, pag. 192-229.

ne que l'un ne férist l'autre, se il ne vouloit le poing perdre ne que nulz n'eust compaingnie à autrui femme ne à autrui fille, se il ne vouloit perdre le poing ou la vie. Moult d'autres bons establissemens leur donna pour pez avoir.

Après ce que il les ot ordenez et aréez, il leur dit : « Seigneurs, le plus fort ennemi que nous aions, c'est prestre Jehan. Et je vous commant que vous soiés demain touz appareillez pour li courre sus; et se il est ainsi que il nous desconfise (dont Dieu nous gart!), face chascun le miex que il porra. Et se nous le desconfisons, je commant que la chose dure troiz jours et troiz nuis, et que nulz ne soit si hardi que il mette main à nul gaaing¹, mès que à gens occire; car après ce que nous aurons eu victoire, je vous départirai² le gaing si bien et si loialement, que chascun s'en tendra apaié³. » A ceste chose il s'accordèrent touz.

Lendemain coururent sus leur ennemis, et, ainsi comme Dieu vout, les desconfirent. Touz ceulz que il trouvèrent en armes deffendables⁴, occistrent touz; et ceulz que il trouvèrent en abit de religion, les prestres et les autres religions, n'occistrent pas. L'autre peuple de la terre prestre Jehan, qui ne furent pas en la bataille, se mistrent touz en leur subjection.

L'un des princes de l'un des peuples * devant nommé, fu bien perdu troiz moys, que onques l'en n'en sot nouvelles; et quant il revint, il n'ot ne fain ne soif, que il ne cuidoit⁵ avoir demouré que un soir au plus. Les nouvelles que il en raportèrent furent teles, que il** avoit trouvé un trop haut tertre,

---

¹ *Gaaing* : gain. — ² *Départirai* : Distribuerai. — ³ S'en tiendra satisfait. — ⁴ *Deffendables* : de défense. — ⁵ *Cuidoit* : pensait.

* Le manuscrit que nous suivons paraît ici fautif : aussi n'avons-nous point balancé à transposer les mots *princes* et *peuples*, tout en regrettant de n'y être pas autorisé par le manuscrit de Lucques, défectueux en cet endroit.

** Le premier *il* se rapporte aux messagers de saint Louis, et le second au prince tartare. Le conte rapporté ici se retrouve dans le *Bonum universale de Apibus* de Thomas de Cantimpré, liv. II, chap. LIV, n° 14.

et là-sus avoient trouvé les plus beles gens que il eussent onques veues, les miex vestus, les miex parés ; et ou bout du tertre vit seoir un roy* plus bel des autres [1], miex vestu et miex paré, en un thrône d'or. A sa dextre séoient six roys couronnez, bien parez à [2] pierres précieuses, et à senestre [3] autant. Près de li, à sa destre main avoit une royne agenoillée, qui li disoit et prioit que il pensast de son peuple. A sa senestre avoit un moult bel home, qui avoit deux èlez [4] resplendissans aussi comme le solleil ; et entour le roy avoit grant foison de beles gens à èlez. Le roy appela celi prince, et li dit : « Tu es venu de l'ost des Tartarins. » Et il respondi : « Sire, ce sui mon [5]. » — « Tu en iras à li, et li diras que tu m'as veu, qui sui Sire du ciel et de la terre ; et li diras que il me rende graces de la victoire que je li ai donnée sur prestre Jehan et sur sa gent. Et li diras encore, de par moy, que je li donne poissance de mettre en sa subjection toute la terre. » — « Sire, fist le prince, comment me croira-t-il ? » — « Tu li diras que il te croie, à teles enseignes que tu iras combattre à l'empereur de Perse, qui se combatra à toy à tout troiz cens mille hommes et plus à armes. Avant que tu voises [6] combatre à li, tu requerras à vostre roy ** que il te doint les provaires [7] et les gens de religion que il a pris en la bataille ; et ce que ceulz te tesmoingneront, tu croiras fermement et tout ton peuple. » — « Sire, fist-il, je ne m'en sauraie aler, se tu ne me faiz conduire. » Et le roy se tourna devers grant foison de chevaliers, si bien armez que c'estoit merveille du regarder ; et appela, et dit : « George, vient çà. » Et cil i vint et s'agenoilla. Et le roy li dit : « Lieve sus, et me meinne cesti à la herberje sauvé-

[1] Plus beau que les autres. — [2] A : avec. — [3] Senestre : gauche. — [4] Elez : ailes. — [5] J'en suis venu en vérité. — [6] Voises : ailles. — [7] Provaires : prêtres.

* Selon toute apparence, ce roi n'étoit autre que Dieu lui-même, de qui Gengis-Khan disait avoir reçu l'annonce de ses futures conquêtes. Voyez le mémoire de Langlès, cité plus haut, pag. 107.

** L'édition de du Cange porte : *au roy de Tartarie.*

ment¹. » Et si fist-il en un point du jour². Sitost comme son peuple le virent, il firent moult grant joie et tout l'ost aussi, que nulz ne pourroit raconter. Il demanda les provaires au grant roy, et il les y donna; et ce prince et tout son peuple reçurent leur enseignemens si débonnairement, que il furent touz baptiziés. Après ces choses il prist troiz cenz hommes à armes, et les fist confesser et appareillier, et s'en ala combatre à l'empereur de Perse, et le desconfist et chassa de son royaume ; lequel s'en vint fuiant jusques ou royaume de Jérusalem, et ce fu cel empereur qui desconfist nostre gent et prist le conte Gautier de Brienne, si comme vous orrez après.

Le peuple à ce prince crestien estoit si grant, que les messagiers le roy nous contèrent que il avoient en leur ost huit cens chapelles sus chers³. La manière de leur vivre estoit tele, car il ne mangoient point de pain, et vivoient de char⁴ et de let. La meilleur char que il aient, c'est de cheval, et la mettent gésir en souciz⁵ et séchier après, tant que il la trenchent aussi comme pain noir. Le meilleur bevrage que il aient et le plus fort, c'est de lait de jument confist en herbes. L'en présenta au grant roy des Tartarins un cheval chargé de farine, qui esteit venu de troiz mois d'aleure loing⁶, et il la donna aus messagiers le roy⁷.

Il ont moult de peuple crestien, qui croient en la loy des Griex⁸, et ceulz dont nous avons parlé et d'autres. Ceulz envoient sur les Sarrazins quant il veulent guerroier à eulz; et les Sarrazins envoient sus les Crestiens, quant il ont à faire à eulz⁹. Toutes manières de femmes qui n'ont enfans, vont en la bataille avec eulz ; aussi bien donnent-il soudées¹⁰ aus femmes comme aus hommes, selonc ce que elles sont plus

---

¹ *Sauvément* : en sûreté, sain et sauf. — ² En un instant. — ³ Sur des chars. — ⁴ *Char*: chair, viande. — ⁵ Je ne comprends pas ce mot. On a proposé de lire *sous ilz*, sous eux. — ⁶ Après trois mois de voyage. — ⁷ Le du. — ⁸ Des Grecs nestoriens. — ⁹ Ils envoient ceux-là (les Chrétiens) contre les Sarrasins quand ils veulent guerroyer contre eux, et les Sarrasins contre les Chrétiens, etc. — ¹⁰ *Soudées*, soldes.

viguereuses. Et contèrent les messages le roy que les soudaiers[1] et les soudaieres manjuent ensemble ès hostiex[2] des riches hommes à qui il estoient; et n'osoient les hommes toucher aus femmes en nulle manière, pour la loy que leur premier roy leur avoit donnée. Toutes manières de chars il menèrent en leur ost. Il manjuent tout. Les femmes qui ont leur enfans [les[3]] convoient[4], les gardent, et atournent[5] la viande à ceux qui vont en la bataille. Les chars crues il mettent entre leur celles et leur paniaus[6], quant le sanc en est bien hors; si la manjuent toute crue. Ce que il ne peuent manger jètent en un sac de cuir; et quant il ont fain, si oevrent le sac, et manguent touzjours la plus viex devant[7] : dont je vi un Coramyn[8] qui fu des gens l'empereour de Perse, qui nous gardoit en la prison, que quant il ouvroit son sac nous nous bouchions[9], que nous ne povions durer, pour la puneisie[10] qui issoit du sac.

Or revenons à nostre matière et disons ainsi, que quant le grant roy des Tartarins ot receu les messages et les présens, il envoia querre par asseurement[11] pluseurs roys qui n'estoient pas encore venus à sa merci, ot leur fist tendre la chapelle, et leur dit en tel manière : « Seigneurs, le roy de France est venu en nostre sujestion, et vezci le tréu[12] que il nous envoie; et se vous ne venez en nostre merci, nous l'envoierons querre pour vous confondre. » Assés en y ot de ceulz qui, pour la poour du roy de France, se mistrent en la merci de celi roy.

Avec les messages le roy vindrent[13] ; si leur aportèrent lettres de leur grant roy au roy de France, qui disoient ainsi : « Bone chose est de pez; quar en terre de pez manjuent cil qui vont à quatre piez, l'erbe pesiblement. Cil qui vont à deus,

---

[1] *Soudaiers* : soldats. — [2] *Hostiex* : hôtels, logis. — [3] Ce mot manque au manuscrit 2016. — [4] *Convoient* : transportent. — [5] *Atournent* : apprêtent. — [6] *Paniaus* : couvertures de cheval entre la selle et l'animal. — [7] *Devant* : avant, d'abord. — [8] *Coramyn* : Corasmin. — [9] Ajoutez : *les narines*. — [10] *Puneisie* : puanteur. — [11] *Par asseurement* : en leur donnant sûreté. — [12] *Tréu* : tribut. — [13] Ajoutez : *seulz des Tartarins*.

labourent la terre dont les biens viennent passiblement *. Et ceste chose te mandons-nous pour toy aviser ; car tu ne peus avoir pez se tu ne l'as à nous, et tel roy et tel (et moult en nommoient) et touz les avons mis à l'espée. Si te maudons que tu nous envoies tant de ton or et de ton argent chascun an, que tu nous retieignes à amis ; et se tu ne le fais, nous destruirons toy et ta gent aussi comme nous avons fait ceulz que nous avons devant nommez. » Et sachiez qu'il se repenti fort quant il y envoia [1].

Or revenons à nostre matière, et disons ainsi, que tandis que le roy fermoit Cézaire, vint en l'ost monseigneur Alenars de Senaingan **, qui nous conta que il avoit fet sa nef ou réaume de Nozoe ***, qui est en la fin du monde devers Occident ; et au venir que il fist vers le roy, environna [2] toute Espaingne, et le couvint passer par les destroiz de Marroch. En grant peril passa avant qu'il venist à nous. Le roy le retint, li dixiesme de chevaliers. Et nous conta que en la terre de Nozoe que les nuiz estoient si courtes en l'esté, que il n'estoit nulle nuit que l'en ne veist la clarté du jour à l'anuitier, et la clarté de l'ajournée ****. Il se prist, il et sa gent, à chacier aus lyons, et pluseurs em pristrent [3] moult périlleusement ; car il aloient traire aus lyons en férant des esperons tant comme il pooient. Et quant il avoient trait, le lyon mouvoit à eulz ; et maintenant les eussent attains et devorez, ce [4] ne feust ce que il lassoient

---

[1] Que le roi de France se repentit fort de son message au roi des Tartares. — [2] *Environna* : tourna. — [3] En prirent. — [4] Lisez : *se* (si).

*, Dans l'édition du Louvre *passiblement* est traduit par *paisiblement* : ce serait alors le même mot qui est écrit *pesiblement* dans la ligne précédente. Comme le conjecturent les continuateurs de D. Bouquet, il se peut que *passiblement* signifie *laborieusement*.

** On lit *Clenard de Semingam*, dans l'édition de 1547.

*** Ou plutôt *Noroe*, Norwége.

**** L'édition de Ménard porte *qu'il n'y avoit nuyt là où l'on ne veist bien encores le jour au plus tard de la nuyt.*

cheoir aucune piesce de drap mauvaiz. Et le lyons s'arestoit desus, et dessiroit¹ le drap et dévoroit; que il cuidoit tenir un home. Tandis que il dessiroit ce drap, et l'autre r'aloit traire a li, et le lyon lessoit le drap et li aloit courre sus; et sitost comme cil lessoit cheoir une piesce de drap, le lyon r'entendoit² au drap, et en ce faisant il occioient les lyons de leur saietes.

Tandis que le roy fermoit Cézaire, vint à li monseigneur Nargoe de Toci*. Et disoit le roy que il estoit son cousin; car il estoit descendu d'une des seurs le roy Phelippe**, que l'empereur meismes ot à femme. Le roy le retint, li dixiesme de chevaliers, un an; et lors s'en parti, si s'en r'ala en Constantinnoble dont il estoit revenus. Il conta au roy que l'empereur de Constantinnoble, il et les autres riches homes qui estoient en Constantinnoble, lors estoient alié à un peuple que l'en appelloit *Commains****, pour ce que il eussent leur aide en-

¹ *Dessiroit :* déchirait. — ² *R'entendoit :* reportait son attention.

* P. de Rieux et Ménard ont imprimé *de Coucy*. Du Cange montre dans une note qu'il s'agit de Philippe de *Toucy*, fils de *Narjot de Toucy*, et baile ou régent de l'empire de Constantinople durant l'absence de Baudoin II. Cette conjecture de du Cange est pleinement justifiée par le manuscrit 2016, dont il n'avait pas connaissance.

** Philippe-Auguste. Agnès, sœur de ce monarque épousa en premières noces l'empereur de Constantinople, Andronic. Veuve de ce prince, elle contracta un second mariage avec un seigneur grec nommé *Branas* ou *Vranas*; et leur fille, mariée à Narjot de Toucy, fut mère du seigneur dont parle ici le sire de Joinville.

*** Peuple hun, alors établi dans la Moldavie. Voyez, sur les Comans, *Voyage au mont Caucase et en Géorgie*, par Jules Klaproth (Paris, M. DCCC. XXIII., in-8°), chap. v, tom. 1ᵉʳ, pag. 85-104; et *Histoire des Mongols, depuis Tchinguiz-Khan jusqu'à Timour-Bey ou Tamerlan*, par M. le baron C. d'Ohsson; La Haye et Amsterdam, les frères Van Cleef, 1834, in-8°, liv. II, chap. III, tom. II, pag. 155-152, 181.

Le premier des savants que nous venons de nommer, a encore publié un vocabulaire latin, persan et coman, de la bibliothèque de Francesco Petrarcha, dans ses *Mémoires relatifs à l'Asie*, tom. III (Paris, M DCCC XXVIII, in-8°), pag. 113-256.

contre Vatache*, qui lors estoit empereur des Griex ; et pour ce que l'un aidast l'autre de foy [1], couvint que l'empereur et les autres riches homes qui estoient avec li, se seignissient et meisseint de leur sanc en un grant hanap [2] d'argent. Et le roy des Commains et les autres riches hommes qui estoient avec li, refirent ainsi et mellèrent leur sanc avec le sanc de nostre gent, et trempèrent en vin et en yaue, et en burent et nostre gent aussi** ; et lors il distrent que il estoient frère de sanc.

Encore firent passer un chien entre nos gens et la leur, et descopèrent le chien de leurs espées, et nostre gent aussi*** ; et distrent que ainsi feussent-il décopé, se il failloient l'un à l'autre.

Encore nous conta une grant merveille, tandis que il estoit en leur ost : que un riche chevalier estoit mort, et li avoit l'en fet une grant fosse large en terre, et l'avoit l'en assis moult noblement et paré en une chaere [3] ; et li mist l'en avec li le

---

[1] *De foy* : de bonne foi, fidèlement. — [2] *Hanap* : coupe, vase à boire. — [3] *Chaere* : chaire, chaise.

* Jean Ducas Vatace, empereur grec à Nicée de 1222 à 1255, rival des empereurs français Robert de Courtenay et Baudouin II.

** Les éditeurs du *Recueil des Historiens des Gaules*, etc., font à ce sujet l'observation suivante : « Coutume barbare à laquelle Baudoin se conformait, quoique avec répugnance. — Hérodote (liv. IV, chap. LXX) dit que les Scythes, pour se lier réciproquement par des serments, versent du vin dans une grande coupe, et y mêlent du sang que les contractants tirent de leur corps avec la pointe d'une alène, ou en se coupant une petite portion de chair : chacun trempe dans la coupe où ce mélange s'est fait, son sabre, ses flèches, sa sagare et son javelot. Après cette cérémonie, qui est accompagnée de grandes imprécations, ceux qui ont fait le serment boivent le vin et le sang, et en donnent à boire aux personnages les plus distingués de leur suite. Cette coutume, que Pomponius Méla attribue aussi aux Scythes (*sauciant se qui paciscuntur, exemptumque sanguinem, ubi permiscuere, degustant*, lib. II, cap. I), se retrouve chez les peuples tartares. Elle ne paraît pas d'origine grecque ; car Hérodote, dans son livre Ier, n° 74, la distingue expressément de celles que ces nations avaient empruntées à la Grèce. »

*** Les Comans tenaient cet autre usage des peuples slaves.

meilleur cheval que il eust et le meilleur sergent tout vif. Le serjant avant que il feust mis en la fosse avec son seigneur, avec* le roy des Commains et aus autres riches seigneurs, et au prenre congié que il fesoit à eulz, il li mettoient en escharpe¹ grant foison d'or et d'argent, et li disoient : « Quant je venré² en l'autre siècle³, si me rendras ce que je te baille. » Et il disoit : « Si ferai-je bien volentiers. » Le grant roy des Commains li bailla une lettres qui aloient⁴ à leur premier roi ; que il li mandoit que preudomme avoit moult bien vescu et que il l'avoit molt bien servi, et que il li guerredonnast son servise⁵. Quant ce fu fait, il le mistrent en la fosse avec son seigneur et avec le cheval tout vif ; et puis lancèrent sus la fosse planches bien chevillées, et tout l'ost courut à pierres et à terre. Et avant que il dormissent orent-il fet, en remembrance⁶ de ceulz que il avoient enterré, une grant montaingne sur eulz.

Tandis que le roy fermoit Cézaire, j'alai en sa héberge⁷ pour le veoir. Maintenant que il me vit entrer en sa chambre, là où il parloit au légat, il se leva et me trait d'une part, et me dit : « Vous savez, fist le roy, que je ne vous reteing que jusques à Pasques ; si vous pri que vous me dites que je vous donra de Pasques en un an⁸. Et je li dis que je ne vouloie que il me donnast plus de ses deniers, que ce que il m'avoit donné ; mès je vouloie fere un autre marché à li : « Pour ce, fis-je, que vous vous courouciés quant l'en vous requiert aucune chose, si weil-je que vous m'aiés couvenant que, se je vous requier aucune chose toute ceste année, que vous ne vous courouciés pas ; et se vous me refusés, je ne me courroucerai pas. » Quant

¹ Dans son écharpe. — ² *Venré :* viendrai. — ³ *Siècle :* monde. — ⁴ Une lettre qui était adressée. — ⁵ Qu'il le récompensât de ses services. — ⁶ *En remembrance :* en mémoire. — ⁷ *Héberge :* logement. — ⁸ Ainsi je vous prie de me dire ce qu'il faudra que je vous donne pour que vous restiez avec moi jusqu'à Pâques de l'an prochain.

* *Avec le roy* doit signifier ici *en présence du roi des Comains* et des autres seigneurs.

il oy ce, si commença à rire moult clèrement, et me dit que il me retenoit par tel couvenant. Et me prist par tel couvenant, et me mena par devers le légat et vers son conseil, et leur recorda le marché que nous avions fait ; et en furent moult lié [1], pour ce que je estoie le plus riche qui feust en l'ost.

Ci après * vous dirai comment je ordenai et atirai mon affère en quatre ans que je y demourai, puis que les frères le roy en furent venus. Je avoie deux chapelains avec moy, qui me disoient mes hores [2] ; l'un me chantoit ma messe sitost comme l'aube du jour aparoit, et l'autre attendoit tant que mes chevaliers et les chevaliers de ma bataille estoient levés. Quant je avoie oy ma messe, je m'en aloie avec le roy. Quant le roy vouloit chevaucher, je li fesoie compaingnie. Aucune foiz estoit que les messages venoient à li, par quoy il nous couvenoit besoigner à la matinée.

Mon lit estoit fait en mon paveillon en tel manière, que nul ne pooit entrer ens [3], que il ne me veist gésir en mon lit; et ce fesoie-je pour oster toutes mescréances de femmes [4]. Quant ce vint contre la Saint-Remy **, je fesoie acheter ma porcherie de pors et ma bergerie de mes chastris [5], et farine et vin pour la garnison [6] de l'ostel tout yver ; et ce fesoie-je pour ce que les danrées enchiérissent en yver, pour la mer qui est plus félonnesce [7] en yver que en esté. Et achetoie bien cent tonniaus de vin, et fesoie touz jours boire le meilleur avant ; et fesoi temprer le vin aus vallés [8] d'yaue, et ou vin des escuiers moin d'yaue. A ma table servoit l'en devant mes chevaliers, d'une

---

[1] *Lié* : joyeux. — [2] *Hores* : heures. — [3] *Ens* : dedans. — [4] Tout faux soupçon de commerce avec les femmes. — [5] *Chastris* : moutons. — [6] *Garnison* : approvisionnements. — [7] *Félonnesce* : mauvaise. — [8] *Valés* : vallets.

* Cet alinéa et les deux suivants, tous trois relatifs aux affaires personnelles du sire de Joinville, manquent dans les éditions de P. de Rieux, de Cl. Ménard et de du Cange, qui ne contiennent pas non plus les derniers mots de l'alinéa précédent, *pour ce que je estoie le plus riche qui feust en l'ost.*

** Aux approches de la Saint-Remy, c'est-à-dire du 1er octobre.

grant phiole de vin et d'une grant phiole d'yaue ; si le temproient si comme il vouloient.

Li roys m'avoit baillé en ma bataille cinquante chevaliers : toutes les foiz que je mangoie, je avoie dix chevaliers[1] à ma table avec les miens dix ; et mangoient l'un devant l'autre, selonc la coustume du pays, et séoient sur nates à terre. Toutes les foiz que l'en crioit aus armes, je y envoioie cinquante-quatre chevaliers que en appeloit *diseniers*, pour ce que il estoient leur disiesme toutes les foiz que nous chevauchions armé. Tuit li cinquante chevaliers manjoient en mon ostel au revenir[2]. Toutes les festes années[3] je semonnoie[4] touz les riches hommes de l'ost ; dont il couvenoit que le roy empruntast aucune foiz de ceulz que j'avoie semons.

Ci après orrez les justices et les jugemens que je vis faire à Cézaire, tandis que le roy y séjournoit.

Tout premier vous dirons d'un chevalier qui fu pris au bordel, auquel l'en parti un jeu[5], selonc les usages du pays. Le jeu parti fu tel : ou que la ribaude le menroit par l'ost en chemise, une corde liée aus génetaires[6], ou il perdroit son cheval et s'armeure[7], et le chaceroit l'en de l'ost. Le chevalier lessa son cheval au roy et s'armeure, et s'en ala de l'ost. Je alai prier au roy que il me donnast le cheval pour un povre gentilhomme qui estoit en l'ost. Et le roy me respondi que ceste prière n'estoit pas resonnable, que le cheval valoit encore quatre-vint livres*. « Comment m'avés-vous les couvenances rompues, quant vous vous courouciés de ce que vous ai requis ? » Et il me dit tout en riant : « Dites quant que[8] vous vourrez, je ne me courouce pas. » Et toutevoies n'oi-je pas[9] le cheval pour le povre gentilhome.

---

[1] Ajoutez : *du roy.* — [2] *Au revenir* : au retour. — [3] *Années* : annuelles. — [4] *Semonnoie* : invitais. — [5] Auquel on donna l'option. — [6] *Génetaires* : génitoires. — [7] *S'armeure* : son armure. — [8] *Quant que* : tout ce que. — [9] Et toutefois n'eus-je pas.

* On lit *quatre-vingts à cent livres* dans les éditions, qui ajoutent que ce *n'étoit pas petite somme.*

La seconde justice fu telle, que les chevaliers de nostre bataille chassoient une beste sauvage que l'en appelle *gazel*, qui est aussi comme un chevrel. Les frères de l'Ospital s'enbatirent¹ sur eulz et boutèrent², chacèrent nos chevaliers. Et je me pleing³ au mestre de l'Ospital ; et le mestre de l'Ospital me respondi que il m'en feroit le droit et l'usage de la terre sainte, qui estoit tele que il feroit les frères qui l'outrage avoient faite, manger sur leur mantiaus, tant que cil les en lèveroient à qui l'outrage avoit esté faite *. Le mestre leur en tint bien couvenant⁴. Et quant nous veismes que il orent mangé une piesce⁵ sur leur mantiaus, je alai au mestre et le trouvai manjant, et li priai que il feist lever les frères qui manjoient sur leur mantiaus devant li ; et les chevaliers aussi ausquiex l'outrage avoit esté faite, l'en prièrent. Et il me respondi que il n'en feroit nient⁶ ; car il ne vouloit pas que les frères feissent vileinnie à ceulz qui venroient en pèlerinage en la terre sainte. Quant je oy ce, je m'assis avec les frères et commençai à manger avec eulz, et li dis que je ne me lèveraie tant que les frères se lèveroient. Et me dit que c'estoit force⁷, et m'otroia ma requeste ; et me fist, moy et mes chevaliers qui estoient avec moy, manger avec li, et les frères alèrent manger avec les autres à haute table**.

Le tiers jugement que je vi rendre à Cézaire, si fu tel : que un serjant le roy qui avoit à non *le Goulu*, mist main à un chevalier de ma bataille. Je m'en alai pleindre au roy. Le roy me dist que je m'en pooie bien souffrir, se li sembloit⁸ que il ne l'avoit fait que bouter. Et je li dis que je ne m'en souf-

---

¹ *S'enbatirent* : se jetèrent. — ² *Boutèrent* : poussèrent. — ³ *Pleing* : plaignis. — ⁴ *Couvenant* : promesse, parole. — ⁵ *Une piesce* : quelque temps. — ⁶ *Nient* : néant, rien. — ⁷ Que c'était lui faire violence. — ⁸ Que je pouvais bien m'en désister, s'il lui semblait.

* L'édition de 1547 porte : *et ceulx à qui l'oultrage avoit este faict s'y trouveroient et les manteaulx leurs demourcroyent.*

** L'édition de P. de Rieux ajoute ici : *et nous laisserent les manteaulx*, addition reproduite par Ménard et du Cange.

feroie jà; et se il ne m'en fesoit droit, je lèroie son servise, puisque ses serjans bateroient les chevaliers. Il me fist fère droit, et li.drois fu tel selonc les usages du païs*, que le serjant vint en ma heberje deschaus et en braies, sanz plus, une espée toute nue en sa main, et s'agenoilla devant le chevalier, et li dist : « Sire, je vous amende[1] ce que je mis main à vous; et vous ai aportée ceste espée pour ce que vous me copez le poing, se il vous plet. » Et je priai au chevalier que il li pardonnast son maltalent, et si fist-il.

La quarte amende** fu telle, que frère Hugue de Joy, qui estoit maréchal du Temple, fut envoié au soudanc de Damas de par le mestre du Temple, pour pourchacier[2] comment le soudanc de Damas s'acordât que une grant terre que le Temple soloit tenir[3], que le soudanc vousît que le Temple en eust la moitié et il l'autre. Ces couvenances furent faites en tel manière, se li roy s'i acordoit. Et amena frère Hugue un amiral[4] de par le soudanc de Damas, et aporta les couvenances en escript, que on appeloit *monte-foy*[5]. Le mestre dit ces choses au roy : dont le roy fu forment effraé[6], et li dit que moult estoit hardi quant il avoit tenu nulles couvenances ne paroles au soudanc, sanz parler à li ; et vouloit le roy que il li feust adrecié[7]. Et l'adrècement fu tel, que le roy fist lever les pans de troiz de ses paveillons, et là fu tout le commun de l'ost qui venir y volt ; et là vint le mestre du Temple et tout le couvent tout deschaus parmi l'ost, pour ce que leur héberge estoit dehors l'ost. Le roy fist asseoir le mestre du Temple devant li et le message au soudanc, et dit le roy au mestre tout haut :

[1] Je vous fais réparation. — [2] Pourchacier : procurer, négocier. — [3] Était accoutumé de tenir en sa possession. — [4] Amiral : émir. — [5] Monte-foy : authentique. — [6] Fortement courroucé. — [7] Fait réparation.

* Du Cange fait observer que les Assises de Jérusalem ne disent rien d'un tel usage.

** Ce quatrième jugement est omis dans les éditions de 1547, 1617, 1668; elles ne le remplacent qu'en disant qu'il fut rendu plusieurs autres jugements selon les droits et usages de la terre sainte.

« Mestre, vous direz au message le soudanc que ce vous poise que vous avez fait nulles trèves à li sanz parler à moy ; et pour ce que vous n'en aviés parlé à moy, vous le quités de quanque il vous ot couvent¹ et li rendés toutes ses couvenances. » Le mestre prist les couvenances et les bailla à l'amiral. Et lors dit le roy au mestre que il se levast et que il feist lever touz ses frères ; et si fist-il. « Or vous agenoillés et m'amendés ce que vous y estes alés contre ma volenté. » Le mestre s'agenoilla et tendit le chief de son mantel au roy, et abandonna au roy quanque il avoient à prenre pour s'amende, tele comme il la voudroit deviser² : « Et je dis, fist le roy, tout premier³, que frère Hugue qui a faites les couvenances, soit banni de tout le royaume de Jérusalem. » Le mestre et frère Hugue, compère le roy du conte d'Alençon, qui fu né à Chastel-Pèlerin*, ne onques la royne ne autres ne porent aidier frère Hue, que il ne li couvenist⁴ wider la terre sainte et du royaume de Jérusalem.

Tandis que le roy fermoit la cité de Cézaire, revindrent les messages d'Égypte à li, et li aportèrent la trève tout ainsi comme il est devant dit, que le roy l'avoit devisée. Et furent les couvenances teles du roy et d'eulz, que le roy dut aler à une journée qui fu nommée à Japhe⁵ ; et à celle journée que le roy dut aler à Japhe, les amiraus d'Égypte devoient estre à Gadre** par leur seremens, pour délivrer le royaume de Jérusalem. La trive, tele comme les messages l'avoient aportée, jura le roy et les riches homes de l'ost, et que par nos sai-

---

¹ De tout ce qu'il vous a promis. — ² Deviser : ordonner, régler. — ³ Premier : d'abord. — ⁴ Lui fallût. — ⁵ Japhe : Jaffa.

* Compère du roi, dont il avait tenu l'un des fils sur les fonts baptismaux, savoir, Pierre, comte d'Alençon, né à Castel-Pèlerin, château bâti par les croisés à trois milles d'Acre, à la pointe du Carmel.

** Nos anciens trouvères, nommément l'auteur du *Roman d'Alexandre*, appellent ainsi la ville de Zara en Dalmatie. L'annotateur de l'édition du Louvre voit dans Gadres l'ancienne ville de Gadara ; mais les récits suivants du sire de Joinville ne peuvent s'appliquer convenablement qu'à Gaza, dans l'ancien pays des Philistins.

remens nous leur devions aidier encontre le soudanc de Damas.

Quant le soudanc de Damas sot que nous nous estions aliez à ceulz d'Égypte, il envoia bien troiz mille Turs bien atirés à Gadres, là où ceulz d'Égypte devoient venir ; pour ce que il sot bien que se il pooit venir jusques à nous, que il y pourroient bien perdre. Toutevoiz[1] ne lessa pas le roy que il ne se must pour aler à Jaffe. Quant le conte de Japhe vit que le roy venoit, il atira son chastel en tel manière que ce sembloit bien estre ville deffendable ; car à chascun des carniaus[2], dont il y avoit bien cinc cens, avoit une targe de ses armes et un panoncel ; laquel chose fu bele à regarder, car ses armes estoient d'or à une croiz de gueles patée. Nous nous lojames entour le chastel, aus chans, et environnames le chastel qui siet sur la mer dès l'une mer jusques à l'autre. Maintenant se prist le roy à fermer[3] un neuf bourc tout entour le viex chastiau, dès l'une mer jusques à l'autre ; le roy meismes y vis-je mainte foiz porter la hote aus fossés, pour avoir le pardon[4].

Les amiraus d'Égypte nous faillirent de couvenances que il nous avoient promises[5] ; car il n'osèrent venir à Gadres, pour les gens au soudanc de Damas qui y estoient. Toutevoiz nous tindrent-il couvenant, en tant que il envoièrent au roy toutes les testes aus crestiens, que il avoient pendues aus murs du chastel de Chaare* dès que le conte de Bar et le conte de Montfort furent pris ; lesquiez le roy fist mettre en terre bénoite. Et li envoièrent aussi les enfans qui avoient esté pris quant le roy fu pris ; laquel chose il firent envis[6], car il s'estoient jà renoiés. Et avec ces choses envoièrent au roy un oliphant, que le roy envoia en France**.

[1] *Toutevoiz* : toutefois. — [2] *Carniaus* : créneaux. — [3] *Fermer* : fortifier. — [4] *Pardon* : indulgence. —
[5] Nous manquèrent de parole pour ce qu'ils nous avaient promis. — [6] *Envis* : malgré eux, *inviti*.

* Du Caire. Voyez ci-dessus, pag. 141.

** Deux ans après, saint Louis envoyait cet éléphant au roi d'Angleterre. Matthieu Paris conjecture que ce fut le premier qui soit venu dans ce pays, voire même de ce côté-ci des Alpes, et il ajoute que les populations accou-

Tandis que nous séjournions à Japhe, un amiraut qui estoit de la partie au soudanc de Damas, vint fauciller blez à un kasel[1] à troiz lieues de l'ost. Il fu acordé que nous li courrions sus. Quant il nous senti venans, il toucha en fuie. Endementres que il s'en fuioit, un joenne vallet gentil home se mist à li chacer, et porta deux de ses chevaliers à terre sanz la lance brisier ; et l'amiral féri en tel manière, que il li brisa le glaive ou cors.

Ce message aus amiraus d'Égypte[2] prièrent le roy que il leur donnast une journée par quoy il peussent venir vers le roy, et il y envoièrent[3] sans faute. Le roy ot conseil que il ne le refuseroit pas, et leur donna journée ; et il li orent couvent, par leur serement, que il à celle journée seroient à Gadres.

Tandis que nous attendions celle journée que le roy ot donnée aus amiraus d'Égypte, le conte d'Eu*, qui estoit chevalier, vint en l'ost, et amena avec li monseigneur Ernoul de Guminée**, le bon chevalier, et ses deux frères, li dixiesme. Il demoura ou servise le roy, et au sien*** le roy le fist chevalier.

En ce point revint le prince d'Anthyoche**** en l'ost, et la princesse sa mère*****, auquel li roys fist grant honneur, et le fist chevalier moult honorablement. Son aage n'estoit pas de plus que seize ans ; mès onques si sage enfant ne vi. Il requist

---

[1] *Kasel :* bourg. — [2] Ces messagers des émirs d'Égypte. — [3] Enverraient.

raient pour contempler une si grande nouveauté. Voyez l'*Historia major* à l'année 1253 ; édit. de Paris, M. DC. XLIV., pag. 606, F.

* Avant 1668, les éditions portaient *le comte de Den*. Du Cange a pensé qu'il fallait lire *le comte d'Eu*, et c'est en effet la leçon du manuscrit 2016. Il s'agit de Jean, fils d'Alfonse de Brienne, et de Marie, comtesse d'Eu.

** *Guminée* ou *Guymenée* est une faute, selon du Cange, qui substitue *Guines :* ce serait Arnoul, fils puîné d'Arnoul II, comte de Guines.

*** *Au sien* est peut-être à changer en *aussi*.

**** Boémond VI.

***** Lucie, fille du comte Paul de Rome, épouse du prince d'Antioche Boémond V.

au roy que il l'oïst parler devant sa mère; le roy li otroia.

Les paroles que il dit au roy devant sa mère, furent teles :
« Sire, il est bien voir que ma mère me doit encore tenir quatre ans en sa mainbournie¹ ; mès pour ce n'est-il pas drois que elle doie lessier ma terre perdre ne décheoir ; et ces choses, sire, diz-je, pour ce que la cité d'Anthioche se perd entre ses mains. Si vous pri, sire, que vous li priez que elle me baille de l'argent, par quoy je puisse aler secourre ma gent qui là sont, et aidier. Et, sire, elle le doit bien faire ; car se je demeure en la cité de Tyrple² avec li, ce n'iert pas sanz granz despens, et les granz despens que je ferai si yert pour nyent faite. »

Le roy l'oy moult volentiers, et pourchassa de tout son pooir à sa mère comment elle li baillast tant comme le roy pot traire de li. Sitost comme il parti du roy, il s'en ala en Anthioche, là où il fist moult son avenant³. Par le gré du roy il escartela ses armes, qui sont vermeilles*, aus autres de France, pour ce que li roys l'avoit fait chevalier.

Avec le prince** vindrent quatre ménestriers de la grande Hyerménie⁴, et estoient frères; et en aloient en Jérusalem en pèlerinage, et avoient troiz cors, dont les voiz⁵ des cors leur venoient parmi les visages. Quant il encommençoient à corner, vous deissiez que ce sont les voiz des cynes⁶ qui se partent de l'estanc ; et fesoient les plus douces mélodies et les plus gracieuses, que c'estoit merveilles de l'oyr. Il fesoient troiz merveilleus saus⁷ ; car en leur metoit une touaille desous les piez et tournoient tout en estant⁸, si que leur piez revenoient tout en estant sur la touaille; les deux tournoient les testes arieres, et l'ainsné aussi. Et quant en li fesoit tourner

---

¹ *Mainbournie* : tutelle, curatelle. — ² Tripoli en Syrie. — ³ Fort bien ses affaires. — ⁴ *Hyerménie* : Arménie. — ⁵ *Voiz* : sons. — ⁶ *Cynes* : cygnes. — ⁷ *Saus* : sauts, danses. — ⁸ *En estant* : tout debout.

* On donne pour armes à la famille des Boémonds et aux rois de Sicile de cette branche, un écu de gueules à une bande échiquetée d'argent et d'azur de deux traits.

** Cet alinéa manque dans les éditions antérieures à 1761.

la teste devant, il se seignoit ; car il avoit paour que il ne se brisast le col au tourner.

Pour ce que bone chose est* que la manière du conte de Brienne, qui fu conte de Jaffe par pluseurs années, et par sa vigour il la deffendi grant temps, et vivoit grant partie de ce que il gaaingnoit sus les Sarrazins et sur les ennemis de la foy. Dont il avint une foiz que il desconfit une grant quantité de Sarrazins qui menoient grant foison de dras d'or et de soie, lesquiex il gaaingna touz** ; et quant il les ot gaaingnés, à Jaffe il départi tout à ses chevaliers, que onques riens ne li en demoura. Sa manière estoit tele, que quant il estoit parti de ses chevaliers, il s'enclooit en sa chapelle, et estoit longuement en oroisons avant que il*** alast le soir gésir avec sa

---

* Quoi qu'en disent les éditeurs du *Recueil des Historiens de France*, il y a lieu de soupçonner ici quelque lacune.

** Les historiens des croisades mentionnent fréquemment des expéditions semblables, dont le succès mettait leurs auteurs en possession des richesses de l'Orient. Geoffroi Vinisauf, après s'être étendu longuement sur un fait d'armes de ce genre, donne ainsi le détail des articles qu'il valut à Richard Cœur de lion : « Per capistra jugales equos et camelos cum sarcinis offerebant, et mulos et mulas portantes diversi generis species pretiosas, aurum et argentum multum nimis, pallia holoserica, purpuram, ciclades et ostrum, et multiformium ornamenta vestium, præterea arma varia, tela multiplicia, insutas loricas vulgo dictas *gasiganz*, culcitra acu variata operosa papiliones et tentoria pretiosissima, panes biscoctos, frumentum, hordeum et farinam, electuaria plurima, et medicinas, pelves, utres et scaccaria, ollas argenteas et candelabra, piper, cyminum, zucarum et ceram, aliasque diversorum generum species electas, pecuniam infinitam, et rerum copias innumerabiles, » etc. (*Itinerarium regis Anglorum Richardi*, etc., liv. VI, chap. IV ; dans le recueil de Thomas Gale, intitulé : *Historiæ Anglicanæ Scriptores quinque*, vol. II, pag. 407.)

Plus tard, Matthieu Paris raconte une capture semblable opérée par Guillaume Longue-Épée au détriment de riches marchands orientaux qui se rendaient à une foire du côté d'Alexandrie : «... omnem illam catervam, quam vulgares *karavanam* appellant, sibi mancipavit : camelos videlicet, mulos et asinos, oloscricis, pigmentis, speciebus, auro et argento onustos, necnon et quædam plaustra cum suis bubalis et bobus, » etc. (*Hist. Angl.*, sub ann. 1250 ; edit. Paris., pag. 525, col. 1, A.)

*** La lacune du manuscrit de Lucques finit ici ; le texte s'y reprend

14.

femme, qui moult fu bone dame et sage, et seur au roy de Cypre.

L'empereur de Perse qui avoit non *Barbaquan* *, que l'un des princes ** avoit desconfit, si comme j'ai dit devant, s'en vint à tout [son] ost ¹ ou royaume de Jérusalem; et prist le chastel de Tabarie ² que monseigneur Huedes de Monbeliart le connestable avoit fermé ³, qui estoit seigneur de Tabarie de par sa femme ***. Moult grant doumage firent à nostre gent; car il destruit quantque il trouvoit hors Chastel-Pèlerin, et dehors Acre, et dehors le Saffar **** et dehors Jaffe aussi. Et quant il ot fait ces doumages, il se trait à Gadres, encontre le soudanc de Babiloinne, qui là devoit venir, pour grever et nuire à nostre gent. Les barons du pays orent conseil et le patriarche, que il se iroient [combatre] à li ⁴, avant que le soudanc de Babiloinne deust venir. Et pour eulz aidier, il envoièrent querre le soudanc de la Chamelle *****, l'un des

¹ Avec son armée. Le mot entre crochets nous est fourni par le manuscrit de Lucques. — ² *Tabarie* : Tibériade. —³ *Fermé* : fortifié. — ⁴ Avec lui. Le mot entre brochets est pris au manuscrit de Lucques.

par les mots : *se allast le soir coucher avec sa femme, qui moult fut bonne dame et saige, et seur du bon roy de Chippre.*

** « Quant à ce Barbaquan que le sire de Joinville qualifie empereur de Perse, je ne le trouve, dit du Cange, nommé en aucun auteur. » C'est le chef qui, après la mort de Djélal-eddin, prit le commandement des débris des Kharismins.

Voyez sur les Kharismins et sur la bataille de Gaza, en 1244, l'*Histoire des croisades* par Michaud, t. IV, p. 130-133; et les *Extraits des historiens arabes*, etc., de M. Reinaud, p. 445-447.

** Le manuscrit de Lucques ajoute : *des Tartarins.*

*** Eschive, fille de Raoul, et petite-fille de Guillaume de Bures, prince de Tibériade.

**** *Le Saphat*, manuscrit de Lucques. — Probablement la ville de Séfed, près du lac de Tibériade.

***** L'ancienne ville d'*Émèse*. Voyez Guillaume de Tyr, liv. VII chap. 12; liv. XXI, chap. 6. — C'est le sultan d'Égypte qui est ici appelé *soudanc de Babiloinne*, et le prince d'Émèse est désigné par le titre de *soudanc de la Chamelle*. Du Cange cite l'opinion peu soutenable des géographes qui veulent que la Chamelle soit la ville de Gamala.

meilleurs chevaliers qui feust en toute paiennime, auquel il firent si grant honneur en Acre que il li estendoient les dras d'or et de soie par où il devoit aler. Il en vindrent jusques à Jaffe, nos gens et le soudanc avec eulz. Le patriarche tenoit escommunié le conte Gautier, pour ce que il ne li vouloit rendre une tour que il avoit en Jaffe, que l'en appeloit la *tour le patriarche*. Nostre gent prièrent le conte Gautier que il alast avec eulz pour combatre à l'empereur de Perse; et il dit que si feroit-il volentiers, mez que le patriarche l'absousist jusques à leur revenir. Onques le patriarche n'en voult riens faire; et toutevoiz s'esmut le conte Gautier et en ala avec eulz. Nostre gent firent troiz batailles¹, dont le conte Gautier en ot une, le soudanc de la Chamelle l'autre, et le patriarche et ceulz de la terre l'autre; en la bataille au conte de Brienne furent les Hospitaliers. Il chevauchèrent tant que il virent leur ennemis aus yex. Maintenant que nostre gent les virent, il s'arestèrent, et cil* et les ennemis firent troiz batailles aussi. Endementres que les Corvins** arréoient leur batailles, le conte Gautier vint à nostre gent, et leur escria : « Seigneur, pour Dieu alons à eulz; que nous leur donnons temps***, pour ce que nous nous sommes arestés. » Ne onques n'i ot nul qui l'en**** vousist croire. Quant le conte Gautier vist ce, il vint au patriarche et li requist absolucion en la manière desusdite; onques le patriarche n'en voult rien faire. Avec le conte de Brienne avoit un vaillant clerc qui estoit evesque de Rames*****, qui maintes beles chevaleries avoit faites

---

¹ *Batailles* : corps de troupes.

* *Et cil* manque dans le manuscrit de Lucques.

** Les Corvins, Coremins, Corasmiens ou Kharismins, étaient une tribu de Turcs qui, après avoir traversé la Perse, avaient pénétré en Syrie.

*** Le manuscrit 2016 porte *sens*, ce qui est une mauvaise leçon.

**** C'est encore le manuscrit de Lucques qui nous fournit *l'en*, au lieu de *me*, leçon inadmissible du manuscrit 2016.

***** Rames, Ramé ou Raimes, en latin *Ramula*, était une ville épisco-

en la compaingnie le conte. Et dit au conte : « Ne troublés pas vostre conscience quant le patriarche ne vous absout; car il a tort, et vous avés droit, et je vous absoil en non du Père et du Filz et du Saint-Esperit. Alons à eulz. » Lors férirent des esperons et assemblèrent à la bataille l'empereour[1] de Perse, qui estoit la darenière. Là ot trop grant foison de gens mors d'une part et d'autre, et là fu pris le conte Gautier; car toute nostre gent s'enfuirent si laidement, que il en y ot pluseurs qui de désespérance se noièrent en la mer.

Cette désespérance leur vint pour ce que une des batailles l'empereour de Perse assembla au soudanc de la Chamelle, lequel se deffendi tant à eulz[2], que de deux mille Turs que il y mena, il ne l'en demoura que quatre-vins * quant il se parti du champ.

L'empereur prist conseil que il iroit assiéger le soudanc dedans le chastel de Chamelle, pour ce que il leur sembloit que il ne se deust pas longuement tenir à sa gent que il avoit perdue[3]. Quant le soudanc vit ce, il vint à sa gent et leur dit que il se iroit combatre à eulz; car se il se lessoit asségier, il seroit perdu. Sa besoigne atira en tel manière que toute sa gent, qui estoient mal armée, il les envoia par une valée mal ** couverte; et sitost comme il oïrent férir les tabours le soudanc, il se férirent en l'ost l'empereur par darières, et se pristrent à occirre les femmes et les enfans. Et sitost comme l'empereur, qui estoit issu aus chans pour combatre au soudanc que il

---

[1] Et attaquèrent le corps de troupes de l'empereur. — [2] A eulz : contre eux. — [3] Après avoir perdu tant de soldats de sa troupe.

pale de la Palestine, près de celle de Lydde ou Diospolis, où l'évêché a été transféré. Dans un acte de janvier 1236, cité par M. le comte Beugnot (*Assises de Jérusalem*, tom. Ier, pag. 22, en note, col. 2.), Jean d'Ibelin, qui a déjà passé sous nos yeux, prend le titre de *sire de Rames*.

* Deux cent quatre-vingts. De Rieux, Ménard et du Cange ont imprimé *quatrevingts*, au lieu de *quatorze-vints*.

** *Mal* manque dans le manuscrit de Lucques.

véoit aus yex, oy le cri de sa gent, il retourna en son host pour secourre leur femmes et leur enfans; et le soudanc leur courut sus, il et sa gent : dont il avint si bien, que de vint-cinc mille que il estoient, il ne leur demoura homme ne femme.

Avant que l'empereur de Perse alast devant la Chamelle, il amena le conte Gautier devant Jaffe ; et le pendirent par les bras à unes fourches, et li dirent que il ne le despenderoient point, jusques à tant que il auroient le chastel de Jaffe. Tandis que il pendoit par les bras, il escria à ceulz du chastel que pour mal que il li feissent, que il ne rendissent la ville, et que se il la rendoient, il-meismes les occirroit.

Quant l'empereur vit ce, il envoia le conte Gautier en Babiloinne et en fist présent au soudanc, et du mestre de l'Ospital, et de pluseurs prisonniers que il avoit pris. Ceulz qui menèrent le conte en Babiloinne, estoient bien troiz cens, et ne furent pas occis quant l'empereur fu mort devant la Chamelle*. Et ces Coremins assemblèrent à nous le vendredi que il nous vindrent assaillir à pié**. Leurs banières estoient vermeilles et estoient endoncées jusques vers les lances ; et sur leur lances avoient testes faites de chevaulx, qui sembloient testes de dyables***.

Pluseurs des marcheans de Babiloinne crioient après le soudanc, que il leur feist droit du conte Gautier, des grans dou-

---

* *Ausquels advint très-bien qu'ils ne se trouvèrent point à la tuerie, devant le chasteau de la Chamelle*, édition de 1547. — *A qui il print trop bien; car ils ne se trouvèrent pas à la murtrerie qui fut faicte devant le chastel de la Chamelle, de l'empereur de Perse et de ses gens,* édition de Cl. Ménard.

** *Et les Correvins se assemblèrent à nous le vendredi, qui nous vinrent assaillir à pié,* manuscrit de Lucques.

*** *Et estoient endantées jusques aux lances; et sur leur lances avoient fait testes de chevaulx, qui sembloit testes de diables,* manuscrit de Lucques. — A l'exemple des éditeurs du tom. XX du *Recueil des historiens des Gaules*, etc., nous avons, d'après ce manuscrit, substitué le mot *chevaulx* à *cheveus*, que porte le n° 2016. Cette description des bannières est omise dans les éditions de 1547, 1617, 1668.

mages que il leur avoit faiz ; et le soudanc leur abandonna que il s'alassent venger de li. Et il l'alèrent occirre en la prison et martyrer : dont nous devons croire que il est ès cielx ou nombre des martirs.

Le soudanc de Damas prist sa gent qui estoient à Gadres, et entra en Égypte. Les amiraus se vindrent combatre à li. La bataille du soudanc desconfist les amiraus à qui il assembla, et l'autre bataille des amiraus d'Égypte desconfist l'arrière-bataille du soudanc de Damas. Aussi s'en vint le soudanc de Damas arrière à Gadres, navré en la teste et en la main. Ainsi avant que il se partirent de Gadres, envoièrent les amiraus d'Égypte leur messages et firent paiz à li, et nous faillirent de toutes nos couvenances [1] ; et feumes de lors en avant que nous n'eumes ne trèves ne pez ne à ceulz de Damas ne à ceulz de Babiloine. Et sachez que quant nous estions le plus de gens à armes, nous n'estions nulle foiz plus de quatorze cens.

*Tandis que le roy estoit en l'ost devant Jaffe, le mestre de Saint-Ladre ot espié delez [2] Rames, à troiz grans lieues de l'ost**, bestes et autres choses, là où il cuidoit fère un grant gaaing [3] ; et il qui ne tenoit nul conroy en l'ost [4], ainçois fesoit sa volenté en l'ost, sanz parler au roy, ala là. Quant il ot aqueillie [5] sa praie***, les Sarrazins li coururent sus et le desconfirent en tel manière, que de toute sa gent que il avoit avec li en sa bataille, il n'en eschapa que quatre. Sitost comme il entra en l'ost, il commença à crier aus armes. Je m'alai armer, et prié au roy que il me lessast aler là ; et il m'en donna congé, et me commanda que je menasse avec moy le Temple et l'Ospital.

---

[1] Et manquèrent à toutes nos conventions. — [2] Delez ; près. — [3] Le maître de Saint-Lazare avait guetté à trois grandes lieues du camp, et près de Rame, des bêtes et d'autres choses dont il croyait tirer un grand profit. — [4] Et lui qui ne gardait nul ordre à l'armée. — [5] Recueilli sa proie.

* Cet alinéa, *Tandis que...*, et le suivant, *Un serjant...*, ont été imprimés pour la première fois dans l'édition du Louvre.
** Ces mots nous sont fournis par le manuscrit de Lucques.
*** *Et comme il emmenoit son gaing*, manuscrit de Lucques.

Quant nous venimes là, nous trouvames que autres Sarrazins estranges estoient enbatus en la valée¹ là où le mestre de Saint-Ladre avoit esté desconfit. Ainsi comme ces Sarrazins estranges regardoient ces mors, les mestre des arbalestriers le roy leur coururent sus ; et avant que nous venissiens là, nostre gent les orent desconfiz et pluseurs en occirrent.

Un serjant le roy et un des Sarrazins s'i portèrent à terre l'un l'autre de cop de lance. Un serjans le roy quant il vit ce, il prist les deux chevaus et les emmenoit pour embler ² ; et pour ce que l'en ne le veist, il se mist parmi les mirales* de la cité de Rames. Tandis que il les emmenoit, une vielz citerne sur quoi il passa, li fondi desous ; li troiz cheval et il alèrent au fons, et en le me dit. Je y alai veoir, et vi que la citerne fondoit encore sous eulz et que il ne failloit ³ guères que il ne feussent touz couvers. Ainsi en revenimes sanz riens perdre, mès que ⁴ ce que le mestre de Saint-Ladre y avoit perdu.

Sitost comme le soudanc de Damas fu apaisiés à ceulz d'Égypte, il manda sa gent qui estoient à Gadres, que il en revenissent vers li. Et si firent-il, et passèrent par-devant nostre ost à moys ⁵ de deux lieues ; ne onques ne nous osèrent courre sus, et si estoient bien vint mille Sarrazins et dix mile Béduyns. Avant que il venissent endroit nostre ost, les gardèrent le mestre des arbalestriers le roy et sa bataille troiz jours et troiz nuits, pour ce que il ne se férissent en nostre ost despourveument⁶.

Le jour de la Saint-Jehan qui estoit après Pasques, oy le roy son sermon. Tandis que l'en sermonnoit, un serjant du mestre des arbalestriers entra en la chapelle le roy tout armé, et li dit que les Sarrazins avoient enclos le mestre arbalestrier.

---

¹ S'étaient abattus, portés en la vallée. — ² Pour les dérober. — ³ Il ne s'en fallait. — ⁴ Sinon. — ⁵ A moins. — ⁶ *Despourveument* : au dépourvu.

* *Murailles*, manuscrit de Lucques.

Je requis au roy que il m'y lessast aler, et il le m'otria, et me dit que je menasse avec moy jusques à quatre cens ou cinc cens homes d'armes, et les me nomma ceulz que il voult que je menasse*. Sitost comme nous issimes¹ de l'ost, les Sarrazins qui estoient mis entre le mestre des arbalestriers et de l'ost, s'en alèrent à un amiral qui estoit en un tertre devant le mestre des arbalestriers à tout bien mil homes à armes. Lors commença le hutin² entre les Sarrazins et les serjans au mestre des arbalestriers, dont il y avoit bien quatorze vint³; car à l'une des foiz que l'amiraut veoit que sa gent estoient prise⁴, il leur envoioit secours et tant de gent, que il metoient nos serjans jusques en la bataille au mestre**. Quant le mestre véoit que sa gent estoient prisée***, il leur envoioit cent ou six vint homes d'armes, qui les remetoient jusques en la bataille l'amiral.

Tandis que nous estions là, les légas**** et les barons du pays, qui estoient demourez avec le roy, distrent au roy que il fesoit grant folie quant il me metoit en avanture; et par leur conseil le roy me renvoia querre, et le mestre des arbalestriers aussi. Les Turs se départirent de là, et nous revenimes en l'ost.

Moult de gens se merveillèrent quant il ne se vindrent combatre à nous, et aucune gens distrent que il ne le lessèrent fors que pour tant que⁵ il et leur chevaus estoient touz affamés à Gadres, là où il avoient séjourné près d'un an.

Quant ces Sarrazins furent partis de devant Jaffe, il vindrent

---

¹ *Issimes* : sortîmes. — ² *Hutin* : combat, mêlée. — ³ Deux cent quatre-vingts. — ⁴ *Prise* : pressée. — ⁵ Qu'ils ne s'en abstinrent que parce que.

* *Et les m'envoya ceulx qui lui pleut que je menasse*, manuscrit de Lucques.
** *Qu'ilz remectoient noz sergentz jusques à la bataille du maistre*, manuscrit de Lucques.
*** *Et pareillement faisoit le maistre des arbalestiers, quand il veoit que ses gens estoient des plus febles*, éditions de Ménard et de du Cange.
**** On lit *le légat* dans les éditions de 1347, 1617 et 1668.

devant Acre et mandèrent le seigneur de l'Arsur*, qui estoit connestable du royaume de Jérusalem, que il destruiroient les jardins de la ville se il ne leur envoioit cinquante bezans **; et il leur manda que il ne leur en envoieroit nulz. Lors firent leur batailles ranger, et s'en vindrent tout le sablon d'Acre si près de la ville, que l'en y traisist bien d'un arbalestre à tour***. Le sire d'Arsur issi de la ville et se mist ou Mont saint****, là où le cymetère Saint-Nicholas est, pour deffendre les jardins. Nos serjans à pié issirent d'Acre, et commencièrent à hardier à eulz [1] et d'arcz et d'arbalestres.

Le sire d'Arsur appela un chevalier***** qui avoit à non *monseigneur Jehan le Grant*, et li commanda que il alast retraire [2] la menue gent qui estoient issus de la ville d'Acre, pour ce que il ne se meissent en péril.

Tandis que il les ramenoit arières, un Sarrazin li commença à escrier en sarrazinnois, que il jousteroit à li [3] se il vouloit; et celi li dit que si feroit-il volentiers. Tandis que monseigneur Jehan aloit vers le Sarrazin pour jouster, il regarda sus sa main senestre; si vit un tropiau de Turs, là où il y en avoit bien huit, qui s'estoient arestez pour veoir la jousté. Il lessa la jouste du Sarrazin à qui il devoit jouster, et ala au tropel de Turs qui se tenoient tout quoi pour la jouste regarder, et en féri un parmi

---

[1] A les harceler. — [2] *Retraire*: retirer. — [3] Avec lui.

* Le manuscrit de Lucques porte : *et mandèrent au seigneur d'Asur*.
Assur ou Arsuf, Arsopha, Arsupha, ville maritime voisine de Jaffa, et nommée *Antipatris* chez les anciens, était alors possédée par la maison d'Ibelin. Les Assises de Jérusalem et d'autres livres du moyen âge font mention de Jean d'Ibelin, seigneur d'Assur; mais Joinville est le seul qui lui attribue le titre de connétable du royaume de Jérusalem.

** Le manuscrit de Lucques, comme les éditions de 1547, 1617, 1658, portent *cinquante mille bésans*.

*** Les éditions de Ménard et de du Cange donnent : *et s'en vindrent le long des sables d'Acre, si près de la ville, qu'on eust bien tiré jusques en ville avec une arbaleste de tour*.

**** *Ou mont Sainct-Jehan*, manuscrit de Lucques.

***** Le même manuscrit ajoute : *de Gennes*.

15

le cors de sa lance et le geta mort. Quant les autres virent ce, il li coururent sus endementres que il revenoit vers nostre gent, et l'un le fiert grant cop d'une mace sur le chapel de fer; et au passer que li fist, monseigneur Jehan li donna de s'espée sur une touaille dont il y avoit sa teste entorteillée, et li fist la touaille voler emmi les champs*. Il portoient lors les touailles quant il se vouloient combatre, pour ce que elles reçoivent un grant coup d'espée. L'un des autres Turs féri des esperons à li, et li vouloit donner de son glaive parmi les espaules; et monseigneur Jehan vit le glaive venir, si guenchi ¹. Au passer que le Sarrazin fist, monseigneur Jehan li donna arière-main d'une espée parmi les bras, si que il li fist son glaive voler emmi les chans. Et ainsi s'en revint et ramena sa gent à pié ; et ses troiz biaus cops fist-il devant le seigneur d'Arsur et les riches homes qui estoient en Acre, et devant toutes les femmes qui estoient sus les murs pour veoir celle gent.

Quant celle grant foyson de gent sarrazins qui furent devant Acre et n'osèrent combatre à nous, aussi comme vous avez oy, ne à ceulz d'Acre**, il oïrent dire, et vérité estoit, que le roy fesoit fermer la cité de Sayete ² et à pou de bones gens, se traïtrent en celle part. Quant monseigneur Symon de Monceliart***, qui estoit mestre des arbalestriers le roy et chevetain de la gent le roy à Saiete, oy dire que ceste gent ve-

---

¹ *Guenchi* : se détourna. — ² Fortifier la cité de Sidon.

* *Et l'ung d'eulx luy donna un grand coup de masse sur son haulbert; mais le chevalier, à son retour, luy donna ung tel coup de son espée sur la teste, qu'il luy ancilla les touailles qu'il portoit en sa teste*, édition de P. de Rieux.

** Les continuateurs de D. Bouquet supposent qu'il convient d'ajouter ici: *ils se retirèrent de devant celle place*. Le manuscrit de Lucques porte. *Quant ceste grande quantité de Turcs qui furent devant Acre, et ne se osèrent combatre à nous, ainsi comme vous avez oy devant ne à ceulz d'Acre, oyrent dire, et vérité estoit, que le roy faisoit fermer la cité de Scette, et à peu de bone gens d'armes, ils se tirèrent celle part.*

*** Dans le manuscrit de Lucques ce chevalier est appelé *Symon de Montsecliart*.

noient, se retrait ou chastel de Saiete, qui est moult fort et enclos est de la mer en touz senz ; et ce fist-il, pour ce que il véoit bien que il n'avoit pooir à eulz*. Avec li receta¹ ce que il pot de gent; mez pou en y ot, car le chastel estoit trop estroit. Les Sarrazins se férirent en la ville, là où il ne trouvèrent nulle deffense ; car elle n'estoit pas toute close. Plus de deuz mille personnes occirent de nostre gent ; à tout le gaaing que il firent là, s'en alèrent en Damas.

Quant le roy oy ces nouvelles, moult en fu courouciés se amender le peust**; et aux barons du pays en fu moult bel***, pour ce que le roy vouloit aler fermer un tertre là où il [y eut****] jadis un ancien chastel au tens des Machabiex. Ce chastel siet ainsi comme l'en va de Jaffe en Jérusalem. Les barons d'outre-mer se descordèrent du chastel refermer², pour ce que c'estoit loing de la mer à cinc lieues ; par quoy nulle viande ne nous peut venir de la mer, que les Sarrazins ne nous tollissent³, qui estoient plus fort que nous n'estions. Quant ces nouvelles vindrent en l'ost de Sayette que le bourc qui estoit destruis*****, et vindrent les barons du pays au roy, et li distrent que il li seroit plus grant honneur de refermer le bourc de Saiette que les Sarrazins avoient abatu, que de faire une forteresse nouvelle ; et le roy s'acorda à eulz⁴.

Tandis que le roy estoit à Jaffe, l'en li dit que le soudanc de Damas li soufferoit⁵ bien à aler en Jérusalem par bon asseurement⁶. Le roy en ot grant conseil ; et la fin du conseil fu

---

¹ *Receta* : retira. — ² Ne furent pas d'avis de refortifier le château. — ³ *Tollissent* : enlevassent. — ⁴ Fut de leur avis. — ⁵ *Soufferoit* : souffriroit, permettrait. — ⁶ En toute sûreté.

* *Qu'il n'avoit pas le povoir de résister contre eulx*, manuscrit de Lucques.
** *Il en fut grandemant dolent ; mais il ne le povoit amender*, édition de 1547.
*** *Les barons du pais en furent bien joyeulx*, ibid.
**** Manuscrit de Lucques.
***** Le même manuscrit porte : *du bourg de Seette qui estoit destruit*.

tel, que nulz ne loa le roy que il y alast, puisque il couvenist que il lessast la cité en la main des Sarrazins.

L'en en moustra au roy un exemple qui fu tel, que quant le grant roy Phelippe ¹ se parti de devant Acre pour aler en France, il lessa toute sa gent demourer en l'ost avec le duc Hugon* de Bourgoingne, l'aieul cesti ² duc qui est mort nouvellement. Tandis que le duc séjournoit à Acre, et le roy Richart d'Angleterre aussi, nouvelles leur vindrent que il pooient prenre lendemain Jérusalem, se il vouloient, pour ce que toute la force de la chevalerie le soudanc de Damas s'en estoit alée vers li pour une guerre que il avoit à un autre soudanc**. Il atirèrent leur gent, et fist le roy d'Angleterre la première bataille, et le duc de Bourgoingne l'autre après, à tout les gens le roy de France. Tandis que il estoient à esme ³ de prendre la ville, en li manda de l'ost le duc que il n'alast avant; car le duc de Bourgoingne s'en retournoit arière, pour ce sanz, plus, que l'en ne deist que les Anglois n'eussent pris Jérusalem. Tandis que il estoient en ces paroles, un sien chevalier li escria : « Sire, sire, venez jusques ci, et je vous mousterrai Jérusalem. » Et quant il oy ce, il geta sa cote à armer devant ses yex tout en plorant, et dit à Nostre-Seigneur : « Biau sire Diex, je te pri que tu ne seuffres que je voie ta sainte cité, puisque je ne la puis délivrer des mains de tes ennemis. »

¹ Philippe-Auguste. — ² *Cesti* : de ce. — ³ *Esme* : estime, croyance, espérance. On dit encore, à Lyon, *ême*, au lieu d'*esprit*, d'*intelligence*.

* Hugues III, mort à Tyr en 1193, père d'Eudes III, et aïeul de Hugues IV, qui fut duc de Bourgogne depuis 1218 jusqu'en 1272. Joinville écrivait peu après cette dernière époque, puisqu'il dit que Hugues (IV) était *mort nouvellement*.

** L'édition de P. de Rieux porte : *en une guerre qu'il avoit à Messa contre le soudan du lieu*. Au lieu de *Messa*, Ménard et du Cange ont imprimé *Nessa* ; mais ni le manuscrit 2016 que nous suivons, ni celui de Lucques ne font mention de ce lieu. Il s'agit probablement de Hamah, ville de Syrie située sur l'Oronte. Voyez les *Extr. des hist. arabes*, de M. Reinaud, pag. 338.

Ceste exemple moustra l'en au roy, pour ce que se il, qui estoit le plus grant roy des Crestiens, fesoit son pèlerinage sanz délivrer la cité des ennemis Dieu, tuit li autre roy et li autre pèlerin qui après li venroient, se tenroient touz apaiés[1] de faire leur pèlerinage aussi comme le roy de France auroit fet, ne ne feroient force de la délivrance de Jérusalem.

Le roy Richart fist tant d'armes outre-mer à celle foys que il y fu, que quant les chevaus aus Sarrazins avoient poour d'aucun bisson[2], leur mestre leur disoient : « Cuides-tu, fesoient-il à leur chevaus, que ce soit le roy Richart d'Angleterre? » Et quant les enfans aus Sarrazinnes bréoient[3], elles leur disoient : « Tai-toy, tai-toy, ou je irai querre le roy Richart, qui te tuera*. »

Le duc de Bourgoingne, de quoy je vous ai parlé, fu moult bon chevalier; mès il [ne**] fu onques tenu pour sage ne à Dieu ne au siècle[4]; et il y parut bien en ce fet devant dit. Et de ce dit le grant roy Phelippe, quant l'en li dit que le conte Jehan de Chalons*** avoit un filz et avoit à non *Hugue* pour le duc de Bourgoingne, il dit que Dieu le feist aussi preuhomme comme le duc pour qui il avoit non *Hugue*. Et en li demanda pourquoy il n'avoit dit aussi *preudomme* : « Pour ce, fist-il, que il a grant différence entre *preuhomme* et *preudomme*; car il a maint preuhomme chevalier en la terre des Crestiens et des Sarrazins, qui onques ne crurent Dieu ne sa mère****. Dont je vous di, fist-il, que Dieu donne grant don et grant grâce au

---

[1] Se tiendraient tous satisfaits. — [2] *Bisson :* buisson. — [3] *Breoient :* criaient. — [4] Ni envers Dieu ni envers le monde.

* Joinville a déjà dit cela, pag. 29. Shakspere rend le même témoignage de Talbot. Voyez *First Part of King Henry VI*, act. II., sc. III.
** Manuscrit de Lucques.
*** Jean, comte de Châlons et d'Auxerre, eut de sa première femme, Mahaut ou Mathilde, fille du duc de Bourgogne Hugues III, un fils qui reçut ce même nom de *Hugues*.
**** Le manuscrit de Lucques donne cette variante : *qui oncques ne creurent bien Dieu ne aymèrent.*

chevalier crestien que il seuffre estre vaillant de cors, et que il seuffre en son servise en li gardant de péchié mortel ; et celi qui ainsi se demeinne¹ doit l'en appeler preudomme, pour ce que ceste proesse li vint du don Dieu. Et ceulz de qui j'ai avant parlé peut l'en appeler *preuzhommes*, pour ce que il sont preus de leur cors et ne doutent² Dieu ne péchié*. »

Les grans deniers que le roy mist à fermer Jaffe ne couvient-il pas parler, que c'est sanz nombre ; car il ferma le bourc dès l'une des mers jusques à l'autre, là où il ot bien vint et quatre tours ; et furent les fossés curez de lun³ dehors et dedans. Troiz portes y avoit, dont le légat en fist l'une et un pan du mur. Et pour vous moustrer le coustage que le roy i mist, vous foiz-je à savoir que je demandai au légat combien celle porte et ce pan du mur li avoit cousté ; et il me demanda combien je cuidoie qu'elle eust cousté ; et je esmai⁴ que la porte que il avoit fet faire li avoit bien cousté cinc cens livres, et le pan du mur troiz cens livres. Et il me dit que, se Dieu li aidast, que la porte, que le pan li avoit bien cousté trente mille livres. Quant le roy ot assouvie⁵ la forteresce du bourc de Jaffe, il prist conseil que il iroit refermer⁶ la cité de Sayete, que les Sarrazins avoient abatue. Il s'esmut pour aler là le jour de la feste des apostres saint Pierre et saint Pol, et just⁷ le roy et son ost devant le chastel d'Arsur, qui moult estoit fort. Celi soir appela le roy sa gent, et leur dit que se il s'acordoient, que il iroit prenre une cité des Sarrazins que en appele *Naples*⁸, laquel cité les anciennes escriptures appelent *Samarie*. Le Temple et l'Ospital li respondirent d'un acort, que il estoit

---

¹ *Se demeinne* : se conduit. — ² *Doutent* : craignent, redoutent. — ³ *Lun* : boue. — ⁴ *Esmai* : estimai. — ⁵ *Assouvie* : achevée. — ⁶ *Refermer* : refortifier. — ⁷ *Just* : coucha, *jacuit*. — ⁸ Naplouse.

* La différence que saint Louis veut établir ici, d'après Philippe-Auguste, entre *preuhomme* (preux chevalier, vaillant guerrier), et *preudhomme* (sage et religieux personnage) n'est pas indiquée dans les autres livres français du moyen âge. Les Bollandistes l'ont exprimée d'une manière plus positive dans leur version latine : « Magnam enim differentiam intercedere dicebat inter virum *fortem* ac virum *probum*. »

bon que l'en y essaiast à prenre la cité*; mès il ne s'acorderoient jà que son cors y alast¹, pour ce que ce² aucune chose avenoit de li, toute la terre seroit perdue. Et il dit que il ne les y lèroit jà aler, se son cors n'i aloit avec**. Et pour ce demoura celle emprise, que les seigneur terrier ne s'i voudrent acorder que il y alast. Par nos journées venimes ou sablon d'Acre, là où le roy et l'ost nous lojames illec. Au lieu vint à moy un grant peuple*** de la grant Herménie qui aloit en pèlerinage en Jérusalem, par grant tréu rendant aux Sarrazins³ qui les conduisoient, et un latimier**** qui savoit leur languaige et le nostre. Il me firent prier que je leur moustrasse le saint roy. Je alai au roy là où il se séoit en un paveillon, apuié à l'estache⁴ du paveillon, et séoit ou sablon sanz tapiz et sanz nulle autre chose desouz li. Je li dis: « Sire, il a là hors un grant peuple de la grant Herménie qui vont en Jérusalem, et me proient, sire, que je leur face moustrer le saint roy; mès je ne béé jà à baisier vos os⁵. » Et il rist moult clerement, et me dit que je les allasse querre; et si fis-je. Et quant il orent veu le roy, il le commandèrent à Dieu, et le roy eulz. Lendemain just l'ost en un lieu que en appele *Passe-poulain*, là où il a de moult beles eaues⁶, de quoy l'en arrose ce dont le sucre vient. Là où nous estions logié illec⁷, l'un de mes chevaliers me dit: « Sire, fist-il, or vous ai-je logié en plus biau lieu que vous ne feustes hyer. » L'autre chevalier***** qui m'avoit prise la

---

¹ Qu'il y allât de sa personne. — ² Ce (se): si. — ³ En payant grant tribut aux Sarrazins. — ⁴ *Estache*: poteau. — ⁵ Mais je n'aspire pas encore à baiser vos reliques. — ⁶ *Eaues*: eaux. — ⁷ *Illec*: là.

* *Les Templiers, les Hospitaliers et les barons du païs respondirent qu'il estoit bon que on assiegast la cité*, manuscrit de Lucques.

** L'édition de P. de Rieux porte: *Et le roy respondit qu'il ne permettroit jà que ses gens y allassent, s'il n'y estoit en personne.*

*** *En ce lieu vint à moy ung grant peuple*, manuscrit de Lucques.

**** *Un truchement latin*, éditions de P. de Rieux, Ménard et du Cange.

***** L'édition de du Cange porte, d'après celles de P. de Rieux et de Cl. Ménard: *Et l'aultre de mes chevaliers qui m'avoit logié celuy jour devant*

place devant, sailli sus tout effraez, et li dit tout haut : « Vous estes trop hardi quant vous parlés de chose que je face. » Et il sailli sus et le prist par les cheveus. Et je sailli et le féri du poing entre les deux espaules, et il le lessa ; et je li dis : « Or hors de mon ostel ; car, si m'aïst Dieu[1], avec moy ne serez-vous jamez. » Le chevalier s'en ala si grant deuls demenant, et m'amena monseigneur Gilles le Brun le connestable de France ; et pour la grant repentance que il véoit que le chevalier avoit de la folie que il avoit faite, me pria si à certes comme il pot, que je le remenasse en mon hostel. Et je respondi que je ne li remenroie pas, se le légat ne me absoloit de mon serement. Au légat en alèrent et li contèrent le fait ; et le légat leur respondi que il n'avoit pooir d'eulz* absoudre, pour ce que le serement estoit resonnable ; car le chevalier l'avoit moult bien déservi[2]. Et ces choses vous moustré-je, pour ce que vous vous gardés de fère serement que il ne couvieingne faire par réson ; car, ce dit le sage, qui volentiers jure, volentiers se parjure.

Lendemain s'ala loger le roy devant la cité d'Arsur, que l'en appelle *Tyri* en la Bible. Illec appela le roy des** riches homes de l'ost, et leur demanda conseil se il seroit bon que il alast prenre la cité de Belinas*** avant que il alast à Sayete. Nous loames tuit que il estoit bon que le roy y envoiast de sa gent ; mez nulz ne li loa que son cors y alast : à grant peinne l'en destourba l'en****. Acordé fu ainsi, que le conte d'Eu iroit et

---

[1] *Si m'aïst Dieu* : que Dieu me soit en aide. C'est la traduction du serment, *ita me Deus adjuvet*. — [2] Déservi : mérité.

(la veille), *luy va dire : Vous estes trop fol ardy à monseigneur, vous allez blasmer chouse que j'ai faiste.*

* *De moy*, manuscrit de Lucques.

** Le même manuscrit porte : *ses*.

*** *Belinas* doit être la ville que les anciens appelaient *Paneas* ou *Césarée de Philippe*. Ce qui empêche de songer à *Balanæa* en Phénicie, c'est que saint Louis ne se dirigeait pas de ce côté.

**** Le manuscrit de Lucques porte : *à grant peine l'en destourna l'on*, ce qui donne le même sens.

monseigneur Phelippe de Montfort, le sire de Sur [1], monseigneur Giles le Brun, connestable de France, monseigneur Pierre le chamberlain, le mestre du Temple et son couvent, le mestre de l'Ospital et son couvent, et son frère aussi. Nous nous armames à l'anuitier [2], et venimes un pou après le point du jour en une plainne qui est devant la cité que en appèle *Belinas*, et l'appele l'Escripture ancienne *Cézaire Phelippe*. En celle cité sourt [3] une fonteinne que l'en appele *Jour*, et enmi les plainnes qui sont devant la cité, sourt une autre très-bele fonteinne qui est appelée *Dan*. Or est ainsi, que quant ces deux ruz [4] de ces deux fonteinnes viennent ensemble, ce appèle l'en le fleuve *de Jourdain* là où Dieu fu bauptizié.

Par l'acort du Temple et du conte d'Eu, de l'Ospital et des barons du païs qui là estoient, fu acordé que la bataille le roy, en laquelle bataille je estoie lors, pour ce que le roy avoit retenu les quarante chevaliers qui estoient en ma bataille avec li [*], et monseigneur Geffroy de Sergines le preudomme aussi, iroient entre le chastel et la cité ; et li terrier enterroient [5] en la cité à main senestre, et l'Ospital à main destre, et le Temple enterroit en la cité la droite voie que nous estions venu. Nous nous esmeumes lors tant que nous veinmes delez la cité, et trouvames que les Sarrazins qui estoient en la ville, orent desconfit les serjans le roy et chaciés de la ville. Quant je vi ce, ving [6] aus preudeshomes qui estoient avec le conte d'Eu, et leur dis : « Seigneurs, se vous n'alés là où en nous a commandé, entre la ville et le chastel, les Sarrazins nous occirront nos gens qui sont entrés en la ville. » L'alée y estoit si périlleuse, car le lieu là où nous devions aler estoit le péril-

---

[1] *Sur* : Tyr. — [2] A la tombée de la nuit. — [3] *Sourt* : jaillit, coule. — [4] Ruisseaux. — [5] Et les barons du pays entreraient. — [6] *Ving* : (je) vins.

[*] Les mots *lors, pour ce que... avec li*, sont omis dans le manuscrit de Lucques. Claude Ménard et du Cange les remplacent par ceux-ci : *où j'estoie avecques mes chevaliers pour lors, en laquelle aussi estoient les quarante chevaliers que le roy m'avoit baillez dès piecza de la maison de Champaigne*.

leus; car il* y avoit troiz paire de murs sès[1] à passer, et la coste estoit si roite** que à peinne s'i pooit tenir chevaus; et le tertre là où nous devions aler, estoit garni de Turs à grant foison à cheval. Tandis que je parloie à eulz, je vi que nos serjans à pié deffesoient les murs. Quant je vi ce, je dis à ceulz à qui je parloie, que l'en avoit ordené que la bataille le roy iroit là où les Turs estoient; et puis que en l'avoit commandé, je iroie. Je m'esdreçai[2], moy et mes deux chevaliers, à ceulz qui deffesoient les murs, et vi que un serjant à cheval cuidoit passer le mur, et li chéi son cheval sus le cors. Quant je vi ce, je descendi à pié et pris mon cheval par le frain. Quant les Turs nous virent venir, ainsi comme Dieu voult[3], il nous lessèrent la place là où nous devions aler. De celle place là où les Turs estoient, descendoit une roche taillée en la cité. Quant nous feumes là et les Turs s'en furent partis, les Sarrazins qui estoient en la cité, se desconfirent et lessèrent la ville à nostre gent sanz débat. Tandis que je estoie là, le maréchal du Temple oy dire que je estoie en péril; si s'en vint là à mont vers moy. Tandis que je estoie là à mont, les Alemans*** qui estoient en la bataille au conte d'Eu vindrent après moy; et quant il virent les Turs à cheval qui s'enfuioient vers le chastel, il s'esmurent pour aler après eulz; et je leur dis : « Seigneurs, vous ne fêtes pas bien; car nous sommes là où en nous a commandé, et vous alez outre commandement. »

Le chastiau qui siet desus la cité, a non *Subeibe*****, et siet

[1] *Sès* : secs. — [2] Je marchai. — | [3] *Voult* :-voulut.

* *Si périlleux qu'il*, manuscrit de Lucques.
** *Si droicte*, ibidem.
*** Les chevaliers de l'ordre Teutonique.
**** *Subbette,* manuscrit de Lucques.

« On aperçoit à une demi-lieue de Banias, le village de Souciba ou Soubeita, placé sur le sommet du mont Pandion. C'est la forteresse ou citadelle de Banias; elle appartenait aux Templiers, et Joinville la nomme *Soubèbe*.... Ayant passé le pont... nous entrâmes... dans l'antique Panias ou Panéade, que l'archevêque de Tyr nomme aussi *Bélinaz*.... Cent mai

bien demi-lieue haut ès montaignes de Libans ; et le tertre qui monte ou chastel est peuplé de grosses roches aussi comme li huges[1]. Quant les Alemans virent que il chassoient à folie[2], il s'en revindrent arière. Quant les Sarrazins virent ce, il leur coururent sus à pié, et leur donnoient de sus les roches grans cops de leur maces, et leur arrachoient les couvertures de leur chevaus. Quant nos serjans virent le meschief, qui estoient avec nous, il se commencièrent à effreer ; et je leur dis que se il s'en aloient, que je les feroit geter hors des gages le roy à touzjours mès[3]. Et il me distrent : « Sire, le jeu nous est mal parti[4] ; car vous estes à cheval, si vous enfuirés ; et nous sommes à pié, si nous occiront les Sarrazins. » Et je leur dis : « Seigneurs, je vous assure que je ne m'enfuirai pas ; car je demourrai à pié avec vous. » Je descendi et envoiai mon cheval avec les Templiers, qui estoient bien une arbalestrée[5] darières. Au revenir que les Alemans fesoient, les Sarrazins férirent un mien chevalier qui avoit non *monseigneur Jehan de Bussey*, d'un carrel parmi la gorge ; et chéi tout* devant moy. Monseigneur Hugues d'Escoz[6], cui niez il estoit[7], qui moult bien se prouva en la sainte terre, me dit : « Sire, venés nous aidier pour reporter mon neveu l'aval **. » — « Mal dehait ait[8], fiz-je, qui vous y aidera ; car vous estes alez là-sus[9] sanz mon commandement. Se il vous en est mescheu, ce est à bon droit.

[1] *Huges :* huches, coffres. — [2] Qu'ils s'étaient follement engagés à la poursuite de l'ennemi. — [3] A tout jamais. — [4] Est mal partagé, n'est pas égal entre nous. — [5] A une portée d'arbalète. — [6] Hugues d'Écosse. — [7] A qui il était neveu. — [8] Qu'il ait malaise, celui. — [9] *Là-sus :* là-haut.

sons à terrasse, bâties avec les restes des édifices antiques sur la pente occidentale de l'Anti-Liban, des ruines informes, un tracé de murs d'enceinte, les tours et les fossés d'un château féodal : voilà tout ce qui reste de Panias ou Césarée de Philippe. » (*Correspondance d'Orient*, tom. VII, pag. 596, 597.)

* Au lieu de *tout*, le manuscrit de Lucques porte : *mort*.

** On lit dans l'édition de du Cange, comme dans celles de P. de Rieux et de Ménard : *me dist... que je luy allasse aider à porter son neveu aval pour le faire enterrer*.

Reportés-le l'aval en la longaingne [1], car je ne partirai de ci jusques à tant que l'en me revenrra querre. »

Quant monseigneur Jehan de Valenciennes oy le meschief là où nous estions, il vint à monseigneur Oliviers de Termes * et à ces autres chieveteins de la corte laingue **, et leur dit : « Seigneurs, je vous pri et commant de par le roy, que vous m'aidiés à querre le séneschal. » Tandis que il se pourchassa ainsinc [2], monseigneur Guillaume de Biaumont vint à li et li dit : « Vous vous traveillés pour nient ; car le séneschal est mort. » Et il respondi : « Ou de la mort ou de la vie diré-je nouvelles au roy. » Lors il s'esmut et vint vers nous, là où nous estions montés en la montaingne ; et maintenant que il vint à nous, il me manda que je venisse à li ; et si fis-je [3].

Lors me dit Olivier de Termes que nous estions illec en grant péril ; car se nous descendions par où nous estions montés, nous ne le pourrions faire sanz grant péril ***, pour ce que la coste estoit trop male [4], et les Sarrazins nous descendroient sur les cors : « Mès se vous me voulés croire, je vous déliverrai sanz perdre. » Et je li diz que il devisât ce que il vourroit, et je [le ****] feraie. « Je vous dirai, fit-il, comment nous eschaperons : nous en irons, fist-il, tout cependant, aussi comme nous devions aler ***** vers Damas ; et les Sarrazins qui là sont, cuideront que nous les veillons prenre par darières. Et quant nous serons en ces plaiunes, nous ferrons [5] des esperons en-

---

[1] *Longaingne* : voirie. — [2] *Ainsinc* : ainsi. — [3] Et ainsi fis-je. — [4] *Male* : mauvaise. — [5] *Ferrons* : frapperons, piquerons.

* Fils de Raymond, seigneur de Termes en Languedoc.

** *Torte langue*, dans les éditions antérieures à 1761. — *Langue torte* et *langue d'oc* sont des noms d'un même idiome.

P. de Rieux ajoute ici : *entre lesquelz estoit messire Arnoul de Commenge, duquel j'ai devant parlé.*

*** A la place de *péril*, le manuscrit de Lucques donne *perte*.

**** Manuscrit de Lucques.

***** *Ainsi comme se (si) nous en voullions aller* ; manuscrit de Lucques.

tour la cité, et aurons [avant*] passé le ru¹ que il puissent venir vers nous ; et si leur ferons grant doumage, car nous leur metrons le feu en ses formens² batus qui sont enmi ces chans. » Nous feimes aussi comme il nous devisa ; et il fist prenre canes de quoy l'en fet ces fleutes, et fist mettre charbons dedans et ficher dedans les fourmens batus. Et ainsi nous ramena Dieu à sauveté³, par le conseil Olivier de Termes. Et sachiez quant nous venimes à la héberge là où nostre gent estoient, nous les trouvames touz desarmés ; car il n'i ot onques nul qui s'en preist garde. Ainsi revenimes lendemain à Sayete, là où le roy estoit.

Nous trouvames que le roy son cors⁴ avoit fait enfouir les cors des Crestiens que les Sarrazins** avoient occis, aussi comme il est desus dit ; et il-meismes son cors portoit les cors pourris et touz puans pour mettre en terre ès fosses, que jà ne se estoupast⁵, et les autres se estoupoient. Il fist venir ouvriers de toutes pars, et se remist à fermer la cité de haus murs et de grans tours ; et quant nous venimes en l'ost, nous trouvames que il nous ot nos places mesurées, il son cors⁶, là où nous logerions. La moy place⁷ il prist delez la place le conte d'Eu, pour ce que il savoit que le conte d'Eu amoit ma compaignie.

Je vous conterai*** des jeus que le conte d'Eu nous fesoit. Je avoie fait une mèson, là où je mangoie, moy et mes chevaliers, à la clarté de l'uis⁸ : or estoit l'uis au conte d'Eu**** ; et

---

¹ *Ru* : ruisseau. — ² *Formens* : fromens. — ³ *Sauveté* : salut. — ⁴ Le roi en personne. — ⁵ Sans que jamais il se bouchât les narines. — ⁶ Lui-même en personne. — ⁷ Ma place. — ⁸ *Uis* : porte ; d'où *huissier*.

* Manuscrit de Lucques.

** Il y a dans le manuscrit 2016, *les Crestiens que les Crestiens avoient occis*. Pas plus que les éditeurs du *Recueil des Historiens des Gaules*, nous n'avons pu hésiter à préférer la leçon du manuscrit de Lucques : *les corps des Crestiens que les Sarrasins*.

*** Cet alinéa et le suivant sont du nombre de ceux qui n'avaient pas été imprimés avant 1764.

**** *Or estoit l'huys devers le conte d'Eu*, manuscrit de Lucques.

il qui moult estoit soutilz¹, fist une petite bible * que il getoit ens²; et fesoit espier quant nous estions assis au manger, et dressoit sa bible du lonc de nostre table, et nous brisoit nos pos et nos vouerres.

Je m'estoie garni de gélines³ et chapons; et je ne sai qui li avoit donné une joene oue⁴, laquele il lessoit aler à mes gélines, et en avoit plus tost tué une douzainne que l'en ne venist illec; et la femme qui les gardoit batoit l'oue de sa gounelle⁵ **.

Tandis que le roy fermoit⁶ Sayete, vindrent marcheans en l'ost, qui nous distrent et contèrent que le roy des Tartarins avoit prise la cité de Baudas *** et l'apostole des Sarrazins **** qui estoit sire de la ville, lequel on appeloit *le califre de Baudas*. La manière comment⁷ il pristrent la cité de Baudas et du⁷

---

¹ *Soutilz* : subtil, malicieux. — ² Avec laquelle il lançait des projectiles dedans. A la place d'*ens*, le manuscrit de Lucques donne *œufs*. —

³ *Géline* : poule, *gallina*; d'où *gélinotte*. — ⁴ Une jeune oie. — ⁵ *Gounelle* : robe; anglais, *gown*. — ⁶ *Fermoit* : fortifiait. — ⁷ Et le.

* Petite baliste ou machine à jeter des pierres :

  Volent carrel et pel et dars
  Et pierres granz, et les perrières
  Et les *bibles*, qui sont trop fières,
  Getent trop menuetement.

(*Le Roumans de Claris et de Laris*, manuscrit de la Bibliothèque impériale, n° 7534 — 5, folio 161 recto, col. 2, v. 27.)

** Voici la leçon du manuscrit de Lucques : *une jeune ourse, laquelle il laissoit aller à mes gélines, et en avoit plus tost tué une douzeine que on n'eust esté au lieu pour en prendre une; et la femme qui les gardoit battoit icelle ourse de sa quenoille.*

Ce qui suit jusqu'à *que tu eusses onques*, n'est pas dans l'édition de Cl. Ménard, et ne se trouve qu'en note dans celle de du Cange. On croyait que c'était un chapitre ajouté par P. de Rieux; mais il se lit, sauf des différences de rédaction, dans nos deux anciens manuscrits.

*** *Baudas* dans Joinville et dans Froissart; ailleurs *Baudac* ou *Baldac*, aujourd'hui *Bagdad*. Les Tartares qui prirent cette ville étaient commandés par Houlagou.

**** Le calife, pape (ou apostole) des Sarrasins : *Regnum de Baudas, ubi est papa Saracenorum, qui vocatur kabatus, sive caliphas*, dit Jacques de Vitry, au liv. III. de son Histoire de l'Orient. (*Gesta Dei per Francos*, pag. 1125, lig. 58.)

calife, nous contèrent les marcheans, et la manière fu tele.

Car quant il orent la cité du calife assiégée, il manda au calife que il fesoit volentiers mariage de ses enfans et des siens; et le conseil leur louèrent que il s'acordassent au mariage*. Et le roy des Tartarins li manda que il li envoiast jusques à quarante personnes de son conseil et des plus grans gens, pour jurer le mariage; et le calife si fist. Encore li manda le roy des Tartarins, que il li envoyast quarante des plus riches et des meilleurs homes que il eust; et le calife si fist **. A la tierce foiz li manda que il li envoiast quarante des meilleurs que il eust; et il si fist. Quant le roy des Tartarins vit que il ot touz les chevetains de la ville, il s'apensa que le menu peuple de la ville ne s'auroit pooir de deffendre[1] sanz gouverneur. Il fist à touz les six vint[2] homes coper les testes, et puis fist assaillir la ville, et la prist et le calife aussi.

Pour couvrir sa desloiauté, et pour geter le blasme sur le calife de la prise de la ville que il avoit fete, il fist prenre le calife et le fit mettre en une cage de fer, et le fist jeuner tant comme l'en peust faire homme sanz mourir; et puis li manda se il avoit faim. Et le calife dit que oyl; car se n'estoit pas merveille. Lors li fist aporter le roy des Tartarins un grant taillouer[3] d'or chargé de joiaus à pierres précieuses, et li dit : « Cognois-tu ces joiaus? » Et le calife respondi que oyl : « Il furent miens. » Et il li demanda se il les amoit bien; et il respondi que oyl. « Puis que tu les amoies tant, fist le roy des Tartarins, or pren de celle part que tu vourras et manju[4]. » Le califes li respondi que il ne pourroit; car ce n'estoit pas viande que l'en peust manger. Lors li dit le roy

[1] N'aurait pouvoir de se défendre. — [2] Cent vingt. — [3] *Taillouer :* bassin. — [4] *Manju :* mange.

* *Le conseil du caliphe se accorda et advisa qu'il se devoit accorder au mariage*, manuscrit de Lucques.

** On lit au même manuscrit : *quarante des plus riches hommes qu'il avoit; ce qu'il fist*.

des Tartarins : « Or peus veoir au calice ta deffense* ; car se tu eusses donné ton trésor d'or, tu te feusses bien deffendu à nous par ton trésor, se tu l'eusse despendu¹, qui au plus grant besoing te faut² que tu eusses onques. »

** Tandis que le roy fermoit Sayete, je alai à la messe au point du jour, et il me dit que je l'attendisse, que il vouloit chevaucher ; et je si fis. Quant nous fumes aus chans, nous venimes par devant un petit moustier, et veismes tout à cheval un prestre qui chantoit la messe. Le roy me dit que ce moustier estoit fait en l'onneur du miracle que Dieu fist du dyable que il geta hors du cors de la fille à la veuve femme ; et il me dit que se je vouloie, que il orroit léans³ la messe que le prestre avoit commenciée ; et je li dis que il me sembloit bon à fère. Quant ce vint à la pez⁴ donner, je vi que le clerc qui aidoit la messe à chanter, estoit grant, noir, megre et hericiés, et doutai que se il portoit au roy la pez, que espoir⁵ c'estoit un Assacis⁶, un mauvez homme, et pourroit occirre le roy. Je alai prenre la pez au clerc et la portai au roy. Quant la messe fu chantée et nous fumes montez sus nos chevaus, nous trouvames le légat aus chans ; et le roy s'approcha de li et m'appela, et dit au légat : « Je me pleing à vous dou séneschal, qui m'apporta la pez et ne voult que le povre clerc la m'aporta. » Et je diz au légat la reson pourquoy je l'avoie fait ; et le légat dit que j'avoie moult bien fet. Et le roy respondi : « Vraiment non fist. » Grant descort⁷ y ot d'eulz deuz, et

---

¹ *Despendu* : dépensé. — ² *Faut* : manque. — ³ *Léans* : là-dedans. — ⁴ *Pez* : paix. — ⁵ *Espoir* : peut-être. — ⁶ Un Haschischi, Assassin. Voyez ci-dessus, p. 78. — ⁷ *Descort* : désuccord.

* *Or à present peulx-tu veoir ta grande faulte*, édition de P. de Rieux. — Les mots *au calice* du manuscrit 2016 embarrassent l'éditeur de 1761, qui demande si l'on ne pourrait pas y substituer *ô caliphe*. Peut-être *au calice* veut-il dire *dans ce vase, dans ce bassin* ; mais, ainsi que le font observer les continuateurs de D. Bouquet, le passage est réellement fort obscur.

** Cet alinéa *Tandis que...* et tout ce qui suit jusqu'à *ne sai-je que il devindrent*, manquent dans les éditions de 1547, 1617 et 1668.

je en demourai en pez. Et ces nouvelles vous ai-je contées, pour ce que vous veez la grant humilité de li.

Ce miracle que Dieu fist à la fille de la femme, par l'Evangile qui dit* que Dieu estoit, quant il fist le miracle, *in parte Tyri et Syndonis*¹ ; car lors estoit la cité de Sur que je vous [ai nommée,] appelée *Tyri*, et la cité de Sayette que je vous [ai] devant nommée, *Sidoine***.

Tandis que le roy fermoit² Sayete, vindrent à li les messages à un grant seigneur de la parfonde Grèce, lequel se fesoit appeler le grant Commenie et sire de Trafentesi***. Au roy apportèrent divers joiaus à présent. Entre les autres li apportèrent ars de cor³, dont les coches entroient à vis dedans les ars ; et quant en les sachoit hors, si trouvoit l'en que il estoient dehors moult bien tranchant et moult bien faiz****. Au roy réquistrent que il li envoiast une pucelle de son palais, et il la prenroit à femme. Et le roy respondi que il n'en avoit nulles amenées d'outre-mer ; et leur loa que il alassent en Constantinnoble à l'empereour, qui estoit cousin le roy, et li requeissent que il leur baillast une femme pour leur seigneur, tele qui feust du lignage le roy et du sien. Et ce fist-il, pour ce que l'empereur eust aliance à son***** grant riche home contre Vatache, qui lors estoit empereur des Griex.******

---

¹ Dans le pays de Tyr et de Sidon. — ² Fermoit : fortifiait. — ³ Ars de cor : arcs de cormier.

* *Du miracle que Nostre-Seigneur fist à la fille de la vefve femme, parle l'Evangille et dit*, manuscrit ci-dessus.

** J'ai restitué ce passage d'après le manuscrit de Lucques.

*** *Le grant Commeninos, sire de Traffesontes*, manuscrit de Lucques. Il s'agit ici de Comnène, seigneur de Trébizonde.

**** *Quant on les laschoit hors, on trouvoit que c'estoit cheumet dedens moult bien faictes et bien trenchans*, manuscrit de Lucques.

***** *A cestuy*, manuscrit de Lucques.

****** Voyez ci-dessus, p. 151.

La royne, qui nouvelement estoit relevée de dame Blanche* dont elle avoit geu[1] à Jaffe, arriva à Sayette; car elle estoit venue par mer. Quant j'oy dire qu'ele estoit venue, je me levay de devant le roy et alai encontre li[2], et l'amenai jusques ou chastel. Et quant je reving au roy, qui estoit en sa chapelle, il me demanda se la royne et les enfants estoient haitiés[3], et je li diz oïl**. Et il me dit : « Je soy[4] bien quant vous vous levates de devant moy, que vous aliés encontre la royne, et pour ce je vous ai fet attendre[5] au sermon. » Et ces choses vous ramentoif-je[6], pour ce que j'avoie jà esté cinc ans entour li, que encore ne m'avoit-il parlé de la royne ne des enfans***, que je oïsse, ne à autrui; et ce n'estoit pas bone manière, si comme il me semble, d'estre estrange[7] de sa femme et de ses enfans.

Le jour de la Touz-Sains je semons[8] touz les riches homes de l'ost en mon hostel, qui estoit sur la mer; et lors un povre chevalier arriva en une barge[9], et sa femme et quatre filz que il avoient. Je les fiz venir manger en mon hostel. Quant nous eumes mangé, je appelai les riches homes qui léans[10] estoient, et leur diz : « Fesons une grant aumosne et deschargons cest povre d'omme[11] de ces enfans, et preingne chascun le sien, et je en prenrai un. » Chascun en prist un, et se combatoient de l'avoir. Quant le povre chevalier vit ce, il et sa femme il commencièrent à plorer de joie. Or avint ainsi, que quant le conte d'Eu revint de manger de l'ostel le roy, il vint veoir les

---

[1] Dont elle était accouchée. — [2] Au-devant d'elle. — [3] Haitiés : en bonne santé. — [4] Soy : sus. — [5] J'ai ordonné qu'on vous attendît. — [6] Ramentoif-je : rappelé-je. — [7] Estrange : étranger. — [8] Semons : invitai. — [9] Barge : barque. — [10] Léans : là-dedans. — [11] Ce pauvre homme.

* La princesse Blanche, née à Joppé en 1252, morte en Espagne en 1320, femme de Ferdinand de la Cerda, fils du roi de Castille Alfonse X. — Le manuscrit de Lucques ajoute le nom Marguerite après La royne.

** Le même manuscrit porte : et son enffant estoient venuz, je luy dis que oy.

*** Ne de ses enffans, manuscrit de Lucques.

riches homes qui estoient en mon hostel, et me tolli¹ le mien enfant, qui estoit de l'aige de douze ans, lequel servi le conte si bien et si loialement, que, quant nous revenimes en France, le conte le maria et le fist chevalier ; et toutes les foiz que je estoie là où le conte estoit, à peinne se pooit départir de moy, et me disoit : « Sire, Dieu le vous rende ; car à cest honneur m'avez-vous mis. » De ces autres trois frères ne sai-je que il devindrent.

Je prié* au roy que il me lessast aler en pèlerinage à Nostre-Dame de Tortouze**, là où il avoit moult grant pèlerinage, pour ce que c'est le premier autel qui onques feust fait en l'onneur de la mère Dieu sur terre ; et y fesoit Nostre-Dame moult grant miracles, dont entre les autres i avoit un hors du senz² qui avoit le dyable ou cors. Là où ses amis, qui l'avoient léans amené, prioient la mère Dieu qu'elle li donnast santé, l'ennemi³, qui estoit dedans, leur respondi : « Nostre-Dame n'est pas ci, ainçois est en Égypte, pour aidier au roy de France et aus Crestiens qui aujourd'ui ariveront en la terre, il à pié, contre la paennime⁴ à cheval. » Le jour fu mis en escript et fut aporté au légat ; que⁵ monseigneur le me dit de sa bouche***. Et soiés certein qu'elle nous aida ; et

¹ *Tolli* : enleva. — ² Un fou. — ⁵ *Que* : car.
³ *L'ennemi* : le diable. — ⁴ Les païens.

* Ici finit la lacune des éditions.

** Tortose, sur la côte de Phénicie, l'*Antarade* des anciens, peut-être aussi l'ancienne *Orthosia*. — Jacques de Vitry, liv. I⁰ʳ, chap. XLIV (*Gesta Dei per Francos*, page 1072, lig. 54), dit que les Musulmans conduisaient là leurs enfants pour les faire baptiser, persuadés que c'était un moyen de les préserver de toute maladie. — « L'église de Tortose, maintenant convertie en étable et en caravansérail, est le seul édifice de l'ancienne ville que le temps n'ait pas trop endommagé. L'édifice, situé à l'orient du château, est formé de trois nefs et conserve ses voûtes, ses piliers et ses murailles, dont les pierres ont la beauté du marbre. Mandrell, qui a mesuré ce monument, lui a trouvé cent trente pieds de long, quatre-vingt-treize de large, soixante et un de hauteur. » (*Correspondance d'Orient*, par MM. Michaud et Poujoulat, tom. VI, pag. 428, 429.)

*** *Qui mesmes le me dist*, manuscrit de Lucques.

nous eust plus aidé se nous ne l'eussions courouciée, et li et son filz, si comme j'ai dit devant.

Le roy me donna congié d'aler là, et me dit à grant conseil que je li achetasse cent camelins de diverses couleurs*, pour donner aus cordeliers quant nous vendrions en France. Lors m'assouaga¹ le cuer; car je pensai bien que il n'i demourroit guères. Quant nous venimes en Cypre à Triple**, mes chevaliers me demandèrent que je vouloie faire des camelins, et que je leur deisse : « Espoir, fesoie-je, si les robé é² pour gaaingner***. »

Le prince³, que Dieu absoille, nous fist si grant joie et si grant honeur comme il pot onques, et eust donné à moy et à mes chevaliers grans dons, se nous les vousissons avoir pris. Nous vousimes rien prenre, ne mès que de ses reliques, desquelles je aportai au roy, avec les camelins que je li avoie achetez.

Derechief je envoiai à madame la royne quatre camelins. Le chevalier qui porta****, les porta entorteillés en une touaille⁴ blanche. Quant la royne le vit entrer en la chambre où elle estoit, si s'agenoilla contre li, et le chevalier se ragenoilla⁵ contre li aussi; et la royne li dit : « Levez sus, sire chevalier, vous ne vous devez pas agenoiller qui portés les reliques. » Mès le chevalier dit : « Dame, ce ne sont pas reliques, ains sont camelins que mon seigneur vous envoie. » Quant la royne oy ce, et ses damoiselles, si commencièrent à rire; et la royne

¹ *Assouaga :* soulagea. — ² Peut-être, faisnis-je, les ai-je dérobés. — ³ De Tripoli. — ⁴ *Touaille :* serviette; espagnol, *toalla* ; anglais, *towel*. — ⁵ *Se ragenoilla :* s'agenouilla à son tour.

* Le manuscrit de Lucques porte : *cent livrées de camelot de diverses coulleurs*. Le camelot était différent du camelin, grosse étoffe de laine, au sujet de laquelle on peut consulter nos *Recherches sur le commerce, la fabrication et l'usage des étoffes de soie*, etc., tom. II, pag. 48-54.

** *Quant nous vinsmes à Triple* (Tripoli), manuscrit de Lucques.

*** *Et je leur dis que je les voulloye revendre pour gaigner*, manuscrit de Lucques.

**** *Qui les luy présenta*, ibid.

dit à mon chevalier : « Dites à vostre seigneur que mal[1] jour li soit donné, quant il m'a fet agenoiller contre ses camelins. »

* Tandis que le roy estoit à Sayette, li apporta l'en une pierre qui se levoit par escales[2], la plus merveilleuse du monde ; car quant l'en levoit une escale, l'en trouvoit entre les deux pierres la forme d'un poisson de mer. De pierre estoit le poisson ; mais il ne failloit riens en sa fourme, ne yex, ne areste, ne couleur, ne autre chose que il ne feust autretel[3] comme s'il feust vif. Le roi manda une pierre, et trouva une tanche** dedans, de brune coleur et de tel façon comme tanche doit estre.

A Sayette vindrent les nouvelles au roy que sa mère estoit morte. Si grant deul en mena, que de deux jours en ne pot onques parler à li. Après ce m'envoia querre par un vallet de sa chambre. Quant je ving devant li en sa chambre, là où il estoit tout seul, et il me vit et estandi ses bras et me dit : » « A ! séneschal, j'ai pardue ma mère. » — « Sire, je ne m'en merveille pas, fis-je, que à mourir avoit-elle ; mès je me merveille que vous qui estes un sage home, avez mené si grant deul ; car vous savez que le sage dit, que mésaise[4] que l'omme ait ou cuer, ne li doit parer ou visage ; car cil qui le fet, en fet liez[5] ses ennemis et en mésaise ses amis. » Moult de biaus servises en fit faire outre-mer ; et après il envoia en France un sommier[6] chargé de lettres de prières aus esglises, pour ce que il priassent pour li[7].

*** Madame Marie de Vertus, moult bone dame et moult sainte femme, me vint dire que la royne menoit moult grant

---

[1] *Mal* : mauvais. — [2] *Escales* : écailles. — [3] *Autretel* : pareil. — [4] Quelque chagrin. — [5] *Liez* : joyeux. — [6] *Sommier* : cheval de charge, bête de somme. — [7] *Li* : elle.

* Cet alinéa, publié par P. de Rieux, a été omis dans l'édit. de Cl. Ménard et mis en note à la suite de celle de du Cange.

** Le manuscrit de Lucques donne cette variante : *Le roy me donna une pierre, et trouvay une tanche.*

*** Cet alinéa et le suivant sont compris dans l'édition de 1547, omis dans celle de 1617, et insérés dans les notes de du Cange.

deulz, et me pria que j'alasse vers li pour la réconforter. Et quant je ving là, je trouvai que elle pleuroit, et je li dis que voir¹ dit celi qui dit que l'en ne doit femme croire : « Car ce estoit la femme que vous plus haiés, et vous en portez tel deul ! » Et elle me dit que ce n'estoit pas pour li que elle ploroit, mès pour la mésaise que le roy avoit du deul que il menoit, et pour sa fille qui puis fu royne de Navarre, qui estoit demourée en la garde des homes. »

Les durtez que la royne Blanche fist à la royne Marguerite furent tiex², que la royne Blanche ne vouloit soufrir à son pooir que son filz feust en la compaingnie sa femme, ne mez que le soir quant il aloit coucher avec li. Les hostiex³ là où il plesoit miex à demourer, c'estoit à Pontoise, entre le roy et la royne, pour ce que la chambre le roy estoit desus et la chambre estoit desous*. Et avoient ainsi acordé leur besoigne, que il tenoient leur parlement en une viz⁴ qui descendoit de l'une chambre en l'autre ; et avoient leur besoignes si attirées**, que quant les huissiers veoient venir la royne en la chambre le roy son filz, il batoient les huis de leur verges***, et le roy s'en venoit courant en sa chambre, pour ce que sa mère ne l'i trouvast ; et ainsi refesoient les huissiers de la chambre la royne Marguerite quant la royne Blanche y venoit, pour ce qu'elle y trouvast la royne Marguerite. Une foiz estoit le roy dé costé la royne sa femme, et estoit⁵ en trop grant péril de mort, pour ce qu'elle estoit bleciée d'un enfant qu'elle avoit eu. Là vint la royne Blanche, et prist son filz par la main et li dist : « Venés-vous-en, vous ne faites riens ci. » Quant la

¹ *Voir* : vrai. — ² *Tiex* : telles. — ³ *Hostiex* : hôtels, logis. — ⁴ Sorte d'escalier, en forme de coquille d'escargot. — ⁵ Et elle était.

* *Les logis où il plaisoit mieulx à demourer au roy et à la royne, c'estoit à Pontoise ; pour ce que la chambre du roy estoit dessoubs, et la chambre la royne estoit dessus*, manuscrit de Lucques.

** *Et avoient leur cas si bien ordonné*, ibidem.

*** *Ils battoient les chiens affin de les faire crier ; et quant le roy l'entendoit, il se mussoit (se cachait) de sa mère*, édition de P. de Rieux.

royne Marguerite vit que la mère enmenoit le roy, elle s'escria : « Hélas! vous ne me lairés¹ veoir mon seigneur² ne morte ne vive. » Et lors elle se pasma, et cuida l'en qu'elle feust morte; et le roy, qui cuida qu'elle se mourût, retourna, et à grant peinne la remist l'en à point.

En ce point que la cité de Sayette estoit jà presque toute fermée, le roy fist fère pluseurs processions en l'ost, et en la fin des processions fesoit prier le légat que Dieu ordenast la besoigne le roy à sa volenté, par quoy le roy en feist le meilleur au gré Dieu, ou de raler en France, ou de demourer là.

Après ce que les processions furent faites, le roy m'apela là ou je me séoie avec les riches homes du pays, de là en un prael, et me fist le dos tourner vers eulz. Lors me dit le légat : « Séneschal, le roy se loe moult de vostre servise, et moult volentiers vous pourchaceroit vostre profit et vostre honneur; et pour vostre cuer, me dit-il, mettre aise, me dit-il que je vous deisse* que il a atirée sa besoigne pour aler en France à ceste Pasque qui vient. » Et je li respondi : « Dieu l'en lait³ fère sa volenté! »

Lors me dit le légat que je le convoiasse⁴ jusques à son hostel**. Lors s'enclost en sa garderobe entre li et moy sanz plus, et me mist mes deux mains entre les seues⁵, et commensa à plorer moult durement; et quant il pot parler, si me dit : « Séneschal, je sui moult lié⁶, si en rent graces à Dieu, de ce que le roy et les autres pèlerins eschapent du grant péril là où vous avez esté en celle terre. Et moult sui à mésaise de cuer de ce que il me couvendra lessier vos saintes compaingnies, et aler à la court de Rome, entre celle desloial gent qui

¹ *Lairés* : laisserez. — ² *Seigneur* : mari. — ³ *Lait* : laisse. — ⁴ *Convoiasse* : accompagnasse. — ⁵ *Seues* : siennes. — ⁶ *Lié* : joyeux.

* *Pour vostre cuour meçtre à aise, m'a dit que je vous die*, manuscrit de Lucques.

** *Lors se leva le légat, et me dit que je le convoyasse jusques en son hostel : ce que je feis*, ibidem.

y sont ; mès je vous dirai que je pense à fère : je pense encore à fère tant que je demeure un an après vous, et bée à despendre¹ touz mes deniers à fermer le fort-bourc d'Acre*; si que je leur mousterrai tout cler que je n'enporte point d'argent : si ne me courront mie à la main. »

Je recordoie** une foiz au légat deux péchiez que un mien prestre m'avoit recordez ; et il me respondi en tele manière : « Nulz ne scet tant de desloiaus péchiez que l'en fait en Acre, comme je faiz ; dont il couvient que Dieu les venge, en tel manière que la cité d'Acre soit lavée du sanc aus habiteurs, et que il y vieigne après autre gent qui y habiteront. La prophécie du preudomme est avérée en partie*** ; car la cité est bien lavée du sanc aus habiteurs ; mès encore n'i sont pas venus cil qui y doivent habiter, et Dieu les y envoit² bons à sa volenté ! »

Après ces choses, me manda le roy que je m'alasse armer et mes chevaliers. Je li demandai pourquoy ; et il me dit pour mener la royne à Sur et ses enfans jeusques à Sur, là où il avoit set lieues. Je ne li repris onques la parole ; et si estoit le commandement si périlleus, que nous n'avions lors ne trèves ne pez, ne à ceulz d'Égypte ne à ceulz de Damas. La merci Dieu, nous y venimes tout en pez sans nul empeeschement et à l'anuitier, quant il nous couvint deux foiz descendre en la terre de nos ennemis pour fère feu et cuire viande, pour les enfans repestre et alaitier.

Quant que le roy se partist à la cité de Sayete****, que il avoit fermée de grans murs et de grans tours, et de grans fossés

¹ (Je) songe à dépenser. — ² *Envoit :* envoie (subj.).

* L'édition de 1547 et les suivantes portent : *à faire fermer et clorre les faulxbourgz d'Acre.*

** Voici encore un alinéa omis dans les anciennes éditions.

*** C'est le manuscrit de Lucques qui nous donne les mots *avérée en partie*, au lieu des mots, bien moins admissibles, *avertie ou partie*, du manuscrit 2016.

**** *Quant le roy se partist de la cité de Seette*, manuscrit de Lucques.

curez dehors et dedans, le patriarche et les barons du païs vindrent à li et li distrent en tel manière : « Sire, vous avez fermée la cité de Sayete, et celle de Césaire, et le bourc de Jaffe, qui¹ moult est grant profit à la sainte terre; et la cité d'Acre avés moult enforciée des murs et des tours que vous y avez fet. Sire, nous nous soumes regardez entre nous, que nous véons que vostre demourée puisse tenir point de proufit² au royaume de Jérusalem*; pour laquel chose nous vous loons et conseillons que vous alez en Acre à ce quaresme qui vient, et atirez vostre passage, par quoy vous en puissiés aler en France après ceste Pasque. » Par le conseil du patriarche et des barons, le roy se parti de Sayette et vint à Assur là où la royne estoit, et dès illec venimes à Acre à l'entrée de quaresme.

Tout le quaresme fist arréer³ le roy ses nefz pour revenir en France, dont il y ot treize, que nefz que galies⁴. Les nefz et les galies furent atirées en tel manière, que le roy et la royne se requeillirent en leur nefz la vegile de Saint-Marc, après Pasques, et eumes bon vent au partir. Le jour de la Saint-Marc, me dit le roy que à celi jour il avoit esté né; et je li diz que encore pooit-il bien dire que il estoit renez, quant il de celle périlleuse terre eschapoit.

Le samedy veimes l'ille de Cypre, et une montaigne qui est en Cypre, que en appèle la *montaingne de la Croiz*. Celi samedi leva une bruine et descendi de la terre sur la mer, et pour ce cuidèrent nos mariniers que nous feussions plus loing de l'ille de Cypre que nous n'estions, pour ce que il véoient la montaigne par desus la bruine. Et pour ce firent nager habandouncément⁵ : dont il avint ainsi que nostre nef hurta

---

¹ Ce qui. — ² Ne peut pas être profitable. — ³ *Arréer*, disposer, armer. — ⁴ Tant navires que galères. Le manuscrit de Lucques en annonce quatorze. — ⁵ Firent voguer à force de bras et à force de voiles.

* *Sire, nous avons regardé entre nous, que nous ne voyons que désormais vostre demourée puisse riens profficter*, etc., manuscrit de Lucques.

à une queue de sablon qui estoit en la mer. Or avint ainsi, que se nous n'eussions trouvé ce pou de sablon là où nous hurtames, nous eussions hurté à tout plein de roches qui estoient couvertes, là où nostre nef eust esté toute esmiée [1], et nous touz perilz* et noiez. Maintenant le cri leva en la nef si grant, que chascun crioit hé las! et les mariniers et les autres batoient leur paumes [2], pour ce que chascun avoit peour de noier. Quant je oy ce, je me levai de mon lit où je gisoie, et alai ou chastel avec les mariniers. Quant je ving là, frère Hamon**, qui estoit Templier et mestre desus les mariniers, dit à un de ses vallez : « Giete ta plomme [3]. » Et si fist-il. Et maintenant que il l'ot getée, il s'escria et dit : « Ha las! nous sommes à terre. » Quant frère Remon oy ce, il se désirra jusques à la courroie [4] et prist à arracher sa barbe, et crier : « Et mi, ai mi! » En ce point me fist un mien chevalier, qui avoit non *monseigneur Jehan de Monson*, père l'abbé Guillaume de Saint-Michiel, une grant débonnaireté, qui fu tele; car il m'aporta sanz dire [5], un mien seurcot forré et le me geta ou dos, pour ce que je n'avoie que ma cote. Et je li escriai et li diz : « Que ai-je à fère de vostre seurcot, que vous m'aportez quant nous noyons? » Et il me dit : « Par m'ame [6]! sire, je auroie plus chier que nous feussions touz naiez, que ce que une maladie vous preit de froit, dont vous eussiez la mort***. »

Les mariniers escrièrent : « Sà [7], la galie! » pour le roy requeillir; mais de quatre galies que le roy avoit là, il n'i ot

---

[1] *Esmiée* : mise en miettes, brisée. — [2] *Paumes* : mains. — [3] *Plomme*, et plus bas *plommée* : sonde. — [4] Il déchira sa robe jusqu'à la ceinture. — [5] Sans dire mot. — [6] Par mon âme. — [7] Çà.

* On lit *perillez* dans l'édition de du Cange, où commence, après les deux mots suivants, *et noiez*, une nouvelle lacune, qui ne finit qu'aux mots *sitost comme il fu jour*. Les mêmes lignes manquaient dans les éditions de 1547 et 1617.

** *Frère Remond*, manuscrit de Lucques.

*** Il semble pourtant, comme le font judicieusement observer les continuateurs de D. Bouquet, que la submersion de tous les passagers, y compris Joinville, eût été un plus grand malheur.

onques galie qui de là s'aprochast, dont il firent moult que sage[1]; car il avoit bien uit cens persones en la nef qui touz feussent sailli ès galies pour leur cors garantir, et ainsi les eussent effondées.

Cil qui avoit la plommée, geta la seconde foiz, et revint à frère Remon, et li dit que la nef n'estoit mès[2] à terre; et lors frère Remon ala dire[3] au roy, qui estoit en croiz* sur le pont de la nef, tout deschaus, en pure coté et tout deschevelé devant le cors Nostre-Seigneur qui estoit en la nef, comme cil qui bien cuidoit noier.

Sitost comme il fu jour nous veimes la roche devant nous, là où nous feussions hurté se la nef ne feust adhurtée[4] à la queue du sablon.

Lendemain envoia le roy querre le mestre nothonnier des nefs, lesquiex envoie** quatre plungeurs en la mer aval, et plungèrent en la mer; et quant il revenoient, le roy et le mestre nothonnier les oyoient l'un après l'autre, en tel manière que l'un des plungeurs ne savoit que l'autre avoit dit. Toutevoiz trouva l'en par les quatre plungeurs, que au froter que nostre nef avoit fait ou sablon, en avoit bien osté quatre taises du tyson[5] sur quoy la nef estoit fondée.

Lors appèle le roy les mestres nothonniers devant nous, et leur demanda quel conseil il donroient du cop que sa nef avoit receu. Il se conseillèrent ensemble, et loèrent au roy que il se descendist de la nef là où il estoit et entrast en une autre : « Et ce conseil vous loons-nous; car nous entendons de certein que touz les ès[6] de vostre nef sont touz eslochez[7] : par

---

[1] En quoi ils firent très-sagement. — [2] Mès : plus. — [3] Le dire. — [4] Adhurtée : heurtée. Le manuscrit de Lucques porte arrestée. — [5] Toises de la quille. — [6] Es : ais. — [7] Que toutes les planches de vostre nef sont esbranlées. Cette traduction nous est fournie par une variante du manuscrit de Lucques.

* Le manuscrit de Lucques porte qui gisoit en croix adentz, c'est-à-dire prosterné en croix, la face contre terre.

** Les maistres nothiers des nefs, lesquels envoyèrent, manuscrit de Lucques. Plus loin on lit encore : les maistres nothiers.

quoy nous doutons que quant vostre nef venra en la haute mer, que elle ne puisse soufrir les cops des ondes, qu'elle ne se despiesce ; car autel¹ avint-il quant vous venistes de France, que une nef hurta aussi. Et quant elle vint en la haute mer, elle ne pot soufrir les cops des ondes, ainçois se desrompi, et furent touz périz quant que² il estoient en la nef, fors que une femme et son enfant qui en eschapèrent sur une piesce de la nef. » Et je vous tesmoing³ que il disoient voir ; car je vi la femme et l'enfant en l'ostel au conte de Joingny en la cité de Baffe*, que le conte norrissoit **.

Lors demanda le roy à monseigneur Pierre le chamberlain, et à monseigneur Gile le Brun connestable de France, et à monseigneur Gervaise Desoraines*** qui estoit mestre queu le roy, et à l'arcedyacre de Nicocye qui portoit son seel, qui puis fu cardonnal, et à moy, que nous li loions de⁴ ces choses ; et nous li respondimes que toutes choses terriennes⁵ l'en devoit croire ceulz qui plus en savoient : « Dont nous vous loons devers nous que vous faciez ce que les nothonniers vous loent. »

Lors dit le roy aus nothonniers : « Je vous demant sur voz loialtés, se la nef feust vostre et elle feust chargée de vos marchandises, se vous en descendriés. » Et il respondirent touz ensemble que nanin⁶ ; car il ameroient miex mettre leur cors en avanture de noier, que ce que il achetassent une nef quatre mil livres et plus****. « Et pourquoy me loez-vous donc que je descende ? » — « Pour ce, firent-il, ce n'est pas geu parti⁷ ; car or ne argent ne peut esprisier⁸ le cors de vous, de vostre

---

¹ *Autel :* autant. — ² *Quant que :* tous tant, *tutti quanti*. —³ *Tesmoing :* certifie. — ⁴ Ce que nous conseillions relativement à. —⁵ Que sur toutes les choses terrestres. — ⁶ *Nanin :* nenni, non. — ⁷ *Geu parti :* alternative. Le manuscrit de Lucques donne : *Pour ce, firent-ilz, que ce n'est pas chose pareille.* — ⁸ Avoir le même prix que.

* Ville de Chypre, l'ancienne Paphos.
** Le manuscrit de Lucques ajoute : *pour Dieu.*
*** *Monseigneur Gervaise de Croignes*, manuscrit de Lucques.
**** *Qui leur cousteroit dix mil livres et plus*, même manuscrit.

femme et de vos enfants qui sont séans*, et pour ce ne vous loons-nous pas que vous metez ne vous, ne eulz, en avanture. »

Lors dit le roy : « Seigneurs, j'ai oy vostre avis et l'avis de ma gent; or vous redirai-je le mien, qui est tel, que se je descent de la nef, que il a céans tiex¹ cinc cens persones et plus, qui demorront en l'ille de Cypre pour la poour du péril de leur cors; car il n'i a celi qui autant n'ait en sa vie comme j'ai**, et qui jamez par avanture en leur païz ne renterront : dont j'aimme miex mon cors et ma femme et mes enfans mettre en la main Dieu, que je feisse tel doumage à si grant peuple comme il a céans. »

Le grant doumage que le roy eût fait au peuple qui estoit en sa nef, peut l'en veoir à Olivier de Termes qui estoit en la nef le roy, lequel estoit un des plus hardis hommes que je onques veisse et qui miex s'estoit prouvé en la terre sainte, n'osa demourer avec nous pour poour de naier ; ainçois demoura en Cypre, et fu avant un an et demi que il revenist au roy ; et si estoit grant home et riche home, et bien pooit paier son passage : or regardez que petites gens eussent fet qui n'eussent eu de quoy paier, quant tel homme ot si grant destourbier².

De ce péril dont Dieu nous ot eschapez, entrames en un autre; car le vent qui nous avoit flatis³ sus Chypre, là où nous deumes estre noiés, leva si fort et si orrible, car il nous batoit à force⁴ sur l'ille de Cypre; car les mariniers getèrent leur ancres encontre le vent, ne onques la nef ne porent arester tant que il en y orent aportés cinc. Les parois de la chambre le roy couvint abatre, ne il n'avoit nulli léans⁵ qui y osast demourer, pour ce que le vent ne les emportast en la mer. En

---

¹ *Tiex* : telles. — ² *Destourbier* : empêchement. — ³ *Flatis* : jetés. — ⁴ Qu'il nous poussait avec violence. — ⁵ *Nulli léans* : nul là dedans.

* Le manuscrit de Lucques donne le même passage en d'autres termes : *Car en or ne argent ne peult-on aprecier vostre cors, celuy de vostre femme et de vos enffans, qui sont céans.*

** *Et il n'y a celuy qui autant n'ayme sa vie comme je fois la mienne*, manuscrit de Lucques.

ce point le connestable de France monseigneur Giles le Brun estiens couchié en la chambre le roy, et en ce point la royne ouvri l'uis¹ de la chambre et cuida trouver le roy en la seue²; et je li demandai qu'elle estoit venue querre : elle dit qu'elle estoit venue parler au roy pour ce que il promeist à Dieu aucun pèlerinage, ou à ses sains, par quoy Dieu nous délivrast de ce péril là où nous estions; car les mariniers avoient dit que nous estions en péril de naier. Et je li diz : « Dame, prometés la voie³ à monseigneur saint Nicholas de Warangeville, et je vous sui plège⁴ pour li que Dieu vous remenra en France, et le roy et vos enfans. » — « Séneschal, fist-elle, vraiement je le ferois volentiers; mez le roy est si divers⁵ que se il le savoit que je l'eusse promis sanz li, il ne me lèroit jamez aler. » — « Vous ferez une chose, que se Dieu vous rameinne en France, que vous li promettrés une nef d'argent de cinc mars, pour le roy, pour vous et pour vos enfans, et je vous sui plège que Dieu nous ramenra en France; car je promis à saint Nicholas que se il nous reschapoit de ce péril là où nous avions la nuit esté, que je l'iroie requerre de Joinville à pié et deschaus. » Et elle me dit que la nef d'argent de cinc mars que elle la promettoit à saint Nicholas, et me dit que je l'en feusse plège; et je li dis que si seroie-je moult volentiers. Elle se parti de illec, et ne tarda que un petit; si revint à nous et me dit : « Saint Nicholas nous a garantis de cest péril; car le vent est cheu. »

Quant la royne, que Dieu absoille, feu revenue en France, elle fist fère la nef d'argent à Paris. Et estoit en la nef, le roy, la royne et les trois enfans, touz d'argent; le marinier, le mat, le gouvernail et les cordes touz d'argent, et le voile tout d'argent. Et me dit la royne que la façon avoit cousté cent livres. Quant la nef fu faite, la royne la m'envoia à Joinville pour fère conduire jusques à Saint-Nicholas, et je si fis; et encore la vis-

---

¹ *Uis* : porte. — ² *Seue* : sienne. — ³ *Voie* : pèlerinage. — ⁴ *Plège* : caution. — ⁵ *Divers* : différent des autres.

je à Saint-Nicholas quant nous menames la sereur¹ le roy à Haguenoe, au roy d'Allemaingne *.

Or revenons à nostre matière et disons ainsi, que après ce que nous fumes eschapé de ces périlz, le roy s'asist sur le ban** de la nef et me fist asseoir à ses piez, et me dit ainsi : « Séneschal, nous a bien moustré nostre Dieu son grant povoir; que un de ses petits vens, non pas le mestre des quatre vens, dut avoir naié le roy de France, sa femme et ses enfans, et toute sa compaingnie. Or li devons gré et grâce rendre du péril dont il nous a délivrez.

« Séneschal***, fist le roy, de teles tribulacions quant elles avienent aus gens, ou de grans maladies, ou d'autres persécucions, dient les sains que ce sont les menaces Nostre-Seigneur ; car aussi comme Dieu dit à ceulz qui eschapent de grans maladies : « Or véez-vous bien que je vous eusse bien « mors² se je vousisse³, » et ainsi peut-il dire à nous : « Vous « véez bien que je vous eusse noiez se je vousisse. » Or devons, fist le roy, regarder à nous, que il n'i ait chose qui li desplaise que nous n'ostions hors**** ; car se nous le fesions autrement après ceste menace que il nous a faite, il ferra⁴ sus nous ou par mort, ou par autre grant meschéance⁵, au doumage des cors et des ames. »

Le roy dit : « Séneschal, le saint dit : » Sire Dieu, pourquoy « nous menaces-tu ? car se tu nous avoies touz perdus, tu n'en « seroies jà pour ce plus povre ; et se tu nous avoies touz gaai-

---

¹ *Sereur* : sœur, soror. — ² *Mors* : fait mourir. — ³ *Vousisse* : voulusse. — ⁴ *Ferra* : frappera. — ⁵ *Meschéance* : malheur.

* Il s'agit ici de Blanche, fille de Philippe le Hardi, mariée au duc d'Autriche Rodolphe, depuis roi de Bohême. Ce passage montre que Joinville écrivait sous le règne de Philippe-le-Bel.

** *Sur le bort*, manuscrit de Lucques.

*** Cet alinéa et le suivant sont omis dans l'édition de P. de Rieux.

**** Ce passage est plus développé dans le manuscrit de Lucques ; on y lit : *qu'il n'y ait chose qui luy desplaise, pourquoy il nous a ainsi espentez (épouvantés) ; et se nous trouvons chose qui luy desplaise, que nous la mections hors.*

« gnez, tu n'en seroies jà plus riche pour ce : dont nous poons
« veoir, fait le saint, que ces menaces que Dieu nous fet ne
« sont pas pour son preu avancier¹, ne pour son doumage des-
« tourber²; mez seulement pour la grant amour que il a en
« nous, nous esveille par ses menaces, pour ce que nous voions
« cler en nos défautes, et que nous ostions ce qui li desplet. »
« Or le fesons ainsi, fist le roy, si ferons que sages³. »

De l'ille de Cypre nous partimes, puis que⁴ nous eumes pris
en l'ille de l'yaue fresche et autres choses qui besoing nous estoient. A une ille venimes que en appelle *la Lempiouse*⁵, là où
nous preismes tout plein de connins⁶; et trouvames un hermitage ancien dedans les roches, et trouvames les courtilz que
les hermites qui y dormirent anciennement avoient fait; oli-
vier*, figuiers, seps de vigne et autres arbres y avoit. Le
ru⁷ de la fonteinne couroit parmi le courtil. Le roy et nous
alames jusques au chief du courtil⁸, et trouvames un oratoire en la première voute, blanchi de chaus**, et une croiz
vermeille de terre. En la seconde voute entrames, et trouvames deux cors de gens mors, dont la char estoit toute pourrie; les costes se tenoient encore toutes ensemble, et les os
des mains estoient sur leur piz⁹; et estoient couchez contre
orient, en la manière que l'en met les cors en terre. Au re-
queillir¹⁰ que nous feismes en nostre nef, il nous failli¹¹ un
de nos mariniers, dont le mestre de la nef cuida que il feust là
demouré pour estre hermite; et pour ce Nicholas de Soisi,
qui estoit mestre serjant le roy, lessa troiz sacz de becuiz¹²

¹ Pour accroître son profit. — ² *Des-tourber*: empêcher, détourner. — ³ Nous agirons sagement. — ⁴ Après que. — ⁵ Lampedouse. — ⁶ *Connins*: lapins. Il y a encore à Bordeaux la rue des Trois-Connils. — ⁷ *Ru*, radical de *ruis-seau*. — ⁸ Jusqu'au bout du jardin. — ⁹ *Piz*: poitrine; italien *petto*, espagnol *pecho*, latin *pectus*. — ¹⁰ *Au requeillir*: à la rentrée. Le manuscrit de Lucques donne : *au retourner*. — ¹¹ *Failli*: manqua. — ¹² *Becuiz*: biscuits.

* *Et dedans le jardin que l'hermite qui y demouroit anciennement avoit fait, y avoit olliviers*, manuscrit de Lucques.

** Du Cange a imprimé, comme Ménard, *blanche de champ*, quoiqu'il y eût *blanchie de chaux* dans l'édition de 1547.

sur la rive, pour ce que cil les trouvast et en vequist.

Quant nous fumes partis* de là, nous veismes une grant ylle en la mer, qui avoit à non *Pantennelée***, et estoit peuplé de Sarrazins qui estoient en la subjection du roy de Sezile et du roy de Thunes[1]. La royne pria le roy que il y envoiast troiz galies pour prenre du fruit pour ses enfans; et le roy li otria, et commanda aus galies que quant la nef le roy passeroit par devant l'ille, que il feussent touz appareillés de venir à luy***. Les galies entrèrent en l'ylle par un port qui y estoit; et avint que quant la nef le roy passa par devant le port, nous n'oymes onques nouvelles de nos galies. Lors commencièrent les mariniers à murmurer l'un à l'autre. Le roy les fist appeler, et leur demanda que il leur sembloit de cest heure[2]; et les mariniers li distrent que les Sarrazins avoient pris sa gent et les galies : « Mès nous vous loons et conseillons, sire, que vous ne les attendés pas; car vous estes entre le royaume de Cezile et le royaume de Thunes, qui ne vous aimment guères, ne l'un ne l'autre; et se vous nous lessiez nager, nous [vous****] aurons encore ennuit[3] délivré du péril; car nous vous aurons passé ce destroit. » — « Vraiment, fist le roy, je ne vous en croirai jà que je lesse ma gent entre les mains de Sarrazins, que je n'en face au moins mon pouer[4] d'eulz délivrer; et vous commant[5] que vous tournez vos voueles, et leur alons courre sus*****. » Et quant la royne oy ce, elle commença à mener moult grant deul, et dit : « Hé lasse! ce ai-je tout fet******! »

---

[1] *Thunes* : Tunis. — [2] De cette aventure. — [3] *Ennuit* : cette nuit. — [4] *Pouer* : pouvoir, possible. — [5] *Commant* : commande, recommande.

* Il y a une lacune dans les éditions de 1617 et 1668, depuis ces mots, *Quant nous fumes partis*, jusqu'à *si se couchoit le roy*.

** Pantelerie ou Pantalarée, entre la Sicile et l'Afrique.

*** On lit *à moy* dans le manuscrit 2016; *à luy* dans le manuscrit de Lucques et dans l'édition de P. de Rieux.

**** Manuscrit de Lucques.

***** Ce qui va suivre, jusqu'à *si se couchoit le roy*, manque dans l'édition de 1547.

****** *Que feray, qui ay tout ce fait?* manuscrit de Lucques.

Tandis que l'en tournoit les voiles de la nef le roy et des autres, nous veismes les galies issir de l'ylle. Quant elles vindrent au roy, le roy demanda aus mariniers pourquoy il avoient ce fet; et il respondirent que il n'en pooient mès, que ce firent les filz de bourjois de Paris, dont il y avoit six qui mangoient les fruiz des jardins, par quoy il ne les pooient avoir, et il ne les vouloient lessier. Lors commanda le roy que en les meist en la barje de cautiers¹, et lors il commencèrent à crier et à brère : « Sire, pour Dieu, raimbez-nous² de quant que nous avons*, mès que vous ne nous metiez là où en met les murtriers et les larrons; car touzjours mès nous seroit réprouvé³. » La royne et nous touz feismes nos pooirs comment le roy se vousist souffrir⁴**; mès onques le roy ne voult⁵ escouter nullui; ainçois y furent mis et y demourèrent tant que nous feumes à terre. A tel meschief y furent, que quant la mer grossoioit, les ondes leur voloient par dessus la teste, et les couvenoit asseoir, que le vent ne les emportast en la mer. Et ce fu à bon droit; que⁶ leur gloutonnie nous fist tel doumage que nous en fumes délaiés⁷ uit bones journées***, parce que le roy fist tourner les nefz ce devant derière⁸.

Un autre avanture nous avint en la mer, avant que nous venissions à terre, qui fu tele, que une des béguines la royne⁹, quant elle ot la royne chaucée****, si ne se prist garde, si jeta sa touaille de quoy elle avoit sa teste entorteillée, au chief de la paielle de fer là où la soigne la royne ardoit¹⁰; et quant elle

---

¹ En la chaloupe. — ² *Raimbez-nous* : rachetez-nous. — ³ *Réprouvé* : reproché. — ⁴ Voulût se désister. — ⁵ *Voult* : voulut. — ⁶ *Que* : car. — ⁷ *Délaiés* : retardés. — ⁸ Fit tourner les vaisseaux en arrière. — ⁹ Une des religieuses qui servaient la reine. — ¹⁰ Auprès de la poêle ou du bassin de fer, où la chandelle de nuit, la veilleuse de la reine, brûluit.

* Le manuscrit de Lucques donne : *prenez tout ce que nous avons.*

** *Nos povoirs envers le roy, affin qu'il luy pleust se apaiser*, même manuscrit.

*** Ce séjour d'une semaine devant cette île, indiqué dans l'édition de 1547, ne l'est point dans celles de 1617 et de 1668.

**** Le manuscrit de Lucques porte : *couschée.*

fu aléc coucher en la chambre desous la chambre la royne, là
où les femmes gisoient, la chandelle ardi tant que le feu se
prist en la touaille, et de la touaille se prist à telles ¹ dont les
dras la royne estoient couvers. Quant la royne se esveilla, elle
vit la chambre toute embrasée de feu, et sailli sus toute nue,
et prist la touaille et la jeta en la mer, et prist les touailles et
les estaint *. Cil qui estoient en la barge de cautiers crièrent : Basset **, le feu ! le feu ! » Je levai ma teste, et vi
que la touaille ardoit encore à clere flambe sur la mer, qui
estoit moult quoye ². Je vesti ma coste au plutost que je poi,
et alai seoir avec les mariniers. Tandis que je seoie là, mon
escuier qui gisoit devant moy, vint à moy et me dit que le roy
estoit esveillé, et que il avoit demandé là où je estoie : « Et
je li avoie dit que vous estiés aus chambres; et le roy me dit :
« Tu mens. » Tandis que nous parlions illec, à tant ès-vous ³
mestre Geffroy le clerc la royne, qui me dit : « Ne vous effréez
pas ; car il est ainsi avenu. » Et je li diz : « Mestre Geffroy,
alez dire à la royne que le roy est esveillé, et qu'elle voise vers
li pour li apaisier. » Lendemain le connestable de France et
monseigneur Pierre le chamberlanc et monseigneur Gervaise *** distrent au roy : « Que a ce anuit esté ⁴, que nous
oümes parler de feu ? » Et je ne dis mot. Et lors dit le roy : « Ce
soit par mal avanture là où le séneschal est plus célant ⁵ que je
ne sui ; et je vous conterai, dist le roy, que ce est, que nous
deumes estre ennuit touz ars. » Et leur conta comment ce fu,
et me dit : « Séneschal, je vous comment ⁶ que vous ne vous
couchiez dès or en avant, tant que vous aiés touz les feus de

---

¹ *Telles* : toiles. — ² *Quoye* : calme. — ³ *A tant ès-vous* : alors voilà.
— ⁴ Qu'est-il arrivé cette nuit ? —
⁵ *Célant* : discret. Le manuscrit de
Lucques porte : *nonchalant*. — ⁶ *Comment* : commande, recommande.

* On lit au manuscrit de Lucques : *print la touaille et la gecta toute ardant en la mer, et estaignit les toilles*.

** Le mot *Basset*, qu'il faut peut-être lire *vallet* dans le manuscrit 2016
manque dans celui de Lucques.

*** Ce dernier ajoute *le pannetier*.

céans estains; ne mez que le grant feu qui est en la soute de la nef¹; et sachiez que je ne me coucherai jeusques à tant² que vous reveigniez à moy. » Et ainsi le fiz-je tant comme nous feumes en mer; et quant je revenoie, si se couchoit le roy.

Une autre avanture nous avint en mer; car monseigneur Dragonès, un riche home de Provence, dormoit la matinée en la nef³ qui bien estoit une lieue devant la nostre, et appela un sien escuyer et li dit : « Va estouper ce pertuis⁴; car le solleil me fiert ou visage. » Celi vit que il [ne] pooit estouper le pertuis, se il n'issoit de la nef⁵, de la nef issi. Tandis que il aloit le pertuis estouper, le pié li failli, et chéi en l'yaue; et celle⁶ n'avoit point de barge de cautiers; car la nef estoit petite. Maintenant⁷ fu esloingnée celle nef. Nous qui estions en la nef le roy, cuidions-en que ce fust une somme ou une bouticle⁸, pour ce que celi qui estoit cheu en l'yaue ne metoit nul conseil en li. Une des galies le roy le queilli et l'aporta en nostre nef, là où il nous [compta*] comment ce li estoit avenu. Je li demandai comment ce estoit que il ne metoit conseil en li garantir, ne par noer⁹ ne par autre manière. Il me respondi que il n'estoit nul mestier ne besoing que il meïst conseil en li; car sitost comme il commença à cheoir, il se commanda à Nostre-Dame**, et elle le soustint par les espaules dès que il chéi, jusques à tant que la galie le roy le requeilli. En l'onneur de ce miracle, je l'ai fet peindre à Joinville en ma chapelle, et ès verrières de Blehecourt***.

Après ce que nous eumes esté dix semainnes en la mer, arrivames à un port qui estoit à deux lieues dou chastel que en

---

¹ Au bas de l'arrière du vaisseau. — ² *Jeusques à tant* : jusqu'à ce. — ³ En sa nef. — ⁴ Boucher ce trou. — ⁵ Qu'il ne pouvait boucher ce trou, s'il ne sortait du navire. — ⁶ Cette nef. — ⁷ *Maintenant* : bientôt. — ⁸ Un paquet ou une futaille. — ⁹ Ni en nageant.

* Manuscrit de Lucques.
** Le même manuscrit ajoute : *de Vaulvert.*
*** *Et aux verreries de l'église de Blehecourt*, manuscrit de Lucques.

appeloit *Yères*¹, qui estoit au conte de Provence qui puis fu roy de Cezile. La royne et tout le conseil s'acordèrent que le roy descendeist illec, pour ce que la terre estoit son frère². Le roy nous respondi que il ne descendroit jà de sa nef jeusques à tant que il venroit à Aiguemorte*, qui estoit en sa terre. En ce point nous tint le roy, le mercredi, le jeudi, que nous ne peumes onques vaincre³. En ces nefz de Marseille a deux gouvernaus, qui sont attachiez à deux tisons⁴ si merveilleusement, que sitost comme l'en auroit tourné un roncin⁵ l'en peut tourner la nef à destre et à senestre. Sur l'un des tisons des gouvernaus se séoit le roy le vendredi, et m'appela et me dit : « Séneschal, que vous semble de cest oevre? » Et je li diz : « Sire, il seroit à bon droit que il vous en avenist aussi comme il fist à madame de Bourbon, qui ne voult descendre en cest port, ains se remist en mer [pour aller**] à Aguemorte, et demoura puis sept semaines sur mer. » Lor appela le roy son conseil, et leur dit ce que je li avoie dit, et leur demanda que il looient à fere; et li loèrent touz que il descendeist; car il ne feroit pas que sage⁶ se il metoit son cors, sa femme et ses enfans en avanture de mer, puisque il estoit hors. Au conseil que nous li donnames s'acorda le roy, dont la royne fut moult liée.

Ou chastel de Yères descendi le roy de la mer, et la royne et ses enfans. Tandis que le roy séjournoit à Yères pour pourchacier⁷ chevaus à venir en France, l'abbé de Clyngny⁸, qui puis fu évesque de l'Olive***, li présenta deux palefrois qui

---

¹ Hyères. — ² Appartenait à son frère. — ³ Que nous ne pûmes jamais lui faire changer de sentiment. — ⁴ A deux pièces de bois. — ⁵ *Roncin* : cheval de charge. — ⁶ *Que sage* : sagement. — ⁷ *Pourchacier* : se procurer, acheter; angl. *to purchase*. — ⁸ Cluny.

* La ville d'Aigues-Mortes est connue depuis le règne de saint Louis. Ce prince y fit bâtir la tour à laquelle on donne vulgairement le nom de *Constance*, et qui devait servir de fanal aux navigateurs.

** Manuscrit de Lucques.

*** Il s'agit de Guillaume de Pontoise, d'abord prieur de la Charité, puis abbé de Cluny, ensuite évêque de l'Olive, et non de Langres,

vouroient bien aujourd'ui cinc cens livres, un pour li, et l'autre pour la royne. Quant il li ot présenté, si dit au roy : « Sire, je venrai demain parler à vous de mes besoignes ¹. » Quant ce vint lendemain, l'abbé revint ; le roy l'oy moult diligenment et moult longuement. Quant l'abbé s'en fu parti, je vinz au roy et li diz : « Je vous weil ² demander, se il vous plet, se vous avez oy plus débonnèrement l'abbé de Clygny, pour ce [que] il vous donna hyer ces deux palefrois. » Le roy pensa longuement, et me dit : « Vraiement oyl. » — « Sire, fiz-je, savez pourquoi je vous ai fete ceste demande ? » — « Pourquoy ? » fist-il. — « Pour ce, sire, fiz-je, que je vous loe et conseille que vous deffendés à tout vostre conseil juré, quant vous venrez en France, que il ne preingnent de ceulz qui auront à besoigner par devant vous ; car soiés certein, se il prennent, li en escouteront plus volentiers et plus diligentment ceulz qui leur donront, ainsi comme vous avez fet l'abbé de Clyngni. »

Lors appela le roy tout [son*] conseil, et leur recorda errant³ ce que je li avoie dit ; et il li dirent que je li avoie loé bon conseil⁴.

Le roy oy parler d'un cordelier qui avoit non *frère Hugue* ; et pour la grant renommée dont il estoit, le roy envoia querre celi cordelier pour li oyr parler. Le jour que nous venimes à Ieure**, nous regardames ou chemin par où il venoit, et veismes que trop⁵ grant peuple le suivoit de homes et de femmes. Le roy le fist sermonner⁶. Le commencement du

---

¹ *Besoignes :* affaires ; anglais, business. — ² *Weil :* veux. — ³ *Errant :* incontinent, tout de suite. *Tout en riant,* manuscrit de Lucques. — ⁴ Donné bon conseil, comme porte le même manuscrit — ⁵ *Trop :* très. — ⁶ *Sermonner :* prêcher.

comme l'a supposé Ménard. L'évêché d'Olive ou d'Andreville était en Morée, et dépendait de la métropole de Patras, où l'abbaye de Cluny possédait le prieuré de Sainte-Marie d'Ierocomata, qui doit être le monastère de Hiero Komio d'aujourd'hui.

* Manuscrit de Lucques.
** Le même manuscrit porte : *pour le veoir et pour l'oyr parler. Le iour qu'il vint à Yères.*

sermon fu sur les gens de religion¹, et dit ainsi : « Seigneurs, fist-il, je vois plus de gent de religion en la court le roy, en sa compaignie ; sur ces paroles je tout premier, fist-il, et dit ainsi, que il ne sont pas en estat d'eulz sauver *, ou les saintes Escriptures nous mentent, que il ne peut estre² ; car les saintes Escriptures nous dient que le moinne ne peut vivre hors de son cloistre sanz péché mortel, ne que³ le poisson peut vivre sanz yaue. Et se les religieus qui sont avec le roy, dient que ce soit cloistre, et je leur diz que c'est le plus large que je veisse onques ; car il dure deçà mer et delà. Se il dient que en cesti cloistre l'en peut mener aspre vie pour l'ame sauver, de ce ne les croi-je pas ; mès quant j'ai mangé avec eulz grant foison de divers mès de char et de bons vins fors ** ; de quoi je sui certein que se il eussent esté en leur cloistre, il ne fussent pas si aisié comme il sont avec le roy. »

Au roy enseigna en son sermon comment il se devoit maintenir au gré de son peuple ; et en la fin de son sermon dit ainsi, que il avoit leue la Bible et les livres qui vont encoste⁴ la Bible, ne onques n'avoit veu ne ou livre des créans, ne ou livre des mescréans, que nul royaume ne nulle seigneurie feust onques perdue, ne changée de seigneurie en autre, ne de roy en autre, fors que par défaut de droit : « Or se gart, fist-il, le roy, puis que il en va en France, que il face tel droiture à son peuple que en retiengne l'amour de Dieu, en tel manière que Dieu ne li toille le royaume de France à sa vie⁵. »

Je dis au roy que il ne le lessast pas partir de sa compaignie, tant comme il pot⁶ ; mès il n'en vouloit riens fère pour

---

¹ Sur les religieux. — ² Ce qui ne peut être. — ³ Ne que : pas plus que. — ⁴ Encoste : à côté de. —
⁵ Durant sa vie, comme porte le manuscrit de Lucques. — ⁶ Tant qu'il pourrait.

* Variante du manuscrit de Lucques : *Le commencement de son sermon fut sur les gens de religion en la court du roy, en sa compaignie ; et dist ainsi, qu'ilz ne sont pas en estat de eulx sauver.*

** La rédaction du manuscrit de Lucques me semble ici préférable : *Mais je vous dis que j'ay mangé avecques eulx grant foison de divers metz de chair, et beu de divers vins fors et clers.*

li*. Lors me prist le roy par la main, et me dit : « Alons li encore prier. » Nous venimes à li, et je le dis : « Sire, faites ce que mon seigneur vous proie, de demourer avec li tant comme il yert ¹ en Provence. » Et il me respondi moult iréement ² : « Certes, sire, non ferai; ains irai en tel lieu là où Dieu m'amera miex que il ne feroit en la compaignie le roy. » Un jour demoura avec nous, et lendemain s'en ala. Ore m'a l'en puis dit que il gist en la cité de Marseille, là où il fet moult beles miracles.

Le jour que le roy se parti de Yères**, il descendi à pié du chastel pour ce que la coste étoit trop roite; et ala tant à pié que, pour ce que il ne pot avoir son palefroi, que il le couvint monter sur le mien. Et quant ses palefrois furent venus, il courut sus moult aigrement à Poince l'escuier***; et quant il l'ot bien mésamé****, je li dis : « Sire, vous devez moult soufrir à Poince l'escuier; car il a servi vostre aieul et vostre père et vous. » — « Séneschal, fist-il, il ne nous a pas servi, mès nous l'avons servi quant nous l'avons soufert entour nous, aus mauvèses taches ³ que il a; car le roy Phelippe mon aieul me dit que l'en devoit guerre donner à sa mesnie,⁴ à l'un plus, à l'autre moins, selonc ce que il servent. Et disoit encore que nul ne pooit estre bon gouverneur de terre, se il ne savoit ausi hardiement escondire ⁵ comme il sauroit donner. Et ces choses, fist le roy, vous apren-je, pour ce que le siècle est si engrès ⁶ de demander, que pou sont de gent qui resgardent au sauvement ⁷ de leur ames ne à l'onneur de leur

---

¹ *Yert* : sera. — ² *Iréement* : en colère. — ³ Avec les mauvaises qualités. — ⁴ Récompenser les gens de sa maison. — ⁵ *Escondire* : refuser, éconduire. — ⁶ *Engrès* : avide. — ⁷ *Sauvement* : salut.

* Manuscrit de Lucques : *Il me dist qu'il l'en avoit jà prié; mais il (le cordelier) n'en voulloit riens faire pour luy.* Voyez ci-dessus, pag. 21.

** Au lieu de *Yères* qui se lit dans le manuscrit de Lucques, il y a *Mirres* dans le manuscrit 2016.

Cet alinéa manque dans les éditions antérieures à 1761.

*** *A Ponce son escuyer*, manuscrit de Lucques.

**** *Quand il l'eut bien tancé*, idem.

cors, que il puissent traire l'autrui chose par devers eulz, soit à tort, soit à droit. »

Le roy s'en vint par la contée de Provence jusques à une cité que en appèle *Ays en Provence*, là où l'en disoit que le cors à Magdeleinne gisoit; et fumes en une voute de roche moult haut, là où l'en disoit que la Madeleinne avoit esté en hermitage dix-sept ans. Quant le roi vint à Biaukaire, et je le vi en sa terre et en son pooir, je pris congé de li et m'en ving par la daufine de Viennois ma nièce [1], et par le conte de Chalon mon oncle, et par le conte de Bourgoingne son filz *. Et quant j'oi une piesce [2] demouré à Joinville et je oy fêtes mes besoignes, je me muz vers le roy, lequel je trouvai à Soissons; et me fist si grant joie, que touz ceulz qui là estoient s'en merveillèrent. Illec trouvai le conte Jehan de Bretaigne, et sa femme la fille le roy Tybaut, qui offri ses mains au roy [3], de tele droiture comme elle devoit avoir en Champaingne; et le roy l'ajourna au parlement à Paris, et le roy Thybaut de Navarre le secont [4], qui là estoit pour oyr et pour droit fère aus parties.

Au parlement vint le roy de Navarre et son conseil, et le conte de Bretaingne aussi. A ce parlement demanda le roy Thybaut madame Ysabel la fille le roy pour avoir à femme ** ; et

---

[1] *Nice:* nièce. — [2] *Une piesce:* quelque temps. — [3] Laquelle se présenta pour faire hommage au roi. — [4] Le deuxième du nom.

* *Par le Daulphiné de Vienne* (qui appartenoit à) *ma niepce, et par la conté de Chalon* (qui appartenoit à) *mon oncle, et par la conté de Bourgoigne* (qui appartenoit à) *son fils,* manuscrit de Lucques.

La dauphine de Viennois était Béatrix de Savoie, fille de Pierre, comte de Savoie, et d'Agnès de Faucigny. Joinville se dit oncle de Béatrix, soit qu'elle fût sa nièce par alliance, ou bien sa parente en un degré inférieur.

Jean, comte de Châlons, était le fils du comte d'Auxonne Guillaume, et frère de Béatrix, seconde femme du père de l'historien Joinville : celui-ci se qualifie ainsi neveu de Jean.

Hugues, fils de ce même Jean, épousa Alix de Méranie, héritière d'Othon III, comte palatin de Bourgogne.

** Le manuscrit 2016 porte : *Ysabel la fille le roy pour avoir à femme*

les paroles que nos gens de Champaigne menoient par darière moy, pour l'amour que il orent veue que le roy m'avoit moustrée à Soissons, je ne lessai pas pour ce que je ne venisse au roy de France pour parler dudit mariage *. « Alez, dit le roy, si vous apaisiés ou conte de Bretaingue [1], et puis si ferons nostre mariage. » Et je li dis que pour ce ne devoit-il pas lessier. Et il me respondi que à nul feur [2] il ne feroit le mariage, jeusques à tant que la pez fust faite, pour ce que l'en ne deist [3] que il mariast ses enfans ou déshéritement de ses barons.

Je raportai ces paroles à la royne Marguerite de Navarre et au roy son filz, et à leur autre conseil; et quant il oyrent ce, il se hastèrent de fère la pez. Et après ce que la pez fu faite, le roy de France donna au roy Thybaut sa fille; et furent les noces fètes ** à Melun grans et plenères; et de là l'amena le roy Thybaut à Provins, là où la venue fu faite à grant foison de barons ***.

Après ce que le roi fu revenu d'outre-mer, il se maintint si dévotement que onques puis ne porta ne vair, ne gris, ne escarlatte, ne estriers, ne esperons dorez. Ses robes estoient de camelin ou de pers; ses pennes [4] de ses couvertouers et de ses robes estoient de gamites, ou de jambes de lièvres ****.

---

[1] Et faites la paix avec le comte de Bretagne. — [2] *Feur* : prix, manière. — [3] Pour que l'on ne dît pas. — [4] *Pennes* : bordures.

qui estoit fille le roy. Ces derniers mots sont une répétition inutile, qui n'est pas dans le manuscrit de Lucques, et qu'à l'exemple des continuateurs de D. Bouquet, nous avons retranchée.

* Il semble à l'éditeur de 1761 qu'il faut lire ici : *et malgré les paroles que nos gens*, etc. Dans le manuscrit de Lucques, Joinville dit au contraire : *Les paroles que nos gens de Champaigne menoient en derrière de moy, de ce qu'ils avoient veu que le roy m'avoit monstré à Soissons si grand amour, me firent parler à lui du mariage.*

** En 1255.

*** Le manuscrit de Lucques ajoute : *et de grans despens*.

**** On lit *de garmites, ou de jambes de lièvres, ou d'aigneaulx*, dans le manuscrit de Lucques, et *garnutes* dans l'édition de 1547.

Le manuscrit de Lucques contient ici de plus les lignes suivantes : *Il*

Quant les ménestriers aus riches homes venoient léans et il apportoient leur vielles après manger, il attendoit à oïr ses grâces tant que le ménestrier eust fait * sa lesse ¹ : lors se levoit, et les prestres estoient devant li, qui disoient ses grâces. Quant nous estions priveement léans, il s'asséoit aus piés de son lit; et quant les preescheurs et les cordeliers qui là estoient, li ramentevoient aucun livre qu'il oyst volentiers, il leur disoit : « Vous ne me lirez point; car il n'est si bon livre après manger, comme quolibez : c'est-à-dire, que chascun die ce que il veut. » Quant aucunz riches homes ** mangoient avec li, il leur estoit de bone compaingnie.

De sa compaingnie *** vous dirai-je. Il fu tel foiz que l'en tesmoingnoit qu'il n'avoit si sage à son conseil comme il estoit; et parut à ce que tout senz son conseil, tout de venue, dont je ai oï, il respondi à touz les prélas du royaume de France d'une requeste que il li firent, qui fu tele ****.

---

¹ *Lesse* : tirade.

estoit si sobre de sa bouche qu'il ne devisoit nullement ses viandes fors ce que les cuisiniers luy appareilloient, et on le mectoit devant luy et il mangeoit; son vin trempoit en ung gobellet de verre, et, selon ce que le vin estoit, il mectoit de l'eaue par mesure, et tenoit le gobellet en sa main ainsi comme on luy trempoit son vin derrière sa table. Il faisoit toujours manger les pouvres, et après manger leur faisoit donner de ses deniers.

Ces lignes ne sont pas dans le manuscrit 2016; mais on les a déjà lues, du moins en partie, ci-dessus, pag. 10.

* *Tant que les ménestriers eussent faict silence*, manuscrit de Lucques.

** Le même manuscrit ajoute : *estrangiers*.

*** Le manuscrit de Lucques fournit la variante que voici : *De sa sapience vous dirai-je, qui fu telle, que on tesmoignoit qu'il n'avoit en son conseil si saige homme comme il estoit; et paroissoit à ce que quant on luy parloit d'aucunes choses, il ne disoit pas : « Je m'en conseilleray; » ains quant il veoit le droit tout cler et appert, il respondoit sans long séjourner : dont j'ay oy qu'il respondit à tous les prélatz de France, d'une requeste qu'ilz luy feirent, qui fut telle, laquelle l'esvesque d'Auserre fist pour eulx tous*, etc.

**** Les trois alinéa suivants sont omis dans les éditions de 1617 et 1668. Le premier est dans celle de 1547; mais les deux autres y manquent.

L'évesque Gui d'Aucerre li dit pour culz touz : « Sire, fist-il, ces arcevesques et ces évesques qui ci sont, m'ont chargé que je vous die que la cretienté déchiet et font entre vos mains, et décherra encore plus se vous n'i metés conseil, pour ce que nulz ne doute hui et le jour escommeniement ¹. Si vous requérons, sire, que vous commandez à vos baillifz et à vos serjans que il contreingnent les escommeniés * au et jour, par quoy il facent satisfaccion à l'Église. » Et le roy leur respondi touz sanz conseil, que il commanderoit volentiers à ses bailliz et à ses serjans que il constreignissent les escommeniés ainsi comme il requéroient; mès que en li donnast la congnoissance se la sentence estoit droiturière ou non. Et il se conseillèrent et respondirent au roy, que de ce que il afféroit à la crestienté ne li donroient-il la congnoissance. Et le roy leur respondi aussi, que de ce que il afferoit à li, ne leur dourroit-il jà la congnoissance, ne ne commanderoit jà à ses serjans que il constreinsissent les escommeniés à eulz fère absoudre, fu tort, fu droit : « Car se je le fesoie, je feroie contre Dieu et contre droit. Et si vous en mousterrai un exemple qui est tel : que les évesques de Bretaigne ont tenu le conte de Bretaigne bien sept ans en escommeniement, et puis a eu absolucion par la court de Rome; et se je l'eusse contreint dès la première année, je l'eusse contreint à tort **. »

Il avint que *** nous fumes revenu d'outre-mer, que les moinnes de Saint-Urbain esleurent deux abbés; l'évesque Pierre de Chaalons, que Diex absoille, les chassa touz deuz et béney en abbé monseigneur Jehan de Mymeri, et li donna la croce. Je ne voil recevoir ****, pour ce qu'il avoit fet tort à

---

¹ Ne craint, ne redoute aujourd'hui les excommunications.

* Le manuscrit de Lucques ajoute : *qui auront soutenue la sentence*.

** Comme le font remarquer les continuateurs de D. Bouquet, on voit que saint Louis savait se tenir en garde contre les entreprises du clergé.

*** *Quant*, manuscrit de Lucques.

**** *Je ne le voullu recepvoir*, manuscrit de Lucques.

l'abbé Geoffroy, qui avoit appelé contre li et estoit alé à Rome. Je ting tant l'abbaie en ma main, que ledit Geffroy emporta la croce, et celi la perdi à qui l'évesque l'avoit donnée ; et tandis que le contens ¹ en dura, l'évesque me fit escommenier : dont il ot à un parlement qui fu à Paris, grant tribouil ² de moy et de l'évesque Pierre de Flandres, et de la contesse Marguerite de Flandre, et de l'ercevesque de Reins, qu'elle desmanti. A l'autre parlement qui vint après, prièrent touz les prélas au roy que il venist parler à culz tout seul. Quant il revint de parler aus prélas, il vint à nous qui l'attendions en la chambre ou palais *, et nous dit tout en riant le tourment que il avoit eu aus prélas, dont le premier fu tel, que l'ercevesque de Reins avoit dit au roy : « Sire, que me ferez-vous de la garde Saint-Remi de Reins que vous me tollez ³ ? car je ne vouroie avoir un tel péchié comme vous avez, pour le royaume de France. » — « Par les sains de céans, fist le roy, si feriés ⁴ pour Compiegne **, par la couvoitise qui est en vous ; or en y a un parjure. L'évesque de Chartres me requist, fist le roy, que je li feisse recroire ce *** que je tenoie du sien ; et je li diz que non feroie, jeusques à tant que mon chatel **** seroit paiés. Et li dis que il estoit mon home de ses mains, et que il ne se menoit ne bien ne loialment vers moy, quant il me vouloit déshériter ⁵. L'évesque de Chalons me dit, fist le roy : « Sire, « que me ferez-vous du seigneur de Joinville, qui tolt à ce « povre moine l'abbaie de Saint-Urbain ? » — « Sire évesque, fist le roy, entre vous avez establi que l'en ne doit oyr nul escommenié en court laie ; et j'ai veues lettres scelées de trentedeux seaux, que ⁶ vous estes escommenié : dont je ne vous es-

¹ *Contens* : contestation. — ² *Tribouil* : trouble. — ³ *Tollez* : enlevez. — ⁴ Vous en feriez autant. — ⁵ Dépouiller. — ⁶ Qui portent que.

* *A la chambre aux plaitz*, manuscrit de Lucques.
** *Pour la compagnie*, idem.
*** *Créance de ce*, idem.
**** *Giste*, idem.

conterai jeusques à tant que vous soiés absoulz. » Et ces choses vous moustré-je, pour ce que,* il se délivra tout seul par son senz, de ce que il avoit à fère.

L'abbé Geffroy de Saint-Urbain, après ce que je li oz [1] faite sa besoingne, si me rendi mal pour bien, et appela contre moy. A nostre saint roy fist entendant [2] que il estoit en sa garde. Je requis au roy que il feist savoir la vérité, se la garde estoit seue ou moy [3] : « Sire, fist l'abbé, ce ne ferez-vous jà, se Dieu plet; mez nous tenez en plet ordené entre nous et le seigneur de Joinville; que nous amons mieux avoir nostre abbaïe en vostre garde, que nous à celi qui l'éritage est **. » Lors me dit le roy : « Dient-il voir, que la garde de l'abbaïe est moye? » — « Certes, sire, fiz-je, non est, ains est moye. » Lors dit le roy : « Il peut bien estre que l'éritage est vostre; mez *** en la garde de vostre abbaïe n'avés-vous riens; ains couvient, se vous voulés et selonc ce que vous dites et selonc ce que le séneschal dit, qu'elle demeure ou à moy ou à li. Ne je ne lèrai jà pour choses que vous en dites, que je n'en face savoir la vérité; car se je le metoie en plet ordené, je mesprenroie vers li [4] [qui] est mon home, se je li metoie son droit en plet, douquel droit il me offre à fère savoir la vérité clèrement. » Il fist savoir la vérité; et la vérité seue, il me délivra la garde de l'abbaïe et me bailla ses lettres****.

[1] Oz : eus. — [2] Fit entendre. — [3] Sienne ou mienne. — [4] Je lui ferais tort. Le mot qui suit entré crochets manque dans le manuscrit 2016.

* Et ces choses vous desclaray-je, affin que vous voyez tout cler comme, manuscrit de Lucques.

** Le manuscrit de Lucques offre cette variante : que nul ne peult pas avoir nostre abbaye en garde, que vous à qui est l'héritage.

« Dans la leçon que nous avons tirée du manuscrit 2016, disent les continuateurs de D. Bouquet, que NON a celi serait un peu moins obscur que nous à qui. »

*** C'est sans doute à l'abbé que ceci s'adresse.

**** « Ce fut en vain que le comte de Champagne voulut revendiquer le jugement de cette affaire par des lettres qui se conservent manuscrites dans les archives du château de Joinville, et qui sont conçues en ces termes : « A

* Il avint que le saint roy pourchassa tant, que le roy d'Angleterre, sa femme et ses enfans, vindrent en France ** pour traiter de la pez de li et d'eulz. De ladite pez furent moult contraire ceulz de son conseil, et li disoient ainsi : « Sire, nous nous merveillons moult que vostre volenté est tele, que vous voulés donner au roy d'Angleterre si grant partie de vostre terre que vous et vostre devancier avez conquise sus li et par leur meffait. Dont il nous semble que se vous entendez que vous n'i aiés droit, que vous ne fètez pas bon rendage au roy d'Angleterre, se vous ne li rendez toute la conqueste que vous et vostre devancier avez faite; et se vous entendez que vous y aiés droit, il nous semble que vous perdez quantque vous li rendez. » A ce respondi le saint roy en tele manière : « Seigneurs, je sui

« son très-chier seignor et très-chier père Loïs, par la grâce de Deu rois
« de France, Thibaut par celle même grace, rois de Navarre, de Cham-
« paigne et de Brie cuenz palatins, salut, à lui appareillez à faire toute sa
« volenté. Sire, nous vous fesons savoir que notre amé et féal sénéchaux
« de Champaigne nous a montré que li abbé et li convent de Saint-Urbain
« l'ont fait ajorner le lundi après les witiennes de Pentecôte par devant
« vous; et por ce, sire, que ledis sénéchaux tient la garde de laditte
« abbaye et de la ville de Saint-Urbain et de la terre que li abbé et li con-
« vent dessus dits ont de la châtellenie de Joinville et de nos, nos vos re-
« quérons que nul plait ne teigne de chose qui teigne à nos, comme nous
« soyens appareillez de faire droit à l'abbé et convent dessus dits doudit
« sénéchaux et tous autres qui se plaindront de li. Donné à Fossez l'an de
« grâce M. CC. LXVI. le vendredi après la Pentecôte. » Louis IX, sans avoir égard à cette requête, jugea l'affaire en faveur du sire de Joinville. » (*Recueil des historiens des Gaules*, etc., tom. XX, pag. 29, not. 12.)

* Le récit de Joinville se reprend ici dans les éditions de Cl. Ménard et de du Cange, même aussi dans celle de Pierre de Rieux, laquelle toutefois diffère des deux autres par l'ordre comme par la rédaction de presque tous les derniers articles du livre.

** On trouve une longue relation de ce voyage du roi d'Angleterre, Henri III, dans l'*Historia major* de Matthieu Paris, sous l'année 1234, édit. de Londres, MDCLXXXIV, pag. 772-774. Louis IX alla au-devant du prince anglais jusqu'à Chartres; et dès qu'ils se virent, les deux souverains se précipitèrent dans les bras l'un de l'autre. A Paris, il se donna, à l'occasion de cette visite, un festin si brillant que l'écrivain déclare que jamais dans les temps passés, d'Assuérus, d'Arthur ni de Charlemagne, il n'y en

certain que * les devanciers au roy d'Angleterre ont perdu tout par droit la conqueste que je tieing ; et la terre que je li donne, ne li donné-je pas pour chose que je soie tenu à li ne à ses hoirs, mès pour mettre amour entre mes enfans et les siens, qui sont cousins germains. Et me semble que ce que je li donne emploié-je bien, pour ce que il n'estoit pas mon home, si en entre en mon houmage. » Se ¹ fu l'omme du monde qui plus se traveilla de paiz entre ses sousgis ², et espécialement entre les riches homes voisins et les princes du royaume, si comme entre le conte de Chalon, oncle au seigneur de Joinville, et son fil le conte de Bourgoingne, qui avoit grant guerre quant nous revenimes d'outre-mer. Et pour la pez du père et du fil, il envoia de son conseil ³ en Bourgoingne et à ses despens ; et par son pourchas ⁴ fu fète la pez du père et du fil.

Puis ot grant guerre entre le secont roy Tibaut de Champaigne et le conte Jehan de Chalon, et le conte de Bourgoingne son filz, pour l'abbaie de Lizeu ** ; pour laquelle guerre appaisier monseigneur le roy y envoia monseigneur Gervaise Descrangnes ***, qui lors estoit mestre queu de France, et par son pourchas il les apaisa.

Après ceste guerre que le roy appaisa, revint autre une grant guerre entre le conte Thybaut de Bar et le conte Henri de Lucembourc, qui avoit sa sereur ⁵ à femme ; et avint ainsi, que il se combatirent l'un à l'autre desouz Priney ⁶, et prist le conte Thybaut de Bar et ⁷ le conte Henri de Lucembourc, et prist

---

¹ Ce. — ² *Sousgis* : Sujets. — ³ Quelques-uns de ses conseillers. — ⁴ Par ses soins. — ⁵ *Sereur* : sœur. — ⁶ Pigney ou Piney en Champagne. — ⁷ La conjonction *et* est à supprimer ici.

avait eu un pareil. Au nombre des convives figuraient douze évêques, vingt-cinq ducs et barons, dix-huit comtesses, dont deux étaient sœurs de reines, etc. Le roi de France tenait le milieu de la table, ayant à sa droite le roi d'Angleterre, à sa gauche Thibault, roi de Navarre.

* Les deux mots *certain que* sont omis dans le manuscrit 2016 ; mais ils sont nécessaires, et le manuscrit de Lucques nous les fournit.

** *Lesueil*, manuscrit de Lucques. Il s'agit ici de Luxeu, ou Luxeuil, en Franche-Comté.

*** *Gervaise des Croignes*, manuscrit de Lucques.

le chastel de Liney qui estoit au conte de Lucembourc de par sa femme. Pour celle guerre appaisier, envoia le roy monseigneur Peron le chamberlain, l'omme du monde que il créoit plus, et aus despens le roy; et tant fist le roy que il furent apaisié*.

De ces gens estranges que le roy avoit apaisié, li disoient aucuns de son conseil que il ne fesoit pas bien, quant il ne les lessoit guerroier; car se il les lessast bien apovrir, il ne li courroient pas sus sitost, comme se il estoient bien riché. Et à ce respondoit le roy, et disoit que il ne disoient pas bien. « Car se les princes voisins véoient que je les lessasse guerroier, il se pourroient aviser entre eulz, et dire : « Le roy par son malice « nous lesse guerroier. » Si en avenroit ainsi que par la hainne que il auroient à moy, il me venroient courre sus, dont je pourroie bien perdre en la hainne de Dieu que je conquerroie**, qui dit : « Bénoit soient tuit li apaiseur. » Dont il avint ainsi, que les Bourgoignons et les Looreins que il avoit apaisiés, l'amoient tant et obéissoient, que je les vi venir plaidier par devant le roy des descors¹ que il avoient entre eulz, à la court le roy, à Rains, à Paris et à Orliens***.

Le roy ama tant Dieu et sa douce mère, que touz ceulz que il pooit atteindre qui disoient de Dieu ne de sa mère chose déshoneste ne vilein serement, que il les fesoit punir grief-

---

¹ *Descors* : discordes.

* Dans cet article, le manuscrit de Lucques présente plusieurs variantes :... *se combattirent l'un à l'autre de leur autorité... print le chastel de Lixey... qu'il croyoit plus, et tant se travailla le roy que la paix vint entre eulx.*

** *Dont je y pourrois bien perdre, sans la haine de Dieu que je conquerrois*, manuscrit de Lucques.

*** Ant. P. de Rieux ajoute ici un chapitre numéroté xc et intitulé : *Comme Charles duc d'Anjou, et frère du roy, par le moyen des papes Urbain et Clement, fut roy de Sicile, et comme Maufroy fut tué en une bataille.* Il n'y a rien qui corresponde à ce chapitre dans les deux manuscrits, ni dans les éditions de 1617 et 1668.

ment : dont je vi que il fist mettre un orfèvre en l'eschiele* à Cézaire ¹, en braie et en chemise, les boiaus et la fressure d'un porc entour le col, et si grant foison que elles li avenoient jeusques au nez. Je oy dire que puis que je reving d'outre-mer, que il en fist cuire le nez et le baleure ²** à un bourjois de Paris ; mès je ne le vi pas. Et dist le saint roy : « Je vourroie estre seigné ³ d'un fer chaut, par tel couvenant ⁴ que touz vileins sèremens feussent ostez de son ⁵ royaume. »

Je fu bien vint-deux ans en sa compagnie ***, que onques Dieu ne li oy jurer, ne sa mère, ne ses sains ; et quant il vouloit aucune chose affermer, il disoit : « Vraiement il fu ainsi, » ou « vraiment il yert ainsi. »

Onques ne li oy nommer le dyable, se ce ne fu en aucun livre là où il afferoit à nommer, ou en la vie des sains de quoy le livre parloit. Et c'est grant honte au royaume de France, et au roy quant il le seuffre, que à peinne peut l'en parler que en ne die : « Que dyable y ait part ! » Et c'est grant faute de language, quant l'en approprie au dyable l'omme ou la femme qui est donné à Dieu dès que il fu baptiziés. En l'ostel de Joinville, qui dit tel parole, il doit la bufe ou la paumelle ⁶, et y est ce mauvez language presque tout abattu.

Il me demanda se je lavoie les piés aus povres le jeudy absolu⁷ ; et je li respondi que nanin, que il ne me sembloit pas bien. Et il me dit que je ne le devoie pas avoir en despit ; car Dieu l'avoit fait ; « car moult envis ⁸ feriés ce que le roy

¹ A Césarée en Palestine. — ² Brûler avec un fer chaud le nez et la lèvre inférieure. — ³ Seigné : signé, marqué. — ⁴ A condition. — ⁵ Lisez *son* au lieu de *mon*. — ⁶ Reçoit un soufflet ou une tape. — ⁷ *Jeudy absolu* : jeudi saint. — ⁸ *Envis* : à contre-cœur, *invitus*.

* On faisait monter le condamné aux plus hauts degrés d'une échelle, pour l'exposer aux regards du peuple.

** Le pape Clément IV, comme le font observer les continuateurs de D. Bouquet, eut la sagesse de désapprouver cette rigueur barbare. Par une bulle qui se conserve au Trésor des chartes, il exhorte saint Louis à punir les blasphémateurs, mais sans mutilation et sans peine de mort.

*** Le manuscrit de Lucques donne *trente-deux*, chiffre qui ne répond pas au nombre d'années écoulées de 1248 à 1270.

d'Angleterre fet, qui lave les piez aus mézeaus ¹ et bèze ⁴. »

Avant que il se couchast en son lit, il fesoit venir ses enfans devant li, et leur recordoit les fez ² des bons roys et des [bons **] empereurs, et leur disoit que à tiex ³ gens devoient-il prenre exemple; et leur recordoit aussi les fez des mauvez riches hommes, qui, par luxure et par leur rapines et par leur avarice, avoient perdu leur royaumes. « Et ces choses, fesoit-il, vous ramentoif-je ⁴, pour ce que vous vous en gardez, par quoy Dieu ne se courousse à vous ⁵. » Leur heures de Nostre-Dame leur fesoit apprenre, et leur fesoit dire leur heures du jour ***, pour eulz acoustumer à oyr leur heures quant il tenroient leur terres.

Le roy fu si large aumosnier, que partout là où il aloit en son royaume, il fesoit donner aus povres esglises, à maladeries ⁶, à mesons-Dieu, à hospitaulz, et à povres gentilzhommes et gentilzfemmes. Touz les jours il donnoit à manger à grant foison de povres, sanz ceulz qui mangoient en sa chambre; et maintes foiz vi que il leur tailloit leur pain et leur donnoit à boivre.

De son tens furent édefiées pluseurs abbaïes; c'est à savoir, Royaumont, l'abbaïe de Saint-Antoinne delez Paris, l'abbaïe du Liz, l'abbaïe de Mal-Bisson ⁷, et pluseurs autres religions ⁸ de preescheurs et de cordeliers. Il fist la mèson-Dieu de Pontoise, la mèson-Dieu de Brinon ****, la mèson des aveugles

---

¹ *Mézeaus* : lépreux. — ² Racontait les faits. — ³ Sur de telles. — ⁴ *Ramentoif-je* : rappelé-je. — ⁵ Contre vous. — ⁶ *Maladeries* : léproseries. — ⁷ Maubuisson. — ⁸ *Religions* : maisons religieuses.

* Le sens de la phrase paraît être : « Feriez-vous donc avec répugnance, ce que fait le roi d'Angleterre, qui, » etc. Voyez ci-dessus, pag. 12.

** Manuscrit de Lucques.

*** *Et les leur faisoit dire devant luy les heures du jour*, manuscrit de Lucques.

**** *De Vernon*, même manuscrit.

de Paris, l'abbaïe des cordelières de Saint-Clou, que sa seur madame Isabiau fonda par son otroi¹.

Quant aucuns bénéfices de sainte Esglise eschéoit au roy*, avant que il le donnast il se conseilloit à bones persones de religion et d'autres, avant que il le donnât; et quant il s'estoit conseillé, il leur donnoit les bénéfices de sainte Esglise en bone foy, loialment et selonc Dieu. Ne il ne vouloit nulz bénéfices donner à nulz clers, se il ne renonçoit aux autres bénéfices des esglises que il avoit. En toutes les villes de son roiaume là où il n'avoit onques esté, il aloit aus preeschers et aus cordeliers, se il en y avoit nulz, pour requérir leur oroisons.

Comment le roy corriga ses bailliz, ses prévos, ses maieurs² ; et comment il establi nouviaus establissemens; et comment Estienne Boisliaue fu son prévost de Paris**.

Après ce que le roy Loys fu revenu d'outre-mer en France, il se contint si doucement*** envers Nostre-Seigneur, et si droiturièrement envers ses subjez, si regarda et apensa que moult estoit belle chose d'amender le royaume de France. Premièment establi un général establissement sur les subjez par tout le royaume de France en la manière qui s'ensuit : « Nous Looys, par la grace de Dieu roy de France, establissons****,

---

¹ *Otroi :* permission — ² *Maieurs :* maires.

* *Advenoient à la donation du roy*, manuscrit de Lucques.

** Cette rubrique est la seule qui se rencontre dans le manuscrit 2016 et dans celui de Lucques; mais elle y fait partie du texte; elle forme un alinéa écrit des mêmes caractères, disposé de la même manière que les autres. Les éditions de Ménard et de du Cange en ont changé la rédaction : *Cy après verrez comment*, etc.

*** *Si dévotement*, manuscrit de Lucques.

**** « Cette ordonnance, dit du Cange, fut expédiée à Paris, l'an 1256, et se trouve en quelques registres de la Chambre des comptes, plus étendue qu'elle n'est ici. »

Elle n'a été insérée, telle que Joinville la rapporte, ajoutent les continuateurs de D. Bouquet, ni dans la grande collection des Ordonnances, ni dans le Recueil général des anciennes lois françaises; mais les dispositions

que touz nos baillifz, vicontes, prévoz, maires et touz autres, en quelque afère que ce soit, ne que il soient*, face serement que tant comme il soient en offices ou en bailliez, il feront droit à chascun sanz excepcion de persones, aussi aus povres comme aus riches, et à l'estrange comme au privé, et garderont les us et les coustumes qui sont bones et esprouvées. Et se il avient chose que les bailliz ou les vicontes ou autres, si comme serjant ou forestiers, facent contre leur seremens et il en soient attains, nous voulons que il en soient puniz en leur biens et en leur persones, se le mesfait le requiert ; et seront les baillifz puniz par nous, et les autres par les baillifz. Derechief, les autres prévoz**, les baillifs et les serjans jureront que il garderont loialment nos rentes et nos droiz, ne ne soufferront nos droiz que il [soient] soustrait ne osté, ne amenuisié*** ; et avec ce il jureront que il ne prenront, ne ne recevront par eulz ne par autres, ne or, ne argent, ne bénéfices par de costé [1], ne autres

---

[1] Indirectement.

qu'elle contient se retrouvent plus ou moins complétement en deux ordonnances datées du mois de décembre 1254 et de l'année 2256. Voyez la Collection des Ordonnances, in-fol., tom. I, pag. 65-81 ; le Recueil des anciennes lois françaises, tom. I, pag. 264-277. L'ordonnance de 1254 est en trente-neuf articles, et celle de 1659 en vingt-six ; elles sont d'ailleurs le plus souvent conformes l'une à l'autre. Joinville en donne une sorte de traduction libre. Cet édit est rapporté aussi, sauf des variantes, par Guillaume de Nangis ; et l'on en rencontre pareillement le texte, soit latin, soit français, en divers recueils manuscrits ou imprimés.

La Bastie a inséré la copie de l'un des plus anciens textes français, d'après le manuscrit du roi 9646, dans le tome XV des Mémoires de l'Académie des inscriptions et belles-lettres, pag. 726-736.

* *En quelque office qu'ilz soient* manuscrit de Lucques.

** On lit *privez* dans le manuscrit 2016 : c'est sans doute une faute du copiste.

Les éditions de 1617 et 1668 ajoutent : *auditeurs des comptes et autres officiers entremetteurs de nos finances*. Les continuateurs de D. Bouquet font judicieusement observer qu'il n'y avait point d'*auditeurs des comptes* sous Louis IX : ils ont été créés en 1520, par un édit de François Ier.

*** *Qu'ils soient fortraictz, ne diminuez*, manuscrit de Lucques. — Le mot *soient* est omis dans le manuscrit 2016.

choses, se ce n'est fruit ou pain, ou vin, ou autre présent, jeusques à la somme de dix souls*, et que ladite somme ne soit pas seurmontée[1]. Et avec ce il jureront que il ne feront, ne ne prenront** nul don, quel que il soit, à leur femmes, ne à leur enfans, ne à leur frères, ne à leur seurs, ne à autre persone, tant soit privée d'eulz[2] ; et sitost comme il sauront que tiex dons serons receus, il les feront rendre au plustost que il pourront. Et avec ce il jureront que il ne retenront don nul, quel que il soit, de home qui soit de leur baillie***. Derechief, il jureront que il ne donront ne n'envoieront nul don à home qui soit de nostre conseil, ne aus femmes, ne aus enfans, ne à ame qui leur apartieingne, ne à ceulz qui leurs contes retenront**** de par nous, ne à nulz enquesteurs que nous envoions en leur baillies ne en leur prévostés, pour leur fez enquerre. Et avec ce il jureront que il ne partiront[3] à rente nulle de nos rentes ou de nostre monnoie*****, ne à autres choses qui nous appartieingnent. Et jureront et promettront que se il sevent sour eulz[4] nul official, serjant ou prévost qui soient desloiaus, rapineurs, usurier ou plein d'autres vices, par quoy il doivent perdre nostre service, que il ne les sousticingnent par don, ne par promesse, ne par amour, ne par autres choses ; ainçois[5] les puniront et jugeront en bone foy. Derechief nos prévos, nos vicontes, nos maires, nos foretiers, et nos autres serjans à pié ou à cheval, jureront que il ne donront nuls dons à leur souverains[6], ne à femmes, ne à enfans******. Et pour ce

[1] *Seurmontée* : dépassée. — [2] Quelqu'intime qu'elle soit avec eux. — [3] *Partiront* : auront part. — [4] Sous eux. — [5] *Ainçois* : mais, au contraire. — [6] A leurs supérieurs.

* *De dix livres*, manuscrit de Lucques.
** *Qu'ils ne prendront ne feront prendre*, idem.
*** *Qu'il ne recepveront présent d'homme qui soit en lour bailliage, ne d'autres qui cause ayent, ne qui plaident par devant eulz*, idem.
**** *Recepveront*, idem.
***** *A vente nulle que on face de nos rentes, de nos bailliages, ou de nostre monnoye*, idem.
****** Le manuscrit de Lucques ajoute : *qui leur appartienne*.

que nous voulons que ces sèremens soient fermement establiz, nous voulons que il soient pris en pleinne assise, devant touz, et clers et lais, chevaliers et serjans, jà soit ce que il ait [1] juré devant nous ; à ce que il craignent à encourre le vice de parjure, non pas tant seullement pour la paour de Dieu et de nous, mez pour la honte du monde*. Nous voulons et establissons que touz nos prévos et nos baillifz se tieingnent de jurer parole qui tieingne au despit [2] de Dieu, ne de Nostre-Dame et de touz sains, et se gardent de geu de dez, de taverne. Nous voulons que la forge de deiz soit deffendue par tout nostre royaume, et que les foles femmes [3] soient boutées hors des mèsons ; et quiconques louera mèson à fole femme, il rendra au prévost ou au baillif le loier de la mèson d'un an. Après, nous deffendons que nos baillifz outréement [4] n'achatent ne ne facent acheter par eulz ne par autres, possessions ne terres qui soient en leur baillies, ne en autre, tant comme il soient en nostre servise ; ne ne marient filz ** ne fille que il aient, ne autres persones qui leur apartieingnent, à nulle autre persone de leur baillie, sanz nostre espécial congié [5] ; et avec ce, que il ne les mettent en religion du leur, ne que il leur acquière bénéfice de sainte Esglise, ne possession nulle ; et avec ce, que il ne preingnent œuvre ne procuracions en mèson de religion, ne près d'eulz, aus despens des religieus. Ceste deffense des mariages et des possessions acquerre, si comme nous avons dit,

---

[1] Quoiqu'il ait. — [2] *Despit* : mépris. — [3] Les femmes publiques. — [4] *Outréement* : avec excès. — [5] Sans notre permission spéciale.

* Le manuscrit 2016 porte : *à ce que il doutoient encore le vice de parjurer, non pas tant seulement pour la paour de Dieu et de nous, mez pour la bonté de Dieu et du monde*. A l'exemple des continuateurs de D. Bouquet, nous avons préféré la leçon plus claire et plus cohérente du manuscrit de Lucques.

** *En nostre service, sans nostre congié. Et si telz achaptz se font, nous voullons qu'ilz soient et demourent en nostre main. Nous deffendons à nos baillifz que, tant comme ilz seront en nostre service, ne marient filz.* manuscrit de Lucques.

ne voulons-nous pas qu'elle se esconde* aus prévos, ne aus maires, ne aus autres de meneur office. Nous commandons que baillifz, ne prévos, ne autres, ne tieingnent trop grant plenté ¹ de serjans ne de bediaus, pour ce que le peuple ne soit grevé ; et voulons que les bediaus soient sommez en pleinne assise, ou autrement ne soient pas tenu pour bediau. Où nos serjans soient envoiés en aucun lieu loing, ou en estrange pays, nous voulons que il soient pas creu sanz lettre de leur souverains. Nous commandons que baillif ne prévost qui soit en nostre office, ne grève les bonnes gens de leur justice outre droiture, ne que nulz de ceulz qui soient desous nous, soient mis en prison pour debte que il doivent, se ce n'est pour la nostre seulement. Nous establissons que nulz de nos baillifz ne liève amande pour debte que nos subjez doivent, ne pour malefaçon ², se ce n'est en plein plet ³ où elle soit jugée et estimée, et par conseil de bones [gens], jà soit ce que elle est esté jugée par devant eulz. Et se ⁴ il avient que cil qui sera d'aucun blasme ne weille pas attendre** le jugement de la court qui

¹ *Plenté* : multitude. — ² *Malefaçon* : méfait. — ³ *Plet* : procès. — ⁴ *Se* : si.

* *Qu'elles se extendent*, manuscrit de Lucques.

Les lignes qu'on vient de lire correspondent aux articles 14, 15, 16 de l'ordonnance de décembre 1254, conçus en ces termes :

« 14. Prohibentes insuper senescallis ne quamdiu baillivi fuerint, sibi vel suis domesticis aut propinquis matrimonia copulent, tempore sue baillivie, sine nostro speciali consensu, nec predictos in religionibus ponant, aut beneficia ecclesiastica vel possessiones eis acquirant.

« 15. Gista etiam vel procurationes in domibus religiosis vel circa, cum expensis eorum non recipiant sine nostra licentia speciali.

« 16. Prohibitionem verò istam quam facimus de matrimoniis non copulandis et possessionibus non acquirendis, non extendimus ad prepositos, majores et alios officiales minores qui majorias, prepositinas et alia officia tenebunt in locis mansionum suarum, dum tamen hæc faciant sine nostra vel alterius lesione. »

** *De bonnes gens, jaçoit ce qu'elle ait esté gaignée par avant ce. Et s'il advient que aucun vn soit reprins ne veille pas actendre*, manuscrit de Lucques.

Ces dispositions sont énoncées comme il suit dans l'article 25 de l'or-

offert li est, ainçois offre certeinne somme de deniers pour l'amande, si comme l'en a communément receu ; nous voulons que la court reçoive la somme des deniers, se elle est rèsonable et couvenable, ou, se ce non, nous voulons que l'amende soit jugée selonc ce que il est dessus dit, jà soit ce que le coupable se mette en la volenté de la court. Nous deffendons que le baillif, ou le mère, ou le prévost, ne contreingnent pas par menaces, ou par poour, aucune cavellacion[1] nos subjez à paier amende en repost ou appert. Et establissons que cil qui tendront les prévostez, viconte et autre baillif*, que il ne les puissent à autrui vendre sanz nostre congé ; et se pluseurs achatent ensemble les offices dessus nommez, nous voulons que l'un des acheteurs face l'office pour touz les autres, et use de la franchise qui appartiennent aus chevauchées, aus tailles et aus communes charges, si comme il est accoustumé. Et deffendons que lesdiz offices il ne vendent à frères, à neveus et à cousins, puis que il les auront achetés de nous ; ne que il ne requierent debte que n'en leur doie par eulz, ce[2] ce n'est des debtes qui appartiennent à leur office ; mez leur propre debte requiè-

---

[1] *Cavellacion* : chicane ; anglais, *cavillation*. — [2] *Ce* : si.

donnance : « Emendas autem pro maleficiis seu delictis a baillivis nostris levari nolumus, nisi in foro judiciario publice de bonorum consilio fuerint judicate vel estimate, quanquam antea fuerint gagiate (*quoique les amendes aient été auparavant consignées ou payées.*) Si tamen ille cui crimen imponitur, curia sibi offerente judicium, id noluerit expectare, et pecuniam certam offerat pro emenda, et tale sit crimen de quo emenda pecuniaria recipi consuevit, liceat curie eam recipere, si sibi competens videatur ; alioquin emendam faciet judicari vel estimari, secundum quod dictum est, licet reus se velit subjicere omnimode curie voluntati. Caveant tamen judices et baillivi ne minis vel terroribus vel machinationibus callidis, clam vel palam, aliquem ad emendam offerendam inducant, vel sine causa rationabili accusent. »

* Le manuscrit de Lucques porte : *par menaces, par pouvoir, ou par aucune cavilacion nos subgectz à payer amande en repost ou appert* (en secret ou en public), *et ne les accusent pas sans cause raisonnable. Avec ce nous establissons que ceulx qui tiendront nos prévostés, vicontez ou bailliages,* etc.

rent par l'auctorité du baillif, tout aussi comme se il ne fussent pas en nostre servise*. Nous deffendons que baillifz ne prévoz ne travaillent¹ nos subjez en causes que il ont par devant eulz menées, par muement² de lieu en autre ; ains³ oyent** les besoignes que il ont par devant eulz, ou lieu là où il ont esté acoustumez à oyr, si que il ne lessent pas à poursuivre leur droit pour travail ne pour despens. Derechief, nous commandons que il ne dessaisissent home de sésinne que il tieingne, sanz congnoissance de cause, ou sanz commandement espécial de nous ; ne que il ne grèvent nostre gent de nouvelles exactions, de tailles et de coustumes⁴ nouvelles, ne si ne semoingnent⁵ que l'en face chevauchée pour avoir de leur argent, d'aler*** en ost⁶ sanz cause nécessaire ; et ceulz qui voudront aler en ost en propres persones, ne soient pas contraint à racheter leur voie⁷ par argent. Après, nous deffendons que bailliz ne prévos ne facent deffendre de porter blé, ne vin, ne autres marchandises hors de nostre royaume, sanz cause nécessaire ; et quant il couvendra que deffense en soit fête, nous voulons qu'elle soit faite communément en conseil de preudoumes, sans souzpeçon de fraude ne de boidie⁸. Item, nous voulons que touz bailliz viés⁹, vicontes, prévos et maires soient, après ce que il seront hors de leur offices, par l'espace de quarante jours**** ou pays où il ont tenu leur offices, en leur propres persones ou

---

¹ *Travaillent* : fatiguent. — ² *Musment* : mutation, changement. — ³ *Ains* : mais. — ⁴ *Coustumes* : droits, impôts. — ⁵, Ni ne commandent. — ⁶ A l'armée. — ⁷ *Voie* : voyage. — ⁸ Ni de tromperie. — ⁹ Vieux, anciens.

* On lit dans l'ordonnance (française) de 1254 : « Et si ne voulons que ceuls qui acheteront icelles prévostés ou baillies, esploitent leurs doibtes propres ; c'est assavoir celles qui leur sont deues, non pas des prévostés ou autres baillies, ou à leurs compaignons, de leur propre auctorité, ainçois par la main du bailly ou du plus haut juge les requierent, aussi comme se il ne tenoient prévostés ne baillies. »

** Il y a *oiez* dans le manuscrit 2016.

*** *Car nous voulons que nul qui doive chevauchée, ne soit semont d'aler*, manuscrit de Lucques.

**** *Cinquante jours*, dans l'ordonnance de 1254.

par procureur, pour ce que il auroient mesfet contre ceulz qui se vourroient pleindre d'eulz *. Par cest establissement amenda ¹ moult le royaume. La prévosté de Paris estoit lors vendue aus bourjois de Paris, ou à aucuns ; et quant il avenoit que aucuns l'avoit achetée, si soustenoient leur enfans et leur neveus en leur outrages ; car les jouvenciaus avoient fiance en leur parens et en leur amis, qui la prévosté tenoient**. Pour ceste chose estoit trop le menu peuple défoulé, ne ne povoient avoir droit des riches homes, pour les grans présens et dons que il fesoient aus prévos. Qui à ce temps disoit voir ² devant le prévost, ou qui vouloit son sèrement garder, qui ne feust parjure, d'aucune debte ou d'aucune chose, ou feust tenu de respondre***, le prévost en levoit amende, et estoit puni. Par les grans injures**** et par les grans rapines qui estoient faites en la prévosté, le menu peuple n'osoit demourer en la terre le roy ³, ains aloient demourer en autres prévostés et en autres seigneuries. Et estoit la terre le roy si vague, que quant il tenoit ses plez*****, il n'i venoit pas plus de dix personnes ou de douze. Avec ce il avoit tant de maulfeteurs et de larrons à Paris et en dehors, que tout le païs en estoit plein. Le roy, qui metoit grant diligence comment le menu peuple feust gardé, sot toute la vérité. Si ne voult plus que la prévosté de Paris feust vendue ; ains donna gages bons et grans à ceulz qui dès or en avant la garderoient. Et toutes les mauvèses coustumes dont le peuple pooit estre grevé, il abatit ; et fist enquerre par tout le royaume et par tout le pays, où l'en [pourroit trouver

---

¹ *Amenda* : gagna. — ² *Voir* : vrai. — ³ Du roi.

* *Afin qu'ilz puissent respondre aux nouveaulx bailliz de ce qu'ilz auront meffait,* manuscrit de Lucques.

** C'est dans le même manuscrit que nous prenons les mots, *qui la prévosté tenoient*, au lieu de *qui les tenoient*, du manuscrit 2016.

*** *Dont il feust tenu de respondre*, manuscrit de Lucques.

**** On lit *par les grans jures* dans le manuscrit 2016 ; *injures* nous est fourni par celui de Lucques.

***** *Que quant le prévost tenoit ses plaids*, même manuscrit.

homme qui *] feist bone justise et roide, et n'espargnast plus le riche home que le povre. Si li fu enditié¹ Estienne Boiliaue**, lequel maintint et garda si la prévosté, que nul

¹ *Enditié :* indiqué, *indigitatus.*

* Ce qui se trouve ici entre crochets est emprunté au manuscrit de Lucques.
** A ce nom les continuateurs de D. Bouquet écrivent en note: « Étienne Boylesve, Boilyaue ou Boileaue, est appelé dans un compte de 1266, *Stephanus Bibens aquam.* Il avait épousé Marguerite de la Guesle en 1225, et l'on peut en conclure qu'il était né vers 1200. Il fit, en 1228, un partage noble avec ses frères Geoffroy et Robert. La qualité de chevalier lui est attribuée dans le contrat de mariage de son fils Foulques, vers le milieu du XIIIe siècle. Ces documents autorisent à le déclarer de race noble. Depuis son temps jusqu'au nôtre, on trouve des Boislesve ou Boileau, d'abord en Anjou, puis à Paris, en Touraine, en Bretagne, en Angleterre. Appartiennent-ils tous à une même famille d'origine angevine? on l'a supposé ainsi dans plusieurs notices biographiques. Selon ce système, Nicolas Boileau Despréaux serait un descendant du prévôt de Paris, contemporain de saint Louis. Cependant on ne peut guère prendre pour un petit-fils ou arrière-petit-fils de ce prévôt, le Jean Boileau anobli par Charles V, en 1371 ; car il n'avait pas besoin de lettres d'anoblissement s'il était issu d'un chevalier de si haut parage : or c'est de ce Jean Boileau qu'un arrêt du 10 avril 1699 fait descendre Despréaux et ses frères. Ajoutons que, selon toute apparence, cet arrêt a été rendu sur un très-faux exposé : des notes de Charles-René d'Hozier et de Clairambault, qui se conservent manuscrites à la Bibliothèque du Roi, ne laissent sur ce point presque aucun doute.

« Estienne Boilesve accompagna saint Louis à la croisade de 1248, y partagea la captivité de ce prince en 1250, et ne recouvra sa liberté que moyennant une rançon personnelle de mille livres d'or, nouvel indice de sa haute condition. De retour en France, il fut fait prévôt de Paris en 1254 ou plus probablement en 1258. On rapporte qu'il fit pendre *un sien filleul,* parce qu'on *disoit qu'il ne se pooit tenir de rober* (dérober); *item un sien compère qui avoit nié* (un dépôt). Le roi alloit *souvent se seoir* auprès de lui, afin d'encourager tous les juges à imiter la rigoureuse équité de ce magistrat. Le premier des registres *Olim* indique les enquêtes faites par Estienne Boilesve aux parlements de la Chandeleur 1263, de la Pentecôte 1264 et 1265, de la Chandeleur 1267 : ces dates doivent servir à rectifier celles de 1248 et 1260, qu'on a quelquefois données pour la première et la dernière de sa magistrature. Il était remplacé, en 1270, par Renaud Barbou ou Bourbout, et l'on en peut conclure qu'il est mort en 1269. On a de lui un recueil connu sous les noms de *Livre des métiers,*

malfaiteur, ne liarre ¹, ne murtrier n'osa demourer à Paris, qui tantost ne feust pendu ou destruit ; ne parent, ne lignage, ne or, ne argent ne le pot garantir. La terre le roy commença à amender, le peuple y vint pour le bon droit que en y fesoit. Si moulteplia tant et amenda, que les ventes, les saisinnes, les achas et les autres choses valoient à double, que quant li roys y prenoit devant*. « En toutes ces choses que nous avons ordenées pour le proufit de nos subjez et de nostre royaume, nous retenons à nous** pooir ² d'esclarcir,

¹ Ni larron. — ² *Pooir :* pouvoir.

Livre de l'établissement des métiers, Premier registre des métiers ou *Livre blanc.* Ce recueil n'a jamais été imprimé en entier ; mais il en existait un exemplaire manuscrit dans la bibliothèque de la Sorbonne, un au Châtelet, un entre les mains du commissaire de police Lamare, et un à la Chambre des Comptes, qui passait pour original, et qui a péri dans l'incendie de 1737. Celui de la Sorbonne, aujourd'hui le plus ancien, se conserve à la Bibliothèque du Roi, n° 350, et n'est point à confondre avec la copie très-moderne inscrite dans le même dépôt sous le n° Suppl. 2370 ⁷². Il en subsiste deux à la préfecture de police, savoir, celui de commissaire Lamare, et un autre provenant de la collection Lamoignon. Celui que possèdent les Archives du royaume (J. 97) est, quant au corps du volume, l'ancien exemplaire du Châtelet, qui était resté entre les mains du procureur général Joly de Fleury ; il contient beaucoup de pièces accessoires et une table de comparaison de ces diverses copies. Boilesve avait inséré lui-même dans son recueil plusieurs dispositions d'ordonnances royales. Des articles du même genre ont été interpolés ou ajoutés en plus grand nombre dans les manuscrits de son livre ; en sorte qu'il est devenu assez difficile de distinguer le texte primitif, depuis la perte de l'exemplaire de la Chambre des Comptes. »

* On lit au manuscrit de Lucques : *et les autres levées valloient à double autant que le roy y prenoit par avant.*

** Le manuscrit 2016 porte : *à nostre royaume, nous recevons à nostre majesté*, mots auxquels nous avons substitué ceux qui se lisent dans le manuscrit de Lucques : *et de nostre royaume, nous retenons à nous.* Cette leçon est plus conforme au dernier article de l'ordonnance (française) de 1254, ainsi conçu : « Toutes les choses devant dites et chacune d'icelles, lesquelles Nous à présent, pour le repos de nos sujets, avons ordenées, Nous voulons que soit destroitement gardées de nos baillis et subgés ; *retenue à nous* la plénité de la royal puissance de y déclarer, muer ou corriger, adjouster ou amenuiser. » Dans le texte latin : *retenta nobis plenitudine regie potestatis declarandi*, etc.

d'amender, d'ajouster et d'amenuisier, selonc ce que nous aurons conseil. » Par cest establissement amenda moult le royaume de France, si comme pluseurs sages et anciens tesmoignent.

Dès le tens de s'enfance, fu le roy piteus[1] des povres et des souffraiteus ; et acoustumé estoit, que le roy partout où il aloit, que six vint povres fussent tout adès[2] repeu en sa mèson, de pain, de vin, de char ou de poisson, chascun jour. En quaresme et ès auvens[3] croissoit le nombre des povres; et pluseurs foiz avint que le roy les servoit et leur metoit la viande devant eulz, et leur trenchoit la viande devant eulz, et leur donnoit au départir[4], de sa propre main, des deniers. Meismement aus hautes vegiles des festes sollempnielx[5], il servoit ces povres de toutes ces choses desusdites, avant que il mangast ne ne beust. Avec toutes ces choses avoit-il chascun jour au disner et au souper près de li, anciens homes et débrisiés[6], et leur fesoit donner tel viande[7] comme il mangoit; et quant il avoient mangé, il emportoient certeinne somme d'argent. Par desus toutes ces choses, le roy donnoit chascun jour si grans et si larges aumônes aus povres de religion, aus povres hospitaus, aus povres malades, et aus autres povres colléges, et aus povres gentilzhomes et fames et damoiselles, à femmes décheues, à povres femmes veuves et à celles qui gisoient d'enfant[8], et à povres * qui par vieillesce ou par maladie ne pooient labourer[9] ne maintenir leur mestier, que à peinne porroit l'en raconter le nombre; dont nous poon bien dire que il fu plus bienaeureus que Titus l'empereur de Rome, dont les anciennes escriptures racontent que trop se dolut[10] et fu desconforté d'un jour que il n'avoit donné nul bénéfice. Dès

---

[1] *Piteus* : compatissant. — [2] *Tout adès* : toujours. — [3] Et pendant l'avent. — [4] *Départir* : départ. — [5] *Sollempniex :* solennelles. — [6] *Débrisiés* : estropiés. — [7] *Viande :* nourriture. — [8] Qui étaient en couche. — [9] *Labourer :* travailler. — [10] *Se dolut :* se plaignit.

* Le manuscrit de Lucques ajoute *menestriers*, qui doit être traduit, ce me semble, par *ouvriers*, en ancien provençal et en catalan *menestrala*, *menestayrals*, en espagnol *menestrales*, et *ministelli* dans la basse latinité.

le commencement que il vint à son royaume tenir et il se sot aparcevoir [1], il commença à édefier moustiers et pluseurs mèsons de religion ; entre lesquiex l'abbaye de Royaumont * porte l'onneur et la hautesce. Il fist édefier pluseurs mèsons-Dieu, la mèson-Dieu de Paris, celle de Pontoise, celle de Compieingne et de Vernon, et leur donna grans rentes. Il fonda l'abbaye de Saint-Mathe de Roan [2], où il mist femmes de l'ordre des Frères preescheurs, et fonda celle de Lonc-champ, où il mist femmes de l'ordre des Frères meneurs, et leur donna grans rentes. Et otroia à sa mère à fonder l'abbaïe du Liz delez Melun-sur-Seinne, et celle delez Pontoise, que l'en nomme *Mal-Bisson*. Et fist fère la mèson des Aveugles delez Paris, pour mettre les aveugles de la cité de Paris ; il leur fist fère une chapelle pour oyr leur servise Dieu. Et fist fère le bon roy la mèson des Chartriers [3] au dehors de Paris, et assigna rentes suffisantes aux moines qui illec [4] estoient, qui servoient Nostre-Seigneur. Assés tot après il fist fère une autre mèson au dehors Paris, ou chemin de Saint-Denis **, que fu appelée *la mèson aus Filles Dieu*, et fist mettre grant multitude de femmes en l'ostel [5], qui par povreté estoient mises en péchié de luxure, et leur donna quatre cens livrées de rente pour elles soustenir ***.

[1] Et qu'il sut se connaître. — [2] De Saint-Matthieu de Rouen. — [3] Char-triers : Chartreux. — [4] Illec : là. — [5] Ostel : logis, maison.

* Monastère de l'ordre de Cîteaux, dans le diocèse de Beauvais, fondé en 1228.
Ce qui concerne cette abbaye et les autres établissements religieux qui vont être indiqués, manque dans les éditions antérieures à 1761, éditions qui ne recommenceront à correspondre aux manuscrits qu'à l'alinéa : *Après ces choses desus dites....*

** Les mots, *et assigna rentes... de Saint-Denis*, sont omis dans le manuscrit 2016 ; en sorte qu'on y lit : *la mèson aux Chartriers au dehors de Paris, que fu appelée la meson aux Filles Dieu*. Le manuscrit de Lucques nous a fourni, comme aux continuateurs de D. Bouquet, le moyen de réparer une si grave et si visible omission.

*** *Et leur donna trois cens livres de rente pour eles abstenir*, manuscrit de Lucques. — Les continuateurs de D. Bouquet font observer qu'*abstenir* pourrait bien être la véritable leçon.

Et fist en pluseurs liex de son royaume mèsons de béguines, et leur donna rentes pour elles vivre, et commanda l'en que en y receust celles qui vourroient fère contenance¹ à vivre chastement. Aucun de ses familés groussoient² de ce que il fesoit si larges aumosnes et que il y despendoit³ moult; et il disoit : « Je aimme miex que l'outrage⁴ de grans despens que je faiz, soit fait en aumosnes pour l'amour de Dieu, que en boban⁵ ne en vainne gloire * de ce monde. Jà pour les grans despens que le roy fesoit en aumosne, ne laissoit-il pas à fère grans despens en son hostel, chascun jour. Largement et libéralement se contenoit le roy aus parlemens et aus assemblées des barons et des chevaliers, et fesoit servir si courtoisement à sa court, et largement et habandonnéement⁶, et plus que il n'i avoit eu lonc temps passé à la court de ses devanciers. Le roy amoit toutes gens qui se metoient à Dieu servir et qui portoient habit de religion; ne nulz ne venoit à li qui faillist à avoir chevance de vivre**. Il pourveut les frères du Carme⁷ et leur acheta une

---

¹ Vœu de continence. — ² *Groussoient* : grondaieut. Le manuscrit de Lucques porte : *Aucuns de ses familliers grumellèrent.* — ³ *Despendoit* : dépendait. — ⁴ *Outrage* : excès. — ⁵ *Boban* : luxe. — ⁶ *Habandonnéement* : à l'abandon. — ⁷ Du Mont-Carmel, les carmes.

* Les Espagnols, qui ont la même expression, l'écrivent en un seul mot, *vanagloria*.

** Je crois qu'il faut rendre ce dernier membre de phrase par *ni nul ne venait à lui qui manquât d'obtenir abondance de nourriture*, contrairement à l'interprétation des continuateurs de D. Bouquet, qui, après avoir rapporté la variante présentée par le manuscrit de Lucques (*qui fallit à son bienfait*), ajoutent : *qui échappât à ses bienfaits, et qui manquât d'obtenir de quoi vivre.* A coup sûr, saint Louis eût voulu donner de quoi vivre seulement à tous les religieux qui se seraient présentés à lui, que les finances de la France n'y auraient pu suffire; mais sans doute sa générosité n'allait pas jusque-là, et le pieux monarque se bornait à faire donner aux gens d'église qui l'abordaient, la nourriture et le couvert pendant le temps de leur visite. Ainsi faisait, pour tous les étrangers, un riche baron anglais de l'époque, auquel son biographe décerne de grands éloges pour cette large hospitalité : « Cesti Fouke, dit-il, fust bon viandour e large; et fesoit turner le real chemyn par mi sa sale à soun maner (*manoir*) de Alleston, pur ce que nul estraunge y dut passer s'il n'avoit

place sur Seinne devers Charenton, et fist fère une leur mèson, et leur acheta vestemens, calices et tiex[1] choses comme il apartient à fère le service Nostre-Seigneur. Et après il pourveut les frères de Saint-Augustin, et leur acheta la granche[2] à un bourjois de Paris et toutes les appartenances, et leur fist[*] fère un moustier dehors la porte de Monmartre. Les frères des saz[**] il les pourveut, et leur donna place sur Seinne par devers Saint-Germein-des-Prez, où il se herbergèrent; mez il n'i demourèrent guères, car il furent abatus assez tost. Apres ce que les frères de Saz furent herbergiés, revint un autre manière de frères que l'en appèle *l'ordre de Blans-Mantiaus*[***], et requistrent au roy que il leur aidast que il peussent demourer à Paris. Le roy leur acheta un mèson et vieilz places entour pour eulz herberger, delez la viex porte du Temple à Paris, assés près des Tissarans[3]. Iceulz Blans furent abatus au concile de Lyon, que Grégoire le dixiesme tint. Après revint une autre manière de frères, qui se fesoient appeler *frères de Sainte-*

---

[1] *Tiex :* telles. — [2] *Granche :* grange. — [3] Des Tisserands, c'est-à-dire de la rue de la Tixeranderie.

viande ou herbergage ou autre honour ou bien du suen (*sien*). » (*Histoire de Foulques Fitz-Warin.* Paris, Silvestre, 1840, in-8°, pag. 97.)

[*] *Et leur en fist,* manuscrit de Lucques.

[**] Les frères du Saz ou de la Pénitence, établis par saint Louis sur la paroisse de Saint-André des Ars, ne subsistèrent que peu de temps. Guillaume de la Villeneuve les représente comme parcourant le matin les rues de Paris en criant *du pain aus sas!* Voyez *les Criéries de Paris,* v. 80 (*Fabliaux et contes,* édit. de Méon, tom. II, pag. 280), *les Ordres de Paris* par Rutebeuf, v. 73 et suiv. (*ibid.*, pag. 293-297), et une note de M. Jubinal, dans les œuvres complètes de ce trouvère, publiées à Paris en 1239, in-8°, tom. Ier, pag. 162, 163.

[***] Des religieux qui portaient des manteaux blancs, et qui se qualifiaient serfs de la Vierge Marie, vinrent en 1258 de Marseille à Paris, où Louis IX les établit dans une maison voisine de la vieille porte du Temple. Grégoire X ayant, au second concile de Lyon, en 1274, supprimé les ordres mendiants, à l'exception des carmes, des franciscains, des dominicains et des augustins, la communauté des serfs de la Vierge Marie cessa d'exister, et fut remplacée, en 1297, par des guillemites ou guillemins, réunis depuis aux bénédictins.

Croiz, et portent la croiz devant leur piz [1], et requistrent au roy que il leur aidast. Le roy le fist volentiers, et les herberga en une rue qui est appelée *le quarrefour du Temple*, qui ore est appelée *la rue Sainte-Croix*. Einsi avironna le bon roy de gens de religion la ville de Paris.

Après ces choses desus dites, avint que le roy manda touz ses barons à Paris en un quaresme. Je me excusai ver li pour une quartaine [2] que j'avoie lors, et li priai que il vousist [3] souffrir* ; et il me manda que il vouloit outréement [4] que je y alasse car il avoit illec bon phisiciens [5] qui bien savoient guérir de la quarteinne. A Paris m'en alai. Quant je ving le soir de la vegile Nostre-Dame en mars, je ne trouvai ne roy, n'autre** qui me sceut à dire pourquoy le roy m'avoit mandé. Or avint ainsi comme Dieu voult, que je me dormi à matines ; et me fu avis en dormant, que je veoie le roy devant un autel à genoillons ; et m'estoit avis que pluseurs prélas revestus le vestoient d'une chesuble vermeille de sarge de Reins. Je appelai après ceste vision monseigneur Guillaume, mon prestre, qui moult estoit sage ; et li contai la vision. Et il me dit ainsi : « Sire, vous verrés que le roy se croisera demain. » Je li demandai pourquoy il le cuidoit ; et il me dit que il le cuidoit, par le songe que j'avoie songé ; car le chasible de sarge vermeille senefioit la croiz, laquelle fu vermeille du sanc que Dieu y espandi de son costé et de ses mains et de ses piez : « Ce que le chasuble estoit de sarge de Reins, senefie que la croiserie sera de petit esploit, aussi comme vous verrés, se Dieu vous donne vie. »

Quant je oi oye la messe à la Magdeleine à Paris, je alai en la chapelle le roy, et trouvai le roy qui estoit monté en l'eschaufaut au reliques, et fesoit aporter la vrai croiz aval. Endementres que le roy venoit aval, deux chevaliers qui estoient de son con-

[1] Sur leur poitrine. — [2] *Quartaine* : fièvre quarte. — [3] *Vousist* : voulût. — [4] *Outréement* : absolument. — [5] *Phisiciens* : médecins ; angl. *physicians*.

* A la place de *souffrir*, le manuscrit de Lucques porte *laisser*.
** *Je ne trouvay nully ne la royne ne autre*, manuscrit de Lucques.

seil, commencèrent à parler l'un à l'autre, et dit l'un : « Jamez ne me creez, se le roy ne se croise illec. » Et l'autre respondi que se le roy se croise, ce yert une des doulloureuses* journées qui onques feust en France : « Car se nous ne nous croisons, nous perdrons le roy [1] ; et se nous nous croisons, nous perdrons Dieu, que [2] nous ne nous croiserons pas pour li**. »

Or avint ainsi, que le roy se croisa lendemain***, et ses troiz filz avec li ; et puis est avenu que la croiserie fu de petit esploit [3], selonc la prophécie mon prestre. Je fu moult pressé du roy de France et du roy de Navarre de moy croisier. A ce respondi-je que tandis comme je avoie esté ou servise Dieu et le roy outremer, et puis que je en reving, les serjans au roy de France et le roy de Navarre m'avoient destruite ma gent et apovroiez [4] ; si que il ne seroit jamès heure que moy et eulz n'en vausissent [5] piz. Et leur disoie ainsi, que se je en vouloie ouvrer au gré Dieu, que je demourroi ci pour mon peuple aidier et deffendre ; car se je metoie mon cor en l'aven du pèlerinage de la croiz, là où je verroie tout cler que ce seroit au mal et au doumage de ma gent****, [j'en courrouceroye Dieu*****], qui mist son cor pour son peuple sauver.

Je entendi que touz ceulz firent péché mortel, qui li loèrent l'alée [6] ; pour ce que ou point que il estoit en France, tout le royaume estoit en bone pez en limeismes et à touz ses voisins ; ne onques puis que il en parti ; l'estat du royaume ne fist que

[1] La faveur du roi. — [2] Que : car. — [3] La croisade eut peu de succès. — [4] Apovroiez : appauvri. — [5] Vausissent : valussent. — [6] Qui lui conseillèrent ce voyage, comme porte le manuscrit de Lucques.

* Nous avons tiré le mot *doulloureuses* du manuscrit de Lucques ; celui que nous suivons d'habitude porte *délivreuses*.

** Le manuscrit de Lucques ajoute : *mais pour paour du roy.*

*** Nous sommes à l'année 1268.

**** *En adventure ou pellerinage de la croix, là où je voy tout cler que ce seroit ou mal et dommaige de mes paouvres gens*, etc., manuscrit de Lucques.

***** Nous avons pris dans ce texte les mots *j'en courrouceroie Dieu*, qui manquent au manuscrit 2016.

empirer. Grant péché firent cil qui li loèrent l'alée, à la grant
flebesce¹ là où son cors estoit ; car il ne pooit souffrir ne le
charier, ne le chevaucher. La flebesce de li estoit si grant,
que il souffri que je le portasse dès l'ostel au conte d'Ausserre,
là où je pris congé de li, jeusques aus Cordeliers entre mes
bras ; et si feble comme il estoit, se il feust demouré en France,
peust-il encore avoir vescu assez et fait moult de biens [et de
bonnes œuvres*].

De la voie² que il fist à Thunes³ ne weil-je riens conter ne
dire, pour ce que je n'i fu pas, la merci Dieu ; ne je ne weil
chose dire ne mettre en mon livre, de quoy je ne soie certain.
Si parlerons de nostre saint roy sanz plus, et dirons ainsi,
que après ce que il fu arrivé à Thunes, devant le chastel de
Carthage, une maladie le prist du flux du ventre, dont il acoucha au lit, et senti bien que il devoit par tens trespasser ** de
cest siècle à l'autre. Lors appela monseigneur Phelippe son
filz, et li commanda à garder aussi comme par testament, touz
les enseignemens que il li lessa, qui sont ci-après escript en
françois, lesquiex enseignemens le roy escript de sa sainte
main, si comme l'en dit.

« Biau filz, la première chose que je t'enseigne, si est que tu
mettes ton cuer en amer Dieu ; car sanz ce nulz ne peut estre
sauvé. Garde-toy de fère chose qui à Dieu desplese, c'est à
savoir péchié mortel ; ainçois devroies soufrir toutes manières
de vileinnies, tormens, que fere mortel péché. Se Dieu t'envoie
adversité, si le reçoif en patience** et en rent graces à Nostre-

---

¹ *Flebesce* : faiblesse. — ² *Voie* : voyage. — ³ Tunis.

* Les mots entre crochets sont empruntés au manuscrit de Lucques.

** Cette phrase est plus développée dans le manuscrit de Lucques ; on
y lit : *le prinl du flux du ventre ; et Phelippes, son fils aisné, fut malade
de fièvre carte, avec le flux du ventre que le roy avoit, qui s'acouscha
au lict, et sembloit par temps qu'il deust trespasser.*

*** Au lieu de *adversité*, que donne le manuscrit de Lucques, le manuscrit 2016 porte, par erreur, *perversité*.

Seigneur, et pense que tu l'as déservi ¹, et que il tournera tout à preu ². Se il te donne prospérité*, si l'en mercie humblement, si que tu ne soies pas pire ou par orgueil ou par autres maniè-res, dont tu doies miex valoir ³ ; car l'en ne doit pas Dieu de ses dons guerroier. Confesse-toy souvent, et esli confesseur preudomme qui te sache enseigner que tu doies faire et de quoy tu te doies garder ; et te doiz avoir et porter en tel manière, que ton confesseur et tes amis te osient reprenres ⁴ de tes mesfaiz**. Le servise de sainte Esglise escoute dévote-ment et de cuer et de bouche, espécialement en la messe, que la consécration est faite ***. Le cuer aies douz et piteus ⁵ aus povres, aux chiétis et aus mésaisiés ⁶, et les conforte et aide selonc ce que tu pourras. Maintien les bones coustumes de ton royaume, et les mauvèses abesse. Ne convoite pas sus ton peuple, ne te charge pas de toute ⁷ ne de taille ****. Se tu as aucune mésaise ⁸ de cuer, di-le tantost à ton confesseur, ou à aucun preudomme qui ne soit pas plein de vainnes paro-les ; si la porteras plus légièrement. Garde que tu aies en ta compaignie preudommes et loiaus qui ne soient pas plein de convoitise, soient ⁹ religieus, soient séculiers, et souvent parle à eulz ; et fui et eschiesve ¹⁰ la compaingnie des mauvez. Escoute volentiers la parole Dieu et la rétien en ton cuer, et

¹ *Déservi* : mérité. — ² *Preu* : pro-fit. — ³ Des choses qui doivent te ren-dre meilleur. — ⁴ Osent reprendre. — ⁵ *Piteus* : compatissant. — ⁶ Aux chétifs et aux malaisés. — ⁷ *Toute* : impôt ; d'où *maltôtier*. — ⁸ *Mésaise* : malaise, peine. — ⁹ Soit. — ¹⁰ *Es-chieve* : évite, esquive.

* Pareillement, au lieu de *prospérité*, qu'on lit dans le premier, le second offre *propriété*, qu'à l'exemple des continuateurs de D. Bouquet, nous n'avons pas hésité à rejeter de notre texte.

** *Que ton confesseur et tes amys te represgnent et enseignent les faits*, manuscrit de Lucques.

*** *Dévotement et sans truffer* (railler, plaisanter) *de bouche et espatte-ment* (ébattement) *à la messe, à l'heure que la consécration sera faicte*, manuscrit de Lucques.

**** Le manuscrit de Lucques ajoute : *si ce n'est pour ta grant nécessité*.

On a proposé de lire, *ne* LE *charge* (lui, ton peuple), au lieu de *te* ; mais *te* se lit dans les deux manuscrits.

pourchace voléntiers proières et pardons. Aimme ton preu [1] et ton bien, et hai touz maus où que il soient. Nulz ne soit si hardi devant toy, que il die parole qui atraie et esmeuve péché, ne qui mesdie d'autrui par derières en détractions; ne ne seuffre que nulle vileinnie de Dieu soit dite devant toy. Ren graces à Dieu souvent de touz les biens que il t'a faiz, si que tu soies digne de plus avoir. A justices tenir et à droitures soies lojaus et roide, et à tes subjez, sanz tourner à destre ne à senestre; mez aides au droit *, et soutien la querelle du povre jeusques à tant que la vérité soit desclairiée **. Et se aucun a action encontre toy, ne le croi pas jusques à tant que tu en saches la vérité; car ainsi le jugeront tes conseillers plus hardiement selonc vérité, pour toy ou contre toy. Se tu tins riens de l'autrui, ou par toy ou par tes devanciers, se c'est chose certeinne, rent-le sanz demourer; et se c'est chose douteuse***, fai-le enquerre par sages gens isnellement et diligenment [2]. A ce dois mettre t'entente [3] comment tes gens et tes sougez vivent en pez et en droiture desouz toy. Meismement les bones villes et les coustumes de ton royaume garde en l'estat et en la franchise où tes devanciers les ont gardées. Et se il y a aucune chose à amender, si l'amende et adresce [4], et les tien en faveur et en amour; car par la force et par les richesses des grosses villes, douteront [5] les privez, les estranges [6], de mespendre vers toy, espécialement tes pers et tes barons ****. Honneure et aime tous les

[1] *Preu* : profit. Le manuscrit de Lucques donne *honneur.* — [2] *Isnellement* : promptement, ou *incontinent*, comme porte le manuscrit de Lucques. — [3] *T'entente* : ton attention. — [4] Corrige et redresse. — [5] *Douteront* : craindront, redouteront. — [6] *Estranges* : étrangers.

* *Mais toujours à droite*, idem.

** *Soustien la vérité du paouvre jusques la vérité soit sceué*, manuscrit de Lucques.

On doit sans doute maintenir ici la leçon du manuscrit 2016, *soustien la querelle*.

*** *Soustenable*, manuscrit de Lucques.

**** *Et tes barons ayme, et honnore toutes les personnes de saincte Église*, manuscrit de Lucques.

Le manuscrit 2016 porte : *et les barons honneure. Et aime toutes les per-*

persones de sainte Esglise, et garde que en ne leur soustraie ne apetise leur dons et leur aumosnes que tes devanciers leur auront donné. L'en raconte d'un roy Phelippe, mon aïeul, que une foiz li dit un de ses conseilliers, que moult de torfaiz[1] li fesoient ceulz de sainte Esglise, en ce que il li tolloient ses droictures[2] et apetissoient ses justices ; et estoit moult grant merveille comment il le souffroit. Et le bon roy respondi que il le créoit bien ; mez il regardoit les bontés et les courtoisies que Dieu li avoit faites : si vouloit miex lesser aler de son droit, que avoir contens[3] à la gent de sainte Esglise*. A ton père et à ta mère porte honneur et révérence, et garde leur commandement. Les bénéfices de sainte Esglise donne à bones persones et de nette vie, et si le fai par conseil de preudommes et de nettes gens**. Garde-toy de esmouvoir guerre, sans grant conseil, contre home crestien ; et se il le te couvient fère, si garde sainte Esglise et ceulz qui riens n'i ont mesfait. Se guerres et contens meuvent entre tes sousgis[4], apaise-les au plutost que tu pourras. Soies diligens d'avoir bons prévos et bons baillis, et enquier souvent d'eulz et de ceulz de ton *** hostel, comme il se maintiennent, et se il a en eulz aucun vice de trop grant convoitise, ou de fausseté, ou de tricherie. Travaille

[1] Torts et méfaits. — [2] Ils lui enlevaient ses droits. — [3] Contens : contestations. — [4] Sousgis : sujets.

* sonnes de saincte Esglise. Suivant cette ponctuation, saint Louis recommanderait à son fils d'honorer les pairs et les barons, d'aimer les ecclésiastiques ; mais tous les éditeurs, P. de Rieux, Cl. Ménard, du Cange, et Capperonnier même, ont terminé la phrase précédente par le mot *barons*, et rapporté *honore* ainsi que *aime* aux gens d'église. Nous en avons usé de même, suivant en cela l'exemple des continuateurs de D. Bouquet.

* Variantes du manuscrit de Lucques dans la phrase : *L'en rencontre ...... à la gent de sainte Esglise. — On racompte... moult de torts et de forfaits... lui tollissoient* (enlevaient) *sa droicture* (ses droits) *et admenuisoient... laisser aler de son droit aux gens d'Église, que avoir discort.*

** *Et de bonnes gens*, manuscrit de Lucques.

*** TON *hostel*, comme dans le manuscrit de Lucques, et non SON *hostel*, leçon évidemment fautive du manuscrit 2016.

que touz vilains péchiez soit osté de ta terre; espécialment vilains sèremens et hérésie fai abatre à ton pooir. Pren-te garde que les despens de ton hostel soient rèsonnable*. Et en la fin, très-douz fil, que tu faces messes chanter pour m'ame et oroisons dire par tout ton royaume; et que tu m'otroies espécial part et planière en touz les biens que tu feras. Biau chier filz, je te donne toutes les bénéissons [1] que bon père peut donner à fil. Et la bénoite Trinité et tuit li saint te gardent et deffendent de touz maulz; et Diex te doint grâce de fère sa volenté touzjours, si que il soit honoré par toy, et que tu et nous puissions après ceste mortel vie, estre ensemble avec li et li loer ** sanz fin. Amen ***. »

Quant le bon roy ot enseigné son filz monseigneur Phelippe, l'enfermeté [2] que il avoit commença à croistre forment ****, et demanda les sacremens de sainte Esglise. Et les ot en sainne pensée et en droit entendement, ainsi comme il apparut; car quant l'en l'enhuilioit et en disoit les sept pseaumes, il disoit les vers [3] d'une part. Et oy conter monseigneur le conte d'A-

[1] *Bénéissons* : bénédictions. — [2] *Enfermeté* : infirmité, maladie; espagnol, *enfermedad*. — [3] *Vers* : versets.

* *Raisonnables et admesurés*, manuscrit de Lucques.

** *Et soit loué*, idem.

*** Claude Ménard a publié (édit. de Joinville, 1617, pag. 351-354) la copie que lui avait communiquée Loisel, de l'*Enseignement de saint Loys* à son fils, tel qu'il se lisait en des registres de la Chambre des Comptes. Comme cette copie ne diffère du texte de Joinville que par des variantes d'une faible importance, nous ne la reproduisons point. Nous en transcrirons seulement les premières et dernières lignes; elles suffiront pour donner une idée des différences de langage : « Chiers fieus, première cose que je t'enseigne, si est que tu mettes tout ten cuer en Dieu amer; car sans chou nus ne se puet sauver. Garde-toy de faire toute cose qui desplaire li puet : ch'est péchiez morteus.... Au daerrain, très-cher fiex, je te doins toutes les bénéichons ke bons pères et preus puet donner à fill. Et li bénoite Trinitez et tout li saint te gardent et deffendent de tout mal. Et Diex te doint grâce de faire sa volenté tous jours, si k'il soit houmerez par toi, et que nous puissons, après cheste vie, [estre] ensamble avoec luy et luy loer sans fin. Amen. »

**** *Fermement*, manuscrit de Lucques.

lençon son filz, que quant il aprochoit de la mort, il appela les sains pour li aidier et secourre*, et meismement monseigneur saint Jaque, en disant s'oroison [1], qui commence : *Esto Domine*; c'est-à-dire *Dieu soit saintefieur* [2] et garde de nostre peuple**. Monseigneur saint Denis de France appela lors en s'aide [3], en disant s'oroison *** qui vaut autant à dire : « Sire Dieu, donne-nous que nous puissions despire [4] l'aspreté de ce monde ****, si que nous ne doutiens [5] nulle adversité. » Et oy dire lors à monseigneur d'Alençon, que son père réclamoit sainte Geneviève *****. Après se fist le saint roy coucher en un lit couvert de cendre, et mist ses mains sur sa poitrine, et en regardant vers le ciel rendi à nostre Créateur son esperit, en celle hore meismes que le filz Dieu morut ****** en la croiz.

Précieuse ******* chose et digne est deplorer le trespassement de ce saint prince, qui si saintement et loialment garda son royaume, et qui tant de bèles aumosnes y fist, et qui tant de biaus establissemens y mist. Et ainsi comme l'escrivain qui a fait son livre ********, qui l'enlumine d'or et d'azur, enlumina ledit roy son royaume de belles abbaïes que il y fist, des mansions Dieu, des preescheurs, des cordeliers, et des autres religions qui sont ci-devant nommées *********.

[1] Son oraison. — [2] *Saintefieur :* sanctificateur. — [3] En son aide. — [4] *Despire :* mépriser, *despicere.* — [5] En sorte que nous ne redoutions.

* Le manuscrit de Lucques ajoute : *en disant les oraisons.*
** *L'oroison qui commence*, Esto, Domine, plebi tue, etc., *c'est-à-dire*, Sire Dieu, soyez sanctifieur et garde de vostre peuple, idem.
*** *Monseigneur saint Denis appelle lors en soy en disant l'oraison*, idem.
**** *Résister contre la propriété de ce monde*, idem.
***** *A monseigneur d'Allenson, que Dieu absoille, oy-je dire que son père réclamoit lors madame saincte Geneviéfve*, manuscrit de Lucques.
****** *Mourut pour le salut du monde*, idem.
******* Avant 1761, les éditeurs imprimaient *Piteuse.*
******** *Ce livre*, manuscrit de Lucques.
********* *Enlumina le devant dit roy de belles abbayes son royaume qu'il y fist, et de la grant quantité de maisons Dieu et maisons de pres-*

Lendemain de feste saint Berthemi l'apostre, trespassa de cest siècle un bon roy Loys, en l'an de l'incarnacion Nostre-Seigneur, l'an de grâce mil cc.lxx *, et furent ses os gardés en un escrin et enfouis à Saint-Denis en France, là où il avoit esleue sa sépulture, ouquel lieu il fu enterré, là où Dieu a fait maint biau miracle pour li par ses désertes [1].

Après ce, par le pourchas [2] du roy de France ** et par le commandement l'apostelle [3], vint l'ercevesque de Roan et frère Jean de Samoys, qui puis fu évesque ; vindrent à Saint-Denis en France, et là demourèrent lonc-temps pour enquerre la vie des œuvres et de miracles ***; et en me manda que je alasse à eulz, et me tindrent deux jours ****. Et après ce que il orent enquis à moy et à autrui, ce que il orent trouvé fu porté à la court de Rome; et diligenment virent l'apostelle et les cardonnaulz ce que en leur porta ; et selonc ce que il virent, il li firent droit et le mistrent ou [4] nombre des martirs confesseurs : dont grant joie fu et doit estre à tout le royaume de France, et grant honneur à toute sa lignée qui à li vourront [5] retraire ***** de bien faire, et grant honneur à touz ceulz de son lignage, qui par bones œuvres le vourront ensuivre ; grant déshoneur à son lignage qui mal voudront fère ; car en les moustera

[1] *Désertes :* mérites. — [2] *Pourchas :* diligence. — [3] Du pape, comme porte le manuscrit de Lucques—[4] Mirent au — [5] *Vourront :* voudront.

cheurs et de plusieurs autres religieux, comme cy devant est dict, manuscrit de Lucques.

* Il n'y a que *mil cc et x* dans le manuscrit 2016. Il faut lxx, comme dans le manuscrit de Lucques. Saint Louis mourut à Tunis, le 25 août 1270, à l'heure de nones, c'est-à-dire à trois heures après midi.

** Philippe le Hardi.

*** *De la vie et des œuvres du sainct roi,* manuscrit de Lucques.

**** L'enquête de l'archevêque de Rouen, Guillaume de Flavacourt, et du cordelier Jean de Samois, depuis évêque de Rennes et de Lisieux, eut lieu en l'année 1282.

***** *Ressembler de bien faire, et grant deshonneur à tous ceulx de son lignage qui par bonnes œuvres ne le vouldront ensuivre; grand déshonneur, dis je à son lignage qui mal vouldront faire,* manuscrit de Lucques.

au doi, et dira l'en que le saint roy dont il sont estrait, feist envis ¹ une tele mauvestié.

Après ce que ces bones nouvelles furent venues de Rome*, le roy donna journée lendemain de la Saint-Berthelemi, à laquelle journée le saint cors fu levé. Quant le saint cors fu levé, l'arcevesque de Reins** qui lors estoit, que Dieu absoille, et monseigneur Henri de Villers, mon neveu***, qui lors estoit archevesque de Lyon, le portèrent devant, et pluseurs, que arcevesques, que évesques, que je ne sai nommer; ou chafaut que l'en ot establi fu porté****.

Illec² sermona frère Jehan de Samois; et entre les autres grans fez que nostre saint roy avoit faiz, ramenteut l'en³ des grans fais que leur avoie tesmoingnez par mon sèrement et que j'avoie veus; et dit ainsi : « Pour ce que vous puissiés veoir que c'estoit le plus loiaus homme qui onques feust en son temps, vous weil-je dire que il fu si loiaus, car envers les Sarrazins vot-il tenir couvenant ⁴ aus Sarrazins de ce que il leur avoit promis par sa simple parole; et se il fust ainsi que il leur eust tenu, il eust perdu dix mille livres et plus. » Et leur recorda ***** tout le fait si comme il est ci-devant escript. Et quant il leur ot le fait recordé, si dit ainsi : « Ne cuidés pas que je vous mente; que je voi tel home ci, qui ceste chose m'a tesmoingné par son serement. »

¹ Eût fait avec répugnance. — ² En ce lieu, comme porte le manuscrit de Lucques. — ³ Il leur souvint. — ⁴ *Couvenant* : parole, promesse.

* La bulle de canonisation de saint Louis, par Boniface VIII, est du 11 août 1297.

** Pierre Barbet, mort en octobre 1298.

*** Les mots *mon neveu* sont omis dans le manuscrit de Lucques.

**** *Le portèrent devant, et plusieurs autres, tant archevesques que évesques après, que je ne sçais nommer; ou chaffault* (à l'échafaud) *que on avoit establi fut porté*, même manuscrit.

***** *Qu'il fut si loyal que envers les Sarrazins il voullut tenir ce qui leur avoit promis par simple parolle; car s'il eust esté ainsi qu'il ne leur eust tenu, il eust gaigné dix mille livres et plus. Et leur recorday*, id.

Après ce que le sermon fu failli, le roy et ses frères en reportèrent le saint cors en l'esglise par l'aide de leur lignage, que il durent fère honneur; car grant honneur leur est faite, se en eulz ne demeure [1], ainsi comme je vous ai dit devant. Prions à li que il weil [2] prier à Dieu que il nous doint ce que besoing nous yert [3], aus ames et aus cors. Amen.

Encore weil-je dire de nostre saint roy aucunes choses qui seront à l'onneurs de li : c'est à savoir que il me sembloit en mon songe que je le véoie devant ma chapelle à Joinville, et estoit, si comme il me sembloit, merveilleusement lié [4] et aise de cuer; et je-meismes estoie moult aise, pour ce que je le véoie en mon chastel, et li disoie : « Sire, quant vous partirés de ci, je vous herbergerai à une moie [5] mèson qui siet en une moie ville qui a non *Chevillon*. » Et il me respondi en riant, et me dit : « Sire de Joinville, foi que doi vous, je ne bée mie [6] sitost à partir de ci. »

Quant je me esveillai, si m'apensai et me sembloit que il plesoit à Dieu et à li que je le herberjasse en ma chapelle, et je si ai fet; car je li ai establi un autel à l'onneur de Dieu et de li **; et y a rente perpétuelment establie pour ce faire. Et ces choses ai-je ramentues [7] à monseigneur le roy Looys, qui est héritier de son non; et me semble que il fera le gré Dieu et le gré nostre saint roy Looys, si pourchassoit des reliques le vrai cors saint et les envoioit à ladite chapelle de Saint-Lorans à Joinville; par quoy cil qui venront à son autel, que il y eussent plus grant dévotion ***.

[1] S'ils n'y mettent obstacle. — [2] *Weil* : veuille. — [3] *Yert* : sera. — [4] *Lié* : joyeux. — [5] *Moie* : mienne. — [6] Je n'aspire pas. — [7] *Ramentues* : racontées. Le manuscrit de Lucques porte *racomptées*.

* *Crue*, manuscrit de Lucques.

** *Ung autel à l'honneur de Dieu et de luy, là où l'on chantera à tousjours mais en l'honneur de luy; et j'ay establi rentes perpétuelles pour ce faire*, idem.

*** *Si que par son pourchatz on peult avoir des reliques du vray corps cy-devant dit, par quoy quiconques viendra à son autel qui ayt plus grand dévotion*, id.

Je faiz savoir à touz que j'ai céans * mis grant partie des faiz nostre saint roy devant dit, que je ai veu et oy, et grant partie de ses faiz que j'ai trouvez, qui sont en un romant **, lesquiex j'ai fet escrire en cest livre. Et ces choses vous ramentoif-je, pour ce que cil qui orront ce livre croient fermement en ce que le livre dit, que j'ai vraiement veus et oyes ***. Ce fu escript en l'an de grâce mil ccc. et ix., ou moys d'ocovre ****.

* *Cy-devant*, manuscrit de Lucques.
** *En romant*, idem. — On voit, comme le font remarquer les continuateurs de D. Bouquet, qu'il y avait une histoire de saint Louis en langage vulgaire, avant le livre de Joinville. S'agit-il de celui du confesseur de la reine Marguerite, ou de celui de Guillaume de Nangis, ou de quelque autre?
*** *Que j'ay vrayement veu et oy. Et les autres choses qui ne sont escriptes, ne vous tesmoigne que soient vrayes, parce que je ne les ay vues ne oïes*, manuscrit de Lucques.
**** Le manuscrit de Lucques ne porte ni cette date ni aucune autre.

APPENDICES.

APPENDICES.

ENSEIGNEMENT
DE SAINT LOUIS

A SA FILLE ISABELLE.

Chière fille, pour che que je quit[1] que vous retendrez plus volentiers de moy, pour l'amour que vous avez à moy, que vous ne feriez de pluisours autres, j'ay pensé ke je vous facho aucuns enseignemens escris de ma main. Chière fille, je vous enseigne que vous amez Nostre-Signeur de tout vostre cuer et de tout vostre pooir[2]; car sans chou[3] nus ne puet rien valoir, nule cose ne puet bien estre amée ne si droiturièrement[4] ne si prouftablement. Ch'est li sires à qui toute créature puet dire : « Sire, vous estes mes Diex, vous n'avez mestier[5] de nul de mes biens. Chou est li sires qui envoya son fill en terre et le livra à mort pour nous délivrer de la mort d'infer. Chière fille, se vous l'amez, li pourfil[6] en sera vostres. Mout est la créature desvoiie[7] qui aillors met l'amour de son cuer, fors en luy ou desous luy. Chière fille, la mesure dont nous le devons amer, si est amer sans mesure. Il a bien déservy[8] que nous l'amons, car il nous ama premiers. Je vaurroi[9] ke vous seussiez bien penser as œvres ke li benoiet fius Dieu[10] fist pour nostre raenchon.

---

[1] *Quit* : cuide, pense. — [2] *Pooir* : pouvoir. — [3] *Chou* : cela. — [4] *Droiturièrement* : légitimement. — [5] *Mestier* : besoin. — [6] *Pourfil* : profit. — [7] *Desvoiie* : égarée. — [8] *Déservy* : mérité. — [9] *Vaurroi* : voudrais. — [10] Le béni fils de Dieu.

Chière fille, aiiés grant désirier comment vous li puissiez plus plaire, et metez grant entente à eschiver [1] toutes les coses que vous cuiderez qui li doivent desplaire. Espéciaument [2] vous devez avoir cheste volenté ke vous ne feriez péchié mortel pour nule cose qui peust avenir ; et ke vous vous laisseriez anchois [3] les membres couper, et la vie tolir [4] par cruel martire, que vous le fesissiez à ensient [5]. Chière fille, acoustumez-vous souvent à confesser, et eslisiez tous jours confessours qui soient de sainte vie et de souffisant lettrure [6], par qui vous soiiez ensignée et doctrinée des coses que vous devez eschiever et des coses ke vous devez faire. Et soiiez de tel manière par quoy vostre confessours et vostre autre ami vous osent ensignier et reprendre. Chière fille, oyez volentiers le servise de sainte Glise ; et quant vous serez au moustier, gardez-vous de muser et de dire vaines paroles. Vos orisons dites en pais ou par bouche ou par pensée, et espéciaument entruès con [7] li corps nostre signour Jhésu-Cris sera présens à la messe, soiiez plus en pais et plus ententive à orison, et une pièche devant. Chiere fille, oyez volentiers parler de Nostre-Signour en sermons et en privez parlemens. Toutevoye [8] privez parlemens eschivez, que [9] de gens mout eslevez en bontez et en sainteez. Pourcachiez [10] volentiers les pardons. Chière fille, se vous avez aucune persécution ou de maladie ou d'autre cose, en quoy vous ne puissiez metre conseil en bone manière, souffrez-le débonnairement, et en merchiiez [11] Nostre-Signeur et l'en sachiez bon gré ; car vous devez quider ke ch'est pour vostre bien, et devez quider que vous l'aiiez déservi [12], et plus, se il vausist [13], pour chou [14] que vous l'avez pau [15] amé et pau servi et avez maintes coses faictes contre sa volenté. Se vous avez aucune prospérité ou de santé de cors ou d'autre cose, merchiiez-ent Nostre-

---

[1] *Eschiver* : éviter. — [2] *Espéciaument* : spécialement. — [3] *Anchois* : plutôt. — [4] *Tolir* : ravir, *tollere*. — [5] *Ensient* : escient. — [6] *Lettrure* : littérature, instruction. — [7] *Entruès con* : pendant que. — [8] *Toutevoye* : toutefois. — [9] Si ce n'est. — [10] *Pourcachiez* : recherchez. — [11] *Merchiiez* : remerciez. — [12] *Déservi* : mérité. — [13] *Vausist* : voulût. — [14] *Chou* : cela. — [15] *Pau* : peu.

Seigneur humelement [1], et l'en sachiez bon gré, et vous prenez bien garde que de chou n'empiriez ne par orgueil ne par autre mesprison [2]; car chou est mout grans péchiez de guerroyer Nostre-Seignour pour l'occoison [3] de ses dons. Se vous avez aucune malaise de cuer ou d'autre cose, dites-le à vostre confessour ou à aucune autre personne que vous quidiez qui soit loyaus et ki vous doive bien chéler [4], pour chou ke vous le portez plus en pais, se ch'est cose ke vous puissiez dire. Chière fille, ayez le cueur piteux [5] vers toutes gens que vous entenderez qui soient à meschief [6] ou de cuer ou de cors, et les secourez volentiers ou de confort [7] ou d'aucune aumosne, selonc chou ke vous le porrez faire en bone manière. Chière fille, amez toutes bonnes gens, soient de religion [8], soient du siècle, par qui vous entenderez ke Nostres-Sires soit hounerez et servis. Les povres amez et secourez, et espéciaument cheux qui pour l'amour Nostre-Signour se sont mis à povreté. Chière fille, obéissez humelement à vostre marit et à vostre père et à vostre mère ès coses qui sont selonc Dieu. Vous devez chou volentiers faire pour l'amour que vous avez à aux [9], et assez plus pour l'amour Nostre-Signour qui ensi l'a ordené à cascun selonc qu'il affiert [10]. Contre Dieu vous ne devez à nului obéir. Chière fille, metez grant peine que vous soiiez si parfaite, que chil [11] qui orront parler de vous et vous verront i puissent prendre bon exemple. Il me samble qu'il est bon ke vous n'ayez mie trop grant souravis [12] de reubes [13] ensamble, ne de joaux, selonc l'estat où vous estes; ains me samble miex que vous fachiez vos aumosnes au mains [14] de chou qui trop seroit, et que vous ne metez mie trop grant tans ne trop grant estuide [15] en vous parer ne achesmer [16]. Et prenez garde que vous ne

---

[1] *Humelement* : humblement. — [2] *Mesprison* : faute. — [3] *Occoison* : occasion. — [4] *Chéler* : céler. — [5] *Piteux* : miséricordieux. — [6] *Meschief* : souffrance. — [7] *Confort* : consolation. — [8] *Religion* : clergé. — *Aux* : eux. — [10] Suivant ce qu'il convient. — [11] *Chil* : ceux. — [12] *Souravis* : luxe. — [13] *Reubes* : robes. — [14] *Mains* : moins. — [15] *Estuide* : étude. — [16] *Achesmer* : parer.

fachiez outrage [1] en vostre atour ; mais tousjours vous enclinez anchois devers le mains [2] que devers le plus. Chière fille, aiiez un désirier [3] en vous, ke [4] jamais ne se départe de vous, ch'est à dire comment vous puissiez plus plaire à Nostre-Signour, et metez vostre cuer à chou ke se vous estiez chertaine que vous ne fuissiez jamais guerredonnée [5] de bien que vous fesissiez, ne punie de mal que vous fesissiez, si vous devriez-vous garder de faire cose ki despleust à Nostre signour, et entendre [6] à faire les coses qui li plairoient, à vostre pooir, purement pour l'amour de lui. Chière fille, pourcachiez [7] volentiers orisons de bones gens, et m'i accompaigniez. Et se il avient k'il plaise à Nostre-Signour que jou trespasse de cheste vie devant vous, je vous pri que vous pourcachiez messes et orisons et autres bienfaits pour m'ame. Je vous commant [8] que nus ne voie chest escrit sans congiet [9]. Nostre sire Diex vous fache bone en toutes coses, autant comme je désire et plus assez ke je ne saroie désirer. Amen.

[1] *Outrage* : excès. — [2] Plutôt vers le moins. — [3] *Désirier* : désir. — [4] *Ke* : qui. — [5] *Guerredonée* : récompensée. — [6] Et vous appliquer. — [7] *Pourcachiez* : recherchez. — [8] *Commant* : recommande. — [9] *Congiet* : permission.

* L'Enseignement de saint Louis à sa fille Isabelle a été donné par le confesseur de la reine Marguerite, qui rapporte également les enseignements du saint roi à son fils. (*Rec. des historiens de France*, tom. XIX, pag. 82-86.) Ceux-ci se lisent en latin dans le livre de Geoffroy de Beaulieu (*ibid.*, pag. 8; 9) et dans celui du moine anonyme de Saint-Denis (*ibid.*, pag. 47-50); il en existe une ancienne version française, que les continuateurs de D. Bouquet ont transcrite, pag. 26, 27. Après Joinville, Guillaume de Nangis a encore reproduit ces mêmes enseignements en latin et en français. Comme le fait observer M. Daunou, le fonds de ces préceptes demeure le même dans tous ces textes, mais avec plus ou moins de variantes.

LETTRE

DE JEAN PIERRE SARRASIN

Chambellan du roi de France

A NICOLAS ARRODE

Prévôt des marchands de Paris en 1289 et 1291

SUR LA PREMIÈRE CROISADE DE SAINT LOUIS.

A seigneur Nicolas Arrode, Jehans Sarrasin, chambrelens le roy de France, salus et bonne amour. Je vous fais à savoir que li roys et la roine et li quens [1] d'Artois et li quens d'Anjou et sa femme et je, somes haitié [2] dedans la cité de Damiete, que Dieus, par son miracle, par sa miséricorde et par sa pitié, rendi à la crestienté le dimanche de la quinzaine de Pentecoste. Après ce je vous fais à savoir en quel manière ce fu. Il avint quant li roys et li os [3] de la crestienté furent entrés ès nefs à Aigue-Morte, que nous feismes voile le jour de feste de Saint-Augustin, qui est en la fin d'aoust, et arrivames en l'isle de Cipre quinze jours devant [4] la feste de saint Remy, c'est à savoir le jour de la feste de saint Lambert. Li quens d'Angiers descendi à la cité de Lymeçon [5], et li roys et nous qui avec lui estions en la nef, que on apeloit *la Monnoie*, descendimes bon matin, et quens d'Artois entor tierce à ce port meismes. Nous feusmes en cette isle à mout pou [6] de gent * et sé-

---

[1] *Quens* : comte. — [2] *Haitié* : en bonne santé. — [3] *Os* : armée. — [4] *Devant* : avant. — [5] *Lymeçon* : Limisso. — [6] Avec très-peu.

* *Nous feismes en cette isle amont pou de gent*, édit. de MM. Michaud et Poujoulat.

journaismes illuec jusques à l'Ascension pour atendre l'histoire [1] qui n'estoit mie venue.

Des messages que li Tartarin envoierent au roy de France.

Il avint que au Noël devant [2], que li uns des grans princes des Tartarins que on apeloit *Eteltay*, et crestiens estoit, envoia au roy de France en Nycoisie en Cypre ses messages. Li roy envoia à ces messages frère Andrieu, de l'ordre de Saint-Jacques, et li message qui nient * ne savoient que on y deust envoyer, le connurent aussi bien, et frère Andrieus eulz, cou nous connoistriens li uns l'autre. Li roys fist venir ces messages devant lui, et parlèrent assés en lor langages; et frère Andrieùs disoit en françois au roy que li plus grans princes des Tartarins avoit esté crestiens le jour de la Thiphaigne [3], et grant plenté [4] de Tartarins avecques lui, meismement [5] des plus grans seigneurs. Encore disoient-il que Etheltay, à tout son ost [6] de Tartarins, seroit en aide au roy de France et de la crestienté encontre le caliphe de Baudas [7] et encontre les Sarrasins; car il entendroit venger les grans hontes et les grans damages que li Choramins et li autres Sarrasins avoient faites à nostre seigneur Jésus-Christ et à la crestienté. Il disoient que leur sires mandoit encore au roy que il passast en Égypte au nouviau temps pour guerroier le soudan de Babiloine, et li Tartarin en ce point meisme enterroient [8] pour guerroier en la terre le caliphe de Baudas; car en telle manière ne pourroient-il aider li uns aus autres. Li roys de France ot conseil d'envoyer ses messages avec euls à Etheltay, leur seigneur, et au souverain seigneur des Tartarins, que on apeloit *Quio-Quan*. Pour savoir la vérité de ces choses, il disoient que jusques là où Quio-Quan manoit [9], des Tartarins avoit bien demi-an d'errue [10];

---

[1] *Histoire :* flotte — [2] *Devant :* auparavant. — [3] *Thiphaigne :* Épiphanie. — [4] *Plenté :* multitude. — [5] *Meismement :* même — [6] Avec son armée. — [7] *Baudas :* Bagdad. — [8] *Enterroient :* entreraient — [9] *Manoit :* demeurait, manebat. — [10] *Errue :* voyage.

* *Tien.* édit. de MM. Michaud et Poujoulat.

mais Etheltay, lor sires, et li os des Tartarins n'estoient mie loin ; car il estoient en Perse, que il avoient toute destruite et mise en la subjection des Tartarins. Bien disoient encore que li Tartarins estoient mout à la volenté le roy et de la crestienté. Quant ce vint à la quinzaine de la Chandelor, li message les Tartarins et li message le roy s'en alèrent tous ensamble, ce est savoir frère Andrieus de Saint-Jacques et uns siens frère et maistre Jehans Goderiche et uns autres clers de Poissy, et Herbers li sommeliers, et Gerbers de Sens. Et quant ce vint à la mi-quaresme, li roys oï nouvelles d'euls que il s'en aloient la banière desploye au maistre des Tartarins, parmi la terre des mescréans, et que il avoient ce que il voloient par la doutance [1] des messages au maistre des Tartarins. Après ces choses, li roys et toute l'estoire, que il esmoit [2] bien à deux mille et cinq cens chevaliers et cinq mille * arbalestriers, et grant plenté d'autre gent à pié et à cheval, entrèrent ès nés [3] et montèrent sus mer à Lymeçon et aus autres pors de Cypre, le jour de l'Ascension, qui adonques fu le trezième jour, [et] murent pour aler en la cité de Damiete, où il n'avoit pas de Cypre plus de trois journées. Nous fumes sus mer vingt-deux jours, et moult eumes de contraires [4] et de travaux [5] en la mer.

Comment li crestien prisent terre.

Le vendredi après la Trinité, entor tierce, revenismes devant Damiete, et grant partie de nostre estoire avecques nous ; mais ele n'i estoit mie toute d'assés [6], et bien i avoit trois lieues jus-

---

[1] *Doutance* : crainte. — [2] *Esmoit* : estimait. — [3] *Nés* : nefs, navires. — [4] *Contraires* : contrariétés. — [5] *Travaux* : peines. — [6] Mais la cité n'était pas assez près, *trad. Michaud et Poujoulat.*

* La seule copie que l'on connaisse de la lettre de Jean Pierre Sarrasin porte *que il esmoit bien à deuxième et cinquième chevaliers et cinquième mil arbalestriers*; mais il est évident que le copiste a mal lu des abréviations de l'original. Joinville parle de deux mille huit cents chevaliers que le roi menait en Égypte. Le traducteur de la Collection de MM. Michaud et Poujoulat rend cette partie du texte par 1,600 *chevaliers et* 5,000 *arbalétriers.*

ques à terre. Li roys fist l'estoire aancrer, et manda tantost tous les barons qui là estoient. Il s'assemblèrent tous dedans Monnoie, la nef le roy, et s'accordèrent que il iroient prendre terre lendemain bien matin et malgré les ennemis, si il lor osoient deffendre. Commandé fu que on apareillast toutes les galères et tous les meismes vaissiaux de l'estoire, et que lendemain bien matin y entraissent tout cil qui entrer y porroient. Bien fu dit que chascun se confessast et apareillast, et feist son testament et atornast bien son affaire[1] com por morir, se il pleust à nostre seigneur Jésus-Christ. Quant ce vint lendemain bien matin, li roys oït le service Nostre-Seigneur et tel messe que on fait en mer, et s'arma et commanda que tout s'armaissent et entraissent en petis vaissiaux. Li roys entra en une coche de Normandie, et nous et nostre compaignon avec lui, et li légas aussi, si que il tenoit la vraie crois et seignoit les gens armées qui estoient entre les menus vaissiaux pour aler prendre terre. Li roys fist entrer en la barge de cantier[*] monseigneur Jehan de Biaumont, Mathieu de Mar et Geofroy de Sargines, et fist metre le confanon monseigneur saint Denis avec euls. Cele barge aloit devant, et tuit li autre vaissel alèrent après et suirent[2] le confanon. La coche où li roys estoit et li légas deleis[3] lui, qui tenoit la sainte vraie crois, et nous estions tousjours allans derrières. Quant nous aprochames de la rive à une arbalestrée, mout grant plenté de Turc à pié et à cheval et bien armés, qui estoient devant nous sus la rive, traissent à nous[4] mout espessement et nous à eus; et quant nous aprochames de terre, bien deux mil Turc qui estoient à cheval se férirent[5] en la mer bien avant encontre nos gens, et assés de euls à pié. Quant nos gens qui estoient bien armé ès

[1] Et arrangeât bien ses affaires. — [2] *Suirent* : suivirent. — [3] *Deleis* : près de. — [4] Tirèrent sur nous. — [5] Se lancèrent.

[*] Au lieu de *barge de cantier*, qui signifie *chaloupe* (*Archéologie navale*, par A. Jal. Paris. 1840, in-8°, tom. II, pag. 404), MM. Michaud et Poujoulat ont écrit *barge de Gautier*.

vaissiaux, meismement¹ li chevalier, virent ce *, n'entendirent pas à suir² le confanon monseigneur saint Denis, ains alèrent en la mer tout armé, li uns jusques as aiselles, li autres jusques as mameles, li uns plus en parfont, li autres mains, selon ce que la mer estoit plus parfonde en un lieu que en un autre. Assés y ot de nos gens qui traissent lor chevaus par grant péril, par grans travaux et par grans prouesses hors des vaissiaux où il estoient. Adonques s'efforcièrent nos arbalestriers, et traissent si durement et si espessement que c'estoit merveilles à veoir. Lors vinrent nos gens à terre et la guaignièrent. Quant li Turc virent ce, si se ralièrent ensamble et parlèrent en leur langage, et vinrent sur nos gens si durement et si fièrement, que il sembloit que il les deussent tous occire et découper; mais nos gens ne se murent de sus le rivage, ains se combatirent si vigoureusement que il sambloit que il n'eussent onques souffert ne prisons, ne travaux, ne angoisses de la mer, par la vertu de Jésus-Christ et de la sainte vraie crois que li légas tenoit en haut desus son chief encontre les mescréans. Quant li rois vit les autres saillir et descendre en la mer, il voult³ descendre avec euls; mais on ne li vouloit laissier, et toutes voies⁴ descendi-il outre lor gré et entra en la mer outre la chainture, et nous tous avec lui; et puis⁵ que li roys fu descendu en la mer, dura la bataille grant pièce⁶. Quant la bataille ot duré par mer et par terre dès la matinée jusques à midi, lors tous se traissent⁷ li Turc arrières et s'en alèrent et entrèrent dedens la cité de Damiete. Li roys demoura sur la rive et tout l'ost de la crestienté. Il ot en cele bataille ou peu ou nul perdu des crestiens; des Turc y ot occis bien jusqu'à cinq cens, et moult de leur chevaus. Il y ot occis quatre amirauls. Li roys qui avoit esté chevetains⁸ en la bataille où li quens de

---

¹ *Meismement* : même. — ² *Suir* : suivre. — ³ *Voult* : voulut. — ⁴ *Toutes voies* : toutefois. — ⁵ *Puis* : depuis. — ⁶ *Grant pièce* : longtemps. — ⁷ *Se traissent* : se tirèrent. — ⁸ *Chevetains* : chefs, capitaines.

* Dans la *Nouvelle Collection des mémoires*, la première partie de cette phrase est défigurée.

Bar et de Montfort avoient esté desconfis devers Gadres [1], fu occis en cele bataille. Ce estoit, disoit-on, li plus grans sires de toute la terre d'Égypte, après le soudan, et bons chevaliers et hardis et sages [2] de guerre. Landemain, ce est à savoir le dimanche devant les octaves de la Pentecouste, au matin, vint un Sarrasin au roy et dist que tous les Sarrasins s'en estoient alé devant la cité de Damiete, et que on le pendist se ce n'estoit voirs [3]. Li roys le fist garder et envoya gens pour savoir la certaineté. Avant que il fust nonne, certaines nouvelles vindrent au roy que grant plenté de nos gens estoient jà dedens la cité de Damiete, et la banière le roy seur une haute tour.

De la grant garnison et de la grant force de la cité de Damiete.

Quant nos gens oïrent ce, moult durement loèrent Nostre-Seigneur et mercièrent de la grant débonnaireté que il avoit faite aus crestiens; car la cité de Damiete estoit si fors de murs et de fossés et de grant plenté de tours fors et hautes, et de hordéis [4] et de barbacanes [5], et de grant plenté de gens d'armes et de viandes [6] et de quanque mestiers estoit [7] pour ville deffendre, que à peine peust nuls hons [8] cuider que ele peust estre prise se par trop grant painne non [9] et par trop travaux, par force de gens. Moult la trouvèrent nos gens bien garnie de quanque mestier estoit. On trouva dedens en prison cinquante-trois esclaves de crestiens, qui avoient esté laiens [10], ce disoient, vingt-deux ans. Il furent délivrés et amenés au roy, et disoient que li Sarrasins s'en estoient fui dès le samedi par nuit, et que li Sarrasins disoient li un à l'autre que li pourcel estoient venu. On y trouva aussi je ne sai quans Suriens [11] crestiens, qui manoient laiens [12] en subjection des Sarrasins. Quant cil virent les crestiens

---

[1] *Gadres*: Gaza. — [2] *Sages*: savant. — [3] *Voirs*: vrai. — [4] *Hordéis*: hourds, espèce de fortifications sur laquelle on peut consulter l'*Histoire de la guerre de Navarre*, par G. Anelier, pag. 593. — [5] *Barbacanes*: créneaux, embrasures. — [6] *Viandes*: vivres. — [7] Et de tout ce qui était nécessaire. — [8] *Hons*: homme. — [9] Sinon par trop grande peine. — [10] *Laiens*: là. — [11] *Suriens*: Syriens. — [12] Demeuraient là dedans.

en la ville, il prirent crois et les portoient, et por ce n'orent garde. On leur laissa leur maisons et ce qu'il avoient dedens, après ce que il orent parlé au roy et au légat. Li roys et li os se deslogea, et s'en alèrent logier devant la cité de Damiete lendemain de la feste saint Barnabé l'apostre. Li roys entra premier dedens Damiete, et fist despechier le maistre mahomerie¹ et toutes les autres, et en fist faire églises edifiées * en l'honneur de Jhésu-Christ. Nous cuidons bien que nous ne nous mouvons de la cité jusqu'à la feste Tous Saints, par la croissance dou flun de paradis que on apele *le Nil;* car on [ne] puet [aler] en Alexandrie ne en Babiloine ne au Chaaire, quant il s'est espandu par la terre d'Égypte, ne il ne doit descroistre, ce dist-on, devant. Adonques sachiez que nous ne savons mie du soudan de Babiloine; mais on fait entendre au roy que autre soudant le guerroient. Et sachiez bien que onques puis que Diex nous ot rendu la cité, on ne vit près de nostre ost fors Beduins Sarrasins, qui vienent aucunes fois à onze lieues près de l'ost; et quant nos arbalestriers vont traire ² à euls, si s'enfuient. Cil meismes viennent par nuit dehors l'ost pour embler ³ chevaus et testes de gens, et dist-on que li soudans donne dix besans par chascune teste de crestien que on li aporte. Et coupoient en tele manière li Sarrasins Beduins les testes des pendus, et deffouoient ⁴ les cors qui estoient enfois en terre pour porter au soudan, si que on dist [que] uns Beduins Sarrasins qui y venoit tous seuls y fut pris; pour ce le garde-on encore. Ces larrecins pooient-il faire légièrement ⁵, car jà soit ** ce que ⁶ li roys ait dedens la cité de Damiete la royne, sa femme, et une partie de son harnois ⁷ dedens le palais, et les fremetés ⁸ le soudan de Babiloine, et li légas dedens les sales et les fremetés le roy qui fu occis en bataille quant nous arrivames, et

---

¹ Briser la principale mosquée. — ² *Traire :* tirer. — ³ *Embler :* enlever. — ⁴ *Deffouoient :* exhumaient. — ⁵ *Légièrement :* facilement. — ⁶ *Jà soit ce que :* quoique. — ⁷ *Harnois :* équipage. — ⁸ *Fremetés :* châteaux.

* *Edieses,* nouv. Collect. des mémoires.
** *Faloit,* ibid.

chascuns des barons ait ausi son grant ostel et bel dedens la cité de Damiete, nequedent¹ li os de la crestienté et li roys et li légas sont logié dehors la ville. Pour ces larrecins que li Sarrasins Béduins faisoient, ont li crestiens commencié à faire entre l'ost bons fossés profons et larges; mais il n'est mie encore parfait. Ainsi rendi nostre sire Jésu-Christ, par sa miséricorde, la noble cité et la très-fort de Damiete à la crestienté quant l'an de l'Incarnation estoit mil deux cens quarante-neuf ans, le dimanche après les octaves de Pentecouste, c'est à savoir le sisiesme jour du mois de juin, qui adonques² fu un dimanche.

Qans ans il ot ³ entre les deux prises de Damiete.

Ce fut trente ans après ce que li crestiens l'orent conquis par grans travaux et par grans labours encontre les Sarrasins, et la reperdirent dans l'an meismes, quant il alèrent pour asseoir⁴ le Chaire, et li flum crut et s'espandit entour eulz, que il ne porent [aler] ne avant ne arrière. Pour cele chose cuidons-nous que li os ne se voise⁵ mouvoir de Damiete, devant ce que li flum sera descrus et revenus arrière dedans ses chaneus⁶. Faites savoir ces lettres à tous nos amis. Ces lettres furent faites en la cité de Damiete; la vegile⁷ de la Nativité monseigneur saint Jehan-Baptiste, qui fu ce mois meismes.

Comment li roys fist aourner⁸ richement les églises de Damiete, et comment li os de la crestienté se parti de Damiete.

Quant Damiete fu prise, ainsi comme nous avons dit devant, li cardonnaux⁹ et li roys de France firent ordonner archevesque en la maistre église de la ville, qui avoit esté faite de sa maistre mahommerie. Il y establirent chanoine pour y faire le service Nostre-Seigneur. Bonnes rentes et riches leur assena¹⁰ li roys et à

---

¹ *Nequedent* : néanmoins. — ² *Adonques* : alors. — ³ Combien d'années il y eut. — ⁴ *Asseoir* : assiéger. — ⁵ *Voise* : aille. — ⁶ *Chaneus* : canaux. — ⁷ *Vegile* : veille. — ⁸ *Aourner* : orner. — ⁹ *Cardonnaux* : cardinal. — ¹⁰ *Assena* : assigna.

l'archevesque et aus chanoines, as Templiers, as Hospitaliers, aus frères des Alemans[1], aus frères Meneurs, aux frères de Saint-Jacques, aus frères de la Trinité et as autres que nous ne poons mie nommer. As barons, as princes de la terre d'outre-mer, assena li roys beles manandises[2] et riches, selon ce qui convenoit à chascun, dedans Damiete. Les églises qui avoient esté establies des mahommeries et les autres fist li roys richement aourner de galises, d'encensiers[3], de candelabres, de seaus, de crois, de crucifis, de livres, de casuves[4], d'aubes, d'estoles, de fanons, de dras d'autel, de dras de soie, d'ymages de Nostre-Dame, de capes de cuer*, de tuniques, de dalmatiques, de reliquaires, de philatères[5] d'or et d'argent, de crystal, et de toutes autres choses que il convenoit. Prouvoires[6] et ** chapelins, clers et personnes[7] de sainte Eglise, faisoit li roys mettre par tous les lieus où mestier estoit[8], et rentes leur assenoit[9] et livroit, desqueles il pooient belement et honnestement vivre selon ce qu'il convenoit à chascun. Grant painne, grant entente, grant estude et grans cous[10] mettoit li roys à ces choses et as autres, par lesquelles li services nostre seigneur Jhésu-Crist fust maintenu en la cité de Damiete et au pays, et la foi crestienne tenue et honnourée. La fremetés meismes de Damiete, qui estoit très-fort à grant merveilles, faisoit-il encores renforcier, les fossés réparer, barbacannes en tel lieu où eles n'estoient mie, lices, fossés, conduis, et autres choses que nous ne savons mie toutes nommer. Li roys mettoit teuls[11] painnes et teuls cous à ces choses que nous avons devant nommées, qu'il avoit[12] assés de teuls en l'ost des crestiens qui disoient que

---

[1] Aux frères Teutoniques. — [2] *Manandises* : richesses. — [3] Richement orner de calices, d'encensoirs. — [4] *Casuves* : chasubles.— [5] *Philatères* : reliquaires. — [6] *Prouvoires* : prêtres. — [7] *Personnes* : ecclésiastiques. On dit encore en anglais *parson* dans le même sens. — [8] Où besoin était. — *Assenoit* : assignait. — [10] *Cous* : frais. — [11] *Teuls* : telles. — [12] Qu'il y avait.

* *De mer*, Nouv. Collect. des mém. — Le traducteur a compris comme nous.

** *Aus*, ibid. — Nous comprenons la phrase tout autrement que MM. Michaud et Poujoulat.

ce estoit grant folie et grans outrages ¹ et que bien s'en peust-on faire à mains ². La royne, la contesse d'Artois, la contesse de Poitiers et une partie des crestiens estoient dedans Damiete par les maisons. Li roys, li cardonnaux, et la plus grant partie et la plus forte de l'ost estoient logiés devant la cité, ontre le pont qui estoit seur le flun du Nil, en cele isle meismes de Maalot, là où il estoient arivé; il estoient logié seur la rive du flun, si que li flun estoit entre l'ost et Damiete. Cele isle de Maalot, qui est devant Damiete, d'autre part le flum, est plentive ³ de mout de bien. Li roys et li crestiens estoient là endroit ⁴ logié ou sablon. Grans ennuis et grans angoisses souffroient de la grant chaleur, de la grant plenté ⁵ de mousches et de puces grans et grosses qui estoient en l'ost. Li Bédouins et li Sarrasins qui aloient espians entour l'ost, quant il trouvoient qui avoient escarté l'ost, il leur couroient sus et li nostres à eus. Aucunes fois en avoient li Sarrasins le meilleur, mais plus souvent li nostres. Ainsi avenoit que on trouvoit assés de crestiens qui estoient mors en les chans entour l'ost. Entour la mi-aoust avint que li Turc vinrent, leur batailles rangiées et ordonées, pour combatre cele part où li crestiens estoient logiés. Li roys fist crier par tout l'ost et deffendre que nus ⁶ ne fust tant [hardis] qui issist ⁷ des lices, par quoi nus crestiens ne l'osa mouvoir. Li Sarrasins se tindrent en tel manière une grant pièce en sus ⁸ des lices; et quant ne sai quans ⁹ des Sarrasins virent que nus des crestiens n'issoient, il se départirent des autres et s'en vindrent vers les lices des crestiens pour embler ¹⁰. Messire Gauchers d'Autreche ne pot ¹¹ ce souffrir, et sailli sur un cheval tout armé, et se féri ¹² hors les lices contre le commandement le roy; mais nulz ne le sui. Vigoureusement couru sus ces Sarrasins qui estoient si approchiés. Grant bataille ot entr'eulz si vigoureusement, et si bien se maintint

---

¹ *Outrages* : excès. — ² *Mains* : moins. — ³ *Plentive* : abondante. — ⁴ *Là endroit* : là même. — ⁵ *Plenté* : abondance. — ⁶ *Nus* : nul. — ⁷ *Issist* : sortît. — ⁸ *En sus* : à distance. — ⁹ Je ne sais combien. — ¹⁰ *Embler* : voler. — ¹¹ *Pot* : put. — ¹² *Se féri* : se lança.

messires Gauchiers tous seuls, que il en occi trois et que li autres s'enfuirent vers les batailles des Sarrasins qui estoient bien rangiées et se regardoient, mais il ne se mouvoient. Messires Gauchiers féri [son] cheval des esperons après ceuls qui s'enfuyoient; mais ses chevaus, qui estoit lassés, chay [1], et messires Gauchiers dessous. Quant li Sarrasins qui s'enfuioient virent monseigneur Gauchier cheu, il retournerent isnelement [2] vers lui et descendirent pour lui occire; mais messire Ymbers de Biau-Geu s'en perçut et sailli isnelement sur un cheval, et autres chevaliers après lui, et férirent chevaus des esperons grant aleure [3] cele part. Quant li Turc les perçurent, n'orent mie loisir d'occire monseigneur Gauchier, ainçois [4] resaillirent isnelement sur leur chevaus et s'enfuirent aus autres. Messires Gauchiers fu raportés en l'ost, et fu mors dedans le tiers jour de cele cheute. Li Sarrasins s'en retournèrent arrière leur batailles rangies, quant il virent que li crestiens ne se combateroient mie à eus là endroit. Après avint entour la feste saint Luc l'évangeliste que li grans et généraus tempeste fu en la mer et en ces parties, que li grans plenté des nés [5] furent périllés [6] ès pors de la marine *, et moult grant plenté de gens noiés, et grant plenté de viandes furent perdues en la mer. Cele grant tempeste fu presque partout les pors d'outre-mer. Au port de Lymaçon en l'isle de Chypre, ne courut mie cele grant tempeste. A ce port ariva li quens de Poitiers à toute l'estoire [7]. Et quant il et ses gens se furent rafreschis en cele isle un pou de temps, il remonta sur mer et arriva à Damiete sains et saus à toute l'estoire. Mout ot li roys grant joie et toute li os, de la venue le conte de Poitiers et de ses gens. Et quant ce vint entour la feste sainte Cécile, li roys fist appareillier ses nés.

---

[1] *Chay* : cheut, tomba. — [2] *Isnelement* : rapidement. — [3] *Aleure* : train. Dans l'édition de la nouvelle Collection de mémoires, ces deux mots se trouvent à la suite l'un de l'autre. — [4] *Ainçois* : mais. — [5] *Nés* : nefs, navires. — [6] *Périllés* : mis en péril. — [7] Avec la flotte.

* La première édition de cette lettre porte *de la matinée*, que le traducteur n'a pas rendu.

Tant y avoit de barges ¹, de galies ², de grans nés et de petites, chargées de viandes, d'armes, d'engiens, de harnas et de toutes manières de choses que mestier avoient à hommes et à chevaus, que ce estoit une grant merveille à veoir. Tant y avoit de vaissiaus et petis et grans, que tout li fluns en estoit couvert cele part. Li ost se deslogea, et issirent³ de l'isle de Maalot, et passèrent en l'autre isle d'autre part là où Damiete siet. Il ordonnèrent leur batailles et s'en alèrent tout contremont le flun ⁴, si que li os qui estoit ès nés estoit adès ⁵ encontre l'autre ost qui aloit par terre. Cil qui aloient par terre avoient le flun et la navie ⁶ à destre ⁷. Tout s'en alloient ensemble tout contremont le flun vers midi. Damiete avoient à destre et le chastel à sénestre ⁸ contre le grant ost des Turcs qui estoient assemblés outre le flun de Thanis, ou lieu que on appelle *la Massorre*. Là endroit se part li flun de Thanis du grant flun du Nil à sénestre, et s'en queurt ⁹ en la mer par proche delès le chastel. Li Sarrasins savoient bien que l'intencion du roy et des barons estoit d'asségier la noble cité de Babiloine et le Chaaire, et de prendre toute la terre d'Égypte, se nostre sire Dieu leur voloit doner l'aide, et que là endroit leur convenoit-il passer le flun de Thanis pour leur navie, qu'il ne pooient ¹⁰ laissier sans grant damage, et là endroit séjournoient ces deux os à mout petites journées, et très-lentement s'en aloient contremont le flun; car li vens estoit si fors et si roides qui ventoit entre euls, que les nés ne li autre vaissel ne pooient estre mené contremont, se par trop grant travail non ¹¹ et trop grant painne. Et il ne pooient mie laissier leur navie, li rois et cil qui aloient par terre sans grant péril et grant damage mout, car il mirent à aler de Damiete jusques à la Massoure, où il ne [y a] mie plus de dix-huit lieues, plus de trente-et-un jours et plus encore; car il murent tout droit de Damiete le vingtième jour du mois

¹ *Barges* : barques. — ² *Galies* : galères. — ³ *Issirent* : sortirent. — ⁴ Et remontèrent le fleuve. —⁵ *Adès* : toujours. — ⁶ *Navie* : flotte; en anglais, navy. — ⁷ *Destre* : droite. — ⁸ *Sénestre* : gauche. — ⁹ *S'en queurt* : court. — ¹⁰ *Pooient* : pouvaient. — ¹¹ Sinon par trop grand travail.

de novembre, et ne vindrent là devant¹ le jour de la feste de saint Thomas l'apostre, qui est cinc jours devant la Nativité nostre seigneur Jhésu-Crist. Il avint tout droit ainsi que il s'en aloient par leur petites journées, et le lendemain la feste saint Nicolas, au point du jour, que li Turc firent un embuschement², et envoièrent cinc cens Turc, des plus preus et des plus hardis, des miex armés et des miex montés de toute lor ost, qui se férirent en l'avant-garde de nostre ost si vigoureusement, si asprement et si hardiement, qu'il sembloit qu'il deussent toute nostre ost desconfire; mais li Templier ne li autre de nostre ost, qui estoient l'avant-garde, ne furent onques esbahis; hardiement les reçurent aus tranchans des espées. Fier poignéis³ et aspre y ot tant com il dura; mais ne demoura mie que li Turc le desconfirent, et s'enfuirent grant aleure⁴ vers l'embuschement, de là s'enfuirent ensamble à lor ost. En ce poignéis trouva-on des Turs trois occis, des crestiens n'en trouva-on que deus tant seulement. Puis lors en avant ne trouvèrent mie nos gens grans contens⁵ jusques à tant que il vindrent au coron⁶ de celle isle, là où les deus iaues s'enforcent. Et pour ce qu'il ne porent mie passer contre l'ost aus Sarrasins qui estoient logiés outre l'iaue, car li flun du Nil estoit à nos gens à destre, et li flun de Thanis à sénestre, par quoi il ne porent aler de nule part se il ne retournèrent arrière. Pour ces choses il se logièrent illeques⁷ dès le flun du Nil jusques au flun de Thanis. Celui jour meismes que il furent logié, passèrent li Sarrasin le flun de Thanis, et se férirent⁸ en nostre gent à pié; mais li chevalier et cil à cheval de nostre ost s'en perçurent et coururent cele part à grant aleure et férirent entre les Sarrasins. Mais li Sarrasin ne se tinrent mie longuement, ains se desconfirent moult laidement. Assés en y ot d'occis et de pris; li remenans⁹ s'enfuit, et par grant mes-

---

¹ *Devant* : avant. — ² *Embuschement* : embuscade. — ³ *Poignéis* : choc. — ⁴ *Aleure* : allure, course. — ⁵ *Contens* : luttes. — ⁶ *Coron* : coin. — ⁷ *Illeques* : là. — ⁸ *Férirent* : lancèrent. — ⁹ *Remenans* : reste.

chéance¹ d'euls-meismes il ne porent fuir vers le flun de Thanis, ains s'enfuirent vers le grant flun du Nil, là où nostre navie estoit ancrée. Nostre crestien les chaçoient, occiant et abatant; mais li Sarrasin vindrent au flun, il se férirent ens² à pié et à cheval pour eschiver³ la mort; mais peu lor valut, car nostre gent qui estoit ès nés⁴, quant il virent ce, coururent aus armes; et quant il véoient les Sarrasins qui nooient⁵ à pié ou à cheval, il les féroient⁶ d'espées ou de haces et d'autres armes, et de grans perces⁷ longues et pesans, et ains les occioient en l'iaue. En tele manière furent presque tout perdu li Sarrasin qui furent à cel assaut. Lendemain repassèrent li Tur le flun à plus grant plenté de gent qu'il n'avoient fait le jour devant; moult estoient engrant⁸ d'euls revangier; il se férirent en nostre ost. Nos gens les reçurent cruelement aus espées et aus lances, grant bataille y ot. Li Turc ne porent endurer plus. Il furent desconfis en tele manière et aussi malement ou plus comme il avoient esté le jour devant. En ces deus assaus ot bien occis et noiés deux cens Turcs ou plus, des crestiens ou peu ou nuls. Quant li Turc virent qu'il avoient ainsi perdu à ces assaillies que il avoient faites, il se tindrent tout coi et tout serré outre le flun de Thanis, seur la rive, là où il estoient logiés, et durement s'appareillièrent pour deffendre aus nos⁹ que il ne passaissent le flun. Assés i ot de Turs qui disoient que se nostre gent povoient passer le flun avant qu'il ne fuissent mout damagié et amenuisié¹⁰ de lor gent, que il avoient povoir de conquerre Babiloinne et le Chaaire et toute la terre d'Égypte, maugré les Turs. Puis¹¹ ces deux batailles devant dites, furent nos gens auques en pais des saillies¹² des Turcs jusques à la feste saint Bastien.

¹ *Meschéance* : malheur. — ² *Ens* : dedans. — ³ *Eschiver* : esquiver, éviter. — ⁴ *Nés* : nefs, navires. — ⁵ *Nooient* : nageaient. — ⁶ *Féroient* : frappaient. — ⁷ *Perces* : perches. — ⁸ *Engrant* : désireux. — ⁹ *Nos* : nôtres. — ¹⁰ *Amenuisié* : amoindris. — ¹¹ *Puis* : depuis. — ¹² *Saillies* : attaques.

Comment li roys et li crestien s'en alèrent droit à la Massorre.

Nouveles qui estoient courues par nostre ost dès ce que il murent[1] de Damiete, furent adonques seues et noncées tout certainement; car li soudans de Babiloine, qui avoit esté malade près d'un an, estoit nouvelement mors. Il avoit envoyé, ains[2] qu'il fust mors, bons messages à son fils, qui adonques demouroit ès parties d'Orient, que il venist hastivement en Égypte, pour estre sires de la terre[3] et pour estre contre les crestiens qui la vouloient conquerre; car il avoit fait jurer à tous les amiraut[4] et à tous les grans hommes du pays seur le livre de la loi Mahomet que on apele *alchoran*, sairement de féauté et d'ommage que il le recevroient à[5] seigneur et à soudan, quant il seroit venus. Il avoit fait chevetaine[6] et garde de toute sa terre et du très-grant ost que il avoit assemblé encontre les crestiens, un grant amiraut, riche et puissant, prudhomme, chevalier et grant guerrier, jusques à tant[7] que ses fils fust venus. Cil amiraus avoit non *Fachardin*. Quant li roys et li os et cil de la crestienté virent que il ne povoient passer le flun pour l'ost des Sarrasins qui estoient logiés par l'autre part seur la rive, par le conseil des barons li roys commanda que on fist une chaucie forte et haute et large, de terre et de mairien[8], parmy le flun de Thanis en tel manière que tout li flun de Thanis s'encourist[9] par le chanel[10] dou flun du Nil, dont il se portoit là endroit; car adonc porroit passer li os de la crestienté par le chanel du flun de Thanis quant ele seroit vuidie de l'iaue, ou ele seroit petisie[11]; et se on ne pooit mie ce faire que cil flun de Thanis s'encourust par le chanel du flun du Nil, au mains quant la chaucie seroit faite bien avant de-

---

[1] *Murent :* s'en allèrent. — [2] *Ains :* avant. — [3] Seigneur du pays. — [4] *Amiraut :* émirs. — [5] *A :* comme. — [6] *Chevetaine :* capitaine. — [7] *Jusques à tant :* jusqu'à ce que. — [8] *Mairien :* merrain, bois. — [9] *S'encourist :* courût, s'écoulât. — [10] *Chanel :* canal; angl. channel. — [11] *Petisie :* diminuée.

dans le flun de Thanis, et l'iaue seroit bien estrechie ¹, on feroit plus légièrement ² pont de mairien de chaucie seur la rive qui estoit par devers les Sarrasins. Ainsi le devisoient-il; mais ce n'estoit mie* chose légière à faire. Li roys fist faire deus chas ³, moult bons et moult fors, et fist drecier ses engiens, perrières, mangonniaus, trébuchès et autres choses, pour geter contre les Sarrasins qui le passage deffendirent. Quant ces choses furent ainsi atirées ⁴, li nostre boutèrent ⁵ avant le chas sur le pas ⁶ ; cil qui aportoient le mairien et la terre, et cil qui faisoient la chaucie, se tapissoient desous. Quant li Sarrasin se perçurent de ces choses, il firent drecier grant plenté d'engiens encontre les nos ; et pour dépeschier ⁷ les chas et la chaucie, si grant plenté faisoient geter de pierres grosses et petites, que tous s'en mervelloient. Il frondilloient et lançoient et traioient quarriaux d'arbalestre à tour**. Il traioient dars turcois ⁸, il lançoient et getoient feu grégois ; en toutes manières assailloient nos engiens et ceuls qui cele chaucie faisoient, que ce estoit une grant laideur à veoir et à ce oïr. Pierres, dars, sajetes, quarriaux d'arbalestre et feu grégois [chaoient ⁹] aussi espessement com pluie. Quant cele chaucie fu faite par très-grans travaux, grans paines, grans cous, grans frès, plus assés que moult de gens ne creroient mie légièrement, jusque le milieu du flun, li Sarrasin s'enforcièrent si durement à relais de gens et par nuit et par jour, que il sembloit que il commençaissent tousjours adès ¹⁰ cele besoigne tout de nouvel. Pour trois raisons ne pourent onques li crestien

---

¹ *Estrechie* : rétrécie. — ² *Légièrement* : facilement. — ³ *Chas* : chats, espèce de machines de guerre. — ⁴ *Attrées* : disposées. — ⁵ *Boutèrent* : poussèrent. — ⁶ *Pas* : passage. — ⁷ *Dépeschier* : dépecer, mettre en pièces. — ⁸ *Turcois* : turcs. — ⁹ *Chaoient* : tombaient. — ¹⁰ *Adès* : aussitôt.

* *Une*, édit. Michaud et Poujoulat.

** Il s'agit ici d'arbalètes à tourniquet. Le traducteur de Sarrasin rend ainsi ce passage. « Ils faisaient tour à tour jouer la fronde, et lançaient et tiraient carreaux d'arbalète, » etc.

faire cele chaucie tout outre ; car quant li flun fu ci estrechié [1], l'iaue s'en couroit aval si radement [2] par cel lieu estrechié, et de si grand ravine [3] trébuchoit contreval *, que nule chose que on y getast ne pooit arrester que ele ne s'en alast aval : ce fu la première raison. La seconde raison fu que li Sarrasin getoient tant de grosses pierres et pesans encontre nos engiens, que il les dépeçoient presque tous. La tierce [4] raison fu que li Sarrasin lancièrent et getèrent tant de dars et de sajetes et de quarriaux d'arbalestre allumés et embrasés de feu grégois, avec les grosses pierres que li engiens getoient sur nos deus chas, dessous lesquels cil se tapissoient qui la chaucie faisoient, que les grosses pierres les brisoient tous, et li feu grégois et les torches esprises [5] que il getoient, les firent esprendre **. En tele manière furent tous ars [6] et mis en cendre.

En dementiers [7] que nostre crestien entendoient [8] à faire cele chaucie, li Sarrasin passèrent à moult grans efforts le flun soudainement. Il se férirent [9] en l'ost des crestiens de deus pars. En une des parties de l'ost où il se férirent estoient li Hospitalier et li frère de Nostre-Dame des Alemans. Des deus parties furent-il moult crueusement [10] reçus. Grant bataille y ot et plénière ; tant comme elle dura, assés y ot fait de grans prouesses et de biaux cops et de grans hardemens et d'une part et d'autre. En la fin li Turc furent desconfis et de çà et de là ; grant plenté en y ot d'occis. Li nostre les chacièrent, occiant et abatant jusques au grant flun du Nil ; pour la grant paour [11] que il avoient de la mort, il se férirent en l'iaue. Grant plenté en y ot ce jour d'occis et de noiés des Sarrasins

---

[1] *Estrechié* : rétréci. — [2] *Radement* : raide. — [3] *Ravine* : impétuosité. — [4] *Tierce* : troisième. — [5] *Esprises* : allumées. — *Ars* [6] : brûlés. — [7] *En dementiers* : pendant que. — [8] *Entendoient* : s'occupaient. — [9] *Férirent* : lancèrent. — [10] *Crueusement* : cruellement. — [11] *Paour* : peur.

* L'édition de la nouvelle Collection des mémoires porte *contre en bas val* : j'ai cru devoir supprimer le second et le troisième mots, qui sont la traduction des autres.

** De même on lit dans la première édition : *embraser, esprendre*.

en diverses manières. Grant damage reçurent le jour li mescréant * de leur gent. Moult de gens disent par l'ost de la crestienté que se cil de nostre ost qui estoient par devers la chaucie eussent viguereusement et isnelement [1], en dementres [2] que la bataille fu et la chase, asailli au pas [3], que li crestien eussent le flun passé maugré les Sarrasins, et le passage conquis. En cele bataille perdirent li Hospitalier onze de leur frères; de Nostre-Dame des Alemans en y perdirent quatre des leur; mais moult furent ce jour loé et prisié par l'ost. Ceste bataille fu tout droit le jour de la feste de saint Bastien le martir, qui est el mois de ganvier. Après avint le samedi devant le Chandelier [4] que moult grans vens et moult fors venoit devers l'ost ès [5] Sarrasins tout contreval le flun du Nil, là où nostre navie [6] estoit aencrée; il prisent quatre barges, si les enchaînèrent ensemble de chainnes de fer, il les emplirent d'estoupes, de pailles, feure [7], de busche seche, de pois, de sain [8] et d'autres nourrissemens de feu, il les esprisent [9] de feu grégois et il les espainsent [10] en l'iaue tout contreval le flun, pour ce qu'il cuidièrent nostre navie ardoir [11]; mais notre maronnier **, qui furent isnel [12] et aspre et tournant, coururent grant aleure, à cros [13] et à perches, et maugré le vent et la flambe [14], qui s'estendoient contreval, et le feu qui durement croissoit et estinceloit contre eulz, les boutèrent [15] arrière ensus [16] de nostre navie, si qu'el n'ot garde.

Comment li roys et li crestien passèrent le flun de Thanis.

Quant li roys de France et li baron de l'ost de la crestienté virent que la chaucie ne pooit estre parfaite [17] par les raisons que

---

[1] *Isnelement* : rapidement. — [2] *En dementres* : pendant. — [3] *Pas-sage*. — [4] *Chandelier* : Chandeleur. — [5] *Ès* : sur les. — [6] *Navie* : flotte. — [7] *Feure* : paille; d'où *fourrage*. — [8] *Sain* : graisse. — [9] *Esprisent* : embrasèrent — [10] *Espainsent* : jetèrent. — [11] *Ardoir* : brûler. — [12] *Isnel* : lestes. — [13] Avec des crocs. — [14] *Flambe* : flamme. — [15] *Boutèrent* : repoussèrent — [16] *Ensus* : loin. — [17] *Parfaite* : achevée.

* L'édition de MM. Michaud et Poujoulat porte *matelot maronnier*, c'est-à-dire deux mots dont l'un est la traduction moderne de l'autre.

nous avons devant dites, il parlèrent ensamble comment il porroient passer le flun et combatre aus Sarrasins qui là estoient logié et qui le passage leur deffendoient. Il mandèrent Sarrasins traiteurs[1] qui estoient venu en nostre ost de l'ost as mescréans, et leur demandèrent se il savoient en ce flun de Thanis un gué. Il y en ot un qui dist au roy que il avoit[2] bien aval au flun de Thanis un gué, mais il estoit bien parfons. Il cuidoit bien, ce disoit-il, que li roys peust bien par là passer. Li roys et li baron qui là estoient à ce conseil, virent que il ne pooient[3] passer en nule manière par autre lieu que il seussent, et disent que il ensaieroient à passer par le gué que li Sarrasins leur disoit. Lendemain qu'il fu le jour de quaresme-prenant, devant l'aube du jour, li roys et li troi frère et le plus grant partie de la chevalerie et des autres gens à cheval furent armé et monté, et issirent[4] de l'ost leur batailles rengiées et ordenées. Li roys laissa bonnes gardes en l'ost pour garder leur harnois et les gens qui demouroient à pié et à cheval. Quant li roys et li autre qui monté estoient por passer le flun, furent aus chans fors de l'ost, li roys commanda à trestous communément, aus haus et aus bas, que nus ne fust tant hardis que il se desroutast[5], ains se tenist chascuns en sa bataille[6], et que les batailles se tenissent près les unes des autres et alaissent tout ce pas et toutes ordonéement, et quant li premiers seroient passé le flun, que il atendissent sur l'autre rive d'autre part tant que li roys et li autre fussent passé.

Quant li roys eut ainsi commandé et ordenées ses batailles, li Sarrasins les y mena, et il alèrent tout après jusques au gué que li Sarrasins leur monstra. Quant il vinrent là endroit, il trouvèrent le gué assés plus périlleus que il ne cuidoient[*], car les rives estoient durement hautes, et d'une part et d'autre pleines de boue et de betumes et de lymon, et l'yaue assés plus

---

[1] *Traiteurs* : traîtres. — [2] Il y avait. — [3] *Pooient* : pouvaient. — [4] *Issirent* : sortirent. — [5] *Desroutast* : écartât. — [6] *Bataille* : bataillon.

[*] La même édition porte *cvidoient*.

parfonde et plus périlleuse que li Sarrasins ne leur avoit dit; car il convenoit là endroit [1] par force leur chevaus nager en teuls lieus y avoit. Quant il furent là venus, et li Sarrasins leur ot monstré le gué, li roys li fist conduire arrière en nostre ost et li fist donner grant avoir. Li quens d'Artois et li autre qui faisoient l'avant-garde se férirent en l'iaue par grant hardement, et par grans prouesces passèrent et par grans périls de leur cors et de leur chevaus. En tele manière passa li roys et tout li autre après. N'i ot celui d'euls tous, tant fust bien montés, qui n'eust paour de noier, ains que il fussent outre. Quant cil qui estoient en l'avant-garde orent passé le flun, et il furent seur la rive d'autre part, encontre le commandement et l'ordènement que li roys y avoit fait, il s'en alèrent isnelement [2] grant aleure tout contremont de la rive du flun, jusques à tant que il vindrent au lieu où li engien aus Sarrasins estoient drecié encontre la devant dite chaucie [3]. Mout matin soudainement se férirent en l'ost des Sarrasins qui là endroit estoient logié et qui de ce ne se prenoient garde, et de tels y avoit qui estoient encore tout endormi et de tels qui se gisoient en leur lis. Cil qui eschargaitoient [4] l'ost aus Sarrasins furent premièrement tous desconfis et presque tous mis à l'espée. Nos gens se féroient par les herberges des Turcs; tout occioient à fait, sans esparguier nuls hommes, femmes, enfans, viels ne jones, grans et petits, haus et bas, riches et povres; tout découpoient, détrenchoient et metoient à l'espée. Se il trouvoient puceles, viels gens et enfans qui se fussent repons [5] pour eschiver la mort, quant il les trouvoient, n'i avoit mestier crier ne braire ne crier merci, que tous ne fussent mis à la mort. Là fu occis Fachardins li chievetaine [6] de l'ost aus Sarrasins, et ne sai quant [7] autres amiraus, haus hommes et puissans, avecques les autres. Granz pitiez estoit à veoir de tant de cors gens mors et de si grant effusion de sanc, se

---

[1] *Là endroit :* en cet endroit. — [2] *Isnelement :* promptement. — [3] *Chaácie :* chaussée. — [4] *Eschargaitoient :* veillaient. — [5] *Repons :* cachés. — [6] *Chievetaine :* chef, capitaine. — [7] *Quant :* combien.

ce ne fust des anemis de la foi crestienne. Quant li nostre virent que il faisoient ainsi leur volenté des Sarrasins et que tout s'enfuyoient devant eus, il les commencièrent à chacier sans conseil et sans apensement [1]. A tant frères Gilles, li grans commandères du Temple, boins chevaliers, preus et hardis et sage [2] de guerre et clerveans [3], dist au conte d'Artois que il feist ses gens arester et ralier tous ensemble, et que on atendist le roy et les autres batailles qui n'avoient mie passé le flun. Bien encore disoit frères Giles que li quens d'Artois et cil qui estoient avecques lui, avoient fait un des grans hardemens et une des plus grans chevaleries qui fust faite, grant temps avoit, en la terre d'outre-mer. Ce looit encore que on se traisist vers les engiens des Sarrasins qui estoient drecié delés [4] la chaucie ; car se il chaçoient ainsi esparpeillié comme il estoient et devisé, li Sarrasin se rassembleroient tous ensemble, car il s'en prendroient garde, et retourneroient et leur courroient sus, et légièrement [5] les desconfiroient, car il n'estoient que un pou de gens au regard [6] de la grant plenté des Sarrasins qui là estoient assemblé. Uns chevaliers que nous ne savons mie nommer, qui estoit avecques le conte d'Artois, respondi en tel manière : « Adès i aura-il du poil du leu [7]. Se li Templier et li Ospitalier vousissent [8], et li autre de cest pays, la terre fust ore toute conquise. » Cil-meismes qui là estoient, parloient au conte d'Artois en tele manière : « Sire, et ne véés-vous que li Turc sont desconfis, et que il s'enfuient grant aleure [9]? Ne sera-ce mie grant mauvaistié et grant couardise se nous ne chaçons nos anemis ? » Li quens [10] d'Artois, qui estoit chevetaine de l'avant-garde, s'accordoit bien à chacier, et dist à frère Giles que, s'il avoit paour, que il demourast. Frères Giles respondi en tele manière : « Sire,

---

[1] *Apensement* : dessein, réflexion. — [2] *Sage* : savant. — [3] *Clerveans* : clairvoyant. — [4] *Delés* : près de. — [5] *Légièrement* : facilement. — [6] *Auregard* : en comparaison. — [7] Toujours y aura-t-il du poil du loup (c'est-à-dire de la trahison). Voyez, sur cette expression, que l'on retrouve dans *l'Histoire de Charles VII*, de Jean Chartier, nos *Recherches de philologie comparée sur l'argot*, etc., pag. 331, col. 2, art. *Poil (Avoir du)*. — [8] *Vousissent* : voulussent. — [9] *Aleure* : train. — [10] *Quens* : comte.

je ne mi¹ frère n'avons pas paour, nous ne demourons² pas, ains yrons avecques vous ; mais sachiez que nous doutons que nous ne vous n'en reveignons jà. »

En dementres³ que il parloient ainsi, dix chevaliers vindrent là tous acourant au conte d'Artois et li disant de par le roy que il ne se remust⁴ et que il atendist tant que li roys fust venu. Il respondi que li Sarrasin estoient desconfis et que il ne demourroit mie, ains les chaceroit. Tantost coururent après les Sarrasins parmi les herberges, les chacièrent tout devisé et tout départi, sans route tenir, jusque là que il vindrent à une vilete que on apele *la Massorre*. Tantost se férirent dedens li uns après l'autre ; tous ceuls ocioient que il pooient ataindre. Li Sarrasin pooient à paines croire que li nostre chachaissent si fieblement⁵ ne que il se fussent embatu⁶ si périlleusement et espandu par les rues de ce cassel⁷ ; bien virent que il en feroient avecques leur volenté. Il firent sonner taburs, cors et buisines ; isnelement se rassamblèrent et avironnèrent nos gens de toute part, cruelement leur coururent sus ; car il avoient les cuers mout angoisseux de la grant occision de leur gent que il avoient veue et seue. Mout trouvèrent nos gens à grant meschief⁸, car il n'estoient mie ensamble. Il et leur cheval estoient si las que il défailloient tout, tant avoient couru et racouru par les herberges des Turs que il ne se pooient aidier. Li Sarrasin les trouvèrent espandus par tropiaus, légièrement⁹ en firent leur volenté. Tous les détrenchièrent et découpèrent et prisent¹⁰ et loièrent et traînèrent en prison. Aucun en y ot qui se misent¹¹ au fuir vers le flun, qui cuidoient eschiever¹² la mort ; mais li Sarrasin les suioient de si près, occiant et abatant de haces danoises, de maches¹³, de lances et d'espées. Quant cil vindrent au flun, qui estoit grans et rades¹⁴ et parfons, il se fé-

¹ *Mi* : mes. — ² *Demourons* : demeurerons. — ³ *En dementres* : pendant. — ⁴ *Qu'il ne bougeât pas*. — ⁵ Poursuivissent en si petit nombre. — ⁶ *Embatu* : engagés. — ⁷ *Cassel* : bicoque. — ⁸ *Meschief* : mauvais état. — ⁹ *Légièrement* : aisément. — ¹⁰ *Prisent* : prirent. — ¹¹ *Misent* : mirent. — ¹² *Eschiever* : esquiver. — ¹³ *Maches* : masses. — ¹⁴ *Rades* : rapide.

rirent ens desrois¹ et furent tous noiés. En cele bataille furent ou mors ou pris, on ne set mie bien lequel, Robers li quens d'Artois, frères le roy Loys de France, Raouls li sires de Couci, Rogiers li sires de Rosoi-en-Tieraisse, Jehan sires de Chevisi, Erars sire de Braine en Champaigne, Guillaumes Longue-Espée quens de Salesbières² en Engleterre; tout li Templier furent perdu, et n'en demoura que quatre ou cinc. Mout grant plenté de nos barons, de chevaliers, d'arbalestriers et de sergans à cheval, des plus preus et des plus esleus de toute nostre ost, furent perdu, n'onques n'en sot-on certaineté³. Li roys, quant il ot passé le flun, et les autres batailles qui estoient avecques lui, vindrent tout ordonéement et tout rangié cele part où li Sarrasin estoient; mais li Sarrasin, qui les nostres orent si laidement desconfis, furent monté en si grant orgueil, que il ne prisoient mie le roy ni tout le remanant⁴ de nostre ost un boton. Tantost comme il perçurent le roy, par grant orgueil, par grant beüban⁵ et par grant desroi⁶, vindrent hardiement et fièrement encontre euls. Quant li roys vit ce, bien se pensa que cil qui devant alé estoient, avoient mise la crestienté qui là estoit, en mauvais point. Il commanda à tous ceus qui avec lui estoient, que il se tenissent tout serré. Mout les admonestoit et disoit que il ne devoient point douter cele grant plenté de mescréans qui venoient contre euls, car nostre sire Diex Jhésu-Crist, por qui il estoient là alé, estoit plus fors et plus puissans que tous li mondes. Quant li Sarrasin s'aprocièrent de nostre gent, la noise y fu si grans de cors et de buisines, de tabours, de cris de gens, et de chevaus, que ce estoit grans hideurs⁷ à oïr. Il achanissent⁸ tour en tour, et traissent si grant plenté de sajetes et de quarriaux, que pluie ne grésil ne feissent mie plus grant obscurté, si que mout y ot navré de nos gens et de leur chevaus. Quant les premières routes des Turs orent widié tout leur

¹ Ils se lancèrent dedans en désordre. — ² *Salesbières* : Salisbury. — ³ N'en sut-on le nombre au juste. — ⁴ *Remanant* : reste. — ⁵ *Beüban* : fierté, fanfaronnade. — ⁶ *Desroi* : désordre. — ⁷ *Hideurs* : frayeur. — ⁸ *Achanissent*. MM. Michaud et Poujoulat traduisent ce mot par *attaquèrent*.

carcoit et tout trait, il se traissent arrière ; mais les secondes routes vindrent tantost après où il avoit encore plus. Cil traissent encore plus espessement assés que n'avoient fait li autre. Li roys et nostre gent n'avoient nul arbalestrier là endroit ; cil qui avoient passé le flun avecques le roy, avoient esté tous occis avecques l'avant-garde, car li Sarrasin occirent sans espargnier trestous les arbalestriers que il prenoient. Quant li roys et nostre gent virent que il perdoient ainsi leur chevaus et euls-meismes, il férirent des esperons tout ensemble contre les Turs pour eschiver les sajetes. Assés en abatirent et occistrent, en lor venue, aus glaives et aus espées ; mais la plenté des Turs y estoit si grant que peu ou nient[1] y paroit. Quant il y avoit aucun Turc ou occis ou abatu, tantost revenoient autres en lor lieus tout frès et tout nouvel. Li Turc virent que nostre gent et li cheval estoient moult blecié et à grant meschief[2], se pendirent isnelement leur ars[3] aus senestres[4] bras desous les rouéles, et lor coururent sus moult cruelment. Aus maches[5] et aus espées si durement tenoient nos gens à destroit[6] de toutes pars, que ce estoit une merveille à veoir. Assés y ot de nos gens qui furent à cele bataille, qui puis dirent et affermèrent[7] certainement que se li roys ne se fust maintenus si hardiement et si vigoureusement, qu'il eussent esté et tout mort et tout pris. Onques li roys ne trestourna son viaire[8] ne mestui à[9] son cors des Turs. Il confortoit et admonestoit nostre gent de bien faire, si que il en estoient tout rafreschi. Moult se desfendoient vigoureusement, si au desous comme il estoient, et souffroient cele grant plenté de Sarrasins qui déchevoient euls, les unes routes après les autres. Ainsi dura cele bataille jusques entour nonne. Li chevalier et les autres gens qui estoient à nos herberges, qui bien véoient que les choses ne les povoient secorre, pour le flun qui estoit entre deus, tous et pe-

---

[1] *Nient* : néant, rien. — [2] *Meschief* : mauvais état. — [3] *Ars* : arcs. — [4] *Senestres* : gauches. — [5] *Maches* : masses. — [6] *A destroit* : en échec. — [7] *Affermèrent* : affirmèrent. — [8] *Viaire* : visage. — [9] *Mestui à*. MM. Michaud et Poujoulat traduisent par *s'écarta*. Peut-être faut-il lire *n'estui a*.

tis et grans, braioient et ploroient à haute vois, batoient lor pis¹ et lor testes, tordoient lor poins, esrachoient lor cheveus, esgratinoient lor visage et disoient : « Las ! las ! las ! li roys et si frère et toute la compagnie sont tout perdu. » Adonc coururent les gens à pié et li communs pueples de l'ost hardiement et très-hastivement au mairien, aus engiens² et aus autres estrumens de l'ost, et commencièrent à essaier se il porroient faire aucune voie dessus ce pas³, par laquelle il peussent passer outre pour aidier le roy. Par grans paines, par grans travaus firent une voie de mairien assés périlleuse par dessus le pas, car l'iaue estoit par desous si rade⁴ et si parfonde et si périlleuse pour le lieu qui estoit estrechiés⁵ por la chauciée qui là estoit faite, que nuls n'i chéist⁶ qui tantost ne fust perdus. Tantost passèrent périlleusement, plus isnelement⁷ que il porent, pour aidier le roy; mais quant li Sarrasin les virent venir et passer le flun, il se traissent arrière et se partirent de là endroit et s'en alèrent à leur herberge. En cele bataille perdirent li Sarrasin assés de leur gens, qui furent occis. Des nostres n'i ot-il gaires de mors ; mais assés en y ot de navrés⁸, et assés perdirent de lor chevaus, qui furent tous occis et navrés en diverses manières. Li nostre, quant il orent retenu et gaignié le champ à l'aide de Dieu, s'en retournèrent jusque delès le pas⁹. Là firent tendre lor paveillons et leur tentes et se logèrent delès les engiens des Sarrasins, dont il y en avoit vint-quatre. Assés trouvèrent nos gens illeques endroit¹⁰ mairien, tentes, paveillons et autres harnois, que li Sarrasin avoient laissiés quant il furent souspris de l'avant-garde. Cele nuit demoura li roys là endroit à¹¹ peu de gent; mais li pons qui estoit fait desus le flun, fu avant bien atirés¹² et bien parfais de grans fus¹³ et de mairien, si¹⁴ que on povoit aler seurement par dessus, de l'un ost à

---

¹ *Pis* : poitrine, *pectus*. — ² *Engiens* : engins, machines. — ³ *Pas* : passage. — ⁴ *Rade* : rapide. — ⁵ *Estrechiés* : rétréci. — ⁶ *Chéist* : chût, tombât. — ⁷ *Isnelement* : promptement. — ⁸ *Navrés* : blessés. — ⁹ Près du passage. — ¹⁰ A cet endroit même. — ¹¹ *A* : avec. — ¹² *Atirés* : arrangé. — ¹³ *Fus* : pièces de bois; *fustes*. — ¹⁴ *Si* : en sorte.

l'autre. Le jour des cendres, qui fu le lendemain, commanda li roys que les vint-quatre engiens que il avoient gaaignés fussent dépeschiés ¹, et que on y feïst bones lices entour nostre ost. Quant ce vint le vendredi avant la Cendre, li Sarrasin se rassemblèrent de toutes pars. Quant il aprocièrent de nos gens, si come est lor coustume, si grant plenté traissent de sajettes, de quarriaus lancièrent, frondillèrent et jetèrent pierres, que aucuns de ceuls qui là estoient disent que il n'avoient onques veu plus espessement grésiller; et [de] tant de diverses manières longues et espoentables et oribles assaillirent nos gens aus lices, que cil du pays qui là estoient disoient que il n'avoient onques mais veu ès parties ² d'outre-mer si hardiement assaillir ne si cruelement. Il sembloit bien qu'il ne doutaissent³ ne [ne] prisaissent rien la mort. Tantost quant li uns estoient las, li autre revenoient en leur lieus, qui estoient tout fres et tout nouvel; il ne sambloit pas que il fuissent hommes, mais bestes sauvages toutes erragiées. Li nostres estoient nus au bersail ⁴ dedens leur lices; merveilleusement leur prioit li roys et admonestoit de bien faire. Bien disent aucuns qui devant avoient esté ne qui furent après, ne virent le roy faire mauvais samblant, ne couart ni esbahi, n'il sambloit bien à se chière ⁵ qu'il n'eust en son cuer ne paour ne doutance ⁶ ne esmai ⁷. Li Turc et li nostre s'entre-féroient de maches ⁸, de lances, d'espées, de haces danoises, de fausars, de coutiaus et d'autres armeures, tout ainsi comme il feissent seur pierres ou seur fus*, ou seur autres choses qui rien ne sentissent. Quant cele bataille ot si longuement duré, et li Sarrasin furent lassé et orent assés perdu, il se traissent arrière et retournèrent à leur herberges. Plus assés ot ⁹ occis en cele bataille et navrés de Turs que des nostres. Après ces choses se

---

¹ *Depeschiés* : dépecés, mis en pièces. — ² Dans les contrées. — ³ *Doutaissent* : redoutassent. — ⁴ MM. Michaud et Poujoulat traduisent *étaient* exposés aux traits. — ⁵ A sa figure. — ⁶ *Doutance* : crainte. — ⁷ *Esmai* : émoi. — ⁸ S'entre-frappaient de masses. — ⁹ *Ot* : il y eut.

* La collection Michaud et Poujoulat porte *seur fus bois*, c'est-à-dire la traduction à la suite de *fus*.

tinrent li Turc tout coi une pièce¹, se ne fu aucuns paletois² qui fu de peu de gens en aucuns lieus. Ne demoura mie moult après cele bataille que li fils le soudan qui mors estoit, que il avoit mandé ains que il mourust, ès parties³ d'Orient, vint à tout grant gens en l'ost des Sarrasins qui estoient assemblés à la Massorre. Cil d'Égypte le reçurent à moult grant joie, à timbres, à muses⁴, à flahutes et autres manières d'estrumens; à seigneur et soudan le reçurent ainsi come il avoit juré à son père, [et] li feirent féauté selon les us et les coustumes dou pays. De sa venue crut mout durement la force et li pooir des mescréans.

Comment li roys et li crestien estoient à grant meschief⁵ à la Massorre.

Grant pitié et grant angoisse doivent avoir à leur cuers toutes manières des crestiens, et à grant pitié et à grans larmes et à grans gémissemens doivent estre racontées entre toutes manières de crestiens qui aiment de vrai cuer l'onneur et l'ensauchement de la foi crestienne, des choses qui advindrent au roy et à la crestienté, qui estoient logiés à la Massorre et qui le flun avoient conquis sur les Sarrasins par force, par quoi toutes choses leur avindrent puis par contraire et encontre leur volenté. Une grande mortalité si pesmes⁶ et si généraus vint ès hommes et ès chevaus en dementres⁷ que il séjornoient là, que à paines véist-on nul jour que par les chapeles ne fust bien vint bières ou trente. Chascun atendoit la mort tout prestement, nul n'en cuidoit eschaper. A paines trouvast-on en si grant ost celui qui ne plourast ou qui ne doulust⁸ un sien ami qui fust mort. A paines trouvast-on tente, ne paveillon ne loge, que il n'i eust ou mort ou malade de cele pestilence. Cil qui estoient anui tout haitié⁹ avoient grant doutance que

---

¹ *Pièce* : espace de temps. — ² *Si ce n'est quelque escarmouche.* — ³ Dans les contrées. — ⁴ Avec des musettes. — ⁵ *Meschief* : mauvais état. — ⁶ *Pesmes* : mauvaise, *pessima*. — ⁷ *En dementres* : pendant. — ⁸ *Doulust* : regrettât. — ⁹ Aujourd'hui bien portants.

il ne fuissent demain ou mors ou malades. Li sain estoient tout en blanc ¹ de garder les enfers ². Tout autel ³ estoit-il des chevaus. Viandes estoient toutes faillies ⁴ en l'ost, à hommes et à chevaus. Famine estoit si grant en l'ost que li haitié mesmes estoient si maigres et si défailli que il ne se pooient aidier. Il menjoient les charoignes des chevaus, des asnes, des mulets et des autres bestes de l'ost, quant il les povoient trouver, et leur sambloient moult grant richece. Après il prenoient encor pluiseurs choses, quant il les pooient trouver ; qui trouvast un chien ou un chat, il fust mengié dellen ⁵ de grant devise. Assés y avoit de haus hommes et de puissans qui s'enbatoient ⁶ tout dessemons ⁷ ès lieus là où il savoient que on manjoit, pour la faim que il avoient. Nulle viande ⁸ ne povoit venir de Damiete, car li nouveaus soudans avoit fait venir par terre seur chars et seur autres estrumens cinquante galies ⁹ au flun dou Nil entre nostre ost et Damiete, et les avoit moult bien garnies de Turs fors et hardis et bien armés. Cil entretenoient si bien nos gens, que nus ne povoit aler ne venir par nostre ost. Ces cinquante galies qui estoient ou flun prisent ¹⁰ assés de nos vaissiaus qui portoient viande de Damiete à nostre ost. Entre ces autres domages, il en firent deus trop grans à la crestienté, car nostre gent qui estoient à Damiete envoièrent par deus fois deus caravanes de nés ¹¹, où il avoit bien cent cinquante vaissiaus et plus, qui portoient pain et vin, farine, char salée et autre chose qui mestier avoit ¹² à nostre ost, et qui bien estoient garnies de maronniers et de gent armée. Quant il s'en aloient contremont* le flun, les galies les assaillirent et les desconfirent. Assés en occisent, les autres prisent, et les nés et quanque il avoit ¹³ dedens les nés détindrent; les viandes envoièrent en

---

¹ Couverts de taches blanches. — ² *Enfers* : malades, infirmi. — ³ De même. — ⁴ Tous les vivres manquaient. — ⁵ *Dellen?* — ⁶ *S'enbatoient* : se jetaient. — ⁷ *Dessemons* : sans invitation. — ⁸ *Viande* : vivres. — ⁹ *Galies* : galères. — ¹⁰ *Prisent* : prirent. — ¹¹ *Nés* : nefs, navires. — ¹² Était utile. — ¹³ Et tout ce qu'il y avait.

* La nouvelle Collection des mémoires porte *outremont*.

l'ost des Sarrasins, qui moult en fu remplis. En tele manière prisent-il les deux carvanes l'une après l'autre. Li ost de la crestienté en fu apovrie, et li ost des Turcs en fu enrichis. Quant li roys et li crestien sorent ces grans meschéances[1], qui chascun jour leur croissoient de toutes pars, moult furent esbahis; il disoient apertement que il estoient tout perdu. Cil meisme qui haitié estoient et qui aidier se pooient, avoient prise la besoigne contre cuer, que nul ne faisoit son pooir de la besoigne faire. Il disoient que tout le meilleur de nostre ost estoient perdu avecques le conte d'Artois. Encore disoient-il que li saudoier ne povoient estre paié de choses que li roys leur deust. Encore disoient-il que assés de crestiens s'en estoient alé en l'ost des Sarrasins par défaute de viande[2], et que c'estoient cil qui plus de mal faisoient à nos gens. Par ces choses que nous avons devant dites estoient moult aflobiés[3] et amenuisiés li ost des crestiens; presque chascun jour il avoient assaus ou paletéis[4] ou petit ou grant à nos lices. Le jour du jeudi d'absols[5], le vendredi de crois aourée[6], le samedi de Pasques et le diemence de la grant Pasque, firent li Sarrasins aussi grans assaus à nos lices et ausi longuement, et vindrent en autel[7] conroi[8] que nous avons dit devant que il firent le vendredi après les Cendres. Li roys se douta moult que li Sarrasins ne l'assausissent aucun jour si durement, que il les preissent par force et les meissent tous à l'espée. Nos gens meismes, qui avecques lui estoient, disoient* assés tout apertement que cele besoigne ne lor plaisoit mais**; car bien lor sambloit que Diex ne le voloit mie; et que s'il avoient pooir de départir d'ilec[9], il s'en r'iroient

---

[1] *Meschéances*: malheurs. — [2] Par manque de nourriture. — [3] *Aflobiés*: affaiblies. — [4] *Paletéis*: escarmouche. — [5] Le jeudi saint. — [6] *Aourée*: adorée. — [7] *Autel*: tel, pareil. — [8] *Conroi*: équipage. La première édition porte *convoi*. — [9] Et que s'ils avaient pouvoir de partir de là.

* *Disoient de tels y avoit*, édit. Michaud et Poujoulat.

** La même édition porte *mais point*: il y a toute apparence que le second mot est du fait d'un copiste, qui aura voulu expliquer le premier, dont le véritable sens est *plus*.

en lor pays, que ja¹ plus en cele terre ne demorroient. Pour toutes ces desconvenances² et pour toutes les autres devant dites, li roys, par le conseil de ses barons, envoia au soudan ses messages pour requerre trives³. Li soudans et li Sarrasin qui avec lui estoient, firent semblant que il renvoieroient volentiers la parole ; mais il n'en avoient corage ne volenté d'en donner, si comme⁴ il apparut après. Toutesvoies⁵ dist li soudans qu'il voudroit conseiller et que il revenissent à un jour que on leur nomma. Après les fist aler et venir par trois fois ou par quatre ; adès prenoit jour de lui conseillier. Tant que on parla des trives, laissièrent li Sarrasins auques⁶ en pais nostre gent. Au derrain jour que nostre message furent revenu au soudan por oïr son conseil des trives, li soudans leur respondit en tele manière : « Sace bien vostre roys et tout li crestien qui avecques lui sont, que je ne leur donrai nules trives. Je san miex lor couvine⁷ et leur pooir que il ne cuident ; il sont tout mis en ma volenté. Je ferai d'euls quanque⁸ me plaira, soit de mort ou de vie. R'alés-vous-en et leur dites que il facent dou miex que il pueent⁹. » Quant nostre message furent revenu et il orent dit au roy et aus barons ce que li soudans leur avoit respondu, tout furent esbahi ; car là-endroit ne povoient-il plus demorer. Tout s'accordèrent à ce qu'on s'en r'alast vers Damiete, se Nostre-Sires le vouloit soufrir.

Comment li roys et li crestien s'en retournèrent pour venir à Damiete, et furent tous pris entre noiés.

Aucuns barons vindrent au roy et li dirent privéement et conseillièrent que il montast sur le meillor cheval que il porroit onques trouver, et que il s'en alast, au férir¹⁰ des esperons, par terre. Li autre disoient qu'il entrast en une galie bien armée et

---

¹ Car jamais. — ² *Desconvenances :* dissentiments. — ³ *Trives :* trêves. — ⁴ *Si comme :* ainsi que, *sicut*. — ⁵ *Toutesvoies :* toutefois. — ⁶ *Auques :* un peu, *aliquid*. — ⁷ *Couvine :* état, dessein. — ⁸ *Quanque :* tout ce que, *quantum quod :* — ⁹ *Pueent :* peuvent. — ¹⁰ *Férir :* frapper.

que il s'en alast à force contreval le flun pour venir en sauveté à Damiete, se il povoit eschaper ; car li remenans¹ estoit tous perdus. Li autre disoient que il emmenast ses frères avecques lui ; mais li roys et si frère li tranchièrent tantost la parole et distrent que ce ne feroient-il en nule manière, ains demorroient avecques eux, fust à mort ou fust à vie. Moult loèrent au roy que au moins il s'en alast ; mais li roys ne pot onques estre mené à ce que il le voulust faire. Quant il creirent que li roys ne s'en iroit pas, si commencièrent à deviser comment il s'en retourneroient. Il atirèrent² que on metroit tous les malades et tous les floibles au flun dedens les nés, et que on y metroit maronniers et nageurs³ et gens à armes, qui les conduiroient contreval jusqu'à Damiete, si Diex l'avoit pourvue. Atiré fu que il lairroient⁴ grant partie de lor tentes et de lor paveillon en lor lices entr'euls, pour ce que li Sarrasin ne se percevroient mie si tost de leur retour. Devisé fu que il se départiroient par nuit, pour ce que il se délogeaissent avant et peussent le flun de Thanis repasser arrière avant que li Sarrasin s'en preissent garde. Bien fu dit que tout s'en iroient ensemble et à pié et à cheval, et par iaue et par terre, tout serré li uns encontre l'autre. Quant il orent ainsi devisé leur choses, comme cil qui avoient plus affaire plus que euls-meismes ne cuidoient par estovoir⁵ et par nécessité si grant que à paine le porroit nus raconter ne croire que il ne povoient eschiver⁶ en nule manière du monde, li roys et nostre gent repassèrent le flun arrière et se misent au retour vers Damiete, ainsi comme il avoient devant dit et devisé. Quant li Turc s'en aperçurent, isnelement⁷ passèrent le flun de Thanis après euls. Quant il orent passé le flun, grant aleure coururent au férir des esperons après nostre gent. Il commencièrent à huer et sifler et sonner tymbres et taburs⁸, cors et buisines, et moult faisoient grant

¹ *Remenans* : restant. — ² *Atirèrent* : disposèrent. — ³ Mariniers et bateliers. — ⁴ *Lairroient* : laisseraient. — ⁵ *Estovoir*, besoin. — ⁶ *Eschiver* : esquiver. — ⁷ *Isnelement* : promptement. — ⁸ *Taburs* : tambours.

noise après eus. Quant il les orent aconsuis ¹, il les avironèrent de toutes pars au devant, et misent grans contes de toutes pars pour destourner ceuls qui s'en aloient. Les cinquante galies qui estoient au flun vindrent grant aleure encontre ceuls qui s'en aloient par iaue. Li nostre, qui bien cuidoient morir, illeques² prirent cuer et hardement en eus-meismes ; à ce tendoient, sans plus, que il vendissent bien leur mort. Toutes les heures que li Turc s'aproçoient si d'euls que il povoient venir, vigoureusement leur couroient sus, si³ que parmi euls faisoient bonne voie et large, et toutesvoies⁴ passoient outre. Li roys avoit commandé que on ne laissast mie les navrés ne les bleciés ès assaus que li Turc leur feroient, mais tantost les meist-on ès nés ou sus les autres voitures de l'ost. Li Turc les aloient gaitant en toutes les manières que il les porroient grever. Chascun jour apetissoit li nombres des nostres, et li nombres des Turc croissoient. Sagetes plouvoient ausi sus nos gens que leur escu et leur targes et leur arçons de selles de ceuls qui estoient à cheval, et leur autres armes en estoient toutes couvertes. Tant y avoit mésaises⁵ et desconvenues que li Sarrasin meismes s'esmerveilloient tout. Li roys les confortoit et amonestoit de bien faire, si que il estoient plus encouragiés de deffendre. A cel meschief⁶ s'en alèrent tant que il vindrent près de Damiete à cinc lieues. Quant il vindrent là endroit, li soudans s'aperçut que il aproçoient la cité. Si ot moult grant doutance que li nostre ne li eschapaisent. Il avoit mandé par toutes les bonnes villes qui estoient entor la Massore, quant li nostre s'en départirent, que tout venissent à lui à pié et à cheval, en tel manière que li desloial chien qui s'en aloient ne li peussent eschapper. Cil estoient apleus de toutes pars⁷. Li soudans parla à ceuls et à tous les autres qui estoient en son ost en tel manière : « Moult est grans hontes et grans viletés⁸ à si grant plenté de haus ho-

---

¹ *Aconsuis* : atteints. — ² *Illeques* : là. — ³ *Si* : de sorte. — ⁴ *Toutesvoies* : toutefois. — ⁵ *Mésaises* : souffrances. — ⁶ *Meschief* : malheur. — ⁷ Ceux-ci avaient plu de toutes parts. Le traducteur de la nouvelle Collection des Mémoires n'a pas rendu cette phrase. — ⁸ *Viletés* : vilenie.

mes, de riches et de puissans et de boins chevaliers, fors et hardis et bien esprouvés* en maintes guerres, et de Sarrasins bien combatans comme il a en nostre ost, que moult de gens aferment certainement que nous avons illeques toute la fleur et tout le povoir de tous les prudhommes de toutes les terres qui sont obéissans à la loi Mahommet, et occis les pères et les mères, et après les enfans, et autel feroient-il moult volentiers de nous, se il en povoient venir au deseure[1], comme chiens mescréant et desloyal; et bien dient[2] que Mahommès ne sa loi ne vaut rien, et n'en font que sifler non[3]. Se il puent tant faire que il viegnent à Damiete, nous n'aurons pooir à euls; car la cité est leur, et grant plenté de leur gent dedens. Grans périls et grant domage sera à tous ceux et à la loi Mahomet, se il nous eschapent. » Ces choses et autres il leur disoit, et chevauchoit par les grans routes[4] des Sarrasins et les ammonestoit de bien faire. Tous disoient et crioient que li soudans disoit voir[5]; autel[6] meismes disoit li soudans à ceus qui estoient dedens les cinquante galies[7]. Il fist issir[8] de la galie tous les navrés[9] et tous les bleciés et ceus qui ne se pooient mie aidier, et en lieu de ceuls metoit aucuns tous frès et tout nouviaux; ès galies, où il li sembloit que il eust peu de gens à armer**, en metoit asés et à grant plenté, car il le savoit*** bien où prendre. Tous li pays estoit couvers de Turs, et encore aplouvoient-il[10] de toutes pars. Cil qui là furent en ces choses virent et afremèrent certainement que li soudans avoit bien en son ost qui là estoit, trois cens mile Turs à armes. Adonques fu cele besoingne recommencie tout de nouvel. Li Turc se mistrent à grans routes tout entour nostre gent. Adonques trouvèrent-il les nos à moult grant meschief, car il es-

[1] A bout. — [2] *Dient :* disent. — [3] Que sifler. — [4] *Routes :* troupes. — [5] *Voir :* vrai. — [6] *Autel :* pareille chose. — [7] *Galies :* galères. — [8] *Issir :* sortir. — [9] *Navrés :* blessés. — [10] Pleuvaient-ils.

* La nouvelle Collection des Mémoires porte *esperonnés.*
** *Arriver,* ibid.
*** *Il les avoit,* ibid.

toient jà tous défaillis. Assés y avoit de ceus qui ne se pooient mais soustenir. Li Turc leur coururent sus vigoureusement de toutes pars ; assés y en ot mors et d'une part et d'autre. Li nostre ne porent mie longuement souffrir cele grant plenté de Sarrasins, qui descharçoient¹ sur euls les unes routes² après les autres. Li Turc les commencièrent à oecire et à découper, si que le terre estoit toute couverte de gens occis et de sanc espandu. Toute leur volenté faisoient li Turc des crestiens. Le plus en occirent, les autres prisent et loièrent et traînèrent en prison. Là fu pris li roys et si doi frère, li quens³ de Poitiers et li quens d'Anjou, li quens de Flandres et li quens de Bretaigne, li quens de Soissons et assés autres haut homme, chevalier et serjant que nous ne savons mie nommer. Assès y ot de crestiens qui s'enfuirent jusques vers nostre navie⁴, pour ce que il cuidoient là eschaper ; mais la navie s'en estoit jà alée. Quant il vindrent là, il se férirent ou flun⁵ et furent tous noié. Ainsi fu toute perdue nostre gent qui s'en retournèrent ; aucunes gens disent qu'il n'en eschapa nesuns⁶ tout seuls de ceuls qui furent à cele derraine bataille qui fu par terre. Pris aussi malement furent mesme nostre gent malade et li autre qui estoient ès nés⁷, qui s'en retournèrent par le flun du Nil. Li Sarrasin qui estoient ès galies leur coururent sus, et tous ceus* à cui il pooient avenir occioient et noioient et pechoient⁸ les nés et faisoient plungier ou flun. Il faisoient leur galies lancier par force d'avirons aval le flun après nos vaissiaus qui s'enfuioient, et getoient feu grijois dedens. En tele manière ardoient ou flun⁹ les nés et les males et les autres crestiens qui dedens estoient. En tel manière refurent tout perdu nos gens qui s'en retournoient par le flun. Aucuns de nos vaissiaus en eschapèrent ; mais ce furent merveilles petit, au regard¹⁰ de ceux qui furent

¹ *Descharçoient?* — ² *Routes :* bataillons. — ³ *Quens :* comte. — ⁴ *Navie :* flotte. — ⁵ Ils s'élancèrent dans le fleuve. — ⁶ *Nesuns :* nul. — ⁷ *Nés :* nefs, navires. — ⁸ *Pechoient :* mettaient en pièces. — ⁹ Brûlaient au fleuve. — ¹⁰ Mais ce fut bien peu, en comparaison.

* L'édition de MM. Michaud et Poujoulat porte *en tous cens*.

perdu. Li légas de l'église de Romme, maistre Oedes de Chastel, Raoul et li patriarches de Jhérusalem et li autre évesque et prélat qui estoient avec le roy, quand il virent cele grant confusion de la crestienté, entrèrent ès nés par le congié le roy. Li légas et li patriarches et aucun autre eschapèrent. Li évesque de Lengres et assés d'autres furent occis dedens leur nés. Li évesques de Soissons ne voult mie le roy laissier; mais encore ne set-on certainement se il fu ou mors ou pris. Aucunes gens affermèrent pour voir que il se féri¹ ou flun ou fu noié avec les autres. En tele manière furent tous perdus doleureusement li crestien qui là estoient assamblé contre les anemis de nostre foy, et par yaue et par terre en diverses manières. Li mescréant gaaignèrent leur tentes, paveillons, chevaus, armeures, vaisselemente**, robes, calipses aurés², or, argent, deniers et toutes leur autres choses, nés le seel le roy³. Mout en furent enrichi li anemi de la crestienté, et tout nostre crestien qui demouré estoient, apovrié. Quant ces choses furent ainsi doleureusement avenues à la crestienté, li soudans fist prendre le roy et tous ses autres prisons⁴. Les uns envoia au Chaaire, les autres en Babiloine et les bonnes villes d'Égypte, et metre en prison. Tant en avoit par les chartres⁵ du pays, que eles en estoient toutes plaines.

De la forme des [trèves] que li roys et li soudans firent ensamble; comment li Sarrasins occirent leur seigneur.

Un peu de temps après ce que li roys fu pris, li soudans envoia à li des messages qui li disent mout cruelement et mout asprement et par grans menaces, que il feist au soudan rendre

---

¹ Il s'élança. — ² Calices dorés. — ³ Même le sceau du roi. — ⁴ Prisons: prisonniers. — ⁵ Chartres : prisons, *carceres*.

* Les mêmes éditeurs trouvant ce mot coupé en deux, l'ont rendu par *vaisselle, mantes*, alors qu'il n'a qu'une signification, la première. Plus loin, *calipses aures* est traduit par *livres*.

[Damiete] tout entierre et toute sainne, ausi garnie de toute chose et plentiveuse [1] de tous biens con ele estoit au jour que li crestien y entrèrent premièrement, et que li roys li feist rendre tous ses despens et tous ses cous que il et ses pères [2] avoient mis en la guerre puis [3] que li crestien estoient arrivés en Égypte. Encore requeroient-il au roy que il leur feist rendre tous les Sarrasins que li crestien tenoient, viés [4] et nouviaus, à Damiete et ou royaume de Jhérusalem et en chetivoisons [5], et tous les damages que il ne ses pères avoient eus en la guerre que li roys leur avoit esmue. Après moult de paroles et moult de consaus [6], trives furent devisées et faites entre le roy et le soudan en tel manière et en tel fourme : c'est à savoir que li soudans estoit tenu à délivrer tous les chaitis [7] crestiens qui estoient par toute sa terre et par toutes les forteresces de tours qui obéissoient à lui, qui avoient esté pris de cele eure que li roys arriva en Egypte, et tous les autres, de quelconques parties il fussent ne dès le tens et le jour que li trives furent faites entre Kikamel, son aiol, et l'empereur de Romme Fredric, en quelconques terres il eussent esté pris, quelque il fussent, povre ou riche, haut ou bas, le roy tout avant et ses frères et tous les barons et tous les autres ou el, et les laisseroient aler quelque part qu'il voudroient. Ausi por cele trive meismes rendroient li crestien toutes les terres qu'il tenoient ou royaume de Jhérusalem, au jour que li roys arriva en Jhérusalem, toutes en pais et toutes quites sans nul grévement, c'est à savoir cités, chastiaus, forteresces, viles, casiaus [8] et toutes leur appartenances. Toutes ces choses que li roys et li autre crestien tout avoient dedans Damiete, il les emporteroient et feroient leur volenté. Toutes ces choses que li crestien vouroient lessier devant Damiete, et li roys et tout li autre, seroient toutes sauves, et en la garde et en la défense du soudan, et les porroient porter quelque part qu'il

---

[1] *Plentiveuse* : plantureuse, abondante. — [2] Lui et son père. — [3] *Puis* : depuis. — [4] *Viés* : vieux. — [5] *Chetivoisons* : captivité. — [6] *Consaus* : conseils. — [7] *Chaitis* : captifs. — [8] *Casiaus* : villages.

vouroient, toutes les heures que il leur plairoit, fust par terre, fust par yaue.

Tout li crestien qui demouroient dedans Damiete, ou pour maladie ou pour leur choses vendre, ou pour atendre nés [1] ou autres voitures, demourroient tout seurement et tout sauvement, ou fust par mer ou fust par terre. A tous ceus et à toutes celes qui par terre s'en voudroient aler, li soudans estoit tenu à eus livrer sauf-conduit et seur jusques as terres des crestiens. Toutes ces choses devoit li soudans tenir et faire tenir sans empeschement et sans contredit, et estoit tenu à toutes ces choses délivrer.

Li roys estoit tenu à rendre et à délivrer la cité de Damiete, et par huit fois cens mille besans sarrasinois de sa délivrance, et toutes les autres choses qui sont devant nommées, et pour les cous et les despens et les damages que li soudans et ses [2] pères et tous li autres avoient fais en la guerre. Encore li roys estoit tenus à délivrer tous les Sarrasins qui estoient en chetivoisons et avoient esté pris ou royaume de Jhérusalem dès le temps que la trive fu prise entre Kikamel, l'aiol le soudan, et l'empereur de Romme Fedric, et tous ceuls qui avoient esté pris en Egypte, dès le temps que li roys arriva au port de Damiete. Ces trives en tel fourme que nous les avons devisées, jura li soudans à tenir seur la loi Mahommet, à sa manière et à sa guise. Li roys les jura ainsi à tenir et à délivrer en tele manière comme il firent. Li roys paya au soudan sa raençon, c'est-à-dire quatre fois cens mille besans. Quant ces trives furent ainsi confermées et d'une part et d'autre, li soudans s'en vint à tout son ost, et amena le roy et ses frères et les barons avec li vers Damiete tout droit, pour toutes ces choses délivrer ainsi comme eles estoient devisées.

Ainsi comme il estoit un jour logiés auques [3] près de Damiete il avint une matinée que il fu levés du mangier, là fu-

---

[1] *Nés :* nefs, vaisseaux. — [2] *Ses :* son. — [3] *Auques :* un peu.

rent aucun chevalier sarrasin qui li coururent sus par le conseil et par l'acort de la plus grande partie de l'ost aus Sarrasins; mais nous ne savons mie certainement pourquoi ce fu. Aucunes gens dient que ce fu pour la reançon le roy que il voloient avoir. Quant li soudans vit que il li couroient ainsi sus et jà l'avoient navré félonnessement¹, il issi² hors de ses tentes et s'enfui. Cil coururent après grant aleure et par devant presque tous les amiraus de l'ost, et moult grant plenté de Sarrasins qui là estoient le férirent d'espée et abatirent et cruelement l'occirent et dépiecèrent tout par pièces. Tantost que ce fu fait en cele grant ire, grant mautalent³ et grant forcenerie⁴, moult grant plenté de Sarrasins s'en alèrent tous armés en la tente le roy, ainsi comme s'il vausissent⁵ lui et les autres crestiens qui là estoient occire et détrenchier, ainsi comme il avoient fait le soudanc, leur seigneur. Assés avoit de gens là endroit qui ce cuidoient certainement; mais tantost comme il vinrent devant le roy, ne li firent onques semblant de mal faire, mais tantost le requistrent et parlèrent de trives que li soudans avoit faites au roy, et que il leur délivrast la cité de Damiete isnelement⁶.

Comment les trives meismes du roy furent refaites à⁷ cent et vint-quatre amiraus⁸.

Quant il orent assés parlé de ces choses au roy, et li roys ou el, et il orent moult de fois juré et affermé⁹ par grans paroles et par grans conjuremens que il tenroient au roy teles trives et teles couvenances¹⁰ que li soudans avoit fait à lui, en la fin li roys et li crestien qui avec lui estoient s'accordèrent en tel fourme : tout li amiraut qui estoient en l'ost des Sarrasins, c'est à savoir cent vint-quatre, jurèrent sur la loi Mahommet que il tiendroient au roy et à la crestienté les trives et toutes les

¹ *Félonnessement* : cruellement. — ² *Issi* : sortit. — ³ *Mautalent* : fureur. — ⁴ *Forcenerie* : égarement. — ⁵ *Vausissent* : voulussent. — ⁶ *Isnelement* : promptement. — ⁷ *A* : avec. — ⁸ *Amiraus* : émirs. — ⁹ *Affermé* : affirmé. — ¹⁰ *Couvenances* : conventions.

couvenances teles que nous les avons devant devisées. Autel[1] serment leur fist li roys comme il avoit fait au soudan. En cele trive dernière furent nommé li jour certain que Damiete seroit rendue aus amiraus, et tout li chaitis[2] seroient délivrés d'une part et d'autre. Au jour qui fu nommé, rendi li roys aus amiraus Damiete. Quant ce fu fait, li amiraut délivrèrent le roy de la prison et ses deus frères, le conte de Poitiers et le conte d'Angiers. Avecques ceuls furent délivré li quens de Flandre, Pierres Mauclers, qui avoit esté quens de Bretaigne, li quens de Soissons et autres barons, et autres chevaliers du royaume de France, de Jhérusalem, de l'isle de Chypre et d'autre pays. Quant ces choses furent ainsi faites, li roys et li autre crestien qui y estoient cuidoient certainement que li amiraut gardassent fermement et loiaument leur sairement des trives et des couvenances que il avoient eues au[3] roy. Li roys lessa bons messages[4] et prudhomes avec les amiraus pour les prisonniers recevoir. Li roys fist issir de Damiete la royne sa femme, la contesse de Poitiers, la contesse d'Angiers, sereur[5] la royne, la contesse de Poitiers, le duc de Bourgoigne et tous les autres chevaliers, hommes et femmes, qui issir s'en voudrent[6] à toutes[7] leur choses; mais moult petit y avoit de vaissiaus, par quoi il convint moult grant pièce demourer et de gens et de harnois, le roy et les autres. Quant ces choses furent ainsi faites, li roys entra en sa nef, et tout li autre qui vaissiaus porent avoir; si se départirent du port de Damiete et se mistrent en mer et s'en alèrent droit à Acre. Tout cil de la cité alèrent encontre le roy à grant procession. Li clerc estoient revestu sollempnelement, et portoient philatères[8], crois, yaue bénoite, encensiers et autres choses qui apartenoient à sainte Eglise. Li chevaliers, li bourgois, li serjant, les dames, les puceles et toutes les autres gens estoient plus belement vestu et atiré[9] que il pooient.

---

[1] *Autel* : pareil. — [2] *Chaitis* : captifs. — [3] *Au* : avec le. — [4] *Messages* : messagers. — [5] *Sœurs de*. — [6] *l'ou-drent* : voulurent. — [7] *A toutes* : avec. — [8] *Philatères* : reliquaires. — [9] *Atiré* : parés.

Toutes les cloches de la vile sonoient et avoient jà sonné toute jour de si loing que il porent percevoir de premiers en la mer. Moult honnourablement alèrent encontre lui jusques au port où il arriva ; tout droit l'emmenèrent, lui et les autres, en la maistre église de la cité. Assés y ot [1] larmes plourées de joie de ce que li roys et cil qui là estoient furent délivré, et de pitié de la grant meschéance [2] qui estoit avenue à la crestienté. Après ce, il emmenèrent le roy à son hostel. Tout li grant homme de la cité li firent grans présens et précieus, selon ce que chascuns avoit pooir.

Comment li amiraut brisèrent les trives malement.

Quant li roys fu venu à Acre, il renvoya en Égypte grans messages et sollempneus, et assés vaissiaus pour les chaitis [3] et les autres qui là estoient demouré, et pour les malades et pour les harnois et les autres choses qui estoient demouré à Damiete. Quant li message le roy vindrent à Damiete, li amiraut s'en estoient jà partis. Il les suirent [4] et les trouvèrent en Babiloine ; il leur requistrent que il leur feissent délivrer les chaitis et les autres choses qui estoient le roy [5] et les autres crestiens, selonc la fourme de la trive que il avoient jurée. Li amiraut les missent [6] en bonne espérance du délivrer, et les firent séjourner une grant pièce [7] en Babiloine. Toute jour semonnoient [8] li serjant le roy les amiraus mout viguereusement que il délivraissent les chaitis et les autres choses, et gardassent leur sairement que il avoient fais. Quant li amiraut les orent fait atendre longuement, il ne leur délivrèrent de tous les chaitis que il tenoient en prison, que seulement quatre cens. Cil estoient gens qui aidier ne se povoient ; viel home et malade et foible estoient ; de ceulz meismes i ot assés qui furent mis hors des prisons par raençon. De ces quatre cens en y ot

---

[1] Il y eut beaucoup de. — [2] *Meschéance* : malheur, adversité. — [3] *Chaitis* : captifs. — [4] *Suirent* : suivirent. — [5] Au roi. — [6] *Missent* : mirent. — [7] Longtemps. — [8] *Semonnoient* : sommaient.

assés mort dedans court terme. Douleureusement et desloiaument brisèrent li desloial amiraut ces trives que il avoient jurées à tenir au roy et à la crestienté. Il ne rendirent que quatre cens prisons, dont il y avoit bien douze mille. Il détindrent [1] toutes les choses le roy et des autres crestiens qui demourèrent à Damiete. Après ce que li roys s'en fu partis, il firent cherchier les prisons où li chaitis estoient, et prisent des plus esleus bachelers, fors et délivres [2], que il y trouvèrent, et leur metoient les espées toutes nues sus les testes et leur faisoient par diverses painnes et angoisses renoier la foi crestienne, et leur faisoient réclamer et prier et croire en la loi Mahommet. Assés y en ot de ceus qui furent très-fors champion de nostre seigneur Jhésu-Crist et fermement enraciné en la foi crestienne. Ceuls faisoient-il finer en cest siècle [3] leur vies par glorieus martire. Ceuls qui estoient demouré à Damiete, qui ne s'en pooient mie estre alé avec le roy par défaute [4] de navie, et les autres qui estoient demouré en la cité par maladie et remuer ne se povoient, il les occirent trestous et firent morir cruelement en diverses manières de tourmens. Aucunes gens disent que il prenoient les barrots [5], desqués y avoit assés en la cité, et envelopoient les crestiens dedens et lo[o]ient [6] fort de boins loiens et y boutoient le feu. En tele manière les ardoient cruelement. Encore disoit-on autre chose, que li Sarrasin avoient pris les barrots de la terre et les avoient traisnés en un lieu hors de la vile, et les cors des crestiens que avoient occis, et les autres qui encore vivoient, avoient traisné avec et geté tout ensemble, puis y avoient bouté le feu et ars [7] tout en cendre. Lors prenoient li desloyal les crois et les crucifis que il avoient trouvés dedens la cité de Damiete, et les loioient à cordes; puis les traisnoient à grans siflois et par grans risées et par grans escharnissemens [8], puis les batoient, après

---

[1] *Détindrent* : détinrent. — [2] *Délivres* : lestes. — [3] *Siècle* : monde. — [4] *Défaute* : manque. — [5] *Barrots* : tonneaux. — [6] *Looient* : liaient. — [7] *Ars* : brûlés. — [8] *Escharnissemens* : railleries.

les détrenchoient et fouloient vilement à lor piés. Certainement disent et afermèrent mout de gens que se li roys et cil qui adont avecques lui s'en estoient alé, fussent encore un très-petitet demouré, que il ne se fussent sitost mis au flun et en la mer, que il n'en fust jà[1] nuls eschappés que il ne fussent tous mis à l'espée, occis, découpé avecques les autres.

Quant li message le roy[2] sorent comment ces choses aloient cruelement et desloiaument, il prisent toutesvoies ces quatre cens que on leur avoit baillés. Assés parlèrent des autres choses; mais riens ne leur valut. Quant il virent ce, il entrèrent en leur nés[3] à tout les prisons[4], et s'en retournèrent au roy à Acre. Bien disent au roy et as crestiens qui là estoient, ces choses, ainsi qu'eles estoient avenues et nous les avons devant contées. Li roys et tout li autre en furent esbahi, si que il n'en savoient que dire. En ce point que li message le roy revinrent d'Égypte, qui ces nouvelles apportèrent, faisoit li roys appareillier et garnir sa navie, car il s'en béoit[5] à revenir en France au passage d'aoust, qui estoit assés près; mais quant il oïrent que li amiraut avoient les trives que il avoient jurées et créantées seur la loi Mahommet, enfraintes et brisies si cruelement et si dolereusement, il ne se volt mie partir d'Acre sans grant conseil. Il manda à un jour tous les barons de France qui là estoient, et les grans hommes du pays par devant lui, et leur demanda conseil sur ces choses qui avenues estoient. Presque tout s'acordèrent à une chose. Il respondirent au roy que puisque li amiraut avoient les trives brisies, que se il s'en revenoit en France, que ce ne seroit autre chose fors tant[6] que il abandonneroit la terre et le pays et les crestiens qui là estoient, en la main et en la volenté des Sarrasins; des chaitis qui encore estoient en prison seroit l'espérance toute perdue de leur délivrance. Toute la terre, ce disoient, seroit perdue, et tout cil qui en prison estoient et tout li autre, se il

---

[1] Jà : jamais. — [2] Quant les messagers du roi. — [3] Nés : nefs, navires. — [4] Avec les prisonniers. — [5] Car il aspirait. — [6] Si ce n'est.

s'en aloient en tel point. Tout li grant homme et presque tout li meilleur estoient mort en la terre d'Égypte, par quoi li crestien estoient en estat si foible et si dolereus, que cil qui demouré estoient n'avoient pouvoir de la terre tenir ne deffendre, ains convendroit que cil qui demourroient fussent tout ou mort ou pris, ou la terre perdue. Encore disoient-il que se li roys demouroit, li chetis porroient encore bien estre délivrés, et les cités et les chastiaus, et les viles retenues, et li crestien sauvés, et assés de biens porroient venir à la crestienté. Li autre disoient, mais petit en y avoit, que il ne seroit mie bon que li roys demeurast plus en la terre d'outre-mer; car il demourroit en grant péril d'estre perdus, ne par leur conseil n'i demourroit-il plus. Li roys entendit bien que se il lessoit la terre d'outre-mer en tel estat, que il seroit avisé de toute la terre perdre. Il respondi que il ne lairoit[1] pas la sainte terre en tel point, ains demourroit et viveroit et morroit avecques ceuls qui demourroient. Encore disoit-il que il ne voudroit mie vivre en cest siècle[2], puis qu'il fu accoisons[3] de la perdition de la terre. En nule manière, ce disoit-il, ne laisseroit-il la sainte terre en tel péril. Assés y ot de pitié, de larmes plorées, quant il oïrent ainsi le roy parler. Li roys en renvoia ses deus frères en France, et par euls ses letres seelées de son seau nouvel, où les aventures estoient escriptes, bonnes ou mauvaises; [et] manda à tous ceuls de France, haus et bas, povres et riches, et requist et ammonesta que il [le] secourussent, à lui et à la sainte terre. Grant volenté avoit de faire la besoingne Dieu, pour cui il estoit croisiés et avoit laissié la terre et le royaume de France, dont il estoit sires, et en estoit alé en estrange[4] pays et en estranges terres. Ainsi demoura li roys Loys en la terre d'outre-mer, et si frère et li autre baron s'en revindrent. Ceste dolereuse meschéance[5] avint à la crestienté, et ainsi reperdirent li crestien la seconde fois la noble cité et

---

[1] *Lairoit* : laisserait. — [2] *Siècle* : monde. — [3] *Accoisons* : occasion. — [4] *Estrange* : étranger. — [5] *Meschéance* : malheur, mésaventure.

très-fort de Damiete. Adonques estoit li ans de l'incarnations nostre seigneur Jhésu-Crist 1251, le mois de mai ; apostoles [1] de Romme, Innocent li quins [2] ; roys de France, Loys ; roy d'Engleterre, Henris ; roi d'Alemaigne, couronné et esleus pour estre empereur de Romme, Guillaume li quens [3] de Hollande ; archevesque de Rains, Joel, qui avoit esté archevesques de Tours.

Des meschéances qui avindrent à la crestienté cel an meismes, et [de] diverses choses qui avindrent à la terre d'outre-mer.

En dementres [4] que li roys séjournoit à Acre, vindrent message à lui qui li disent que li Turqueman mahomerois [5] avoient en moult pou de temps destruit par deus fois la terre d'Antioche et qui [6] estoit hors des forteresces. Autre message revindrent d'Erménie, qui disent au roy que li mescréant mahommerois avoient gasté la terre et pris le frère le roy d'Erménie et mené en prison. Li autres disent que li crestien de Triple [7] estoient alé en fuerre [8] sur les Sarrasins, et que il avoient esté desconfit, et que il avoit assés perdu des crestiens, de leur armes et de leur chevaus. Li autres disent au roy que li messagier que il avoit envoié as Tartarins estoient revenu et les avoit-on détenus dedens la cité de Halape. Li Viels de la Montaigne, sires des Harsarsins, envoya ses messages au roy ; mais nous ne savons pour quoi ce fu. Li grans princes des Grifons, Vatages, envoya des messages au roy ; mais nous ne savons pourquoi ce fu. Mais li roys renvoya ses messages à celui Vatages et au Viel de la Montaigne, avec leur messages meismes. Li autre messagier, qui estoient grant homme sollempnel, vindrent en Acre par deus fois, de par Fedric qui avoit esté emperères. Fedric voloit metre ses baillius et ses serjans [9] dedens la cité d'Acre et par le pays de la

---

[1] *Apostoles* : apôtre, pape. — [2] Le cinquième. — [3] *Quens* : comte. — [4] Pendant. — [5] *Mahomerois* : mahométans. — [6] Et ce qui. — [7] *Triple* : Tripoli. — [8] Au fourrage. — [9] *Serjans* : soldats.

crestienté de Jérusalem. Li autre vindrent et distrent au roy que li roys de Chypre avoit espousé la fille le prince d'Antioche. De ce fu li roys moult lié [1]. Li messagier les amiraut [2] d'Égypte vindrent au roy. Par euls mandoient li amiraut au roy que les trives que il avoient faites et prises fussent tenues. Li roys respondi que il avoient les trives brisies en tel manière que nous avons devant dit. Tant coururent les paroles que li roys envoya ses messages en Égypte as amiraus avec leur messages meismes; mais nous ne savons mie encore que il firent. Li autre vindrent et distrent au roy que Fedric qui avoit esté emperères estoit mort. Li autre vindrent qui dirent au roy que grant discorde et grant guerre estoit esmue entre les Sarrasins. En tel manière li soudans de Halape [3] sot [4] que cil d'Égypte avoit occis le soudan, leur seigneur. Tantost avoit semons [5] ses os [6] à pié et à cheval. Il avoit mandé tous ses amis que il li aidassent. Il s'en estoit venu à tout [7] si grant gens, et avoit pris Damas et presque toutes les cités, tous les chastiaus et toutes les viles et tous les bours qui estoient et appartenoient en la terre de Surie et de Jhérusalem, en la seigneurie de ceuls de Égypte. Li soudans de Halape, ce disoient, avoit grant talent[8] et grant volenté de conquerre toute la terre d'Égypte pour lui et pour son hoir. Grant semblant faisoit li soudans de Halape, ce disoient li plusieurs, de conquerre toute la terre qui avoit esté au soudan d'Égypte. En tele manière venoient messagier de toutes pars au roi de France, qui estoit en Acre, qui nouveles li apportoient de diverses manières et de divers fais. Boine chière [9] et boin samblant faisoit adès [10] li roys, et hardiement se maintenoit, ne de nule chose ne s'esmaioit onques.

---

[1] *Lié* : joyeux. — [2] *Amiraut* : émirs. — [3] *Halape* : Alep. — [4] *Sot* : sut. — [5] *Semons* : convoqué. — [6] *Os* : troupes. — [7] *A tout* : avec. — [8] *Talent* : désir. — [9] *Chière* : figure. — [10] *Adès* : toujours.

Comment une partie des crestiens esclaves furent délivrés.

Quant li doi frère le roy et li autre baron de France s'en furent r'alé [1] en France, li chevetains [2] d'Égypte et de Babiloine, et li autre amiraut renvoièrent au roy à Acre des crestiens chaitis que il tenoient en prison, le maistre de l'Hospital et vint-cinc chevaliers Ospitaliers et vint-cinc chevaliers Templiers et dix chevaliers de l'Ospital des Allemans, et encore cent chevaliers dou siècle [3] et six cens autres personnes, que hommes, que fames. Après ces choses li roys envoia ses messages et grans présens et grans dons, et entor [4] trois cens Sarrasins chaitis et esclaves à la chevetaine d'Égypte, qui en fist grant feste et grant joie; et renvoièrent au roy quatre-vins chevaliers et dix esclaves crestiens et deus mil et deus cens, que [5] hommes que femmes. Et si li [6] envoia un éléfant et un onagre, et li envoia précieus dons et riches, des pesches aromatiques; mais ce ne furent mie tous li crestien chaitis d'assés. Li roys metoit grans cous et grans despens en tenir chevaliers et arbalestriers et serjans à pié et à cheval aus armes, et en envoyant ses messagiers et grans dons aus soudans, et à recevoir leur messagiers et en racheter les chaitis crestiens, et en eus vestir et chaucier, et en donner larges aumosnes et en fermer de murs et de tours le forbourc [7] de la ville d'Acre.

Comment li chevetaine d'Égypte et cil du pays desconfirent ceuls de Halape [8].

En dementres [9] que ces choses aloient ainsi en la terre des crestiens, li soudans de Halape, qui avoit amassé grant ost à pié et à cheval, et avoit pris le royaume de Damas et de Jhérusalem, fors ce que li crestien en tenoient sur ceuls d'Égypte, et avoit grant fain de vengier la mort le soudan d'Égypte pour

---

[1] *R'alé :* retournés. — [2] *Chevetains :* chef, capitaine. — [3] Séculiers, libres. — [4] *Entor :* environ. — [5] *Que :* tant. — [6] Et il lui. — [7] *Forbourc :* faubourg. — [8] *Halape :* Alep. — [9] *En dementres :* pendant.

lui et pour son hoir [1], passa à tout son ost [2] parmi les désers qui sont entre Surie [3] et Égypte, tant qu'il vint à l'entrée d'Égypte ; ne pot avoir nule viande, car li Béduin li avoient la voie forsclose [4] ; s'en fu à grant meschief [5]. Li chevetains d'Égypte rassembla ses gens et s'en vint encontre lui à grant ost [6], tant qu'il vint près de là où li soudans de Halape estoit à toutes ses gens. Le jour de la Chandeleur au matin, il assamblèrent ensamble et se combatirent, et assés en y ot et de mors et de pris. En la fin furent vaincu cil d'Égypte, et s'enfuirent. Li Béduin coururent à leur harnois et le ravirent et l'emportèrent ; et quant ce vint vers le vespre [7], cil d'Égypte rassemblèrent leur gens, et se misent en conroy [8], et coururent à ceuls de Halape, et se combatirent de rechief les deux os ensamble à bataille champel [9]. En la fin furent desconfis ceuls de Halape trop malement et s'enfuirent, et perdi li soudans de Halape presque tous ses amiraus, et perdi bien de son ost vint-quatre mil hommes, qui tout furent mort ou pris. Li Béduin recoururent aus harnois ceuls de Halape, et le ravirent et l'emportèrent : ainsi gaaignèrent li Béduin le harnois à deus os.

Comment li roys fu assouls du sairement que il avoit as amiraus des trives.

Quant li roys vit que ceuls d'Égypte ne tenoient mie leur trives que il avoient faites à lui et à la crestienté, il fist assembler par devant lui le légat et les prélas et les barons et les sages hommes et clers et lais, et fist recorder [10] la forme et la manière des trives, comment eles avoient esté faites entre lui et le soudan de Babiloine qui fu murdris [11], et après aus amiraus d'Égypte cent et vint-quatre, et demanda s'il avoit bien tenu les trives aus amiraus, et se li amiraut y avoient de riens mespris [12]. Il s'en conseillèrent et disent que li amiraut n'avoient

---

[1] *Hoir* : héritier. — [2] Avec son armée. — [3] *Surie* : Syrie. — [4] *Forsclose* : fermée. — [5] Et ce fut grand malheur. — [6] Avec une nombreuse armée. — [7] *Vespre* : soir. — [8] *Conroy* : état. — [9] En bataille rangée. — [10] *Recorder* : rappeler. — [11] *Murdris* : mis à mort. — [12] Manqué en rien.

mie bien gardé leur serrement ne les trives, ains [1] les avoient brisies moult desloiaument et moult cruelement; et encore ne les tenoient-il mie, ains trespassoient chascun jour leur sairement. Il disent que il ne povoient percevoir que li roys ne les eust bien tenues en toutes manières, et son sairement bien gardé en toutes manières, et gardoit encore. Li roys requist au légat que puisque li Sarrasin ne tenoient les trives, que il l'assolsist [2] de son sairement que il avoit fait aus Sarrasins. Li légat s'en conseilla aus prélas et aus sages hommes qui là estoient. Il respondirent que puisque li amiraut ne tenoient les trives, li roys ne la crestienté n'en devoient nules tenir aus amiraus. Li légat, quant il s'en fu conseilliés, et il en orent assés parlé par commun conseil, de tout il assolst le roy du sairement qu'il avoit fait aus amiraus, et dénonça que li roys ne la crestienté n'estoit mie tenu de tenir trives aus Sarrasins, puisque il ne les tenoient. En tele manière demora li roys et la crestienté sans trives encontre toute manière de Sarrasins.

Des trives que li nouviaus soudans et li roys firent ensamble, et que tout li crestien esclave furent délivré et les testes rendues.

Après ces choses, quant li yvers fu passés et ce vint au mars, li roys assambla ses gens et s'en vint à tout son ost [3] à Césaire en Palestine, qui siet sur la mer, et se logea delès [4]; et fist fermer [5] le forborc [6] de murs et de fossés et de seize tours. En dementres [7] que il séjornoit là, il envoia ses messages [8] sollempnels au nouvel soudan de Babiloine et d'Égypte, que il li amendaissent les défautes et les forfais [9] que il et li amiraut avoient fais contre les trives. Quant li roys séjornoit là, li soudans de Halape envoia à lui ses messaiges solempnels pour faire trives au [10] roy et à la crestienté; mais la forme des trives que il offrirent

---

[1] *Ains* : mais. — [2] *Assolsist* : déliât. — [3] Avec son armée. — [4] *Delès* : auprès. — [5] *Fermer* : fortifier. — [6] *Forborc* : faubourg. — [7] *En dementres* : pendant. — [8] *Messages* : déliât. — [9] Pour qu'il lui fît raison des manquements et des forfaitures. — [10] Avec le.

ne plot mie au roy ne à la crestienté. Par ce demorèrent les
trives, et s'en r'alèrent li messagier, qui n'i firent noient. Li
soudan de Babiloine et d'Égypte et li autre Sarrasin de la terre
en orent grant doutance [1] et grant paour que grant secours ne
venist au roy des crestiens et que il ne revenissent à Damiete
et au royaume d'Égypte, et que il ne conquéissent la terre sus
euls. Il s'en conseillièrent et s'en vindrent à Damiete et l'abatirent,
et fondirent en terre toutes les tours et toutes les torneles
et toutes les tours de la cité; il prisent les pierres et les
portèrent ou flun du Nil. Li messagier le roy qui furent envoié
au nouvel soudan revindrent, et envoia li nouviaus soudans ses
messages au roy ; et tant coururent paroles et alèrent messagier
solempnel et d'une part et d'autre, que trives furent faites et
devisées entre le roy et les crestien d'une part, et le nouvel soudan
d'Égypte et les Sarrasins d'autre part. Pour ceste trive derraine [2]
furent délivré tout li crestien qui estoient en chativoisons [3]
par tout le povoir [de] ceuls de Babiloine et d'Égypte, et
toutes les testes des crestiens qui pendoient aus murs de Babiloine
et dou Cahaire et par toutes les forteresces à ceuls d'É-
gypte, furent toutes despendues et renvoiées au roy, et quatre
cens mil besans sarrasinois qu'il disoit que li roys li devoit de
sa raençon. Et fu en cele trive un point qui onques mais n'a-
voit esté en trives de crestiens et de Sarrasins; car tout li
crestien renoié, fust par force ou par lor volenté, eurent
congié que il s'en revenissent quitement au roy et à la crestienté.
Par ceste trive fu tenu li nouviaus soudans de Babiloine
à rendre la sainte cité de Jhérusalem et la terre saint Abraham
et la cité de Naples [4] et toute la Galilée et toute la terre
jusqu'au flun Jourdain, fors [5] aucunes viles qui n'estoient
mie fermées [6], que li soudans détint pour ce que il peust par
là passer au royaume de Damas. Quant la trive fu en tele manière
faite et devisée, li roys mut à tout son ost [7], et s'en ala

---

[1] *Doutance* : frayeur. — [2] *Derraine* : dernière. — [3] *Chativoisons* : captivité. — [4] *Naples* : Naplouse. — [5] *Fors* : hormis. — [6] *Fermées* : fortifiées. — [7] Se mit en mouvement avec son armée

à Japhe[1], et fist fermer le forbore de murs et de tours et de fossés.

Comment les trives ne furent mie tenues, et li roys s'en revint en France.

Grant espérance avoit li roys et li légas et li crestien que la sainte terre de promission, si comme nous l'avons devant nommée, leur fust rendue en brief temps ; mais li Sarrasin ne leur en rendirent point assés. Envoia messages li roys au soudan, et li soudans à lui ; mais il ne valut noiant. Il ne tindrent mais la trive d'endroit la terre sainte rendre, ainsi comme il l'avoient en couvent[2]. Quant li roys et li crestien virent que li Sarrasin ne lor tenoient mie lor couvenances[3] qui furent devisées, si furent mout destorbés[4]. Li roys n'i avoit mise gent par quoi il le peust amender[5] sus les Sarrasins. Nuls ne li aportoit nouveles que il deust avoir secours ne aide de nule part. Il se conseilla aus prélas et aus barons qui là estoient ; par commun conseil il atira[6] que messires Joffrois de Sargines demorroit et que li roys li livreroit ses despens pour tenir chevaliers et arbalestriers, et serjans à pié et à cheval, pour la tierre aidier et garder contre les Sarrasins, et qu'il s'en reviendroit en France, puisqu'il ne pooit avoir secors. Li roys le fist ainsi, comme nous l'avons devant dit. Il fist atirer son navie[7], et prist la royne, sa femme, qui estoit grosse d'enfant, et deus enfans qu'elle avoit eus en la terre d'outre-mer, l'un à Damiete et l'autre à Acre, et s'en revint en France, et fu receus à Paris, la vigile[8] Nostre-Dame en seutembre, à grant procession et à grant solempnité, car on le cuidoit avoir perdu. Adont[9] estoient li an de l'incarnation Nostre-Seigneur mil deus cens et cinquante-quatre ; apostole[10] de Romme, Innocent le quart[11] ; roy de France, Loys,

---

[1] *Japhe* : Jaffa. — [2] Ainsi qu'ils en étaient convenus. — [3] *Couvenances* : conventions. — [4] *Destorbés* : troublés. — [5] Il pût l'emporter. — [6] *Atira* : régla. — [7] Équiper sa flotte. — [8] *Vigile* : veille. — [9] *Adont* : alors. — [10] *Apostole* : pape. — [11] *Quart* : quatrième.

dont nous avons devant parlé ; roy d'Alemaigne , Guillaume, comte de Hollande ; roy d'Angleterre, Henris ; roy de Navarre et quens de Champaigne et sires de Brie, Thiebaus li péres ; l'évesque de Soissons, Menelons de Basoches; abbé de Saint-Marc de Soissons, Jeromes de Coinsi, quens de Soissons.

Comment li crestien firent trives quant li roys s'en fu revenus au soudan, et com eles furent brisées.

Quant li roys se fu départis de la terre d'outre-mer, ainsi comme nous avons dit devant, ne demora mie * granment que li nouviaus soudans de Babiloine et d'Égypte et de Damas, et li Sarrasin d'une part, et li seigneur de la terre des crestiens et li Temple et li doi Hospital, d'autre part, s'acordèrent et firent trives à dix ans et à dix jors, par tel manière que li chastiaus de Japhe fust hors de la trive. Et quant ce vint en Noël après, messires Jofrois de Sargines et une grant partie des crestiens s'assamblèrent au chastiau de Japhe, pour ce qu'il estoient fors de la trive, et toute l'autre terre des crestiens y estoit, par quoi il ne povoient corir sus les Sarrasins, se par ce chastel non [1]. Et quant il furent là assamblé, il envoièrent espier en la terre pour savoir de quel part il pooient plus gaaigner. Et quant ce vint le mercredi après Noël, il s'armèrent et montèrent et vindrent à pié et à cheval moult privéement, et chevauchièrent toute nuit. Et quant il vindrent entre Gadres et Escalonne [2], et il virent que il fu poins de corre [3] sus Sarrasins, il coururent par les cassiaus [4], et aqueillirent hommes et femmes, et bestes, grans et menues, et s'en revindrent à Japhe, tout sain et tout haitié [5], que il n'i perdirent que un seul Turcople, qui fu occis. Et gaaignèrent et partirent [6] entre euls ensamble quatre cens esclaves qu'il avoient occis, et desquels il y avoit bien huit cens, ce

---

[1] Sinon par ce château. — [2] Gaza et Ascalon. — [3] Temps de courir. — [4] *Cassiaus :* villages. — [5] *Haitié :* bien portants. — [6] *Partirent :* partagèrent.

* *Un gran ment*, édit. de la nouv. Collect. des Mémoires, etc.

cuidoient ; et avoient bien gaaignié dix mille bestes menues, et bien mil chameus, que bugles, que autres grans bestes. Li Sarrasin firent savoir au soudan de Babiloine toutes ces choses, ainsi comme nous avons devant dit. Li soudans manda isnelement¹ l'amiraut² de Jhérusalem qu'il semonsist les amiraus d'entor et grant plenté de gens à armes, et que il alaissent asseoir³ Japhe, et que il li feissent tout le mal qu'il pourroient. Li amiraus le fist ainsi, et vint à grant plenté⁴ de Sarrasins, et assist Japhe, et loja son ost en ce lieu que on apele *le Toron des chevaliers*, en tele manière que ceuls de Japhe les véoient plainement. Et venoient souventes fois jusques aus murs du chastel ; et cil dedens ne s'osoient mouvoir, car il estoient peu de gent, s'avoient paour d'embuschement⁵ et que il ne perdissent le chastel. Quant li Sarrasin orent là esté une pièce⁶, et il virent que li crestien n'istroient⁷ mie dou chastel, il prisent ûne partie de lor gens, si les envoièrent sus la terre des crestiens. Cil se murent et coururent par la terre des crestiens, qui garde ne s'en prenoient, et s'en vindrent sain et sauf à tout lor gaaigne⁸ en l'ost aus Sarrasins qui estoient devant Japhe. Li amiraus de Jhérusalem prist tous les prisons⁹, qui estoient bien cent, que Templiers, que Hospitaliers, que serjans. Il avoient gaaignié quarante-neuf mille bestes, que grans que petites, par esme¹⁰, que il ne volt mie à envoier le soudanc ; car il cuidoit qu'il leur convenist tout rendre, pour ce que li crestien de ce pays estoient en trives.

Comment li crestien desconfirent les Sarrasins devant Japhe, qui n'estoient mie en la trive.

Quant ce fu fait, li Sarrasin faisoient souvent leur cembiaus¹¹ et couroient jusques as murs de Japhe. Li crestien qui estoient dedens Japhe disent que ce ne soufferoient-il plus. Il

---

¹ *Isnelement* : promptement. — ² *Amiraut* : émir. — ³ *Asseoir* : assiéger. — ⁴ *Plenté* : multitude. — ⁵ Et ils avoient peur d'embûches. — ⁶ *Pièce* : temps. — ⁷ *Istroient* : sortiroient. — ⁸ Avec leur gain. — ⁹ *Prisons* : prisonniers. — ¹⁰ *Esme* : estime. — ¹¹ *Cembiaus* : prouesses.

misent boines garnisons dedans le chastel pour le garder, que il avenist de ceuls qui s'en iroient dehors combatre aus Sarrasins. Et quant ce vint le vendredi devant mi-quaresme, li Sarrasin coururent devant Japhe; li crestien, qui estoient apareilliés, firent ouvrir les portes et se férirent hors encontre les Sarrasins, et commencièrent à hucier [1] : « A la mort! à la mort! » Grant bataille y ot; mais li Sarrasin s'enfuirent, quant il orent assés perdu de leur gent. Aucune gent disent que li Sarrasin eussent esté ou tout mort ou tout pris, se ne fust li quens de Japhe qui chéi [2]. Et eust esté occis se ne fuissent li frère de l'Ospital qui le rescoussent [3]; mais toutevoies [4] emmenèrent li Sarrasin son cheval. Mesires Jefrois de Sargines les chaça jusques en leur herberges. Ses chevaliers revindrent à lui et li loèrent qu'il s'en retornaissent, car il avoient paour que il n'i eust embuschement [5]. Mesires Jofrois et li crestien s'en retournèrent à Japhe. Il contèrent que en cele bataille avoit bien eu, que [6] mors, que pris, deus mil Sarrasins, et des crestiens vint serjans et un chevalier; et si n'avoient esté en la bataille li crestien que deus cens à cheval, et entor [7] trois cens, que arbalestriers, que archiers, que autres serjans. En cele bataille fu occis, avecques les autres, li amiraus de Jhérusalem et li amiraus de Bethléem. Li Sarrasin firent savoir au soudan qui estoit à Damas que li crestien avoient les testes de l'amiraut de Jhérusalem et de celui de Bethléem. Li soudans envoia ses letres à un amiraut qui estoit en l'ost des Sarrasins, que il rachetast la teste à l'amiraut de Jhérusalem, et il li renvoieroit le cheval au conte de Japhe et vint mil besans sarrasinois. Et mesires Joffrois li remanda que se il li donnoit plaine une tour de besans et de chevaus, ne li rendroit-il mie. Li amiraus le remanda le soudan à Damas; et quant li soudans oy ces

---

[1] *Hucier* : crier. — [2] N'eût été le comte de Jaffa qui tomba. — [3] *Rescoussent* : secoururent. — [4] *Toutevoies* : toutefois. — [5] *Embuschement* : embuscade. — [6] *Que* : tant. — [7] *Entor* : environ.

choses, s'en fu moult courroucié et jura que il ne feroit jamais trives aus crestiens.

Comment les Béduins tolurent[1] bien aus Sarrasins les deus pars de lor proie, et que les trives furent refaites.

Li Béduins qui estoient aus montaignes oïrent dire que li Sarrasin avoient fait grans damages seur les crestiens, il disent qu'il y voloient partir[2]. Il descendirent des montaignes et s'en vindrent en l'ost des Sarrasins, où li gaains estoit ; il disent à l'amiraut cui li soudans avoit fait chevetaine[3] de l'ost, qu'il vouloient partir à leur gaaing. Il leur respondirent que il ne partiroient mie, car il ne l'avoient mie aidié à gaaignier. Li Béduin s'en combatirent aus Sarrasins, et emmenèrent, cui qu'en pesast[4], bien les deus parties des bestes. Et ot bien ocis en cele bataille, que[5] Béduins que Sarrasins, quatre mil au plus. Li crestien se conseillièrent ensamble et envoièrent leur messages au soudan, qui estoit à Damas, et li mandèrent que il rendist les domages que il avoit fait aus crestiens, et que il amendast les trives que il avoit brisiées, il et ses gens, et après fuissent bien les trives ainsi comme eles avoient esté devant devisées, se il voloit ; bien fust la guerre. Assés y ot paroles et messagiers dou soudan as crestiens et des crestiens au soudan. Et en la fin fist tant li soudans pour les crestiens, que mesires Jofrois de Sargines et li quens de Japhe et li autre seigneur de la terre des crestiens, et li Temple et li doi Hospital, d'une part, et li soudans de Babiloine et d'Égypte et de Damas, d'autre part, que les trives furent refaites et affermées[6] ainsi come eles estoient devant[7], à dix ans et à dix jors. Adont[8] estoient li an de l'incarnation Nostre-Seigneur mil deus cens cinquante-sis.

---

[1] *Tolurent* : enlevèrent. — [2] *Partir* : prendre part. — [3] *Chevetaine* : capitaine. — [4] A qui que cela fût pénible. — [5] *Que* : tant. — [6] *Affermées* : conclues. — [7] *Devant* : auparavant. — [8] *Adont* : alors.

Comment li crestien guerroièrent les uns les autres.

Quant ces trives furent raffermées, et li crestien n'orent point de guerre aus Sarrasins, fors seulement li chastiaus de Japhe qui fors en estoit mis¹, li crestien commencièrent à guerroier les uns les autres, honteusement, douloureusement et vilainement à toute la crestienté et deçà et delà; car il ot discort² entre les Véniciens et les Pisans et les Poulains* de la terre, d'une part, et les Genevois et les Espagnols et les frères de Saint-Jean de l'Ospital d'outre-mer, qui soubtenoient les Gréjois³ pour une maison qui séoit dessus la mer en la terre des Véniciens et des Gréjois. Et dura la guerre près d'un an; et occioient et décopoient et faisoient tot le mal qu'il povoient faire li uns aus autres, tout ainsi comme il feissent aus Sarrasins, ou encore pis. On le fist savoir le prince⁴ d'Antioche, et il vint à Acre assés tost, et amena une sien neveu que il avoit, que li princes disoit que il devoit estre hoirs⁵ et roys et sires de la terre de par le conte Gautier de Brianne, dont cils enfès⁶ estoit issus, non mie de son cors, mais de ses hoirs; et amena la mère l'enfant avecques lui, qui estoit royne de Cypre, et pour metre pais en la tere, se il peust. Et quant il furent venu à Acre, li prince fist semondre de par son neveu les chevaliers dou pays qui tenoient dou royaume de Jhérusalem, et les maistres de l'Ospital et les maistres des maisons de religion à un jour à Acre; et quant il furent venu, li princes leur requist, de par l'enfant son neveu, que il feissent féauté à l'enfant come à roy et à seigneur dou royaume de Jhérusalem. Il disent que il s'en conseilleroient. Et après plusieurs paroles, li maistres dou Temple et li maistres de l'ospital Notre-Dame des Alemans, et li chevalier dou pays qui tenoient dou royaume, et la com-

---

¹ Qui en était exclu. — ² *Discort* : discorde. — ³ *Gréjois* : Grecs. — ⁴ Au prince. — ⁵ *Hoirs* : héritier. — ⁶ *Enfès* : enfant.

* On appelait ainsi les habitants nés d'un père franc et d'une mère syrienne. Voyez ci-dessus.

muigne des Gennevois et li Espaigneul disent qu'il n'en feroien
neent, car il n'estoit mie hoirs de la terre, ains en estoit hoir
li fils Colrat¹ ; car Colras avoit esté fils de la fille le roy Jehan
d'Acre, qui estoit li drois² hoirs de la terre. Quant li princes vit
qu'il y avoit discort³ et que il ne povoit mettre pais en la
guerre, il ot conseil que il meist bail⁴ de par son neveu l'enfant. Li prince fist bail de la terre le seigneur d'Arsur, et li
bailla huit cens François qui estoient ou pays un an à ses sou-
dées⁵, pour lui aidier. Et li commanda que se li Hospitalier
et la commuigne des Genevois et li Espaigneul ne venoient à
merci, que il leur feist tout le mal que il porroit ; et que il
n'espargnast mie l'avoir le prince, car il en bailleroit assés.
Après ces choses, li princes en r'ala en sa terre, car il ne povoit
mettre pais entre les crestiens, si très-vilainement s'entre-guer-
roient⁶. Quant li princes fu partis d'Acre, la guerre fu plus
griés⁷ et plus honteuse qu'ele n'avoit esté devant⁸. Et dedens cel an que la guerre dura, furent arses par cele guerre
quatre-vint naves, ou plus, chargies de tous avoirs et de marchandises, au port d'Acre. Et tout cel an ot⁹ bien quarante
engiens, qui tous getoient aval la cité d'Acre sur les maisons
et sur les tours et sus les tourneles, et abatoient et fondoient
jusques en terre quanque eles consuioient¹⁰ ; car il y avoit
assés tel dix engiens qui ruoient¹¹ si grosses pierres et si pesans,
que eles pesoient bien quinze cens livres, au pois de Champaigne : dont il avint [que] presque tous les tors et les forteresces d'Acre furent toutes abatues, fors seulement les maisons de religion. Et furent bien mors de cele guerre vint mil
homes, que d'une part que d'autre, mais assés plus de Genevois
et des Espaignois ; et furent decoupés et par mer et par terre,
et rendirent toutes les tours que il tenoient dedens la cité
d'Acre ; et furent toutes abatues jusques en terre. Et passèrent

¹ *Colrat* : Conrad. — ² *Drois* : légitime. — ³ *Discort* : dissension. —
⁴ *Bail* : baile. — ⁵ A sa solde. — ⁶ Se
faisaient entre eux la guerre. —
⁷ *Griés* : acharnée. — ⁸ *Devant* :
auparavant. — ⁹ *Ot* : il y eut. —
¹⁰ Tout ce qu'elles atteignaient. —
¹¹ *Ruoient* : lançaient.

par dessus les espées à ceus de Venisse et de Pise, et s'en alèrent, par païs faisant, à la cité de Sur. Et fu la cité d'Acre si fondue par cele guerre, que ce fu une cité destruite par guerre des crestiens et des Sarrasins. Adont¹ estoient li an de l'incarnation Nostre-Seigneur mil deus cens cinquante-neuf.

Comment les Commains desconfirent les Sarrasins, et des chastiaus que li crestien garnirent contre eus.

Après ces choses vindrent nouvelles en la cité d'Acre et ou pays d'entor, que li Tartarins avoient fait trois osts ².de leur gent, et que li uns des os estoit alé vers la cité de Comenie; et quant il vindrent à l'entrée de la terre de Comenie, li Commain distrent qu'il metroient tout pour tout et que il se combatroient à euls. Li Commain s'assemblèrent et se misent en conroi³, et si assamblèrent aus Tartarins, et li Tartarin à euls. Crueuse bataille et doulereuse et merveilleuse et longe ot entre eus, car de tous ces deus ost où il y avoit tant de gens n'en demora mie granment que tout ne fussent mort et occis; mais en la fin furent vaincus li Tartarin, et s'enfuirent au miex qu'il porent, et laissièrent tout leur harnois, et se repusent⁴ par buissons et par taisnière et par repostailles⁵ au miex qu'il porent, et peu eschapa qui ne fussent mors ou pris. Li autres os qui s'en venoit vers la terre de Surie, avoit jà conquis et soumis en leur poesté⁶ le royaume de Perse et la trèsnoble et très-puissant cité de Baudas⁷ et toute la terre qui estoit entor, et avoient occis le caliphe qui est appelé apostole⁸ des Sarrasins, et la terre de Mède et cele d'Arsice⁹ et cele de Caldée et de Tusquice et de Halape et de Hamans, et la Chamele et Césaire le grant, et la terre et la cité le Vieil de la Montaigne, et assés autres terres et de provinces et de royaumes qui tous sont de Sarrasin, et la terre de Géorgie et d'Ar-

---

¹ *Adont :* alors. — ² *Osts :* armées. — ³ En bataille, et ils attaquèrent les Tartares, et les Tartares attaquèrent les Comans. — ⁴ *Repusent :* cachèrent. — ⁵ *Repostailles :* retraites. — ⁶ *Poesté :* pouvoir. — ⁷ *Baudas :* Bagdad. — ⁸ *Apostole :* pape. — ⁹ De Médie et d'Assyrie.

ménie, qui sont terres des crestiens; et n'avoit preu¹ demoré de terres par tout le pays et près et loing que il n'eussent toutes conquises ou destruites, ou qu'eles ne fussent soumises à euls par treus² et par grans louiers³, par grans services d'or et d'argent, d'omes et de fames, et autres services assés que près vausist⁴ miex qu'il fuissent tout mort. Il n'avoit demoré en toute la terre de crestiens que presque tous ne fuissent sougis⁵ à euls. Il conquisent presque toute la terre, et estoit toute perdue se n'estoit aucun fort chastel; car li Sarrasin estoient jà au-devant d'euls. Il esgardèrent⁶ que il garniroient les plus fors chastiaus, et garniroient les Templiers sept des plus fors chastiaus que il eussent, et li Ospitaliers deus, et li Ospitaliers des Alemans un, et la cité d'Acre et la cité de Sur qui furent garnies de commun. Bien leur sembloit que toute la terre ne se porroit mie tenir. Cil chastel qui furent garni leur grevèrent moult durement, car il ne povoient trouver soudoiers qui entrassent dedens, s'il n'avoient soldée⁷ à leur volenté; car il ne véoient⁸ mie comment il peussent eschaper contre la grant plenté⁹ de Tartarins com il venoit.

Comment li Sarrasin desconfirent malement les Tartarins, et que li Tartarin s'enfuirent.

Li soudant de Babiloine et d'Égypte et de Damas furent tous effréés, et li Sarrasin ausi de ces nouveles. Li soudans semonst¹⁰ trestout son pooir de gens à armes, et laissa sa terre à garder à un amiraut que il cuidoit que il fust loyaus envers lui; mais il li fu mout desloiaus en la fin. Li soudans s'esmut¹¹ et passa les désers qui sont entre Égypte et Surie, et s'en vint vers Damas. Li autre Sarrasin qui estoient entor s'assemblèrent avec lui, et disoit-on que il estoit¹² cinc soudans. Il se

---

¹ *Preu*: prou, beaucoup. — ² *Treus*: tributs. — ³ *Louiers*: loyers. — ⁴ *Vausist*: valût. — ⁵ *Sougis*: sujets. — ⁶ *Esgardèrent*: décidèrent. — ⁷ *Soldée*: solde. — ⁸ *Véoient*: voynient. — ⁹ *Plenté*: multitude. — ¹⁰ *Semonst*: convoqua. — ¹¹ *S'esmut*: se mit en marche. — ¹² Qu'il y avait.

conseillèrent et mandèrent aus crestiens que il se combatissent avecques euls encontre les Tartarins. Li crestien se conseillèrent, et li plus [1] s'acorda que il se combatissent avecques les Sarrasins; et li maistres de l'Ospital Nostre-Dame des Alemans dist que ce ne seroit mie bon, car il les avoient esprouvés assés de fois, et n'avoit mie graument [2] que li Sarrasin ne tenoient mie trives aus crestiens si bien com il deussent, ains y mesprenoient assés de fois; et que se il se combatoient avecques les Sarrasins encontre les Tartarins, et li Tartarin estoient vaincu, et li crestien qui ne seroient mie mors en bataille seroient tous las et euls et leur chevaus. Se cele grant plenté de Sarrasins qui estoit leur couroit sus, légièrement [3] seroient tous li crestien qui seroient domoré de la bataille ou mors ou pris. En tele manière seroit toute la terre que li crestien tenoient perdue. Quant il oïrent ce, tous s'acordèrent à ce conseil, et remandèrent au soudant qu'il ne se combateroient mie avecques euls; mais nuls maus ne leur vendroit par devers les crestiens, ains les conforteroient et aideroient de viandes et sauf aler et sauf venir, et seroient tous asseur par devers les crestiens. Quant li soudan oïrent ce, il s'i acorderent bien. Il disent que ce ne demorroit mie qu'il ne se combattissent, car il n'avoit assés gens. Il ordenèrent lor bataille, et s'en alèrent tout droit vers les Tartarins, que on disoit que il estoient vers Sajete. Quant li Sarrasin estoient aproicié des Tartarins et il virent leur point [4], il se misent tout en conroi [5] pour combatre, et coururent sus aus Tartarins et assamblèrent à euls vigueresement, et li Tartarin se rassamblèrent ausi à euls moult hardiement. Si grant fais [6] de gens avoient d'une part et d'autre, que ce estoit grant merveille à veoir. Longue et annuieuse fu la bataille, et moult y ot de gens occis d'une part et d'autre. En la fin furent desconfis et vaincu li Tartarin. Ainsi se combatirent-il par trois jors et en trois pièces de terre, et à

[1] *Li plus* : le plus grand nombre. — [2] *Graument* : grandement. — [3] *Légièrement* : facilement. — [4] Leur temps. — [5] En rang. — [6] *Fais* : multitudes.

toutes les trois fois furent li Sarrasin desconfis. On esma¹ qu'il ot bien occis en ces trois batailles cent mil Tartarins. Après cele tierce ² bataille li Tartarin s'enfuirent, et ne set-on mie bien qu'il devinrent. Aucunes gens disent que il s'en estoit fui jusques à un lieu moult loin que on appelle aus *froides Iaues,* et que il avoient mandé à leur seigneur grant, qui estoit roys des Tartarins, leur desconfiture, et qu'il leur envoyast secors et ajue, car il estoient presque tout mors. Que ³ il leur remanda que il béoit à ⁴ faire, ce ne savons-nous mie encore.

Comment cil d'Égypte murdrirent⁵ le soudan, leur seigneur, et que li crestien s'en revindrent à grant meschief⁶ de Jhérusalem.

Quant le pays fu vuidié des Tartarins, fors ⁷ de ceuls qui mors estoient, desquels la terre estoit toute couverte, li Sarrasin s'en départirent et s'en r'alèrent en leur pays. Li soudans de Babiloine, par cui effors ⁸ ceste besoingne avoit esté faite, s'en r'alèrent en Égypte. Li amiraus à cui il avoit baillé sa terre à garder, avoit fait grans conspirations et grans conjurations contre lui. Ne demora mie granment après ce que il cuida estre tout en pais et tout asseur, que il fu murdris, et fisent li Sarrasin autre soudan, et disoit-on que il l'avoient fait de cet amiraut meismes par cui li autres soudans avoit esté murdris. Li crestien n'en furent lié ⁹, car il avoient trives à ¹⁰ lui ; et quant il fu murdris et mors, la trive fu faillie et tout li pays en guerre : par quoi li crestien qui estoient en Jhérusalem en pèlerinage, desquels il y avoit grant plenté en diverses terres, perdirent moult de lor gens et de leur choses ; car li amiraus qui gardoit la cité, quant il oït que li soudans estoit murdris et mors, fist fermer les portes de la cité et y mist boine garde, que nuls

---

¹ *Esma* : estima. — ² *Tierce* : troisième. — ³ *Que* : ce que. — ⁴ Voulait. — ⁵ *Murdrirent* : mirent à mort. — ⁶ *Meschief* : malheur. — ⁷ *Fors* : à l'exception. — ⁸ Par les efforts duquel. — ⁹ *Lié* : joyeux. — ¹⁰ *A* : avec.

n'i peust passer ne issir, se par son congié non ¹. Li crestien qui estoient en la cité en pèlerinage et par tréu ² et par rachat n'en porent issir, ains les detindrent grant pièce ³, que ⁴ il n'en voloit nul laissier aler. Tant firent en la fin li crestiens, que il les laissa aler. Quant il orent assés eu de damage, il s'en revindrent par grans périls, au miex que il porent, tout ensamble en la terre des crestiens qui est seur leur marine ⁵. Plusieurs fois furent assaillis entrevoies ⁶, et perdirent assés de lor gens et de lor harnois et de lor avoir. Et disoit-on certainement que tous ces agais ⁷ et ces assaus leur avoit fait faire li amiraus de Jhérusalem, par cui congié et cui conduit ⁸, par grans rachas que il avoient donnés, il estoient au saint sépulcre alé; et à grant meschief ⁹ et à grant painne il s'en revindrent. Quant li crestien les virent, s'en furent moult lié ¹⁰ et moult joiant, selon les aventures qui leur estoient avenues, et en mercièrent et loèrent moult hautement Nostre-Seigneur. Adont ¹¹ estoient li an de l'incarnation de Nostre-Seigneur mil deus cens et soixante-un.

¹ Ni sortir, si ce n'est par sa permission. — ² *Tréu* : tribut. — ³ Longtemps. — ⁴ *Que* : car. — ⁵ *Marine* : mer. — ⁶ En chemin. — ⁷ *Agais* : embuscades. — ⁸ Par la permission et le sauf-conduit duquel. — ⁹ *Meschief* : souffrance, mal. — ¹⁰ Ils en furent très-joyeux. — ¹¹ *Adont* : alors.

FIN DE LA LETTRE DE JEAN-PIERRE SARRASIN.

C'EST CI LA LETTRE QUE LI ROIS THIEBAUT DE
NAVARRE ENVOIA A L'ESVESQUE DE THUNES.

(Heures de Marguerite, femme de Charles d'Anjou ; Ms. de la Bibliothèque
de Sainte-Geneviève, in-4°, B B. l. 25, folio 198 recto.)

Tibaut, par la grâce de Dieu, rois de Navarre, de Champagne et de Brie coens pa[la]zins, à mesire O, évesque de Thunes, saluz et lui tout. Sire, j'é receue vostre lettre, en laquele vous me priez que nous vous feissons asavoir l'estat de mon chier seigneur Louys, jadis rois de France. Sire, du commencement et du miliu savez-vous plus que nous ne fesons ; mès de la fin vous poon-nous tesmoignier par la veue des eauz [1], que onques en toute nostre vie ne veimes si sainte ne si dévote fin en homme du siècle ne de religion, et autel [2] avons-nous oï tesmoignier à touz ceus qui la virent. Et sachiez, sire, que dès le dimenche, à eure de nonne, jusques au lundi après tierce, sa bouche ne cessa de jour et de nuit, par toutes parties, l'espace de deus eures, de louer Nostre-Seigneur et de prier pour le pueple qu'il avoit là mené ; et là où il avoit jà perdue une partie de la parole, crioit-il aucune foiz en haut : *Fac nos, Domine, prospera mundi despicere et nulla ejus adversa formidare*, et molt de foiz crioit-il en haut : *Esto, Domine, plebi tue sanctificator et custos.* Après l'eure de tierce, il perdi ausi comm[e] du tout la parole ; mès il regardoit les genz molt débonèrement et sourrioit aucune foiz ; et entre eure de tierce et de midi fist ausi cum semblant de dormir, et fu bien

---

[1] *Eauz* : yeux. — [2] *Autel* : pareille chose.

les eauz clos l'espace de demi-liu. Après il ovri les euz et regarda contre le ciel, et dist cest vers : *Introibo in domum tuam, adorabo ad templum sanctum tuum.* Onques puis il ne parla; et entour eure de nonne, il trespassa. Et dès l'eure qu'i trespassa, jusques en lendemain qu'en le fendi, il estoit ausit biax et aussint vermauz[1], ce nous sembloit, com il estoit en sa pleine santé; et sembloit à molt de genz qu'i vossit[2] rire. Après, sire, ses entrailles furent portées à Mont-Royal, en l'esglise près de Palerne, là où Nostre-Sires a jà commencié à fère molt de granz miracles por lui, si cum nous avons entendu par l'arcediacre de Palerne, qui l'a mandé par sa lettre au roy de Secile. Sires, li cuers de lui et li cors demeurent encore en l'oost : li pueples en nule manière ne veut soufrir qu'il en feut porté*.

[1] Aussi beau et aussi vermeil. — [2] Qu'il voulût.

* Une lettre semblable, mais plus étendue, a été publiée par D. Martene, le P. Daniel et dans la *Bibliothèque des croisades.* Voy. *l'Histoire des croisades,* de Michaud, 4ᵉ édition, tom. V, pag. 90. Voyez encore l'*Histoire littéraire de la France,* tom. XXI, pag. 808-810.

LES

REGRÈS DE LA MORT S. LOYS.

(Manuscrit de la Bibliothèque impériale, ancien fonds du Roi, n° 7218,
folio 340 verso, col. 1.)

L'en dit que tout à tens huche [1] cil à la porte,
Qui mauvèses noveles à cels dedenz aporte.
Orez [2] d'une novele qui trop me desconforte :
Drois est ensevelis, et léautez est morte.

Je di que droiz est mors et léautez estainte,
Quant li bons rois est mors, la créature sainte,
Qui chascun et chascune fesoit droit à sa plainte,
Li mieudres [3] rois qui onques éust espée çainte.

A cui se porront mès les povres genz clamer [4],
Quant li bons rois est mors qui tant les seut [5] amer ?
La turtre [6] de simplece, le coulon [7] sanz amer
Por aler au sépulcre voloit passer la mer.

Diex souffri por lui mort, il l'a por lui soufferte :
A cui qu'en soit li préus [8], à nous en est la perte;
Et Diex li a la porte de paradis ouverte.
Diex a batu le mont [9], je cuit [10], por sa déserte [11].

---

[1] *Hucher* : appeler. — [2] *Orez* : (vous) apprendrez. — [3] *Mieudres* : meilleurs. — [4] *Clamer* : réclamer. — [5] *Seut* : avait coutume, *solebat*. — [6] *Turtre* : tourterelle. — [7] *Coulon* : colombe : pigeon. — [8] *Preus* : profit. — [9] *Mont*, monde. — [10] *Cuit* : crois. — [11] Pour l'avoir mérité.

Por noz péchiez, je croi, le nous à Diex toloit¹ :
Il nous a bien moustré que son oès² le voloit.
Or truève³ li bons rois ce que fere soloit⁴ :
Il essauçoit les humbles, les orguillex fouloit.

Hé! bon roi Loéys, ci de pesme⁵ novele.
Encor s'à Dieu pléust, fust nostre vie bele.
Je ne cuit ne ne croi, par la Virge pucele,
Que plus bénigne roi montast onques sus sele.

Hé! bon roy Loéys, vostre grant léauté
Valoit miex c'un trésor ne c'une réauté.
Se Diex n'i met conseil, ne l'aurons mès autel⁶.
Vos estiiez plus simples c'uns prestres à l'autel.

Hé! bon roi Loéys, miréor⁷ de justice,
Mondes⁸ de toz péchiez, de tote couvoitise,
Soustenaus et colombe⁹ de toute sainte Yglise,
Quant vos avons perdu, toz biens nous apetise¹⁰.

Hé! bon roi Loéys, malbaillis¹¹ est li mondes.
Diex, je ne gart¹² l'éure que tu toz nous confondes.
Cil n'i est mès¹³ qui ert purefiez et mondes.
Sainte Yglise pert une de ses meillors espondes¹⁴.

Hé! bon roi Loéys, vostre establissement
Mainte ame pécherresse ont mise à sauvement¹⁵
Vos ne voliiez mie c'on jurast laidement :
Or revendront arrière li vilain serement.

Hé! bon roi Loéys, si con¹⁶ j'ai entendu,

---

¹ *Toloit* : enlevé. — ² *Oès* : usage, gré. — ³ *Trueve*, trouve. — ⁴ *Soloit* : avait coutume, *solebat*. — ⁵ *Pesme* : très-mauvaise, *pessima*. — ⁶ *Autel* : tel, pareil. — ⁷ *Miréor* : miroir. — ⁸ *Mondes* : pur, *mundus*. — ⁹ Soutien et colonne. — ¹⁰ *Apetise* : devient petit. — ¹¹ *Malbaillis* : maltraité. — ¹² *Gart* : regarde. — ¹³ *Mès* : plus. — ¹⁴ *Espondes* : piliers. — ¹⁵ *Sauvement* : salut. — ¹⁶ *Si con* : ainsi que, comme.

Vos aviiez les boules¹ et les geus desfendu.
Maint se sont par le geu au déable rendu,
Et maint fils de preudomme en a esté pendu.

Hé! bon roi Loéys, cil Diex qui tout pardone
Vous mete en paradis con la meillor persone
Et tout le meillor roi qui jamès port ² corone!
Li povre soufretous vivoient de ta done ³.

Hé! bon roi Loéys, en vostre charité
N'avoit ypocrisie ne prodigalité.
Vous estiiez si plains de grant humilité
Que nus hom ne pooit ⁴ covrir la vérité.

Hé! bon roi Loéys, hom de ferme créance;
N'avint mès en roiaume ausi grant meschéance ⁵.
Je ne sai comment Diex fu de si grant souffrance
Qu'il a si guerroié le roiaume de France.

Hé! bon roi Loéys, mal lor est avenu,
Qu'il auront en lor gueule fain sovent et menu.
Hé! bon roi Loéys, bien vous est souvenu
Du fameillex ⁶ repestre et de vestir le nu.

Hé! bon roi Loéys, com diverse jornée!
En poi d'eure est fortune changie et bestornée ⁷.
Vous estiiez li pains qui sauvoit la fornée :
Or nous est sainte Yglise malement atornée ⁸.

Hé! bon roi Loéys, la tere avez tenue
Au porfit des barons et de la gent menue ;

---

¹ *Boules :* bals, danses — ² *Port :* porte (subj.) — ³ *Done :* don. — ⁴ *Que nul homme ne pouvait.* — ⁵ *Meschéance :* malheur. — ⁶ *Fameillex :* affamé. — ⁷ *Bestornée :* retournée. — ⁸ *Atornée :* arrangée.

Et s'entre voz barons avoit descouvenue,
Vous i metiiez pais et acorde tenue.

Hé! bon roi Loéys, de vous ne me puis taire.
Diex! qui nous vengera de la mort députaire [1]?
Hé! Mort, que n'es-tu chose que l'en péust desfaire?
On te féist assez vilonie et contraire.

Hé! Mort, que n'es-tu chose que l'en péust tuer?
Qui n'i péust ataindre, il i vousist ruer [2].
Hé! Mort, Diex te maudie! jà ne te quier [3] amer,
Que tu me fez d'angoisse et d'ire tressuer [4].

Mort, tu es plus corant que n'est mie levrière.
Mort, tu es plus tornanz que n'est leus de tesnière [5];
Tu es li ars [6] qui tret [7] et devant et derrière,
Tu getes à la fonde [8] et puis à la perrière [9].

Mort, tu fiers l'un soz paume et l'autre de retrete.
C'est cil [10] qui plus tost part, que cil qui miex se guete.
Nus n'a si sa tor close que tu ne truises frete [11].
Tu nous as ce tolu dont nous avons soufrete [12].

Mort, contre ton cop n'a nule ame garison [13].
Tu fiers [14] l'un en apert [15] et l'autre en trahison.
Je porroie bien metre ma teste en atison [16]
Que fere ne péusses ausi grant mesprison.

Mort, tu as hui [17] le monde malement coroucié;
Tu as hui, Mort, non mie tant seulement blecié

---

[1] *Députaire* : méchante. — [2] *Ruer* : jeter, lancer. — [3] *Quier* : veux. — [4] *Tressuer* : suer. — [5] *Tesnière* : tannière. — [6] *Ars* : arc. — [7] *Tret* : tire. — [8] *Fonde* : fronde. — [9] *Perrière* : espèce de machine de guerre. — [10] *Cil* : celui. — [11] *Frete* : brisée. — [12] *Soufrete* : souffrance, besoin. — [13] *Garison* : garantie. — [14] *Fiers* : Frappes. — [15] *En apert* : ouvertement. — [16] *Atison* : gage. — [17] *Hui* : aujourd'hui.

Celui par qui les tors estoient adrecié¹ ;
Il ert ² à toz biens fez : or as tout depecié.

Hé ! Mort, tu ne porroies pas fère maintenant.
Tu as pris de mal fère ton quaresme-prenant
Tu n'éusses pas fet autel désavenant ³,
Se tu éusses pris du mont le remanant⁴
Et lessié la proie que tu en vas menant.

Mort, tu es de mal fère forment esvertuée.
Tu as nostre soleil couvert de ta nuée ;
Fai du pis que tu pues, fai toute ta buée⁵ :
Jà par moi ne sera blanchie ne curée.

Mort, je ne tendrai plus à toi reson ne conte.
Bien sai que tuit morront et li roi et li conte.
Riens ne vaut ceste vie, n'i a que paine et honte.
Li uns trébuche aval, lors quant li autres monte.

Et cil qui Fortune a mis el son⁶ de sa roe,
Puet estre toz séurs qu'il charra⁷ en la boe.
Aus riches de cest monde fet Fortune la moe,
Qui plus aiment denier qu'il ne font nule chose.

Hé ! bon roi Loéys, plains de toutes bontez,
Entre les mauvès riches ne dois estre contez,
Tu n'es pas de ta mort abessiez, mès montez ;
Mès li siècles en est malement ahontez ⁸.

La Mort, qui vous est douce, nous est dure et amère ;
Ele nous est marrastre, mais ele vous est mère ;
Ele vous est bien large, et à nous trop avère ⁹.

---

¹ *Adrecié* : redressés. — ² *Ert* : était. — ³ Telle inconvenance. — ⁴ *Remanant* : reste. — ⁵ *Buée* : lessive. — ⁶ Au sommet. — ⁷ *Charra* : cherra, tombera. — ⁸ *Ahontez* : honni. — ⁹ *Avère* : avare.

Vous estes coronez el règne ¹ Dieu le père.

Vous estes coronez en la gloire célestre,
Si veez ² Dieu le père, et le filz à sa destre.
Hé! bon roi Loéys, vous i devez bien estre :
Que plus léaus ³ de vous ne puet de fame nestre.

Toz jors avez, bon rois, léauté maintenue,
Vous avez le sentier et la voie tenue
Où vostre Sauvéor fist à cels sa venue :
Tout bien et toute joie vous en est avenue.

Hé! bon roi Loéys, gentiz hom et bénignes,
De jor en jor devient li mondes si malignes
Que il estoit de vous ausi comme toz dignes,
Et Diex, quant il vous prent, nous en moustre les signes.

Hé! bons rois Loéys, assez avons à brère ⁴ :
Qui pert son bon signor, léal et débonère,
Il a bone achoison, ce m'est vis, de duel fère.
Chascun peoit en vous prendre bon examplère.

Hé! bons rois Loéys, filz la roïne Blanche,
Jà ne vous tint de dire chanson ne rotruange ⁵.
On se boutast ou cors ⁶ d'un coutel dusqu'au manche,
Si qu'il nous fust de vous remèse ⁷ aucune branche.

De vous avons tel branche qui moult nous reconforte :
C'est vostre filz Phelippe, qui toz biens nous enorte ⁸.
Nostre sires doit estre, droiz et reson l'aporte.
La branche règnera, puis que la cime est morte.

¹ Dans le royaume de. — ² Et vous voyez. — ³ *Léaus* : loyal. — ⁴ *Brère* : crier, pleurer. — ⁵ *Rotruange*, espèce de poésie. — ⁶ On se mit au corps. — ⁷ *Remèse* : restée. — ⁸ *Enorte* : exhorte.

Par rèson et par droit doit Phelippes bien fère,
Qu'il en a longuement éu bon examplère,
Et li filz tout adès¹ doit au père retrère².
On dist et diré seut³ : « Qui de bons est, bien flère⁴. »

Hé! bons rois, toz li mondes c'onques en cheval sist
Il féist bon duel⁵ fère, se li deuls riens vousist⁶ ;
Et je moustraisse bien que de vous me chausist⁷,
Que⁸ jamès ma conplainte ne mon dit ne fausist⁹.

Bons rois, il nous covient nostre duel oublier,
Quar nul duel, ce me samble, ne puet fructefier ;
Mès chascuns crestiens devroit por lui prier
Et lessier la complainte, le duel et le crier.

Ahi! mort palasine¹⁰, Diex t'envoit grant meschief¹¹ !
Pris as par aatine¹² le riche roi et chief¹³.
François male voisine ont en toi, par mon chief !
Mengié as lor cuisine et lessié le relief.

Tu nous as abevrez de venin entechiez¹⁴,
Et nostre flori pré as malement fauchié,
Quar tu as nostre mestre hors du mont arrachié.
Cordelier sont outré, honi et vergoingnié¹⁵.

Mort, qui la gent desprises¹⁶, et orgueilleuse et fele¹⁷.
Tu as fet tel justice dont le cuer mi sautele¹⁸,
Contre le roi t'es prise, sa mort molt nos rapele.
Molt avoit biau servise toz jors en sa chapele.

Chapele de Paris, bien éres¹⁹ maintenue ;

¹ *Tout adès* : toujours. — ² *Retrère* : ressembler. — ³ *Seut* : a coutume, solet. — ⁴ *Flère* : sent. — ⁵ *Duel* : deuil. — ⁶ *Vousist* : valût. — ⁷ Et j'eusse bien montré que de vous je me souciais. — ⁸ *Que* : car. — ⁹ *Fausist* : manquât. — ¹⁰ *Palasine* : palatine, princesse. — ¹¹ *Meschief* : malheur. — ¹² *Aatine* : haine. — ¹³ A la tête. — ¹⁴ *Entechiez* : empoisonné, *intoxicatus*. — ¹⁵ *Vergoingnié* : vilipendés. — ¹⁶ *Desprises* : méprises. — ¹⁷ *Fele* : dure. — ¹⁸ *Sautele* : tressaillit. — ¹⁹ *Éres* : étais.

La Mort, ce m'est avis, t'a fet descouvenue :
Du miex de tes amis t'a lessié toute nue.
De la Mort sont plaintis¹ et grant gent et menue.

Mort plus ville que chien, Diex t'abate et asomme !
Quar ce qui n'est pas tien prens-tu, ce est la somme.
Tu as pris, je sai bien, du mont le plus preudomme.
A lui ne féist rien l'apostoile de Romme ².

Mors, qui me fez mesconte, la gent mès en ahan ³,
Dame-Diex te doinst⁴ honte et te mete en mal an !
Tu as pris le bon conte, sire Jehan Tristan.
Ne cuit qu'à cheval monte nus hom si plains de san.

Mort, tu as pris l'oisel avoecques l'oiseillon :
C'est le biau damoisel ; *Jehan Tristan* ot non.
Droiz fu comme un rosel, iex vairs⁵ comme faucon ;
Dès le tens Moysel ne nasqui sa façon ⁶.

Ahi ! Mort refusée et de pute⁷ value,
Tu n'es pas alosée⁸, dehait⁹ qui te salue !
Quar molt douce rousée as aus François tolue ¹⁰,
Tu as fet osée ; jà n'eres absolue ¹¹.

Mort, sainte Yglise plaint mult durement sa perte,
Jacobins as ataint à ceste descouverte.
Nus hom plus ne te crient ¹², saches c'est chose certe ¹³
Quant nostre bon roi saint as pris et sanz déserte ¹⁴.

Mort, puis ¹⁵ le vendredi que Diex fu martirez,
Ne fu puis, je te di, li siècles si irez ¹⁶.
Que Judas le vendi aus Juys reniez :

---

¹ *Plaintis* : plaintifs. — ² Le pape. — ³ *Ahan* : peine, tourment. — ⁴ *Doinst* : donne, (*subj.*). — ⁵ Yeux brillants. — ⁶ *Façon* : figure. — ⁷ *Pute* : petite. — ⁸ *Alosée* : estimée. — ⁹ Malheur à. — ¹⁰ *Tolue* : enlevée. — ¹¹ Tu ne seras pas absoute. — ¹² *Crient* : craint. — ¹³ *certe* : certaine. — ¹⁴ Sans l'avoir mérité. — ¹⁵ *Puis* : depuis. — ¹⁶ Le monde si chagrin.

Tant est abastardis li mons¹ et empirez.

Mort, ne t'en esbahis, se France est abosmée² :
De lor gonfanonier lor a fet dessevrée³.
S'autres cinq cens milliers eusses mis à l'espée,
Je l'éusse molt chier, jà n'en fusses blasmée.

Les granz mortalitez as en nostre gent fète :
C'est molt grant cruautez, aumosne ert par lui fète.
François se sont vantez qu'il ont de toi soufrète⁴ ;
Joie et jolivetez⁵ est de France retrète⁶.

Mort, tu sez bien trahir la gent, mult est enferme ;
On te doit bien haïr, je te di et afferme.
De France as fet partir le bon roi ainz⁷ son terme
Qui tu veus assaillir, fols est s'il ne s'enferme.

Riens ne vaut enfermer contre toi, Mort amère.
Nus ne te doit donner, tu ne fus pas avère.
De passer outre-mer por prendre nostre père.
Bien le doivent amer jacobin et tuit frère.

Mort, qui tu as souspris mult a mauvès ostel ;
Tu as nostre roi pris qui n'estoit pas mortel ;
Porpre et maint drap de pris a mis sor maint autel ;
De donner fu espris, onques hom ne fu tel.

Hé! Mort, qui te porroit aus mains tenir ou prendre,
Certes, on te devroit en feu ardant esprendre,
Quar cel qui Dieu servoit as-tu pris sanz atendre
Qui bien i pensseroit, li cuers li devroit fendre.

---

¹ *Mons* : monde. — ² *Abosmée* : consternée. — ³ *Dessevrée* : séparation. — ⁴ *Soufrète* : souffrance, besoin. — ⁵ *Jolivetez* : gaieté. — ⁶ *Retrète* : retirée. — ⁷ *Ainz* : avant.

326   LES REGRETS DE LA MORT DE SAINT LOUIS.

Tut cordelier preudomme prie de bon corage [1],
Por nostre roi Phelippe et por tout son barnage [2],
Por toz cels qui mort sont en icelui voiage,
Que Diex en ait merci, qui nos fist à s'ymage.

Expliciunt les [3] *Regrès au roi Loeys.*

[1] *Corago* : cœur. — [2] Et pour tous ses barons. — [3] Fin des.

POÈME ANGLO-NORMAND

SUR

LA BATAILLE DE MANSOURAH.

(Ms. du Musée Britannique, Bibliothèque Cottonienne. Julius, A. V. folio 176 verso; imprimé dans les *Excerpta historica, or, Illustration of English History*, London : printed by and for Samuel Bentley, M. DCCC. XXXI., grand in-8°, pag. 64-84 ; et réimprimé dans le *Nouveau Recueil de contes, dits, fabliaux*, etc., publ. par Achille Jubinal. Paris, chez Challamel, 1842, in-8°, tom. II, page 339-353.)

Ky vodra de doël e de pité oïer très-graunt
De bon William Long-Espée, ly hardy combatant,
Ke fust oscis en Babilone à la quarame-pernant,
Ke od le roi Louys alat, o son host mut graunt,

A un chastel de Babilone, *Musoire* est nomée,
Ke touz jours en peinime sera renomée,
Por ly rois qe fust pris en cele chevachée,
E les altres chivalers ki furent de sa meignée,

E ly counte de Artoise, sire Roberd li fers.
Ceo fu par son orguile, tant fu surquiders !

  Qui voudra de deuil et de pitié ouïr très-grande (histoire, écoute celle) du bon Guillaume Longue-Épée, le hardi combattant, qui fut tué en Babylone à carême-prenant, qui avec le roi Louis ala, avec sa très-grande armée,
  A un château de Babylone, *Mansourah* est nommé, qui toujours en terre payenne sera renommé, à cause du roi qui fut pris dans cette expédition, et des autres chevaliers qui furent de sa maison,
  Et du comte d'Artois, sire Robert le Fier. Ce fut par son orgueil,

E meinz altres esquiers e pruz chivalers
I perderunt la vie, tant urunt desturbers!

E meint homme vailant i avoit dunqe oscis.
E ly bon Willam Long-Espée, li chivaler hardiz,

A le qarame-pernant del Incarnacione
Mil e deus centz qarant-noef aunz par nune,
Qant le count de Artoise dust passer le flume,
Entere Egipte e Babiloine et od ly meint homme,

E ly meistre du Temple od tot sun graunt poars,
Le vailant count Willam e ses chivalers
Assaillerunt les herberges à Sarazins malurez
Ke dehors la Musorie furent herbergez.

Meint i avoit Sarazin illoqe dunqe osciz,
De tut pars les herbergez furent asailiz,
Kar les krestiens les unt ateinz et huniz
E de lur espées trenchant detrenché touz vifs.

De treis mil Sarazins e sinqe centz e plus, à mun quider,

tant il fut présomptueux! Et maints autres écuyers et preux chevaliers y perdirent la vie, tant eurent d'embarras!

Et maint homme vaillant il y avait alors tué, et le bon Guillaume Longue-Épée, le chevalier hardi.

Au carême prenant, (l'an) de l'incarnation mil deux cent quarante-neuf nommément, quand le comte d'Artois dut passer le fleuve entre l'Égypte et Babylone, et avec lui maint homme,

Et le maître du Temple avec sa grande puissance, le vaillant comte Guillaume et ses chevaliers assaillirent les logements aux Sarrasins maudits qui dehors Mansourah furent logés.

Maint Sarrasin il y avait là tué. De toutes parts des logements ils furent assaillis; car les chrétiens les ont atteints et honnis, et de leurs épées tranchantes taillés en pièces tous vifs.

De trois mille Sarrasins et cinq cents et plus, à mon avis, qui

Ke furent illoqe ateinz ne pout nul eschaper ;
Fust monté ou à peé, ne fust si fort e fer
Ke ne perdist la teste, saunz plus losenger,

Fors dedenz la Musoire qe dunqe aveint entré,
Castel fort, bien warni e très-ben estoré.
Dedenz fust ly soldan, qe par Mahun out joré
Ke graunt desturber freit cel joure à la kristienté.

L'ost des kristiens est remu arère,
Ly meistre du Temple, chivalere à frer,
E ly count de Artoise despleie sa banère ;
Illoqe vout demorer en mesme la manère.

E ly count Long-Espée hardiz e pruz,
E ly qens de Provynce, chivaler estuz,
E ly count de Flaunders, à pé e chival muz,
Sunt illoqe demoré à reposere touz.

Delacerunt lur heaumes pur eaux aventeir,
Atirer lur armes, lur chivaux provender ;
Aeisunt lur-mesmes, mult aveint graunt mester ;

furent là atteints, ne put nul échapper ; fût-il monté ou à pied, il ne fut si fort et fier, qu'il ne perdît la tête, sans plus de détour,

Excepté ceux qui alors étaient entrés dans Mansourah, château fort, bien garni et très-bien approvisionné. Dedans fut le soudan, qui par Mahomet avait juré que grand embarras il ferait ce jour à la chrétienté.

L'armée des chrétiens s'est portée en arrière, le maître du Temple, chevalier avec (ses) frères, et le comte d'Artois déploye sa bannière ; là il voulut demeurer de la même manière.

Et le comte Longue-Épée hardi et preux, et le comte de Provence, chevalier téméraire, et le comte de Flandre, (et) nombre à pied et à cheval, sont là demeurés tous à se reposer.

Ils délacèrent leurs heaumes pour s'éventer, arranger leurs armes, faire manger leurs chevaux ; ils se mettent à l'aise eux-mêmes, ils en

Tant aveint combatu, n'ont talent [de] juer;
Conseilluut ensemble coment vodreint overer,
S'il deveint alere avant, ou illoqe demorer.
En dementers ceaux qe vodreunt gayner,
Turnerunt à les herberges e troverunt graunt aver,
Mult plus qe ma lange ne sache demustrer;

De or e de argent troverunt graunt plenté,
Plus qe poünt porter qant fust assumé.

Une gente conseilerunt tot pleinèrement
Demorer jesqes à tanqe q'il aveint plus de gent,
K'il pussent aler plus assurment
Le Musoire prendre e aver à talent;

Qar mult aveint le jour ben espleité,
Sarasinz osciz e de lur herberges chacé,
Chevaux e armes, or et argent wainé,
Et Sarazins oscis, décopé e détranché.
Et si Dieu plest de gloire, la matine ont pensé
Le Musorie aler plus près. Qant lur gent unt assemblé,

avaient grand besoin ; ils avaient tant combattu qu'ils n'ont envie de jouer; ils tiennent conseil ensemble comment ils voudraient agir, s'ils devaient aler en avant ou là demeurer. Pendant ce temps-là ceux qui voulurent gagner, retournèrent à leurs logements, et trouvèrent grand avoir, bien plus que ma langue ne saurait démontrer ;

D'or et d'argent ils trouvèrent grande abondance, plus qu'ils ne peuvent porter quand il fut pris.

Certains conseillèrent tout uniment de demeurer jusqu'à ce qu'ils eussent plus de monde, qu'ils pussent aller avec plus d'assurance prendre Mansourah et l'avoir à leur gré;

Car ils avaient le jour beaucoup marché, tué des Sarrasins et chassé de leurs logements, chevaux et armes, or et argent gagné, et Sarrasins tué, découpé et taillé en pièces. Et s'il platt à Dieu de gloire, le matin ils ont pensé d'aller Plus près de Mansourah. Quand,

Dist li count de Artoise : « De folie parlez.
Nus ne créum Sarazin [ki] de mère soit nez ;
Nous prendroms le chastel tot à noz voluntez,
U il serunt oscis qe leinz serunt trovez.
En cel manière le poüms tuz averés. »

Dist li meister du Temple, li bon chevaler :
« Mult serreit profitable ici demorer,
Nous-mesmes reposer, noz nafrés mediciner
Et nostre sire le roi cutre congé passer,
Et nous entur li trestouz herberger,
Et de touz partes le chastel de nostre ost asséger.
En dementers les gines porumes adresser
Pur abatre meisons e murs aqasser,
Et li soldan prender od tot sun graunt poar :
Jà mur ne meison ne lur avera mester,
Q'il ne soint demanglez od espeiez de asser.
En cel manère les poümes touz aver.
Nous eomes mester de repos, nous avomes travailez.
Mer Dieu de glorie ! ben avomes espleitez ;
Honuré soit le roi Jhésu, qi si bien nous ad eadiez !

leur monde ils ont assemblé, le comte d'Artois dit : « De folie vous parlez. Nous ne craignons Sarrasin qui de mère soit né ; nous prendrons le château tout à nos volontés, ou ils seront tués (ceux) qui là seront trouvés. De cette manière nous les pouvons tous avoir. »
  Dit le maître du Temple, le bon chevalier : « Il serait très-profitable d'ici demeurer, de nous reposer nous-mêmes, de soigner nos blessés et de mettre notre sire le roi à même de passer (la rivière), et de nous loger tous autour de lui, et de toutes parts assiéger le château avec notre armée. Pendant ce temps-là nous pourrons pointer les engins pour abattre les maisons et briser les murs, et prendre le soudan avec sa grande puissance : ni mur ni maison ne leur sera d'aucun secours, qu'ils ne soient mis en pièces avec des épées d'acier. De cette manière nous les pouvons tous avoir. Nous avons besoin de repos, nous avons fatigué. Mère de Dieu de gloire ! nous avons

Saunz li n'ussumes ren conquis ; il en soit honurez ! »

Dist li count de Artoise : « Avoi, dan Templer !
Totes jours pele de low volez od nous porter.
Vous dussez par reson avant touz aler,
Doner alters ensample de bene travailer. »

Li meister du Temple respount curtoisement :
« Pele de low ne portumes nent, ceo sevent bone gent.
Jà ne serrez si prest, ore vous alez-ent :
Nous seroms le primers, si le verret coment. »
Dist le count Long-Espée : « Overomes sagement.
Sarazins sunt fel e frus e felouns gentz.
Li meister dist son avis e mult savement ;
Ke mult scet de guerre e bien nous aprent. »

Dist li count de Artoise, qe mult fust surqiders :
« Ben poez estre Engleis itel conseilers.
Ne lerromes jà por voz ditez ne por voz deners,
Q'en irromes qere Sarazins par tere e par mers. »

bien travaillé ; honoré soit le roi Jésus, qui si bien nous a aidés ! Sans lui nous n'eussions rien conquis ; qu'il en soit honoré ! »

Dit le comte d'Artois : « Holà, sire Templier ! toujours peau de loup vous voulez avec nous porter. Vous deviez par raison avant tous aller, donner aux autres exemple de bien travailler. »

Le maître du Temple répond courtoisement : « Peau de loup ne portons-nous pas, ce savent les honnêtes gens. Vous ne serez jamais aussi prêts, maintenant allez-vous-en : nous serons les premiers, et vous verrez comment. » Dit le comte Longue-Épée : « Agissons sagement. Sarrasins sont cruels et sournois et félonnes gens. Le maître dit son avis et très-sagement ; car il sait beaucoup de guerre et bien il nous apprend. »

Dit le comte d'Artois, qui fut très-présomptueux : « Un pareil conseiller peut bien-être Anglais. Nous ne laisserons pas pour vos paroles ni pour votre argent que nous n'aillons chercher les Sarra-

Dist le count Long-Espée, qe fust touz jours légers ;
Qant il oie le mot, tot li changa le qores :
« Ore vous tirez maintenant, qar jeo vois monters.
Ja ne serrez si prest, jeo serra li primers
De launce e d'espée encontrere les ennemis fers. »
Lacerunt lur heaumes e lur chapeaus de fer,
La Musoire voleant prendre e de soldan aver,
Par le counseil li qens de Artoise qe fu surqider.

Le meister du Temple brace le chivaux,
Et le count Long-Espée dépli les sandaux.
Ils sunt les primers, ils erunt mult vaillauns ;
Si entrerunt la Muroise com lur propre estals.

Qant ils furent dedenz entré, si com poent,
Les Sarazins les portez touz les garderunt,
Et touz en la Muroise estreitement gaiterunt,
Por oscir les kristiens, si fere le poent.

Lesserunt chaier les portez, qe très-bien fu gardé ;

sins par terre et par mer. » Dit le comte Longue-Épée, qui fut toujours léger ; quand il ouït le mot, tout lui changea le cœur : « Tirez-vous maintenant (à l'écart), car je vais monter. Vous ne serez jamais aussi prêts, je serai le premier de lance et d'épée contre les ennemis fiers. » Ils lacèrent leurs heaumes et leurs chapeaux de fer, Mansoùrah ils veulent prendre et avoir du soudan, par le conseil du comte d'Artois qui fut présomptueux.

Le maître du Temple éperonne le cheval, et le comte Longue-Épée déplie les cendals*. Ils sont les premiers, ils étaient très-vaillants ; ils entrèrent à Mansourah comme dans leur propre logis.

Quand ils furent dedans comme ils pouvaient, les Sarrasins gardèrent toutes les portes, et tous en Mansourah étroitement veillèrent pour tuer les chrétiens, si faire le pouvaient.

Ils laissèrent tomber les portes, qui très-bien furent gardées ; et

---

* Son étendard.

Si unt trestous les kristiens dedenz les murs fermé.
Devant eaux fu le flum parfonde, longe e leé,
Derère la porte colice qe très-bien fu barré,
D'ambe pars les murs de haut père tailé.
Sarazins de totes pars les unt environé
Des arcs turcois reddes, des dars envenomé
E d'espées longes de bone ascer furbé,
E des gros pères, qe urent assez plenté.
Dunqe les Sarazins à noz donèrent graunt colé.

Et les vileins, par sinqe ensemble, à gros pères alèrent
Et des marteaux pesaunz les noz esqassèrent,
A noz firent graunt damage e ren esparnièrent.
Pur les asauz des kristiens qe les asailèrent,

Les unt dedenz asailli e lur graunt poare.
Si Dieu ne prenge cure, ore unt graunt mestere;
Trestouz plenèrement ne purrunt eschapere
Saunz eaide de Dieu qe tot poet governere.

En mileu de Musorie hy ad une chimine graunt,

ils ont tous les chrétiens dedans les murs fermé. Devant eux fut le fleuve profond, long et large, derrière la herse qui très-bien fut barrée, de deux côtés les murs de hautes pierres de taille. Les Sarrasins de toutes parts les ont environnés (et attaqués) des arcs turcs raides, de dards envenimés et d'épées longues de bon acier fourbi, et de grosses pierres, qu'ils eurent assez en abondance. Alors les Sarrasins nous donnèrent de grands coups.

Et les vilains, par cinq ensemble, avec de grosses pierres allèrent, et de pesants marteaux (d'armes) les nôtres brisèrent, aux nôtres ils firent grant dommage et rien n'épargnèrent. Pour les assauts des chrétiens qui les assaillirent,

Ils les ont dedans assailli et leur grande puissance. Si Dieu n'en prend cure, maintenant ils ont grand besoin; tout complètement ne pourront échapper sans aide de Dieu qui tout peut gouverner.

Au milieu de Mansourah il y a un grand chemin de la porte jus-

De la porte jesqes à la flume tot avalant :
Là se combatent les chivalers vaillant.
Meint teste de Sarazin le jour i sunt senglant.

Li count de Artoise sor son graunt destrer,
L'eschel de sa launce perça le primer ;
N'avoit qore ne corage plus demorer ;
Tant fu fort asailli de fer e d'asser,
Le primer q'il encontra à tere fist tumber ;
Puis s'en turna vers le flume, si s'en voit naier.

De ce qeo li qens fist plus ne vous soi dire ;
Sa alme est en enfer, en graunt martire.

Li meister du Temple *Willam* fust nomé.
De launce se contint e ben ferrist d'espée,
De Turcois e des ameireux ferment fu naufré :
Pur ceo entre les Sarazins graunt crei est levé.

Ben qiderunt les Sarazins aver eibaï ;
Mès mult fu pruz e vaillant e de qore hardi,
Mist la maine à l'espée qe très-bene fu furbi ;

qu'au fleuve tout en descendant : là se battent les chevaliers vaillants. Maintes têtes de Sarrasin le jour y sont sanglantes.

Le comte d'Artois sur son grand dextrier, perça le bataillon le premier de sa lance ; il n'avait ni cœur ni courage de plus demeurer ; tant fut fort assailli de fer et d'acier, que le premier qu'il rencontra à terre fit tomber ; puis il s'en tourna vers le fleuve, et voulut se noyer.

De ce que le comte fit plus ne vous sais dire ; son âme est en enfer, en grand martyre.

Le maître du Temple *Guillaume* fut nommé. Sa lance il tint et bien frappa d'épée, des Turcs et des émirs fortement il fut blessé. Pour cela entre les Sarrasins grand cri est levé.

Bien crurent les Sarrasins l'avoir étonné ; mais fort il fut preux et vaillant et de cœur hardi, il mit la main à l'épée qui très-bien fut

De treis Turcois, haute gentz, abati le crie,
Qe entre les amireux bien furent oï :
De l'espée trenchaunt les fendi parmi.

Un Sarazin vint curant, qe léger fu à peé ;
Porta un cutel en sa maine, qe fu envenimé ;
Hausa la coverture de son chival armé,
Si le dona graunt coup à la destre costé.
Ly meister senty mult ben qe malement fu naufré,
Si voleit férir un amirel qe mult fu renomé ;
Soen chival li failli, qar à la morte est liveré.
Le chival chet à tere, li meister remist à peé.
Un frer vint curant, qe ben fu munté ;
Bailla à meister son chival, qe très-bien fu armé.
Li meister munta vistement, unqes ne fu si leé,
Et prist sa launce en sun poin d'asser bien ferré,
Curt à un amerel sur un féraunt munté,
Par mi le corps li féri ; ne pout aver duré.
Le corps chet à tere, sa alme prist le maufé.
De Dieu soit-il beneit, qe tiel coup ad doné !

fourbie ; de trois Turcs, hautes gens, il abattit le cri, qui entre les émirs furent bien ouis : de l'épée tranchante il les fendi par le milieu.

Un Sarrasin vint courant, qui léger fut à pied ; en sa main il porta un couteau, qui fut envenimé ; il haussa la couverture de son cheval armé, et il lui donna grand coup au côté droit. Le maître sentit très-bien que mauvaisement il fut blessé, et il voulait frapper un émir qui fut très-renommé ; son cheval lui faillit, car à la mort il est livré. Le cheval choit à terre, le maître resta à pied. Un frère vint courant, qui bien fut monté ; au maître il donna son cheval, qui très-bien fut armé. Le maître monta vitement, jamais il ne fut si joyeux, et il prit en son poing sa lance bien ferrée d'acier ; il court à un émir sur un cheval monté, parmi le corps il le frappa ; il ne put avoir durée. Le corps choit à terre, le diable prit son âme. De Dieu soit-il béni, qui tel coup a donné !

SUR LA BATAILLE DE MANSOURAH.

Le chival recuili par la reine, le frer apela
Qe oreinz qant il fu à peé; si bien li munta.

Le frer mist peé en estru e munta le féraunt.
Ceo vit un pain félun, si vint traversaunt;
Parmy le corps, desuz le bras, li mist l'espée trenchaunt.
L'alme en port seint Michel en pays, chauntant,
Où serra en glorie od Jhésu tout-pussant.

Li meister brocha son chival, qe fort est e léger;
Curt à un amirel qe mult est fel e fer;
A la kristiene gent out feet desturber
Et unqor fra, si y poet; mès n'avera poar.

Et li meister li féri de sa launce reddement,
En fausa ses armes tot plénièrement,
Encontre le piz le sava tot dreitement,
Freit morte li abati, ceo virent plus de cent.

Un Sarazin vint curant, son ami très-cher,
Un amirel félun qe out à noun *Beder*,

Le cheval il arrêta par la rêne, il apela le frère qui naguère était à pied; maintenant il y monta.

Le frère mit pied en l'étrier et monta le cheval. Cela vit un payen félon et il vint traversant; par le milieu du corps, dessous le bras, il lui mit l'épée tranchant. L'âme en porte saint Michel, en chantant, dans un pays où elle sera en gloire avec Jésus tout-puissant.

Et le maître éperonna son cheval, qui est fort et léger; il court à un émir qui est fort cruel et fier; à la chrétienne gent il eut fait de l'embarras, et encore il en fera, s'il peut; mais il n'en aura pas le pouvoir.

Et le maître le frappa de sa lance raidement, et il en faussa ses armes complétement, contre la poitrine il le sauva tout droit, il l'abattit froid mort, cela virent plus de cent.

Un Sarrasin vint courant, son ami très-cher, un émir félon qui eut à nom *Beder*, avec une lance raide son ami il voulait venger,

338   POÈME ANGLO-NORMAND

Od launce red son ami voleit venger,
Si voleit le meister par mi le corps doner;
Mès le Long-Espée ne vout plus demorer,
Ly et sun graunt chival fist à tere tumber,
Curt à cel amirel un chimin tut pleiner,
Si coup la teste e si remeu le destrer.

De li fu le meister très-ben aqité.
Avant curt sun chival joius e leé.
Un Sarazin le sein od un dart envenomé,
Si fist le meister un plaie qe fu large e leé.
Le meister senti mult bien qe à la morte fu naufré,
Curt à les herberges où furent hebergé;
Confès e repentaunt e acumené,
Morut tut en haste, n'out plus demoré;
Sa alme fu richement à Dieu présenté.

En cele eschele fu oscis sire Roberd de Ver,
Qe mult fu pruz e hardi e vaillant chivaler.
Desuz ly fu osciz sun cheval léger,
A peé remist à tere li bon chivaler.

et il voulait au maître par le corps (des coups) donner; mais Longue-Épée ne voulut plus demeurer, lui et son grand cheval il fit à terre tomber, il court à cet émir un chemin tout droit, et il lui coupe la tête, et emmène le dextrier.

De lui fut le maître très-bien libéré. En avant court son cheval joyeux et gai. Un Sarrasin l'atteint avec un dard envenimé, et fit au maître une plaie qui fut large et profonde. Le maître sentit bien qu'à mort il fut blessé, il court aux logements où ils furent hébergés; confès et repentant et après avoir reçu la communion, il mourut bien vite, sans plus de retard; son âme fut richement à Dieu présentée.

En ce bataillon fut tué sire Robert de Ver, qui fut très-preux et hardi et vaillant chevalier. Sous lui fut occis son cheval léger, à pied resta par terre le bon chevalier.

Il estut près un mur e combati mult forte.
Diz-set Sarazins entour ly jurent mort,

Et d'espée les oscist qe bon fu e trenchaunt ;
Ben lur mustre le jour qe pruz fu e vaillant.
Tan ad combatu à peé qe ne pout avant ;
Là murra son corps, sa alme à Dieu chantant.
Ore lerrums de touz ceaux, si diroms avant
De le hardi chivaler, le meilur combatant
Qe pur la krestienté, puis le temps Rolant,
Ne combati en armes chivaler vaillant.

Ceo fu le count Long-Espée, qe mult fort combati ;
Avant ceo q'il fu mort, mult cher se vendi.
Il passa une alter eschele, et alter sinqe od lui ;
Avant qe vint le vespre, martir se rendi.

Un templer fu le primer, *sire Wymound* fu sun noun ;
O le count Richard fu qant il ferma Scalon.
Hoque fu resceu frer, de ceo avoit-il le noun.
Sa pruesse se fist nomer *sire Wymound de Scaloun*.

Il se tint près d'un mur et combattit très-fort. Dix-sept Sarrasins autour de lui furent couchés morts,
Et il les tua d'épée qui fut bonne et tranchante ; bien leur montre ce jour que preux fut et vaillant. Tant il a combattu à pied qu'il ne put plus (aller) avant ; là mourra son corps, son âme (ira) à Dieu en chantant. A présent nous laisserons (de parler) de tous ceux-là, et nous dirons en avant du hardi chevalier, le meilleur combattant qui pour la chrétienté, depuis le temps de Roland, combattit en armes chevalier vaillant.

Ce fut le comte Longue-Épée, qui très-fort combattit ; avant qu'il fut mort, très-cher se vendit. Il passa un autre bataillon, et cinq autres avec lui ; avant que vint le soir, martyr se rendit.

Un templier fut le premier, *sire Wymound* fut son nom ; avec le comte Richard il fut quand il fortifia Ascalon. Là il fut reçu frère, de cela avait-il le nom. Sa prouesse le fit nommer *sire Wymound d'Ascalon*.

E sire Roberd de Widele, ke mult vaillaunt fu,
E sire Rauf de Henefeld, par la grâce Dieu,
Qe maint Sarazin oscist d'espée mulu.
N'i out Sarazin ke si hardi fu
Qe en champ le entendit out de vertu.

Mi sire Alexander Giffard, li pruz chivaler,
Qe touz fu en armes vistes e léger,
Ceo apparust à un jour qant voleit profiter,
Prendre congé à Sarazins pour eaux encumbrer.

Sire Johanne de Bretain, sun chivaler nori,
Qe esteit de Rohan, e nent de Normandi,
Qant sun seingneur dust eaider cum seingneur et doni,
En le flum tant tost se mist, neé se rendi.

Avant chivacherunt mult très-durement;
Avant qé furent mors, oscierunt plus de cent,
Des Sarazins solders firent mult martirement.
Checun curt à un amirel de qor hardiment,
Mort les abaterent, ne vaut nul garnement.

Et sire Robert de Widele, qui très-vaillant fut, et sire Ralph de Henefeld, par la grâce de Dieu, qui maint Sarrasin tua d'épée émoulue. Il n'y eut Sarrasin qui si hardi fût qu'en campagne l'attendit (et) eût du courage.

Messire Alexandre Giffard, le preux chevalier, qui tout fut en armes vite et léger, cela apparut un jour qu'il voulait profiter, prendre congé des Sarrasins pour les embarrasser.

Sire Jean de Bretagne, son chevalier élevé (par lui), qui était de Rohan, et non de (Rouen en) Normandie, quand son seigneur il dut aider comme seigneur et maître, dans le fleuve tantôt il se mit, et se noya.

En avant ils chevauchèrent très-vigoureusement; avant qu'ils furent morts, ils en tuèrent plus de cent, des Sarrasins mercenaires ils firent grand martyre. Chacun court à un émir de cœur hardiment, morts ils les abattirent, (rien) ne vaut nul équipement.

SUR LA BATAILLE DE MANSOURAH.

Por la mort amireaux graunt cri est levé.
Les Sarazins solders, la gent maluré,
Manacent ferement; par Mahun unt juré,
Jamès n'averent repose jesqes soint ben venge.

Sarazins y furent derer e devant,
E donèrent graunt coleies à la gent vaillant,
E il fererunt arer, ne mi com enfant,
O espées de asser, qe furent mult trenchant;
Qar lur launces furent despessés en qarant.

Ferm tenderent ensemble li bon chivaler,
Checun pres alter solom lur poar;
Qant qe poaint ateindre firent demorer
Mort ou detrenché, saunz nul merci aver.

Les krestiens vount les Sarazins chasaunt
Com leverers freint bestes vers le boiz fuant.

Entour ces sinqe chivalers sunt environez,
Un graunt ost des Sarazins de gent eschumengez;

Pour la mort des émirs grand cri s'est élevé. Les Sarrasins mercenaires, la gent maudite, menacent fièrement; par Mahomet ils ont juré que jamais ils n'auront de repos jusqu'à ce qu'ils soient bien vengés.

Sarrasins y furent et derrière et devant, et donnèrent grands coups à la gent vaillante, et ils frappèrent arrière, non pas comme des enfants, avec des épées d'acier, qui furent bien tranchantes; car leurs lances furent dépecées en quartier.

Ferme ensemble tinrent les bons chevaliers, chacun prit un autre selon son pouvoir; tout ce qu'ils purent ateindre ils firent demeurer mort ou taillé en pièces, sans nulle merci avoir.

Les chrétiens vont chassant les Sarrasins comme levriers feraient des bêtes vers le bois fuyant.

Autour de ces cinq chevaliers est rassemblée une grande troupe de

Des chivaux e des armes ben sunt estorez.
Qant veint les chivalers, mult sunt esmaez.

Sire Alexander Giffard dit à son seingnour :
« Sire, q'est tun conseil, pour le Dieu amour,
De cele ost des Sarazins qe nous veint entour ?
Dewom cy demorer ou fuer de poour ? »
Ly count respoundi dunqes de mou[t] hardi qor :

« Issi deist jescun de nous sa pruesse mustrer.
Jà com les chenes les irrum encontrer.
Pur l'amour Jhésu-Krist ci volumes devier.

« Pur l'amour Jhésu-Krist venims en ceste tère
Nostre héritage par pruesse conqère,
Cele joie celestiene, por nul altre affère.
Ci ne venims detenir ost ne nule guère.

« Mès, sire Alexander Giffard, si vous poez eschaper,
Vous qe gardez mes bienes e estes mun chivaler,
Enter mes gentz si départez mun aver
Qe ma alme soit resceu en joie tot primer.

Sarrasins, de gens excommuniés ; de chevaux et d'armes ils sont bien approvisionnés. Quand les chevaliers (les) voient, ils sont bien embarrassés.

Sire Alexandre Giffard dit à son seigneur : « Sire, quel est ton avis, pour l'amour de Dieu, de cette armée de Sarrasins qui vient autour de nous ? Devons-nous ici demeurer ou fuir de peur ? Le comte répondit alors de très-hardi cœur :

« Ici doit chacun de nous sa prouesse montrer. Comme des chiens (qu'ils sont) nous irons à leur rencontre. Pour l'amour de Jésus-Christ ici nous voulumes nous détourner.

« Pour l'amour de Jésus-Christ nous vinmes en cette terre notre héritage par promesse conquérir, cette joie céleste, (et) pour nulle autre affaire. Ici nous ne vinmes pour maintenir armée ni nulle guerre.

« Mès, sire Alexandre Giffard, si vous pouvez échapper, vous qui gardez mes biens et êtes mon chevalier, entre mes gens distribuez de telle sorte mon avoir que mon ame soit reçue en joie tout d'abord.

« Donez à povers religious, pur moi chaunterunt,
E à povers Engleis q'en le ost combaterunt,
E à povers malades qe graunt mestier en unt,
E à mesaulx e orphanyns qe pur ma alme prierunt.

« Donez pur ma alme mon or e mun argent,
Mon tresor e mes armes donez à bon gent,
Et trestut mes alters bienes donez si sagement
Qe od moi iez la joie od Dieu omnipotent. »

Un chivaler de Norm[a]ndie qe fu en la meingne
Li bon count Willam de Long-Espée
E à qi mon sire Willam avoit mult fié,
En haut cria, si dist : « Sire, par charité,
Sire, ce dist-il, fuums utre ce flum si leé :
Tant y vient des Sarazins, ne puroms aver doré. »
— « Ne fuerai, se dist le count Willam Long-Espée :
Jà à chivaler engleis ne serra reprové
Qe pur poour me fui de Sarazin maluré.
Jeo vinqe cy por Dieu servire, si li plest à gré.

« Donnez aux pauvres religieux qui pour moi chanteront, et aux pauvres anglais qui en l'armée combattront, et aux pauvres malades qui grand besoin en ont, et aux lépreux et aux orphelins qui pour mon ame prieront.

« Donnez pour mon ame mon or et mon argent, mon trésor et mes armes donnez aux bonnes gens, et tous mes autres biens donnez si sagement, que avec moi vous ayez la joie avec Dieu tout-puissant. »

Un chevalier de Normandie qui fut de la suite du bon comte Guillaume Longue-Épée, et à qui messire Guillaume avait grande confiance, en haut cria et dit : « Sire, par charité, sire, dit-il, foyons outre ce fleuve si large : tant il y vient de Sarrasins (que nous) ne pourrons avoir durée. » — « Je ne fuirai, dit le comte Guillaume Longue-Épée. Jamais à chevalier anglais il ne sera reproché que par peur je m'en fuis de Sarrasins maudits. Je vins ici pour Dieu servir,

Pur ly voil mort suffrir, que par moi fu pené;
Mès avant qe soi mort me vendrai chere marché. »

— « Si vous ne voilez aler, ce dist le chivaler,
Jeo me vois en haste, ne voile plus demorer. »
— « Va-t-en, se dist le count, qe avez en penser
Vous-mesmes metter à hunt, n'i ad qe sojorner. »

Il curt à son bon chival qe très-bien fu armé,
Si se mest en le flum, l'ewe ad enporté.
Li e sun chival nea de son bon gré.
L'alme fu tantost au Deble comandé.

Et meint alter Fraunceis se nea le jour :
De la vie perdre tant en aveint poour.
S'ils se fussent combatu por le Dieu amour,
Lur almes fussent en joie od leur créatour.

Le count manda à frer Richard si s'en vout aler,
Et à sire Rauf de Flaundres, qe mult l'ama cher,
Et à sire Roberd de Widele, le hardi bacheler,

s'il lui vient à gré. Pour lui je veux mort souffrir, car pour moi il fut supplicié; mais avant que je sois mort, je me vendrai cher marché. »
— « Si vous ne voulez vous en aller, ce dit le chevalier, je m'en vais en hâte, je ne veux plus demeurer. » — « Va-t-en, dit le comte, qui avez dans la pensée de vous mettre vous-même à honte, il n'y a pas de temps à perdre. »

Il court à son cheval qui très-bien fut armé, et il se met dans le fleuve, l'eau l'a emporté. Lui et son cheval nagea de son bon gré. L'ame fut tantôt au diable recommandée.

Et maint autre Français se noya ce jour-là : de perdre la vie tant ils avaient peur. S'ils eussent combattu pour l'amour de Dieu, leurs ames fussent en joie avec leur créateur.

Le comte manda à frère Richard s'il voulait s'en aller, et à sire Ralph de Flandre, qui lui fut très-attaché, et à sire Robert de Widele,

Et à sire Richard de Guise qe porta son baner :
« Vole-vous aler-ent e lesser moi demorer?
Avant qe m'en alase lerrai la teste coper. »

Trestouz respondèrent en ire très-graunt
Qe se ne feissent mi pur homme q'est vivant :
« Dieu nous seit en aïe e seint Jorge le vaillant!
Dist chescun pur sei, à Dieu me comand. »

Dist le count dunqes, li bon Long-Espée :
« Tenoms ferm ensemble, si averoms tut wainé ;
Tant com purroms endurer, ne serroms dampné ;
Si nous serroms oscis, nous serroms touz savé.

Les Sarazins unt environé les chivalers vaillant,
Ben armée, ben monté od les espées tranchant,
A peé et à chival, derer e devant.
Li noumbre ne savoit dire nul homme vivant.

Mon sire Richard de Guise qe porta le baner,
Et le bon Long-Espée, li hardi chivaler,

le hardi bachelier, et à sire Richard de Guise qui porta sa bannière :
« Voulez-vous vous en aller et me laisser demeurer? Plutôt que de
m'en aller je me laisserai la tête couper. »

Tantôt ils répondirent en très-grand chagrin qu'ils ne le feraient
pas pour homme qui est vivant : « Dieu nous soit en aide et saint
George le vaillant! dit chacun pour soi, à Dieu je me recommande. »

Alors dit le comte, le bon Longue-Épée : « Tenons ferme ensemble,
et nous aurons tout gagné ; tant que nous pourrons endurer nous
ne serons damnés; si nous sommes tués, nous serons tous sauvés. »

Les Sarrasins ont environné les chevaliers vaillants, bien armés,
bien montés avec les épées tranchantes, à pied et à cheval, derrière
et devant. Le nombre n'en saurait dire nul homme vivant.

Messire Richard de Guise qui porta la bannière, et le bon Longue-
Épée, le hardi chevalier, entre la grande pressé quand il se dut tour-

Entre le graunt prese com il se dust turner,
La senestre maine lui fu copé dount porta le baner ;
De ces moyngnus le rescust e soteint le baner,
Cum hardi e vaillaunt e vigruz bachiler.

Et sire Rauf de Henfeld, le hardi combatant,
Pur l'amur Jhésu-Crist mult vendi cher sun sanqe.

Et sire Roberd de Wadele, le prus chivaler,
Qe unqes ala en ost son seingnur eaider,
Et frer Richard de Ascalon, li noble guerrer,
Mult déservi ben ce jour la joie du cele aver.

Lur chivaux furent oscis, si esturent à peé,
Reddement se combaterent por l'amur Dé.
Sire Alexander Giffard est ben eschapé ;
L'or e l'argent qe à lui fu bailé,
A qilli ensemble les chivaux e les ad chargé ;
Si se prent le chimin vers Damout la cité.
Il saut en le flum, q'est longe e leé,
Ariver vout à Diote, com est encomencé
A son seingnur fieu le bon Long-Espée,

ner, la main gauche lui fut coupée dont il porta la bannière ; de ses moignons il la reçut et soutint la bannière, comme hardi et vaillant et vigoureux bachelier.

Et sire Ralph de Henfeld, le hardi combattant, pour l'amour de Jésus-Christ très-cher vendit son sang.

Et sire Robert de Widele, le preux chevalier, qui jamais ala en guerre son seigneur aider, et frère Richard d'Ascalon, le noble guerrier, fort bien mérita ce jour-là la joie du ciel avoir.

Leurs chevaux furent tués, et ils furent à pied ; raide ils se combattirent pour l'amour de Dieu. Sire Alexandre Giffard est bien échappé ; l'or et l'argent qui à lui fut baillé, recueillit avec les chevaux et les a chargés ; et il prend le chemin vers Damiette la cité. Il saute en le fleuve, qui est long et large, arriver il veut à Diote, comme il a promis à son seigneur lige le bon Longue-Épée, pour

SUR LA BATAILLE DE MANSOURAH. 347

Pur départir son aver com l'out comandé.
Si tost com il furent en le flum entré,
Les Sarazins félons les unt ben esgardé ;
Le fu grégeis, qe fust chaut, sur eaux unt geté,
Si les unt ars en poudre, ne remist un peé.
Mult fortement fust le count des Sarazins mené,
Oscir ne poant son chival, si ben fust armé,
Ne à tere trer le poant li vaillant duré ;
Mès del estru senestre fu le peé copé.
Mult graunt doel fu de ce corps qe issi fu manglé.

Qant senti le count qe sun peé fu perdu,
De son bon chival à tère est descendu ;
Frer Richard apel de Aschalons : « Où est-tu ?
Aïez or, frer, nous avoms ore perdu. »

Le frer fust mult vaillant, ne se retraist arère,
En conforta le count ben en sa manère :
« Ne vous esmaiez, sire, Dieu ora ta prière,
Et sa douce mère qe li ad tant chère. »

partager son avoir comme il l'eut commandé. Aussitôt qu'ils furent dans le fleuve entrés, les Sarrasins felons les ont bien regardés ; le feu grégeois, qui fut chaud, sur eux ils ont jeté, et il les ont réduits en cendres, il n'en resta pas un pied. Très-fortement fut le comte des Sarrasins mené ; tuer ils ne purent son cheval, tant il fut bien armé, ni à terre ils ne purent le tirer, le vaillant fini ; mais de l'étrier gauche fut le pied coupé. Très-grande peine (ce) fut pour ce corps qui ainsi fut mutilé.

Quand le comte sentit que son pied fut perdu, de son bon cheval à terre il est descendu ; il appelle frère Richard d'Ascalon : « Où es-tu ? Au secours maintenant, frère, nous avons (tout) perdu. »

Le frère fut fort vaillant, il ne se retira pas en arrière, mais reconforta le comte bien à sa manière : « Ne vous tourmentez pas, sire, Dieu ouïra ta prière, et sa douce mère qu'il chérit tant. »

Frer Richard de Ascalon son chival out perdu,
Meint pleie en le mond Dieu avoit-il resçu.

Et sire Roberd de Wadele se combati tant,
Plus ne pout endurer, à Dieu s'en va od tant;
Et sire Rauf de Henfeld, sun compaingnon vaillant,
Mult bele compaingnie teint en tut son vivant.

A Sarazins firent-il maux e les demanglèrent
Et asez se vendirent cher eynz qe morèrent.

Sur les espaules le frer se poa le Long-Espée,
L'espée trenchant en sa maien : ne out qe un peé.
Touz ceaux qe pout ateinder la teste ad copé ;
Ne esparnia haut ne bas, si ben fust armé.

Un soldan dit à count : « Rendé-vous hastiment.
Ne poez aver duré enconter tant de gent.
Rendé-vous en hast, si vous dirra coment
Voster corps saverai e sanera de torment. »

A ceo respound le count e haut voiz escrie :

Frère Richard d'Ascalon son cheval eut perdu, mainte plaie au nom de Dieu avait-il reçue.

Et sire Robert de Wadele combattit tant qu'il n'en put plus endurer, à Dieu il s'en va alors; et sire Ralph de Henfeld, son compagnon vaillant, fort belle compagnie tint de tout son vivant.

A Sarrasins firent-ils maux et les mutilèrent, et assez (se) vendirent cher avant de mourir.

Sur les épaules du frère s'appuya le Longue-Épée, l'épée tranchant en sa main : il n'eut qu'un pied. A tous ceux qu'il put atteindre la tête il a coupé; il n'épargna haut ni bas, si bien fut armé.

Un soudan dit au comte : « Rendez-vous bien vite, vous ne pouvez lutter contre tant de monde. Rendez-vous en hâte, et je vous dirai comment votre corps je sauverai et guérirai de tourment. »

A cela répond le comte et à haute voix s'écrie : « A Dieu ne plaise

SUR LA BATAILLE DE MANSOURAH. 349

« Jà ne place Dieu, le filz seint Marie,
Que jammès entre crestiens à nul jour soit oïe
Qe jeo me rende à Sarazins tan qe com ai la vie,
S'il ne soit à lur testes coper od ma espée forbie. »

Dunqe dist le soldan, ke out à noun *Mescadel :*
« Si ceo ne facez, de Sarazins cruel
Vous frai tot détrancher com char pur mettre en cel.
Jà ne vous saverai tun seingnur, q'est si bel. »

En haut cria le count e dist hautment :
« Ore vous savez, si vous poez, vilen pudlent ;
Jamès à vous ne altre por manance ne pur turment
Ne refuserai Jhésu-Crist un Dieu omnipotent. »

Dunqe fust le count mult forment asailli,
S'il refert arer od espée furbi,
Détrenche les Sarazins qe sunt entor lui,
Et totes hures en haut voiz por Dieu merci,

Dunqe dist le count à son cher compaingnon,
Qe hardi fust e vaillant, frer Richard d'Escalon :

le fils de sainte Marie que jamais entre chrétiens, jamais il soit ouï que je me rende aux Sarrasins tant que j'ai la vie, si ce n'est pour couper leurs têtes avec mon épée fourbie. »

Donc dit le Soudan, qui eut à nom *Malek Adel* : « Si cela ne faites, de Sarrasins cruels je vous ferai tailler en pièces comme chair pour mettre en sel. Ton seigneur, qui est si beau, ne te sauvera pas. »

En haut cria le comte et dit hautement : « Maintenant sauvez-vous, si vous pouvez, vilains puants. Jamais à vous, pour menace ni pour tourment, je ne renierai Jésus-Christ, un Dieu tout-puissant. »

Donc fut le comte très-fortement assailli ; et il frappe à son tour (en) arrière avec épée fourbie, il taille en pièces les Sarrasins qui sont autour de lui, et toujours à haute voix il remercie Dieu.

Donc dit le comte à son cher compagnon, qui hardi fut et vaillant,

« Tenoms ferm ensemble tant com nous vivom,
Si vendums cher nostre vie cinz qe nous mourroums. »

— « Volunters, dist li frer, par Jhésu le filz Marie !
Jammès vous défaudra tanqe com ai la vie. »

Amdeux le bones vaillanz ferm ensemble se tindrent,
Por bien férir lur enemys nule re ne se feindrent.

Li vaillant count de Salesburi fust dunqe irrez.
Eaux dieux furent asailli de Sarazins malurez,
Trestouz les voleint trancher de lur bones espées ;
Mès eaux arer fèrent cum vaillanz esprovez.

Li vaillant count hardi saut à un amirel,
Au fil de roi [d']Égipte, si out à noun *Abrael*.
De sun espée trenchant li donne coupe novel,
La teste li fendi en dieux, le corps chet en le gravel.

Mult très-ben le seingna, sachez saunz faile.
Ben aparust qe sun espée fust de bon taile :

frère Richard d'Ascalon : « Tenons ferme ensemble tant que nous vivons, et vendons cher notre vie avant que nous mourions. »
— « Volontiers, dit le frère, par Jésus le fils de Marie ! jamais je ne vous ferai défaut tant que j'ai la vie. »
Tous deux les bons vaillants ferme ensemble se tinrent, pour bien frapper leurs ennemis nullement ils ne manquèrent.
Le vaillant comte de Salisbury fut donc irrité. Eux deux furent assaillis de Sarrasins maudits ; tous les voulaient trancher de leurs bonnes épées ; mais eux (en) arrière frappent comme vaillants éprouvés.
Le vaillant comte hardi saute à un émir, au fils du roi d'Égypte ; il eut à nom *Abraël*. De son épée tranchante il lui donne coup nouveau, la tête il lui fendit en deux, le corps choit sur le gravier.
Très-bien le saigna, sachez-le sans manquer. Bien apparut que son épée fut de bonne taille.

SUR LA BATAILLE DE MANSOURAH.

La teste le fist trè-haut voler demeintenant,
Le corps chet à son peé, le soldan véant.
Sa alme enporta Ruffini en enfern chantant.

Ceo vit frer Richard, li hardi e alosé,
Qel coup le count donat à l'Amirel dêvé,
Tantost se mist avant en mesmes le chivaché,
Et sinqe Sarazins félouns il ad à mort liveré.

Un Sarazin félon vint sor chival corrant,
Une espée en sa maine, red fust tranchant;
A vaillant count dona un coup très-pesant,
La maine destre li copa dont tint l'espée avant.

Dunqe fust le gentil corps fèrement demembré.
Le peé senestre li fust tolet, e la maine destre copé.

Qant avoit la main perdu, dunqes ce treist arer;
A Jhésu-Crist omnipotent fist une tiel prière,
Qe, si ceo fust à soun pleisir, pur l'amour sa mère,
Vengement li donast de ceste gent amère.

La tête il lui fit voler très-haut à l'instant même. Le corps tombe à son pied, le soudan (le) voyant. Ruffini emporta son ame en enfer (en) chantant.

Cela vit frère Richard, le hardi et fameux, quel coup le comte donna à l'émir insensé; tantôt il se mit en avant dans la même chevauchée, et cinq Sarrasins félons il a livré à mort.

Un Sarrasin félon vint sur cheval courant, une épée en sa main, raide fut (et) tranchante; au vaillant comte il donna un coup très-pesant, la main droite il lui coupa dont il tint l'épée en avant.

Donc fut le noble corps fièrement démembré. Le pied gauche lui fut enlevé, et la main droite coupée.

Quand il avait la main perdue, alors il se retira en arrière; à Jésus-Christ tout-puissant il fit une telle prière, que, si ce fût à son plaisir, pour l'amour de sa mère, vengeance il lui donnât de ces gens amers.

Le hardi corps e vaillaunt sur l'un peé saut avaunt;
A un Turcois féloun qi out à noun *Espiraunt*,
En la main senestre prist l'espée trenchaunt,
E le vis ou le mentoun li mist avalaunt.
Un altre coup li dona tut en germisaunt;
La main sinestre dount tint l'espé li fist voler avant.

Dunqes chet à terre le vaillaunt Long-Espeé,
Qe ne pout esteer plus sur l'un peé.
Sarazins currerunt mult joiouse e leé,
De lour espées trenchaunz li ount tut mangié.

Frère Richard de Ascalon, li hardi combataunt,
Sur le count chéi naufré e senglaunt;
Pur tote la terre de Fraunce n'éust alé avant.
Quant vit mort le count, mort se rend à tant.

Sire Richard de Guise porta soun baner,
Vit son seignur morir, le bon bacheler;
A plus tost qe il pout, saunz plus sojorner,
Chet sur seignur, si li leste détrencher.

Le hardi corps et vaillant sur un pied saute (en) avant; à un Turc félon qui eut à nom *Espiraunt*, en la main gauche il prit l'épée tranchant, et le visage avec le menton il lui mit en bas. Un autre coup il lui donna en escarmouchant; la main gauche dont il tint l'épée il lui fit voler en avant.

Alors tombe à terre le vaillant Longue-Épée, qui ne put plus se tenir sur un pied. Les Sarrasins crièrent fort joyeux et gais, de leurs épées tranchantes ils l'ont tout mutilé.

Frère Richard d'Ascalon, le hardi combattant, sur le comte chut blessé et sangiant; pour toute la terre de France il ne fût allé avant. Quand il vit mort le comte, mort il se rend alors.

Sire Richard de Guise porta sa bannière; le bon bachelier vit son maître mourir; le plus tôt qu'il put, sans plus tarder, il tombe sur son seigneur et se laisse couper en morceaux. Le comte et le porte-ban-

Li count e li baneour e ses bachelers,
E sire Rauf de Henfeld hardi e fiers,
E sire Robert Widele, qe li ama mult chiers,
Toutz cinqe sunt occis, li bons chevalers;

Toutz cinqe ensemble furent ensi occis :
Jhésu les almes ad en Paraïs.

nière et ses bacheliers, et sire Ralph de Henfeld hardi et fier, et sire Robert de Widele, qui l'aima très-fort, tous cinq sont tués, les bons chevaliers.

Tous cinq ensemble furent ainsi tués : Jésus les ames a en paradis.

FIN.

ERRATUM.

Le dernier alinéa de la page xcvi : « La statue de Joinville, etc..., aurait dû terminer la page LXXXIV.

TABLE DES MATIÈRES.

                                                Pages.

AVANT-PROPOS.. *a*

DISSERTATIONS SUR JOINVILLE.

I.	De la Vie de Joinville...........................	1
II.	Des Mémoires de Joinville et de leur mérite littéraire.	XLIII
III.	Opinions diverses sur Joinville et ses Mémoires...	LXII
IV.	Tombeau et épitaphes............................	LXXV
V.	Château de Joinville.............................	LXXXV
VI.	Des manuscrits des Mémoires de Joinville........	LXXXVIII
VII.	Des éditions des Mémoires de Joinville...........	XCII
VIII.	Sources à consulter..............................	XCVIII
IX.	Actes et documents concernant les sires de Joinville.	CX
Appendice.	Rapport de la chambre des comptes, daté du mois de mai 1331, relativement aux droits afférents aux sires de Joinville lorsqu'ils étaient à la cour...	CXX
X.	Essai sur la généalogie des sires de Joinville......	CXXV
XI.	Dissertation sur le *Credo* de Joinville...........	CL
XII.	Nouvelles recherches sur les manuscrits du sire de Joinville, par M. Paulin Paris...............	CLXVIII

HISTOIRE DE SAINT LOUIS......... 1

APPENDICES.

Enseignement de saint Louis à sa fille Isabelle....... 249
Lettre de Jean-Pierre Sarrasin, Chambellan du roi de France à Nicolas Arrode, prévôt des marchands de

Paris en 1289 et 1291, sur la première croisade de saint Louis 253
Lettre du roi Thibaut à l'évêque de Thunes 315
Les regrets de la mort de saint Louis 317
Poëme anglo-normand sur la bataille de Mansourah 327

Son bon seigneur loÿs filz du roy de france, par la grace de dieu roy de nauarre, de champaigne et de brie conte palazin. Jehan sire de ioinuille son seneschal de champaigne, salut et amour, et &c

bonneur, et son seruice apparille. Chier sire re vous fox a sauoir que madame la roy ne vostre mere qui moult m'amoit a cui dieu bone mercy face me pria si a certes come elle pot que ie feisse faire, 1. liure des sai tes paroles et des bons

FAC-SIMILE DU MANUSCRIT DE LA BIBL. IMP.

TOMBE DÉCOUVERTE EN 1629
dans l'église St Laurent de Joinville.

SCEAU, BLASON, ET ÉCRITURE DE JEAN SIRE DE JOINVILLE.

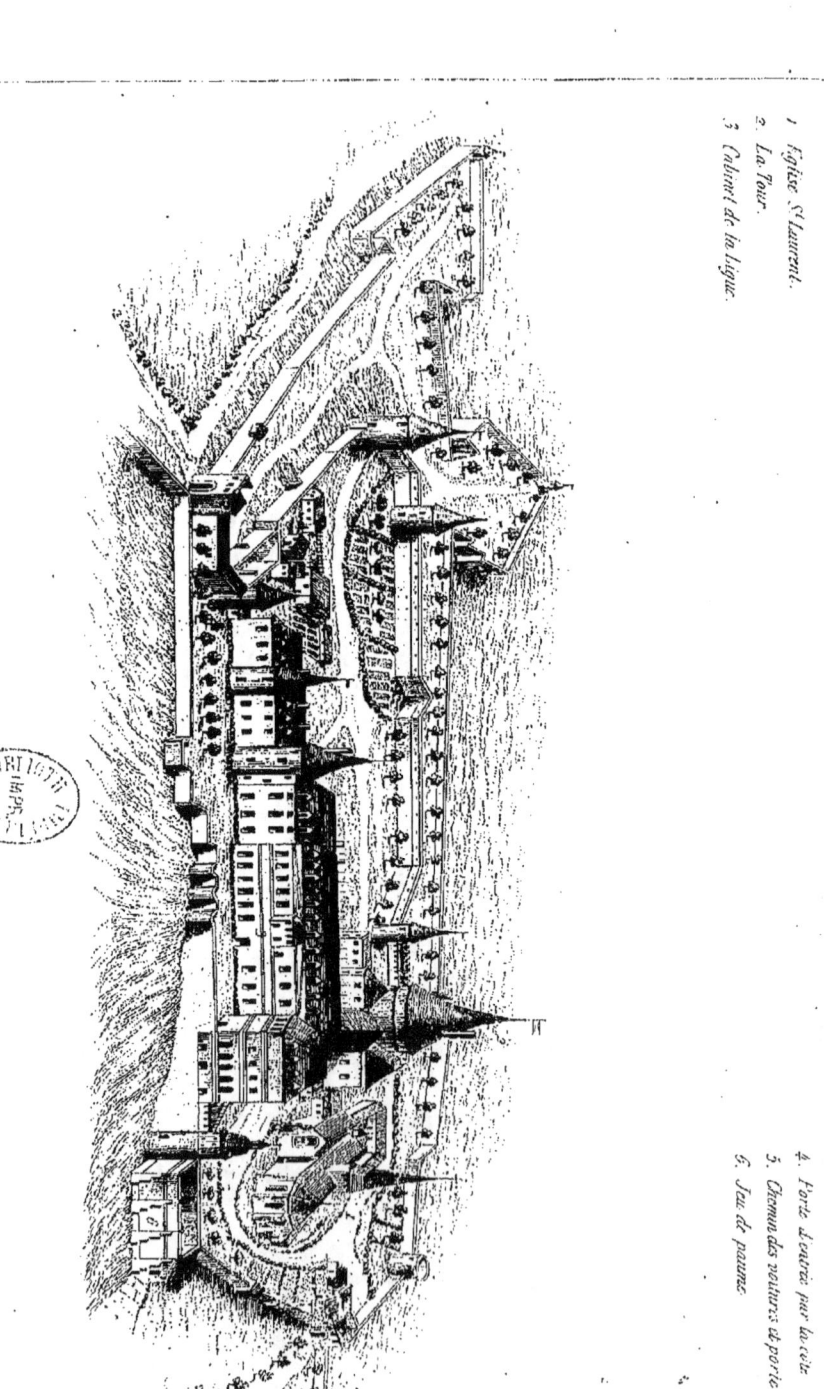

LE CHATEAU DE JOINVILLE
d'après un dessin exécuté en 1747.

1. Église St Laurent.
2. La Tour.
3. Cabinet de la Ligue.
4. Porte d'entrée par la cour.
5. Chemin des voitures et porte.
6. Jeu de paume.

LE CHÂTEAU DE JOINVILLE
tel qu'il était encore en 1760

MAISON DE PLAISANCE DES DUCS DE GUISE
à Joinville.